JN321279

犯罪学

理論的背景と帰結
第5版

J・ロバート・リリー, フランシス・T・カレン, リチャード・A・ボール
影山任佐〔監訳〕

藤田眞幸・小林寿一・石井利文・小畠秀吾・岩井宜子・安宅勝弘・鈴木 護〔訳〕

Criminological Theory
Context and consequences
J.Robert Lilly, Francis T.Cullen, Richard A.Ball

金剛出版

我々の子どもたちと孫たち,

Catherine と Robert

Jordan

Charlie と Mike

Stephen, Christpher, Taylor, そして Justin

に本書を捧げる

謝　辞

Sage 出版社は以下の諸氏の協力に感謝申し上げる。

Timothy Austin
(Indiana University of Pennsylvania)

Mike Costelloe
(Northern Arizona University)

Mthieu Deflem
(University of South Caroline)

C. Nana Derby
(Virginia State University)

M. George Eichenberg
(Tarleton State University)

Andra Lange
(Washington College)

Emmanuel Onyeozili
(University of Maryland Eastern Shore)

Martin D. Schwartz
(Ohio University)

Amy Thistlethwaite
(Northern Kentucky University)

Scott Vollum
(James Madison University)

Jennifer Wareham
(Wayne State University)

CRIMINOLOGICAL THEORY: Context and
Consequences, 5th Edition by J. Robert Lilly, Francis T.
Cullen and Richard A. Ball

Original English language edition published in the United Stetes,
London and New Delhi by Sage Publications Inc.
Copyright © 2011 by SAGE Publications, Inc.

Japanese translation published by arrangement with
Sage Publications Inc. through The English Agency (Japan) Ltd.

目　次

序　文 11

第1章　理論の背景と帰結 13
 Ⅰ　社会的背景における理論 15
 Ⅱ　理論と政策：概念は帰結をもたらす 17
 Ⅲ　背景，理論，そして政策：本書の構図 19
  1. 犯罪学の創設：主流派諸理論 20
  2. 社会的動乱と批判的諸理論の勃興 22
  3. 保守化時代の犯罪学理論 23
  4. 21世紀の犯罪学理論 24
 Ⅳ　結　論 25

第2章　「犯罪人」を求めて 27
 Ⅰ　心霊論 29
 Ⅱ　古典学派：計算する者としての犯罪者 32
 Ⅲ　実証主義学派：運命としての犯罪者 35
  1. 実証主義学派の誕生：Lombrosoの犯罪人学説 35
  2. Lombrosoの遺産：イタリア犯罪学的伝統 38
  3. 犯罪の個人的な根源のさらなる探求 42
 Ⅳ　理論の帰結：政策的意義 46
  1. 実証主義学派と生物学的に決定された犯罪者の抑止 46
  2. 実証主義者と刑事司法改革 49
 Ⅴ　結　論 50

第3章　個人主義を排除する──シカゴ学派 53
 Ⅰ　犯罪学のシカゴ学派：理論の背景 54
 Ⅱ　ShawとMcKayの少年非行理論 56
  1. Burgessの同心円理論 56
  2. 解体と非行 57
  3. 犯罪的価値観の伝播 59
  4. 社会解体理論の実証的位置づけ 59
  5. 要　約 60
 Ⅲ　Sutherlandの分化的接触理論 60
  1. 分化的社会組織 61
  2. 分化的接触 61
  3. 理論的応用 62
 Ⅳ　シカゴ学派の犯罪学的遺産 63
  1. 集合的効力感 64
  2. 文化的逸脱理論 66
  3. Akersの社会的学習理論 69
 Ⅴ　理論の帰結：政策的意義 71
  1. 個人を変える 71
  2. 地域を変える 71
 Ⅵ　結　論 72

第4章 米国社会における犯罪——アノミー理論と緊張理論 … 75
Ⅰ Merton の緊張理論 … 77
1. 犯罪因的社会としての米国 … 77
2. 緊張理論の背景 … 81
Ⅱ 地位不満と非行 … 83
1. 非行少年 … 83
2. 非行と機会 … 84
Ⅲ 緊張理論の犯罪学上の遺産 … 86
1. 緊張理論の評価 … 86
2. Agnew の一般緊張理論 … 88
3. 犯罪とアメリカン・ドリーム：制度的アノミー理論 … 92
4. 緊張理論の将来 … 96
Ⅳ 理論の帰結：政策的意義 … 97
1. 機会の拡大 … 97
2. アメリカン・ドリームの緩和 … 99
Ⅴ 結　論 … 100

第5章 孤立としての社会——統制理論の源流 … 101
Ⅰ 統制理論の先駆者たち … 103
1. Durkheim のアノミー理論 … 103
2. シカゴ学派の影響 … 104
Ⅱ 初期の統制理論 … 106
1. Reiss の個人統制および社会的統制の理論 … 106
2. Nye の社会的統制の家族焦点理論 … 107
Ⅲ Reckless の抑制理論 … 108
1. 自己の社会心理学 … 109
2. 圧力（PUSHES）と牽引力（PULLS） … 110
3. 外的抑制要因 … 110
4. 内的抑制要因 … 111
5. 要　約 … 113
Ⅳ Sykes と Matza ——中和と漂流理論—— … 113
1. 中和（neutralization）の技術 … 114
2. 漂流理論（Drift Theory） … 115
Ⅴ 統制理論の背景 … 116
1. 1950年代の背景 … 116
2. 1960年代の状況 … 117

第6章 統制の複雑さ——Hirschi の二つの理論とその後 … 121
Ⅰ Hirschi の最初の理論——社会的絆と非行—— … 122
1. Hirschi の先行者たち … 123
2. Hirschi の社会学的視座 … 124
3. 社会的統制が重要な理由 … 125
4. 四つの社会的絆 … 127
5. 社会的絆理論の評価 … 131
Ⅱ Hirschi の第二理論——自己統制と犯罪—— … 133
1. 自己統制と犯罪 … 133
2. 自己統制理論の評価 … 134
3. 自己統制と社会的絆 … 137
4. Hirschi の修正社会的統制理論 … 138

Ⅲ　統制の複雑さ ……………………………………………………………… 140
　　　　1. Hagan の力・統制理論 …………………………………………………… 140
　　　　2. Tittle の統制均衡理論 …………………………………………………… 141
　　　　3. Colvin の分化的強制理論 ……………………………………………… 144
　　　Ⅳ　理論の帰結：政策的意義 ……………………………………………… 146
　　　Ⅴ　結　　論 …………………………………………………………………… 148

第7章　政府による介入のアイロニー――ラベリング理論 ………………… 149
　　　Ⅰ　犯罪の社会的構築 ……………………………………………………… 150
　　　Ⅱ　犯罪発生要因としてのラベリング――キャリア犯罪者を生み出す―― … 153
　　　　1. ラベリング理論の初期の主張 ………………………………………… 153
　　　　2. 自己成就的予言としてのラベリング ………………………………… 155
　　　　3. ラベリング理論の評価 ………………………………………………… 157
　　　　4. ラベリング理論の社会的背景 ………………………………………… 162
　　　Ⅲ　理論の帰結：政策的意義 ……………………………………………… 163
　　　　1. 非犯罪化 ………………………………………………………………… 163
　　　　2. ダイバージョン ………………………………………………………… 164
　　　　3. デュープロセス ………………………………………………………… 165
　　　　4. 非施設化 ………………………………………………………………… 165
　　　Ⅳ　ラベリング理論を拡張する …………………………………………… 166
　　　　1. Braithwaite の羞恥付けと犯罪に関する理論 ……………………… 167
　　　　2. Sherman の反抗理論 …………………………………………………… 168
　　　　3. Rose と Clear の強制移動理論 ……………………………………… 169
　　　　4. 政策的含意：修復的司法と受刑者の再入 …………………………… 171
　　　Ⅴ　結　　論 …………………………………………………………………… 174

第8章　社会的力と犯罪構成――葛藤理論 ……………………………………… 177
　　　Ⅰ　葛藤理論の先駆者たち ………………………………………………… 178
　　　　1. Marx と Engels ――資本主義と犯罪―― …………………………… 178
　　　　2. Simmel ――葛藤の形式―― …………………………………………… 179
　　　　3. Bonger ――資本主義と犯罪―― ……………………………………… 179
　　　　4. Sutherland と Sellin ――文化葛藤と犯罪―― ……………………… 180
　　　　5. Vold ――葛藤と犯罪―― ……………………………………………… 181
　　　Ⅱ　理論的背景――1960 年代の騒乱 ……………………………………… 182
　　　Ⅲ　さまざまな葛藤理論 …………………………………………………… 183
　　　　1. Turk ――犯罪化過程―― ……………………………………………… 184
　　　　2. Chambliss ――犯罪，権力，そして法手続き―― ………………… 189
　　　　3. Quinney ――社会的現実，資本主義，そして犯罪―― …………… 195
　　　　4. 葛藤理論と犯罪原因 …………………………………………………… 202
　　　Ⅳ　葛藤理論の帰結 ………………………………………………………… 203
　　　　1. マルクス主義的アプローチ …………………………………………… 204
　　　　2. 調停的犯罪学 …………………………………………………………… 206
　　　Ⅴ　結　　論 …………………………………………………………………… 208

第9章　批判理論の新たな方向 …………………………………………………… 209
　　　Ⅰ　近代とポストモダン …………………………………………………… 210
　　　Ⅱ　ポストモダン犯罪学思想――大きな物語の終焉？―― …………… 212
　　　Ⅲ　初期の英国と欧州の影響の回顧 ……………………………………… 213
　　　　1. 背景――ニュー・クリミノロジー―― ……………………………… 214
　　　　2. 理論的論争 ……………………………………………………………… 214

		3. ニュー・クリミノロジー批判	216
	Ⅳ	初期左翼リアリズム	217
		1. 理　論	217
		2. ニュー・クリミノロジーと左翼リアリズムの帰結	219
	Ⅴ	ニュー・クリミノロジー再検討	219
	Ⅵ	今日の左翼リアリズム	222
	Ⅶ	ニュー・ヨーロピアン・クリミノロジー	227
		1. 貢献と文脈	227
		2. アボリショニズム	228
		3. アボリショニズムの帰結	229
		4. 重要な別の声——Jock Young——	229
	Ⅷ	文化犯罪学	230
		1. 後期近代とグローバル化——文脈の変化——	231
		2. 文化犯罪学の帰結	232
	Ⅸ	有罪者による犯罪学	235
		1. 背景——主として米国の貢献——	235
		2. 「有罪者による犯罪学新学派」の帰結	236
	Ⅹ	結　論	238

第10章　犯罪学のジェンダー化——フェミニスト理論　239

	Ⅰ	背　景	240
	Ⅱ	フェミニストの先駆けとテーマ	241
		1. CESARE LOMBROSO	241
		2. W. I. THOMAS	242
		3. SIGMUND FREUD	243
		4. OTTO POLLAK	244
	Ⅲ	新しい疑問の出現——女性の登場——	245
	Ⅳ	第二の波——女性解放から家父長制へ——	246
		1. 女性解放と犯罪	246
		2. 家父長制と犯罪	248
	Ⅴ	フェミニストの考え方の変化	249
		1. 初期のフェミニストの視点	249
		2. 現代のフェミニストの視点	250
	Ⅵ	人種，階級とジェンダーの交差	250
	Ⅶ	男らしさと犯罪——ジェンダーを行うこと(Doing Gender)——	255
	Ⅷ	犯罪学のジェンダー化（Gendering Criminology）	257
		1. 法違反へのジェンダー化された道	257
		2. ジェンダー化された犯罪	257
		3. ジェンダー化された生活	258
	Ⅸ	ポストモダン主義フェミニズムと第三の波	259
	Ⅹ	フェミニストの多様な見方の帰結	260
	Ⅺ	矯正に対するフェミニスト犯罪学の意義	264
	Ⅻ	結　論	267

第11章　権力者の犯罪——ホワイト・カラー犯罪の理論　269

	Ⅰ	ホワイト・カラー犯罪の発見：Edwin H, Sutherland	273
		1. フィラデルフィア講演	274
		2. ホワイト・カラー犯罪の父となる	277
		3. ホワイト・カラー犯罪の定義	280

　　　　　　4. ホワイト・カラー犯罪の説明 284
　　Ⅱ　組織文化 286
　　　　　　1. 非倫理的な文化 286
　　　　　　2. 対抗的な文化 288
　　　　　　3. 逸脱の常態化 290

　　Ⅲ　組織的緊張（Organizational Strain）と機会　292
　　　　　　1. 緊張とアノミー 292
　　　　　　2. 犯罪因的機会 293
　　Ⅳ　犯罪を決断すること 295
　　　　　　1. 罪の意識の否認 295
　　　　　　2. 合理的選択としてのホワイト・カラー犯罪 297
　　Ⅴ　国家(州) − 企業犯罪 299
　　Ⅵ　ホワイト・カラー犯罪理論の帰結——政策的意義—— 301
　　Ⅶ　結　論 302

第12章　罰を取り戻すこと——保守派犯罪学 305
　　Ⅰ　背　景——1980年代と90年代初めの米国—— 306
　　　　　　1. 米国の経済的衰退 307
　　　　　　2. 米国における不平等の持続 308
　　　　　　3. 安定というレトリック 309
　　　　　　4. 保守的政治路線が残したもの 313
　　Ⅱ　さまざまな保守主義的理論 314
　　Ⅲ　犯罪と人間の本性：Wilson と Herrnstein 316
　　　　　　1. 理　論 316
　　　　　　2.「犯罪と人間の本性」の評価 317
　　Ⅳ　犯罪とベル・カーブ——Herrnstein と Murray—— 320
　　Ⅴ　クリミナル・マインド (criminal mind) 322
　　Ⅵ　犯罪者になるという選択——犯罪の見返り—— 323
　　Ⅶ　犯罪と道徳の貧困 325
　　Ⅷ　割れ窓 (broken windows)——公的秩序解体の黙認—— 328
　　Ⅸ　保守的理論の帰結——政策的意義—— 331
　　Ⅹ　結　論 334

第13章　日常生活で犯罪を選ぶ——日常活動と合理的選択理論 337
　　Ⅰ　日常活動理論——機会と犯罪—— 338
　　　　　　1. 犯罪の化学作用——犯罪者，対象，監視者—— 341
　　　　　　2. 犯罪者の視点 344
　　　　　　3. 政策的意義——犯罪機会を減少させる—— 345
　　Ⅱ　合理的選択理論 349
　　　　　　1. 合理的選択と犯罪 350
　　　　　　2. 犯罪者の選択は合理的か？ 351
　　Ⅲ　知覚抑止理論 354
　　Ⅳ　結　論 358

第14章　「犯罪人」の探求の再検討——生物社会論 359
　　Ⅰ　進化心理学：ダーウィンについての再考 363
　　　　　　1. 理論の多様性 363
　　　　　　2. 評　価 364

Ⅱ　神経科学：神経学的なおよび生化学的理論 ……………………… 366
　　　　1. Mednick の生物社会理論 ……………………………………… 366
　　　　2. 脳の発達と犯罪 ………………………………………………… 368
　　　　3. 生化学的理論 …………………………………………………… 369
　　Ⅲ　遺伝学 …………………………………………………………………… 372
　　　　1. 行動遺伝学 ……………………………………………………… 373
　　　　2. 分子遺伝学 ……………………………………………………… 374
　　　　3. エピジェネティックス ………………………………………… 375
　　Ⅳ　社会生物学的危険因子と防御因子 …………………………………… 376
　　　　1. 危険因子 ………………………………………………………… 376
　　　　2. 防御因子 ………………………………………………………… 379
　　Ⅴ　環境毒素（Environmental Toxins）………………………………… 381
　　Ⅵ　生物学的理論の帰結——政策的意義—— …………………………… 382
　　　　1. 研究と政策に関する課題 ……………………………………… 383
　　　　2. 予防と治療 ……………………………………………………… 385
　　　　3. 犯罪の構築 ……………………………………………………… 386
　　　　4. 今後の課題 ……………………………………………………… 389
　　Ⅶ　結　論 …………………………………………………………………… 391

第 15 章　犯罪者の発達—ライフ・コース理論 ……………………………… 395
　　Ⅰ　犯罪の統合理論 ………………………………………………………… 398
　　　　1. 統合的理論化 …………………………………………………… 399
　　　　2. Elliott とその同僚たちの緊張・統制統合パラダイム ……… 399
　　　　3. Thornberry の相互作用理論 ………………………………… 401
　　　　4. 政策的意義 ……………………………………………………… 403
　　Ⅱ　ライフ・コース犯罪学——連続と変化—— ………………………… 404
　　Ⅲ　犯罪学の危機—— Gottfredson と Hirschi 再検討—— …………… 405
　　Ⅳ　Patterson の社会的相互作用的発達モデル ………………………… 407
　　　　1. 早発性非行 ……………………………………………………… 407
　　　　2. 遅発性非行 ……………………………………………………… 408
　　　　3. 家族介入 ………………………………………………………… 408
　　Ⅴ　Moffitt のライフ・コース持続性／青少年期限定性理論 ………… 409
　　　　1. ライフ・コース持続性反社会的行動 ………………………… 410
　　　　2. 青少年期限定性反社会的行動 ………………………………… 412
　　　　3. Moffitt 理論の評価 …………………………………………… 413
　　Ⅵ　Sampson と Laub ——社会的絆論の再検討—— ………………… 414
　　　　1. 年齢段階的日常的社会統制理論 ……………………………… 415
　　　　2. Sampson と Laub のライフ・コース理論の評価 ………… 416
　　　　3. 犯罪の年齢段階理論の修正 …………………………………… 417
　　　　4. Maruna の罪の贖いの台本理論 ……………………………… 420
　　　　5. Giordano と認知的変化の AL 群理論 ……………………… 422
　　Ⅶ　理論の帰結——政策的意義—— ……………………………………… 423
　　Ⅷ　結　論 …………………………………………………………………… 425

文　　献 ………………………………………………………………………… 427
訳語対称表 ……………………………………………………………………… 467
索　　引 ………………………………………………………………………… 475
監訳者あとがき ………………………………………………………………… 489

犯罪学（第5版）

——理論的背景と帰結——

序　文

　本書のアイディアが生まれた1970年代半ば，米国それ自体と，そして大西洋を挟んだ大陸との犯罪学は大きな変革を体験しつつあった。この時期と1989年の本書初版が公刊された時との間，著者らの個人的エネルギーの大半が研究者ポストの地位を確立し，維持することに，さらには変転する家庭への責任を果たすことに費やされた。『犯罪学理論』の発刊に向けての著者らの共同作業を持続させるために必要な条件が整わず，本書を書き上げる日は到来しないのではないかとさえ思うことも時にはあった。しかし犯罪理論を説明するだけではない一冊の本を刊行するというアイディア――知識社会学（sociology of knowledge）的観点から，犯罪学理論の起源，発展，帰結とを説明するというアイディア――は強く生き続けていた。犯罪学上このような著書はこれまで書かれたことがないという確信を我々は抱いていた。その当時も現在においても，犯罪原因についての概念は帰結をもたらすことを示すと，著者らは主張してきた。

　本書『犯罪学理論』は過去20年間続いてきている進行中の目論見である。この期間に本書は量的にはおおよそ倍増した。このことは犯罪の理論化の数が増大したことと，改訂ごとに著者らが本質的に重要な事柄を追加しようと努力したこととが重なった結果である。こうして1995年の第二版では実証的新知見の補充と大きな改訂とがなされ，犯罪に関する批判論的考え方の新しい潮流についての言及がなされた。知識社会学的観点の重視はそこでも保持されていた。2002年に出版された第3版は主流的理論と批判的理論のパラダイムの双方で生じた新しい理論の展開を捉えようとしたものであった。2006年に刊行された第4版では9章から14章へと拡充され，欧米における新たな理論的潮流について言及した。

　本書第5版を作成しながら，生物社会的犯罪学から文化犯罪学に至る範囲の犯罪学理論の主要な進歩の歴史を記載する機会を得たことに興奮を覚えた。これまでの各版の改訂同様に，資料を最新のものにし，情報的により富んだ，知的刺激に充ちていながら，親しみやすいものにしようと著者らは努めた。以下の諸点が，第5版において我々が行った最も重要な変更である。

1）Edwin Sutherlandの著作から比較的現代に至るまでのホワイト・カラー犯罪の諸理論を展望する新しい一章を設けている。
2）生物社会的犯罪学に関する章を大幅に改訂し，この成長しつつある領域についての最新の研究成果について言及している。
3）研究の案内に役立つように，理論の進展を要約した新たな七つの表を追加している。
4）本書全体について読者の理解を容易にするために，第1章において新しい言及を行い，米国社会の主要な変化と，これら変化と理

論の進展との関係について概括的言及を行っている。

5) 新しい資料を用いて，理論家たちに関する伝記的情報を豊富なものとし，いかにして社会的背景（context）が彼らの理論化に影響を与えたのかを明らかにしようと努めている。

6) Hirschi の統制理論（control theory）や行動経済学から批判的そしてフェミニズム的諸理論に至るまでの新しい理論的進展について論究している。

7) 資料を新しく追加し，主要な諸理論を実証的に評価し，位置づけている。

8) 犯罪抑止（crime control）政策と，これら政策と犯罪学理論との関係についての記述を更新し，最新のものとしている。

犯罪学研究は現在進展中の領域であるので，犯罪学の源である変移する社会的背景の内容が，犯罪とこの政策的回答とに関する理論的説明に対して影響を与え続けることを我々は確信するものである。そうとはいえ，犯罪学がこれを取り囲む世界のたんなる反映では決してないことを願っている。

本書の成功に対して我々はあまりにも数多くの人びとの恩恵を受けており，全員にここで感謝の念を逐一述べることができないので，二人だけ挙げるにとどめざるを得ない。一人は故 James A. Inciardi〈訳註；以下の本文からは初版時の本書編集担当者と思われる〉で，彼は Sage 出版社から著書を出版する機会を与えてくれた人物で，本書初版が日の目を見ないように思えた時に，我々の努力と忍耐に対して彼が寄せた信頼は我々の感謝に値するものである〈訳註；本書第三版（2002）の「序文」によると著者らはアカデミック・ポストを得るための奮闘，結婚等による経済的負担など研究活動や経済的基盤の不安定さに苦しみ，著者どうしが異なった大学で遠く離れてしまうなど初版発刊に至るまで相当の苦労と年月を要していたが，犯罪学理論成立の社会的背景からの解明，その展開と現状，最新データによる理論の検証という著者らの著書発刊の意義と重要性に対するその間の揺るぎない彼らの確信について言及されている〉。二人目の人物は Sage 出版社の現在の編集担当者 Jerry Westby で，重版を通じて，我々の目論見に対して不動の信頼を寄せてくれ，常にほどよい激励と賢明な助言を我々に与えて，我々の著作活動を成果あるものにしてくれた。

最後に犯罪学の進展を叙述するという我々の努力に賛同してくれた多くの犯罪学者たちとその学生たちに我々の賞賛を贈りたい。あなた方の支援がなければ，本書第5版を目にすることはなかったであろう。本書を通じ，我々の考えを読者と共に共有できることはなにものにも代え難いことである。

J Robert Lilly
Francis T Cullen
Richard A Ball

第1章
理論の背景と帰結

「考える人」
Auguste Rodin
1840-1917
フランスの芸術家・彫刻家

　犯罪は複雑な現象であり，興味深いものであるが，多くの側面について説明することに挑戦することが求められる。犯罪について発言している多くの人びと――幾人かの政府関係者が頭に浮かぶ――がしばしば触れることには，良識を働かせることによって，なぜ市民が他人を撃ったり，強奪するかを十分説明できるし，さらにはこのような無法な行為に対して何をすべきなのか教えてくれるのだという。しかしながら，我々の経験からは――本書もそうであると確信するが――，犯罪問題に対する答はそれほど容易なものではないことがわかる。自分たちが持っているバイアスを反省し，犯罪原因について理論化をあえて行ってきた先達の洞察と誤りから学び，我々が提示しているものの影響を明確にすることこそ，犯罪問題が求めているものである。

　しかし犯罪を説明するというこの作業――これは思うに冒険でもあるのだが――は重要な一大事業である。確かに犯罪について論評することは，誇張したり，扇情的に煽ったりする誘惑にしばしば陥りやすく，例外的で残虐な犯罪が無法な米国犯罪の大半を占めると述べたり，あるいは多くの市民がバリケードで守られた室内で身を潜めて日々を送っているとか，地域のちんぴらが彼らを襲うのではないかという恐怖で縮こまっているとか，言ってしまうかもしれない。もちろんなにがしかの真実はそこには含まれており，このことがこれらの発言にも感覚的に訴えるものがある理由ともなっている。しかし多くの米国人，とくに比較的富裕な地域の住民は血なまぐさい襲撃や悲劇的な殺人によって命を奪われるようなことはない。多くの市民が夜間には玄関に施錠したり，侵入盗警報機を備えたり，ことによると防衛のために武器を購入したりしているのだが，それでも家庭内や近隣においては安全と感じていると語っていることが多い（Cullen, Clark, & Wozniak, 1985；Schengold, 1984）。

　しかしこれらの忠告や警告によって，犯罪は重大な事柄であって，研究し，理解するに足る――と著者たちは信じているが――ものであるという現実が損なわれることはない。大半の米国民は彼らの生命を奪ったり，心の平穏を破壊

するような類の犯罪被害（victimization）から免れている。米国民を殺害する米国民というメディア報道が氾濫しすぎているために，我々の多くは地域の暴力に無感覚となり，これらの数字に対して日常的なスポーツ試合の得点ほどにしか注意を払わないまでになっている。しかも我々の多くが重大な暴行を受けたり，殺害さえされたりしている友人がいたり，友人の友人がそのような被害にあっているという事態も実際に起こりうるのである。

統計的データによって描かれるのは単一な色調の世界である。毎年連邦捜査局（FBI）は「統一犯罪報告書」（Uniform Crime Reports）を発刊しており，そこでは国内の警察局（police department）に認知された（その大半は市民からの通報による）種々の犯罪の数値が列挙されている。これらの統計によれば，2000年以降年平均16,300人の住民が殺害されている。最近犯罪が減少してきているにもかかわらず，いまなお140万人の米国民が強奪され，強姦され，重大な暴行を受けており，約1千万人が家宅侵入窃盗や，財産が損壊されたり，盗まれたりしている（Blumstein & Wallman, 2000；連邦捜査局［FBI］, 2010）。

これらの統計では国内犯罪問題の一部しか補足できていないことには困惑させられる。多くの市民，たぶん犯罪被害者の二人ないし三人に一人は警察に自分たちの被害届を出していない。このためこれらの犯罪行為は「統一犯罪報告書」には現れていない。例えば市民たちが犯罪被害に遭っているかどうか尋ねられる「全国犯罪被害調査」（National Crime Victimization Survey）によれば，12歳以上の住民では2008年におおよそ2,130万の犯罪に遭遇し，そのうち5分の1以上が暴力犯罪の被害であった（Rand, 2009）。

さらにはこれらFBI統計には，ありふれた薬物関連犯罪が含まれていない。この犯罪はまた重大な街路犯罪の尺度と主になっている。さらには周知のように，軽窃盗，単純暴行などの軽度犯罪はなお一層ありふれている。回答者（主として若者）がいくつの犯罪を行ったことがあるのかと質問される「自己報告」調査では，大多数がある程度の違法なことに関わったことがあるということが一貫して示されている。しかしより重要なことは，きわめて蔓延っているというだけでなく，非常に重大でもある別の領域の犯罪が存在している。これは街路でなされないものであるために，伝統的に警察の注意を惹くことがなかった。家庭内暴力（DV）——児童虐待，配偶者暴行等（つまりは「閉ざされたドア内」で発生する暴力）——はこの分野の犯罪の一つであり（Straus, Gelles, & Steinmetz），デート中や顔見知りによる性的暴行も同様にこの範疇に入る（Fisher, Daigel, & Cullen, 2010）。この領域の他の犯罪はホワイト・カラー犯罪（white-collar crime）で，知的職業人によって仕事の過程でなされる犯罪である（Sutherland, 1949）。最近暴露されたことだが（エンロンやワールドコムでの会社ぐるみの集団的詐欺を想起してほしい）政財界の腐敗は定常的に発生しており，憂慮すべき結果をもたらしている（Cullen, Maakestad, & Gavender, 1987；Simon & Eitzten, 1986）。

これら以外の統計や観察的知見をここには付け加えることができようが，犯罪は我々の社会の傑出した特徴であるということを補足するだけであるので，割愛したい。事実，米国の無法行為——とくに致命的暴力——は西欧産業国のそれと匹敵するか，それとも凌駕している（Currie, 1985, 2009；Lynch, 2002；Messner & Rosenfeld, 2001；Zimring & Hawkins, 1997）。比較文化的考察は困難である。例えば違法なものとされるものや，犯罪データの収集方法の

点で，国による違いがある。そうであるにせよ，活用可能な統計的情報を総括したCurrie（1985）によれば，「1970年代後半では，日本人，オーストリア人，西ドイツ人，スエーデン人の各男性1人であるのに対して，10人の米国人が暴力犯罪によって死亡している計算になる。スイス人や英国人男性1人では15人の米国人男性が，デンマーク人男性1人に対して20人の米国人男性が死亡している」（p.25）。現在でも同様の差異が存在している（Currie, 1998b；Rosenfeld, 2009）。Currie（2009）によれば，「他の豊かな産業社会の大半において，一人の人間の謀殺はきわめて稀な事件である。住民は夜間の車上での撃ち合いや警察ヘリコプターの日常茶飯事的騒音によってかき乱されることがない。礼拝堂で殺人被害者のための鎮魂の蝋燭の灯がともるということもない」（p.3）。付言すれば，犯罪は米国内で均一に分布しているわけではない。Blumstein（2000）が言及しているように，1996年にはたった「10の都市（ニューヨーク，シカゴ，ロスアンジェルス，デトロイト，フィラデルフィア，ワシントン，ニューオリオンズ，ボルチモア，ヒューストン，ダラスで，殺人数の多い順から列挙してある）で全国の殺人の4分の1を完全に占めていた」（p.36）。各共同体間における犯罪現象の差異は驚くほどである。

しかしながらどうして米国ではこれほどまでに犯罪が蔓延するのであろうか？　我々のある共同体で犯罪がこれほど蔓延っていて，他の共同体ではそうでないのはなぜなのか？　一部の人が法を破り，他の人は遵法的なのはなぜなのか？　裕福でまさしく不遇でない人が違法な行為に走るのはなぜなのか？　これら多様な現象はどのようにして説明されうるのか？

幾年にもわたって，理論家たちがこれらの諸問題の一つないし複数の問題に立ち向かってき た。本書では犯罪に関する彼らの考え方を説明することに著者たちは努め，その背景，その内容，その帰結について検討を試みた。とはいえ，犯罪学的理論化の物語へ船出する前に，我々の分析を特徴づける基本的枠組みについて言及する必要がある。

I　社会的背景における理論

人びとを不法な行為に駆り立てると考えられる環境を列挙することについて多くの米国人はいささかの困難も感じない。「犯罪の原因は？」と調査者が市民に尋ねると，「とくに意見はない」と回答する人はほんの一握りの数にすぎない。その他の被調査者では，失業，劣悪な家庭生活，厳しさに欠ける法廷のような要因によって犯罪は引き起こされると回答されることが通例である（Flanagan, 1987；Roberts & Stalans, 2000；Unnever, Cochran, Cullen, & Applegate, 2010）。

多くの人びとが，なぜ犯罪が起こるのか，その見解を披露してきた。つまり人びとは犯罪行動についての彼らなりの「理論」を持っている。しかしこのような見解なり理論というのはどこから生まれたものなのであろうか？　一つの可能性は，市民たちが犯罪について詳しく読むことに時間を割き，既存の調査研究を吟味し，法が無視される理由について十分な知識を持った上で判断しているということである。しかし，犯罪——その他の社会問題でもそうだが——に関する自分の見解を，このようにして形成する市民というものは実際にはごく例外的である。犯罪研究を生業としている犯罪学者は別にして，大半の人びとは犯罪問題を入念に探究する時間もなければ，その気もない。

以上の考察はとくに示唆に富んだものとは思えないかもしれないが，犯罪に関する大多数の

人びとの意見が，承認されている考えというよりも自分たちの生活の中で抱くようになった暗黙の理解から，引き出されているということを明白にすることは重要である。他の社会問題同様に，犯罪に対する態度は種々の理由に由来する。親や教会での説教，テレビで描かれる犯罪，犯罪へ走った家族や友人がいるのかどうか，自身が犯罪的活動に染まったことがあるのかとか，ひょっとしたら犯罪被害者になったことがあるなどがその理由となる。要するに，社会経験によって犯罪について人びとが抱く考え方が形成される。

このような結論には次の三点が付け足される。第一にその犯罪理論が人生経験によって影響されるのは一般人に限ったことではないということである。大学の犯罪学者や刑事政策を作成する政府官僚は個人的バイアスを排除する職業的義務を有しており，既存の調査に目を通し，実証的データが最も支持する理論を是認する。ある程度まで犯罪学者や政策立案者は思考をデータに直接委ねるのではあるが，全面的にそうするわけではないということもまた明白である。一般人同様に，彼らもまた社会の中で生きており，社会によって形成される。学問や公共サーヴィスの世界に入る以前に，彼らの個人的経験によって人間の本性や世界の動き方についての前提的なものが形成される。かくしてある者は自分たちを進歩的とみなし，また他の者は保守的とみなすに至る。犯罪学を学んだ後に，しばしば彼らは自分たちの見解の一部を変更したりする。それでも犯罪観を根本的に変更する者はほとんどいない。犯罪の彼らの説明には一部にすぎないにせよ彼らの経験によって条件付けられたものが残存している。

第二に社会経験が犯罪現象に対する態度に影響を与えているとすれば，社会が変化するのに応じて——人びとが異なる経験を持つに応じて——犯罪観も同様に変化する。以下，著者たちは本書全体を通じてこのことを述べているのであるがごく簡単に例を挙げることは，事の次第を明快にするのにさしあたっては役立つであろう。

米国人の犯罪観は移民たちが米国本土海岸に最初に上陸した時から著明に変化してきたと読者に告げても驚くには値しないであろう。実際，米国史上さまざまな時代において米国人が犯罪原因としてきたのは，悪魔の仕業，人間の原罪，我々の中の劣った人びとの体質的欠陥，平等な機会の欠損，犯罪への代償を冷静に打算できる能力を持った冷酷漢などであった。後に触れるが，これらの犯罪理論は——その他の犯罪理論もだが——このような推論が論理的とか，信じられるとか思えるような経験を一連の特別な状況によって人びとが得られるような時期にだけ人気を持った。

かくして融通の利かない，かなり宗教的色彩の強い社会で生活していた開拓者たちにとって，罪の誘惑の罠に陥った者たちの意志が悪魔の力に制御されることに犯罪の原因を求めることは「理に適う」ことであった。あらゆる種類の外国人が殺到するのを目撃し，各人が社会階層のどのあたりに落ち込むのかを決定するのが自然選択であるという社会的ダーウィン主義を学んだ1800年代後半の米国人にとって，人びとが貧困に陥り，犯罪者となるということは血筋がよくなければ当たり前のことであった。少数民族がアメリカン・ドリームを共有することは制度的な障壁によって阻害されていることを識った1960年代の米国人にとって，人びとが犯罪者になるのは，彼らが貧困のゆえで，それは平等な機会を奪われている以上，当然のことであった。比較的最近になって社会が保守的となり，寛大な社会に巣くう社会的病人を非難することが流行となり，例え逮捕されても微罪で済んでしまう危険しかないと人びとが識ってい

るがゆえに，罪を犯すのは当たり前であると考える米国人が次第に増えてきている。

つまり，社会的背景は犯罪についての理論化のためのいくつかの方法を助成するという重要な役割を演じている。もし支配的な社会的背景が変化し，人びとの経験に変化が生じれば，世界とそこにいる人びととを眺める方法もこれに応じて変移する。既成の犯罪理論は訴える力を失い，他の観点が大多数の人びとにとって理に適ったものとなる。古い理論が実際に間違っているかどうかとか，新しい理論が改善をもたらしているかどうか，とかいったことを筋道だって検討することもなしに，以上述べてきたようなことがすべて起こりうるし，事実普段に起きていることなのである。

しかし以上のことが何かあなた方，読者に関係するのだろうか？ 本項の第三の点は読者の（もしくは著者たちの）犯罪観は自分たちの社会経験によって条件付けられてきたということである。我々の多くが過去を眺める時に，自己満足しながら思うことは我々の先駆者たちが犯罪やその他のことに関していかに奇妙で馬鹿げた見解を抱くようなことがあったのかということである。しかしこのような言及をする場合に，我々は彼らの思想と活動が彼らの生きていた世界によっていかに制限されていたかということを見落としてしまっているだけでなく，自分たちの思想や活動は我々の世界に拘束されないという暗黙の思い込みをしてしまっている。我々の傲慢さゆえに自分たちの解釈——理論——を「明確に」正しいものとして受け入れてしまっている。将来の世代もまた我々を眺めるという優越感に浸りながら，我々がどの点で奇妙で馬鹿げていたのか評価するのだということを我々は忘れている。

以上の論述によって判ることは，我々の信念に存在するバイアスをじっくりと腰を据えて考えてみるという叡智の重要性である。読者の犯罪説明の仕方は自身の社会経験によってどのようにして形作られるのであろうか？ 思うに，この問題を問いかけ，解答を求めることは，過去の経験によって人の心の眼を固く閉ざしていたカーテンを開ける可能性が生まれることである。つまりは，犯罪についての異なった考えをするという刺激的な機会を作り出すことである。

II 理論と政策：概念は帰結をもたらす

理論はたんなる空疎な観念にすぎないもの，おそらくは戯れにすぎず，実践的人間が関わりあうようなものではない，として否定されることがしばしばある。Thomas Szasz（1987）が次のように述べているように，しかしこのことはあまりにも性急すぎる仕方である。概念は〈現実世界に〉帰結をもたらす（Weaver, 1948 も参照のこと）。理論は実体的に作用する働きがある。

刑事司法政策を立案する場合，この格言の重みが裏付けられる（Sherman & Hawkins, 1981）。無法行為は犠牲の大きい問題である。人びとは財産，時には命さえも奪われる。犯罪の源泉を探究することは孤立して行われるのではない。ある一人の理論家が窃盗ないし暴力行為の原因を考究するだけにしておきたいと思っても，他の人びとが犯罪問題についてなにがしかの貢献をしようとしてこれらの洞察を利用したがる。なぜ犯罪が起きるのかを理解することはこの行動を抑止する戦略を展開するための前章である。Stephen Pfohl（1985）は理論と政策との特有の関係について次のように的確な表現を行っている。

理論的観点によって対象の姿が捉えられ，これに対処する最良と思われる方法を見つけ出

す。理論的観点によって，対象をあれではなく，この型であると命名する。それは比較的固定された形式や内容を持つ一つの世界における存在感を与えてくれる。生の感覚データ集団を適切な活動のための理解や説明，レシピへと変換してくれるのが理論的観点である（pp.9-10）。

このような考察によって理解されることは，異なった理論は異なった犯罪減少方法を教示することである。違法な行動の原因としてなにが提示されるのかに応じて，ある刑事司法政策ないし活動が理に適ったものに見え，残りは非合理的なもの，場合によっては危険なほどに無責任なもののように思える。かくして，もし犯行者に遺伝的問題があって，訓練不能——まるで野獣のように——であるならば，彼らを檻に入れることが唯一有効な手段であるように思える。しかし犯行者が精神的に病んでいると考えられるならば，この問題の解決方法は彼らを精神療法によって治療することであろう。経済的剥奪から生じる緊張によって人は犯罪へと駆り立てられると考えるならば，職業訓練と雇用機会を与えることで無法な行いを減少させることが期待できる。

以上述べてきたことは理論と政策との関係が錯綜したものではないということを意味するものではない。理論が生まれてから，政策転換の声が出てくる時もあれば，政策が立案され，これらの改革を支持する理論を宣伝し，これらの政策を正当化する試みがなされることもある。しばしば起こるのは，理論と政策とが相互に影響しあい，相互に正当化しあう場合である。いずれにせよ重要なことは，司法刑事政策が依拠する理論がもはや適切でなくなった時に，これらの政策の基盤が結局は崩壊してしまうことである。

以上の考察から一つの重要な注目点が浮かび上がる。犯罪諸理論が変化するに応じて，刑事司法政策もまた変化するということである。20世紀の転換期においては米国人の多くが犯罪者は未開人への「先祖返り」，少なくとも精神薄弱者であると信じていた。犯行者が子孫に犯罪因的遺伝子を伝達させないために，彼らを断種させようという呼びかけは分別ある社会的活動であると広く受け入れられていた。しかし二十年も経たないで，犯罪原因は犯行者自身の中にあるのではなくて，むしろ彼らの環界の病理にあると市民はより強く確信するようになった。時は熟し，次のような意見にも耳を傾けるようになった。地域非行防止プログラムを立ち上げ，スラムの若者を「救う」努力がなされるべきで，もし必要なら若者を少年院へ移し，そこで彼らが必死に求めている監督や処遇を受けるようにさせるべきである。比較的最近になって，数多くの政治家たちが時流に乗って主張しはじめたことだが，犯罪は国内の家庭や学校，矯正制度に徐々に蔓延ってきている自由放任によって引き起こされている，というのである。とくに驚くことではないが，このような政治家たちが主張していることには，刑務所での拘禁をより長期にし，また身分証明書に犯罪歴が記載されるようにして，犯罪が割に合わないものであることを犯行者に教え込むなど，彼らには「厳しく接する」よう努力をすべきであるという。

しかし我々が心に留めておくべきことは，犯罪理論を社会的背景から切り離すこと（decontrctualaize；脱文脈化）はしないということである。政策の変化を支えている理論的変化こそが社会変化による産物なのである。すでに言及したように，犯罪の説明は社会的背景と密接に結びついている。ある特定の理論を馬鹿げたもの，それとも理に適ったものに思えるようにしているのは人びとの経験である。こうして世論の変化が起こるときだけ，理論的モデル

が信任を得たり，失ったりし，さらには刑事司法政策の範囲を正当化できる力を得たり，失ったりする。

著者たちが期待していることは，本書の論考にはある程度個人的なものが関与していることに読者が気づくことである。読者自身の背景が読者の考えをいかに形成したのかという考えを著者たちは提示した。今や，犯罪に関してなされるべきであると考えることがいかにして形成されたのかということについても同じような考えができることを我々は提示したい。そして読者が挑戦することを我々は本書で呼びかけている。それは，犯罪とその抑止に対しての自身の見解の基盤と矛盾のなさとをもう一度考え直してみることであり，またどの理論を抱くべきなのか，そしてこの理論が必然的にもたらすその帰結について再考を試みるという挑戦である。本書が読者のこの冒険への旅立ちの手助けとなることを願っている。

Ⅲ 背景，理論，そして政策：本書の構図

Timothy Flanagan（1987）が我々に注意を促しているように，「おそらくは，犯罪と逸脱についての歴史的研究から学べる最も明白な教訓とは，歴史上のどの時代であっても，時代を特徴付けている犯罪抑止へのアプローチは同時代が抱いている犯罪因果律観と常に変わることなく結びついている点である」（p.232）。この陳述は本書の中心的テーマ——社会的背景，犯罪学理論，刑事司法政策決定の相互の連結——を捉えているだけに，意義深い。次章で展開するように，このテーマは我々の分析の基本的骨格を形成している。理論的諸観点の内容だけでなく，これら理論の背景と帰結についても我々は論じている。

とはいえ本書の目論見の範囲は明確にしておく必要がある。我々の本書の目的は犯罪学理論の入門書を提供することで，主に学術研究者による犯罪説明の試みに関する社会史への基本的案内書となることを目指している。このような理論化への分かりやすくて比較的簡明な案内書を提供したいと考えたために，詳細な歴史はやむなく省略し，各々の犯罪観から生まれた多くの派生的理論を論じることも割愛せざるをえなかった。この結果，本書は犯罪の難問に解答を与えようとする長い探究の歴史を理解する最初の一段階であると見なされる。我々の論述が，将来において読者がさらなる段階へと進むための刺激となることを願っている。

犯罪学理論の我々の物語は多くの物語同様にその開始時期，犯罪学創設から，Rennie（1978）の言葉を借りれば，「犯罪人（criminal man）の探究」への早期の努力から始まる。本書は15章から成り，犯罪学理論の発展を現時点まで追跡している。各章はおおむね時間的順序に従って構成されている。しかしいくつかの理論はほぼ同時期に誕生しており，厳密に固定したやり方で順序よく章立てがなされていると考えてはいけない。さらには各章の内部においても，一つの理論的伝統に属する諸分派も過去から現在へと，学派の創始者たちから現行の擁護者へと言及されていることが多い。なお本書では犯罪に関する考え方がどのように発展してきたかを理解するために，時間をまたいで歴史的背景を通過していく小旅行を読者ができるように配慮してある。

表1-1は本書の構成内容についての簡便な案内板である。この案内板は道路地図とよく似ていて，明快であることを心がけた。読者は本書を通読する過程で，自分がどこにいるのか確認するのに，この表1-1を活用したいなら，それもよいであろう。理論に関して言えば，犯罪学の領域では，困惑するぐらいにその数が多い。

表 1-1 社会的背景と犯罪学理論

社会的背景	犯罪学理論	本書の章
啓蒙主義運動 ── 1700年代中期から1700年代後期まで	古典学派	2
社会的ダーウィン主義や科学，医学の勃興 ── 1800年代中期から1900年代まで	早期の実証主義学派；生物学的実証主義	2
大量移民，大不況そして第二次世界大戦後の安定期 ── 1900年から1960年代前半まで	シカゴ学派，アノミー・緊張・統制理論；主流派犯罪学	3, 4, 5, 6
社会的動揺 ── 1965年から1970年代後半まで	ラベリング，葛藤，マルクス主義者，フェミニスト，ホワイト・カラー；批判犯罪学	7, 8, 9, 10, 15
保守化時代 ── 1980年から1990年第前半，そしてこれを超えた当たりまで	抑止，合理的選択，割れ窓，道徳の貧困，日常活動，環境；主流派と批判犯罪学を拒絶	12, 13
	調停的，左翼リアリズム的，ニュー・ヨーロピアン，文化，有罪者による各犯罪学；保守的理論や政策を拒絶	9, 10
新世紀 ── 2000年から現在まで	生物社会的，ライフ・コース／発達，一人の犯罪者になること	14, 15

多様な理論が犯罪の説明を競っている。人間の振る舞いと社会との複雑さによって数多くの理論的観点が必要とされ，各観点から把握される現実は，競合する〈相手方の〉アプローチ法では無視されているものではあるにせよ，全体の一部でしかない。ともあれ，読者は犯罪学理論の物語が次のページから展開するままに，すべての理論を心にとどめるよう努力目標を立てることである。表1-1はこの重要な課題の手助けとなるはずである。我々の犯罪学物語を始める前に，各章がカバーしようとしているいくつかの内容についてあらかじめ概観することにしたい。表1-1は異なる社会的背景が異なる理論発生にどのように関係しているのかの概観を与えてくれている。これらの理論が含まれている章の番号も表には挙げておいた。

1. 犯罪学の創設；主流派諸理論

第2章では現代犯罪学の創設と一般的に考えられている二つの理論的観点を展望している。古典学派（the classical school）は啓蒙時代に誕生した。この学派は犯罪についての精霊的ないし宗教的説明を拒絶し，犯行者は自分たちの理性を働かせているという見解に与することを主張した。つまり犯行者は，犯行が割に合うのか，訴追されることを覚悟するのかどうか決定する際に，コストと報酬とを秤にかけるというのである。この古典学派の主張したことには，刑法は改革されるべきで，公平で（万人が平等に処遇される），人びとが法を破ることを思いとどまらせることができる（犯罪は割に合わないものである）程度の罰を与えるもので十分である。このアプローチは合理的選択（rational choice）と抑止（deterrence）という比較的最近の理論の先駆的なものである。

20

とはいうものの，第2章では主として実証主義学派（the positivist school）を扱っており，これは犯罪者の科学的研究を重視したものであった。Cesare Lombrosoに主導された実証主義は1800年代後半から1900年代にかけてイタリアで開花した。その考え方は米国でも普及し，同じような流派が起こった。これらの学者たちは犯罪を犯す者と犯さない者では何か違いがあって，これらが両者を分けているのだと想定した。医学では何が病人とするのかを問題とするのと同じように，何が犯罪者とするのかを問題とするべきであると実証主義学派は考えた。医学のように，この謎を解く鍵は犯行者を科学的に研究すること，個人差の確証を求めて，彼らの身体や脳を綿密に調査することであると，彼らは考えた。ダーウィン主義と医学の影響を受けて，犯罪への方向に歪曲される者はその行動を決定する生物学的特徴を有していると彼らは結論を下した。犯罪は穢れた魂とか，自由な選択によるものではなく，個人の素質によってあらかじめ決定されていた。

しかし，1930年代に入ると，米国犯罪学は別の道を歩み始めた。科学を犯罪研究に応用するという実証主義学派の主張は続けて受容されたが，犯罪への解答は個人内にではなくて，人がその中で生きねばならない社会環境に見いだされるべきであるという主張を学者たちは次第に強めていった。米国は現代的，そして産業的で都会的な一つの国家へと移行しつつあった。移民の波が海岸へ押し寄せ，彼らは米国の都市に定住した。彼らのその後の経験が犯罪の原因となっているのかどうか，学者たちは問題とした。犯罪学のシカゴ学派（Chicago school of criminology）は都市地域と犯罪に関する研究のパイオニアとなり，有名となった（第3章を参照）。

学者たちが窮乏化した都市中心部──大不況で悲惨さが加重され，大打撃を受けていた──をのぞき込んだとき，彼らが見たものは，個人的，社会的統制の破綻であった。犯罪的習慣がはびこり，全員が追求するべきであると教えられていた成功を求めるアメリカン・ドリームを阻む障壁であった。この世代の学者たちはこうして犯罪を説明する中核的三つの方法を展開した。統制理論（control theory）は統制が弱まった時に，いかにして犯罪が発生するかを探った。分化的接触理論（differential association theory）は違法行動を好ましいとする文化的規定を個人が学習した時に，どのように犯罪が起こるのかを追究した。そしてアノミー・緊張理論（anomie-strain theory）は人が成功達成の努力を阻害されているという緊張に堪え忍んでいる時に，犯罪がどのようにして起こるのかを追い求めた。最初の二つの理論は犯罪学シカゴ学派で誕生したもので，第三の理論はRobert K. Mertonの著作に起源を有している。以上の観点については第3, 4, 5そして6章で概観される。

これら三理論は一括して，主流派犯罪学（mainstream criminology）と呼ばれることがある。80年以上にもわたってこれらの理論は米国犯罪学の中心を占めてきた。第二次大戦後はとくにこれらは支配的となった。この時期に若者人口が増え，若者文化が優勢となり，このため少年非行への関心が高まった。なぜある若者が犯行におよび，他の若者がそうではないのか，ギャングがなぜある地区に見いだされ，他の地区ではそうではないのか，これらを説明するためにこれらの理論的観点は利用された。統制，分化的接触そしてアノミー・緊張の理論は中等教育機関の生徒の自己報告調査において相互の検証がしばしばなされた（例えば，Hirschi, 1969を参照）。今日においてもこれらの初期の業績やそれらの拡張された現在の理論はこの学問の中核として残っている（例えば，

自己統制理論,社会的学習理論,一般緊張理論)。

統制,分化的接触,そしてアノミー・緊張理論の中心性,永続的影響力はこれらの理論的観点が主流派犯罪学を構成していると言われている理由の一端を説明している。しかし「主流」という用語はまた別の意味でも用いられる。米国が支配的な世界の力となりつつあり,第二次世界大戦後の相対的安定時代の繁栄を謳歌しつつある時期に発展したこれらの観点は「政治的主流」において存続していた。これらの理論的観点は基本的には社会秩序の組織体制に挑戦することがなかった。確かに,これら三理論は米国社会の問題を明確にし,これらの問題に立ち向かうような政策を提示していた。しかしその大半が米国はその中心において腐敗しているという批判には至らなかった。つまり,粗野な資本主義に基盤を置いていたため,権力の不平等によって貧者は過酷に罰せられ,富裕者の犯罪は見逃されているという社会であることに批判の矛先を向けなかった。つまり統制,分化的接触,そしてアノミー・緊張理論が主流であったのは,米国の根本的変革よりもその現状改良を志向する傾向がこれらの理論では強かったからである。

2. 社会的動乱と批判的諸理論の勃興

しかし,1960年代の中頃から,学者たちは,どのように葛藤と権力が犯罪産出と刑事司法制度における不公平とに解きがたく関与しているのかを明らかにしようと次第にするようになった。彼らは米国の社会的背景の変化の影響を受けていた。1960年から1970年代にかけて国論を二分するような市民権と女性の権利達成運動を米国は体験していた。街頭での暴動,政治的重要人物たちの暗殺,全国的なヴェトナム反戦運動,そしてこの運動の過程で起きたケント州立大学での学生たちの射殺事件,ウオーターゲート事件で頂点に達した政治的腐敗などを米国民は体験した。この世代の犯罪学者たちがこれらの出来事で気づかされたことが,社会上,犯罪上の不正義であり,これが国民全体への約束であるアメリカン・ドリーム実現の平等性を奪い,国家権力の乱用を招いていた。米国社会のこの病巣を目の当たりにし,この世代の犯罪学者たちが展開した新たな理論化は批判犯罪学 (critical criminology) と呼ばれた。

いまだ不十分な発達ではあったが,批判犯罪学の種は部分的ながらラベリング理論 (labeling theory) まで遡れる。この理論については第7章で論じられている。このラベリング観点に立った学者によって骨太な議論が提起された。つまり,犯罪が少しも減少しない主要な原因は社会そのものにあるのではなく,犯行者に烙印を刻印し,刑事司法制度を通じて彼らを訴追することによって,犯罪を減少させようとすること自体にその原因がある,という主張である。批判犯罪学の根源については第8章でより深く議論されており,そこでは葛藤ないしラディカル (conflict or radical) 犯罪学者と呼ばれる理論家たちを概観している。これら理論家たちが明らかにしたのは,何が犯罪とされるのか,誰が逮捕され,投獄されるのかを権力はいかにして形成しているのかという点であった。資本主義を容認することは富裕者にも貧者にも高率の非合法行為を発生させるという主張をするまでにこれらの理論家たちは至った。

第10章では批判犯罪学によって刺激された別の研究ラインについて説明している。つまりフェミニスト理論 (feminist theory) の発展である。この観点によって北米と英国の「犯罪学のジェンダー化」が導入された。ジェンダーを取り巻く社会的背景の変化の光の下で,本書で我々が追跡したのは,女性の個体的欠陥を強調する理論から,ジェンダーの役割が男性と女性

の違法行動にどのように影響するのかを明らかにする説明へと女性の犯罪現象の理解がいかにして変化しているのか，ということであった。家父長制，男らしさ，そして人種，階級，ジェンダーの交錯のような要因を学者たちが犯罪とどのように結びつけてきたのかを我々が検討しているように，多様なフェミニスト思想を把握する試みがなされている。

　ここでの最後になるが，11章ではホワイト・カラー犯罪（white-collar crime）が検討されている。これらの観点のすべてが批判的な内容というわけではないが，不平等と不正義への批判犯罪学の関心によってまさしくこの問題への研究に拍車がかかった。こうしてホワイト・カラー犯罪諸理論は権力者の犯罪を明らかにし，説明している。貧者が刑務所を独占しているにせよ，犯罪を独占しているわけではないという前提にまさしく，これらの理論は立脚している。事実，学者たちはホワイト・カラー犯罪による膨大な損失，とくに企業によるものを明白にし，この有害な行動がなぜ起こるのかを探索してきた。

3．保守化時代の犯罪学理論

　多くの犯罪学理論が1960年代，1970年代の社会的背景へ反応して生まれたが，とくに富と権力において不平等が蔓延していることへの関心が強かった。米国は1980年代以降のレーガンとブッシュ政権時代に政治的に右傾化した。この時期，新しい犯罪学者たちが登場し，犯罪は社会の誤りではなく，むしろ個人の誤りに起因するという主張をするようになった。少なくともある程度まで，これらの説明は一世紀前に人気を博した犯罪モデルの再生——新しい言葉とより精妙な科学的証拠によって装いを新たにしているが——の試みと見なされて良いだろう。これらの理論の科学への貢献はさまざまであるが，しかし一致している点は，犯罪への反応は犯行者へのより過酷な制裁——とくに広範な投獄——に重点が置かれるべきであると主張していることであった。この意味でこれらの理論は犯罪の保守的説明と考えるのが最もよい。これについては第12章で触れている。

　この時期のその他の諸理論は内容なり性格において保守的なものではなかった。これらが描く犯行者は投獄が必要な邪悪な猛獣でもなく，厳格な抑止の必要な粗野な計略家でもなかった。しかもこれらの理論は批判犯罪学をそのユートピア的で非実践的な政策故に疑問を抱き（こららの理論は社会主義革命が間近であることに疑いを持っていた），また主流派犯罪学に対しても，犯行者ばかりに焦点を当てている（むしろ犯罪を実行する機会に焦点を当てるべきである）ゆえに疑問としていた。その主張では，犯罪の諸要因や，このような行為の発生をいかに阻止するようにこれらの要因を扱えばよいのかを理解させてくれるようなアプローチが必要であった。これらの理論にとって効果的な犯罪防止を導くような実践的考え方こそが大量投獄を叫ぶ保守主義の要求を阻止する唯一の方法であった。

　こうして13章は日常活動理論（routine activity theory）なり環境犯罪学（environmental criminology）に当てられている。これらは，犯罪の最良の理解は一つの「出来事」（"event"）として捉えることであり，これには動機のある犯行者だけではなく，法を破る「機会」（"opportunity"）（被害者となりやすい標的と犯罪被害を食い止めるための監視の欠落）とが関与している。主流派犯罪学理論では何が人をして犯行へと導く動機であるのかに歴史的に焦点が当てられてきたが，犯行の機会の違いが米国社会における犯罪現象の量と分布にどのようにして影響しているのかを体系的に評価してこなかった。さらにはこの観点で主張されている

ことは，犯罪減少のための最良の努力とは犯行者を変えることではなくて，社会的，物理的環境を犯行に適さないようにすることである（例えば家屋へ泥棒よけの警報機を設置する，銀行にガードマンを雇う，駐車場に監視カメラを設置する）。これがしばしば状況的犯罪予防（situational crime prevention）としばしば呼ばれているのは，ある特定の状況における犯罪の機会を減少させることに焦点が置かれているからである。

第13章ではまた合理的選択理論（rational choice theory）（これは機会論パラダイムと両立可能で，状況的犯罪防止を必要とする一つのアプローチである）と知覚抑止理論（perceptual deterrence theory）の観点を含む犯行者の思考と決心の研究に触れられている。これらの観点では，客観的ないし知覚された損得に規定された一つの選択と犯罪が見なされているので，保守的理論と合致するものを有している。しかしその観点の説明の仕方からは，過酷な刑事司法的罰を必ずしも正当化しているものではない。

1980年代には犯罪学者たち——国内外も含めてだが——は保守的犯罪学が犯罪戦争に対する重要な武器として大量投獄を好ましいとしていることに反対した（Currie, 1985）。一日の被告席を占める数が1970年代前半では約20万人であったのが，現在ではおおよそ240万人に増大していることに犯罪学者は驚いている（Newburn, 2007）。これほど劇的ではないにせよ，似たような傾向がいくつかの欧州諸国で起きている。40年以上にわたって批判犯罪学者は保守的犯罪学を拒絶することをおそらくは最も声高に一貫して主張してきた。〈現行の〉批判〈犯罪学〉的見解は1960年代，1970年代にその根を有しているが，保守的な犯罪イデオロギーの解体や「強硬路線」（"get tough"）政策による弊害を暴露する必要性があって発展してきた。

これらの観点は第9章で述べられているが，これは第8章の葛藤理論の議論の延長上にある。ここでの焦点は批判的理論の新たな方向に当てられている。英国や他の欧州の学者の洞察をも含んでいるその貢献は社会的現実の伝統的解釈への挑戦，とくに保守論者の賛同する国の鎮圧政策の効果と公正さへの挑戦によって我々の犯罪理解を豊かにしてくれている。この章ではポスト・モダンの思想，英国のニュー・クリミノロジー（new criminology）の発展の初期から現在左翼リアリズム（left realism）として知られているものへの展開，ニュー・ヨーロピアン・クリミノロジー，文化犯罪学，有罪者による犯罪学（convict criminology）が言及されている。

4．21世紀の犯罪学理論

現行犯罪学理論は新旧の考え方を混合したものである。有力な伝統的理論は古びるが，死に絶えることはない。これらの理論は一旦生まれると，このパラダイムへの忠誠心は動揺するかもしれないが，しばしば犯罪学的活動へ統合されながら残存する。さらにはその中核的思想は時にはより巧緻なものとなり，実証的にも耐え得る観点となる（例えば，Sutherlandの分化的接触理論はAkersの社会的学習理論に変化した）。このような変化が生じると，休止しているように見える観点が再生され，新たな脚光を浴びるようになる（例えばAgnewや，MessnerとRosenfeldによって再活性化された緊張理論）。競合していた比較的古いいくつかの考え方が刷新されたものとなって生まれかわって，犯罪学理論と探究の方法を刷新する可能性を与えてくれるものとして，今なお存在している。

このような観点から，最後の二つの章は21世紀の犯罪観を重要な形で先鋭化しつつある理論モデルを扱っている。ある程度までこれら

の理論はイデオロギー的もしくは政治的偏向を持たないので，この意味で，新主流派（new mainstream）犯罪学的観点と捉えてもよいだろう。これらの理論に反映されている社会的背景とは，犯罪や他の社会問題の根本的解決は棄却された形で犯罪問題を改善しようとする，比較的中範囲的（middle-range）ないしは実践的な努力をすることに賛同することである。またこれらの傾向は環境犯罪学と前述した観点である状況的犯罪防止との人気の増大をも反映している。

こうして第14章では，今では生物社会的観点（biosocial perspective）と呼ばれることの方が多いが，生物学的理論化の再復活である。ある程度まで論争がいまなおあるにせよ，脳，遺伝子や他の生物学的諸因子の探究の流行は犯罪学の中心に生物学的思考を復活させている。「犯罪人」探求の復活である。つまり，犯行者と非犯行者とを識別する生物学的特徴を探求することが再生しつつある。この探究は精妙なもので，いかにして生物学的諸因子が社会的諸因子と相互作用を起こし，行動を形成するのか解明することを目的としている。その政策的意義は複雑なものとなりかねない。というのも身体に犯罪性が根ざしている者たちを無力化するなり治癒させるなりの試みをこれらの理論は正当化する可能性を秘めているからである。

最後に第15章では米国犯罪学を次第に支配しつつある一つのパラダイムについて議論している。つまりライフ・コースないし発達犯罪学（life-course or developmental criminology）である。このアプローチが焦点を当てているのは，犯罪の根源がどれほど幼児期に遡れるか，ということである。この観点においてさらに論議されているのが，犯罪理解の鍵は人がどのようにして犯行者へと発達し，いかにしてその犯罪生活から抜け出すのかということである。これらの理論は若者を犯罪の危険に晒す諸因子を明示し，刑罰ではなく早期の介入を目的とする政策を要求しているために，一つの進歩的な政策の計画を提示している点で重要となりうるように思われる。

Ⅳ　結　論

以上，準備を整えたところで，犯罪学理論の説明への旅立つ段階となった。ある意味において著者らは犯罪学を巡る知的冒険への旅先案内人である。なぜ犯罪は起こるのかという謎を説明するために学者たちが実践してきた多様な試みを明らかにすることがその中心的課題である。犯罪的行為（criminal conduct）の原因が我々の身体，心，社会的関係にどのようにして存在しているのかを学者たちが探索してきたことを示したい。さらには学者たちが一致している点，不一致の点がどこにあるのかを明確にしたい。この知的冒険の旅を終えた暁には，犯罪の起因（origins）について豊富な知識を提供しおえることになるであろうことを深く確信するものである。

なお本書『犯罪学理論』のサブタイトル，「誕生の背景と政策的帰結」の選定には細心の注意を払った。理論の構成は人間の一つの営みである。それは概念と根拠についての公正な科学的評価のみならず，特有の歴史的時期を生きたその学者独自の人生をも反映している。従って犯罪学理論の発展を理解するには概念がそこで形成され，公表され，実行可能なものとして受け入れられる社会的背景を考慮することが必要である。さらに理論は実体的に作用する。つまり概念は（現実世界に）帰結をもたらす。犯罪抑止のあらゆる試みには基盤となる理論が存在している。犯罪に関する我々の説明にも，我々が推進している犯罪抑止政策を強調したり，正当化するようなことが伴うことは述べるまでもない。

第2章 「犯罪人」を求めて

Cesare Lombroso
1836-1909
パヴィア大学,トリノ大学,イタリア大学
「現代犯罪学の父」としばしば呼ばれている

　我々がこの章の内容について分析する前に,第1章で述べた2～3の警告的な論評を念頭に置くことが重要である。これらの考えを肝に銘じておけば,我々は,犯罪学の理論の背景と結末を紹介するという目的を,きっと達成できることであろう。

　憶えておいてほしいことは,犯罪行動の説明を探求することは容易ではないということである。なぜならば,我々は,絶えず偏見や先入観にとらわれたり,誤解したりしないように気をつけていなければならないからである。こういった問題に対して知的な警戒心を持ち続けない限り,我々の理解はかなり限定的なものになってしまうであろう。このことは,次章以降の章を検討していく中で,一般社会や専門の犯罪学者の間でも高く評価をされてきたような多くの犯罪理論もまた重大な盲点があるという理由で批判されてきているということを学ぶにつれて,はっきりとしていくことであろう。残念なことに,そのような盲点は,しばしば,犯罪そのものと同じくらい望ましくない結果を生み出してしまうような政策を創り出し,施行させてしまう原因となってきたのである。もちろん,我々は,非のうちどころのない政策をうち立てることはできないわけではあるが,犯罪理論が,刑事司法制度における政策と実践活動に確実に影響を与えているという事実を,心に留めておく必要がある。

　犯罪の説明というものは,それが一般社会によって作り出されたものか,専門の犯罪学者によって作り出されたものかにかかわらず,それが出てきた社会的背景の影響を受けているということを頭に入れておくことが重要である。これは,つまり,社会的背景は,過去だけではなく現在についての認識と解釈によって成り立っているものであるということである。そのことは,また,犯罪の説明には,それほど遠くない将来,犯罪と社会がどのようなものになっていくかについてのなにがしかの考察が含まれているということを意味しているかもしれない。

　このことは,Bennettが1987年に,犯罪が次の20～50年の間にどのようなものになるかについて述べていることを例にとって説明することができる。彼女の予測から四半世紀近く

27

たった今になって，我々は彼女が書いた内容を評価することができるわけであるが，その前に，彼女の著書である『犯罪ワープ』(Crimewarps)〈訳注　Crimewarps：The Future Crime in America. Georgette Bennett, Anchor Books (Garden NY)，1987.〉に影響を与えた社会的背景を簡単に検討してみると，我々の言う社会的背景の重要性という意味がよくわかる。このように，社会的背景には，時間や場所のような，一般的な社会学的要因が含まれている。そして，また，この著者の職業上の経験や機会も含まれているのである。

　Bennettが『犯罪ワープ』を書き始めた頃，すでに彼女は社会学で博士号の学位を取得しており，犯罪をテーマとして20年以上にわたって取り組んできた，熟達した学者であり，研究者，教師，そしてジャーナリストであった。さらに，彼女は，政策研究センター (Center for Policy Research)や調査報道センター (Center for Investigative Reporting)の一員でもあった。彼女はまた，NBC News のテレビ特派員としての経験や，PBSテレビのトークショー番組の司会者としての経験もあった。別の言い方をすれば，Bennettは，犯罪の主な動向を研究するための十分な経験があったと言うことができる。

　実際，彼女の本は，保険情報研究所 (Insurance Information Institute)から，「将来の犯罪状況 (the state of crime in the future)」(Bennett, 1987, p.vii)についてのコンサルタント，そして広報官になるよう要請を受けた経験から出てきたものなのである。Bennettの経験と保険情報研究所のコンサルタントの仕事は，彼女が「犯罪ワープ」という言葉を用いて犯罪に結びつけた推移する社会的背景の中で出てきたものである。彼女は，この『犯罪ワープ』という言葉を「次の時代の我々の生き方に影響を及ぼす，現在の趨勢の屈曲」と言う意味で使っている (p.xiii)。基本的には，彼女が論文の中で述べているのは，まさに，我々が，自分たちの社会の基本的な人口統計学的特徴と犯罪傾向とが劇的に変化しつつあると，考えるようになったことである。彼女は，このような犯罪ワープは，「一組の主な社会的変容」をあらわしているものであると述べている (p.viii)。全部で，彼女は6個の「ワープ」を見いだしている。例えば，彼女はワープの一つを「新型犯罪者 (the new criminal)」と名付けた。このことは，今日の「伝統型」犯罪者は，貧乏で無教育な若い男性であるという事実を言いあらわしている。人口統計学的データと現代犯罪の劇的なニュース記事に基づいて，Bennettは伝統型犯罪者は，比較的年上の高所得層の犯行者によって占められるようになると主張した。いくつかの傾向の一つとして，このような犯行者には，ホワイト・カラー犯罪や家庭内暴力に関与する女性がより多く含まれるようになるとしている。また，さらに，彼女は，10代の犯罪は減少し，高齢者が「老年非行者 (geriatric delinquents)として犯行現場に登場してくる」とも言っている (p.xiv)。

　Bennettの予測を再検討してみると，長期的な犯罪傾向の予測がいかに難しいかがよくわかる。彼女の未来の犯罪像に関する意見は，せいぜいごたまぜというところだったのである。現在のところ，彼女が「伝統型犯罪者」と呼んでいたものが，比較的年長の高所得者の犯行者によって取って代わられているというわけではない。また，1987年と比べて，より多くの女性がホワイト・カラー犯罪に関与しているという証拠はない。FBIは，近年，米国全体で認知された銀行強盗の6％が女性であったと報告している。これは，2002年の5％ (Morse, 2010)からわずかに上昇している程度である。また，1987年と比較して，10代の犯罪が減少してい

るとか，高齢者が「老人非行者」になってきているというような明白な事実は全くない。夫を殺した妻の数のように，家庭内暴力に関するいくつかの指標の中には，1976年から2000年の間に低下したものはあるものの，その他の家庭内暴力については変化していないままである。アフリカ系米国人の家庭内暴力による殺人は男女とも白人に比べてずいぶん高いままである（米国司法統計局，2007；Rennison, 2003）。

2009年から2010年前半にかけて，深刻な金融危機と財政不況が背景にあったが，ある種の犯罪の発生率は，驚くほど低かった。この時期には暴力犯罪が増加すると予想されていたが，今のところそうなってはいない。主要犯罪——暴力犯罪か否かにかかわらず——は，昨年［2008］の同時期と比較して7〜22％減少した（Dewan, 2009）。シカゴでの殺人は12％減少し，ノースカロライナ州のシャーロットでは総数は38％にまで減少した。同じことは他の都市，例えばフィラデルフィアなどについては言えない。仮に現在の二桁の失業率を伴う不況の間，ずっと減少傾向が持続したからといって，そのようにいうのは性急すぎるかもしれないが，単一な見方——Bennettによる人口統計学的データの活用のような——では，犯罪の傾向を説明できないことは明らかである。犯罪傾向は，正確に予測することがたいへん難しいのである。

ここで挙げた例の重要性は，Bennettの主張が正しいか否かとか，彼女の職業経験がどうであるかとか，我々の社会が劇的な人口動態の変動を経験していた時期に彼女が保険情報研究所から犯罪の将来について研究するように頼まれたという事実とかといった点ではない。むしろ，ここで肝に銘じておくべき教訓は，このようなすべての要因が合わさってこそBennettが，今日の社会についてわかっていること，そして将来どのようになると考えるかという視点において時期を得ている筋の通った犯罪に関する本を書くことが可能になったということである。忘れてはならないのは，著述家もまた，概念と同じく，自分たちが生きている時間と場所に捕縛されているということである。まさに，こういった理由によって，社会的背景をないがしろにして，犯罪学の理論を理解することはできない（Rennie, 1978）。あと数十年たたないと，Bennettの本の評価はわからないし，未来の「犯罪人」の姿がBennettの予測にあうかどうかはわからない。

もう一つ別の警告的な意見を述べておく必要がある。1980年後半の社会的背景がBennettの本のようなものを生み出したのと同じように，これまでの歴史的な時代背景が，別の種類の犯罪に関する理論を生み出してきた。

犯罪に関する初期の理論は，犯罪の原因を（Bennettのように）人口統計学的変動には求めず，むしろ個体内に，霊魂（心霊論／鬼神学）や意志（古典学派 classical school）に，あるいは体質（実証主義学派）に置いた。我々はこれらの各理論を本章で検討する。我々は犯罪人に関する探求をはじめる準備がようやくできた。まず，最も早期の説明——心霊論から話を始めよう。

I 心霊論

犯罪行動の説明として，心霊論は，今日用いられている学問的説明とは明確な対照をなすものである。今日の理論とは異なり，心霊論は，絶対的な善と絶対的な悪との間の葛藤を重視した（Tannenbaum, 1938）。罪を犯した人は，罪深い悪魔ともしばしば呼ばれる悪霊に取り憑かれていると考えられていた。

このような考え方が発生することは古代に消滅したとはいえ，このような説明が何世紀にも

わたってまかり通っていたという，考古学的，人類学的および歴史的に十分な証拠がある。例えば，我々が知っているように，原始人は，洪水や飢饉のような天災を，悪行に対する精霊の処罰であると説明していた。このような種類の考え方は，古代のエジプト人，ギリシア人やローマ人にも用いられていた。そのかなり後である，ヨーロッパの中世の時代になっても，心霊論的な説明が系統化され，封建的な政治的，社会的構造へと結びついていった。このような独特の展開となった重要な理由の一つとして，当初は，犯罪は被害者（あるいは被害者の家族）と加害者（たち）との間の私的な問題であるとされていたことがある。不幸なことに，このような犯罪に対する反応は，一族全体を滅ぼしてしまいかねない，長い血の確執を生み出す傾向にあった。そこには，正義という点でも問題があった。というのも強力な家族をバックに持つ犯行者は，決して罰せられることがないということになりかねなかったのである。

　いくつかのこういった問題を回避するために，犯罪を犯したことで罪にとわれた者を取り扱う別の方法が，構築された。例えば，決闘裁判（trial by battle）では，被害者あるいはその家族の一員は，加害者あるいはその家族の一員と闘うことが認められていた（Vold & Bernard, 1986）。神の存在を信じて信仰していれば，正しい方が勝つと信じられていた。不幸なことに，このような取り決めは，力のある戦士たちが，いつも自分たちが「正しい」という結果になるという確信に支えられ，犯罪行動を続けていくことを許したのであった。神判（trial by ordeal）では，有罪か無罪かは，被告人を生死にかかわるような，あるいは，苦痛的状況にさらして決定された。例えば，その身体に巨大な石を積み重ねられたりするようなことをした。彼らが無罪であれば，神は彼らが圧死せぬように守ってくれ，また，有罪であれば，痛ましい死がもたらされると信じられていた。また，人びとは縛られて川や池に放り込まれたりもした。彼らが無罪であれば，神は彼らを浮かび上がらせ，また，有罪であれば，溺死すると信じられていた（Vold & Bernard, 1986）。

　免責宣誓（compurgation）は，心霊論に基づく無罪か有罪かを決定するもう一つの代表的な方法であった。決闘裁判や神判のような肉体的な苦痛および／または生命の危険を伴うものとは異なり，免責宣誓では，名士に宣誓してもらった上で，被告人が無実であることを宣言してもらうことができた。その理屈は，誰も，神罰を恐れて，宣誓した上で嘘はつかないという信仰に基づいていた（Vold & Bernard, 1986）。

　同様の神罰に対する恐怖は，Erikson (1966) が，「無法な清教徒」（wayward Puritans）と呼んだ，初期米国のマサチューセッツ湾植民地の市民の犯罪や逸脱行動の説明にもなっている。そして，その後，刑務所（文字通りの意味は改悛所；penitentiary）がつくられたときには，それらは，自分たちが犯した罪業を悔いる悔悟者の場所だと考えられていた（Vold & Bernard, 1986, p.8）。最近30年の間にも，犯罪やそのほかの悪行は悪魔によって説明できると信じている多くの集団や個人をみてきた。例えば，1987年に，有名なPTLクラブ（Praise The Lord and People That Love，「主をほめよ」）の，「〈テレビの〉ゴールデンアワーの伝道師」，Jim Bakkerが，前の教会の秘書との一夜限りの不倫を告白したときに，彼の信者の中には，これは悪魔の仕業の結果であるという者もいた（「God and Money」，1987）。そして，米国国税庁の会計検査官が，PTL組織の数百万ドルの使途不明金を明らかにしたときも，Bakkerの当時の妻であったTammy Faye Bakkerは，コンピューターに悪魔が入り込

んだに違いないと言った（"T. V. Evangelist Resigns〈「テレビ福音伝道師辞任」〉", 1987)。また，犯罪行為で捕まったことのある他の人たちも，自分たちの行いを正すために神にすがった。例えば，ウォーターゲート事件で有名となったCharles Colson は，受刑者たちに，彼らが抱いている問題解決法として，キリストの教えをもちこんだ。

　もっと最近の例では，米国の福音主義キリスト教徒が，ウガンダを旅して，聖書を基盤とする価値観や，伝統的なアフリカの家族に脅威を与える暗い，隠された同性愛の問題があることを説いた (Gettleman, 2010)。卓越したテレビ伝道師，Pat Robertson と，『The 700 Club』の司会者が，2010 年 1 月のハイチの地震が起こってわずか数日後に公言したことは，植民地化して彼らを奴隷にしたものをハイチ人が追い出すと悪魔に約束を誓ったから地震が起こった，と言うものであった。「しかし，それ以来ずっと，彼らは，次から次へと呪われてきた」(Robertson, 2010, p.1；Miller, 2010, p.14 も参照）。

　「悪魔が私にそうさせた」というような議論は，人びとに変だとか異様だと批判されるかもしれないが，それでもなお，犯罪を理解して説明してみようとする人達の中には，それなりに理にかなっていると考える人がいるということを，記憶にとどめておくことが重要である。実際，つい最近まで，この種の説明に対する市民の関心は，我々の人口増加と同じ割合で大きくなってきたと主張されてきた。1980 年後半には，キリスト教会全国協議会（National Council of Churches）によれば，教会に登録する人の人数は，国の人口の増加とほぼ同じ割合で，漸増してきたとのことである。その当時，国民の 70％近くが，教会に通っていると回答しているが，その数字は，近年まで，横ばい状態が続いてきた（"U. S. Churches", 1987, p.A13)。2009 年前半までに，この傾向に変化がみられたが，それは，おそらくは，「家庭にかかわる価値観」のような問題に関する「文化戦争」が下火になったことや，信仰を基盤とする戦略に対する科学指導型政策の隆盛に伴って起こったものと思われる (Rich, 2009)。

　2009 年前半の米国宗教調査（American Religious Identification (ARI) Survey) (Grossman (2009) 参照）によれば，1990 年に行われた第 1 回の ARI 調査以来，ほとんどすべての宗派は減退したとのことである。「自身を何らかの形でキリスト教徒と称した人びとのパーセンテージが，一世代で 11％以上低下した」(Grossman, 2009, p.1)。1990 年に「無宗教」を選んで回答した人のパーセンテージは人口の 8.2％であると推定されたが，この数字は，2008 年には 15％にまで跳ね上がったのである。Grossman (2009) が調査で明らかにしたように，「今では，このカテゴリーは，カトリック派とバプテスト派を除けば，米国のどの主要な宗教団体よりも上回っている」(p.1)。しかしながら，心霊論的な説明の主たる問題は，科学的に検証することができない点にある。なぜならば，この説によれば，犯罪の原因は，別世界にあることになるので，実験的検証ができないからである。犯罪と社会秩序に関する現代の理論が，物質界に基盤をおいた説明に依存しているのは，主としてこの理由によるものである。これらの理論は，自然論的説明（natural explanations）と呼ばれる。

　自然論的理論と心霊論的説明は，ともに起源を古代世界に有している。こういった共通の起源を持つものの，二つの視点はかなり異なるものである。このように，事実の物質的な面に着目することによって自然論的理論では，心霊論にくらべてより特異的で詳細な説明が探求され

る。このアプローチによる考え方や説明はギリシア人によるところが大きく，彼らは早くから知識を探求し，世界を精神と物質からなる二元論的な実体に，哲学的にわけていた。このような考え方は，西洋では今なお支配的であるが，そのことは，人間の行動の説明を，熱情とか理性とかに限定する論法の存在からも明らかである。

初期の自然論的な説明の例は，「ヒポクラテス（紀元前460年）の格言，精神は脳にある」（Vold, 1958, p.7）に見いだすことができる。現象を自然論的な論法によって説明しようと努力したさらなる証拠は，その約350年後の紀元前1世紀のローマ人の考え方にあるが，それは「進歩」という概念を，悪魔や心霊にほとんど頼らずに説明しようとしたものである（p.7）。しかしながら，このような論法の存在は，悪魔的なそして心霊的な説明が，ローマ皇帝の時代には衰退し始めていたということを意味するものではない。実際，中世になっても，そのような〈心霊的な〉説明が強く支配していた。

一方，自然論的な説明は，心霊論的なものの見方が優位であったにもかかわらず，存続し続け，16そして17世紀頃には，数人の学者が彼らの認識論に基づいて人間を研究し，説明していた（Vold, 1958）。彼らの取り組みは，犯罪学古典派という集団として認識されるようになった。この章の後半で，我々は，〈古典学派に続く〉二つ目の影響力のある自然論的理論，犯罪学の実証主義派について考えてみる。

II 古典学派：計算する者としての犯罪者

古典学派の考え方の最も大切な特徴は，個々の犯罪者は，自分たちがしたいことを計算できる人であるという点を強調するところにある。この考え方は，人は自由意思を持ち，行動は快楽主義によって導かれるという哲学によって支持されていた。別な言い方をすれば，各個人は，自分たちの行動に関与する危険性と報酬とを計算する，苦痛と快楽の原則によって導かれるということである。従って，刑罰は，犯罪者の社会的あるいは身体的特性ではなく，犯罪に応じたものでなければならない。

もし，このような意見に違和感を覚えなければ，驚くことはないはずである。米国の法律の伝統的な基本理念の一つに，国民は法の下で平等に扱われなければならないということがある。人は，たまたまその人が由緒正しい家柄であるとか，力を持った家の出だということで，罰せられなかったり，報償を受けたりするべきではない。平等は，私たちの米国建国の父たちに影響を与えた18世紀，19世紀の啓蒙思想著者たちによって，広く支持された説得力のある概念である。ここで，とくに興味深いのは，犯罪学の古典学派の指導者とよく言われる，イタリアの数学者であり，経済学者であるCesare Bonesana Marchese de Beccaria（1738-1794）である。Beccariaこそが，18世紀の民主的自由主義の最も説得力のある多くの考え方をまとめて，刑事司法の問題と結びつけた人物である。Beccariaが貴族の家系に生まれ，しっかりとした一般教養の教育を受けるという恩恵にあずかっていたというのは事実であるが，彼が刑法の改革について書いた『犯罪と刑罰』という小さな本，これが後に「刑事法の未開拓な問題に対する長い戦いの中で，それまでに書かれたどの論文よりも，実際的な影響があったと広く認められるようになったということ」は，彼の生い立ちとはほとんど（少しはあるとしても）関係していない（Paolucci, 1764/1963, p.ix_；Beccaria, 1764/1963も参照のこと）。実際，Beccariaに関するある伝記をみると，彼に対する教育は，数学に対する関心はいくらか引き出したものの，学問に対する熱意を生み出

すことにほとんど失敗したことを物語っている（Monachesi, 1973）。しかしながら、この数学に対する関心もすぐに失せてしまい、その代わりに、現れたように思えるのは、1761年の自分の結婚に反対をする父親をはじめとする多くの現状に対する強い批判を持った満たされない若者であった（Paolucci, 1764/1963, p.xii）。Beccariaの偉大なる貢献を理解するためには、我々は彼の人生の社会的背景を調べて見る必要がある。

米国が、平等な保障、つまり、適正な手続き（due process）や国民による裁判によって国民を守ることに配慮するのとは違って、Beccariaの時代のヨーロッパの刑事司法制度、とくにフランスの旧体制は、「市民を破壊するようにつくられていた」（Radzinowicz, 1966, p.1）。それは、警察にも、刑事手続きにも、刑罰にもあてはまる特徴であった。例えば、パリの警察は、「世界の現行警察の中でも、最も冷酷かつ効率的な警察」であった（p.2）。彼らはフランス王制によって、刑事問題だけでなく、フランス市民の道徳や政治的意見の問題も取り締まることが許されていた。警察は、スパイ行為や大がかりな信書開披行為や詳細不明の容疑によって国民を令状なしに逮捕できるだけでなく、判決を下して無期限の勾留ができるという、国家によって認められた法的能力に大きく依存していた。

一旦、逮捕されてしまうと、被告人には法的保護がほとんどなかった。被告人は法的支援から切り離され、拷問にかけられ、家族や友人から切り離された。被告人に不利な証人は、秘密裏に証言した。有罪が確定すると、「火炙りの刑、車裂きの刑から、いろいろなかたちでの四肢の切断、鞭打ち、烙印や、さらし台の刑まで」と、刑罰は厳しいものであった（Radzinowicz, 1966, p.3）。18世紀初頭のロンドンにおける死刑執行は、6週間ごとに、5〜15人の死刑囚が絞首刑に処されるという状況であった（Lofland, 1973, p.35）。

Beccariaは、彼が住んでいたイタリアのミラノで、受刑者保護人事務所を構えていたAlessandoro Verriとの交際や友情を通して、このような状態をよく知るところとなった。このような状態に、激しい怒りを覚え、また、当時、モンテスキュー、エルベシウス、ボルテール、ベーコン、ルソー、ディドロやヒュームなどの学者の著作について理解を深めたばかりであったので、Beccariaは、人道のために筆をとるよう、小さな知識層のグループに励まされた。しかしながら、彼は書くことが好きでなかったし、また、彼が見解を表明することに対する政治的な報復を懸念するあまり、書きたいとは思っていなかった。彼は、自分の見解に対する王制による迫害をたいへん恐れ、彼は自分の本を匿名で出版する道を選んだ（Monachesi, 1973）。書き上げるまでに11カ月もかかったが、出版されるとその書物によって、ヨーロッパ中が興奮のるつぼと化した。1767年にその本が最初に英訳された時点で、フランス語やイタリア語ではすでに数版を重ねていた。では、何が書かれていたのであろうか？　何が、万人を興奮させたのか？

Beccariaの緻密な理論に基づいた議論は、比較的簡単な言葉で要約することができる（Radzinowicz, 1966；Vold, 1958）。まず、第一に、戦争や無秩序を回避するために、個人は自分たちの自由をいくらか返上して契約社会を確立した。これによって、国家の主権と、国家が刑法を作って犯行者を罰する力が形成された。第二に、刑法は各個人の自由に制約を課すのであるから、その適応範囲は制限されなければならない。それは、道徳的美徳を押しつけるために用いられてはならない。不必要に人の行動を禁止することは犯罪を減少させるより、むしろ増加

させることになる。第三に，無罪の推定は，司法行政の基本理念であらねばならない。そして，司法手続きのあらゆる段階で関係者全員の権利が守られねばならない。第四に，完全な成文法の刑法典で，すべての犯罪と刑罰が事前に定義されていなければならない。このことによって，国民は自分たちの自由が，守られているか否か，どのように守られているかを判断することが可能になる。第五に，犯罪は他の個人の権利を侵したのであるから，刑罰は，因果応報論に基づいていなければならない。第六に，刑罰の重さは，限られたものでなくてはならず，犯罪の防止や抑止に必要な限度を越えてはならない。第七に，刑事処罰は，犯罪の重大さに応じたものでなくてはならない，つまり，刑罰は犯罪者ではなく犯罪に相応したものでなくてはならない。例えば，罰金は単純な窃盗に適しているであろうが，体罰や懲役による厳しい制裁は，暴力犯罪に対して許されるであろう。第八に，刑罰は，確実に，速やかに課せられねばならない。第九に，刑罰は，みせしめのために施行されるものであってはならず，犯行者矯正に関係するものであってもならない。第十に，犯行者は，犯罪の結果を考量していた理性ある独立した人間として考えられていなければならない。犯行者は，非犯行者と同程度に犯罪を避ける能力があると推定されていなければならない。第十一に，Beccaria にとって，あらゆる，よき法律制定の目的は，犯罪防止にあった。彼は，犯罪を犯したものを罰するよりも，犯罪を防止することがよいと論じた。

しかしながら，Beccaria だけが，その時代にこのようなことを深く考えた唯一の学者ではなかった。イギリスの法学者で哲学者である，Jeremy Bentham（1748-1832）もまた，刑罰は抑止力でなければならないと主張し，彼も，行動は，自由意志と「快楽主義的な計算」との結果であると説明した（Bentham, 1948）。John Howard（1726-1790）もまたイギリス人で，Beccaria や Bentham と同時代の者であるが，彼は刑務所を調査し，刑務所の改革を推進した（Howard, 1792/1973）。彼の仕事は，刑務所の改革についての取り組みを示した 1779 年のイギリスの懲治監獄法（England's Penitentiary Act of 1979）の可決に影響を与えたと，高く評価されることが多い。

しかしながら，これらの著作者たちの影響は，特定の法案の可決にとどまらなかった。彼らの考え方は，革命や，全く新しい法典の制定を引き起こした。1789 年のフランス革命とその有名な 1791 年〈刑〉法典，米国憲法は，いずれも古典学派の影響を受けている。しかし，1820 年代の時点では，犯罪はまだ多く，悪い法律が悪い人間をつくり出したという考え方は，ひどく疑問視されていた（Rothman, 1971）。また，すべての犯罪行動が快楽主義によって説明されるという考え方は，加重事情（aggravating circumstances）や軽減事情（mitigating circumstances）の重要性に対する認識が高まると共に，衰退していく方向にあった。また，新しくできた法律は，少年に個別の治療を提供するものではなかった。とはいえ，古典学派は，顕著なそして後々まで持続する貢献を果たしたのである。法律が公平で明確であり，刑罰が犯罪者ではなく犯罪に対するものであるという要求や，またすべての国民は公平で平等に扱われねばならないという信念は，今では社会通念となっている。しかし，啓蒙主義の「合理的人間という割り切った見方」——主として安楽椅子での思考に基づいた見解——によっては答えられなかった厄介な問題として犯罪が残った理由は何であったのだろうか。こうして，行為が，自由意志の結果ではなく，決定づけられたものであるという点に重点をおいた

「犯罪人」(criminal man) の新しい探求がはじまった。この新しい考え方の提唱者たちは、後に犯罪学の実証主義学派として知られるようになるものを創り出した。

III　実証主義学派：運命としての犯罪者

　古典学派と実証主義学派の最も大きな違いは、後者では、犯罪が多因子によって決定づけられるという考え方を確かめるための実証的事実を探求するという点にある。これは、犯罪は個々の犯罪者の自由意志や快楽主義の結果であると考えた Beccaria や Bentham の理論とは明確に異なる転換である。後に明らかになっていくように、19世紀の最初の実証主義者たちは犯罪が個人に内在する特性によって引き起こされたものであるという科学的証拠が欲しかったのである。彼らは、まず、犯罪者の心と体に重点を置き、ある程度までは、個人の外側にある社会的要素を無視した。（これらの因子は、後に犯罪の社会学的な説明の焦点となった。このタイプの説明については後に詳述する。）

　しかし、実際、犯罪が引き起こされる原因の探求は、19世紀の実証主義者にはじまったことではない。例えば、文学においては、その初期の例として、容姿の美醜という概念で善悪の行動に肉体を結びつけている。シェイクスピアの『テンペスト』では、奇形がある召使いの道徳心が、その容貌と同様にひどいものとして描かれているし、ホメロスの（叙事詩）『イリアス』では、悪口ばかり言う、嫌われ者が、ギリシア人で最も醜い者の一人であったと表現されている。このような思考形態は、出場者が人前に出て、肌もあらわにした体をさらすだけでなく、何らかの芸術的なパフォーマンスまでして互いに競い合うという、現代の美女コンテストをみても明らかなように、今日でも存在している。美女はよい行いをすることになっている。性差別主義的な考え方の例ではあるが、体の特徴と行動の関連性は科学的とはいえない。

1. 実証主義学派の誕生：Lombroso の犯罪人学説

　現代の犯罪の多因子的な説明の探求は、通常、しばしば「現代犯罪学の父」と呼ばれるイタリア人、Cesare Lombroso (1835-1909) の影響を受けているとされている (Wolfgang, 1973, p.232)。彼の研究の鍵と彼の人生の社会的背景は、彼自らが、自分を「事実への隷属者」という、古典学派の著述者たちではありえなかったような言葉でもって表現していることに見いだすことができる。Beccaria がパヴィア大学を卒業 (1758) した時期と、Lombroso が同じ大学を、医学の学位を授与されて、卒業 (1858) した時期の間の100年の間に、非宗教的で論理的な科学的思考や実験が、現実を分析する方法として、ますます受け入れられるようになった。

　Lombroso の研究を理解する基本的な手がかりは、19世紀後半の間に、「人間はいかなる生物か」という永年の疑問に対する答えが、神学的な答えから脱して、客観科学、とくに生物学によって与えられた答えになってきたということを認識することである。その答えは、人間の生物としての起源が、ほかの動物界と進化によって、連繋されたということである (Vold, 1958)。この連繋性にかかわりを持つ19世紀の人物は、チャールズ・ダーウィン (1809-1882) をおいてほかにはいない。彼は、人が動物から進化したという論を唱えたイギリスの生物学者である。彼の主著である、『種の起源』(Darwin, 1859/1981)、『人間の由来』(The Descent of Man) (Darwin, 1871)、『人および動物の表情について』(The Expressions of the Emotions in Man and Animals) (Darwin, 1872) は、す

べてLombrosoの研究の以前に発表されたものである。Lombrosoにとって，人間の行動の説明を客観的に探求することは，自由意思哲学と意見が食い違うことを意味していた。彼は，「詳細な脳の解剖学および生理学的研究に裏付けられた」精神医学に興味を持つようになった（Wolfgang, 1973, p.234）。

Lombrosoの犯罪行為の生物学的な説明に対する関心は，彼がいくつかの駐屯地で陸軍の軍医をしていた1859年〜1863年の間に発展していった。彼は，この時期に，疾病が，とくにクレチン病やペラグラにおいて，「暴力や殺人を招く危険性がある」精神的あるいは身体的な欠陥の原因となるという概念をつくりあげた（Wolfgang, 1973, p.236）。彼は，自分の軍医という身分を利用して，約3,000人の兵隊を系統的に計測して，イタリアのいろいろな地方の住民間の身体的な相違を記載した。この研究から，Lombrosoは，「刺青，とくに，かなり卑猥なデザインについての観察」を行ったが，「それは規律をやぶる兵隊の特徴だと彼は感じていた」（p.235）。後にLombrosoは，刺青を入れていることを，犯罪者の顕著な特徴として用いるようになった。彼は，生物学——とくに脳病理学——は犯罪行動を説明できるという考え方に基づいた彼の研究を，1861年に初めて発表して以来，一連の論文として出版した。彼が，『犯罪人論』（On Criminal Man）（Lombroso, 1876）で自分の成果を公表した1876年には，彼の研究は，生物学的だけでなく進化論的な焦点も組み込まれていた。この本は，イタリアで数版改訂を重ね，また，外国語にも翻訳された。

Lombrosoの初期に書かれた犯罪に関する本の中心的な考え方は，犯罪者は，非犯罪者と一線を画す独特の体型に特徴づけられるということである。大まかに言えば，彼は，犯罪者は，進化過程の比較的早期の形態を反映した身体的特徴にあらわれた，変質の一つの型を代表するものであると主張した。彼は，犯罪者は，隔世遺伝的に，進化における比較的早期の形態に先祖帰りしたものであると記載した。例えば，彼は，異常な大きさの耳，傾斜した前額部，過度に長い腕，引っ込んだ頤，斜鼻などは，犯罪者たちにみられる身体的特徴の指標と考えたのである。

Lombrosoは，犯罪者を四つの大きなカテゴリーに分類した：(1) 生来性犯罪者（born criminals），すなわち，隔世遺伝的な特徴を持つ人。(2) 精神病性犯罪者（insane criminals），この中には，白痴者〈最重度知的障害者〉（idiot），痴愚者（imbecile）や偏執症者（paranoiac）のみならず，癲癇者（epileptic）やアルコール中毒者（alcoholic）などが含まれる。(3) 機会犯罪者（occasional criminals）あるいは準犯罪者（criminaloids），これもまた犯罪への素因なる生まれつきの特性を持ってはいるが，彼らの犯罪は基本的には機会的要因で説明がつくものである。(4) 熱情性犯罪者（criminals of passion），怒り，愛や名誉によって犯罪を犯す者たちで，「抑えがたい力」によって犯罪に駆り立てられることによって特徴づけられる（Wolfgang, 1973, pp.252-253）。

Lombrosoの名誉のために言うならば，彼は『犯罪人論』の五つの版を重ねる中で，自分の説を修正し，新しい版を出すたびに，気候，降雨量，性，結婚の慣習，法律，政治機構，教会組織やその他の要因の影響などを含む，環境的な説明にさらに大きな注意を向けるようになっていった。しかし，彼は，生来性犯罪者という類型が存在するという考え方を捨てることはなかった。また，彼は，犯罪行動に生物学的な説明を関連づけた人物であると考えられている場合が多いが，彼がこれを初めて行った人物というわけではなかった。

例えば，このような考え方は，1760年代に，顔の特徴と行動の間に相関がみられると唱えた，スイスの学者，Johann Kaspar Lavater (1741-1801) によって，展開された。その後，著名なヨーロッパの解剖学者である，Franz Joseph Gall (1758-1828) はこの考え方を発展させて，各個人の頭の形によってその人物の個人的特徴を説明できると主張した。この説明理論は，骨相学と呼ばれ，1820年代までに，米国で，大きな関心を集めていた。このテーマに関するある一つの書物を例にとれば，1837年から1840年の間に九つの版が出されたほどである (Vold, 1958)。教訓的な意味から，言及しておかねばならないのは，骨相学の評判が高まるにつれてその説明能力が拡大され，ますますいろいろな人間の行動が頭の形で判断できると唱えられるようになったということである。骨相学が，我々にとって重要である点は，Lombrosoが，医学の学位を授与された1858年よりも50年近く前，つまり彼が現代犯罪学の父とまで呼ばれるようになるずっと以前から，行動を生物学的に説明することが人びとに支持されていたということである。実際，Ellis (1913) は，二十数人近くのヨーロッパの学者が，Lombroso以前に，犯罪者の身体的，精神的特徴と行動との関係を指摘していることを見いだしている。これらの学者の中には，ロンドンの調査報告である Henry Mayhew や John Binny，スコットランドの刑務所の医師であったJ. Bruce Thomson やロンドンでもてはやされていた精神科医，Henry Maudsley などがいる (Rafter, 2008)。では，なぜ，Lombrosoについて，勉強し，頭に入れておかねばならないのであろうか。

今日，Lombrosoの犯罪に関する生物学的な説明は，単純で素朴なものであると考えられているが，彼は，犯罪学に影響を残し続ける大きな貢献をした。ここで，最も注目に値するのは，彼が犯罪を，遺伝学的な要因だけでなく，社会的，文化的や経済的な変数などの多くの因子によって説明するという点に着目したということである。この多因子的な説明は，今日の犯罪の研究では，一般的なものとなっている。Lombrosoは犯罪の研究を，刑罰学の基礎としての抽象的な形而上学的，あるいは法律的，法学的な説明となることから遠ざけ，「犯罪者や犯罪者が犯罪をおかす条件の科学的な研究」にしたことで，高く評価されている (Wolfgang, 1973, p.286)。我々はまた，彼が研究方法に関して教えてくれた教訓の恩恵を受けている。彼は，病歴や経歴を調べることの重要性を示し，また，犯罪行動についての説明を探求する場合には，どんなに些細なことも見逃してはならないことを強調した。

彼は，また，始まったばかりの19世紀後半の国家が，産業化や移民の流入，都市化，戦争などに伴って派生した破壊的な人びと——犯罪者，精神病者や他の社会的逸脱者など——を取り扱うことができるための考え方や刑罰学的な計画の遺産を残した。これらの貢献は，1870年に南北イタリアが地理的には統合されたが，「依然として国家が政治的に激しい分裂によって特徴づけられていたこと，つまり，国民にとって新しい国家の政府よりも自分たちの住んでいる町との方との結びつきが強いという，現実に基づかない名ばかりの国家であったということ」に，大きな影響を受けている。彼の母国が長い間，宗教や政治によって細分されていたために，続いて引き起こされる問題を予測して，無秩序に対しどのように対処すればよいかという明確で合理的な計画を創り出すことに彼は深い関心を持っていた。彼には，また，もう一つの，おそらくは，これが最も重要であるが，犯罪学者としての貢献があった。Rafterによれば，

彼はその時代に「パラダイム変換を起こした人物」といわれる資格のある唯一の犯罪学者であるとのことである（2008, p.85）。彼は，犯罪の原因というテーマを宗教的罪から切り離し，科学の領域に置いたのであり，それが今日にまで至っているのである。

2．Lombrosoの遺産：イタリア犯罪学的伝統
1）Enrico Ferri

Lombrosoの実証主義の遺産は，その弟子であるイタリア人，Enrico Ferri（1856-1929）の輝かしい経歴と人生によって受け継がれ，発展していった。塩とタバコの小売店主の貧しい家庭に生まれたが，Ferriは，犯罪学の歴史の中で，最も影響力のある人物の一人となった（Sellin, 1973）。1925年11月，当時70歳であったFerriの講義を，一人の若者として聴いた，世界の最も著名な犯罪学者の一人であるThorsten Sellinに言わせれば，「Ferriは，学者としてそうであるのと同じくらい魅力的な人物である」とのことである（Sellin, 1973, p.362）。Ferriは，素晴らしい考え方と強い情熱を持った学者であり，理想のない人生は，どんな人生であれ，生きている価値がないものであるという信念を持っていた。Ferriは16歳のときには，強い自分の信念を持った偉大な教師の影響を受けて，「科学的方向」に将来を捧げる決意を膨らませていた。Ferriは哲学の研究をするために，官僚の服をまとうことを断念した。『帰責能力と自由意思の否定』（The Theory of Imputability and the Denial of Free Will）（Vold, 1958, pp.32-33）を出版したとき，彼は，まだ21歳であった。それは自由意思の主張に対する強い反論であり，後の，彼の犯罪性に関する研究だけでなく，彼の政治的実践主義の大部分を特徴づけることになる論理的視点をもちあわせたものであった。社会的な要因よりも生物学的な要因に，より注目したLombrosoとは異なり，Ferriは，犯罪に寄与する社会的，経済的そして政治的な要因の相互作用に，より重点を置いた（Vold, 1958）。例としてあげるならば，彼は，物理的な要因（例えば人種，地理的要素，温度），個人的要因（例えば，年齢，性別，心理学的変数）や社会的要因（例えば，人口，宗教，文化）の相互作用の影響を研究すれば，犯罪現象（criminality）を説明することができると主張した。彼はまた，その多くが労働者階級のために行われる社会改革によって，犯罪は抑制できると主張した。彼は，国庫補助金つきの住宅，避妊指導，結婚および離婚の自由，公的レクリエーション施設の実現を提言したが，それら一つ一つは，国家にはよりよい生活と労働条件を創り出す責任があるという，彼の社会主義者としての信念を反映したものである。Ferriが政治的活動家でもあったのは何ら不思議なことではない。

彼は，小作人の集団が裕福な地主と論争した後に「内乱の扇動」で訴えられ，大々的に報道された訴訟において，弁護に成功した後に，下院議員に選出された（Sellin, 1973, p.377）。彼は社会党によって，11度再選され，1924年までこの党に籍を置いた。Ferriは，彼の生涯において一貫して，政治的変化と彼の実証主義的犯罪研究手法を統合することを試みた。その一例として，彼は，新しいイタリアの1889年の刑法に古典的学派の理論ではなく，実証主義的な哲学を反映させようとしたが，うまくいかなかった。そして，1920年代前半にムッソリーニが実権を握ると，Ferriはイタリアの新しい刑法の起草を要請された（Vold, 1958）。その草案は彼の実証主義的，社会主義的方向性が反映されたものであったが，古典学派の法的理論から，あまりにもかけ離れたものであったために，却下された。リベラルな社会主義者として50年

近く過ごした後，Ferriは，その信条が変化し，改革の実践的なアプローチとしてファシズムを支持した。Sellin（1973）によれば，ファシズムは，Ferriを魅了した。なぜならば，ファシズムは，彼がいつも批判していた，行きすぎた個人主義に対する国家権力の支配を再び肯定するものであったからである。

　Ferriが，社会主義者からファシズムに転向したことを理解することはなかなか困難であるが，彼は社会が大きく変貌する時代に生きていたので，生まれが恵まれていない彼としては，よりよい社会を生み出すことのできる変革を求めていたのであると考えてみると，いくらか，本質がみえてくるようである。彼は，この改革を成し遂げるためには，個人個人は，神に対して道徳的に責任を持つのではなく，法律的に責任を持つようにならねばならないと考えていた。このような責任に対する考え方は，伝統からの急進的な脱却を示すものであった。なぜならば，そのような考え方は，犯罪を説明するだけでなく，法律をつくって刑を執行することを「科学的専門家」に要求する，理論的な枠組みの中から出てきたからである。要するに，それは，国家が社会政策の問題において，「科学的に」行動することを要求するものであった。

　Ferriの法的責任に関する要求は，イタリアが，主に1800年代後半の工業化とその後においては第一次世界大戦が原因で起こった社会不安によって生じた混乱に悩んでいた時期に出てきたものなのである。Ferriがイタリアの変わりゆく状況に影響を受けていたということは，『犯罪社会学』（Sociologia Criminale）の初版から4版おいて，彼が次の五つの犯罪人の分類のみを挙げていたという事実からも明らかである。それらは，（1）生来ないし本能的な犯罪者（born or instinctive criminal）（Lombrosoが隔世遺伝者として扱ったもの），（2）精神病性犯罪者（insane criminal）（精神的疾患であると臨床的に診断がついているもの），（3）熱情犯罪者（passion criminal）（持続性ないしは慢性の精神的問題あるいは情動状態の結果として犯罪を犯したもの），（4）機会犯罪者（occasional criminal）（個人の身体的ないし精神的異常というよりもむしろ家族や社会的状況の結果であるもの），そして（5）慣習犯罪者（habitual criminal）（社会環境から犯罪の習慣が身についたもの）である。『犯罪社会学』の第5版（1929-1930）から，Ferri（1929-1930）は，新しい犯罪の説明——非自発的犯罪者（involuntary criminal）——を加えた。Ferriは，この現象は，「目もくらむようなスピードで近代化される社会における機械化の時代の中で，ますます増加するようになってきている」と説明した（Sellin, 1973, p.370）。

　我々はまた，Ferriのファシズムに対する関心は，公的扶助の社会的欠如から生じたわけではないということを理解しておく必要がある。ムッソリーニが1919年にイタリア戦闘者ファッシ（Fasci del Combattimento）を組織してから，1924年の最初のイタリアの選挙で65％の票を獲得するまでに，わずか5年という年月しかかからなかった。ムッソリーニがFerriに，イタリアの法典を改正するように要請したときのFerriの対応は，この時代の雰囲気にみあったものであった。

2）Raffaele Garofalo

　LombrosoとFerri以降では，Raffaele Garofalo（1852-1934）が，実証主義者すなわち犯罪学のイタリア学派に大きく貢献した最後の人物である。Lombrosoが，犯罪者は，明確に区別される，異常な解剖学的，心理的あるいは社会的な特徴を持った類型であるということを強調したことや，Ferriが社会改革や犯罪に対する社会

防衛に重点をおいたのとは異なり，Garofaloは，彼の時代の法的諸制度に存在する具体的な問題に対する実践的な解決法を追求したことや，彼の「自然犯」（natural crimes）に関する理論で有名である。

いろいろな意味で，Garofaloの研究には，19世紀後半のヨーロッパの関心の動向が，LombrosoやFerriの研究のいずれよりも，よくあらわれている。このことは，三つの別々の，しかし相互に結びついた現象の結果である。まず，第一に，Garofaloは，Lombrosoが医学の学位を授与されるほんの6年前に生まれたということである。従って，Garofaloが大人になった頃には，LombrosoやFerriの主要な業績に対して，ある程度の反論が出てくるのに十分な時間が経過していたことがあげられる。第二に，Garofaloは，学者でもあり，また，日常的に刑事司法制度の現実的な問題に直面する実践的弁護士，検事，判事としても活動していたことがあげられる。そういうわけで，彼は，LombrosoやFerriの研究が，学会や刑事実務の世界の両方で大きな注目を集めた点や，彼らの著作の政策提言的な意義についてよく知ることのできる，うってつけの立場にあった。第三に，Garofalo（1885）が，33歳で『犯罪学』（Criminology）の初版を出版したときは，刑法や刑罰の実践によって，社会がいかに適者生存を保証できるかという問題に対して，生物学，心理学や社会科学の方から，数えきれないほど多くの提案がなされた，社会ダーウィン主義時代の絶頂期であったことがあげられる（Hawkins, 1931）。

Garofaloの，犯罪の特質や犯罪人の特質に関する論理的主張は，社会ダーウィン説に合致するものであった。例えば，彼は，社会は「自然の生体」（natural body）であるので，犯罪は，「自然法（law of nature）に反する」行為であると唱えた。従って，「自然法」は，人間の合理的思考によって示された正しい行為の規則であるということであった。このように，Garofaloの考え方にも，明らかに古典学派の影響がみられ，合理的思考に重点がおかれていた。Garofaloにとって，行為に関わる適正な規則は，そのような規則が何を許し，何を禁止するかを考えるところから出てくるものであった。とはいうものの，彼は，どの社会でも犯罪であると認識しないわけにはいかないし，刑罰を与えて抑制しないわけにはいかないような行為を見つけ出し，それを，自然犯（natural crimes）とした。Garofaloによれば，このような犯罪は，あらゆる時代の人びとに存在する二つの基本的な人間の感情，すなわち，誠実さ（probity）と哀れみ（pity）の感情を害するものであるとのことである（Allen, 1973, p.321；Vold, 1958, p.37）。哀れみとは，意図的に他人を傷つけてしまうことに対する嫌悪感である。誠実さとは，他人の所有権を尊重することである。

Garofaloの考え方に社会ダーウィン主義的な影響がみられるということは，誠実さと哀れみの感情がどこに存在するかという彼の説明からも明白である。それらは，「あらゆる文明社会において進歩した形態で」（Allen, 1973, p.321），多かれ少なかれ出現してくる基本的な道徳的感受性であるが，それは，つまり，高度な道徳的理性が出現するレベルまで進化していない社会もあったということである。同じように，ダーウィン主義の影響はGarofaloの，社会の中には，「集団の中の優れたメンバー」であるために，平均を上回る道徳観を持っているものがいるであろう，という主張に現れている（p.321）。

Garofaloの犯罪者の特徴についての概念もまた，ダーウィン主義の影響をあらわしているが，それは，彼が，刑罰と刑事政策の問題について取り組んだときほどではない。彼の理論的

主張の中で、この点について展開する過程で、彼はまず、Lombroso学派の、犯罪がいくつかの解剖学的ないしは身体的な特徴と関係しているという考え方について再検討し、その考え方に評価すべき点はあるとしても、証明されていないと結論づけた。犯罪者に、身体的な異常がみられることも、そうでないこともあったのである。彼はその代わりに、真の犯罪者（true criminals）は、正しく成長した利他的な感情を欠いているという考え方を唱えた（Allen, 1973）。言い換えれば、真の犯罪者には、遺伝によって受け継がれる可能性のある精神的あるいは道徳的異常があるということであった。だが、道徳の欠如の遺伝は、程度問題であった。この結論から、Garofaloは四つの犯罪者の分類を同定するに至ったが、それぞれの分類は、互いに誠実さと哀れみの基本感情の欠如という点で明確に区別された。

殺人者は、誠実さと哀れみの感情を完全に欠いており、機会さえあれば、殺したり、盗んだりする者であるとした。これよりも軽い犯罪者について、Garofaloは、それらを明確にすることはより難しいことを認めた。彼はこの範疇については、犯罪者には誠実さの感情か哀れみの感情のいずれかが欠けているという点から分類した。暴力犯は哀れみの感情を欠いているが、それは、アルコールの影響やある地域住民の間で犯罪がはやっているというような環境的な要因の影響を多分に受けやすいものであるとした。一方、窃盗犯は、誠実さの感情を欠いていること、すなわち、「他の分類の犯罪者にくらべて、社会的な要因の結果である可能性がより強い」状態が原因であるとした（Allen, 1973, p.323）。彼の最後の分類は、冷笑家や性犯罪者からなるが、その中には、哀れみの感情を欠いているという点で暴力犯に分類されるものもあろう。他の卑猥な犯罪については、別の分類が必要であった、というのは、そういった行為は哀れみの感情の欠如ではく、「低レベルの道徳的力」に起因するものであるからである（p.329）。

彼が犯罪に対する社会防衛のための適切な措置について検討したときほど、彼がダーウィン主義的思考に依存していることが明白なことはなかった。彼は、ここでも、社会を自然の生体に例え、それは、必ず環境に適応するか、あるいは淘汰されるものであるとした。彼は、真の犯罪者たちの行為は、社会が存続するために必要な基本的な人間の感情を伴って生きていく能力がないことのあらわれであるから、それらは淘汰されなければならないという説をだした。彼らが死ぬことは、社会が生き残ることに貢献することになる（Barnes, 1930）。より軽い犯罪者について、彼は、それらの淘汰が、終身刑や国外への流刑の形態でなされることを提案した（Allen, 1973）。

Garofaloにとって、犯罪の抑止や犯罪者の更生は、二の次に考慮すべき事柄であったことは明白であった。だが、彼は、「強制賠償」と不定期刑を支持しており、このことは、Garofaloの犯罪に対する社会防衛策が、ある程度、犯行者の精神的な特性をもとに作られていたことを意味するものである。この点では、Garofaloの刑罰に対する姿勢は、彼自身が認めているよりもはるかに、古典学派の自由意思の考え方に沿ったものである。しかしながら、Garofaloについてのはっきりとした結論の一つに、彼は明らかに個人よりも社会を重要に考える立場をとっているということがある。彼にとっては、個人とは、社会に大きな（仮にあったとしても）損害を与えることなく、滅ぼされることのある、社会という生体の細胞の一つに過ぎないものである（Allen, 1973）。社会や集団に、個人に対する優位性を与えることによって、Garofaloや

Ferri は，個人の権利が，鑑定や裁判をするものたちの意見や社会の意見に耳を傾けることなしに判断される「科学的専門家」の意見の犠牲になることを厭わなかった。驚くほどのことではないが，彼らの研究は，イタリアのムッソリー二政府に受け入れられた。なぜならば，民族純化，国力強化そして権威主義的なリーダーシップという考え方に，科学的な信用の衣を提供したからである（Vold, 1958）。

イタリア実証学者の研究は，また，深刻な方法論的な研究上の問題をかかえていた。例えば，彼らの研究は統計学的に洗練されたものではなかった。その結果，犯罪者と非犯罪者の間にみられた，真のあるいは有意な差に関するかれらの結論は，実際，憶測の域を出なかった。

この問題は，Goring (1913) の行った，3,000人のイギリスの男性受刑者と非受刑者からなる対照群に関する研究で明らかにされた。Lombroso や Ferri, Garofalo とは異なり，Goring は，統計の専門家を雇って，犯罪者と非犯罪者の間の身体的差異について計算させたのであった。8年にわたる，96のいろいろな身体的特徴の研究の後，Goring は，犯罪者と非犯罪者の間には，身長と体重以外には，有意差はないという結論に達した。犯罪者はやや小さいことがわかった。Goring は，この研究結果から，犯罪者は生物学的に劣っているという，彼の仮説を裏付けるものと解釈したが，彼は身体的な面で，犯罪者の型というものは見いださなかった。

3．犯罪の個人的な根源のさらなる探求
1）体型と犯罪

体質的に決定づけられた犯罪人の探求は，Goring (1913) の研究成果によって終わりをつげることはなかった。Kretschmer (1925) は，このテーマを取り上げ，ドイツ南西部の町，Swabia の 260 人の精神障害者の研究を行った。彼は，自分の研究の対象者の中に，ある種の気質と関連があると考えていた明確な体型があるという事実に強い印象をうけた。まず，ドイツ語で 1922 年に出版され，1925 年に英語に翻訳された Kretschmer の研究では，四つの体型が見いだされた。つまり無力型（asthenic），闘士型（athletic），肥満型（pyknic）と，混合分類不能型（mixed unclassified）である。彼は，無力型は，やせて細長い体型で，体全体にわたって厚みが足りないことを見いだした。これらの人は，胸板が薄く，肋骨を容易に数えられる。闘士型の体型では，肩幅が広く，筋肉が発達して，胸板が厚く，お腹は引き締まり，脚もたくましい。これらの人は，1920年代にマスコミでもてはやされた，現代風のいい男（hunks）〈当時のマッチョ〉に相当するものであった。肥満型は，中等度の体格で，丸い肩，幅の広い顔，太短い手をしており，丸いというか，どちらかというと軟らかい外観を呈していた。Kretschmer は，無力型と闘士型は，統合失調症性人格と，一方，肥満型は，躁うつ性人格と関係していると主張した。

米国で英語の翻訳が出された4年後に，Mohr と Gundlach (1929-1930) は，イリノイ州のジョリエットにある州刑務所における，254人の現地で生まれた白人収容者の研究報告を出版した。彼らは，肥満型は，無力型や闘士型に比べて，詐欺，暴力，性犯罪で有罪となったものが多い傾向にあることを見いだした。一方，無力型や闘士型は，侵入盗，強盗や窃盗で有罪となったものがより多い傾向にあった。だが，Mohr と Gundlach は，体型，犯罪，気質との間のつながりを実証することはほとんどできなかった。

10年後，犯罪を引き起こす身体型の探求は，ハーバード大学の人類学者，Earnest A. Hooton によって取り組まれた。彼は，まず

Goring の研究手法についての強い批判に始まり，続いて八つの別々の州から集めた 17,000 人以上の犯罪者と非犯罪者について計測し，詳細な解析を行った（Hooton, 1939）。彼の 3 巻にわたる研究において，Hooton（1939）は，「犯罪者は，一般市民に比較して，ほとんどすべての身体的計測値が劣っている」（Vol.1, p.329）と指摘した。また，彼は，低い前額部は，下等であることを示すもので，「身体的，社会的に低い環境が，黒人や黒色人種が白人よりもはるかに非行に走ることを決定づけている」（p.388）と報告した。

Hooton の研究のこのような，そしてこれと類似の結論は，彼の研究に対する厳しい批判を巻き起こしたが，とくに，人種差別主義が強すぎる主張であるという批判と，彼が研究対象とした囚人には，捕まっていない刑法犯や，有罪だが刑を課せられなかったものが含まれていないことが考慮されなかった，という点で誤りを犯したという批判がなされた。彼の用いた対照群もまた，何らかのよく知られた集団を表しているものではないと批判された。ここでの対照群は，ナッシュビルの消防士や民兵であったが，これらのいずれも平均的な男性とは一線を画すであろう，厳しい身体検査に合格したものと考えられる。彼はまた，対照群に海水浴客や，精神障害患者，大学生なども含めていた。彼は，このような全く異なる種類の人の集団が，なぜ正常人の体型を代表しているということになるのかを説明することはなかった。また，Hooton は，測定値のわずかな差を大きな有意差として扱ったり，他に見つかった差を無視したりした点でも批判された。

ここで，重要なのは，Hooton や，生物学的説明を探求していた他の学者が痛烈な批判を受けていたにもかかわらず，このような探求は継続され，1940 年代から 1950 年代には，拡大されていったということを知っておくことである。一例として，William H. Sheldon の研究があるが，彼は，対象を大人から男子非行少年に移した。Sheldon（1949）は，体格を気質，知能や非行と関連づけようとして，15 歳から 21 歳までの 200 人の男性について調査した。詳細な身体的，心理的検査をもとに，Sheldon は，それぞれの男性の問題点の分析結果を手早く簡単に出すために用いる非行指標を作成した。合計点 10 点であれば，その少年の事例は重大で，施設への完全な収容が必要であることを意味し，7 点は，その事例はボーダーラインであり，6 点は社会適応が可能と考えられ，施設外での自立した生活が勧められると解釈された。

Sheldon（1949）は，少年の体型を，彼らの体を形成している三つの異なる体の構成要素（内胚葉型，中胚葉型，外胚葉型）の度合いを測定することによって分類した。体型は，いずれかの型によって支配されるとのことであった。内胚葉型は軟らかく，肥った人であり，中胚葉型は筋肉が発達したスポーツマン体型，外胚葉型は皮下脂肪が少なく，痩せて，虚弱な体型であるという傾向がみられた。Sheldon はまた，200 人の若者一人一人につき，それぞれの構成成分について 1〜7 点を割り当てて，体型を段階評価した。例えば，これらの 200 人の男性の身体的スコアは，3.5 − 4.6 − 2.7 であり，どちらかというと，がっちりとした男性をあらわしていることになる（p.727）。全体としては，Sheldon は，これらの若者は，これらの若者と同様に非行を行っていた両親から生まれてきたのであり，非行を引き起こす要因は遺伝すると結論づけた。

William Sheldon's の研究成果は，Sheldon Glueck と Eleanor Glueck〈グリュック夫妻〉の，非行少年と非行歴のない少年の比較研究によって大きな支持を得た（Glueck & Glueck,

1950)。集団全体としては，非行少年では，非行歴のない少年とくらべて，顔が細長く，胸郭が広く，大きく幅の広い腰，太い前腕と上腕をしていることがみられた。全部の少年たちの段階評価を調べたところ，非行少年の約60％，非行歴のない少年の約31％が中胚葉型であることが判明した。彼らは，この研究結果を男子少年非行と関連のある，一連の顕著な要因の一つであるとした。これまでに，犯罪行動を主として生物学的な要因で説明しようとした学者たちと同様に，彼らの研究結果は，社会学的事象の重要性を考慮していなかった。例えば，Glueck夫妻の中胚葉型が非行少年となったのが，彼らの体格や素質のためなのか，彼らの体型や素質が非行に関連していると社会的に思われているためなのかが，はっきりしていなかった。このことは，また，そのような少年たちが，違法行為をしなくてはというプレッシャーを感じかねない恐れを生み出す可能性もあった。

体型と行動を結びつける努力は，犯罪に関してだけにとどまらなかった。1995年に判明したことであるが，HootonとSheldonは，1940年代から1960年代にかけて，米国において最も名門である，いくつかのアイビーリーグの大学，ハーバード大学，イェール大学，ウェルズリー大学（Wellesley College）〈男女共学でなかった当時のアイビーリーグの大学の学部課程に相当する女子大の一つ〉などで，入学したときに1年生の「体の全身写真」を撮影するという，優生学的な実験に取り組んでいたのである。彼らは，体型と知能が何らかのかたちで関係しているという，今では否定的となっている考えを，追求し続けていたのである。彼らの実験のために撮影された「米国の支配者層」には，ニューヨーク州選出上院議員，ヒラリー・ローダム・クリントン，前大統領のジョージ・H. W. ブッシュ，ニューヨーク州知事のジョージ・パタキ，オクラホマ大学学長のデビッド・ボーレン，テレビジャーナリストのダイアン・ソーヤーなどがいた。写真は1960年代に実験が終了した時点で，いくらか破棄されてはいたものの，1995年においても，ワシントンDCのスミソニアン博物館には，20,000人の男性と7,000人の女性の写真が保管されていた。それ以後，写真は破棄されている（"Naked Truth Returns", 1995；"Naked Truth Revealed", 1995；"Smithsonian Destroys", 1995）。

2）犯罪の心因

ここで，我々は，犯罪の原因として体型に重点を置かない，実証主義のもう一つの形に着目してみることにする。ここでは，犯罪の原因の探求は心に向けられている。このような理論は，犯罪の説明をするために，人格と人格形成の仕方に着目するため，しばしば，「心因学派」（psychogenic school）と呼ばれる。このように，この分析法は，生物学的実証主義で重点がおかれたような「体質的」のものではなく，むしろ「力動的」なものに重点を置くものであった。この学派を構成する考え方は，精神分析に重点をおく，あるいは性格特性に重点をおくという二つの異なる路線で発展していった。

まず，Freud（1859-1939）と，精神分析学的な考え方から，話をはじめることにする。医師であるFreudは，何が犯罪行動の原因なのかという問題には，直接的には取り組まなかった。彼は，犯罪を含めた，すべての行動を説明づけることに興味を持っていた。彼は正常の行動に対する説明を見いだすことができれば，必ず，それによって犯罪についても説明ができると推論した。

Freudやその一派の理論の中心には，すべての行動は，動機と目的によってなされるものであるという議論がある。しかしながら，すべて

の欲望と行動が社会的に受け入れられるわけにはいかないので，それらは，道徳と社会秩序のために，無意識の中に抑圧されるはずである。その結果，攻撃的な生物学的，心理学的衝動の大きな貯蔵所である無意識的イドと，個人を制御し形成する意識的エゴとの間に葛藤が存在することになる。超自我は，Freud（1920, 1927, 1930）によれば，特定の文化の中の基本的行動要求を反映している自己批判力である。従って，犯罪は，各個人が持っているが，制御しきれなかった内面的緊張の象徴的な表現であるということになる。それは，自制心を適正に身につけてこなかったことの，「行動化された」表現なのである。

精神分析学者，Franz Alexander と，医師，William Healy は，ともに，彼らの犯罪行為の研究に Freud の理論を取り入れた（Alexander & Healy, 1935）。例えば，彼らは，ある男性犯罪者の行動を次の四つの無意識の欲求の結果として説明した。(1)劣等感に対する過剰補償，(2)罪悪感を軽減する試み，(3)母親に対する恨みの反応，(4)刑務所の中での気楽な生活を送ることによる依存傾向の充足。

Freud 学派の，August Aichhorn は，幼児的な行動を続ける子どもが多くいるが，それらは，幼児期や青少年期，そして成人期に期待される行動に順応することを可能にする自我と超自我を形成することができなかったからであると書いている。Aichhorn（1936）は，そのような子どもたちは，成人期の「現実原則」に適合することができず，「快感原則」に基づいて行動し続けるのだと強く主張した。Freud と Aichhorn の弟子である Kate Friedlander は，子どもの行動に着目し，子どもの中には，反社会的行動や，非行に走りやすい欠陥のある性格の形成が進むものがいると指摘した。Redl と Wineman（1951）は，同様の意見を発展させ，子どもたちの中には，非行に走る自我を形成するものがいると述べた。その結果，大人に対する敵対姿勢と権威に対する攻撃性が形成されるのであるが，それは，それらの子どもたちは，よい自我や超自我を形成することができなかったからである。

性格特性の探求は，犯罪の原因を心の中に位置づけようとする二つ目の伝統的な研究法であり，心的諸機能を生物学的に説明しようとするところから始まった。精神薄弱，狂気，痴愚，愚鈍は遺伝すると考えられた。この視点は，19世紀後半の間に，犯罪を生まれつきのもので説明しようとしていたことの一環であった。それは，『ジューク一族』（The Jukes）が出版された後，米国でよく支持される説明となった（Dugdale, 1877）。『ジューク一族』には，「変質と生まれつきの異常」のために，犯罪を犯す家族が描かれていた。

遺伝による家族性の精神欠陥によって説明しようとすることへの関心は 19 世紀の終わりまで，そして，20 世紀の第 1 四半期になっても続いた。例えば，Goddard は，1912 年に，『カリカック家』（The Kallikak Family）を出版し，4 年後には，Estrabrook（1916）によるジューク一族の追跡調査が発表されたのである。残念なことに，これらの研究は，たいへん大雑把なもので，高度な比較統計学は用いられていなかった。

より厳密な心理的研究は，知能の計測に関するヨーロッパの研究からでてきた。例えば，フランスの心理学者，Alfred Binet（1857-1911）は，まず，実験室の環境で知能のテストについての研究を進め，後に彼の研究成果をパリの学校での精神遅滞の問題を解決しようとする目的に用いた。彼の助手である Theodore Simon の支援を受け，彼の知能テストを，1905 年，1908 年，1911 年に改訂し，また，米国で発表したときに，

さらにもう一度改訂を行った。どの改訂においても，共通したのは，各個人は，知能指数あるいはIQスコアによって判明する精神年齢を有するという考え方であった。

Goddard（1914, 1921）は，通常，刑務所の被収容者のIQを初めて調べた人物として知られている。彼は，大部分の被収容者は知能が低く，29%〜89%に精神薄弱がみられるという結論を得た。しかしながら，彼の研究は，精神薄弱と定義するための点数を何点からにするのか決定するという難しい問題に悩まされていた。

IQテストの正当性や実用的価値は，米国陸軍心理兵科が，第一次世界大戦で兵役に適する人物を決定するのに，この方法を用いることに決めたことによって，大きく支持されるようになった（Goddard, 1927）。その結果，ある時点では，陸軍の徴兵の3分の1近くが精神薄弱であると考えられることになった。この結論は後に修正されたが，犯罪を説明する手段としてのIQテストへの信頼は，第一次世界大戦後も長く継続し，1920年代から1930年代まで続いた。最終的には，最新の研究法を使用していくに従って，被収容者と一般人集団との間には，精神薄弱においてわずかな差しかみつからないということを示す結果が出てきた。今日では，犯罪が精神薄弱の結果であるというような説明をしようとする研究は，少し前に研究者がIQの低いことが犯罪行為の中心的原因であると指摘したこともあったが（Herrnstein & Murray, 1994），（例えあったとしても）実に少ない。

IV　理論の帰結：政策的意義

1．実証主義学派と生物学的に決定された犯罪者の抑止

19世紀中頃から20世紀の第1四半期の実証主義者たちによって示された最も明白な方向性は，犯罪の原因を，主として犯罪者個人の中に位置づけた点にある。このことは，初期の実証主義者たち——とくに，イタリアのLombrosoやFerri, Garofalo, ドイツやオーストラリアのFreud, AichhornやKretschmer, 米国のAlexanderやHealyなど——の全員が，医学や法学あるいはその両方の教育を受けているという点に気づけば，全く不思議ではない。これらの学問領域は，いずれも，行動を説明するのに，個人に大きな重点をおいているのである。彼らの犯罪に関する説明からの政策的帰結を照らしているのは，このような重点の置き方の特色である。だが，このような政策的帰結を完全に理解するためには，学問領域的な視点という点だけでは不十分である。なぜならば，それぞれの学問領域は，その時代全体の気風に影響を受けるからである。この章で我々が考察した実証主義者にとっての時代の気風は，ビクトリア朝時代の特色を強く帯びていたダーウィン主義であった。

ダーウィン主義者の主張の影響がいかに大きかったかは，2〜3の段落とか，ページでは，いや，実に何十冊の本でも，説明することは難しい。とはいえ，我々は次に進む前に，そのような努力が必要である。最も簡単に表現すれば，ダーウィンの進化論は，あらゆる時代を通して最も深淵な理論の一つを代表するものである。それは科学に新しい画期的な知見をもたらしただけでなく，他の分野においても，多くの価値観や慣習を打破することに役だった。それは，あまりにも大きな注目や評判を集めたために，インテリ社会全体が，「ダーウィンの世界観を，自分たちの研究成果に，調和させるかたちで持ち込まなければならない」という感じになったのである（Hofstadter, 1955b, p.3）。Hofstadte（1955b）に言わせれば，ダーウィンの影響の大きさは，ヨーロッパの天文学者，ニ

コラウス・コペルニクス（1473-1543），イギリスの数学者で物理学者，アイザック・ニュートン（1642-1727），そして，オーストリアの精神分析学者，Freud などの研究に匹敵するとのことである。事実上，西洋社会全体が，ダーウィンの進化論の図式と取り組む必要があったのである。

ダーウィンの進化論における「生存競争」や「適者生存」の社会的意味については，多くの議論や論争があったが，社会ダーウィン主義者の間で，この理論の政策的意義は政治的には保守的である，ということで大体意見が一致していた。政府が支援する社会改革を推奨する政策はどれも，実行してみると，実際的には，自然の成り行きへの妨害になってしまうといわれてきた。最良の取り組みは，最小限の関与であった。「自然の成り行きにまかせよ」が，社会ダーウィン主義者に最もつぶやかれる口癖となっていった。この言葉は，加速度的な社会改革は望ましくないという明確なメッセージを伝えていた。例えば，「平等な待遇」を成し遂げるよう立案された政策は，強く反対された。社会福祉事業は，怠慢で，無能で，愚かで，不道徳な人間の生存を永続的なものとするであろうし，同時に，個人と国家の経済発展を妨げると，指摘されている。勤勉，節約，道徳的強制が，個人および集団を社会的および経済的によい運命に導く解決法として，求められた。

社会ダーウィン主義者に関する皮肉なできごとについて言及しておくことが重要である。19世紀後半から20世紀前半にかけての国家の指導者たちの多くは，社会改革事業に対して，それらの事業が国家の生き残りを脅かしかねないと恐れて反対していたにもかかわらず，彼らは，推測や新しい思いつき，大胆さに基づき，我々の経済を急進的に変えたり，我々の天然資源を掠奪したりしていた同じ人間たちである場合が多かった。彼らはまた，同じ指導者として，「新しい経済形態，新しいタイプの組織，［そして］，新しい技術」を導入した（Hofstadter, 1955b, p.9）。彼らの利益に役立つ改革は受け入れられたが，彼らにとって好都合でない改革についてはそうではなかった。犯罪の封じ込め，または根絶のための「科学的に正当化された」かたちでの抑止策が登場してくる舞台ができ上がっていたのであった。この抑止策は，ビクトリア朝の道徳と純潔への関心による賛同を集め，遺伝学的な運動のかたちをもたらした（Pivar, 1973）。残念なことに，現実的には，差別的な虐待や無視という結果を招いた，科学的に正当化された政策もまた登場してくる舞台が，でき上がっていたのである。

社会ダーウィン主義が犯罪抑止策を策定するのに用いられたとき，大きな主題があらわれた。一方においては，Lombroso やその弟子の遺産である「生来性犯罪者説」，とくに，Garofalo の刑法犯罪者の排除政策は，能力剥奪（incapacitation）を重視する刑事哲学を生み出した。はっきり言えば，地域社会から犯罪者を取り除くことによって，彼らが，さらに生物学的に決定づけられた悪事を働くことがないようにすることに重点がおかれていた。従って，改心や更生を図ることは適切でないとされた。有罪判決を受けた犯罪者を閉じ込めておくことは，法律違反者の取り扱いの問題に対する十分な社会的責任を果たすための回答であると考えられていた。

一方，犯罪をコントロールする2番目の手段として，ある特殊な更生が考慮された。それは，個人を，治療の必要な生物学的客体であると考える医学的理由に基づいて，いくつかの米国刑罰学の歴史の中で最も抑圧的な国家政策を許した。これらの政策の中で最悪なものは，遺伝学や，いわゆる優生学運動によって正当化さ

れた（Beckwith, 1985）。1900年代初期の時代の科学として，優生学の研究は，人間の単純および複雑な行動特性の存在を遺伝によって説明できると主張した。そのようにして，それは，生物学的決定論（biological determinism）の考え方を強化し，19世紀後半の多くの社会問題，例えば，賃金や労働条件をめぐる紛争の多くが，米国で働いていた外国人が遺伝的に劣っていることに起因するという議論が出てくる原因となった。例えば，1886年のヘイマーケット事件（Haymarket bombing）やシカゴ暴動は，「下等な外国人」によって起こされたと考えられた。このような，話題は，実業家や，ニューヨークタイムスのような新聞によって大きくされたが，その中では，労働デモは，「いつも，ビールの匂いのするドイツ人や，無教養なボヘミア人，荒くれのポーランド人，怒りに燃えた目をしたロシア人などの，くず外国人によってひきおこされる」ものであると書かれたりした（Beckwith, 1985, p.317）。

カーネギー一族のような一流の実業家や，ハーヴァード大学のような一流の教育機関の支援で，優生学の研究センターが，その後間もなく創設され，国家の「足かせ」を研究する努力がはじまった。それにともなって，多くの州で，優生学者の理論を適用するために草案された法律が可決された。例えば，1911年から1930年の間に，30以上の州が，遺伝的に決定されると考えられた行動特性を有するものに対して，不妊手術の施行を要求する法律を制定した（Beckwith, 1985, p.318）。これらの法律は，犯罪，アルコール中毒，男性同性愛，獣姦，精神薄弱や強姦傾向を対象とした。その結果，少なくとも64,000人に不妊手術が施された。これら同じ州の多くはまた，今では悪名高い，ロボトミー前頭葉切断術を含む精神外科手術を許可する法律を成立させたのである。このようなタイプの手術が全部でどれくらいの数行われたかは計りしれない。

これら二つの手術が，当時行われた最も野蛮な鎮圧的処分ではあったが，優生学運動の影響で成立した法案は，不妊手術やロボトミー前頭葉切断術だけにとどまらなかった。34の州で承認された異人種間結婚禁止法は，アフリカ系米国人と白人がお互い結婚することを違法とし，また州によっては，白人とアジア人との間の結婚も禁止した（Provine, 1973）。こういった法律はまた，移民法に対して，1890年の時点で米国に住んでいた一つの特定国出身の国民比率から算出した割当方式に基づいて，〈移民の比率を決定するよう〉制定されるように強く求めていた。そして，1924年米国議会は，南および東ヨーロッパの国々からの人びとの流入によって，わが国の人的資産が軽減しつつあると，主要な優生学者が証言したのを聴いて，1924年の移民制限法（Immigration Restriction Act of 1924）を通過させた。明らかにその法案は，生物学的に下等であると考えられていた人びとの集団を対象としていた。そういうわけで，それは，人種差別主義者の法律であり，1930年代から1940年代のナチの優生政策の先駆けだったのである。

対象とする集団を抑圧する優生政策の意味するところは明らかであったが，米国での不妊手術や精神外科手術の施行は1970年代になっても継続した。1927年から1972年の間に，ヴァージニア州だけでも，8,000人以上の人が精神薄弱と認定されたために不妊手術を施され（Katz & Abel, 1984, p.232），カリフォルニア州では，20,000人以上の人に不妊手術が施された。しかし，KatzとAbel（1984）が次のように指摘したように，不妊手術を施した本当の理由は，精神薄弱ではなく，むしろ階級であったということである。「はっきりと示されなければいけな

48

いことになっていた。その一つの特徴は、極貧状態……であった。収容令状では、その個人に支援手段がなく、保証人となる知人もいないということを証明しなければならなかったのである」(p.233)。貧乏人の繁殖を許すことは、精神薄弱の子孫や、貧乏人、アルコール中毒、犯罪者や売春婦の数を増やすことになると主張されていた。

2. 実証主義者と刑事司法改革

　生物学偏重の理論の最も悪い影響を指摘してはいるものの、我々は、実証主義学派が、政策に、衝動にかられた懲罰よりも、むしろ矯正という考え方を取り入れることにも一役かったことに気づいていないというわけではない。確かに、犯罪者が変わることのない、身体的なあるいは心理的な特性によって特徴づけられるとすれば、犯罪者は、抹殺されるか、永遠に刑務所に入れられる（能力剥奪）か、強制的な方法で身体的に修正されなければならないという結論に導かれる。そして、「犯罪の予防」は、我々がみてきたように、「欠陥者」が繁殖することを許さないという問題になってくるのである。だが、犯罪を決定づける原因が修正可能なもの——例えば、失業状態とか家族問題による情緒不安定など——であると仮定してみると、政策的意義は、はるかに楽観的なものになる。取り組まなければいけない課題は、ある人間が法律を犯すように動機づけた力は何かを診断して、おそらくは、職業訓練とか家族に対するカウンセリングなどのような、このような犯罪を誘発する要因を、その人物が克服する道筋を見いだす、ということになってくる。簡単にいえば、その課題は、犯罪者を更正させて「正常な」市民として社会に復帰できるかもしれないようにすることである。

　Lombrosoは、この論理に気づいており、また、それを支持していた。彼は、犯罪の原因を説明するために科学の原理を適用する努力もしたが、「彼の犯罪学理論を刑事司法制度に取り入れて、犯罪者の生来の危険性の程度に応じて対処するように改革する」という夢も持っていた（Rafter, 2008, p.83）。例えば、彼は、「とくに危険ではない犯罪者を通常の刑務所の外で管理する、保護観察、少年院や、その他の中間的刑罰」の創設を主張した（Rafter, 2008, p.83）。

　米国が20世紀に突入すると、明らかに、生物学偏重の理論は次第に魅力を失い始めたのである。その代わりに、心理学や、とくに社会学から、犯罪者とは何かを考えるという、より楽観的な実証主義理論が出現してきた。これらのより新しい考え方では、犯罪者たちのかかえる問題は、カウンセリングや彼らが住んでいる社会環境を整えることを通して矯正できるという主張であった。

　この犯罪に対する新しい考え方は、政策に大きな影響を与えた。実際、20世紀の最初の20年においては、この考え方が、刑事司法制度を刷新する運動を形づくるのに役立った。進歩派（Progressives）と呼ばれる改革者たちは、犯罪者を罰するというよりはむしろ更正させるように制度がつくられる必要があると主張した。国中にわたって、多くの州で、子どもを犯罪生活から「救う」ために、独立した少年裁判所が、続々と設立された（Platt, 1969）。同様に、（古典学派が指示したように）犯罪の特性に基づくのではなく、その人物が更正された程度に基づいて、刑務所から釈放するという取り組みがなされた。それに従って、いろいろな州で、刑期がより不確定な刑の判決（例えば、犯罪者たちは1年から5年の幅を持った刑期の判決を言い渡される）を言い渡す法律が可決され、どの犯罪者が、「矯正」されており、地域社会に戻されるべきかを決定する仮釈放審査委員会（parol board）が設立された。執行猶予という，犯罪者が裁判所の委員に監視されると共に支援される制度もまた，広く施行された。より一般的には，刑事司法職員には，犯罪者に対する個別の治療を行うという，大きな裁量権が与えられた（Rothman, 1980）。

　我々は，これらのテーマについては，本書第3章およびそれ以降に再び論ずる予定である。とはいえ，二つの点を強調しておく必要がある。一つ目は，今日においても，更生という名のもとに策定された政策が，刑事司法制度をより人道的なものにしたか，あるいは抑圧的なものにしたかという論争が，存在しているということである。犯罪学者の中には，刑事司法職員に付与された大きな裁量権は，犯罪者が虐待される状況を許したと確信している者もいるが（例えば，Rothman, 1980），一方では，更生制度は，本来は懲罰的な制度を人間らしいものにするのに役立ってきたと主張する犯罪学者もいる（例えば，Cullen & Gilbert, 1982）。二つ目は，初期の実証主義の理論家たちの人気は低下した——とはいえ，ヴァージニア州の不妊手術施行の例が示すように確かに消滅はしなかった——が，我々は，今，犯罪が個人の不変的特性に起因するという考え方に対する，新たな関心を目の当たりにしている。第11章で考察するが，1980年代にはいり，犯罪者は生まれつき問題があるという視点，それは不穏なとまではいえないとしても，問題のある政策的意味を有した視点ではあったが，これに対する関心の高まりがみられた。

　犯罪者は生まれつき問題があるという議論の一部には（まだ？）なっていないが，DNAが，強力な犯罪の解決および防止の道具として1980年代に産声をあげた（Wambaugh, 1989）。それ以来，激しい倫理的および法的論争が引き起こされ，再び，革新的な生物学に基づく政策が実行される場合には慎重でなければならないということが示された。最も新しい，DNAの使用を取り巻く国際的な論争は，2001年にイングランドとウェールズで，無実が明らかになったものを含めたすべての犯罪容疑者の指紋と遺伝子フットプリント〈ここではDNA遺伝情報の意〉を，集めて保存しておくことが，当時，政策の問題となっていたことに始まった。当時，イギリスのDNAデータベースには，460万人のデータが保存されており，そのうち約86万人には犯罪歴がなかった。2008年後半，欧州人権裁判所（European Court of Human Rights）は，全員一致で，イギリスの政策は，プライバシーの人権に違反すると裁定した（Lyall, 2008, p.A19；Donovan & Klahm, 2009も参照；Lynch, Cole, McNally, & Jordan 2008）。一部の人びとは，米国には，全員のDNA（犯罪と関係のない人や犯罪で有罪となったものを含む）を保管する国家的DNAデータベースが必要であると考えている（Seringhaus, 2010）。DNAについては，第14章で，より詳しく述べるものとする。

V　結　論

　犯罪の問題について対処するためにつくられる政策を理解するためには，我々は，それらが導かれた理論の影響を大きく受けているということを認識しておかねばならないことを明らかにしておく必要がある。我々はまた，その理論や政策が組み立てられた社会的背景を検証することも忘れてはならない。この教訓は重要であるが，それは，そのような理論が，価値判断にとらわれないとか，それらが提唱された時代とは無関係だとか，いうようなことは決してないということを指摘しているからである。理論は一般市民にもまた影響を与える。ときには，科

学的に正当化された政策も，それらが提唱されて施行された社会的背景が無視されたことによって，大きな危害を及ぼすようになってしまうことがある。

この問題に密接に関わることだが，一部の批判犯罪学者（第9章参照）によって主張されているのは，古典学派や実証主義学派の研究には，啓蒙思想に貢献した人たちによって開発された人道主義的な考え方を進めたという歴史がある。これは，広く受け入れられているとはいえ，実際的には，一つの解釈にすぎない。批判犯罪学者によれば，この歴史的評価に関する一つの問題として，それは，啓蒙思想が腹黒い部分を持っているということを見逃しているという点がある。「長い目でみれば」，Lynch（2000）の考察では，「啓蒙思想の視点は，資本主義的社会的関係を正当化，合法化する方法であり，啓蒙主義時代の学問が資本主義的生産方式の中から生まれてきたというのは歴史上の偶然ではない」とのことである。（p.148；Gaukroger, 2006 も参照）。このことの意味するところは，啓蒙思想の書物の多くが，人間の自由，個人主義や人間の尊厳についてであったが，中には，そうではなく，「人の本性」は決定論的であり，随意的ではないという仮定に基づいていると解釈できるものもある。啓蒙思想のこのような視点や初期の犯罪学の発達には重要な含意がある。

一つには，人類に対する決定論的なみかたは，科学的な知識を動員すれば，社会が安定し，資本主義が効果的で生産的になるようにするために，労働者や犯罪者を制御することが可能であることを意味していた。一部の主要な犯罪学者によると，初期の段階の「人間の科学」——とくにLombrosoの研究——は，人道主義的なものではなく，実際は，搾取と抑圧を促進するものであった。啓蒙思想と初期の犯罪学の歴史の物語について，この文脈付けなしに語ることは，一部の批判犯罪学者が支持する〈先ほど触れた〉もう一方の反対意見を援護することになる。

ここでの問題——そして覚えておくべき教訓——として，犯罪学の物語を年代順に語ることに，あまりにも頼りすぎると，実際はそうではないのだが，それが価値判断にとらわれない客観科学であるように見えてしまうことがある。Lombrosoや他の実証主義者たちの研究について再考してみることは，この点の説明に役に立つ。表面上は，実証主義者たちの貢献は，分類と計測に重点をおいた厳密な科学を反映しているという外観を呈していた。実際は，それ以上のものが関与している可能性があった。Morrison（2004）が言うには，実証主義者の研究方法は，「身体的空間や進化論的時間の中で異常人物と危険人物が認知され，彼らの位置づけがなされることを**指向している**表現と描写という文化的実践」に基づいて作成された芸術作品のようなものである（p.68, 一部強調）。Lombrosoたちが，実際に行ったことは，刺青などの身体的特性の意味に関する自分たちの理解を，犯罪者に帰するあるいは投影したということだとの主張がある。従って，実際に犯罪者を識別する代わりに，Lombrosoや彼の弟子が用いた「科学的な方法」は，資本主義やブルジョワ的な感受性を脅かす，危険な階級の者たちの身体的特徴を表現している，階級に基づく投影を生み出したのであった。そういうわけで，犯罪学は，「啓蒙思想によって確立された『弾圧の科学』の装置」の一部である（Lynch, 2000, p.147）。批判犯罪学者たちが主張することには，このようにして，測定に重点をおくような科学的方法——原住民を対象化し，帝国主義を進めるためのカメラを使用するようなこと——は，「よそ者（他者）」という，犯罪者に関する概念を生み出した（Morrision, 2006；Gaukroger, 2006 も参照）。

犯罪学の知識を進歩させることに多くの利点はあるものの，人を区別して，物として扱い，弾圧するような，科学的手法の乱用の可能性が，現代社会生活の一部として，依然として存在していることを，我々はよく理解している。科学の現代的に用いるということの例は，性的あるいは人種的少数派を「よそ者」とは考えないようにすることである（Henry & Tator, 2002；Mohr, 2008-2009；Tucker, 1994 参照）。犯罪学者の最も重要な仕事の一つは，そのような誤った使用法をみつけた場合，どこであろうとも，それを明らかにして，批判し，廃止させることである。

Clifford R. Shaw
1895-1957
シカゴ地域プロジェクト
社会解体論の著者

第3章
個人主義を排除する
——シカゴ学派

　例外は存在するものの，初期の理論のほとんどは，個人の中に犯罪の原因を求めていた。これらの理論の違いは，無法の振る舞いの原因を個人のなかのどこに求めるかであった。それは魂であったのか？　心であったのか？　あるいは肉体のまさに生物学的な構造であったのか？　こういった違いはあったにせよ，これらの理論は，個人の外に存在する社会環境や状況を検討しても犯罪の原因に関わる洞察はあまり得られないと考えていた点では共通していた。どのような形にせよ，これら初期の理論は，犯罪問題について社会ではなくて個人を非難していた。

　しかしながら，米国が20世紀に入るに従って，犯罪に関して対応できる，強力なビジョンが出てきた。そのビジョンは，他の行動と同様に犯罪も社会的な産物であると考えるものであった。また，先行する理論が直ちに，また完全に消滅することはなく，今日の考え方に至るまで重要な影響をもたらし続けてきた。しかしながら，先行する理論は，手強い知的な挑戦を受け続けており，そのために支持者の評価を貶める結果

に至っている。こうした理論の転換，すなわち犯罪について個人的な説明を排して社会的な説明を重視することが期待されるようになってきた。社会はめざましい変化を遂げていたし，人びとが経験することも同様に変化していた。どうして一部の市民が法を犯すのかについて新たな理解が求められる時期が熟していた。

　1930年代の終わりまでに，犯罪学上主要な学派が二つ打ち立てられた。David Matza（1969）の言葉に従えば，これら二つの学派はいずれも「病理の原因を，個人から社会的側面に移そう」（p.47）とするものであった。これらの学派のうち最初のものは，犯罪学のシカゴ学派であり，この学派は米国社会の一側面である都市は犯罪を生み出す強力な要素を包含すると論じた。もう一つの学派は，Robert K. Merton（1938）の緊張理論であり，この理論は，病理は特定の生態学的な場所（例えば，特定の都市）に存在するのではなく，米国社会全体を構成する広範な文化的・構造的な特質に求められるべきであると主張した。この二つの学派は，社会がどのように法律違反者を生み出すのかと

いう点で異なるものの，犯罪のミステリーを解く鍵がその社会的なルーツを理解することにあると考える点で共通していた。総合すれば，二つの学派は犯罪の原因を個人に求める説明に対して，強力な対案を提供することになった。

こうした二つの学派がもたらした影響は長く続いた。その創始から70年以上たった今日でも，シカゴ学派と緊張理論は犯罪学者に興味深い視点をもたらし，犯罪者矯正施策を形成し続けている。よって両学派は慎重な考察に値するものである。従って，次の第4章では，緊張理論の起源と緊張理論が犯罪理論にもたらした長期的な影響について考察することにしたい。その前に，まずこの第3章では，シカゴ地域の学者集団が特定の地域に犯罪が集中していることをどのように理解しようとしていたかを探究する。いずれ明らかとなるが，彼らの調査研究は犯罪学の主要な学派として結実するに至り，今日の重要な犯罪理論の基礎を形成した。

I 犯罪学のシカゴ学派：理論の背景

国家の犯罪問題の原因を都市に求めることが合理的であると，なぜ考えられるようになったのだろうか？ そのようなビジョンが1920年代から1930年代に人気を集め，とくにシカゴに注目することになったのはなぜだろうか？

こうした問いに対する解答は，米国の外観を変容させ，「大草原の小さな家」ではなくて，都市を国民的関心の中心にさせた，巨大な変化に求めることも可能であろう。1800年代の後半に，都市は急速に成長し，Palen（1981）の言葉に従えば，「（都市は）国民的な生活を大きく左右する要因」（p.63）となった。例えば，1790年と1890年の間には，都市部の人口は139倍に増加し，さらに，1900年までに人口が10万人を超える都市が50存在するようになった（p.63）。

しかしながら，シカゴの成長はとくに目覚ましかった。1833年に市となった時，シカゴは4,100人の住民しかなかったが，1890年までには人口は100万人までに増加し，さらに1910年までには200万人を超えるに至った（Palen, 1981, p.63）。しかし，そうした急速な拡大には，暗い側面があった。シカゴ（他の都市部も同様に）に居住するに至った人たちの多くは，着の身着のままでやってきた。彼らは，何波にもわたる移民であり，追い出された農場労働者や，南部の田舎から逃げてきたアフリカ系米国人であった。ほとんどの新来者にとって，都市は当初希望の源泉であったが，経済的な安心をほとんどもたらさなかった。彼らは，厳しい現実に直面することになった。それは，惨めな賃金，彼らの健康と安全を脅かす工場での週6日の12時間労働，「スラム街の悪徳家主が狭いところにびっしりと建てた」（p.64）安アパートに居住する生活であった。Upton Sinclair（1906）は，シカゴの食肉加工業について書いているが，こうした環境に対して「ジャングル」といった不穏なラベルを与えた。

他の市民と同様に，1920～1930年代の犯罪学者は，人口が膨張し，スラム地域が拡大する，こうした変化を直接目の当たりにした。彼らが，都市部，とくにスラム街で成長することが人びとの生活に大きな違いをもたらすと考えるに至ることは，自然な成り行きであった。こうした状況では，犯罪は単に個人的な病理というよりも，社会的な問題と見なす方がより合理的であった。

さらに，こうした考え方は，1900年代初頭に始まった広範な自由主義改革運動，すなわち進歩的運動（the Progressive movement）によって強化された。進歩的知識人たちは，米国の本質的な良さを信じて，急進的な変化を拒否した

が，米国の抑制なき産業の発展がもたらす人的コストには批判的であった。彼らは，とくに都市部の貧困層の惨状に心を痛めており，こうした人たちは安定した，報われる生活を送る見込みのほとんどない，制度上の被災者であり，爆発的に増加していた。Rothman（1980）によれば，米国のシステムの「将来性（promise）」は「社会を構成するすべての人たちに均等に行きわたるものではなかった。それはスラム街には行きわたらなかった。従って，犯罪の発生機序を理解するには，これら特定地域の状況を精査することが必要であった」（p.51）。

シカゴ学派の犯罪学者らはこうした考え方に同調したに違いない。進歩的知識人たちは，貧困層，とくに貧困層の中の犯罪者は生物学的に劣っており，それゆえに社会の底辺に落ちるのだという社会ダーウィン主義者（social Darwinists）の論理を拒否した。彼らは，貧困層が犯罪の生活に対して生得的に方向付けられているのではなく，環境によって追い込まれるといったより楽天的な見方を好んだ。従って，犯行者を育む状況を変化させることでスラムが及ぼす悪影響を覆し，こうした人たちを遵法的市民に変えることができるといった希望を持つことができた。とくに目標は，貧困層，とりわけその子どもたちに社会的サービスを提供して救済することであった。なお，提供する社会的サービスとしては，学校，クリニック，娯楽施設，セツルメント，児童養護施設や感化院等があげられ，こうしたサービスは貧困がもたらす困難を緩和し，中流階層文化の恩恵を与えるものであった（Platt, 1969；Rothman, 1980）。

しかしながら，道徳的に要請されていたことは，こうした信念に従って行動することであり，実際に進歩的知識人たちは行動して，「改革の時代（age of reform）」（Hofstadter, 1955a, 1963）と呼ばれるものを創り上げていった。彼らの行動計画の根幹は，必要とされる社会改革を実行する機関を創設し管理することを政府ができるという前提であった。進歩的知識人たちは，政府が産業界の強欲を抑制し，貧困層が中流階級に到達するのに必要な援助を提供することで，共通善に向かって国全体を導くようキャンペーンを行った。刑事司法の領域では，彼らの努力によって，犯罪者の個人的なニーズや問題を政府が取り扱うことを許容する政策が実行されるに至った。こうした政策には，少年裁判所や，保護観察による地域内処遇，不定期刑が含まれていた（Rothman, 1980）。

従って，1900年代の最初の10年間に，都市は米国社会の主要な側面となり，都市部のスラムにおける社会構造が犯罪を生み出すと警鐘を鳴らす広範な運動も起こった。もっとも，どうしてシカゴが犯罪学研究の温床となったのかについて疑問が残る。すでに述べたように，この都市が経済的にあるいは人口集中という点で中心的な地域になってきたことに解答の一部を見いだすことができるのではないだろうか。しかしながら，パズルの別の一面として，シカゴ大学にある米国最古の社会学プログラム（1892年創設）の存在があげられる（Bulmer, 1984）。

「米国社会で起こってきた大規模な変化の名残に囲まれて」，1920年代まで，その学部の教授陣や学生は，目の前で展開される都市実験室のあらゆる側面を系統的に調査する取り組みを開始していた（Pfohl, 1985, p.143）。とくに，新聞記者から転じて社会学者となったRobert E. Parkは，こうした取り組みの方向性を形作る上で大きな影響を及ぼした。彼は「私は他の誰よりも世界の異なる地域の都市を実際に歩き回ってきた」（Madge, 1962, p.89より引用）と述べた。こうした旅行はParkを二つの洞察に導いた。

まず一つ目として，都市の発達や組織は，あ

らゆる生態学的システムと同様に，ランダムでもなく，特異なものでもなく，むしろパターンに従っており，それゆえに侵入・葛藤・順応・同化といった基本的な社会過程の観点から理解できると，パークは結論づけた。二つ目として，こうした社会過程の特質やそれらが犯罪等の人間行動に及ぼす影響は，都市生活を精査することで明らかにできるだろうと述べた。その結果として，彼は学生や同僚に対して，シカゴの各地域に直接足を踏み入れて，多様な人びとの集住する状況を観察することを促した（Madge, 1962）。何人かの研究者，とくに Clifford R. Shaw と Henry D. McKay は，Park の行動原理を信奉し，どのように都市生活が根本的に犯罪活動の特性を形作るのかを探究した。このようにして，彼らは犯罪学のシカゴ学派の基礎を作り上げた。

II　Shaw と McKay の少年非行理論

　Shaw と McKay は，シカゴ大学では教授陣の一員ではなかった。彼らはむしろ，州が支援する児童補導クリニックで研究員として雇用されていた。そうであっても，彼らは社会学部と緊密に連携し（彼らは院生として学んだが，博士号を取得するには至らなかった），その思考様式に多大な影響を受けた（Snodgrass, 1976）。とくに彼らは，Park の同僚かつ共同研究者である Ernest Burgess が考案した都市モデルが，犯罪の社会的根源を理解する上で有用な枠組みになりうると考えるに至った。実際に，非行経歴を重ねることを防いだり，あるいは促進させることに地域組織が大きく関わっているとの結論に彼らを導いたのは，Burgess のモデルであった（Gibbons, 1979；Pfohl, 1985）。以下では，都市の成長に関するこの一般的なモデルを概観し，続いて，そのモデルによって，シカゴでの非行研究に対する Shaw と McKay のアプローチがどう導かれたのかを検討したい。

1．Burgess の同心円理論

　都市の規模が拡大するに従って，都市はどのように成長するのだろうか？　それに対する一つの答えは，成長は偶然によるものであり，何らかの決まったパターンに従ってはいないというものである。しかしながら Burgess は，Park と同様にこうした考え方を拒否し，都市の発展は社会的にパターン化されたものであるとの仮説を採用した。彼は，都市が「連続した同心円状に急速に成長する」と主張した（Palen, 1981, p.107）。

　図 3-1 に示されるように，Burgess（1967/1925）は，五つのゾーンを描写した。これらのゾーンの中で人びとが空間的にどのように分布するかは，競争によって決定された。従って，商業施設は「ループ（loop）」すなわち，鉄道や水上交通等の交通手段が利用可能な中心商業地域に存在していた。一方，高級住宅地域のほとんどは，より外側のゾーンにあり，こうした地域はダウンタウンの喧噪，工場からの汚染，貧困層の住居のいずれからも遠いところに位置していた。

　しかしながら，推移地帯（zone in transition）がとくに関心を持たれ，研究の対象となった。このゾーンには劣化した安アパートが多くあったが，こうした安アパートは老朽化した工場のすぐ近くに建てられていた。さらに，商業地域の拡大によって，住民は常に入れ替わっていった。最も良くない住居地域として，このゾーンは次々と流入してくる移民や貧乏で他の地域に住めない移民を受け入れざるを得なかった。

　Burgess は，こうした社会的パターンは重大な結果をもたらさずには済まないと述べた。こうした社会的パターンは人びとをまとめる家族や地域の結び付きを弱体化させ，結果として

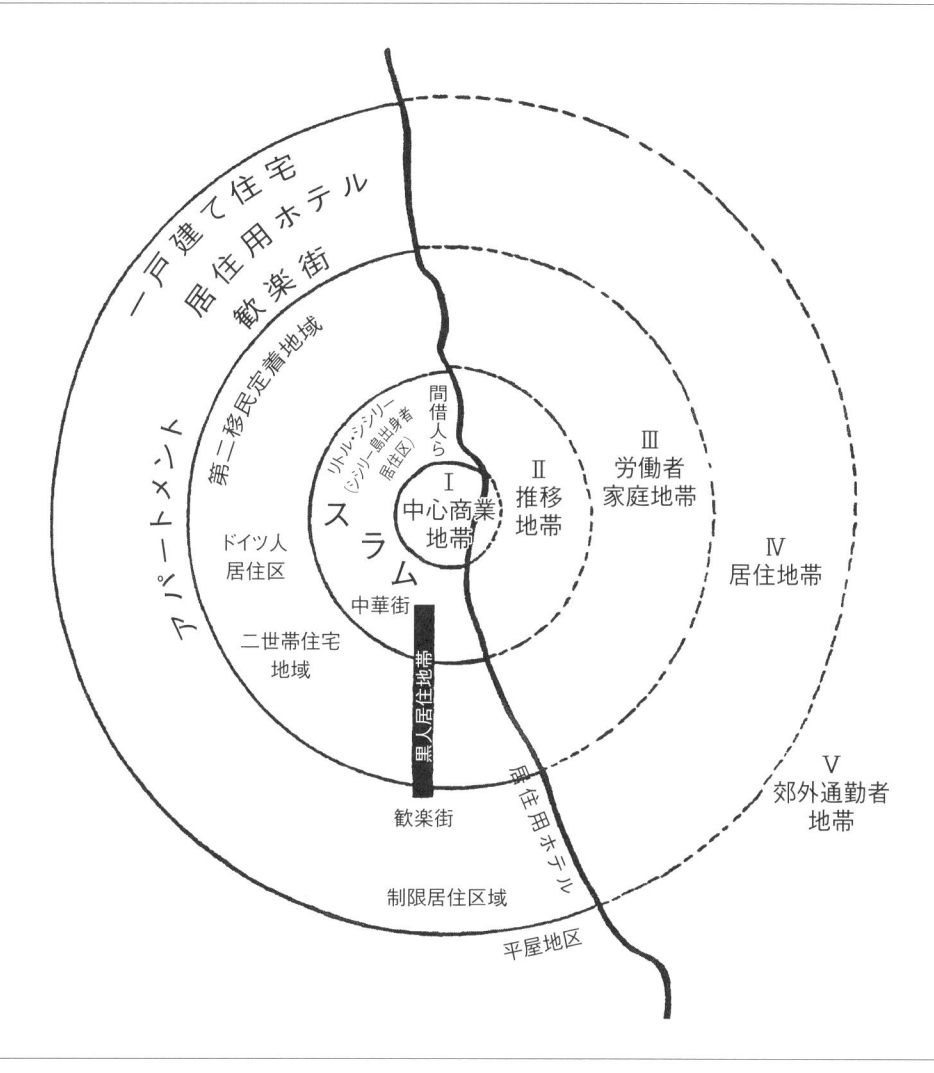

図 3-1 都市地域

原典：Burgess (1925/1967, p.55). The Growth of the City: An Introduction to a Research Project. In R. E. Park, E. W. Burgess, and R. D. McKenzie (Eds.), The City (pp.47-62). ⓒ 1925/1967 by the University of Chicago. All rights reserved. Used by permission.

社会解体（social disorganization）に至った。Burgessと他のシカゴの社会学者らはこうした解体が犯罪を含む幅広い社会病理の原因であると信じた。

2. 解体と非行

　Burgessのモデルは簡潔で説得力のあるものであったが，犯罪を研究する上で実り多いアプローチだったのだろうか？ それは実証的な検証に耐えうるものであっただろうか？

　ShawとMcKayは，こうした問題を取り上げて解答しようとした。最初のステップとして，犯罪発生率がBurgessのモデルが示唆する予測，すなわち推移地帯で最も高い値を示し，推移地帯から外側のより裕福な地域に移るに従って犯罪発生率が低下するという予測に合致するのか

を検証しようとした。骨の折れる研究を経て，彼らは少年裁判所の統計を用いて，シカゴ全体で少年非行の空間分布を地図上に示した。

ShawとMcKayのデータ分析は，非行が推移地帯で多く発生し，地帯に住む住民の裕福度に反比例し，中心商業地域から離れるに従って発生が少なくなるという仮説を支持した。数十年にわたるシカゴの裁判所記録を分析することによって，彼らは，そこに住む人たちの人種あるいは民族的な属性が変わってもいつもスラム地域で犯罪が最も多く発生していることを明らかにすることができた。さらに，彼らは，推移地帯に住む住民が他の地域に移るに従って，その犯罪発生率が低下することも見いだすことができた。こうした観察結果は必然的に，犯罪への関与を規定するのは，地域に居住する個々人の性質ではなく，地域の性質そのものであるという結論を導いた。

しかしながら，このような継続的な非行の空間分布を説明しうる社会的プロセスは何であろうか？ Burgessや他のシカゴ学派の社会学者の考え方に依拠しながら，ShawとMcKayは，少年の無法行為（waywardness）を押しとどめるか許すかにおいて，地域組織が重要な役割を果たしていることを強調した。裕福な地域ほど，家庭が青少年のニーズを満たし，親が子弟を注意深く監督する。しかし，推移地帯では，家庭や他の慣習的諸制度（例えば，学校・教会・ボランティア団体）は，崩壊に至らないまでも，ぎくしゃくしていた。その原因としては，急激で集中的な都市化，人びとの頻繁な出入り（流動性），異なる民族的・人種的集団の混合（異質性），貧困や広範な社会解体があげられる。その結果として，未成年者はその健全な発達に必要なサポートと監督のいずれも受けることがなかった。放っておかれることで，スラム街の青少年はより裕福な地域では機能する社会統制を受けることがなく，彼らが街頭に出て刺激や仲間（たちの良くない遊び仲間）を求めることを押しとどめるものはなかった。

非行の発生機序に関するこうした見方はShawとMcKayの個人的経験と関連するものであろうと指摘しておきたい。Snodgrass（1976）が指摘するように，彼らは，

「米国の中西部の田舎で生まれて育った，農場の少年であった。彼らはクリスチャンとしてのしつけを受け，教派系の田舎のカレッジで学んだ。Shawはインディアナの町とは言えないような地域の出身であり，McKayはサウスダコタの広大な草原地帯の出身であった」。(p.2)

その結果，彼らは，住民が相互に似ていて（同質性），同じクリスチャンの価値観をもち，人生のほとんどをそこで暮らし（安定性），親しいとは言えなくてもよく知っており，親に知られると困るので青少年が悪いことを控える地域社会で育った。要するに，彼らの幼少期の地域社会はまとまっており，社会統制も行き届いていた。従って，小さな町の日常のやりとり，社会的な親密さや美徳がシカゴのスラムで欠如していること，すなわち解体が広まっていることが非行発生の原因として示唆されていた（Snodgrass, 1976）。

重要なことに，弱体化した統制がいかに非行のキャリアを生むに至るかにShawとMcKayが注目したことが，後に統制あるいは社会的絆理論（control or social bond theory：本書の第5～6章を参照）と呼ばれる犯罪学派を生むことにつながった。しかしながら，Kornhauser（1978）が指摘するように，彼らは別の社会状況もまたスラム地域でとくに犯罪を生みやすくしていると信じるに至った。次に，彼らの考えのこの側面を検討しよう。

3. 犯罪的価値観の伝播

　ShawとMcKayは，彼らの研究を非行の疫学にとどめていなかった。Parkの忠告に従って，彼らはまたシカゴをくまなく歩いた。以下に示すように，彼らは非行を防止する事業に関わる活動家であった。彼らはまた，非行少年にインタビューをしたり，ライフヒストリー（生活史）と呼ばれる形式で非行少年の自伝をまとめることによって，なぜ青少年が逸脱に至るのかを理解しようとした。こうした努力は，『ジャック・ローラー；ある非行少年自身の物語』（The Jack-Roller：A Delinquent Boy's Own Story）（Shaw, 1930），The Natural History of a Delinquent Career（Shaw, 1931），Brothers in Crime（Shaw, 1938；see also Shaw & McKay, 1972）といった著書の出版に結実した。

　これらのライフヒストリーには重要な事実が含まれていた。それは，少年が多くの場合，年長の同胞やギャングの構成員との交友を通じて，犯罪に関わるようになるということであった。こうした知見を受けてShawとMcKayは，地域社会が崩壊することで遵法的な価値観に対抗する「犯罪的な伝統（criminal traditions）」が生み出されて維持され，「言語や他の社会行動様式が伝達されるのと同様に，何世代にもわたって青少年の間で受け継がれる」(p.174) という，より一般的な結論を見いだした。従ってスラムの青少年は，「非行行為を支持する首尾一貫した価値体系の存在」(p.173) を特徴とする地域で成長し，日常の年長者との交流を通じてこうした価値観を容易に学ぶことができた。一方まとまりのある地域では，慣習的諸制度が優勢であり，犯罪的な伝統が発達することが阻止されるために，青少年は逸脱的な価値や仲間から隔離され保護されていた。その結果として，彼らにとって非行少年としてキャリアを積むことはありえない選択肢であった。

4. 社会解体理論の実証的位置づけ

　先に述べた通りShawとMcKayはデータを収集して，犯罪が社会解体理論に合致したパターンに従って地域社会を超えて分布することを示すことができた。もっとも，この理論は今となっては数十年も前に創始されたものであり，今日の犯罪学者はより洗練された多変量解析手法を用いて，ShawとMcKayによって見いだされた要因が特定地域の犯罪発生率の高さを説明できるかを評価することができる。現代においても，ShawとMcKayの仕事は地域社会と犯罪について何か意味あるものを私たちに示してくれるのだろうか？

　PrattとCullen (2005；Pratt, 2001も参照) は，社会解体理論に関する既存の研究についてメタ分析を用いた包括的なレビューを完成させた。PrattとCullenが指摘するように，この理論を評価する上での困難は，ほとんどの研究が社会解体の構造的な原因，すなわち貧困，人種・民族的異質性，住民の流動性を検討しているが，社会解体そのものを分析していないという点にある。こうした限界を踏まえた上で，PrattとCullenの分析はShawとMcKayが特定した変数がおおむね予想したとおり犯罪発生率と関連していることを示している。

　しかしながら，ShawとMcKayの理論を最も強力に支持するものとしては，おそらく今や古典的研究と言われるSampsonとGroves (1989) の研究があげられ，この研究では構造的変数だけでなく社会解体そのものも測定されていた。SampsonとGrovesは，イングランドとウェールズの238地域に住む1万人以上を対象とした1982年英国犯罪被害調査（British Crime Survey）のデータを用いて理論を検証した。彼らが検証したモデルには，社会経済的地位の低さ，異質性，流動性，家庭崩壊，都市化のそれぞれについて指標が盛り込まれて

いた。さらにそのモデルには，地域が社会的にまとまっているのか否かについて三つの指標，すなわち地域内の友人ネットワークの強さ，地域組織に対する住民参加，監督されない青少年集団が地域に存在する程度も含まれていた。SamsonとGrovesの分析結果であるが，ShawとMcKayの理論が示唆するとおり，構造的諸因子は社会解体を促進し，さらに崩壊した地域ではまとまった地域よりも犯罪発生が高水準になることが明らかとなった。注目すべきこととして，彼らの分析はより新しい英国犯罪被害調査のデータを用いて追試が行われている（Lowenkamp.Cullen, & Pratt, 2003；Veysey & Messner, 1999も参照）。総じて，これらの知見はShawとMcKayの社会解体理論を支持するものである。

5. 要 約

ShawとMcKayは，青少年が生活する社会的背景を考察することによってのみ，少年非行を理解できると考えていた。そして，そのような背景そのものが，急激な都市化，抑制のない工業化，大規模な人口移動によって惹起された主要な社会変容の産物であった。社会的に解体した推移地帯に住む不運な青少年は，とくに犯罪の誘惑に対して脆弱であった。慣習的諸制度がまとまっていないので，彼らはほとんど監督されず，街頭を自由に徘徊し，その地域の犯罪的伝統を継承する次の世代になっていった。要するに，解体した地域で育つと，（1）統制が崩壊していることと（2）個々の青少年を犯罪に誘う犯罪的文化との接触の両方が合わさって，高い非行発生率を生み出すのである。

本章のこれから後の部分では，ShawとMcKayがこうした犯罪観を持つゆえに，単に個人を矯正するのではなくて地域社会を矯正することを目指して非行防止プログラムが運用されるべきであると主張するに至った状況をみることにしたい。しかしながら，その前に，彼らの仕事がEdwin H. Sutherlandの古典的な分化的接触（differential association）理論に結び付く経緯を考察しよう。

Ⅲ　Sutherlandの分化的接触理論

1906年，Sutherlandは故郷のネブラスカを離れて，シカゴ大学に行き，そこで彼は神学校の科目をいくつか履修登録した。彼はまた勧められて，Charles R. Hendersonの科目である「犯罪の社会的治療（Social Treatment of Crime）」に登録した。Hendersonはこの新しい学生に興味を持ったが，この興味は師弟双方のものとなった。ほどなくして，Sutherlandは社会学のプログラムに入学することを決断した。彼はその後のキャリアを犯罪行動の社会的起源を解明することに捧げた（Geis & Goff, 1983, 1986；Schuessler, 1973）。

1913年に博士号を取得して以降，Sutherlandはイリノイ大学やミネソタ大学等の中西部の大学で教職に就いた。1930年に，彼はシカゴ大学から教授職に就くよう誘いを受け，受諾した。しかしながら，彼のシカゴでのキャリアはごく短いものとなった。自分の役職に幻滅して（離任の理由として彼自身は「ある迷惑な出来事」をあげているが），Sutherlandは5年後にインディアナ大学社会学部に移り，1950年に亡くなるまでそこの役職を続けた。そうであっても，彼はMcKayを代表とするシカゴの友人とは交流を続けた（Geis & Goff, 1983, p.xxviii；Schuessler, 1973, pp.xi-xii）。

Sutherlandはそのキャリアの大部分を，その都市や大学から離れたところで過ごしたわけであるが，社会学のシカゴ大学のブランドは犯罪に関する彼の考え方に多大な影響を及ぼした。

実際に，以下で検討するが，彼の思考の大半はShawとMcKayや他のシカゴ学派の著書に記されている洞察を拡張し，公式化する試みであった（例えばThrasher, 1927/1963を参照）。

1．分化的社会組織

シカゴ学派の犯罪学者の多くと同様に，Sutherland（1939）は犯罪の個人主義的な説明を拒絶した。彼は，「犯罪は精神病理の表現であるとする新Lombroso学派の理論は，犯罪者は特異な身体型であるとする旧Lombroso学派の理論と同様に，いずれも正当化しえない」（p.116）と主張した。その代わりに彼は，個々人が置かれた文脈である社会組織が犯罪への関与を規定すると確信していた。

ShawとMcKayは，統制が弱体化して犯罪的文化が慣習的諸制度に対抗する地域を記述する用語として社会解体（social disorganization）を用いた。しかしながらAlbert Cohenの示唆を受けてSutherlandは，社会解体（social disorganization）に代えて分化的社会組織（differential social organization）の概念を用いたが，この用語はより価値中立的であり，犯罪地域の特質をより正確に捉えていると彼は信じた。従って，Sutherland（1942/1973）は，社会集団は分化的に配置されており，犯罪行動を支持するように組織された集団もあれば，逆にそうした行動に反対するように組織された集団もあると主張した。さらに，彼はShawとMcKayの論理に従って，犯罪組織が支配し，人びとの価値や行動が日常ベースで形成される地域において，無法な行動がより蔓延るようになると論じた。

2．分化的接触

Sutherlandは，地域あるいは集団組織が犯罪発生率を規定するという見解を彼自身の考え方に取り入れたが，彼は非行的価値観が世代間で継承されるというShawとMcKayの主張をより系統的に発展させた。Sutherlandにとっては，犯罪に対する嗜好性が「文化的に伝承される（culturally transmitted）」ということは，実際のところ，社会的な相互作用を通して犯罪行動が学習されるということを意味していた。

この学習過程を記述するにあたって，Sutherlandは分化的接触（differential association）の概念を造り出した。シカゴ学派の他の学者と同様に，彼は，とくに市内部地域では，文化的対立が生じていると指摘した。すなわち，一つは犯罪的で，もう一つは慣習的といった二つの異なった文化が，住民の忠誠を求めて競い合っていた。重要な点は，個人がどちらの文化に，あるいはどちらの文化的諸規定に最も密接に接していたかであった。従って，Sutherlandは，いかなる人間も否応なく「法律違反に好意的な文化的規定」と「法律違反に好意的でない文化的規定」の両方に接触することになると論じた。これらの規定あるいは犯罪観の比率，換言すれば，個人の生活において犯罪的あるいは遵法的影響のそれぞれがどの程度強いかによって，その人が犯罪を受容すべき生活様式とみなすかが決定されるわけである。

Sutherlandは，分化的接触と分化的社会組織の概念は相互に整合性があり，両者によって犯罪行動を完璧に説明することが可能になると考えた。構造的理論として分化的社会組織は，米国社会の特定層でなぜ犯罪発生率が高いのか，具体的には，どこで（例えば，スラムで）犯罪を行う集団が組織され，法違反に肯定的な文化的規定が繁栄し，多くの人びとが犯罪的価値に分化的に接触して学ぶことになるのかを説明した。

Sutherlandの分化的接触理論はさまざまな段階を経て発展していったが，1947年までには，彼は最終版として九つの命題を明確に示し

た。以下に示される命題は，犯罪原因に関わる犯罪学史上で最も影響力を持った言明の一つである。

1. 犯罪行動は学習される。
2. 犯罪行動はコミュニケーションの過程で他の人との相互作用において学習される。
3. 犯罪行動の学習の主要部分は親密な私的集団の中で起こる。
4. 犯罪行動が学習される時，その学習には以下のものが含まれる。(a) 犯行遂行の技術で，非常に複雑なこともあり，非常に単純なこともある。(b) 動機，動因，合理化や態度に関する特定の方向付け。
5. 動機や動因の特定の方向付けは，法律を好ましいとみるか，好ましくないとみるかという文化的規定の仕方によって学習される。
6. 法律違反を好ましいとする文化的規定が，法律違反を好ましくないとする文化的規定を上まわることによって，人は非行少年になる。これが分化的接触の原理である。
7. 分化的接触は頻度，期間，優先性，強度の点で変化しうる。
8. 犯罪パターンや反犯罪パターンとの接触による犯罪行動の学習過程は，他のあらゆる学習のメカニズムすべてを含む。
9. 犯罪行動は一般的な欲求や価値観の表現であるが，犯罪行動はこれらの一般的な欲求や価値観によっては説明されない。なぜならば非犯罪行動もまた同様に欲求や価値観の表現であるからである。(Sutherland & Cressey, 1970, pp.75-76)

3．理論的応用

総じて，これらの命題は，悪魔，低知能，深刻な精神病理や不良な体型等に突き動かされて無法行為に走るような病理的な生物が犯罪者であるとする考え方から隔絶した犯罪者観を示唆している。代わりにSutherlandは，法違反者と非法違反者との差異が彼らの個人的資質にあるのではなくて，むしろ学んだことの内容にあると主張していた。幸運にも慣習的な地域社会で育つ者は野球をしたり，教会に通うことを学ぶのに対して，不幸にもスラムで育つ者は酔っ払いから金を奪ったり，悪ふざけをしようと通りを徘徊することを学ぶのである。

しかしながら，分化的接触理論はあらゆる形態の犯罪を説明できるのだろうか？ Sutherlandは，きわめて多様なタイプの違法活動に適用しうる説明を作り上げたと信じていた。ShawやMcKayと異なって，彼は自分の研究対象をスラムの青少年の非行にとどめておかなかった。例えば，彼はチック・コンウェルという名の「職業的窃盗犯」について著名なライフヒストリーをとりまとめた（Sutherland, 1937）。この研究からは，ある人間がすり，高額商品の万引き犯，信用詐欺師になることを決定付ける要因は，窃盗犯らとの分化的接触であることを明示した。このような接触は，向上心に燃える窃盗犯に対して，洗練された犯罪者の役割を学んで遂行する上で必要な指導，価値観，同僚を提供するため，必須のものであった。

しかしながら，より挑発的であったのは，Sutherland（1949）が「社会的地位が高く尊敬される人が職務遂行上犯す」(p.9)犯罪を分化的接触が説明しうると主張したことである。そして，このような不法行為をSutherland（1940）は「ホワイト・カラー犯罪（white-collar crimes）」と命名した。彼の調査研究によって，違法行為は，ビジネス，政治や専門的職業において広がっていることが明らかとなった。Sutherland（1949/1983）によれば，「社会経済階層が上の人たちは多くの犯罪行為に従事

している」(p.7)。実際のところ，米国の大企業の違法行為に関する彼自身の研究からも，大企業がしばしば合法的基準を侵害し，そのほとんどが「常習的犯罪者（habitual criminals）」と呼びうるものであることが明らかとなった（Sutherland, 1949）。

Sutherland（1940）によれば，このような実証的事実は当時の理論のほとんどに対して特別の問題を提示した。というのは，当時の理論のほとんどは「犯罪行動は一般的に貧困あるいは，貧困と関連した精神病質的，社会病質的条件のために引き起こされる」と仮定していた。結局，ほとんどの「ホワイト・カラー犯罪者は……貧困ではなかったし，スラムや劣悪な家庭で育ったわけでもなく，低知能やサイコパスでもなかった」(pp.9-10)。他方，分化的接触の原理は富裕層の犯罪を説明することが可能である。

従って，多くの職種において違法な行為が業務遂行の方法として広く受け入れられている。Sutherland（1940）によれば，ホワイト・カラーの職業人は「良い地域社会や良い家庭からそのキャリアを始め，かなりの理想を持って大学を卒業する」。しかしこの時点で，犯罪行為が実務上慣例となっている特定のビジネスの現場に入り，他の慣例と同様にその行動様式に引き込まれるのである」(p.11)。スラムの青少年や職業的窃盗犯になる犯罪者と同様に，法律違反を好ましいとする文化的規定との接触によって方向性が形成され，ホワイト・カラーの職業人からホワイト・カラー犯罪者に変容がなされるのである。実際に犯罪的伝統が継承されたのである。このようなトピックに関するSutherlandの洞察は第11章で再度検討するが，そこではホワイト・カラー犯罪の原因を考察する。

Ⅳ　シカゴ学派の犯罪学的遺産

シカゴ学派は後続の学者から厳しい批判の目を向けられて来た。例えば，批評家がよく指摘する限界を一つあげると，シカゴ学派の犯罪学者は「犯罪的文化」の伝播が原因として重要であると強調するが，そうした文化の正確な起源については何ら詳細を提供しなかった。同様に，犯罪や非行といった都市の成長に伴う否定的な結果を嘆きながらも，シカゴ学派の理論家らはその都市における集団の空間分布を「自然発生的な」社会分布と見なしがちであった。こうした見方は，スラムや都市部に広がる莫大な経済格差を産みだし永続化する上で，権力や階級の独占が大きな役割を果たしていることから，注意をそらすものであった。

学者らはまた，シカゴ学派があらゆる種類の犯罪を十分に説明できないのではないかと疑問を呈してきた。その理論は，犯罪者的役割に対する継続的な関与や集団を基盤とする非行を最もよく説明できるようであるが，「熱情による犯罪（crimes of passion）」とか逸脱的価値観とほとんど接触しなかった人びとによる他の衝動的な犯行をあまり説明できない。さらに，Sutherlandの分化的接触理論は，その理論に固有の批判を受けた。その系統的な説明はもっともらしく，おそらく正しいであろうが，それを科学的に検証することが可能だろうか？　生涯にわたって，ある人間が犯罪的規定と接触したことが慣習的規定と接触したことを上回っていたかを正確に測定することが，そもそも可能だろうか（Empey, 1982；Pfohl, 1985；Vold & Bernard, 1986）？

以上のような限界にもかかわらず，シカゴ学派が犯罪学に対して多大な影響をもたらしたことを否定する学者はほとんどいないだろう。最も広範なレベルで，シカゴ学派の犯罪学者は豊

富な統計を背景にして，犯罪を個人病理の証拠とみる説明に対して強力な挑戦を展開した。彼らは，犯罪の起因を探索するにあたって，人びとがどこで育つのかや誰と交流するのかを見逃すことができないという真理を捉えた。

シカゴ学派はまた，今日まで有力な二つの観点が発展する基礎を提供した。まず一方では，先述したように，社会統制が弱体化することで非行が発生するというShawとMcKayの前提は，後に統制あるいは社会的絆理論として知られるようになるものの初期のバージョンであった（第5章と第6章を参照されたい）。他方，文化の伝播あるいは分化的接触の結果として犯罪行動が起こるというシカゴ学派犯罪学者の考え方は，文化的逸脱理論（cultural deviance theory），すなわち社会的相互作用の中で逸脱的な価値観を学ぶことで人は犯罪者になると仮定する観点を生み出した（Empey, 1982）。

1. 集合的効力感

住民が行使するインフォーマルな統制が地域の犯罪問題を左右するというShawとMcKayの見方を復活させる上で，おそらくRobert Sampsonが最も力を尽くした（例えばSampson, 1986a；Sampson & Groves, 1989を参照）。1970年代後半にニューヨーク州立大学オーバニー校の大学院生であった時，彼はTravis Hirschiのセミナーに登録した。第6章で検討するように，Hirschiは統制理論の提唱者であり，その時点では，親・学校・その他の慣習社会の側面との絆が弱まることで非行が発生すると主張していた。この考え方は，犯罪を文化価値の伝播・学習と結びつけるシカゴ学派のもう一方の側面を否定するものであった（Sampson, 2011）。

Sampsonは指導教官の考え方に納得した。しかしながら，ある個人がなぜ犯罪に関与したのかという問い（これはHirschiの関心事であった）には関心がなかった。こうした問いは，犯罪行動の個人差に焦点があるので，しばしばミクロレベルの問いと呼ばれる。Sampsonの方はむしろ，ShawやMcKay等の学者を魅了した中核的なマクロレベルの問い，すなわちある地域（マクロレベルの単位と呼ばれる）はなぜ他の地域よりも犯罪発生率が高いのかに，より大きな関心を寄せていた。

重要なことに，Hirschiのセミナーで，SampsonはRuth Kornhauser（1978）による明晰な新著を紹介された。『非行の社会的根源（Social Sources of Delinquency）』において，Kornhauserは非行の文化理論をHirschiが批判したことに同調したが，おそらくHirschiが自分の科目でこの本をテキストに採用した理由の一つはこのことにあるだろう！ しかしながら，Hirschiと異なって，彼女は代わりの説明として，主に社会解体理論のマクロレベル統制の側面に力点を置いた。Kornhauserのこの独特の焦点はSampsonをしてShawとMcKayやシカゴ学派の他の学者らの業績に目を向けさせることになった。従ってSampson（2011）は，マクロレベルの統制理論に焦点を置くことにキャリア選択を行ったわけである。Sampsonが述べるように，彼は自分自身の学究生活を以下の通りに分けている。

> 私がKornhauserを読む前とKornhauserを読んだ後では……今でも私は知的な興奮を覚える。その機会は逸脱理論に関するTravis Hirschiの大学院セミナーであった。そのセミナーにおいて電球が点灯したのであった。Ruth Kornhauserの『非行の社会的根源』を精読することがスイッチとなった……Kornhauserは，彼女自身が文化的逸脱とか緊張論的伝統と名付けた犯罪学理論を猛烈に批判した。しかしなが

ら，Kornhauser の批判以上のものに私は鼓舞された。彼女はまた，古典的なシカゴ学派に依拠して実証的な理論枠組みを明確に述べた……私の見たところでは，彼女の主張はマクロレベルで展開された Hirschi の統制理論と密接に関連するものであった。(2011, pp.64, 67-68)

先に述べたように，Sampson は Shaw と McKay の仕事について第一級の検証を提供した。その研究の後に，彼はこうした問題を探究し続けた。1997 年に，彼は Stephen Raudenbush および Felton Earls と共に，社会解体理論を再概念化したものを提唱し，それを集合的効力感理論（collective efficacy theory）と呼んだ(Sampson, 2006 も参照)。この観点は，今日に至るまで犯罪学の思考や研究を先導し続けている。

Sampson ら（1997）は，地域によって「インフォーマルな社会統制を行使する」能力に違いがあることに注目した。インフォーマルな社会統制とは，住民が無法行為等を目にして，受動的ではなく能動的に振る舞うことを意味し，具体的には，警察に通報したり，困っている人を助けにいったり，悪さをする青少年に注意をすること等があげられる。しかしながら，住民がこうした措置を取る可能性は，「隣人間の相互信頼や連帯感」（p.919）があるか否かに依拠している。その結果，そのようなまとまりのある地域では，礼儀や善行に関わる規範を維持する上で互恵的に行動できる。こうした場所には「隣人間の社会的団結と共に，住民が公益のために行動を起こす意欲で定義される集合的効力感」（p.918）が存在する。

同僚と共に Sampson（2011）は，集合的効力感（collective efficacy）の構成概念を作り上げる上で，「集合的（collective）」と「効力感（efficacy）」といった単語を注意深く選んだ。こうした用語は文化と社会的行為を意味するために用いた。従って，「集合的」は，地域住民が統制について期待を共有していること，すなわちある状況（例えば騒がしい青少年の集団）が不適切であり，対応に値することについて隣人と同意しうることを意味する。次に「効力感」は，住民が主体性を行使して，問題を解決するために何らかの行動を起こす（例えば通りに出て少年に静かにするよう注意する，あるいは警察に薬物取引を封じ込めるよう要求する）上で隣人と協働しうることを意味する。換言すれば，集合的効力感を持つ近隣住民は，問題を同様に規定し，連携して対応してそれらを解決できるのである。

Sampson ら（1997）はまた，集合的効力感が地域間で均一に分布しているわけでないと論じた。むしろ，移民の集中，住民の高い流動性，過酷な経済的剥奪といった「不遇の集中（concentrated disadvantage）」がある地域社会では，集合的効力感は脆弱である（Sampson, Morenoff, & Earls, 1999 も参照）。Sampson ら（1997）は，こうした地域社会がインフォーマルな社会統制を行使して地域の安全を維持する社会資本を持ち得ないと予想した。

重要なことに Sampson ら（1997）は，こうした理論的主張を支持するデータを提供した。1995 年に，彼らの研究チームはシカゴの 343 地域に居住する人びと 8,762 名にインタビュー調査を実施した。調査対象者の個人特性（時々「構成効果（composition effects）」と呼ばれる）を統制した上で，集合的効力感が地域間の暴力犯罪発生率の違いを予測する「頑強な」要因であることを，著者らは明らかにした。彼らの分析はまた，住民の安定性や不遇の集中といった地域特性と犯罪発生との関連の大部分を集合的効力感が仲介していることを明らかにし，この知見は「社会組織に関する地域理論の主要な

テーマと整合している」(p.923)。

　従って，集合的効力感の理論は，どうして都市部の地域によって犯罪行動のレベルが異なるのかについて，前途有望な説明といえるだろう (Pratt & Cullen, 2005；Sampson, 2006 も参照)。しかしながら，残された問題をあげると，それは，集合的効力感の概念が真に新奇な概念であるのか，それとも単に社会解体の「対極」を意味するものに過ぎないのかという点である。この概念の独特な特徴は，それが単に地域組織の度合いだけでなく，住民が社会統制を行使する意欲にも焦点を置いていることであろう。換言すると「効力感」の概念は，単に社会的に組織されている状態を意味するだけでなく，社会的行為を行う準備ができている状態も示唆している。この理論の将来は，Sampsonらが集合的効力感の概念を明確化し，その構成要素を分離する努力を継続するかに係っているといえよう。

2. 文化的逸脱理論
1) 理論的多様性

　文化的逸脱理論は多くの経路を経由して発展してきたが，とくに有力なバージョンとして三つ挙げることができる。まず一つ目として，ある犯罪学者らは，低階層地域内の下位文化ではなくて下層階級の文化そのものが，都市部で犯罪が多発することの原因になっていると主張した。こうした理論のなかで，Walter Millerが最も明晰であり，最も議論を呼ぶものであった。Miller (1958)によれば，都市部のギャング非行は，何世代にもわたる貧困そのものによる産物ではなく，むしろ「重要な関心事 (focal concerns)」が遵法よりも逸脱を奨励する独特な下層階級文化の産物であるとされた。もし中流階級文化の重要な関心事が達成，満足の先延ばし，勤勉であるならば，下層階級文化の重要な関心事はもめ事，抜け目なさ，タフであること，運任せと自律性であった。その結果として，中流階級の若者が良い成績・大学・キャリアを志向するのに対して，下層階級の若者は身体的に優れた能力，権力からの自由や街頭での刺激を追求することになる。Millerは，必然的に，このように**「下層階級文化の全体的な生活パターンの必須要素を構成する文化的実践に従う若者は，自動的に法規範を［侵害する］」**(p.18, 強調は原著者による) と主張した。

　二つ目として対照的に，多くの犯罪学者たちは，非行の下位文化が社会の特定区域（都市部の下層地域）でどのように発生するのかを探究してきた。こうした下位文化は実際のところ，伝承されて学習された際には犯罪行動を動機づけるような反社会的な規範・価値・期待の一貫した体系を成している (Cloward & Ohlin, 1960；Cohen, 1955)。こうした研究については後ほど，第4章でさらに検討したい。

　三つ目として，他の研究者らは，暴力の下位文化が存在することを主張するにあたって，同様のテーマを展開させた。例えば，WolfgangとFerracuti (1982)は，そのような下位文化が根付いた地域（例えば，都市のスラム街）では，「分化的学習・接触・同一化といった過程」を経由して「暴力行使に好意的な態度」を取得すると指摘した。その結果，「暴力行使は必ずしも違法行為と見なされなくなり，行使者は自らの攻撃に関して罪悪感に対処する必要がなくなる」(p.314)。この点に関連して，社会の特定区域（例えば市内部や南部）で暴力犯罪や殺人の発生率が高いことを，地理的基盤を持つ暴力下位文化のせいにできるかについては，理論的かつ実証的な論争がかなり生じている (Cao, Adams, & Jensen, 1997；Hawley & Messner, 1989)。

2）街頭の掟

　暴力下位文化の概念を適用した重要なものとして，Elijah Andersonの著名な本，『街頭の掟（Code of the Street）』が挙げられる。この著書は，Anderson（1999）の4年にわたるフィラデルフィアでの民族誌的研究に基づいており，その研究で彼は「なぜ市内部の若者はお互いに攻撃や暴力を行使するに至るのか」（p.9）といった問題を取り上げた。基本的に，この問題に対する答えは，市内部に蔓延し，青少年の日常での選択肢を支配する暴力的な「掟」にあると，彼は論じた。

　Anderson（1999）によれば，市内部に住むマイノリティの若者は，慣習的社会から分離され，文化的に孤立しており，圧倒的な経済的障壁に直面する。ほとんどの家庭は，「礼儀正しく」しようと努力し，子弟に勤勉と礼節の価値を教えようとする。Andersonが「ストリートファミリー」と呼ぶ他の家庭は，あまり幸運ではない。彼らは，崩壊して機能していない家庭に生まれる。多くの場合，こうした家庭では薬物問題を抱えるシングル・マザーが世帯主となっている。このような子どもたちは放置されるか，しつけを受ける場合には，厳格かつ一貫性のない体罰を受ける。一般社会の本流に参加して有意義な結果が得られる見込みを持つことなく，彼らは疎外され，つらい思いを持ちながら成長する。慣習的諸制度との結びつきが弱く，怒りを胸に秘め，親から十分な監督を受けることなく，こうした家庭の子どもらは，街頭に向かう。そこで，彼らは日中を過ごし，さらにしばしば夜間も過ごす。

　日常で利用できる資源もほとんどなく，こうした若者の主要な関心事は「尊敬を集めるために行動する（campaign for respect）」ことである。彼らは，「関わってはいけない（not to be messed with）」，あるいは「粗野な（bad）」若者として，けばけばしい服装をしたり，きわめて男性的な振る舞いをしたり，（最も重要なこととして）「大胆さ（nerve）」の評判を獲得することによって，街頭での地位を示したがる。しかし，こうした評判に基づいた地位は覚束ない。なぜならば，それは常に挑戦を受ける立場にあり，勝つか負けるかの争いによって若者から剝奪される可能性があるからである。もし，ある若者が他の若者に敬意を表さなかった時に，なんら反応しないならば，それは「大胆さ」を誇示する機会を逃し，地位を失うことになる。

　そのような状況では，「街頭の掟」が，「尊敬されなかった」当事者がどう対応すべきかを規定する。Anderson（1999）はこの掟を以下のように定義する。

　　すなわち，この掟は，公共の対人行動，とくに暴力を支配するインフォーマルな諸規則である。こうした規則は，適切な振る舞いと難癖をつけられた時の適切な対応法の両方を規定する。それらは暴力の行使を規定し，粗暴傾向のある者に対して暴力的な衝突に持ち込む合理的な口実を与えるものである。（p.33）

　社会の別区域では，故意でない，あるいは軽微な，無礼行為は大目に見られるか，遺憾の意を言葉で伝える程度の反応を引き起こすに過ぎない。しかしながら，街頭の掟ではいかなる無礼行為も許容されない。Anderson（1999）によれば，「街頭文化では，尊敬とは「対面上で存在するもの（an external entity）」であり，得難くて失われやすいので，常に守り続けなければならないものである」（p.33）。従って掟は，いかなる無礼行為に対しても直ちに暴力を行使する旨で脅したり，実際に暴力を行使することが必要であり，そうしないと尊敬は剝奪されると規定する。さらに掟は，身体的暴力を受けた

ら，暴力で返すよう要求する。そのような文脈では，暴力的な衝突は生じる可能性が継続し，生じた場合には致命的なやりとりに発展する危険性がある。

　Anderson（1999）は，掟がストリートファミリーの子どもだけでなく，上品な家庭の子どもにも影響を与えると警告する。「上品な」若者らは自分らの家庭によって永遠に保護されるわけではない。彼らも最終的には公共空間に出ていって，そこであらゆる家庭からきた若者らが交わることになる。もし彼らが掟に従わず，暴力行使の意欲を示さないならば（すなわち尊敬を得られないならば），彼らは他の若者から容易に被害を受けること，具体的には侮蔑されたり，財産を奪われたり，暴行されることが生じるだろう。従って，そうした上品な若者らも生き延びるために，掟を学んで従うことが必要であり，被害にあう恒常的な脅威を抑止するには，暴力行使の意欲を十分に示すことが必要である。しかしながら，こうした街頭文化的価値を信奉するコストとして，彼らの上品な生活様式と合致しない暴力的な衝突に巻き込まれる危険を冒すことになる。よって，すべての家庭の子ども，すなわちストリートファミリーの子どもと上品な家庭の子どもも同様に，街頭の掟に覆われており，その影響を被っている。

　Anderson（1999）は，街頭の掟はしっかりと定着しているものの，全く手に負えないものではないと論じた。その強度や市内部の若者への支配は構造的条件に根差しており，その構造的条件はこうした若者らを極度の貧困状態にさらし，慣習的な手段を用いて尊敬を獲得する有意義な方法を剥奪する結果をもたらしている。この状況は，警察に対する信頼が欠如していることや，犯罪被害等の問題を一人で解決しなければならないという随伴する意識によって，悪化している。結局のところ，街頭の掟は，都市の貧困地域で行きわたった諸条件に対する「文化的適応」である。もし，こうした描写に一縷の望みがあるとすれば，それは条件が異なれば異なる文化的適応が生じるということである。Andersonにとって，最も顕著な手立ては，若者らに希望と有意義な遵法的な関わりを与えることである。彼は，「市内部地域で発展的で正当な経済活動，とくに市内部の若い男女に仕事をもたらすものを確立することによってのみ，我々は未来への明るい展望をもたらすことができる」（p.325）と結論付けた。

　広く読まれているが，Andersonの仕事はあまり実証的な検証を受けていない（Swartz, 2010）。このような研究の欠如が生じた理由は何かというと，おそらく市内部地域の文化的景観を測定するには，住民を対象に彼らが受容するあるいは受容しない掟について詳細な調査を行う必要があるからだろう。それでも，この領域で出始めた研究は，街頭の掟には構造的な起因があり，暴力的非行への関与に寄与するというAndersonの主張を支持している（Brezina, Agnew, Cullen, & Wright, 2004；Stewart & Simons, 2006）。対照的に，259地域から選んだ黒人の若者720名を対象とした研究において，Stewart, Schreck, とSimons（2006）は，掟に従うこと，すなわち強がった態度を見せて弱さを隠すことが安全性を高めるというAndersonの主張を支持する結果を得られなかった。彼らは「掟に従うことが，単に危険で崩壊した地域社会に住むことから生じるレベルを超えて，被害に遭うリスクを悪化させること」（p.427）を見いだした。

　圧倒的な方法論上の難題があるにもかかわらず，市内部の文化に関するAndersonの描写は革新的であり，豊かな研究の機会を提供するものである。それが受けた賞賛を考えると，彼の仕事は，量的ならびに質的な方法の両方を用い

て追試されるべきである。

3. Akers の社会的学習理論
1) Sutherland を拡張する——分化的社会強化（Differential Social Reinforcement）——

　Ronald Akers は，Sutherland の分化的接触の観点に関して最有力な現代の拡張版として，自分の社会的学習理論（social learning theory）を提案した（例えば Akers, 1977, 1998, 2000；Akers, Krohn, Lanza-Kaduce, Radosevich, 1979；Burgess & Akers, 1966 を参照）。先に述べたように，シカゴの理論家らは，犯罪的価値観は接触を通して学習されると強調した。そうであっても，これらの理論家らは，この反社会的価値観の取得がどのように起こるのかについて詳細を述べてこなかった。その社会的学習理論において，Akers はこの問題に取り組み，犯罪の学習が生じるメカニズムとプロセスを特定しようと試みた。

　Akers は，犯罪的価値観や学習の構造的起因について何ら系統立った分析を行っておらず，単に社会的な位置によって個々人は分化的に違法行為につながる学習環境に接触することになると主張しただけだった（Sampson, 1999）。それにもかかわらず，Akers は，いかに人びとが犯行者となることを学ぶかを解明した点で大きく貢献した。

　この問題に対する彼の関心は，彼がシアトルのワシントン大学で初めて教職任命を受けた1965 年に始まった。ケンタッキー大学の大学院で，彼は，著名な葛藤理論家である Richard Quinney（第 8 章を参照）の指導の下，法の社会学に関する博士論文に取り組んだ。しかしながら，ワシントン大学に赴任して彼は，別の新任教授である Robert Burgess に出会ったが，Burgess は行動心理学の原理を社会学的なテーマに適用することに関心を持っていた。Akers の犯罪学に関する経歴があったために，彼らはすぐに，Burgess のプロジェクトの対象に，学習を犯罪行動の基礎とする Sutherland の分化的接触理論がなり得ると合意した。

　Burgess と私は，社会学に対する行動心理学の適応可能性等を検討するのにあたって，Sutherland の理論が最も実り多い場所であると考えが一致した。Sutherland の理論は，意識的な「学習」理論であり，〈Skinner の〉オペラント条件付けも意識的な「学習」理論であった。両者は共に，行動の獲得・維持・遂行・変化に関する理論であった。Sutherland は学習が起こる社会的相互作用の文脈を提供し，Skinner は学習のメカニズムを提供してくれた。（Akers, 2011, p.357）

　Akers の Burgess との共同研究の結果として，「犯罪行動の分化的強化理論（A Differential-Reinforcement Theory of Criminal Behavior）」という題名で Sutherland 理論の再編成版が発表された（Burgess & Akers, 1966）。この論稿はかなりの注目を受けたが，最終的にはその意義は減少していった。その変わることのない重要性は，Akers を犯罪の研究に導き，とくに犯罪学習が起こるメカニズムを解明し，Sutherland の仕事を発展させることに傾注させた点にあった。最終的に，これが Akers をしてその社会的学習理論を定式化させることにつながった。

　この観点に立ち，Sutherland と同様に Akers は，無法行為に駆り立てる「文化的規定」を形成する上で分化的接触の重要性を指摘した。Akers は Sutherland の考えを発展させて，こうした規定の次元を特定するに至った。規定には，善悪に関する宗教的価値のような「一般的な」ものがあり，特定の状況で犯罪が許される

のか等の「特定的な」ものもある。犯罪行動に対して「否定的な」規定もあるし，「肯定的な」規定もある。さらに，「犯罪を正当化あるいは合理化すること」（Akers, 2000, p.77）によって犯行を促進させるという意味において「中和的な」規定もある。

　文化的規定が一旦内面化されると人びとの意思決定を規制し続けると，Sutherland の理論は示唆する。しかしながら Akers は，このモデルを精緻化させた。一つ目として，文化的規定に加えて，人びとは模倣，すなわち犯罪行為を手本とすることを通して犯罪に関与するようになり得ると，彼は指摘した。二つ目で最も重要なこととして Akers は，犯罪に最初に踏み入れることを決断するのに，文化的規定と模倣の役割が最も大きいと主張した。この時点で，新たな理論的問題が発生する。すなわち，人はなぜ違法行為を犯し続けて，犯行者としての生活に落ち着くようになるのだろうか？ 彼はオペラント心理学から援用して，ある行動が繰り返されるか否かを決定するのは，社会的強化因子すなわち報酬か罰であると論じた。従って，犯罪への関与が継続されるかどうかは，こうした行動に報酬を与える社会的強化因子にどの程度曝露されるかに依拠する。そうした強化因子がより強く継続的である（例えば，結果がより肯定的である）ならば，犯罪行動が続く蓋然性はより大きくなる。Akers はこれを「分化的社会強化（differential social reinforcement）」と呼んだ。

2）社会的学習理論の実証的位置づけ

　Akers の社会的学習理論は広範な実証的検証を受けており，その大部分は，自己申告非行を説明するのに社会的学習の尺度が使用される研究で行われた。全般的に見て，研究はこのパースペクティブを支持しており，そうした研究には，社会的学習理論が社会的絆理論といった競合する犯罪理論と比較検討されたものも含まれる（Akers, 1998, 2000；Akers & Jensen, 2003, 2006；Akers & Sellers, 2004；see also Kubrin, Stucky, & Krohn, 2009）。133 の研究を対象とした最近のメタ分析は，一貫してその理論を支持する結果を出した（Pratt et al., 2010）。累犯の予測因子に関するメタ分析も同様に，社会的学習理論に合致して，反社会的な価値や仲間との交遊が再犯の最も強力な予測因子であることを示した（Andrews & Bonta, 1998）。さらにこの理論は，男女両方の重罪犯罪者についてその犯罪の差異を説明しうることも明らかとなった（Alarid, Burton, & Cullen, 2000）。最後に，矯正的社会復帰プログラムの評価研究は，また社会的学習理論に合致した結果を出しており，反社会的価値観や仲間に焦点を当てて改変しようとするプログラム（典型的なものとして「認知行動的」介入法）が再犯率低下に有効であることが示されている（Cullen & Gendreau, 2000；Cullen, Wright, Gendreau, & Andrews, 2003；Andrews, 1980 も参照）。

　現存する研究においては，調査回答者が申告する「非行的な友人の数」で測定される分化的接触が，典型的に犯罪への関与を最も強く予想する変数である。社会的学習理論を批判する学者らは，非行的な友人と犯罪との緊密な関連は疑似的なものであると主張する。彼らは，非行的友人のせいで無法行為を行うようになるというよりも，これは実際のところ「類は友を呼ぶ（birds of a feather flocking together）」の事例であり，非行を行っているという共通性ゆえに非行少年同士が連立っているのに過ぎないと論じる。研究が示すところによれば，確かにこのような仲間集団への自己選択は起きている。しかしながら研究は，自己選択があったとしても，他の反社会的仲間と継続的に交遊することが非

行への関与を増幅させ得ることを示唆している（例えば Warr, 2002；Wright & Cullen, 2000；see also Akers, 1998, 2000 を参照）。Akers（1999）が教示したように，類は友を呼ぶかもしれないが，それはまた「朱に交われば赤くなる」の事例でもあるといえよう。

V　理論の帰結：政策的意義

1．個人を変える

まもなく以下で見ることになるが，Shaw と McKay の社会解体理論の論理に従えば，最も効果的な犯罪減少策は地域を再編成することであるとの結論に至った。しかしながら，シカゴ学派が文化的学習を強調することからは，犯行者の犯罪的学習を覆す治療プログラムで犯罪に対処できることが示唆される（Andrews & Bonta, 2003, 2010）。このように犯行者の社会的学習を改変することに力点を置くことは，とくに Akers の理論と整合するものである（Akers & Sellers, 2004, pp.101-108）。留意すべきこととしては，犯行者個人に焦点を置いているものの，生来的に内在する病理を改めることではなくて，犯行者が親，兄弟，友人やその他の人びととの社会的相互作用で獲得した価値観や思考方法を変えることに焦点が置かれている。

この点に関連して，分化的接触や社会的学習の理論に基づく介入では，犯行を促進させた環境や人びとから犯行者を引き離し，向社会的に強化を受けられる環境に置こうとする。こうした取り組みの実践例には，建設的なピアカウンセリングを用いるプログラムや，規則に従うと特権（例えば，自宅への帰休，アイスクリーム，夜間の外出許可）を購入できるポイントが付与される「トークン・エコノミー（代用貨幣療法）」を用いるプログラムに青少年を参加させるものが挙げられよう。さらに，犯罪等の無法行為を減少させる上で，認知行動プログラムが最も有効な治療方策の一つであるというエビデンスが今や集まってきている（Lipsey, Chapman, & Landenberger, 2001；MacKenzie, 2006；Wilson, Bouffard, & MacKenzie, 2005；see also Spiegler & Guevremont, 1998）。こうしたプログラムでは，「認知」（Sutherland が「文化的規定」と呼んだもの）が行動を導くと想定する。鍵は，犯罪を惹起させる反社会的価値観等の認知を変化させることである。最後に，家族関連の研究文献からは，厳格で一貫性のない育児法を親が用いることで攻撃や他の問題的な反応を強化し，向社会的な行為を無視することにつながるというエビデンスが見いだされる。「悪い」行動よりも「良い」行動を強化するマネージメント技術を親に教えるプログラムが，反社会行動を減少させることも証明されてきている（Farrington & Welsh, 2007；Reid, Patterson, & Snyder, 2002）。

2．地域を変える

先に述べたように，初期のシカゴ学派の学者らは，当時主流であった個人主義的な生物学・精神医学の説明を拒否し，犯罪の社会的根源を明らかにしようとした。この理論的観点と首尾一貫するように，彼らは「少年非行の防止ならびに治療における心理学や精神医学の優位性に対して，初めて系統だった挑戦」（Schlossman, Zellman, & Shavelson, 1984, p.2）を試みた。若者の無作法な振る舞いに対する解決法は，個人内に存在する病理を除去することではなくて，むしろ崩壊した地域社会の中に存在する病理を除去することであると，彼らは主張した。

1930 年代初頭以降，Shaw は，自分の理論を実践に移す努力として，米国犯罪学史上最も有名な介入法，すなわちシカゴ地域プロジェクト（the Chicago Area Project：CAP）を確立

させた。Shaw のストラテジーは，シカゴの崩壊したスラム地域で近隣委員会を作り上げるきっかけとして，CAP を活用することであった。委員会のリーダーらとプロジェクトの職員は，ソーシャルワーカーの専門家集団からではなくて，むしろその地域コミュニティから雇い上げられた。その意図は，犯罪に対抗するためにまとまる主体性を地域住民に持たせることであった。Shaw は，プログラムが「下から上に（bottom up）」という形で始まらない限り，地域の支持を得られないし，成功裡に遂行することも実質的に見込めないと信じていた（Kobrin, 1959；Schlossman et al., 1984）。

CAP は，非行防止において複数のアプローチを行った。まず一つ目として，青少年を向社会的な環境に引きつけるレクリエーション・プログラムの創設に，特段の力点が置かれた。二つ目として，近隣の外観を改善することによって，住民が居住する地域に誇りを持てるよう努力した。三つ目として，CAP の職員は，問題を抱える青少年のために仲介役を果たそうとした。こうした取り組みとしては，青少年の怠学をいかに減らすかを学校関係者と話し合ったり，ダイバージョン・プログラムとして CAP プログラムに若者を参加させるよう，裁判所関係者に訴えることが行われた。四つ目として，CAP は直近地域に居住する職員を採用し，「道端での補導援護（curbside counseling）」を提供した。フォーマルな治療のセッションではなくてインフォーマルな会話を通して，これらの街頭指導員らは，教育を受けて慣習的な生活様式をとることが最善策であることを若者らに教えようとした。Schlossman ら（1984）が主張したように，「彼らはモデルであり，これまでほとんど接したことのない慣習的な社会的価値観を伝える役割も果たしていた」（p.15）。

Shaw のプロジェクトは効果的であったか？　残念なことに，無作為化統制群を用いた厳密な評価が欠如しているので，確定的な答えは出せない。そうであっても，1984 年に Schlossman らは，「シカゴ地域プロジェクトの 20 年間の評定」を提供した。彼らは，自分らが集めた各種の証拠が，「間違えようがないとはいえないが，CAP が自己報告非行を減少させる効果を長く保持していたという強力な仮説を十分に支持する」（p.46；Kobrin, 1959, p.28 も参照）と結論づけた。CAP は，「終わりのない苦境と政治的無力にもかかわらず，誇り，礼儀を維持し，自律性を行使し続ける下層階級マイノリティの地域も存在する」（Schlossman et al., 1984, p.47）ことを，我々に教えてくれる。

注目すべきことに，CAP や Shaw の遺産が 21 世紀に入っても継続している。シカゴ地域プロジェクトは今日も存在し続けており，若者の権利を擁護したり，直接的にサービスを提供したり，都市部の貧困地域で生活の質を改善するために地域組織化を進めることに尽力している（Chicago Area Project, 2010）。それは 40 以上のプロジェクトと「賛助団体（affiliates）」（例えば，CAP の使命に賛同する地域組織）をとりまとめている。従って，「プロジェクトと賛助団体は，少年非行や他の社会解体の兆候が多く見られるシカゴ周辺地域において，状況を改善させる影響をもたらすことが求められている」（Chicago Area Project, 2010, p.2）。

Ⅵ　結　論

犯罪学のシカゴ学派は，米国犯罪学の発展において決定的な影響をもたらした。この学派の論者らは，犯罪に関して個人特性に基づく説明よりも社会学的説明が優勢となるよう貢献した。急激に変化するシカゴを自分らの実験室として，彼らは，農業社会から都市化した産業社会へと

米国が変容する広範な文脈に犯行者を置いて考えた。彼らの見方では，個々人はその組織化の程度の異なる地域社会に生まれていた。郊外の都市で育つ青少年の場合は，彼らの行動を統制し，もっぱら慣習的な価値観を植え付ける強力な諸制度によって保護されていた。多くの者にとって，犯罪生活（それが酔っ払いからの金品強奪であれ，職業的窃盗であれ）は考えも及ばないものであった。しかしながら，都市内部に生まれた者は，社会解体といった特有の問題に直面した。家庭を含めて弱体化した社会的諸制度は，子弟の行動を統制して，犯罪的な伝統・商売や集団（例えばギャング）が地域に根付くことを防げなかった。よって，若者は，慣習的か犯罪的かといった二つの競合する生活様式を経験した。彼らは，遵法よりも犯罪の方に「分化的に接触し」，好むように学ぶことがあり得るし，また実際に多くの者がそうしていた。

シカゴ学派はまた，方法論上の重要な進歩も成し遂げた。計量的方法としては，彼らは地理的地域ごとに犯罪をマッピングすることの価値を示した。後に犯罪の「ホットスポット」と呼ばれるものが存在することを何十年にもわたって想定していたのだが，彼らは犯罪がランダムに分布しているのではなくて特定地域に集中していることを示した。彼らにとって場所は重要だった。犯罪が多く起こる場所とあまり犯罪のない場所を分けるものは何であったのだろうか？　しかしながら，彼らはまた，質的方法も重視した。シカゴ学派のメンバーらは，机上の空論的な犯罪学者ではなく，市内部の通りを歩き回り，犯行者を対象に彼らのライフヒストリーを聴き取った。こうして明らかとなった新事実によって，彼らの統計数値もより真実に迫るものとなった。彼らが作成した地図上の地点各々は，単にデータポイントではなく，それぞれ固有の物語を持った非行少年であった。彼らは，研究対象とする人びとの人間性を切り離すことはなかったが，このことはおそらく，彼らが犯罪に対する解決を刑務所の建設ではなくて社会改革に求めた理由であろう。

第4章
米国社会における犯罪
——アノミー理論と緊張理論

Robert K. Merton
1910-2003
コロンビア大学
アノミー・緊張理論の著者

　Robert K. Mertonとその共著者M. F. Ashley-Montaguは，「米国人類学雑誌」（American Anthropologist）に発表した1940年の論文上でEarnest Hooton（1939）の生物学的理論に対する痛烈な反論を展開した。第2章においてHootonの犯罪学を概観したように，彼は囚人と非犯罪者（例えばナッシュビルの消防士）とを比較検討し，犯罪者には明確な身体的特徴が認められると主張した。彼の主張を総括すると，このような身体的特徴は彼のいう生物学的劣性の証拠であり，さらに犯罪性の原因とも考えられている。犯罪防止には社会からの「生物的に劣等な者」の排除が必要不可欠であるということを提唱する彼の結論と密接に関係する政策に対して彼は積極的であった。Hootonによると，「犯罪の除去に対しては，身体的，精神的，道徳的に不適当な者を根絶するか，あるいは完全に隔離することによって，社会的に無菌な環境とすることによってのみ効果が期待される」という（Merton & Ashley-Montagu, 1940, p.391より引用）。Hootonは別の箇所において，「生物学的大掃除」が必要であると主張していた（Bruinius, 2006, p.239）。

　Hootonの著作は「目立つだけに，このような分野における先駆者LombrosoやGoringによる研究と同様の犯罪学史上の位置を占めてしまう」（p.384）懸念があって，MertonとAshley-Montaguは痛烈な皮肉をこめて，Hootonの研究データを厳密に再検討し，彼の理論づけの根拠が確固たるものではないことを示した。結局はHooton犯罪学の影響力は短命に終わり，生物学的な劣等者としての犯行者という視点は米国犯罪学から撤退した。事実，ハーバード大学出版会がその後のHootonの著作公刊の多くを断った主たる理由がMertonとAshley-Montaguの批判的な論文のためであった（Ashley-Montagu, 1984）。それでもなおこの当時犯行者は異なっているだけではなく，劣等な身体——これによって彼らは根絶の候補者とされてしまう——を有する羽目に陥っているという謬見はこの当時の歴史において人気があっただけに，きちんとした批判を行う必要があるとMertonとAshley-Montaguが痛感していたということは明白である。

MertonとAshley-MontaguがHootonの示しているデータ，例えば胸郭の幅や奥行き，体重，頭部の長さや頭囲，鼻の高さのような身体計測値について再検討した際には最善をつくしたと思われる。彼らはそのような劣性を評価するために，犯罪者の身体的な特徴を，サルの特徴——進化系統樹における劣等な先祖と推定されているサルの特徴——にどの程度近接しているのかに基づいて分類した。非常に興味あることであるが，一定のタイプの犯行者には多くの点でサルに類似した身体的な特徴はほとんど存在せず，一般人に比してなんと生物的に進化した特徴を有している！ということを立証しうることを彼らは示したものと思われる。より重要なことは，たとえ生物学が犯罪行動において役割を演じるという可能性が破棄されないとしても，MertonとAshley-Montaguの研究（1940）は多くの点において，犯罪的行動の原因が決定的に文化的，社会的なものであるということを示唆している。以下の天使と犯罪者との興味深い比較が彼らの理論における社会文化的指向を物語っている。

　　ここでは天使と犯罪者との相違は実際に皮相的なものでしかないということを示唆したい。犯罪者は天使のように翼が生えていないかもしれないが，それは生えていないのではなく，翼の準備をする前に摘み取られた可能性があろう（Merton & Ashley-Montagu, 1940, p.385）。

しかしながら，「翼を摘み取り」，体質とは無関係にその人を犯罪者へと変化させるものとはまさに何であろうか？　もしかしたらMertonはその当時最も卓越していた社会学理論，すなわちシカゴ学派の理論を採用することができたかもしれない。彼はシカゴ学派の著作に通暁しており，事実，彼がAshley-Montaguと共に著した論文の校正刷りの段階で，〈シカゴ学派のリーダー〉Edwin Sutherlandにこの校正刷りに対する論評を依頼しているほどであった（Merton, 1984）。しかしながら，Mertonはシカゴ学派の洞察を採用したり，さらに練り上げるというようなことをしようとはしていない。彼はShawとMcKayの理論やSutherlandの理論を退けたのではなく，米国の犯罪や逸脱の中心に存在する別の因子——米国社会一般の基本的な条件に存在している，スラム街独特のものではない因子——を考えたのである。Mertonによると，犯罪への重要な要素は地域の解体ではなく，「アメリカン・ドリーム」——経済的な幸福によって示される社会的な階段の上昇に向けて万人が努力すべきであるという国民に送られたメッセージ——であるという。このようなアメリカン・ドリームという目標への到達不可能な多くの米国人たち——結局は，成功への競争に負けた人たちが存在するはずである——が社会に悪影響を与えていた。

　思い起こせば，シカゴ学派における主要な理論家たちは小さな田舎町の出身者であった。彼らの出身地である安定した社会とは対照的に，都会というものが彼らには組織が解体されたものと映った。すなわち，このことが犯罪を社会的崩壊によるものとする第一歩となった。Mertonは皮肉にも都会のスラム街で成長したが，解体理論には心惹かれてはいない。Mertonは1910年に誕生し，貧しい下町はさまざまに錯綜した社会空間であるということを彼自身の体験から学んだのである。彼自身の伝記に語られているように，貧困者やギャング，自分勝手な行動をとる者が存在するとはいえ，物知りや善良な者，上昇志向を抱くこともまた可能なのである（Cullen & Messner, 2007）。彼はのちに次のようなコメントを出している。もしも「社会学者がさらに深く追求していたな

らば，スラム的環境においてのみ全面的に非行生活が導かれるという一般的な概念から離れることができたであろう」（Cullen & Messner, 2007, p.16 より引用）。

　本章においては，まず Merton の理論を概観し，彼による犯罪や逸脱における二つの原因，すなわちアノミーと緊張とをいかにして確定したのかということについて明確にしたい。さらに，Albert Cohen によって，また Richard Cloward と Lloyd Ohlin によってギャング非行の説明に適用された Merton の見解について概観する。彼らの著作は 1960 年代からの米国犯罪学の発展を前進させた重要な研究であることを証明している。また，Merton の理論による二つの要素がいかにして有力な一般緊張理論に関する Robert Agnew の著作や制度的・アノミー理論（institutional-anomie theory）に関する Steven Messner と Richard Rosenfeld の著作において復活したのかということについて説明する。他の章と同様に，最後に，重要なこの学派の犯罪学的思想における政策的意義ついて論じることにしたい。

I　Merton の緊張理論

　Robert K. Merton は 1938 年に「社会構造とアノミー」（Social Structure and Anomie）を発表した。Merton の原著論文はわずか 10 ページでしかなかったが——その後，彼による他の労作がこれに続いている（1957 年，1964 年，1968 年，1995 年）——この論文が一つの研究アプローチを確立することに成功し，この方法が犯罪学者たちの創作力をかき立てた。後述するように，Merton 的パラダイムは 1960 年代にとりわけ影響力を持ち，理論のみならず政策に対しても重大な影響を及ぼした。彼の理論は今日においても犯罪学の著作において卓越した地位を占めている（Adler & Laufer, 1995；Bernard, 1984；Cullen, 1984；Messner, 1988；Passas & Agnew, 1997）。まず Merton の理論的な主張を概観し，次いで長年にわたって緊張理論を形成してきた背景について論じたい。

1．犯罪因的社会としての米国

　シカゴ学派によると，犯罪の根源は米国社会のある地域——スラム街——の中に強く埋め込まれており，基準から逸脱した文化的価値観を学習することによって人は犯罪者になる。Merton はこのような公式を拒否しているわけでは決してないにせよ，犯罪や逸脱行為を高い頻度で産出していると彼が確信したのが，この公式とは非常に異なった一つの社会過程——慣習的な文化的価値観への同調をも含むものだが——を彼は描いている。

1）構造的に生み出される緊張

　Merton の目からは，米国は異常な社会である。その理由は米国文化が単に経済的成功を異常なまでに強調する文化であるというだけではなく，この目標が，万人が欲し，達成することを求めるほどに，蔓延しているからである。貧困者は彼らの運命を甘受することを教わらずに，むしろ「アメリカン・ドリーム」の追求という教育を受ける。そこでは，最下層の者でさえも勤勉によって極貧状態から大金持ちに這い上がることが可能であると語られている。

　しかしながら，万人に波及しているこのような成功への熱望が予想外の皮肉な結果をもたらしている。Merton（1968）は，「米国における基本的な美徳である『野心』」が結果的には「米国における基本的な欠陥『逸脱行動』を促進している」と警告した（p.200）。しかし，なぜ社会的流動性の願望が逸脱を導くのであろうか？　Merton の考えでは，問題は合法的な手

表 4-1　Merton による個人的適応様式に関する類型

適応の様式	文化的目標	制度化された手段
Ⅰ．同調	＋	＋
Ⅱ．革新	＋	－
Ⅲ．儀礼主義	－	＋
Ⅳ．退行	－	－
Ⅴ．反抗	±	±

出典：Merton（1968, p.140）。自由刊行物としての許可による転載，Simon & Schuster による出版事項，社会理論と社会構造，Robert K. Merton による改訂および増補版より。Robert K. Merton による著作権，1967 年，1968 年。Robert K. Merton による著作権更新，1985 年。不許複製。
注：プラス（＋）は一般的価値に対する容認；マイナス（－）は拒否；プラスマイナス（±）は拒否と新しい価値の代置を示す。

段（例えば学歴や職業，家庭を持つこと）による成功という目標への接近を社会構造が制限していることにある。下層階級の者たちは，成功への競争をはるか後方からスタートしなければならないし，あるいは例外的に才能を有しているか，幸運というものによってその競争に追いつかなければならないために，ハンディキャップを負っている。それゆえ，その文化が激賞すること（成功への万人の奮闘）と社会構造（わずかな合法的な機会）との間の乖離というものが慣習的方法では達成不可能な目標を欲求するという緊張を生み出す立場へと大半の米国人を追い込んでしまう。このような状況は重大な社会的結果を伴わないわけがない。すなわち，それは「逸脱へのきわめて強い圧力を生み出している」と Merton は結論づけている（p.199）。

2）適応の類型

Merton（1968）は，成功不能から発生する緊張を解消するための種々の仕方を提示している。彼は可能性として考えられる五つの反応について概念化するために，彼の今では古典的とも言える類型を展開し，これらを表 4-1 のような五つの適応様式としてまとめ，その概略を述べている。

Merton は，例え人びとが社会的上昇が制限されていることを悟ったとしても，ほとんどの者は逸脱行為には走らないということを理解していた。その代わりに，その様式的反応は人びとが同調（conformity）し，文化的に規定されている成功目標を抱き続けること，成功達成のための慣習的ないし制度化された手段が合法的であると信じることである。しかしながら，他の多くの人びとにとってはこのような状況の緊張は耐えられないものであるということが判明した。その問題の原因は手段と目標との乖離であるがゆえに，文化的に規定されている目標の変更および／あるいは制度化された手段へのこだわりから撤退することが緊張緩和のためには必要である。しかしながら，これらの方法のいずれか，あるいは双方を追求する過程で，欲望されるべきもの（成功）やいかにこれが達成されるかべきか（教育や仕事のような合法的な手段）を規定している規範から彼らは逸脱していくのである。

こうして，Merton（1957, 1968）は，逸脱した四つの適応様式を記載した。彼は多くの犯罪的行動を革新（innovation）として分類可能であると考えた。なぜならば，この適応様式に含まれるのは，金銭上の成功が価値ある目的と思い続けているが，経済的利益を合法的に取得できる見込みがない場合に違法な方法に着手する

者たちである。悪徳資本家やホワイト・カラー犯罪者，研究の虚偽の報告をする科学者の行為は成功への強い欲望が，比較的恵まれている者にあってもいかに〈犯罪的〉革新型を形成しうるかということの例である。そうであっても，下層でとくにこのような適応型が優位に出現する。「出世するための現実的な機会の欠如」に直面すると，不利な立場の者は，「組織的な悪徳行為や非合法活動，犯罪によって権力と高収入を得る見込みの確かさ」にはとりわけ弱い（Merton, 1968, p.199）。

それに反して，儀礼主義者（ritualists）は制度化された手段を支配している規範に外見的には同調することを保持しようとする。しかしながら，彼らは目標を楽に達成できる程度まで野心を縮小することによって緊張を緩和する。成功への目標をめざすことが文化的命令であるにもかかわらず，彼らは危険を冒すことを回避し，日常生活内において生きるということで満足するのである。

退行者（retreatists）はもっと激しい反応を示す。彼らは，慣習的な生活様式を通じてもたらされる社会的上昇への期待によって緊張を負荷されているが，成功への文化的目標への忠誠も，また，経済的なはしごを登るために許容されうる手段を規定している規範への忠誠をも放棄する。これらの人びとは「社会の一員ではあるが，社会と関係のない」者であり，彼らはさまざまな逸脱の手段——アルコール依存症や薬物中毒，精神病，ホームレスなど——によって社会の要求から逃避している者である（Merton, 1968, p.207）。自殺は当然のことながら究極の退行である。

最後に Merton は，現在のシステムを拒絶するだけではなく，変化をも望むという反抗的市民（rebellious citizens）について記述している。彼らは支配的目標や規範を退け，新たな目標や手段に代置することを提案する。米国社会における反抗者の実例は社会主義者であろう，彼らは個人の成功よりも集団の成功を主張し，情け容赦のない競争の結果に応じて不平等に分配がなされるよりも，必要に応じて財産の平等な分配を行うという規範を主張する。

3）アノミー

Merton による理論の多くが，非同調行動（nonconformity）を生み出すに足る緊張的力という社会的原因について詳述しているので，学者たちは彼の見解を緊張理論としてしばしば言及してきた（Empey, 1982；Hirschi, 1969；Kornhauser, 1978；Vold & Bernard, 1986）。しかしながら，犯罪を含む逸脱的適応様式に向かわせている緊張になぜ諸個人が直面するのかという根拠を Merton（1938）は単に明らかにしただけではない。実際，Merton は彼の代表的な論文名を「社会構造とアノミー」としており，「社会構造と緊張」としているのではないことを思い起こしてみるべきであろう。それではこのアノミーは犯罪の発生においてどのような役割を演じるのであろうか？

Merton は，フランスの社会学者 Émile Durkheim によるアノミーの概念——すなわち，一般的に定義される規範喪失（normlessness）あるいは脱規制（deregulation）——を用いたのである。Durkheim（1897/1951）は，その代表的な著作『自殺論』において，アノミーの概念を用いているが，それは制度化された規範が人間の要求や行動を規制する力を失うような社会状態と記載している。さらに，西洋社会は近代化に伴って，「産業的繁栄を達成すること」に重要性を置き，成功への人びとの欲望を抑制することについて留意することがなくなったと論じている。彼によれば，このような展開によって経済的アノミーの「慢性状態」がもたらされ

る。現在，人びとは，奨励されてはいないまでも，一見したところでは，際限のない経済的な成功を自由に追求できる。しかしながら，このような誘惑に屈服する者には不安が待ち構えている。Durkheim は，「ここには中断するよう警告するものが何もないために，思い上がった野望は得られる結果よりも常に強大である。どのような成果も満足を得させず，すべてのこのような焦燥感は沈静化することなく，中断することなく持続し続ける」と警告する（p.60）。多くの場合，自殺は「うまくいっていない」（being thrown back）という苦痛から逃避するための唯一の手段である。Durkheim の理論については第5章において取り上げる。

　Merton は Durkheim の理論における骨格をすべて用いたのではなく，その中のものを選択して借用したのである（Cullen, 1984；Vold & Bernard, 1986）。最も重要なことは，制度化された規範が，経済的な成功を重視する社会においては弱体化する——つまり，アノミーが確固たるものになる——ということを Merton が学んだことである。アノミーが生じると，成功の追求はもはや正邪の規範的基準によって導かれなくなる。その代わりに，「次の問題のみが重大となる。すなわち，文化的に承認されている価値を捕獲するのに最も有効なやり方はどのようなものであるのか？」（Merton, 1968, pp.189, 211）。ウォール街のインサイダー取引や銀行業のスキャンダルに例示されていることは，富を蓄積することのみに邁進することが一般的に広がることは，いかにして，制度化された規範の崩壊を導き——アノミーが生じる——金銭的報酬を法外に追求することを推し進める，ということである。

　アノミーが増大するに従って，革新的な行為がとくに優勢となることを付言しておくべきであろう。儀礼主義（または同調）と比較すると，この適応様式では違法手段のために制度化された手段の遂行を放棄する能力が必要である。時間経過における，あるいは一定時点での社会の異なる領域でのアノミー水準の変動によって，逸脱全体の頻度のみならず，革新的反応の原型である犯罪を含む特定の種類の逸脱の頻度も変動することが予想される。

　さらに，アノミーと逸脱は相互に増強し合うのである。制度化された規範の弱体化によって社会的に承認されている規範を〈最初は〉限られた数の人びとが侵害するようなことが起こる。しかしながら，このような逸脱が一度達成され，他人の目に触れると，逸脱は規範の合法性への具体的な挑戦の姿勢をとるようになる。Merton（1968）によれば，このような過程は「システム内においてアノミーの範囲を拡大し」（p.234），これが今度は不法行為がさらに広がっていく機会を増加させる。

　マリファナ使用のエスカレートがおそらくはこのような現象の実例となる。この使用を禁ずる規範は 1960 年代に勢力を失い，「マリファナ精神病」への警鐘は冷笑をもって迎えられるようになったので，この物質を，多くの場合社交の場で，試みる若者の数が増大した。例え誇示するためではないとしても，広範に広まったこの逸脱行動は，一部の地域の警察や裁判所が既存の法を執行することを拒否し，娯楽的使用が犯罪とされなくなるほどに，制度化された規範の合法性を弱めた。こうして，アノミーは広がり，「マリファナを吸うこと」の規制がほとんど無効となり，マリファナをさらに普及させるような展開に至った。

4）個人主義の拒絶

　要するに，Merton は，米国社会のまさに本質そのものが重大な犯罪や逸脱を生み出しているという考えであった。文化構造と社会構造と

の間の乖離は，多くの市民を，とくに不利な立場にいる者を到達不可能な目標を欲望するような羽目に追い込んでしまう。過大な緊張が生まれ，このような状態を取り除く方法として見いだされる逸脱行動へと多くの者を突き動かす。さらに，成功を強調する文化は行動を規制する制度的規範の力を弱める。アノミーが一般的に波及すると，役に立つものは何でも——合法的なものであろうと違法なものであろうと——成功という目標に対して自由に追求することが可能となる。このような状況においては，革新——多くの種類の犯罪を包括する適応様式——が実際に起こるかどうかはともかく，可能となる。

シカゴ学派のように，Merton は，犯罪や逸脱の起因をまさに米国社会の構造内に見いだしている。さらに，シカゴ学派が犯罪を生み出す都市の役割や犯罪文化への同調を強調したのに対し，Merton は，犯罪を生み出す金銭上の成功という普遍的で慣習的な文化的目標への同調の役割というものを強調している。しかしながら，このような相違を除外すると，双方共に犯罪の起因は個人の精神内や身体内に存在するという考えを拒否した見解となっている。

事実，Merton は，1930 年代に流行していた個人に重点を置いた説明に対してとくに声高に攻撃した（Merton & Ashley-Montagu, 1940）。彼の説明では，このような理論のほとんどは，人の性質の中には邪悪なものへの一次性の衝動が存在するという誤った前提に基づいていた。一方，Merton（1968）の擁護した観点とは，「同調者の行動と同じく社会構造の産物として社会的逸脱行動を把握しており」，また，「社会構造を活動的なものとして，つまりは人の素朴な欲動に関する知識を基盤としては予測できない新しい動機づけを生み出すものとして社会構造を理解する」ことであった（p.175）。

2．緊張理論の背景

1938 年に「社会構造とアノミー」が刊行されたとき，Merton は 28 歳で，ハーヴァード大学において教鞭を執っていた。結局，彼はコロンビア大学の教授となり（1941 年），米国社会学会会長に選出されている。しかし，有名なことではあるが，彼の出自は比較的慎ましいものであった。彼はフィラデルフィア市南部のスラム街で生まれ，テンプル大学の奨学金を獲得できてはじめて大学通学が可能となり，ハーバードの院生助手となった（Hunt, 1961：Persell, 1984）。

学者の理論化と個人的な伝記との関係づけについては推測の部分を含んでいる。それにもかかわらず，Merton の人生は彼のパラダイムにおける二つの核心的な特徴を反映しているように思われる。すなわち，万人がアメリカン・ドリームを追求するようにという文化からのメッセージの重要性とこの普遍的な目標へ到達するために人が有する機会には差違があるということの二つである。

例えば，Merton の昇進はスラム街からエリート機関への上昇，すなわちフィラデルフィア市南部からハーバードやコロンビア大学への上昇であり，彼がアメリカン・ドリームを生きてきたことを意味している。彼はきわめて個性的な方法によって支配的な文化へ同化した。あまり知られていない事実ではあるが，Merton は東ヨーロッパのユダヤ人移民の息子として，Meyer R. Schkolnick という名前で生まれた。彼が 10 代のとき，誕生パーティーのような地方的イベントにおいて手品をしていたが，他の有名なエンターティナーたちの勧めで最初は「Robert Merlin」と改名し，さらにこの名前の野暮さに気づき，「Robert King Merton」と改名した。彼は学校や友人の間で「Bob Merton」として広く知られるようになったが，大学へ進

学する際に米国化したこの名前を持ち続けることを選択した（Cullen & Messner, 2007）。

要するに，Mertonにとっての支配的現実とは民族的，人種的異質性と文化葛藤，つまりはシカゴ学派の理論家たちが注目した考えではなかった。Mertonにとって米国の現実を定義づけているのは，文化的同質性と普遍主義で，米国人は同じ一つの夢と，一つの同一性とを共有しているという事実であった。Mertonにとって，万人が米国人になり，社会的上昇という国民文化を享受するよう圧力をかける強い力が存在していた。

同時にMertonの少年時代の社会的背景がその理論的基盤を形成しており，このため，社会的移動性を社会構造が制限していることに力点を彼が置くことになった。前述したように，都会の下町が完全に組織解体を起こしており，本質的に犯罪因的であるということをMertonは考えなかった。下層階級出身者に内在する移動性の制限に彼が気づかなかったわけではない。彼自身の人生が実証しているように，上昇移動は確かに可能ではあった。しかしPfohl（1985）が言及しているように，「スラムにおけるMertonの近隣者たちの大半はうまくいってなかった」し，これが「Mertonが終生忘れることのなかったスラム街生活の教訓」であった。Mertonはまた大不況をも体験し，社会の底辺に落ち込み，彼らが欲望するようにと教わったものへ到達する機会を奪われている数多くの人びとの結末を目撃した。

シカゴ学派とは対照的に，こうしてMertonはスラム地区での生活が不可避的に犯罪因であるということを信じなかった。彼の少年時代に育った地域社会では家族はすべて組織解体を起こしているわけではなかったし，犯罪的伝統が常に存在しているわけでもなかった。住民は米国人になりたがり，国民文化的な夢を生きようとした。こうして若者はシカゴ学派が主張したように主としてスラム地区での生活によってではなく，スラムを離れる機会を奪われているために犯罪へと追いやられた。Mertonは彼のパラダイムをいかにして構築するようになったのかということは別にして，一点だけは明瞭である。彼の論文「社会構造とアノミー」（Merton, 1938）はおそらくは犯罪学のみならず，社会学全体においても最も引用頻度の高い論文である（Pfohl, 1985）。とはいえ，この論文は1938年の掲載以降20年近くも広範な注目を浴びることがなかった（Pfohl, 1985；Cole, 1975も参照のこと）。1950年代後半と1960年代前半における彼の業績への関心に対する突然の高まりはMertonの理論から多くを引用した少年ギャングに関する2冊の重要な著書が公刊されたことが部分的には関係している。この2冊とはCohen（1955）の『非行少年』とCloward及びOhlin（1960）の『非行と機会』であった。他には，自分の初期論文に対する精緻化へのMerton自身の新たな関心（1957, 1959, 1964, 1968）の影響をも指摘できよう。

しかしこれらの著者たちの考察も，米国が1960年代に入った時に犯罪学者たちが他の幾組かの思想とは対立する犯罪に関するMertonの考え方に強く魅了されるようになったのはなぜかということを完全に説明するものではない。我々の思うところでは，この時代の社会的背景をも考慮に入れる必要がある。

Charles Murrayが指摘したように，1960年以前には，貧困は——少なくとも政治的世界においては——米国社会のまさに構造に根ざした一大社会問題とは見なされてはいなかった（Murray, 1984）。しかし1960年代初め頃，考え方に一つの基本的変化が起こった。Murray（1984）が論じたように，貧困は「十分勤勉に働こうとしなかった人たちにおける当然の報い

ではない」という強い合意が形成されるようになった。個人的美徳や努力の関係しない諸条件によって貧困が生み出されていた。**貧困は個人ではなくシステムの誤りであった**（p.29, 強調は原著者による）。さらに市民権運動がこの問題を概念化する言語を与えた。つまり、少数派や他の不利な立場の市民は「平等な機会」（equal opportunity）を奪われている、という表現であった。

このような世界観は政府関係者、ジャーナリスト、学者たちによって次第に共有されるようになった（Murray, 1984）。アメリカン・ドリームに接近する機会を米国民の大多数が奪われているという考えに今や正当性が与えられ、犯罪学者たちもまたこれに深く影響されるようになった。このような背景があって、Merton理論や、Cohen（1955）、そしてClowardとOhlin（1960）の非行に関する著書のような分派が突然に注目を浴びるようになった理由がはじめて理解可能となる。米国においては万人が経済的に上昇することを求められるが、その構造こそがこの抱かれている目標に到達する平等な機会を奪っているという教義こそMertonパラダイムの中核となっている。1960年代の犯罪学者たちにとって、前提となるこの考えこそが真理に聞こえた。このことによって、犯罪と非行とは多くの市民を不公平に阻害していると非難されるべきシステムの結果であるということが理解された。

II 地位不満と非行

前述したように、Albert CohenやRichard ClowardとLloyd Ohlinの著作はMertonの非行アプローチの重要な発展を示していた。これらの著者たちは緊張理論からの異なった派生を示していたが、同じテーマを共有していた。第一に都市部における少年ギャングの研究にこの理論がいかにして応用可能となるのかを彼らは探究した。第二に非行の下位文化的規範の起源と影響に彼らはその研究の焦点を当てた。第三に彼らはMerton流の構造把握のみならず、シカゴ学派にも依拠していた。

1. 非行少年

ハーヴァード大学でまだ学生であった時分に、Albert K. Cohenは若い教授時代のRobert K. Mertonが指導していた専門課程を受講した。1年後Cohenはインディアナ大学に移り、そこでEdwin H. Sutherlandが主宰していたセミナーを受講した。予期されることだが、この二人の影響力と説得力のある学者との幸運な出会いは文化的伝播と構造的に惹起される緊張という二つの概念がいかにして融和されるのかという考えにCohenを導いた。

犯罪文化との分化接触によって若者は法的トラブルに導かれるということをSutherlandはCohenに確信させた。しかしCohenがまた確信していたことには、文化伝播のこの主張はより基本的な問題を求めていた。つまり、犯罪文化の起源はどこか？ そのような下位文化（subculture）は特異な社会的分布、スラム地区（slum area）に偏在するのはなぜか？ この下位文化が特定の規範内容を持つのはなぜか？ これらの価値観が世代から世代へと持続するのはなぜなのか？

博士号取得のためにハーヴァードに戻ったCohenは学位論文でこれらの問題に立ち向かった。1955年に大幅に改訂され、『非行少年：ギャング文化』のタイトルで発刊された。彼は冒頭において重要ないくつかの観察に言及している。非行ギャングと彼らが抱く下位文化価値観とが都会スラム地区に集中している。さらにこれらの下位文化の内容は犯罪を支持するだけで

はなく,「非功利主義的で,悪意があり,拒絶症的でもある」(p.25)。スラムの若者はこれらの価値観を基盤にして学び,行動するので,権威を軽蔑し,慣習を守る市民には不合理と思える非行に走る。思うに,彼らの行動を理解する唯一のガイドは「面白半分に」(the hell of it) 事を行うというほかない。

これらのパターンを説明するために,Cohen (1955) が提示したことには,非行下位文化はすべての下位文化と同じく,人びとが直面している個別的諸問題に応じる形で発生する。Merton の洞察に従って,Cohen が注目したのは,下層階級の若者は,慣習的制度における地位を占めるための努力において成功するには,不利な立場におかれているということである。中産階級の価値観を体現している学校は一つの特別な障壁となっている。つまり貧困な子どもは比較的裕福な家庭出身者と競争して勝利を収めるための早期からの社会訓練と資源とを欠いている。従って彼らは,「まともな地位システム内の基準を満たすことができないために,まともな社会での地位を奪われている」(p.121)。

いかにしてこれらの地位問題は解消されうるのか? Cohen の考えでは,「非行の下位文化はこれらの少年たちに合致する地位基準を提供することによってこれらの諸問題に対処している」。反動形成に至る過程で,下層階級の若者は中産階級の目標と規範とを拒否するようになるが,これら目標と規範こそが彼らは求めるよう教育されるのに,それによって不適格と判断されてしまう。このような中産階級の基準の代わりに,彼らは正反対の価値観に置き換える。もし通常の社会が野心や責任,合理性,礼儀,身体的攻撃の抑制,権威の尊重に価値を置くとすると,これらの原理を侵害する行動に彼らは重きを置く。こうして「反対」(kicks) のために怠学し,権威を嘲り,反抗し,物品を損壊する仲間にその地位が認められることになろう。

Cohen (1955) が示唆するように,階級を基盤とする地位不満の緊張は非行を促す下位文化的価値観の発生を導く。下層階級の若者は人口が密集する都会の下町に共に投げ込まれ,共通の課題を抱え,地位を得るチャンスと,彼らの届かぬ世界にあるまともな価値観を拒否するという精神的満足を得るチャンスとの,双方を与えてくれる価値観を得ることに共通の解決法を見いだしている。米国社会は地位問題を抱える都会の若者の新世代を絶えず生み出し続けているので,これら若者が関与する非行の規範とギャング組織を保持するための一つの構造的基盤が存在しているといえる。シカゴ学派が説くように,この犯罪文化 (criminal culture) はこの地区の若者に伝播されうる。Cohen が警告するように,その地位に対する不満それ自体では非行を動機づけるには不十分な青少年でさえも,ギャングの魅力とこれが提供する友情,興奮,保護には魅了されうるのである。

2. 非行と機会

Cohen の業績同様,Richard Cloward と Lloyd Ohlin の業績も共にシカゴ学派 (Chicago school) と緊張理論の伝統を受け継いでいる。Cohen の場合も,彼の個人的環境が,理論融合の試みを可能にした点で,外見上は一つの役割を果たしていたように,Ohlin も Sutherland の下で研鑽し,その後にシカゴ大学から博士号を授与された。Cloward はコロンビア大学で Merton の学生であった。最終的には彼ら二人はコロンビア大学社会福祉学部で同僚となり (Laub, 1983),その共同研究の中から,機会理論 (opportunity theory) の重要な成果が生まれた (Cloward & Ohlin, 1960, Coward, 1959 も参照のこと)。

Merton から Cloward と Ohlin が学んだこと

には，社会構造が逸脱への圧力，下層階級において最も強く体験される圧力の原因となっている。Mertonの業績をCohenが拡張したように，彼らの主張では，スラムの若者は成功し，地位を得るための合法的手段——機会——を欠いているという問題に直面している。米国社会では，学校と職業上での成功に価値が置かれ，報いもきわめて多大なのだが，これに失敗すると特別の問題が生じる。つまり地位への不満から生じる緊張である。ClowardとOhlin（1960）が主張しているように，「下層階級の若者が欲するよう導かれるものと，実際に手に入れられるものとの不均衡が順応していくための主要な問題発生源となっている」。これが「強い欲求不満」を引き起こし，「この結果，同調的ではない代替え手段を求めるようになるようなことが起こりうる」(p.86)

しかもClowardとOhlinがシカゴ学派の理論家たちの著作からも引き出した重要な教訓がある。『職業的窃盗者』(Sutherland, 1937)や『ジャック・ローラー：ある非行少年自身の物語』(Shaw, 1930)のような，文化伝播によって犯罪者的役割がいかに学習されるのか解明している著作を読み，彼らが得た結論では，人は自由に望むような犯罪者や非行者になれるわけではない。医師や弁護士になるには，当然ながら，必要な合法的手段にアクセスする必要がある（例えば，教育，財政的資源等）。彼らの考えでは，この論理は犯罪者世界へも拡張可能である。職業的窃盗者やジャック・ローラーになるには，必要な非合法的手段にアクセスしなければならない（例えば窃盗者との接触，スラム地区に住むことなど）。

以上のシカゴ学派からの教訓はMertonパラダイムの欠陥を補ってくれた。前述したようにMertonの理解では，緊張への適応は革新，儀礼主義，退行ないし反抗によってなされる。しかし彼が提示したのは人が他のものではなく当該の適応様式を選ぼうとする条件についての初歩的洞察にすぎなかった。ClowardとOhlinによれば，個人の適応様式選択の理由の問題にシカゴ学派は解答を与えてくれている。適応様式の選択は非合法手段の利用可能性によって調整されている。ClowardとOhlinが言及したことには，なぜ個人が緊張に適応するのに当該の方法を選び，他の方法ではないのかという問題にシカゴ学派が解答を与えている。つまり適応様式のどれを選択するかを調節しているのは，社会構造によって決定されている違法な手段が利用できるかどうかにかかっている。こうして豊かな人は横領したり，インサイダー取引の陰謀に荷担することのできる経済的地位に就くことができるかもしれない。逆に，ホワイト・カラー犯罪からは排除されているが，下層階級は強盗の手助けをしてくれたり，盗品を売りさばく方法を教えてくれる友人を得やすいのかもしれない。

とくにClowardとOhlinの考えでは，違法な手段という概念によってなぜ非行下位文化がスラムに存在し，特定の形態をとるのかが明白にされる。これに関係した考えによれば，下層階級の若者は高度の緊張を体験している。しかしこの因子それ自体はなぜ若者が法を犯すよう動機づけられるのかのみを説明するだけであり，特定の型の下位文化というその応答が生じるのかということを説明していない。「逸脱への圧力の発展を説明することは，これらの圧力がほかではなくその逸脱的解決法をなぜ生み出すのかを十分に説明するものではない」とClowardとOhlinは警告している（p.34）。

こうしてClowardとOhlin（1960）が提示したことには，慣習的価値観から乖離することを相互に支持しあうほどに若者が集団を形成し，十分に密集している地域にのみ非行下位文化は誕生し，存続しうる。しかも彼らの考察では，

若者が示す集団的反応型は彼らが居住している地区によって本来的に形成可能である。例えば組織立ったスラム地区において犯罪下位文化が可能であるのは、比較的年長の犯行者が持続的な犯罪者人生の役割モデルとなり、違法な計画実行の訓練（例えば盗品の売却等）を若者に施すからである。

一方、比較的秩序のない地区では、このような組織立った犯罪見習いは欠落している。より金になる利欲を満たす違法な経歴を重ねる機会がないために、「顔役」（rep）になるなり、顔を売るために若者は暴力に走る。こうして条件は満たされ、「葛藤」ないし闘争を求める下位文化が発生するための下地が形成される。

ClowardとOhlin（1960）はまた〈以上二つの下位文化形式以外の〉第三の下位文化形式を指摘した。すなわち、「退行者」（retreatist）ないし薬物使用下位文化である。これらの集団が発生するには、「二重の敗北」を喫した若者の数が十分に存在する場合である。これらの若者は合法的ないし違法的手段によっても地位を得られなかった者たちである。これらの下層階級の青少年は学校のような通常の環境に不適合を起こしただけでなく、「犯罪的ないし葛藤的下位文化にも自分の居場所を見つけることに失敗した」者である。この結果、彼らは「地位のジレンマ」を「解消する手段として薬物」を求めるようになる（p.183）。

最後に強調しておきたい点が一つある。ClowardとOhlinは非行下位文化に関して重要な分析を重点的に行ったが、彼らの機会論——文化伝播と緊張理論の伝統を調和させている——は犯罪と逸脱の研究の一つの総論的枠組みを提供していると二人は確信していた（Cloward, 1959；Cloward & Piven, 1979）。さらに両人が確信していたことは、Mertonは逸脱への圧力の一つの主要な源泉——合法的機会の剥奪——を明らかにしたが、緊張理論は、なぜ人びとが彼らの地位問題を他の方法ではなく、その方法で解消するのかということを体系的に説明してない点で不完全なものであった。彼らの考えでは、適応様式の選択の仕方の問題は社会の異なった地点に位置している人びとにとって犯罪／逸脱のさまざまな形式への接近をいかにして非合法的機会という構造が調節しているかということに焦点を合わせることによってのみ答えることができるものであった（Cullen, 1984）。こうしてホワイト・カラー犯罪と路上強盗とは財力を得るための二つの可能な革新的方法を代表している。そうであっても、これらの犯罪のどちらに関与するかは、緊張によってではなく、違法な機会を利用する可能性が社会階級によって異なることによって決定される。

Ⅲ 緊張理論の犯罪学上の遺産

1. 緊張理論の評価

大半の卓越した犯罪学理論と同じく1960年代前半に緊張理論が派生した時、それは賛同者からだけでなく、反対派からも相当の注目を集めた（Cole, 1975）。この観点の批判者たちは種々の系譜の攻撃を展開した（この要約は、Empey, 1982；Pfohl, 1985；Vold & Bernard, 1986を参照せよ）。

例えば一部の学者は米国のような多様な社会では、市民すべてが金銭的成功を目標とするのかどうかということが問題であるとした。少なくとも種々の集団がアメリカン・ドリームへと効果的に組み込まれる程度には段階がある可能性については検討がなされるべきであった。他の学者たちは、緊張と逸脱とは下層階級に比較的多いという前提に立っているという点で緊張理論を批判した。階級的バイアスのかかった前

提はホワイト・カラー犯罪を無視しているし，違法行為はもっぱら下層階級の問題であるという先入観を与えるとか言われている（Merton, 1957, 1968 を参照のこと）。さらにはよりラジカルな学者たちが抱いた関心は，Merton がより広い，より突っ込んだ分析を提示することに失敗している点であった（Taylor, Walton, & Young, 1973）。この見解によれば，Merton は米国社会の核心的矛盾——階級的イデオロギーは開かれているのに，階級的構造は制限されている——を確定するのに成功したが，なぜこの状態が発生し，衰えないで存続しているのかという問いかけをしないままに，そこで停止してしまった。Pfohl（1985）によれば，この答えは「資本主義の政治・経済的構造が高頻度の逸脱を生み出している諸矛盾の基本的源泉であるとみなされるべきである」ということである（p.234）。

非行下位文化を設営しようとする Cohen（1955）や Cloward と Ohlin（1960）の試みもまた批判されてきた。これらの理論家たちが下位文化の内容を正確に記載したのかどうかを批評家たちは一番多く問題としてきた。Cohen（1955）は非行者を「非功利主義で，悪意があり，拒絶症的」価値観を抱いていると描写しているが，しかし，一部の若者の犯罪性は消費指向的で外面上は功利主義的でさえある。同じく，Cloward と Ohlin（1960）は三種の下位文化型——犯罪的（criminal），葛藤的（conflict），そして退行的（retreatist）とを区別したが，しかし非行者はこれらの活動類型を混在させているように見える。Empey（1982）の考察によれば，「非行少年は飲酒し，盗み，押し込みを働き，器物を損壊し，マリファナを吸い，ヘロインやピルさえも試すが，これらの活動のなにか一つに限定することは稀である」（p.250；Short & Strodtbeck, 1965 をも参照のこと）。

このような考察には利点があるにせよ，理論家たちの下位文化の実際の分析（変更する必要があるかもしれないが）と犯罪研究のために彼らが示している一般的枠組みとを区別することが重要である。Cohen（1955）や Cloward と Ohlin（1960）は慣習的規範からの若者の退行における潜在的に重要な原因を明確にしただけでなく，なぜいくつかの犯罪類型（例えば非行ギャング，ホワイト・カラー犯罪）が社会構造によって違った分布を示すのかという批判理論的問題をも提起した。たとえ青少年下位文化についてのこれらの著者たちの記載が完全に満足しないことが判明したとしても，犯罪的適応様式の発生，持続，選択の違いを説明すべく，犯罪学者たちに著者らが挑戦していることはいまでも正当なことである。

最後に，緊張理論に対して一つの実証的批判がなされてきた。満たされない野心が人を無法者にするという見方とは逆に，大志は同調性と関連し，低い野心は非行への関与と関係するという報告が一部の研究者から出されている（Hirschi, 1969；Kornhauser, 1978）。しかし，入手可能であった研究調査についての Bernard（1984）の評価によると，緊張理論を支持するような実証的データが存在する（Burton & Cullen, 1992；Cole, 1975 をも参照のこと）。さらには，この視点における前提の誤りを証明したと主張する研究は鍵概念の測定に問題があり，理論を構成するものすべてを体系的に評価しているものではない（Bernard, 1984；Burton & Cullen, 1992；Messner, 1988）。例えば，個人が緊張を実際に体験しているのかどうか，ということを大半の研究は評価することは稀である。この点で，Agnew, Cullen, Burton, Evans そして Dunaway（1996）によってなされた成人の自己報告の地域社会研究の所見は教訓的である。『古典的緊張理論の新たな検証』

の中で，これらの著者たちが報告していることには，金銭的成功をどの程度収めたかということに不満足を表明している人たちは，緊張理論が予測しているように，金銭を得る犯罪と薬物使用に関与する可能性がより強かった。

　このような考察にもかかわらず，1960年代に犯罪学者たちの注目を一身に集めた緊張理論の人気が陰ってきたということは認めねばなるまい。一部の学者は純粋に知的理由から批判的であった。しかし我々が注意を喚起してきたように，犯罪学理論の人気もまた，社会的背景上の変化によっておそらくはより深く形成されているのである。この変化とは，以前は認容されていた思想に違和感が抱かれ，新たな思想が常識となるように思えるような変化である。とくに我々がラベリングや葛藤理論的観点を考察しているように（それぞれ本書第7，8章を参照のこと），犯罪とは何か，人びとがそれに参入するのはなぜか，ということを定義し，解明する際に，国家と権力の役割を重視する理論へと，1960年代後半と1970年代前半での出来事が多くの犯罪学者の理論への忠誠心をいかに変更させたのかということが，理解されよう。

　しかしこのことは，緊張理論が犯罪学理論のスクラップの山へと追放されたということを意味しているわけではない。正反対である。このパラダイムの魅力が減じても，それは犯罪学者必読の文献であり続け，比較的新しい理論が頻繁に比較され検証される一つの基準として役立っている（Burton & Cullen, 1992）。より重要なことは，過去10年以上にわたって緊張理論への新たな関心が生まれていることである（例えばAdler & Laufer, 1995；Agnew, 1992, 2006a, 2006b；Cullen, 1988；Messner, 1988；Passas, 1990；Passas & Agnew, 1997；Rosenfeld, 1989）。とりわけ意義深いことは，伝統的な緊張理論の洞察に依拠しながら，これを再検討しようという努力がなされている点である。この中でも二つの将来性のある探究方向が我々には興味深い。それは，Agnewの一般緊張理論（general strain theory）とMessnerとRosenfeldの犯罪とアメリカン・ドリームの分析である。

2．Agnewの一般緊張理論

　Robert Agnewが述べていることには，緊張理論のMerton学派による理論化は限定的だがそれほど悪くはない。Agnew（1992）によれば，Mertonや地位不満論者たちは犯罪因的緊張の一つの型を明確にしたのであった。つまり経済的成功や高校での地位のような「個人の肯定的に評価している目標達成を他者が邪魔するという関係」（p.50）である。しかし緊張を生み出し，人びとが法を破るよう促す否定的関係ないし状況の別の種類がありうる。Agnewの考察では，彼が古典的緊張理論と名付けたMertonのパラダイムを超え，犯罪因的緊張の別の源泉を探究すべき時が到来した。つまり，犯罪の一般緊張理論を発展させるという挑戦である。ノースカロライナ大学の博士課程時代に，Agnew（2011）は創造性の原因研究に関心を抱いた。この研究計画は，創造性に関する資料が得られず，実現せず，いかにして博士論文を完成させるかという課題がAgnewには残されていた。彼の最近の回顧によれば，「週が過ぎるたびに，私の緊張の水準が高くなっていった。Albert Cohen（1955）を読んでいて，私はある問題を抱き，その解決法を探し求めた」（Agnew, 2011, p.140）。同僚の大学院生が彼に「過渡期にある若者」の調査資料の存在を教えてくれた。この資料には他の変数に混じって，非行の数字が計上されていた。

　今や資料を手にし，Agnewは非行の文献を精力的に探査し，その考え方に批判を抱いたに

表 4-2　Agnew の一般緊張理論：緊張の類型

緊張の型	個人の対応様態	犯罪に導く可能性が最も高い緊張型
1. 肯定的に評価される目標達成の失敗としての緊張（伝統的緊張） →	個人は目標達成不能	1. 緊張は不正とみなされる 2. 緊張の程度は高い 3. 緊張は低い社会的統制によって惹起されるか，これと関連している 4. 緊張は犯罪的対応への推進力ないし刺激を形成する
2. 肯定的に評価される刺激の個人からの剥奪 →	個人は評価しているものを失う	
3. 緊張は否定的刺激の出現 →	個人は他者に否定的に扱われる	

もかかわらず，緊張理論を拡張することには見込みがあると確信した。彼の業績は社会心理学に関する彼の知識によって裏打ちされた。彼の考えでは，古典的緊張理論は一種類の緊張——勝利の経済的成功が達成不能——に焦点を当てていた。これは若者の行動に影響を与えるにはあまりにも距離がありすぎ，遠い将来のことであった。Agnew（2011）にとって，「犯罪を導く主要な緊張は，仲間による身体的虐待や家族との深刻な諍いのような，本質的により直接的なものであるように思われた。この着想はストレスや攻撃性調査を含む社会心理学的研究によって支持された」（p.141）。この研究方向の先には「改訂緊張理論」の発展が待っていた（Agnew, 1985）。これは 1992 年の彼の一般緊張理論公刊の先駆けとなった。この理論の彼の最も体系だった発表はその後，『犯罪への圧力：一般緊張理論の展望』（Agnew, 2006a；Agnew, 2006b をも参照のこと）として現れた。

1）緊張の諸型

Agnew の見解では，Merton の古典的緊張理論が確定したのは緊張の一カテゴリーであって，望まれた目標が阻害されていることに関係していた。しかし，Merton とは異なり，Agnew は経済的目標のみに焦点を当てることはしなかった。彼は緊張の型を拡大し，なんらかの肯定的に価値評価された目標の阻害をこれに含めた。これには経済的成功の不達成のみならず，学校でのスポーツチーム結成の不首尾，仲間集団での地位到達の失敗などが含まれる可能性があり，こうして彼は緊張の二つの原因を付け加えることを提案した（表 4-2）。

第一に Agnew（1992）が主張したことには，緊張は「個人から肯定的に評価されている刺激物の，現実の，あるいは予期される剥奪（喪失）」（p.57）から生じうる。例えば，親が特権を（例えば自家用車使用）剥奪したり，学生がスポーツチームから除外されたり，デートするような関係が破綻したり，失職したり，愛する人が死亡したりした場合などに，この緊張が生じる。このような状況では，ストレスに対処しようとして，人は薬物に走ったり，奪われたものを取り戻すために違法な手段に訴えようとしたり（例えば車を盗む），緊張を生み出した者へ復讐しようとする（親やコーチ，ないし雇い主への暴行）。

第二に，緊張は「否定的ないし害のある現実的，もしくは予期される刺激物の出現によって惹起されうる」（Agnew, 1992, p.58）。これらの逆境に属するのが，性的もしくは身体的虐待関係に晒されたり，葛藤で破壊された家庭での生活，安全でない学校への登校，不公平であったり，ハラスメントをするような上司の監督を受けるようなことである。Agnew（1992）が指摘したように，このような逆境から逃げだそう

としたり（例えば家出），ストレスの源を排除したり，これに復讐しようとしたり（例えば虐待者の殺害），薬物摂取によって精神的苦痛を緩和させようとするために，犯罪と非行が発生しうる。

2) 緊張への適応

Agnew が想定していることには，総じて，人が体験する緊張の量が大きければ大きいほど，犯罪やなんらかの逸脱行為に走る可能性が一層高くなる。そうであるとしても，古典的緊張理論の伝統に従う理論家は緊張は厳格な形で犯罪に関係することを理解していた。一旦人が緊張下に置かれると，犯罪行為によってこの状態に適応するかもしれないし，そうではないかもしれない（表4-1における Merton の適応類型を思い起こして頂きたい）。従って犯罪の完璧な理論は何が緊張を起こすのかという説明だけではなく，緊張下にある人を犯罪行動によって反応するようにさせることの説明をも含まなくてはならない。このことへの洞察は Cloward と Ohlin（1960）の初期の業績においても見いだされる。彼らが論じていることには，違法な手段のさまざまな型からの選択と，緊張に対する適応の種類とは対応している（Cullen, 1984 をも参照のこと）。

こうして Agnew（1992）は「非・非行的対応と非行的対応とを強制するもの」（pp.66-74），すなわち緊張への反応を「条件付ける」変数を区別した。阻害された目標に代わる他の目標の活用能力，つまりは個人的資力の活用（例えば自己活用，知能），他者からの多様な社会的支援の存在，刑罰を招くことへの恐れ，強い社会的絆の存在，違法な手段への接近の否定のような，犯罪的適応に走るリスクを軽減する諸因子の範囲を彼は明らかにした。犯罪の可能性を増加する犯罪性素因を助長するその他の諸因子にも彼は言及している。これらの因子とは，例えば，低い自己統制，犯罪を学習するこれまでの経験（例えば非行仲間とのつきあい），反社会的信念の内面化，緊張がもたらす苦境を他人のせいにして非難する傾向などである。Agnew が彼の条件となる変数の多くを他の犯罪学理論（例えば絆論，統制論）から借用していることに留意すべきであろう。これらの別の理論が主張していることには，これらの因子は犯罪に直接に作用するものであるのに対し，一般緊張理論が力説しているのは，これらの因子が犯罪行動を増大させるのは，これらが緊張と一緒に存在している場合だけである。このため条件的変数は，相互作用の関係（例えば緊張×非行友人の数）を考慮した実証的検証が定量的になされることがしばしばある。

最後に Agnew は一般緊張理論の中に情動（emotions）を含めている。彼の考えでは「陰性情動は……この修正作用を刺激する。人は気持ちが良くないと感じ，これに対して何とかしようとする」（Agnew, 2006a, p.104）。彼がとくに焦点を当てたのは怒りの情動であった。一般緊張理論の予測では，緊張が怒りを引き起こし，犯罪（とくに暴力犯罪）が起こりやすくなる。

3) 一般緊張理論の実証的位置づけ

Agnew による一般緊張理論の説明は明確であるので，この考えに対する実証的検証がなされ，その数は次第に増えてきている（例えば Agnew & White, 1992；Aseltine, Gore, & Gordon, 2000；Brezina, 1996；Hoffman & Miller, 1998；Hoffman & Su, 1997；Katz, 2000；Mazerolle, 1998；Mazerolle, Burton, Cullen, Evans, & Payne, 2000；Mazerolle & Maahs, 2000；Mazerolle & Piquero, 1997；Paternoster & Mazerolle, 1994；Kurbrin et al., 2009 をも参照のこと）。この種の研究がこの理論の実証的に

支持できるかどうかについて何を教えてくれているのであろうか？　今の時点で三種の結論が可能である。

　第一に，その結果はあらゆる型の緊張に一定したものではないにせよ（この問題については簡略に後述したい），緊張に晒されることが犯罪行為の可能性を増大させるという一貫した実証的証拠がある（Agnew, 2006a, 2006b, 2009）。第二にいくつかの肯定的所見が存在しているとはいえ，緊張への適応はある程度別の因子によって条件付けられているという考えを支持する研究所見は比較的乏しい。このような結果に終わっている理由は，緊張は個人的と社会的諸因子の双方によって条件付けられているという複雑な経路を捉えるには相互作用関係（例えば緊張×条件の変数）を採用するという方法論があまりにも粗略すぎるからかもしれない。しかし，別の可能性も考えられ，Agnewによって同定された条件となる変数は犯罪行動に主として直接作用していて，主として緊張下にある時に作動するものではないのかもしれない。例えば低い自己統制はそれだけで犯罪原因となる，つまりは緊張の有無は関係ないのかもしれない。事実このような見地を統制理論家が採用している（Gottfredson & Hirschi, 1990；Hirschi, 1969をも参照のこと）。第三に緊張に怒りが結びつくと犯罪行動のリスクが高まるというある程度の証拠がある。しかし明確にすべきことが残っていて，緊張が怒りの原因となり，そして怒りが犯罪へと導くのかどうか，あるいは怒っている者はその生活上で緊張を生み出しやすく，これが犯罪を導くことになるのかどうかを明らかにする必要がある。もちろん犯罪へのこれらの因果関連の双方とも可能性として考えられる（Mazerolle et al. 2000；Mazerolle & Piquero, 1997）。

　留意すべきことは，一般緊張理論の検証の多くが，登校し家族と同居している若者の自己報告による研究に依拠している点である。とはいえこの考え方をさらに支持するBill McCarthyとJohn Haganの研究が，家を離れ，町中で生活している若者たちの非行に関する調査においてなされた（Hagan & McCarthy, 1997；McCarthy & Hagan, 1992）。Agnewの業績と一致して，彼らの分析では，悪い，もしくは害を為す条件は直接的にも間接的にも非行への関与を引き起こしうる。彼らの観察では，家を出た若者がしばしば住むのは「貧しい街」で，そこで彼らは飢えや，無職，保護されることが全くないことなどを体験する。このような悪条件を軽減する直接的試みとして，彼らは財産をくすねたり，売春行為によって，あるいは食物を盗むことによって，お金を手にする。他の悪条件は真っ先に街中に若者が逃げ込む原因となり，間接的に非行に影響を与えている。性的，身体的虐待を受けている若者はこの逆境から家出をして逃れようとするが，何も持たない街中での生活には必発ともいえる犯罪への圧迫下に置かれてしまうことになる。

4）一般緊張理論の精緻化

　前述したように，緊張に晒されることは犯罪関与のリスクを高めるという主張は数多くの研究によって支持されてきた。しかしこの難点は，これらの研究では非常にさまざまな数値によって多彩な緊張が測定されることが多かった点である。Agnewは彼の考え方をきわめて切り詰めて述べているにせよ——彼は緊張の主要三型を同定しているのに過ぎない——緊張の各型は数多くの亜型を含んでいる。例えば害毒のある刺激のカテゴリーの提示を例にとると，これには親との葛藤，家族や他人による性的虐待，仲間からのいじめ，友人との諍い，学校での不快な体験，労働条件の劣悪さ，騒音と密集に悩ま

される生活条件などに晒されるような種々の緊張が含まれている。一般緊張理論が意味をなすためには，数多くの研究が考えられる中で，どの緊張が犯罪因的で，どれがそうでないのかという問題に立ち向かう必要がある。まさに，この問題に焦点を合わせることが将来の研究にとって重要である。

とりわけ，Agnew（2001a）は「犯罪と非行に導く可能性が最も高い緊張を特定すること」（p.1）への挑戦を開始した。緊張が適応の犯罪的仕方を促進する可能性を高める4因子を彼は列挙している（表4-2を参照のこと）。とくに緊張のこの区分は今後の一般緊張理論研究を導いてくれそうである（Agnew, 2006a, 2006b）。

第一に，「緊張は不正であると見なされる」ことである。(p.6)。人が感じている緊張は不公平な扱いであると思える時に，怒りが生じやすい。前述したように，怒りが犯罪行為のリスクを高めるということを一般緊張理論は力説している。第二に緊張が「高度である」(p.9) ことである。ひどい緊張下にある時，この緊張を無視し，情動を抑制し，合法的方法でこの緊張を解消することは困難である。犯罪が緊張を緩和することが可能となるほどに，犯罪の直接的恩恵が，このような犯罪行為が法から受ける比較的遠い将来の確実に到来するとはかぎらない〈刑罰という〉出費を凌駕してしまう可能性がある。第三に，「緊張は低い社会的統制によって，あるいはこれと相関して生じる」(p.11) ことである。例えば，少年が親から拒絶されると，二つの事態が生じる。つまり，それは緊張を生み出すと同時に，その子の親への愛着を減弱させることで，その子への社会的統制の水準を低下させてしまう。第四に，「緊張は犯罪的対応（coping）へのなにがしかの圧力ないし刺激を生み出す」(p.12)。例えば，非行少年から若者が被害に遭えば，緊張を体験するかもしれない。

暴力による反抗が失敗すると，よりひどいしっぺ返しが起こり，より強い緊張が生まれる。結局は，抵抗し，恨みを晴らすこと——「犯罪的対応への第一歩」——がこの若者に可能な唯一の現実的選択手段と思われるかもしれない。

3. 犯罪とアメリカン・ドリーム：制度的アノミー理論

Steven Messner と Richard Rosenfeld の主張するところでは，社会構造とアノミーという Merton パラダイムを問いかけ直し，修正することによって得られるものは多大である。Messner と Rosenfeld（1994）が注目しているように，米国の重大犯罪発生率は他のどの産業国よりも高い（Currie, 1985, 2009 をも参照のこと）。なぜそうなのか？　この荒々しい無法ぶりは米国人が持っている異常なまでの欠陥的人格ないし体格のような個人的特性が原因であるということに二人は疑問を抱いた。その代わりに，巨視的観点に立ち，米国社会のまさに文化と構造に関して何が特有なのかを理解することが必要であると二人は主張した。彼らの観点は制度的・アノミー理論（institutional-anomie theory）と多くの場合呼ばれている。

Messner と Rosenfeld が1980年代に初めて親交を結んだ時，Merton 理論は陰りを見せ，このパラダイムのアノミーの部分はほとんど完全に無視され，犯罪学のゴミ箱へと追いやられていた（Cole, 1975）。Messner はコロンビア大学の Merton の学生となり，次いで彼の同僚となった。一方 Rosenfeld は不平等と犯罪〈との関係〉を研究する学位論文に着手し，アノミー理論へと接近し，ハーヴァード大学で Merton を指導した一人，Talcott Parsons の社会学を受講していた。同世代の学者とは異なり，こうして二人はアノミー的観点に親しみを感じ，まだ未開拓の説明力があると確信していた。1980

年代前半に偶然知り合い、この知的融合の成果が1994年の彼らの名著、『犯罪とアメリカン・ドリーム』(Rosenfeld & Messner, 2011) となって結実した。

MessnerとRosenfeldの考えでは、犯罪学は社会学入門で教わる基本的教義をしばしば忘却してきた。社会システムの核心的構成体は文化と社会構造であって、前者によって、人がなすべきこと、なすべきでないことが定められ、後者には人が所有する地位と果たす役割とが含まれている。文化（アメリカン・ドリーム）と社会構造（機会の分化）とはMertonのアノミー理論の鍵概念である。さらにはMessnerとRosenfeldは社会制度の重要性——Talcott Parsons (1951) に依拠した洞察——を以下のように強調した。

> **社会制度**は、どのような社会でも存続するために行使すべき基本的社会機能との関連で言えば、文化と社会構造とに共に連関しており、これに含まれるのが、環界への適応（経済）、集団的目標達成（政治形態）、社会統合（法体系）、社会の基本的規範パターンの維持（家族、宗教）である (Rosenfeld & Messner, 2011, p.122, 強調は原著者による)

彼らの見解では、Mertonのアノミー理論はたった一つの社会制度、経済にしか焦点を当てなかった。そこでは社会制度がいかに相関しあうか、文化がいかにして一つの制度面、とくに経済を強調させ、他の社会制度（例えば家族）に諸問題を引き起こすことになるのか、が検討されていない。この不均衡が起こるときに犯罪発生率が高くなる、と彼らは主張した。彼らの観点では、制度間の関係がアノミー理論へと組み込まれており、制度的・アノミー理論と呼ばれることになった。彼らのアプローチの特異な点は以下の通りである。

1）アメリカン・ドリームとアノミー

MessnerとRosenfeldの主張では、Mertonパラダイムの格別の貢献は犯罪行動をもたらす点においてアメリカン・ドリームが果たす中心的役割を明確にしていることにある (Messner, 1988；Rosenfeld, 1989とを参照のこと)。MessnerとRosenfeld (1994) はアメリカン・ドリームを、「開かれている個人競争という条件下にある社会で、万人によって追求されるべき物質的成功という目標への傾倒」(p.69) と定義した。Mertonと同様に彼らが注目したことは、個人の事情や競争能力を無視して、金銭的成功を得ようと万人を駆り立てるアメリカン・ドリームの強い文化的規制力はこの成功を得るための合法的ないし法的手段を採用するよう調整する規範的力を浸食してしまう。つまりアメリカン・ドリームはアノミーないし規範的統制の崩壊を助長する。

このアノミーを背景に、求める目標達成のために「技術的に最も有効な手段」を採用する傾向がある。このことの肯定的一面は、支配的規範の可塑性によって、流行遅れの仕方を超えるための革新的領域が形成される点である。しかし暗い一面もまたあって、金銭的利得のための最も手っ取り早い手段は法を破ること、銃砲を所持して強盗を働くこと、あるいはインサイダー取引によって株式市場からだまし取ることである。こうしてアノミーは犯罪因的であり、米国社会がそうであるように、広範なアノミーが無法行為を広範に作り出している。

2）力の制度的均衡

MessnerとRosenfeldは米国文化に関するMertonの分析結果を受け入れたが、彼には制度的分析が欠けていることに気づいた。想起し

てほしいのだが，前進するための機会が制限されており，従って個人にとっては犯罪因となる緊張を，社会においてはアノミーを形成するという点での米国の満足システム（経済的社会制度）の役割をMertonは強調した。しかしMessnerとRosenfeld（1994）が確信したことには，米国の構造的調整に関して何が特異的なのかということをMertonのアプローチでは見逃されている。つまり，「力の制度的均衡が経済へ傾斜するのは」(p.76)どの程度までなのかということの見逃しである。

資本主義経済システムは私欲，競争，革新を個人的に追求することを求めているが，他の資本主義経済の発展途上国は〈米国のようには〉重大犯罪発生率の上昇によって破壊されていない。米国では何が異なっているのか？MessnerとRosenfeldの解答では，他の非経済的制度――家族，教育システム，政治など――を他の国以上に支配しているのが〈米国の〉経済制度である。実際，米国の社会制度は経済に屈従し，これを支援するよう調整されている。例えば教育は比較的賃金の高い職業へ就くための手段と見なされている。深遠な学問領域を専攻し，単に学ぶだけとか，個人の成長の糧にしているだけの学生は「時間の浪費」とか，「将来を台無しにしている」とか冷笑されるリスクがある。家族大事の価値観は頻繁にほめそやされるが，転居が昇進の条件となる場合，企業の役員は自分の家族を犠牲にすることが期待される。政治家の再選はほとんど国家経済の強さにかかっていると言える。

しかし発展途上国の場合は，すべてをなげうって経済的成功を求めて国民の行為に比較的大きな支配を及ぼす圧力に対して社会制度は均衡を保とうとしている。MessnerとRosenfeld（1994）が指摘したように，これらの社会制度は「市場が求めるもの以外の信念や価値観，関与を教え込み」(p.86)，そして行動を抑制してくれる程度の介入を要求する。しかし米国では，非経済的制度が市民の社会化，その忠誠心の保持，その統制において，より成功しているとは言いがたい。「最大の力で迫ってくる文化的メッセージは経済の論理と最も合致しやすいものである。つまりはアメリカン・ドリームの競争的，個人主義的，物質主義的メッセージである」(p.86)。この結果として，アノミーと無法行為の拡大を導く社会的背景が誕生する。

結局，MessnerとRosenfeld（1994, 2001）の主張では，重大犯罪が米国で頻発するのはこの国の特徴的な，相互に強化しあっている文化と制度的構造が原因なのである。アメリカン・ドリームは強力な文化的力として働き，これが「必要などんな手段をとってでも」金銭を求める動機付けによってアノミーを引き起こす。アメリカン・ドリームがその合法性を生み出すだけではなく，経済制度の支配によってその合法性が継続されるのである。このため文化と構造との交錯によって，アノミーが広範囲になり，統制が弱体化するような一つの社会が形成される。予想されることだが，米国の犯罪問題は扱い困難で，これを鎮圧するための多くの「戦争」に対しては免役的抵抗力ができているように思える。

3）制度的・アノミーの実証的位置づけ

MessnerとRosenfeldは説得ある一つの視点を提示してくれており，いまなお比較的限定的なものであるにせよ，現在までにそれは実証的検証による発展を遂げてきている。この理論の大部分が評定困難であって，その理由はその主要な原因的変数にある，アメリカン・ドリーム，アノミー，力の制度的均衡，社会制度によるインフォーマルな統制効果とかが巨視的，社会的水準において，とくに一組のデータだけでは定量困難なものであるからである。しかし

現存する研究によって制度的・アノミー理論を支持するに足る証拠が示されている（Baumer & Gustafson, 2007；Chamlin & Cochran, 1995；Cullen, Parboteeah, & Hoegl, 2004；Maume & Lee, 2003；Messner & Rosenfeld, 1997；Piquero & Piquero, 1998；現在の研究の総括として Kubrin et al., 2009；Messner & Rosenfeld, 2006 を参照のこと）。

とくに，家族のような非経済的制度の活動が盛んで，その支援も比較的強い社会や地域では犯罪発生率が低いという証拠があるように思われる。このことに関して，Pratt と Cullen（2005）によって研究のメタ分析がなされ，非経済制度の強さは分析の巨視的水準の分析において比較的低い犯罪発生率と相関していることが明らかにされた。しかし学者たちが，「米国例外論」と呼ばれてきた明確な「アメリカン・ドリーム」を米国は有しているのかどうかを評価しようとすると，この証拠に関してはさらに異議の多いものとなる。このような評価研究は国民を対象とした調査において質問への回答を検討している。物質的富や競争，政府の支配よりも私的所有権を重視するような価値観を有していると米国人は言いたがる。既存の研究の展望で，Messner と Rosenfeld（2006, p.143）が報告していることには，米国の回答者たちがアメリカン・ドリームと一致する価値観を強く支持するようなことは例外的であり，少なくとも〈肯定，否定が〉「混在する結果」しか示されなかった。明らかなことは，アメリカン・ドリームのあらゆる要因を把握するよう体系的にデザインされた質問による更なる比較調査がこの問題を解決するには必要であろう。

4）市場経済と犯罪

最後に言及しておきたいことは，独立した理論的分析において，Elliott Currie は米国における重大暴力犯罪の発生率が高いことについて類似の説明をしている。1985年に Currie はその優れた著書，『犯罪との対決：米国の挑戦』（Cullen, 2010 を参照のこと）を出版した。批判的ないし左翼現実主義的と呼ばれうるような視点（本書第9章を参照のこと）に立ち，犯罪は個人の欠陥に基づくとか，より多くの犯罪者を拘禁するという強硬政策を取れないことに起因するとかという保守的見解（第12章を参照のこと）に彼は反対した。暴力犯罪が高率であることの彼の分析の眼目では，米国は高い経済的不平等に苦しんでおり，このために家族や地域社会のような他の社会制度を混乱させている。こうして Currie は，米国の特徴である「市場経済」が明らかに犯罪因的な仕方で社会の他の部分をいかに支配しているかを詳述し，彼の観点を精緻化した（Currie, 1997；Currie, 2009 をも参照のこと）。彼の理論におけるこの中核的洞察は従って Messner と Rosenfeld の制度的・アノミー理論の中核的洞察と類似している。

Currie（1997）が主張していることには，米国は資本主義，「市場経済」の極端な姿を示しており，そこでは「個人的経済利得追求が社会生活の支配的組織原理と次第になりつつある」（pp.152-153）。Messner と Rosenfeld の力の制度的均衡概念と呼応するかのように，Currie が注目したことは，米国では「市場原理は，**経済**のいくつかの部分に限定され，そして他の社会制度や規範によって適切に緩衝され，制限される代わりに，社会組織全体を満たすようになり，個人や家庭，地域社会を歴史的に支えてきた他の原理を弱め，圧倒するようになっている」（p.152, 強調は原著者による）。彼は，これも Messner と Rosenfeld 同様に，力説するようになったことには，「米国は市場社会が米国社会と経済発展とを動かし，その国民文化を形成するほどに」なっている点で「独自的」であ

る（p.152）。

　Currie（1997）によれば，市場経済支配は少なくとも以下のような七つの仕方で高い犯罪発生率を助長する。

　　（1）生活破壊の進行，（2）経済的不平等と物質的剥奪との極限な拡大，（3）公共サービスと支援，とくに家庭と子どもに対するものの後退，（4）相互扶助，監督，ケアというインフォーマルな共同体ネットワークの解体，（5）物質主義的で思いやりのない，「厳しい」文化，（6）暴力の技術的手段の規制のない売買（例えば銃砲），（7）社会的，政治的手段の弱体化（p.154）。

　条件がこのように「混合」され，毒性を強め，市場経済の力は強大となり，生産性と利益への関心がこのシステムの下であがいている多くの人びとのニーズに対する関心を凌駕してしまう。米国の市場経済がとりわけ犯罪因的であるのは，それが「人口の大部分を極端な剥奪感を抱くまでに追い込むと同時に，公共的扶助の提供を後退させ，その不利益を緩和してくれるインフォーマルな支援ネットワークを確実に崩壊させていく」（Currie, 1997, p.167）からである。このような背景があって，市民が受け入れるよう強制されることとは「競争的消費者主義」であって，そこでは個人的成功と物質主義が重視され，この競争の敗北者に残されていることは自分の敗北と自身に対する不満とを簡単に入手可能な致死傷を与える武器〈銃砲〉によって解決することである。同時に市場経済の文化的イデオロギーが軽蔑しているのが政策的発動で──この政策は他の西側産業国家では一般的に目につくことだが──これは恵まれない米国人に，生活費を稼ぎ，彼らの家族を養う機会を提供しようという政策である。社会的介入の代わりに，個人には自助努力だけが残されている。

結局は暴力犯罪問題に立ち向かうための政府の主なプログラムは国の均衡を失った市場経済の際限のない犠牲者を収容するために，刑務所を次第に増やすことである。

4. 緊張理論の将来

　Agnew の一般緊張理論と犯罪とアメリカン・ドリームに関する Messner と Rosenfeld の分析とは緊張理論の支配的犯罪理論としての復活の狼煙となった。少なくともこれらの業績の本質的な学問的貢献は緊張理論の再活性化に貢献することであろう。多くの犯罪学者が緊張理論のこれら修正版を読み，その少なからずの者たちが，Agnew や Messner と Rosenfeld によって提示されている種々の提案を検証する論文を今後は発表し続けることになろう。しかも 21 世紀の米国では，以下のような社会的文脈が支配的になっており，緊張論的観点への新たな関心が絶えず呼び覚まされるであろう。

　第一に，1980 年代と 1990 年代の過度の個人主義と強調された貪欲さへの反応として，米国では文化的反省が持続的になされてきた。多くの異なる声がこの議論に寄せられているのだが，共通のテーマが認められる。それは個人の利己主義，競争，物質主義の追求というアメリカン・ドリームの中核は個人の満足をもたらすことがないし，良い社会をも築くことがない，ということである。その代わりに，地域社会や市民としての義務，他人を助けることについて米国人はもっと考えることが求められている（Bellah, Madsen, Sullivan, Swidler, & Tipton, 1985, 1991；Coles, 1993；Etzioni, 1993；Putnam, 2000；Reich, 1988, 2001；Wuthnow, 1991）。「思いやりのある保守主義」──ジョージ・W・ブッシュによる最初の大統領選挙キャンペーンのスローガン──の考えでさえも無神経な利己主義と市民仲間への配慮のなさの危険

とを力説していた（Olasky, 1992 をも参照のこと）。もちろん，アメリカン・ドリームが批判的吟味を受けるようになり，その暗部が暴露されて，緊張理論の妥当性が潜在的に高まってきている。

第二に犯罪を含む社会的疾患の領域で米国社会の複雑さを無視することが一層困難になっている時代に我々は生きているのかもしれない。1980 年代に，レーガン大統領時代の強い保守主義的イデオロギーによって，犯罪を含む社会問題を構造的調整ではなく個人のせいにして非難することが流行のようになった。しかしロドニー・キング暴行で起訴された警察官の無罪放免が引き金になったロサンジェルスでの 1992 年の暴動は，底にある問題を無視してしまうことは結局いつかは手痛い報復を受けるということの生々しい警鐘となった（Currie, 1993 をも参照のこと）。同じような教訓が 2001 年のシンシナティの暴動からも導かれる。同じように，ハリケーン Katrina（キャサリン）はニューオリンズを破壊しただけではなく，貧困層から財産のすべてを奪い，人種的不平等によって市民自身の一部——他の市民はそうではなく——の生命が危機に晒された。1990 年代半ばに著作を著した Messner と Rosenfeld（1994）はこの点をより広範囲に扱い，次のように記している。

　　ホームレス，都会のアンダークラス，顕著な社会的不平等を伴う持続的な経済の停滞や都会の一般的衰退のような現代社会問題の悩みに次第に気づかれるようになると，個人的欠陥よりも社会の基本的特性の方向へと社会行動の説明は転換され，この説明が多くの犯罪学者にとって再び「道理に適うもの」となる可能性が高い（pp.14 – 15）。

1990 年代後半になって米国経済は急速に発展したが，一部の国民はこの技術革命に参加できず，取り残されている——大半は市中の下町にかたまっている——ことが気づかれ，このことは国民の意識から完全に離れることがなかった。国の市場経済が善良な人びとさえも経済的破綻に追いやり，勤勉な人びとから安定した雇用を奪い取りうることが理解され，このことは 2008 年に始まった大不況によって生々しく，多くの場合悲痛な形で実証されている。不平等が優勢であることの自覚が強く残っているほど，緊張理論——前進の機会が阻まれ，人びとが社会的逆境に置かれることが犯罪因となることを主眼に置く——は犯罪学の世界においてその支持者を公平に受け取ることになろう。

Ⅳ　理論の帰結：政策的意義

1．機会の拡大

もしも機会の剥奪が犯罪因的緊張を生み出すとすれば，その論理的帰結は犯罪の解決は正当な機会を拡大することになる。従って最も広く採れば，緊張理論は逆境にある者に教育的資源（例えば Head Start），職業訓練，就職機会の平等を与えようとするプログラムを正当とみなす。またこの理論的視点では犯行者が教育を修了し，市場向きの職業技術を獲得することができるようにする刑務所の社会復帰プログラムを導入しようとする努力を支持することになる。

このような一般的政策的意義とは別に，緊張理論は種々の非行防止プログラムのための基礎として機能することは注目に値するし（Empey & Erickson, 1972；Empey & Lubeck, 1971），その中で最も有名なプログラムは「若者のための動員」（Mobilization for Youth）（Empey, 1982；Moynihan, 1969；Pfohl, 1985）であった。この MFY は周知のように，Cloward と Ohlin の機会理論に直接根ざすものであった。事実こ

れら二人の学者は彼らのアイディアを実践に移す際にまとめ役を果たしていた。

1959年にClowardとOhlinはニューヨーク東部低所得層地域社会にあったセツルメント連盟から，若者に社会奉仕を提供するための政府援助を確保する提案を行うための理論的枠組みを提示するよう求められた（Laub, 1983）。『非行と機会』（Cloward & Ohlin, 1960）はこの協力の副産物であった。もう一つの成果が617ページに及ぶ，『機会拡大による非行防止と統制のための提案』であった（Empey, 1982, p.241）。

さまざまな時期に，この提案は棚上げにされていたが，1960年代前半に，重要な意義を持った社会工学的な青写真が示された。ケネディ政権がこの直前に「機会平等なニューフロンティア」を創成する望みを抱いて誕生したばかりで，米国の若者問題の対処へと家族が持続的に参加することを呼びかけようとしていた（Pfohl, 1985, pp.224–225）。1961年に政権は「少年非行と若者犯罪のための大統領委員会」を創設し，David Hackettが委員長を務めていた。

非行問題に立ち向かうための有望な戦略を求めて，HackettはClowardとOhlinの業績から学んだ。Pfohl（1985）が指摘したように，彼らの機会理論は「ジョン・F・ケネディの自由主義的家庭政策とうまく共鳴した」（p.224）。とくに平等な機会という大統領の呼びかけとはそうであった。実際，緊張理論と主流的政治的文脈との一致ぶりはきわめて密接で，Ohlinはワシントン地区に招かれ，保健，教育，福祉のポストに就き，非行政策作成に参加した。1962年にMFYは1,250万ドルの基金を受け，この半分以上が連邦政府からのものであった。この間，ClowardはMFYの研究責任者に選ばれた。

MYFは主としてMertonの緊張理論に依拠し，若者の教育と雇用支援を強化するプログラムを作成した。この改革はまたシカゴ学派，とりわけShawとMcKayの助言——地域社会の組織化は非行防止の前提条件である——からもその考えを得ていた。しかしMFYとShawのCAPとの間には一つの哲学的違いがあった。双方のプログラムとも地域社会の自助努力を請け負っていたが，MFYの指導陣は機会の不平等を維持している政治構造を変革する必要性をも感じていた。例えば雇用問題は少数派集団が技術を欠いているという単純なことではなく，むしろ彼らは徒弟組合から排除されているというのが彼らの意見であり，教育機会が貧困であるという問題は若者が家庭で書物を持っていないということだけではなく，スラム地区の学校に新米の力のない教師を派遣しているという政策からも生じているという見解であった。このような悲惨な機会障壁を克服するために必要なことは地域社会の組織化ではなく，むしろ揺るぎない政治的しがらみに攻撃をしかける地域社会活動である。従ってMFYは学校ボイコットを推進し，福祉政策に抗議をし，スラムの地主に対する借地代不払いや貧しい人びとの権利保障のための裁判や選挙人名簿登録などの運動を推進した。

若者に教育と職業訓練を与えることに比較的重点を置いた政策からスラム地区住民の力を増大させて，機会的構造の改革を図ろうというより広範な試みに移行することの是非が評論家たちによって議論された（Moynihan, 1969）。この戦略の選択によってMFYは，裁判闘争やパイの分配を得ようという貧者のこの他の運動に恐怖を抱いた市職員たちと政治的対立をするようになった。この闘争が激しくなる中で，不適切な基金運営の疑いでMFYはFBIの捜査を受け，ここの職員は「アカかアカの同調者」で溢れているとNYディリーニュース新聞の攻撃に晒された。この種の攻撃から彼らは解放され

たが，論争の渦によってCloward を含むMFYの主立った指導陣の解雇に至り，結局はプログラムの大半が破棄されてしまった（Liska, 1981, p.52）。ワシントンではこの間に「少年非行と若者犯罪のための大統領委員会」の縮小が承認された。Empey（1982）の言及しているように，「大統領委員会の委託は非行を減らすことであって，都市部社会の改革ではないし，米国の若者で社会学理論を試行することでもないということを有力な上院議員たちが指摘した」（p.243）。

こうして機会の構造的本性を基本的に変革することによって非行を減少させようという試みは多くの反対に遭ってしまった。しかしMFYは失敗だったと判断すべきなのか？ 比較的野心的でなく，対決的でない改良的プログラムは政治的受け入れと支持とをより持続的に取り付けることに成功している。とはいえ，二つのことを追加しておくべきであろう。

第一に，MFYは，大半の犯罪改良計画が触れないままであった犯罪の根源に攻撃をしかけようとした点で功績があったというべきであろう。抑制を欠いたこれへの強力な反対をMFYが避けきれなかったことは，とられたアプローチ法の正しさというよりも，米国の不平等構造を維持する政治的利益と関係した事柄であることを物語っている。第二に，MFYの非行への影響は明確には確定できなかったとしても（Liska, 1981），全国における類似の地域社会活動プログラムのモデルとして役立った。Daniel Moynihan（1969）はこのプログラムの有力な批判者であるが，それでも以下のようにMFYを評価している。

> MFYは市役所との戦いに敗れたが，地域社会活動計画に対して一つのパターンを与え，自身が批判の砲火を浴びている，まさにその時にこのプログラムは全国に広まった……。就学前教育，貧者への法的援助（彼らを援護するということではなく，告発者として援助する），地域社会組織化のための一つの理論，調査と評価の重視，とくに貧者の積極的参加の主張など，これらすべてが「若者のための動員」の遺産であった。その成果は決して小さなものではなかった（p.123）。

2．アメリカン・ドリームの緩和

機会を拡大することによって犯罪を減少させる試みの主要な特徴は，アメリカン・ドリーム――個人的な物質的成功を追い求めること――を暗黙のうちに正当と見なしている点である。しかしMessnerとRosenfeld（2001）にとって，アメリカン・ドリームとそれが個人に課する目標とはこの国の重大犯罪発生率が高いことの重要な要因となっている。実際機会を拡大する試み――伝統的緊張理論から引き出された犯罪減少のための処方箋――は犯罪を増大させているまさにこの文化的信念を増強するという予期せぬ結果をもたらす可能性がある。MessnerとRosenfeld（2001）が我々に以下のような注意を喚起している。

> アメリカン・ドリームの犯罪因的傾向は金銭的成功へのその**過度**の強調と，成功追求の手段に制限があることへの摩擦から派生している。支配的文化の犯罪因的結果ということから得られる重要な教訓とはその強い物質的圧力の緩和と社会的に課せられている制限を受け入れる能力をさらに増進すること以外にはない（p.108, 強調は原著者による）。

しかしアメリカン・ドリームの緩和は「言うは易く行うは難し」なのかもしれない。米国人の経済的成功への関心を低めるべく実行可能な

単純なプログラムというのは存在しない。むしろ真の社会変革が必要であって，落胆させられることだが，このような変革は米国人に米国人でないことを要求するようなことで，実現できそうもない課題であると言う人がいるかもしれない（とはいえ，Putnam, 2000 を参照のこと）。

制度的・アノミー理論の論理が示唆していることには，アメリカン・ドリームの圧迫を軽減することは別の制度を強化する政策が必要である，ということである。これには，例えば，大人が家族と過ごし，学校と協力する時間を増やすような職場調整が含まれるかもしれない。家族を形成する手助けとなり，万人に物質的安定の手段を与えるような社会福祉政策がそうなのかもしれない。しかし Messner と Rosenfeld（2001）によれば，直接，「文化再生」を追求することこそが重要である。つまり，本質的なことは，成功と主に見なされている金銭観を疑い，「育児，『良き配偶者になること』（spousing），教え，学び，地域社会に貢献すること」が価値ある「自分自身が目的」(p.108) となることである。このような主張はユートピアと思われるかもしれない。かりにそうであっても Messmer と Rosenfeld（2001）が警告しているように，「相互扶助と集団への義務の重要性の強調と，個人的権利や利益と特権の強調を低下させることを含むような文化的方向付けの新たな見直しをしないままに」(p.109)，米国が明確で持続的な犯罪減少に成功することはありえないように思える。

V 結 論

これまでの二章で言及してきたことは，米国社会の組織そのものが——そのスラムとその文化的規定と社会構造との矛盾——が高い犯罪発生率をいかにして生み出しているのかを示す挑戦的で影響力のある初期の研究を二つのパラダイム——シカゴ学派と Merton の緊張理論——がどのように代表しているのかということであった。誤謬ではないにせよ，個人の内部に犯罪原因を位置づけようとしてきたこれまでの素朴な理論を彼らは拒絶した。その代わりに彼らが警告したことは，人が何になるかを学ぶこと，何をすべきか強制されることを社会組織が規定している。このことは無邪気に見逃し得ない教訓である。というのも，ある意味では，社会はそれにふさわしい犯罪を生み出していることを示唆しているからである。

シカゴ学派と緊張理論とは本書の主題〈社会的文脈と犯罪理論〉を例証してくれている。第一に，変化する社会的文脈を介することによって，両者のそれぞれの観点が多くの犯罪学者によって理解可能なものとなっている。シカゴ学派にとって，都市社会の急速な成長と多様性の増大とが犯罪をこの社会変化に結びつけている一つの理論に合法性を与えてくれた。緊張理論にとって，一つの社会政治的政策として平等な機会を生み出すことが機会理論の勝利を示す理想的文脈を提供するものであった。

第二に，これらの観点の歴史からわかることは，犯罪学理論が司法刑事政策をいかにして導くなり，少なくとも正当化することが可能かということである。CAP も MFY も，これらの発展のための論理を提供してくれ，経済的支援を導入させるほどに説得力があった理論を離れては，理解できない。かくして Shaw と McKay と Cloward と Ohlin の著作に違いがあることが明確に理解される。前述したように，概念は結果をひきおこすのである。

Walter C Reckless
1899-1988
オハイオ州立大学
抑制理論の著者

第5章
孤立としての社会
——統制理論の源流

　問題解決のための最も重要なステップは，理論的なものであれそれ以外のものであれ，その問題についての正しい質問を問うことにある。問題を適切に形作ることは，しばしば解答を明確にする。少なくとも，正しい質問を正しい方法で問うことは，解決に大きく貢献する。誤った質問をしたり，正しい質問でも誤った方法で問うたりすれば，どこかにたどり着いたような錯覚に陥ることはあっても，何の結果も生み出さないだろう。

　残念ながら，最初のステップは，通常は最も困難なステップでもある。直面している状況の本質を完全に理解していることが求められるばかりでなく，その問題を新しく創造的な方法で考える能力も求められるのである。人は自分が当然と受け止めている状況の諸相について問い直そうとはしないものだから，〈当然視されてきた〉犯罪や非行を理解する鍵としてさまざまな犯罪学者たちが実にさまざまな問題を提起してきた。人が当然と受け止めているものには説明は不要だが，それらはいくつかの仮定の上に成り立っているものである——犯罪の場合は，人間の本性と社会秩序に関する仮定がそうである。

　大多数の犯罪学者たちは，法への服従を自然的秩序の一部として当たり前のように受け止め，「犯罪問題」を説明することに精力を注いでいる。我々がすでにみてきたように，犯罪学者たちは，その説明を精霊や悪魔に，生物学的な異常性や人格の欠陥といった個人要因に，あるいは社会の解体や副次文化的伝統，機会の不均衡といった社会要因などに不服従の原因をたどる理論に求めてきた。これらの要因はすべて法への服従という自然的秩序をねじ曲げるように作用すると考えられている。しかし，服従は本当に物事の自然的な秩序なのだろうか？　どの程度まで，それらは当然のものとされるべきなのだろうか？

　人は一定の年齢になるまでには，他者と共有できる言葉を話し，交通規制に従って車を運転するようになり，人前で排泄することを避け，その他の多くの点で「道に沿う（goes along）」ようになる。これらのことすべてが当たり前と考えられがちであるが，確証的事実（evidence）はそれらがまったく「自然」なことではないと

示している（Davis, 1948）。実際，そこには両親や教師，それにこのような結果を生み出すために働きかける人びとの多大な努力が費やされているのである。このように見てみると，これらの服従こそがまさに説明を必要とするものなのである。これが**統制理論**の焦点である。統制理論は，服従を当然のものとして捉えるべきではなく，**社会的統制が完全に有効でなければ犯罪や非行といった不服従は起こるべきものである**という見解を採る。

　この意味で，統制理論は逸脱の理論ではなく，服従の理論である。統制理論は「人はどうして犯罪や非行を犯すのか？」とは問わない。むしろ，人が社会的要請に従わなければ犯罪や非行が起こるものと考え，その上で「なぜ，人は規範に従うのか？」と問うものなのである。もし，犯罪が満足——楽しみ，興奮，身体的快楽，情緒的充足，物質的報酬——を与えるものであれば，人はなぜ法を破らないのだろう？　人間や社会秩序に対するこの見方からすれば，犯罪や非行によって得られるかもしれない満足は，社会文化の統制がそのような行為を防ぐに有効な程度作用している場合にのみ抑えられるのである。

　統制理論は一世紀の大部分にわたって米国犯罪学の中心を占めてきたのであり，それゆえ本書は二章をこの理論に充てるのである。この理論の魅力の大部分は，その主な理論的前提の単純さにある。つまり統制が存在していれば犯罪は起きない，統制が失われているときに犯罪が可能となりしばしば発生する。統制と犯罪がそれぞれ別個に観察され，その関係の強さが経験的に評定されるのでなければ，この命題はトートロジーである。犯罪の存在それ自体が，統制が有効ではない状態にあることの有力な証拠であるのだから。

　統制理論の前提は「犯罪を許す統制はない」という単純なものではあるが，統制理論の傘の下に入ってみると，統制がどのように犯罪行為につながりうるのかという複雑な問いが生じてくる。この章では，初期の統制理論の考え方を概観し，とくに今日なお影響力のある研究者の業績を取り上げる。ここには，Albert Reiss の個人的／社会的統制に関する洞察，F. Ivan Nye の家族統制に関する業績，Walter Reckless による影響力のある抑制理論，Gresham Sykes と David Matza の「中和の技術」，そしてこれを Matza 自身が展開して編み出した非行と漂流の理論が含まれる。

　第6章では主に，この半世紀で最も影響のある犯罪学者である Travis Hirschi の業績を取り上げよう。Hirschi は，統制に関する二つの主要な視点を展開した。すなわち，社会的絆理論と，Michael Gottfredson との協働から生まれた自己統制理論である。我々はまた，統制理論から派生した最近の理論—— Hagan のパワーコントロール理論，Tittle のコントロールバランス理論，Colvin の分化的強制理論 (differential coercion theory) についても目を向けよう。それらは統制がどのように犯罪や非行に関係するかという点について，より複雑なアイディアを示すものである。最後に，第6章末尾で統制理論の政策への応用を概観する。

　統制理論の横断旅行を始める前に，現代の統制理論の先駆者たちについてまずみてみよう。第3章および第4章と同様に，ここでも我々は Durkheim とシカゴ学派の仕事の重要性を強調したい。共にその数々の業績は，いまだに人間性と社会秩序双方に関する思考の豊かな源泉であり続けている。それらがまた，人間性と社会秩序の関連性に関する根本的仮説の見直しに大きく寄与したことも驚くべきことではない。これが統制理論の発展を特徴づけたのである。

I 統制理論の先駆者たち

1. Durkheim のアノミー理論

　犯罪と非行に関する今日の統制理論の起源は，フランスの社会学者 Emile Durkheim の業績——アノミーを犯罪の発生原因とする Merton の分析（第4章を参照）を触発したまさにその理論——の一部に見いだされる。Durkheim の仕事は19世紀後半，産業革命のあとに続く劇的な社会変動の時代に生み出されたものである。彼はアノミーを，単に「無規範」という意味で用いたのではなく，社会的結束そのものが完全に崩壊し，個人を集団的社会秩序に結びつける基本的な絆が破壊され，各個人が孤立を余儀なくされる事態として描いた。産業技術の変化は資本主義の勃興に結びつき，農夫や牧夫が顔見知りの関係の中で共通の関心をもって単純な生活を送る旧い農耕社会は，急速に，より複雑で都会風の技術的に洗練された社会システムに変わっていった。コミュニティ（共同体）の感覚は蝕まれつつあった。つまり，共に働く多数の親戚から成る大家族はばらばらに引き裂かれ，新たに両親と子どもから成る核家族にとって変わられた。生活のペースは加速しつつあり，分業化が進み，人それぞれ専門の職業に分化していった。

　カール・マルクスの友人で協力者でもあるフリードリヒ・エンゲルスは，1844年のロンドンを次のように描いている；

　　落ち着きのない騒音に満ちた混み合った大通りはきわめて不快なものであり，人間の本性に反するものである。あらゆる社会階層の数十万の人間がロンドンの通りを埋めつくしている……しかし，彼らは，相通じるものなど何もないかのように，互いに急ぎ足ですれ違うのだ。彼らは暗黙にただ一つのことは同意している——反対方向の人の流れにぶつからないように，皆，歩道の右側を歩かなければならないということを。誰も，道で隣を歩いている人をちらりと見ようともしない……我々は，この個人の孤立——狭量なエゴイズム——が，どこにでもみられる近代社会の基本的原理であることをよく知っている（Josephson & Josephson, 1962, p.32 より引用）。

　第8章でみるように，マルクスとエンゲルスはこの状況を，資本主義を生み出した経済変動の結果とみている。同じ世紀の後半のフランスで，Durkheim はこの見解に賛同しなかった。彼にとっては，道徳的秩序は経済的秩序よりも根本的なものだったのだ。社会的結束の思想は Durkheim（1933）にとってほとんど宗教に比肩するとも言えるようなものであった。

　　結束（solidarity）の源となるものは道徳であり，人に他者を気にするように仕向けるものも道徳である。人に，自分のエゴを押し通そうとするよりも他の何かによって行為を制御するように仕向けるのも道徳である。人の結びつきが数多く強いものであればあるほど，この結束も揺るぎないものとなろう（p.398）。

1）統合と制御（regulation）の重要性

　Durkheim の見解（1871/1951）では，社会的結束はふたつの社会機能——統合と制御により維持される。統合とは「信仰」の域まで高められた団結の状態であり，それは社会的な絆を強め公共の大義に個人を従わせる集合的信念や習慣によって支持される，という。Durkheim にとって，集団的活動こそが人生に目的と意味をもたらすものであった。統合機能が失われるとき，「社会の集合的力」が弱まり「道徳的相互扶助」が蝕まれ，「社会的絆の弛緩」が生じ，

これが極端な個人主義に至るのである（pp.209-214）。

Durkheim（1897/1951）は，統合を人びとをまとめるさまざまな**社会的引力**の総体と捉えた一方，**制御**は個人を規範に従わせる**強制力**の総体であると考えた。Durkheim は，複雑な職業分化をともなう都市社会では強制的制御機能がさらに重要性を増すだろうと論じた。各個人は公共の目標に魅了されて社会システムの権威に進んで従うだろうが，社会が円滑に機能するためには人びとの努力が適切に調整されなければならない。制御的規範が「役割を果たす」こと，有効性を示すことで正当性を維持することは，とくに重要である。人が共通の社会的目的に向かって他者と共働しようと望んでも，公共の努力を制御する規範を不必要で重苦しいもの，あるいは疑わしいものとみなしていれば，その人は誤った方向に進んでしまうだろう。

2）「人間」の本質

Durkheim（1897/1951）の視点は，彼自身の人間の概念に深く結びついている。彼の「二重的存在としての人間」（homo duplex）の概念によれば，どの人間も二つの側面の混合物である。その一面は，社会的自己あるいは社会に注意を払う自己であり，それは社会化・文明化した人間のあり方——共同体の「市民化された」一員としての存在である。それに対して，利己的な自己あるいは原初的な自己というものがあり，これは社会性を欠く不完全なもので，無制限の衝動に満ちている。原初的な自己というこの概念は，Freud のイドの概念にいくぶん類似している。Durkheim の見解では，高度に発達した社会的統合と制御の上に成り立った社会的結束の状態においてこそ，原初的自己は完全に人間化し，共通の道徳に基づいて他者と人生を共有することができるようになるという。このような社会的結束が強められ維持されることがなければ，犯罪や非行が生じると想像されるのである。

2. シカゴ学派の影響

第3章で記した通り，Durkheim が関心を寄せたフランスの社会的混乱は，数十年後に米国でより劇的な形で繰り返された。20世紀初頭の数年の間，とくに第一次大戦後，テクノロジーの変化は大企業の勃興と結びついて産業化を推し進め，急速な都市化は大量の移民の流入をもたらした。移民ととりわけ都市化が社会変動の主要な力であると強調し，これが社会を解体して犯罪を引き起こすとするシカゴ学派の発展については第3章ですでに述べた。シカゴ学派は人間の本性や社会秩序に関しては豊富なアイディアの鉱脈の坑道を掘ったが，これらのアイディアは，一部の犯罪学者を，人びとを正常の服従から引き離したり背くように仕向けたりする犯罪成因の探求よりも，服従を事物の当然の理として当たり前のものとみなす視点を否定する統制理論の方向に導いた。

それ以前のいくつかの犯罪学理論同様，統制理論もまた陰に陽に，社会解体の視点に影響を受けている。統制理論の立場をとる者の間では重点の置き方に多少の相違はあるものの，シカゴ学派に関係深い二つの主題を中心的なものとみなす点では一致している。その一つは**人間性**の本性の解釈に関わることであり，もう一つは**共同体**の本性に関わることである。

1）人間性の概念

人間性に関して言えば，シカゴ学派は，自己を原初的自己と社会的自己の混合物とする考え方を発展させ，社会的自己——これはDurkheim が重視したものである——がどのように形作られていくかという点に焦点を当

てた。Charles H. Cooley は，シカゴ大学に所属してはいなかったが，「社会心理学のシカゴ学派として知られるようになった」(Hinkle & Hinkle, 1954, p.30) 人びとの中に含められる。Cooley の仕事はシカゴ大学の George. H. Mead に影響を及ぼした。Mead はこの考え方を推し進め，さらなる貢献をした。Cooley も Mead も，社会的行動を説明するには模倣の概念だけでは不十分だと考え，原初的自己（primary self）が社会的自己（social self）に変化する過程を探求した。

Cooley (1922) は，子どもがしばらくの期間，家族という環境の中で他の人間に頼っていることを指摘している。家族とは Cooley が言うところの**原集団**（primary group）の一例であり，そこでの顔を付き合わせての親密なやりとりから「我々感覚（we-feeling）」，すなわち，集団に所属しそこに同一化する感覚が生じるのである。子どもは，他者からのフィードバックを鏡にしなければ，自己の感覚を発達させることもできないだろう。Cooley の「鏡自己」（looking-glass self）という概念によれば，子どもは，自分が他人にどのように見えているか，他人がそれをどのように解釈し評価するかを想像することによって，自分の「実像」の概念を発達させるのであり，このプロセスに基づいて自己の感覚を形作るとされる（Cooley, 1902, 1909）。原集団における相互関係がなければ，人は完全な人間にはなれないだろう。Cooley (1909) は，人間性を「人間を下等の動物よりも上位の存在であると位置づけるところの感情と衝動」と定義し，本質的に世界中で共通するものと考えた。なぜなら，原集団における強烈な体験は基本的にどこでも同一と考えられるからである（p.28）。

Mead (1934) の社会心理学は，個人を I と me に分割する点で，Durkheim の「二重的存在としての人間」（homo duplex）を思い起こさせる。Mead は I の概念については，それがさまざまな形で焦点づけられる根本的な自覚の過程の表象であること，社会的自己すなわち me の発達を導くことを除いては，ごくわずかなことしか述べていない。この重要な点は，「他者の役割に身を置き」，その視点で事物を眺める経験を通じて生じるとされ，このとき「意味ある他者」は特別重要な存在となり，社会は「一般化された他者」として立ち現れる（pp.82-92）。まさにこの過程を通じて，社会化が生じるのである。

この社会化がうまくいったときには，人は統合された個人として社会的存在へと導かれると考えられる。そのような人は世界を I に偏った狭く不安定な視野からではなく，他者の視点や関心を自らの一部に取り込んだ社会的な me の観点から見るのである。このことは，社会化の**失敗**が**個人の解体**につながり，統合と一貫性の欠けた自己や内的には統合されていても社会的には統合されていない自己（あるいはその両方）を生み出しうることを示唆する。

2) 共同体の研究

シカゴ学派に関連したもう一つの主題である共同体の研究は，Park と Burgess の仕事や，Shaw と McKay によって行われた地理的空間分布と葛藤的文化的伝統とに関する研究（第3章に概略を述べた）の中に見いだされる。これは社会解体論の考え方に重点を置いたものである。このようなアプローチに加え，シカゴ学派に属するさまざまな研究者の仕事にみられる社会心理学への傾斜は，個人が親しくなることを互いに拒み合い個々の人間の「社会的距離」が拡大した結果，共同体が崩壊し社会が解体したとみなす見方に結びついた（Hinkle & Hinkle, 1954）。Wirth (1938) は，この問題を，人び

とが隔絶し，互いに一個の人格として関わり合うことが不可能になる分断化（segmentation）として描いた。このテーマが強調するのは都会の産業化された社会の生活における無人格化と匿名性であり，そのような社会では互いを知ることも気にすることもない，そのような生き方を人びとは好むのである。この記述は，Durkheim のアノミーに関する議論やエンゲルスによる 1844 年のロンドンの描写を思わせる。

シカゴ学派の伝統に連なる研究者の中のある者たちは，自治体やご近所といったレベルの地域共同体の衰退の問題を超えたもっと不吉な傾向——基本的な原集団自体の道徳的統合の衰退に注意を向けている。あらゆる集団の中で最も原初的なものである家族でさえ，その成員におよぼす影響力を失いつつあるようにみえる。これが正しいことが確認されれば，社会の解体だけでなく個人の解体も個人の自己形成において生じている根本的問題の結果であることが示唆されることになる。しかし，この問題は，犯罪学において統制理論が生み出されてきた社会変化と社会学的思想の文脈とから外れるものである。

II 初期の統制理論

社会解体という考え方は，さまざまな犯罪学者をさまざまな方向に導いた。第 3 章で示したように，社会解体は，それが犯罪文化を形成し，その伝播や獲得により犯罪が**動機づけられる**という観点，あるいは，それが社会的統制を弱めて犯罪や非行を生じやすくするという観点から捉えられていた。Albert Reiss や F. Ivan Nye といった初期の統制理論の研究者は後者のアプローチをとった。これらの人びとは，統制が効いていない状態では犯罪や非行は**起きるべくして起きる**ものとみなしていた。

1. Reiss の個人統制および社会的統制の理論

1940 年代後半に Reiss が仕上げたシカゴ大学の博士論文は，少年の非行を予測する手立てを開発しようとするものであった（Reiss, 1949）。二年後，Reiss（1951）は「個人的および社会的役割の失敗としての非行」という論文の中で，自分のプロジェクトの一部を要約した。そこでは，個人統制とは「共同体の規範や規則と対立するさまざまな欲求を満たすことを慎む個人の能力」と定義され（p.196），社会的統制とは「規範や規則を有効にするための社会集団や公共の能力」と定義された（p.196）。Reiss（1951）は以下のように言う。

> 非行は，法的処罰をともなう社会規範に服従するように行動を司る内的規範や内的規制が相対的に失われ，すでに築かれていた統制が崩壊したとき，そして／あるいは，社会集団や体制の中での規範に即した行動を促進する社会的秩序や技術が失われたり，対立を生じたりしたときに生じる（p.196）

このアプローチは明らかに社会解体論の影響を受けているが，また統制理論の視点も含んでいる。

Reiss（1951）は，服従とは，規則や役割の受容か，あるいはそれらへの単なる屈服のどちらかから生じるものであるという。このような区別は，社会の結束力を統合と制御に分けた Durkheim の考え方とパラレルの関係にある。個人的統制は，

　（a）成熟した理想自我，あるいは非-非行的な社会役割。すなわち，非-非行的な集団において望まれる通りに行動を従わせる，内在化された社会集団的統制

　（b）個人を非-非行的な集団から望まれる

通りに自覚的に行動するように導く，適切で柔軟性のある理性的な行動の制御（Reiss, 1951, p.203）

の双方を含むものとされる。

「個人の視点」の観点から考えると，社会的統制は「制度の権威を受容するか，それに服従することで，すでに形成されていた個人的統制が制度的統制によって強化される」（Reiss, 1951, p.201）ところに生じると考えられるが，「集団の視点」の観点からみれば，「制度の規範の本質や強さおよび規範に従う行動を獲得させるための法制度の有効性」（p.201）に生ずるとされる。

Reiss（1951）は，シカゴ学派の仕事をShawとMcKayの伝統に結びつけて言及した中で，「この公式化は，ある種の非行が無法なギャング集団における社会的統制の結果であるとする見解に矛盾するものではない」（pp.196-197）と力説した。彼は，社会の大勢と衝突するような規範が文化として広まっていくところに非行が生じるとは考えなかった。むしろ，Reissは，(1) 葛藤的文化伝播（conflicting cultural transmission）のようなプロセスよりも先に生じ，(2) 後続的プロセス（それがどのようなものであれ）の前に不可欠であるような基礎的なプロセスが生じうると考えた。個人的統制と社会的統制の喪失を含むこのプロセスは，先行的かつ不可欠であり，より基本的なものであると考えられる。Reiss自身が述べているように，「非行集団とは，個人的統制および社会的統制の失敗の**機能的結末**とみなしうる」のである（p.197, 強調は原著者による）。

Reissの目標が非行の予測方法の開発にあったことを忘れてはならない。当時，ある評論家が指摘したように，Reissは非行の原因を説明しようとしたのではなく，それらの原因が非行を引き起こす前にはどのような要因が見いだされるかを明確にしようとしたのであった。「非行を予測する際に最も重要な点は社会的統制に従えないということであり，『なぜ』そのような行動をとったのかという点はさほど重要ではない」（Simons, 1951, p.208）

社会心理学的次元を重視するシカゴ学派の伝統に従い，Reiss（1951）も「原集団が，子どもの個人的統制の発達と社会的統制の練習のための土台となるべき組織である」（p.198）という仮定から出発した。この文章は，「繰り返される非行は，原集団が子どもに適切な非-非行的役割と，そのような役割が受容・承認されるような社会的統制の練習をする機会とを提供しそこなった結果であるとみなしうる」（p.198）と続く。ここで鍵となる原集団は，家族，近所，学校であるとされる。

例えば，家族について言えば，Reiss（1951）は「子どもが家族成員と**一体感を持ち**，そこでの規範を**受け入れる**ことができるような家庭環境が形成されていれば，子どもの行動の上には社会的統制が」存在すると言う（pp.198-199, 強調は原著者による）。反対に，「家族成員の要求を満たすこと」ができず，「物品の購入やサービスの利用によって成員が求めるものを提供」できない家庭では，社会的統制の受容や服従は失われていくだろう。また，家族が子どもの行動を「過剰に統制したり，統制しなかったり」しても統制は失われうる（p.199）。

2. Nyeの社会的統制の家族焦点理論

家族社会学の指導的人物の一人であるF. I. Nyeは，ミシガン州立大学の出身で，シカゴ学派の影響をつよく受けた。1950年代後半，彼は統制理論をより系統化した形で示し，非服従ならぬ服従を説明する定式を明らかにした。Nye（1958）によれば，「非行や犯罪とみなさ

れる行動にはとくに積極的な説明は不要である，というのが我々の立場である。それらの行動は，通常，規範に沿った行動よりも手っ取り早く，容易く，目的を達成できるのだから」(p.5) このように，Nyeの問題意識は，非行や犯罪がなぜ生じるかを解き明かすことではなく，非行や犯罪がなぜもっとありふれていないのかを明らかにすることにあった。

この立場では，犯罪・非行の「原因となる」生物学的，心理学的，社会学的特徴といった「**積極的な**」要因を明らかにすることは必ずしも必要ではない。非服従を妨げる社会的統制的要因を突き止めることが重要なのであり，その要因が何らかの理由で有効に作用しないとき，犯罪や非行が個人の選択できる**可能性**として現れる。Nyeの理論と調査は青年を対象としたものであり，彼は青年たちに社会的統制を及ぼす最も重要な力は家族であると考えた。家族は，社会を反映する主要な原集団であり，**直接的統制，内的統制，間接的統制**，そして，**代替手段による欲求充足の統制**を生み出す。社会的統制は家族以外の社会制度からも形成されうるが，その場合はもっと力の弱いものとなろう。

社会的統制の四つのモードはまた，統合と制御の組み合わせというDurkheimの考え方を連想させる。直接的統制とは，違反への罰則を伴う直接的な抑制として，両親，教師や警察などの外的な力によって個人に及ぼされるものと考えられる。内的統制とは，直接的な外的制御がなくても，個人が「良心」や超自我といった利己的な欲望を抑制できるプロセスに従って自身の行動を制御するときに生じるとされる。間接的統制とは，権威的人物，とくに両親への愛情や同一化に関わるものである。このような統合は，直接的統制や内的自己統制による制御がごくわずかな場合でも，人を規範に従わせうる。最後に，皆がまったく同じやり方で同じ目的を追及しなければならない社会よりも，欲求充足のために多様な手段を得られる社会の方が，さまざまな合法的手段で「期待が満たされる」ため，非服従への誘惑は減少し，社会的統制が及ぼされることになる。

これらの異なった社会的統制のモードは，ある状況ではどれかが重要な役割を果たし，別の文脈では別のモードが重要になるといった具合に，ある程度それぞれ独立に作用するが，それらは相互に強め合ってもいるとNye(1958)は指摘している。両親への同一化と愛情の感覚は，Reiss(1951)の言葉を用いれば，両親による直接的統制を**受容**させ，それに**服従**させるものである。まさにこの家族ユニットへの統合が，両親の期待を個人のうちに深く内在化させる結果をもたらし，内的な良心によって個人の行動が制御されることになる。家族が個人にさまざまな手段を通じた人生のさまざまな目標の追求を許すこと，そして大規模な社会がその実現を可能にするという事実は，個人が社会秩序に従うことの大きな動因である。このように，統合と制御は結びついて互いに強め合い，犯罪や非行などの非服従的行為が生じる可能性を減少させる。

III　Recklessの抑制理論

Walter. C. Recklessは，伝統あるシカゴ学派の歴史の中でもその知的優秀さにおいて賞賛を得た人物であった。彼は，統制理論の中で最も練り上げられた，そして一時は最も影響力のあった学説の一つを提唱した。彼は，統制のさまざまな原因のみならず，ShawとMcKayが取り組まなかった問題——なぜ解体した地域では多くの若者が非行に走るのかではなく，なぜ非行に走らない若者がいるのか——についても探求した。後年の研究者たちは，多くの犯罪リ

スク要因に曝されながらも犯罪を起こさず世間のしきたりに沿った生活を送る若者たちを描くにあたり、**レジリエンス**（抵抗力：resiliency）という用語を使用している（例えば、Turner, Hartman, Exum & Cullen, 2007 を参照）。

Reckless は、1920 年代半ば、当時シカゴ学派の理論的中心地であったシカゴ大学で博士号を取得した。彼はシカゴ学派の伝統に立ちながら、Robert Park, Ernest Burgess と共に研究を行い、その結果、売春に関する学位論文を発表した。Huff と Scarpitti（2011）は、Reckless の犯罪学への転向について以下のように記している：

　この時までに、彼は〈街道筋のホテル〈酒場〉でヴァイオリンを演奏して、働きながら、彼の身近に起こる出来事——違法飲酒、賭博、売春、そして取るに足らないさまざまな騒動——を観察するようになっていた。これは、犯罪に興味を持ったかけ出しの社会学者にとって、不法行動に関する思索を展開するための肥沃な土壌であった（p.278）。

実話であるか定かではないが、Reckless が（Cullen に）伝えたところによれば、アル・カポネが店に入ってきてカウンターにたんまり金を置き、それからドアの鍵を閉めて、たっぷり酒を飲み尽くすまで誰も出て行ってはならないと言った場面に出くわしたこともあった。Reckless によれば、当時、彼は夜明けまでヴァイオリンを弾く生活を送っていたという。

このような体験をしながら、彼はシカゴ学派の社会心理学の思想やその犯罪学への応用からも影響を受けた。1940 年代前半には、彼は、「分化的反応（differential responces）」を明らかにすることが中心的な問題であると主張した（1943, p.51）。彼は、犯罪学は、なぜある者たちは社会的圧力に屈服して犯罪や非行に走

るのに、別の者たちは同じ状況でも法に従い続けるのかを説明する「自己要因」（self-factors）を探求するべきであると言いたかったのである。1940 年代から 50 年代にかけての自己要因に関する彼自身の研究の結果、1960 年代初めには Reckless（1961）は**抑制理論**（containment theory）と自らが名づけた学説をかなりくわしく発表できるようになっていた。

1. 自己の社会心理学

Durkheim やシカゴ学派の面々と同様、Reckless も、比較的シンプルで融和した農業社会から、複雑で洗練された技術を持つ高度に文明化された都市環境への大規模な社会変化が、個人や社会秩序にさまざまな重圧をもたらしたと述べた。Reckless（1967）は、1960 年代に自身の学説を修正した際に、歴史的変革が社会学用語でいうところの「新しいピッチ」をどのように描き出すかをより明らかにした。

　新しい状況、あるいは「ピッチ」とは以下のように表される。個人の行動の自由に重きが置かれる流動的で混在的な社会では、社会的関係という重しがなく、人はバルーンのように高く舞い上がることができる。人は他人を犠牲にして自分自身の存在を増大させることができる。社会が彼を封じ込めることは容易ではない。彼はもはや求められている役割に自らを合わせることはない……彼は、社会の合意された規則にしばられることなく、自分にとって大事な人生の主題を奏でるのである（p.21）

「現代社会の犯罪」の研究に専心してからは、Reckless は、「自己の利己主義化」に焦点を当てるようになった（pp.10-12）。

　個人の発達の本質として、自己は一種の自然

史のようなものを備えているようにみえる。個人が画一的で同質な親族，村落や部族から滅多に逃げ出そうとしないような原始的で孤立した社会においては，それはさほど重要ではないだろう。社会が変革の過程をたどり，分化し，職業の細分化が進み，その成員に対して代替的な選択肢を示すようになると，ある者は利己的になり，大勢の人びとから離れて，個々の独立したアイデンティティをまとうようになる（p.11）

2. 圧力（PUSHES）と牽引力（PULLS）

統制理論派である Reckless は犯罪の原因論を提起しようとはしなかった。むしろ，彼が示したのは，さまざまな要因（例えば，生物生理学的影響，心理的重圧，貧困のような社会的状況）が人を犯罪や不法行為に「押しやる」ことがあり，他の要因（例えば，違法行為の機会）が人を不品行に「引き寄せる」ことがある，ということである。彼は，主な社会学理論が，すでに圧力と牽引力の主要なものの多くを首尾よく分析していることに気づいた。彼は地理的比喩を用いて，犯罪・非行の発生をマラリアの発生に比較し，社会構造的要因に重点を置いた社会学的理論が反応の多様性を強調する社会心理学的概念により補完されることを主張したのだった。

> 反応の多様性を説明する際に「自己」要因を考慮しない社会学理論は，蚊，沼地，家屋における網戸の欠落によってマラリアを説明しようとするようなものである。しかし，極度に曝露された環境下ですらすべての人がマラリアに罹るわけではない。ある者は軽い異常を覚えるかもしれない。ある者はきわめて重い症状を示すかもしれない。また，ある者は免疫があるかもしれない。抵抗力は，個人の中に──その血液，化学的性質，固有の免疫にあるのである

（Reckless, 1967, p.469）。

Reckless の抑制理論は，さまざまな犯罪成因的な圧力と牽引力がある**にもかかわらず，それらがどのようなものであろうとも**，服従がなお一般的な状態としてあり続けるのはなぜなのかを説明することを意図している。彼は，人が犯罪や非行をおかすためには，自分を圧力と牽引力から隔てている外的抑制力と内的抑制力の結合を打ち破らなければならないという。ごくわずかの例外を除いては，これらの強力な抑制力が弱まった時にのみ逸脱が生じうるのである。確かめられてこそいないが，抑制理論はプロバビリティを扱う**リスク理論**とみなされる。抑制の弱体化はすべて，外的社会的統制と内的自己制御によって備えられた鎧の裂け目を広げることによって非服従のオッズを増加させるようなものとみることができる。

Reckless を統制理論にひきつけたところのいわゆる抑制の概念は，二つの源泉から生まれ得た。まず，Reckless は，彼同様，シカゴ大学で教育を受けた，先述の Albert Reiss の個人的／社会的統制に関する業績（1951）に影響を受けている。もう一つは，この本の著者の一人（Cullen）に語られたことであるが，Reckless 自身は，考古学を専攻していた時期に中東を旅行した体験が自分の理論の源であると言う。彼は，社会的行動がいかに統制され，あるいは「抑制される」かということに，そしてそれによってどれほど社会的逸脱が表立って現れてこないかということに衝撃を受けたのだった。この洞察がのちに犯罪に関する考察を形作るのに役立ったと，彼は言うのである（Huff & Scarpitti, 2011 も参照のこと）。

3. 外的抑制要因

Reckless（1967）が自身の理論的位置づけを

精錬しようとしていく中で，抑制理論の言述はさまざまに変化したため，外的抑制要因の捉え方も多様である。彼は個人を集団に結びつける鍵となる要因は社会のタイプによりさまざまであると指摘した。「現代の，都市的，産業的，流動的社会の外的抑制モデル」に限って言えば，彼は（1）合理的な限界，（2）意味のある役割と活動，（3）「集団や重要な支援的関係による強化，受容，（そして）所属している感覚とアイデンティティの確立といった，いくつかの補足的変数」（pp.470-471）を強調した。詳述されてはいないが，ここには Durkheim 的な問題意識が明らかである。例えば，制限による抑制は効果的な制御であるが，それ以外の一連の変数は「協調や統合と呼びうる」（p.471）。Durkheim 的な用語に直せば，「意味のある役割と活動」の抑制力とは制御と統合の組み合わせであることは明白であろう。

> 集団，組織，団体，［そして］官僚組織が機能し，存続するためには……合理的な服従を期待しなければならない。もしある集団ないし組織が彼らの規約をその構成員たちに内在化させることができるなら，見事な抑制作用と言えるだろう。もし集団ないし組織がその構成員たちに（彼らがその制御を内在化していないにもかかわらず）服従させることができるなら，見事な抑制が働いているといえる。もしこれら集団等が法律違反の数を最小にとどめ，法の侵害を耐えられる程度にとどめることができるなら，それなりに抑制が働いていることになる（Reckless, 1967, p.470）

4．内的抑制要因

しかし，Reckless にとって重要なのは内的抑制要因であった。現代社会では，人は，ある時点では，制限の設定，意味のある役割，特定の家族や組織・共同体に所属している感覚によってもたらされる強力な外的抑制に沿って行動しても，別の瞬間には，無制御，無意味な活動，疎外の感覚といった別の文脈に沿って行動するかもしれない。それに対して，内的抑制は，外的環境がどのように変化しても，ある程度まで個人をコントロールしようとする。Reckless（1967）は，自己概念，目標志向，葛藤耐性，規範の保持といった，鍵となる要因を見いだした。

自己概念の重要性は，Cooley による「鏡自己」の重要性の主張に呼応する。第3章で述べたように，Shaw と McKay をはじめとするシカゴ学派の人びとは，非行性の高い区域が「不良少年」を生み出すその仕組みに関心を向けた。一方，反応の差異を重視する統制理論学派の立場から，Reckless は**正反対**の問い立てをした。つまり，このような非行性の高い「沼地」に，なぜ，未だに多くの「良い少年」が残っているのだろうか？ と。

Reckless は1924年からヴァンダービルト大学の社会学研究所に勤め，1940年にオハイオ州立大学に移った。1955年に，Reckless は，Simon Dinitz らと共にレジリエンスの問題——つまり，少年たちはいかにして非行区域においても善良でありうるのか——に関する一連の研究に着手し，主導した（Huff & Scarpitti, 2011）。Reckless とその同僚たちは，そのような少年たちは「好ましい自己概念」により「絶縁されている」のだと結論づけた（Dinitz, Reckless & Kay, 1958；Dinitz, Scarpitti & Reckless, 1962；Reckless, 1967；Reckless & Dinitz, 1967；Reckless, Dinitz & Kay, 1957；Reckless, Dinitz & Murray, 1956；Scarpitti, Murray, Dinitz & Reckless, 1960）。これらの研究は，もめ事を好まず法に従う人間という自己イメージを持つことが，先に述べたような圧力と牽引力がある環境でも人を比較的，服従の状

態におくことを示している。好ましい自己概念の形成に最も影響力を持つのは両親であるが，教師やその他の権威的な人物もまたいくらかの影響力を持つことが示されている。

　Reckless (1967) は，内的抑制は**目標志向性**にも強く依拠していると主張した。目標志向性とは，合法的な目標への志向性と「是認される現実的に達成可能な目標と共に生じる」野心から成る人生の方向付けの感覚と定義される (p.476)。このアプローチは，社会的野望は目標を達成できる見込みの乏しさからしばしば欲求不満を引き起こすため犯罪・非行の主要な原因になりがちであるとする緊張理論とは正反対のものである。抑制理論は，**人に方向性をもたらす目標志向性**こそが個人を服従という細いまっすぐな道に留めておくものだとする。このような見解は，(1) 緊張理論が想定しているよりも実際にはチャンスはもっと広く開かれているものであり，穏当な成功目標なら「現実的に達成可能」であるという仮定，(2) 多くの人びとにとって現実的な目標志向性とは野心の縮小を意味するという仮定，あるいは，(3) これら二つの仮定双方を，暗黙に示唆している。この目標志向性の統制的役割に関する洞察は，Hirschi (1969) のコミットメント（上昇志向）(commitment) という社会的絆の議論を先取りしていた（第6章を参照）。

　欲求不満耐性を重要な内的抑制要因と捉える抑制理論は，逸脱への身体生理的衝動を抑えるとつよい不満を生じること，また，現代社会ではチャンスの不平等のような現実から少なからぬ不満が生じる可能性があることを認める。抑制理論は，機会均等をめざすことで犯罪・非行の原因に手を入れようとする試みを否定はしないが，家族，経済，政治，そして性的な欲求不満に対する反応の多様さは，人それぞれ欲求不満に対する対処能力の発達が異なるという事実によって説明されること，そして，現代の個人主義は欲求不満耐性の低さと，その結果としての自己統制の喪失によって特徴づけられることを示した。このようにして，Reckless (1967) は，現代人が「日常の生活での混乱，失敗，失望に対する欲求不満耐性をほとんど発達させることができず」，このことが「自分を抑えることも，不満に耐えることも，限界を知ることも，（そして）他者と交わることもできない」(pp.20-21) という結果につながるのだと主張した。この洞察は，Agnew (1992, 2006b) が，その一般緊張理論の中で展開した，緊張への反応として犯罪に近づける要因，犯罪から遠ざける要因に関する議論の先駆けとなった。

　内的抑制要因の四つ目の鍵概念である**規範の保持**とは，「価値，規範，法律，掟，制度，習慣を厳守し，それらに傾倒し，それらを受け入れ，一体化し，正当と認め，（そして）それらを守ろうとすること」(Reckless, 1967, p.476) である。目標志向の強調は，合法的な目標への方向付けによる抑制力を通じた個人の統合に重点を置くが，一方，規範保持の強調は，受け入れられる方法による身分証明を通じた個人の統合に重点を置く。しかし，抑制理論にとって重要な問題は，規範保持よりも**むしろ規範の浸食** (norm erosion) であり，犯罪・非行の発生を許してしまうほど抑制因子が損なわれてしまうそのプロセスを明らかにすることである。規範の浸食とは，「**すでに内在化された**倫理，道徳，法律，価値観からの疎外と解放であり，それらの正当性の剥奪であり，それらの中和化である」(p.476, 強調は原著者による) と表現される。この洞察は，Hirschi (1969, p.26) の「信念」の概念と，「規範の道徳的有効性」に関する信念が弱まると人は犯罪を犯しやすくなるという主張の先駆けとなった。

表5-1　Reckless の抑制理論のまとめ

重要な説明概念	定義
犯罪動機の根源	
圧力	犯罪者を犯行に駆り立てる，あるいは動機づける要因であり，身体生理的な衝動や心理的抑圧，貧困のような社会的状況が含まれる。
牽引力	非合法的なチャンスや犯罪をする仲間の存在などの，個人を犯罪の方に引きつける要因。分化関連理論や副次文化理論は「牽引的な」説明と言えるだろう。
抑制のタイプ	
外的抑制	組織化された集団の中で，慣習的な行動を強化するよう作用し，規則の内在化を促進し，支持的な関係を提供する要因。社会的に解体した隣人関係の中には見いだされない。
内的抑制	犯罪への圧力や牽引力から個人を絶縁したり，あるいは圧力や牽引力に対して個人が抵抗できるようにしたりする内的な要因。
内的抑制の構成要素	
自己概念	自分自身を，法を守る市民とみなす肯定的な見方。「レジリエンス」という概念の先駆。
目標志向性	達成可能な成功目標を持つ現実的な野心や見解。Hirschi の「社会参加」の先駆。
欲求不満耐性	人生における失敗や困難に対処できる自己統制力。Agnew の，コーピングあるいは「条件 conditioning」の先駆。
規範の保持および浸食	伝統的な価値観，法律，慣習，行動様式を受容し信奉すること。規範への傾倒が弱まったり蝕まれたりすると，犯罪に至る。Hirschi の「信念 belief」の先駆。

5. 要約

　Reckless の理論は，抑制が弱まったり失われたりしたときに犯罪が起きるという単純な見解に基づいている。しかしながら，すでに見てきたように，Reckless は犯罪の動機の源泉や抑制のタイプに関する議論を深めていく中で，この基本的前提を肉付けして充実させていった。複雑な彼の理論をより理解しやすくするために，抑制理論の鍵となる構成要素を表5-1にまとめて示す。

　ここで強調しておきたいのは，Reckless も，当時の学者たちが直面していた難問――社会が急速に現代化していく中で秩序はどのように成り立ちうるか――に影響されていたということである。抑制理論はまさに Durkheim 的であるという点で，明らかにシカゴ学派に後続するものであった。抑制理論は，犯罪・非行の増加は明らかに現代社会の産物であるとする古典的な見解を採るものであった。緊張理論とは異なり，経済的不平等を重視することもなければ，犯罪や非行は機会の均等性を重視する自由主義政策との関連から論じられなければならない等と主張することもない。抑制理論もまた，Durkheim 的伝統に則り，道徳秩序を経済的構造よりも根源的なものとみなし，この道徳秩序は，複雑な社会の中で際限のない欲望を持ち，否定に対するこらえもなく，そして社会生活の伝統的規則に従う覚悟もない個人の問題とかなりの程度関係するとみるのである。

Ⅳ　Sykes と Matza
　――中和と漂流理論――

　すでに見てきたように，Reckless をはじめとする統制理論学派の面々は，犯罪と非行に関する社会学的理論の多くは決定論的すぎると考えていた。犯罪や非行が，スラムや犯罪習慣や経済的機会の喪失やその他そういったものから生じているとすれば，そのような重圧に苦しんでいる者の多く（「ほとんど」ではないにしても）

が実際には犯罪者にも非行少年にもならないのはなぜだろうか？　1950年代後半，Gresham SykesとDavid Matzaは，この問題に関心を向けた。もし，非行の原因となる社会的重圧が非常に強いとしたら，最悪の非行少年でさえきわめて慣習的な人物のように見えるのはなぜだろうか？　彼らは実際，ほかの多くの場面では従順なのだ。そして，犯罪や非行の多い地域に住み続け，金銭的に豊かになるチャンスもないままなのに，彼らのほとんどは一定の年齢を超えると法に触れる行動を止めてしまい，むしろ法を遵守する生活に落ち着くのは一体なぜなのだろうか？　彼らの人生のごく一部，わずかな期間にのみにしか起きない非行を，本当に何らかの異常と呼べるのだろうか？――基本的な特性と言うよりも，一時的で，それでいてときに劇的で，ほんの気まぐれなものなのに？

1. 中和（neutralization）の技術

SykesとMatza（1957）によれば，今日の主要な理論は，非行少年と非-非行少年の間の差異を強調しすぎているということになる。例えば，下位文化理論は，青年が既存の秩序に相反する，犯罪称揚的な価値体系を学習すれば，非行に走るのは自然な選択であるという。しかし，対照的にSykesとMatzaは，非行少年たちは伝統的な社会に関わり続け，行動の基準も保持し続ける――彼らは善悪をわかっているのだ――だろうと主張する。しかしながら，理屈の上ではこの見解は次の難問に行き着いてしまう。もし若者たちが本当に因習的な道徳を拒絶していないのであれば，もし彼らが社会の中にしっかり調和し社会の規則を尊重しているのであれば，いかにして彼らは既成道徳を打ち破ることができたのだろうか？

SykesとMatzaは，伝統的な社会が及ぼす統制から若者が逃れ得たときに非行は可能になるのだと論じた。SykesとMatzaは，このようなことが起こりうるのは，人が伝統的社会規範を習得する過程において，言いわけあるいは**中和の技術**を学ぶためであると説明する。中和の技術によって社会的規範は一時的に棚上げされるのであり，その統制的効果も中和されるのである。このような事態が起これば，若者は特定の状況下で，自分自身の規範意識を否定することなく自由に非行活動に参加できるようになる。例えば，学生たちは試験でカンニングをすることは悪いことであると信じていて，そのようなことを実行しようとはしない。しかし，もし学生たちが，教授が不当なテストを行ったと感じたら，彼らはカンニングを正当化できるかもしれない，「だって，他にやり方はなかったのだもの」という風に。

SykesとMatza（1957）は，(1) 責任の否定，(2) 加害の否定，(3) 被害者の否定，(4) 非難者に対する非難，(5) より高い価値への訴えという五つの特徴的な中和の技術を列挙した（まとめは表5-2を見よ）。**責任の否定**の好例は，「オレがいろいろトラブルに遭うのは，オレのせいじゃないよ」という言いわけである。**加害の否定**とは，「あいつらはいっぱい稼いでるんだ。これくらい気にしないさ」という言いわけによって示される。「オレは，酔っ払い（あるいは，「ホモ」「労働者」「変人」など）からしか盗まない」という言いわけは，**被害者の否定**である。**非難者に対する非難**とは，ある種の人びとには非行を非難する権利はないと主張するものであり，そこには例えば「あいつらはオレらより悪いから」という理由付けがなされる。最後に，「オレたちの縄張りを守るためには，やらなければいけなかった」というのが，**より高い価値への訴え**の言いわけの代表的なものである。SykesとMatzaは，非行少年たちはこの中和の技術を用いることで日頃は受け入れ従っている規則

表 5-2 Sykes と Matza の中和の技術のまとめ

技術	中和	スローガン
責任の否定	自分ではどうしようもない力によって法を破ることになった（例；友人から強制された；親に虐待された）	「そんなつもりじゃなかった」
加害の否定	私の非行で傷ついた人はいない（例；ほんのいたずらだった；金は借りただけで返すつもりだった）	「誰も傷つけていない」
被害者の否定	相手は被害を受けて当然だ（例；先生がフェアじゃないテストをやったからカンニングした；あのガキはオレたちの縄張りに入っちゃいけないと知っていたはずだ，だから殴ってやったんだ）	「あいつは報いを受けたんだ」
非難者に対する非難	社会は腐っていて，不正の機会を狙っているのだから，法を破ってもかまわない。私の行為を非難するのは偽善者だ（例；「立派な」人たちを見てみろ，みんなホワイト・カラー犯罪をしている）	「みんなが僕を非難する」
より高い価値への訴え	法を破るしかない，そうしなければ仲間や仁義を失ってしまうから（例；友人を守るために抗争にとびこんだ；チクるのは良くないことだから警察にウソをついた）	「自分のためにやったわけじゃない」

をしばしば破ることができるようになる，と説明した。

半世紀にわたって，Sykes と Matza の研究は犯罪学に多大な影響を与え続けた。質的・経験的研究は，中和が犯罪行動を促進するという結論を支持し，元来の五つの技術のリストは精緻化され，そこには他の中和のタイプも含められるようになった。この視点は，路上犯罪からホワイト・カラー犯罪までさまざまな犯罪類型の説明に適用されていった（Maruna & Copes, 2005）。同時に，このアプローチが発展していくにつれて，人は非行に踏み切る際にいかに言いわけやその他の信念を用いるかという点で，Sykes と Matza の見解を認知社会心理学の中に発展的に統合しようとする動きもあらわれてきた（Maruna & Copes, 2005）。

2. 漂流理論（Drift Theory）

中和の技術による非行の説明は，この技術が既存の社会的統制を中和するために，すなわち非行の**可能性を認める**ために用いられるという点において，統制理論の視点を示している。事実，Ball（1966）は，中和の技術という概念は独自の理論を構築する程度には充分発展してこなかったと述べ，規範が破られる際のプロセスとして Reckless が例示したさまざまな技術を参照すると，中和の技術も Reckless の抑制理論の体系に含められるものであると論じた。

いずれにしても，1960 年代半ばに Matza（1964）は自身の考え方をさらに展開した。彼は，一般に非行少年はまっとうな仕事にどっぷり浸かることもなければ非行に身を委ねてしまうこともない，と言う。「漂流」することが非行の問題なのであり，この漂流は非行少年たちが用いる中和の技術と公的な道徳秩序を体現する権威者の考え方との間に「秘められた一致点」が存在することによって後押しされる，と論じた。Matza は，権威者たちの側もまた，親を責めたり，被害者側の怒りを引き合いに出したり，違反行為を正当防衛や「事故」とごっちゃにするような説明を受け入れたりすることによってしばしばルール違反を見過ごしてきたのであり，このことが青年たちの規則の中和を強めてしまう，ということを言いたかったのである。このような両義的な見方からすると，伝統的規範の社会的統制力は，規範自体の中に作られるあら

ゆる制限によって弱められもし、また、規範を適用した際に異論や弁解や動揺にぶつかることによっても失われていくと考えられる。

中和は単に非行を**可能にする**というだけのものである。Matza（1964）の言葉で言えば、「社会的統制を緩めることによって自由を得られると考える一方で、自分自身の利益の元となるべき地位、能力、意向（inclination）を失う者を、私は漂流者と呼ぶ。そして、私は、非行少年はこのカテゴリーに属するものだと考えている」（p.29）のである。そして、統制理論に対して「非行は……ふたがとられれば自動的に噴き上がるような人間性の潜在的可能性とみなされるべきではなく」（Cohen & Short, 1958, p.30）、少なくとも何らかの引き金となる要因がなければならないと反論して、Matzaは多くの統制理論派の研究者には受け入れがたい譲歩をした。つまり、非行のような馴染みのない危険な行動を説明するには、統制の喪失以外の何かが必要であると認めたのである。彼は、引き金となる要因は**準備性**（preparation）と**自暴自棄**（desperation）から成り立つと考えた。

Matzaにとって、「準備性」とは、誰かによって違法行為に引きつけられ、**自分で**その行為ができると知り、それに伴うおそれや**心配**を切り抜けられるということを、人が発見するプロセスである。非行をできるような状態になったとしても、それが可能であると気づき、自分でそれを成し遂げられる自信をもち、それに伴う危険性を低く見積もるだけの勇気あるいは愚かさをもたなければ、人は非行を起こさないだろう。また、別の事情で、非行の可能性がその実行にまで至らないこともある。「自暴自棄」について、Matzaは、その中心には根深い諦観と打ちのめされた感覚があり、その結果、自分自身を再び立て直すためのシステムとして法を犯す必要が生じるのだと論じた。Recklessとは異なり、Matzaはそのような個性の追求がしばしば誤ったエゴイズムにつながることを批判しなかった。

V 統制理論の背景

1. 1950年代の背景

1950年代の初め、Reiss（1951）が非行を個人ならびに社会の統制の失敗と捉える論考を発表した頃、「狂騒の20年代」に生み出されたシカゴ学派の社会解体論が未だに主流であった。この考え方は大恐慌、第二次世界大戦、そして戦後の急速な社会変化の経験によって強化されていた。しかし、1950年代は、まるで米国人全体がこれらの社会変動に疲弊し、平和と静穏を手に入れると決めたかのように、少なくとも表面上は、社会が調和していた時代だった。「名犬ラッシー（Lassie）」や「ビーバーにおまかせ（Leave it to Beaver）」といったテレビ番組はこの時代のカリカチュアと言える。そこでは、（ステレオタイプな）米国の中流階級の父親が職場から自宅に戻ると、（ステレオタイプな）幸せいっぱいな子どもたち（多少いたずら好きかもしれない）にレモネードスタンドで挨拶を交わし、そして（ステレオタイプな）妻（同じような部屋着とエプロンを着ている）に「今日の晩ごはんは何だい、ハニー？」と尋ねる。調和、慣習、安心感が日々の秩序であった。

このような雰囲気がみなぎってくると、理想の家庭モデルが若者に慣習的統制を及ぼし、そこから逸脱することによって非行が始まるとするNyeの理論のようなアプローチが、ほとんど当たり前のように見えてくる。社会評論家は、社会解体を懸念するより、過度に服従を強いる息の詰まるような雰囲気の方を警戒するようになった。1950年代の終わり、あるいは1960年代初めまで、米国人は「羊のような国

民」(Lederer, 1961) と批判されていた。この国では，母は「女性の神秘」(Friedman, 1963) と言われるほどの，ありきたりの女性らしさに囲まれて家庭に引き留められ，父は仕事に行き，「会社人間」(Whyte, 1957) としてただおとなしく服従していたのだ。まるで，1950年代を通じて社会全体がアメリカン・ドリームの中に眠っていたようだった。

もちろん，皆が皆，満足していたわけではない。第4章に記したように，特定の地域では社会的不均衡とチャンスの不平等が依然として問題となっていた。Merton (1938) のアノミー理論における重点の置き方の変化がそのことを示している。大衆は，大都市の労働者階層出身の青年ギャング（一風変わったはぐれ者集団で，アメリカン・ドリームの世界に入り損ねた者たちである）の見るからに無分別な振る舞いに魅了され，かつよそよそしく警戒していた。Cohenの非行副次文化論 (1955) はこのことを説明しようとする試みの一つであったが，SykesとMatza (1957) は非行少年は外見ほどには我々とそれほど変わらないと主張した。大体において，機理論は1950年代に即したものであり，人がみな米国的な生活スタイルにどっぷり浸かろうとしていることを前提とし，その重要性を強調するものであった。

Mertonのアプローチが緊張理論的な側面に傾いていったことは，その当時の関心事について多くのことを示してくれる。Merton自身は，いかにして無道徳の状態に陥るかをDurkheimの用語を使って論じ，経済的成功の追求が正邪に関する伝統的規範基準を軽視するようになり，そのため社会的統制が弱まると述べたのだったが，彼の主張の中で注目を集めたのは，成功の目標とそれを実現するための制度化された手段との間の不一致という発想であった。人びとは，法への不服従の多くが経済的野心を実現するための合法的な手段を得られないときに生じるという主張に関心を持ったが，その一方で，道徳の崩壊という重要なDurkheim的論題にはほとんど注意を払わなかった。

表面上の静けさの下では社会変動のポテンシャルが沸き返り，すでにその気配がそこかしこで感じられ始めてはいたけれど，1960年代当初，Reckless (1961) が初めて抑制理論を発表した当時は，まだこの一般的な雰囲気が大部分を覆っていた。Recklessの理論化は，この有力な犯罪学者がその主要な理論を説明しながら期待したほどにはインパクトを与えなかった。さまざまな点で，抑制理論 (containment theory) は，1950年代の静穏よりもむしろ，社会解体論が大勢を占めていた1920年代――当時，Recklessはシカゴ大学の大学院生だった――第一次大戦後の社会的絶頂期を反映しているようにみえた。しかし，1960年代の大騒動が統制理論を有名なものにしたのであった。

2. 1960年代の状況

差別に対する抗議の高まり，若者の対抗文化の発展，ベトナム戦争への反応といった，1960年代の米国で生じた大規模な社会変動は，米国の社会を震撼させただけでなく，犯罪学の理論にも大きなインパクトを与えた。1950年代中頃にすでにマーチン・ルーサー・キング Jr.の南部バプテスト連盟 (Southern Christian Leadership Conference) はその活動を始めていたが，1960年のノース・カロライナのグリーンズボロにおけるアフリカ系米国人学生によるランチカウンターでの劇的な座り込みによって急速に関心が高まるまで，公民権運動に関する国民の意識に火がつくことはなかった (Starr, 1985；Zinn, 1964)。市民権運動の到来は，1950年代の安心感を粉々に打ち砕いた。人種差別的な法律への故意の違反といった，非暴力的手段

117

による不服従の有効性への信頼は，より高いモラルの名における，因習的な社会的統制の拒否につながっていった。しかし，これはほんの始まりでしかなかったのである。

いわゆるビートは1950年代のアヴァンギャルド文学の一部を代表するものであるが，これ見よがしに薬物を乱用して因習的な道徳に反抗しようとした。50年代後半には「ロックンロール」と呼ばれる新奇で反抗的な音楽が誕生した。それでもビートもロックンロールも既成の制度を揺るがすことはなかった。しかし，1960年から1966年の間に米国では大学生の数は倍以上に増加し，730万人に達した（Starr, 1985）。1960年代初めには，カリフォルニア大学バークレー校のような名門校で，学生たちが高等教育を受けた官僚たちの非人間性や独善性を攻撃し，個性の重視と表現の自由を要求するようになり，このことが広く知られていった。このような対抗文化の発展は，アメリカン・ドリームの多くの因習的な側面——いきすぎた調和，中流階級家庭のモデル，そして無慈悲なまでの物質的性向の追求など——を拒否しようとするものであった。「真の自分」の発見が何より優先されるべきものとなり，「存在の平凡さの自覚が，1960年代の若者の反抗の核心となった」（Aronowitz, 1973, p.331）。

このような変化と，1963年のケネディ大統領暗殺のような劇的な出来事や，東南アジアでの軍事介入の段階的拡大に伴う不安などによって，道徳的合意の衰退や準備性と自暴自棄の結びつきと関連づけられる「漂流」を中心に据えたMatzaの理論は人びとの理解を得るようになった。60年代が過ぎると，公民権運動のその後の展開，戦闘的なフェミニズム，ベトナム戦争反対運動，ヒッピーの出現，尊敬すべきハーバード大学の教授たちによる幻覚剤使用の擁護，その他の多くの劇的な社会／文化的変動は，多くの人にとって，個人的統制と社会的統制の完全な崩壊のシグナルのように見えた。

1960年代半ばまでには，公民権運動は，それまでと異なる，より急進的な様相を呈するようになっていた。米国内の数州をアフリカ系米国人のために分け与えようと主張する黒人分離運動は，かなりの勢力を得ていた。ブラックモズリム運動によって，多くのアフリカ系米国人がキリスト教を「白人の宗教」だとして拒否し，自らの名前を変え，イスラム信仰を奉じるようになった。多くのアフリカ系米国人にとって，個人的／社会的統制の社会機構は，自分たちを社会的かつ情緒的に束縛し続けるために作られたように感じられたのだった。

ジョンソン大統領の下，米国のベトナムへの介入が激化すると，抗議行動も増加し，より暴力的になっていった。メディアの報道は，戦争によって「引き裂かれた」国の様子を伝えるようになっていった。社会的なコンセンサスなど雲散霧消してしまったかのようだった。1950年代はもはや全く別世界の時代だったように思われてきた。

1960年代のフェミニズム運動に関して言えば，それまで尊ばれてきた伝統的な家族制度を，女性を政治的，経済的，性的に抑圧する欺瞞的な前線基地とみなして攻撃するものであった。ヒッピーなどの対抗文化が新種の大学生の中から生まれ，学生にもそうでない者にも，若者にも大人にも広がっていった。これは，1950年代のまじめで洗練された性向を嘲るようなものであった。こざっぱりしていた中流階級の若者の多くは，あごひげを生やし，サンダルを履き，ビーズ飾りを身につけ，髪を肩まで伸ばすようになった。かつては上品だった女性たちも同じような身なりになった——あごひげを除いては。ドラッグ，とくにマリファナはいたる所で使われた。彼らは一体となって，古めかしい

家庭生活とあくせくした金儲けの追求に関する中流階級での説教を拒否したのだった。

多くの人にとって，1960年代は，個人の自己統制の喪失と既成宗教・家族・教育機関・経済秩序・政治体制などの社会的統制の喪失によって特徴づけられた時代であった。すべてが問い直され，既存の制度・慣習は打ち砕かれたようにみえた。適切な理論的説明が行われさえすれば犯罪を統制の崩壊に結びつける見解が受け入れられる時代が到来した。そして，1960年代末にTravis Hirschiがバークレーの社会不安の只中で，この大仕事に取りかかったのだった。Hirschi（1969）は統制理論を大幅に精錬した「社会的絆」理論を発表したが，これは20世紀の最後の四半世紀で最も大きな影響力を持つ犯罪学理論になったのである。次章ではこのHirschiの業績をたどることにしよう。

第6章
統制の複雑さ
―― Hirschiの二つの理論とその後

Travis Hirschi
1935-
アリゾナ大学
社会的絆理論の著者

　Travis Hirschiは40年間にわたり統制理論を支配してきた。彼の影響は今日でも消え去ってはおらず，将来も，何十年ではないにせよ，幾年かは続くであろう（例えばBritt & Gottfredson, 2003；Gottfredson, 2006；Kempf, 1993；Pratt & Cullen, 2000を参照のこと）。彼の著作に現れている純然たる学者としての才能とは別に，何が犯罪学理論へのHirschiの持続的な影響力をもたらしているのであろうか？彼の思考の魅力を引き出しているのは次の三つの相互に関連した要因があるように思われる。

　第一に彼の諸理論は簡潔に言明されている。つまり，彼の理論の中核的定言は理解が容易である（例えば，社会的絆ないし自己統制の欠如が犯罪的関与を増大させる）。第二にHirschiは闘争的で，従って論争好きである。彼は一つの理論的立場を打ち出してから，その他の視点の間違っていることを主張する。Hirschi(1983)は諸理論を統合する試みには長いこと反対してきた。彼の考えでは，優れた理論とは他のアプローチとは相容れない前提と内的整合性を有しているものである。両者を混在させようとする

と概念的枠組みが緩み，さらには個別理論の成長をも妨げてしまう。第三にHirschiの諸理論は簡略に言明され，他の理論は誤っていると主張しているために，その理論を経験的に検証するには理想的なものである。理論が繁盛する一つの理由は（しかしこれだけではないが），それが，学者たちに，研究を遂行し，論文を公表する――これこそが研究在職権と経歴上昇を与えてくれる業績に他ならない――機会を与えることができることである。Hirschiの理論はこうして数多くの論文を採掘する宝の山であった（Gottfredson, 2006；Kempf, 1993；Pratt & Cullen, 2000；Sampson & Laub, 1993）。研究のアイディアのこの泉がすぐに枯渇することはないだろう。

　このことはHirschiの理論があまねく人気を博しているということではない。彼の枠組みは大胆であり，批判者は思い上がっているというであろう（Geis, 2000）。というのも，その理論は犯罪型や犯罪者類型を超えた犯罪全体を説明する「一般理論」であることを主張しているからである。他の人びと――とくにより批判的観

121

点からは——犯罪のあらゆる理論的説明に基本的なものと見なしているような人種的，階級的，そしてジェンダー的不平等にHirschiはほとんど関心を示してこなかった（例えばMiller & Burack, 1993を参照せよ）。その貢献にもかかわらずこれらの批判はHirschiの影響力を減じるのにはなんの成果も上げなかった。影響があったとしても，この論争は次のさらなる研究を点火することになった（例えばBackwell & Piquero, 2005）。

その経歴の中でHirschiの考えはむしろ大きく発展した。事実彼は，関連しているが，究極的には競合する二つの理論を提唱してきた。彼の最初の視座，社会的絆理論は1969年に彼の著書『非行の原因』において示された。第二の視座である自己統制理論は1990年にその著『犯罪の一般理論』（邦訳題名『犯罪の基礎理論』）——Michael Gottfredsonとの共著書——において展開された。本章においては各々の理論を展望し，それらがいかに最良に考察された競合する理論的視座であるかを観ることにしよう。

しかしHirschiの広範な影響は，犯罪の因果関連において統制の役割を重視した他の学者たちの理論的貢献を遮蔽してしまうべきものではない。多くの点でこれらの代替え的理論は統制が文脈においていかに形成されるかをより注意深く探究している点でより実り多いものであり，種々の成果をもたらすことができるものである。つまりこれらの理論は統制の複雑さを明らかにしている。以上から我々は三つの重要な現行の統制理論を展望する。つまりHaganの力・統制理論（power-control theory），Tittleの統制均衡理論（control balance theory），そしてColvinの強制理論（coercion theory）である。

I　Hirschiの最初の理論
——社会的絆と非行——

Hirschiの第一の理論の中核となる前提は，社会的絆が弱かったり，無い場合に，非行が発生するというものである。この命題自体では，その主張はむしろ熟達したもので，理論的論争をそれほど呼び起こすようなものではない。しかしHirschiの意図は統制理論の別の亜型——彼の社会的絆理論——をたんに同定しようとすることにあるのではなく，そうしながらも，当時の二つの主要なパラダイムへの挑戦であった。つまりSutherlandの分化接触理論（これを彼は文化的逸脱理論と名付けていたのだが）とMertonの緊張理論に対する挑戦である。彼の目標は理論的闘争を開始することであり，彼はこれに成功した（Kornauser, 1978をも参照のこと）。

統制理論家として彼が主張したことには，これら二つの視座の理論的問題設定——なぜ人は犯罪を犯すよう動機づけられるのか？——は誤っている。分化接触理論では，この解答は，若者は彼ら相互の作用において学習する逸脱文化に包まれる，ということであった。犯罪に価値を置くことを学ぶこの積極的学習によって彼らは法を破る動機を形成する。緊張理論では目標達成阻害が不満となり，これが個人を犯罪へ走らせる動因となる。しかしHirschiの主張ではこれら両理論は説明を必要としないもの，動機を説明しているものであった。〈犯罪には人間の本性以上に動機が付加される必要がなく〉もしも人がその本性からして犯罪にはつきものの安きを求め，即座の満足を得ようとするのであれば，法を破るために犯罪を犯す欲望を学ぶ必要はなく，耐えがたい緊張によって犯罪へと駆り立てられる必要もない。実際，このような犯罪文化的価値観や緊張は余分であり，これら

は誰が非行者になり，誰がならないのかを説明してくれるものでない。

いうまでもなくHirschiにとって適切な理論的設問とは，なぜ人は法を破らないのか？ということであった。犯罪者と非犯罪者を区別するものはその無法行為への衝動を抑制してくれる諸因子である。こうして理論的課題は犯罪発生時に調節してくれる社会的統制の性状を同定することであった。Hirschi（1969）はこれらの統制を「社会的絆」と名付けた。

1. Hirschiの先行者たち

Hirschi（1969）の理論的立場は，他の視座への批判，彼自身の理論的定式と抑制理論の発展過程における彼の前駆者たちのそれとの相違の探究，経験的データと彼の理論との照合によって，とりわけ明確に言明された。彼のアプローチ法を概括してみるとわかることは，犯罪学理論というものは時代と場所の文脈を反映するだけでなく，特定の理論家たちとは異なる考察方法によっても，形成されるという一つの好例が示されているように思える。Hirschi自身例のない率直さでこのことを認め，いくつかの考えが彼の立場を前進させる方法に影響を与えていることを述べている。これらの中に含まれるのが，彼が利用したデータの性質，彼がその考えを言明する基盤となった当時不人気であった一つの伝統，シカゴ学派の社会解体〈という特定の理論〉であった。

Hirschiはインタビューでデータの重要性を次のように指摘している。

　私が述べたように，統制理論は，私が研究の特定の方法に密着しているという事実を考慮に入れないと，実際に理解することはできない。この理論に立って作業をしている時に，私のデータは調査データ（survey data）に成ることを自覚していた。このため個人によって報告された個人の認知の仕方，態度，価値観を主に入手しようとしていることを自覚していたことになる。別の人びとないし地域社会の構造に関するデータを入手していれば，**かなり違った仕方で**この理論を定式化せざるをえなかったであろう。（Bartollas, 1985, p.190からの引用，強調は原著者による）

社会解体を主題とすることに伴う問題は，社会問題一般および特殊，犯罪に関する説明理論としてはすでにそれがかなり人気が下火になってしまっていたことであった（Rubington & Weinberg, 1971）。社会病理学の比較的古い概念のように，価値中立性の欠落を隠蔽する曖昧な概説としてそれは激しい批判に晒されていた。Clinard（1957）は次のように言及した。

　この参照枠には数多くの反対がある。(1) 解体は一つの社会全体を分析するにはあまりにも主観的で曖昧な概念である……。(2) 社会解体は既存条件の崩壊であるが，この条件である組織，状況は一般的には確定されえないものである……。(3) 社会解体はなにか「悪い」ものとして通常は考えられ，「悪い」ものとは観察者やその社会階級やその他の社会集団構成員の価値判断であることが多い……。(4) いくつかの型の逸脱行動が存在することは社会の中心的価値観への重大な脅威と必ずしもならない……。(5) 実際に解体のように思えるものは競合しあう規範のかなり組織化されたシステムであることが多い……。(6) 最後に幾人かの社会学者が触れているように，多彩な下位文化は社会解体の状況を形成し，社会を弱体させるよりも，その多様性を貫いて一つの社会の結合なり統合なりに貢献することは可能かもしれない。(p.41)

社会解体の概念へのこのような，あるいはその他の批判は1960年代に広く受け入れられ，この当時のその不人気ぶりのためにHirschiは彼の理論を社会解体の伝統に結びつけることをいかに思慮深く避けようとしたのかも率直に語っている。

　例えば，自分の理論を仕上げている時にこれはまさしく社会解体の枠内での仕事であると自覚していた。そのことは承知していたが，思い起こす必要があるのは，私が理論化に従事していた1960年代半ばでの概念としての社会解体の地位である。個人的水準で社会解体理論を開始するということは逆流に抗して泳ぎ始めるように感じた。この時期に社会解体論を売りだそうとしたなら，私はひどい混乱に巻き込まれたであろう。私はそこでこの伝統的理論から後退した。この結果，私は社会解体論を公平に扱わなかった。DurkheimやHobbesへと回帰し，今私が話していることに関連のある米国の伝統的な理論全体を私は無視した。しかし私はそのことを自覚していたし，このことで自分を慰めていた。私は社会解体論者と同じことを語ったのであったが，彼らの評判は地に墜ちていたため，私は彼らとは距離を置いた。さらにはRuth Kornhauserが激しく指弾していることだが，社会解体理論は文化的伝統と連携するようになっていた。私が最も反対していたのがこの伝統であった。そういう意味で，私は自分の立場を曲げたのであり，社会解体理論をあからさまに取り扱ったならば，不本意な数多くの論争に私は追い回されることになったであろう。現在ではKornhauserのような私の陣営側の人びとによって社会解体説が流行と再度なっており，この輝かしい伝統における私のルーツを強調しておきたい。(Bartollas, 1985, p.190からの引用)

このようにHirschi（1969）は伝統的社会解体理論からその理論化をとくに注意深く回避させ，その代わりにDurkheimやHobbesのような他の先行者の思想に彼の立場の基盤を求めねばならなかった。日常的社会への絆を通して統制力を与えてくれる重要な変数を探究することに専心しながら，彼は自身の立場を発展させ，これを支持する一群の体系的研究を提示している。一組のこの理論は厳密に論理づけられ，経験的に基礎づけられたものの典型を代表しているように思われた。

2. Hirschiの社会学的視座

　統制理論家たちは個人の外部由来の統制と，個人の内部由来の統制とを区別するのに役立つ要因を検討していた。事実，Reckless（1961）の主張によれば現代社会では個人はきわめて分離されており——外部的統制の一つの文脈から別の文脈へと自由に移行でき，これら文脈の大半からも逃走することさえも可能であるので——内面的統制が社会へ順応するためのより基本的な因子となっている。しかしHirschiはきわめてより強い社会学的な立場に立っていた。他の統制理論家たちなら人格的側面の特徴と考えるものを，Hirschiは自身が社会的絆と名づけた持続的社会的関係によって支えられている諸因子と捉えた。

　他の統制理論家たちが内面化の概念に非常な重きを置いていたが，これは社会的規範が深く自己に貫入し，人格構造の基本的部分となる過程を指すものであった。「人間の過剰に社会化されたこの概念」へのWrong（1961）の批判を引用しながら，Hirschi（1969, p.14）が主張したことには，社会的に期待されていることの深く根ざした内面化と思えるものは実際には順応を保証するにはあまりにも表面的すぎるものである。第一に彼はDurkheimを緊張理論家た

ちから救出した。「Merton は彼の知的歴史の源を Durkheim まで遡っているので，緊張理論は『アノミー』理論とも呼ばれることが多い」ことを指摘しながら，Hirschi（1969）が示したことは，「Durkheim の理論は実際には統制理論の最も純粋な範例の一つである」(p.3)。次に彼が立ち向かったのは Hobbes によって提起された，「なぜ人は社会のルールに従うのか？」という問題で，内面化を想定することは Hobbes 自身の結論——本質的に順応の基盤にあるのは恐怖（fear）である——を回避する手段として通常は利用されていると彼は見なした。ここではルールの受容から生じる順応とたんなる服従（submission）から生じる順応とを区別した Reiss の影響が認められる。

　順応は規範の内面化された受容を伴わないまま，社会的規制力に服従するだけのことに基礎づけられているかもしれないということを認める意図が一人の統制理論家として Durkheim を Hirschi が最初に引用している点で明確になった。「アノミーと自己中心主義（egoism）とは規制解体（deregulation）の条件であり，これに続く『逸脱』行動はこのような規制解体の一つの自動的結果である」と Hirschi（1969）は述べている（p.3）。とはいえ Durkheim が順応への一つの因子として統合を補足して述べている点に Hirschi は触れずにこの言及を行っている。Hobbes に直ちに戻りながらこのことを彼は次のようにきわめて明確に述べている。

　　Hobbes の問題は社会学の歴史では中心的位置を占めているが，Hobbes の解答を受け入れている者はこれまでほとんどいなかった。そのようなものではなくて，恐怖以上のものが順応には働いていると社会学者は主張した。人は社会のルールに対し「尊敬の念」を持っている，つまり人は「規範を内面化する」。人は良心を持っているので，違法な行動や逸脱行動の代価を自由に計算するだけではない。人はルールに従いたいと望む道徳的動物であることがこうして確認された後に，社会学者は人の逸脱を説明する問題に直面するのである（p.5）。

　こうして Hirschi（1969）にとって，逸脱を説明する問題は，社会化の過程で規範を内面化した後に人は基本的に道徳的になるという誤った前提に立った間違った問題であった。そうではなくて，Hirschi の主張したことには，「緊張理論は道徳的人間を前提とし，一方統制理論は非道徳的人間を想定している」というのは「あまりに単純化し過ぎた物言い」である。というのも後者の理論は「道徳性には幅があるということを前提しているに過ぎないからである。一部の人間にとって道徳心は重要であっても，他の人間ではそうではないからである」(p.11)。統制のたんなる喪失だけでなぜ非行が生み出されるのかという説明の一つの方法として準備性（preparation）と絶望（desperation）の影響力を示すことが必要と考えた Matza とは異なり，Hirschi が提示したことは動機づけの諸因子ではなく，統制喪失だけで個人は犯罪の代価を計算する自由が与えられると主張した。「その視点に立てば，道徳的感受性から人は解放されるとするのであるから，統制理論家たちは社会的統制の第二の軌道，順応と逸脱をめぐっての合理的計算の段階へと移行する傾向にある」(p.11)。

3. 社会的統制が重要な理由

　Hirschi は一人の統制理論家であって，可能な限り手っ取り早い方法で直接的な満足を得ようと万人が動機づけられているのになぜそうしないのかということを説明することが重要な問題であると考えていた。なぜ人びとはそうしな

いのであろうか？　欲するものを得るためになぜ人びとは犯罪を犯さないのであろうか？

この問題については他の提示の仕方もある。Hirschi の考えでは各犯罪行為は利得と結果（代価とも言われている）とを有している。彼の見解では，社会の大半の人びとが犯罪に同じ利得をかなりの程度認めている。というのもこのような行為によって，彼らは望んでいるものを得たり（例えば何かを盗る），彼らが好むものを感じ（例えば薬物でハイになる），不快なことを停止させる（例えばむかつくやつを殴る）(Mrcus, 2004)。重要なのは Hirschi は，人びとが犯罪に同じ利得を認めているとは決して経験的に示さなかった点である。そうであると想定しただけであった。しかしこれは要となる想定である。

もし大半の人びとが犯罪は利得をもたらすと同じように考えているならば，つまり犯罪が多くの人びとにとって満足をもたらしたり，魅惑的であるものならば，その論理的帰結は，大半の人びとは同じように犯行へと動機づけられていることになる。前述したように，他の犯罪学諸理論はこの動機均等論を批判している。事実一部の個人がなぜ他の者以上に犯罪へとより強く動機づけられているのか説明するのにこれらの理論は膨大な時間を費やしている（例えば犯行者はより強い緊張下にあるとか，犯行者は犯罪的価値観を内面化してきた，とかである）。しかし Hirschi がそうしたように，もし我々が，犯行動機は普遍的であると想定するならば，誰が犯罪者になり，誰がそうならないのかを動機付けでは説明されえないことになる。

この問題を方法論的に考察してみよう。一つの独立変数——この場合は犯行動機——は，その従属変数——この場合は犯罪行為への関与——の変化を説明することが可能ならば，変化しなくてはならないはずである。それなら何が変化するのであろうか？　もちろんそれは社会的統制である。こうして Hirschi にとって，社会的統制の強度の変化が人びとが犯罪へと関与する強さの変化を説明するものなのである。

重要なことは，Hirschi は統制ではなくて社会的統制をまさしく強調したことである。前述したように彼は犯罪の社会学的理論を推進した。統制はなにか心理的特徴とか，永続で揺るぎのない一組の信念とかにあるものでなかった。その代わり Hirschi にとって統制とは人の日常社会への結びつき（ties），その成人構成員（両親や教師），その制度（家族や学校），そしてその信念（法律や規範的基準）への人の結びつきに存在するものであった。こうして統制とは人の社会との関係に存在している。Hirschi はこれらさまざまな種類の結びつきなり関係を社会的絆（social bonds）と呼んだ。彼は次の四つの社会的絆を同定した。つまり愛着（attachment），コミットメント（上昇志向）(commitment)，活動参加（involvement），信念（belief）であり，これらの詳細は以下述べる。

Hirsch にとって社会的絆の変化がこうして犯罪の変化を説明している。絆が強くなればなるほど犯罪への誘惑は一層統制されやすくなり，順応が持続する。この絆が弱ければ弱いだけ，個人はその欲望に屈服し，法を破りやすくなる「なぜ彼らはそうしないのか？」という問題に立ち返ってみよう。この解答は間違いなく明確である。人が犯罪に関与しない——欲望を満たそうと行動しない——のは，彼らの社会的絆によってそうすることを阻止されているからである。つまりは，社会的絆は違法な誘惑を統制し，順応を維持させる。氾濫する水をせき止めるダムによく似て，社会的絆は個人を犯罪から防衛する。しかしもしダムが破損したり，決壊すれば，犯罪動機がこれらの個人に氾濫し，その犯行を阻止する防壁が存在しない。

重要なことは，社会的絆の安定性は保証されていない点である。社会的絆は日常的な他者との相互作用によって扶助されている場合しか，その強さは維持されない。もし若者が両親と離れたり，大学へ行かなくなり，進級をしようとしなくなったり，スポーツチームを脱退したりすると，彼らの絆は弱まる。そして絆が弱まれば，犯罪が発生しうる。絆の強さは時間と共に変化しうるので——例えば10代では比較的弱く，その前後では比較的強い——人は違法行為に参入したり，脱出したりすることが可能である。成人の犯行者は良質な結婚生活に入ったり，良い仕事に就けば，犯罪から足を洗うことが起こりうる。つまりは社会的絆の存在と強さによって犯罪行動上の変化が説明可能である。第15章で触れるように，この洞察はSampsonとLaub (1993) のライフ・コース理論の基盤となっており，なぜ人はその人生の種々の時点を通して犯罪に走ったり，足を洗ったりするのか説明するのに社会的絆の変化を採用している。

最後にHirschiは彼の社会的絆モデルにおいて，犯罪とは代価と利得の考量に基づいているに過ぎないとする犯罪学古典学派と最近の合理的選択理論家（第13章を参照のこと）の見解を拒否している。前述したようにHirschiは犯罪を選択することは払う代価（あるいはこの結末）と利得（ないしは満足）によるものと見なした。しかし二つの重要な点で彼は古典学派とは異なっていた。第一に古典学派がしたように，彼は犯罪からの利得が個人ごとに異なっているとは捉えず，むしろ誰にとっても容易に有用であるとした。

第二に犯罪の代価は古典学派の主張するように主として法的制裁に関する事柄である。単純化すれば，古典学派と合理的選択論者の一部が暗黙の裡に認めていることには，犯罪の決断に直面している者が考量することは，(1) いかに多くの財貨を得ることになるのか，と (2) 逮捕され，刑務所送りになる可能性とを秤に掛けることである。Hirschの『非行の原因』の非行者たちも事実，選択をするのだが，両親や教師，宿題，成績，学校活動などで満たされた豊かな社会環境においてそうするのであった。日常の秩序に彼らを結びつけている鞍帯が緩んだ時にだけ若者たちは犯罪が提供するはずの利得を追い求める選択をする自由が得られた。再度述べるが，社会制度内の諸関係へのこの注目がHirschの理論を基本的に社会学的なものにしている所以である。

4. 四つの社会的絆

それではHirschの非行理論の基盤を形成している社会的絆とは一体何か？　これらには愛着（結合）(attachment)，上昇志向 (commitment)，活動参加 (involvement) と信念 (belief) とが含まれている。これらは表6-1に纏められている。

1) 愛着の社会的絆

Hirschiの非行理論の中の愛着とは大人たち，典型的には最も重要な両親と若者たちが持つ情緒的親密さである。この親しさには，打ち解けた交流，親との「感情的一体感」(affectional identification)（例えば親のようになりたい），そして子どもたちが何をしているのか，どこに行っているのかを親が知っているという意識が含まれる。この絆は子どもが親と過ごす時間や「個人的に親と交流する」程度に根ざしている (Hirschi, 1969, p.94)。

親と親密であれば若者は親の意見を尊重し，親を失望させまいとする。この結果親は間接的統制を行うことが可能である。直接的統制は，親が子どもに対面して監督する者である（例えば子どもの不行跡を折檻する）。これに対し間接的統制は子どもが一緒の場所にいない時に，

表6-1 Hirschiの社会的絆非行理論の概要

社会的絆	社会的絆の性質	社会的絆：なぜ彼らはそうしないのか？
愛着	他者とくに親への情緒的親密さ	間接的統制——親密さは「悪行」に対する親の不承認を含む親の意見を若者に考慮させる。若者が犯行に走らないのは親（あるいは教師のような愛着を持っている他者）を失望させたくないからである。
コミットメント（上昇志向）	大学進学への，職業上の向上心，良好な学業	順応的生活での犯罪の代価はあまりにも高くつく。これが良好な学業社会的絆の合理的要因である。
活動参加	日常的活動，宿題，作業，スポーツ校内活動，その他の余暇活動への参加	組織だった時間割，余暇活動は犯罪の機会を制限する。
信念	法律や他の日常的規範（校則など）の倫理的妥当性を信じている	信念は犯行への衝動を抑える。逆に犯罪はこのような日常的信念が弱まると起こる。

親から物理的に離れている時に起こるものである。Hirschi（1969）はまたこれを「仮想上の監督」（virtual supervision）とも言っている。とすれば，この統制はどこに由来するのか？Hirschiによれば，若者が犯罪行動を制止するのは彼らの愛着によって両親が心理的には側にいることになるからである。このような若者たちは学校をサボったり，狼藉を働いたり，薬物を乱用したりはしない。というのもことわざにもあるように「親に殺されてしまう」からである。Hirschi（1969）はこの点について次のように述べている。

いわゆる「直接的統制」は極端な例を除けば非常に重大であるとか，理論上重要であるということではない。犯行への誘惑が起きた時に，親が心理的に存在するかどうかが重要な要因である。もしこの誘惑的状況で，親の反応に考えが及ばないとすれば，子どもは自由に犯行に走る段階に達してしまう。(p.88)

2) コミットメント（上昇志向）の社会的絆

上昇志向は若者の順応的生活への賭である（Briar & Piliavin, 1965）。例えば彼らは多くの努力を学校での成功に注いでいるので，なにか悪いことをして「将来を台なしに」したくない。これは社会的絆の合理的要因である。というのも上昇志向は代価・利得計算の一部をも構成しているからである。高い志を抱いているものは非行に走ることは不合理であることがわかるであろう。彼らはこのような考えによって統制されている。

上昇志向は利己心の放棄の観点から定義されるものではなく，むしろ個人の利己心が一定の状況で注入される程度として定義された。Hirschi（1969）にとってこれは「順応性の合理的要因」であり，損得の可能性の合理的計算に本質的には関わる事柄であって，逸脱行為を考慮している個人は「この逸脱行動の代価，日常生活で行った投資を失う危険を冒すことを考量しなくてならない」（p.20）ものであった。この意味で，両親や教師期待に応え，勉学に励み，成績優秀で卒業することに多くの時間と労力とを割いた若者は社会と比較的強い絆を持っている。というのもこの若者は「順応的生活に大きく賭けて」おり，この人生行路から外れると失うものが甚大であるからである。

もちろん，「このような組み込まれた規制のシステムが効果的になるためには，このシステムの作動者が逸脱と報酬との結びつきを理解し

ていなくてはならず，逸脱への罰として社会的に失うものを見積もる必要がある」(p.162)。Hirschiは続けて次のように指摘している。「ここで向上心へと舵を取っているスタンスは緊張理論のスタンスとは対立する可能性を秘めている」，というのも「統制理論ではそのような向上心は非行を抑制するものと見なされている」からである。一方緊張理論では高望みは欲求不満を導き，この結果非行を生み出すと見なされているのだが，HirshiはRecklessと同じく次のようにこれとは反対のことが正しいという主張をした。つまり正当な向上心は「順応的生活に賭ける」ことになり，このことにより，たんにそのような目標を願望するだけでなく，少なくともこれを追求することに賭ける場合には，その者は通常の社会秩序に結びつけられている。

3）活動参加の社会的絆

活動参加は，基本的には，犯罪機会へのアクセスの否定は非行の可能性を低めることを主張する別の一つの方法である。Hirschiの理論的考察では機会の用語によって活動参加は典型的には枠づけされてはいないが，しかしそうした方が有用である。組織だった日常活動は犯行機会を遠のけるという事実をHirschiは指摘している。この洞察は現在の犯罪の環境なり機会理論（第13章を参照のこと）と共通している。

こうして社会的統制の一因子としての活動参加について，Hirschi (1969) は情緒的関わりという心理的テーマを強調することはなかった。むしろ彼が強調したのは社会学的観察で，「多くの人びとはほかのことをする機会がないために美徳に適った人生が送れている」(p.21)。「小人閑居して不善をなす」(idle hands are the devile's workshop) の古くからの主張や若者を多忙にさせ，街頭にたむろさせないことで非行は予防可能であるという常識が研究ではほとんど証左がないことに注目し，Hirschiは一定の諸活動に割り当てられた時間とエネルギーの量として定義された活動参加が社会的統制の一つの重要な因子を示す可能性を検討することになった。しかしながら，宿題で過ごす時間と非行の程度との相関を見た結果を別にすると，Hirschiのデータでは彼が概念化を図ったような活動参加は無法な行動を阻止する決定的変数であるという仮説は強く支持されなかった。

4）信念の社会的絆

信念のHirschi (1960) の用語法は心理学的というよりもはるかに社会学的なものであった。彼がこの言葉を用いたのは深く保持された確信を指すためではなく，むしろある程度の承認を伴ったいくつかの価値観や規範への同意という意味での承認を示すためであった。このように採用された信念は深く内面化された個人的確信（creeds）ではなく，常時社会的に強化され続ける印象なり見解なのである。もし承認の程度が弱いと信念はたんなる同意となり，少なくともさしあたっての服従の意向なり「くっついていく」だけとなる。もし承認の程度が比較的強いと，熱烈な承認なり全面的協力を与えるような確信の程度までに達する。重要なことはこのような信念は環境とは独立した内面状態と捉えられるべきではなく，前述した日常的社会システムへの継続的結合に基盤を置く社会的支援が強く必要な幾分不安定な道徳的立場と見なされた。

Hirschi (1969) が注意深く指摘したことには，彼は「もし他の型の統制が存在しなければ，信念はほとんど何も意味しないようなたんなる言葉に過ぎないものとして扱われる」(p.24) ような統制理論へのアプローチを彼は受け入れているのではなかった。法侵害が発生する前にはそれを緩和させることが必要になるほどに非行

者は慣習的道徳を「信じている」というSykesとMatza（1957）の主張のようなもう一つの極論をもHirschiは同じく注意深く拒否した。Hirschi（1969）は個人はその信念の深さと力においてかなり異なっており，この変異は問題となっている信念を表現している社会システムにどの程度結合しているのかによって生じる。彼は次のようにこのことを主張している。「因果の鎖は両親への愛着に始まり，権威的立場にある人間からの承認を経て，社会のルールは人の行動を規制するという信念にまで繋がっている」（p.200）。この見解では，人は良心を欠いているとか，人は本当はまったく不道徳な生物で，自分がどれほど強い信念を抱いていると考えているかをおしゃべりしているにすぎないということではない。むしろ「社会システムへの結合〈愛着〉とそのルールの道徳的妥当性についての信念とは別々のものではない」（p.200）。信念と呼ばれるものは結合〈愛着〉の強さに依存しており，信念は結合が弱まれば，減弱することになる。

なによりも信念はこうして青少年が法律やその他の慣例的な規範的基準の道徳的妥当性を抱くその強さの程度と見なされる。Hirschiにとって若者は，SutherlandやAkersが述べているように，窃盗や喧嘩を肯定する非行的価値観を学んだから犯罪を犯すというのではない。むしろ彼らは善悪というものを承知している。無法な少年にとって法や規則というものは彼らの忠誠心を呼び起こさない。一方順応的少年は法を守るのはこれを尊重し，正当であると見なしているからであるのに対し，非行少年はこのような基準に道徳的妥当性があるとは信じていない。こうして法への確信はあまりにも弱く，違法な手段で彼らの欲求を満たそうとする欲望を統制できない。Hirschi（1969）の言葉によると，「統制理論家たちはただ一つの点（この点によって統制理論家と言えるのだが）で一致している。つまり非行は非行を求める信念によって起こされるのではなく，むしろ非行を禁止する（効果的）信念の欠落によって可能となるのである」（p.198）。

信念のこの問題は分化的接触理論・社会的学習理論と統制理論との長い確執を理解する上で重要なことである。想起してほしいのは，Travis HirschiとRonald Akersの両人とも同じWashington大学の社会学部出身であることである。二人は過去40年間個人的交流を続けてきた。それでもこの間に二人は理論的には格好のライバルとしてあった（Akers, 2011）。論争の要となっているのは，Akersは犯罪肯定的信念や文化的規定は学習可能なものであり，人びとを犯罪へ導きうるものであることを認めている点である。つまり個人は犯罪文化的信念を抱くように社会化されるので，犯行を犯すのである。これとは対照的にHirschiは，このような「文化的逸脱」は神話であると主張している（Kornhauser, 1978をも参照のこと）。彼は犯罪を犯すのにいかなる積極的学習も必要ないとしている。つまり若者——ないし大人も——は犯罪的信念も技術も学ぶ必要はない。というのも（1）満足探索的生物として犯罪の動機はすでに個人のうちに存在しており，（2）犯罪は簡単に実行できるもので，特殊な技術を習得することは必要ない，からである。

一方Hirschiが認めているのは，人びとが慣例的信念へと適切に社会化されない場合に犯罪は起こる。Hirschiにとって犯罪者は，犯罪への同調を求めるような別の世界の眺め方が学べるような何か孤立し，独立した犯罪的下位文化に住んでいるのではない。むしろ彼らは支配的社会の中で生育し，人生早期から親や教師，聖職者たちから法を破ることは悪であるというメッセージを受け取ってきている。こうし

て Hirschi によれば，犯罪者は彼らが信じている法を侵害するのである。このことによって彼が言わんとすることは，犯行者は支配的文化へと社会化されてきたのであるから，犯罪は悪であると知っているのである。それならなぜ彼らは法を破るのであろうか？ それは彼らの社会化に欠陥があるからである。この結果法や規則の道徳的妥当性への彼らの信念は弱いか，「減弱している」。そして絆が脆弱である場合には，犯行は可能となってしまう。

問題をここで単純化してみよう。シカゴ学派や Akers のような社会的学習論者にとって，人が犯罪に走るのは，このような行為は必要であり，善であり，もしくは許容されていると規定する犯罪的信念を人は学ぶからである。Hirschi にとって人が犯罪に走るのは，悪徳，暴力ないし窃盗の誘惑を統制するために必要な程度の慣例的信念を内面化することに失敗しているからである。

5. 社会的絆理論の評価

1969 年の『非行の原因』の出版以降，Hirschi の社会的絆理論は，犯罪学の分野で唯一ではないにせよ，最も検証された理論の一つとなった（Kempf, 1993）。数多くの研究からの結果は解釈が困難である。Kempf（1993）が指摘したように，従来の研究では四つの社会的絆について異なった，時には貧弱な測定によってなされ，そしてそれらの結果は一致していなかった。最も公平な評価によれば，社会的絆は非行や成人犯罪とは逆相関を有しているという証拠がある。（Gottfredson, 2006；Sampson & Laub, 1993）。従来の研究の Akers と Seller の展望（2004, p.122）によると，絆と犯罪行動の相関の程度は「中等度から低い」までの範囲のように思える（Kubrin et al, 2009）。

以上の所見から言えることは，社会的絆は犯罪とは関係するが，犯罪行動の唯一の原因というわけではない。このような考察から直ちに疑問に思うことは，Hirschi の統制理論的視座から失われているものとは何か，ということである。彼の理論的限界の可能性の一つは人間は本来的に利己的で，法を破るのに特別な動機は要らないという前提に基づいたことである。繰り返すが，統制理論家として Hirschi が主張したことには，鍵となる理論的問題は窃盗や殴打，速度違反，公然酩酊などの悪行によって欲望を満たそうとする自然な傾向に彼らが走ることを何が阻止するのかを説明することである。しかしすべての個人が犯行へと等しく動機づけられているなどということは実際にはありえないように思える。もし動機づけが等しいものでないのなら，一部の人たちを比較的強い犯行への素地を形成したり，より頻繁に「動機付け」をしている，緊張への曝露や学習による犯罪の規定のし直しのような因子を完璧な理論というものは含んでいなければならない。

Hirschi の視座の別の限界は社会的絆が米国社会の比較的大きな社会的因子によっていかに影響を受けるのかという探究に彼が失敗している点である。理論家は正当にも一つの限定的問題に彼らの重点を絞るようにするのかもしれない。この点に関連して，Hirschi は絆の発生を家族や学校への即時的ないし近接的な若者の同意に焦点を合わせる選択をした。それでも，この説明範囲を主張しながら，変化するジェンダーの役割，地区の解体，持続的人種的不平等，都会の産業経済の崩壊のような因子によって社会的絆の形成がどのように影響されるのかについて Hirschi は探究しなかった（社会的絆のより文脈的な観点からの研究例は Sampson & Laub, 1994 を参照のこと）。分析的に洗練されているとはいえ，Hirschi の理論は米国社会の多くの現実からの圧迫から切断され，手の届

く範囲の距離の因子しか考慮していない傾向がある。とりわけこれとは対照的なのが地域共同体を解体の危機に陥らせている大きな社会的力（例えば移民，都市化）によって統制障害がいかに形成されるかを解明しようとしたShawとMcKayである。

最後にHirschiは社会的絆理論はアフリカ系米国人と白人に対しても適用されると主張した。限定されたデータ解析に基づいて，彼が下した結論によれば，人種的差別から生じる不正な剥奪——緊張論者のClowardとOhlin（1960）が非行に結びつけた因子——は少数派集団にとっての犯罪原因ではない。このため，人種特異的な——つまりいくつかの体験はアフリカ系米国人とって独自の犯罪誘発的因子になって，白人にとってはそうでないのかどうか探究するという意味だが——理論を推進する必要はなくなった。Hirschi（1969, p.79-80）によれば，「黒人における犯罪原因が白人のものとは異なっていると考える根拠はない。従って非行の原因を決定するのに黒人の少年〈だけ〉を研究する必要はない」

しかし最近になってJames Unneverとその同僚たちはHirschiが寛大にも提供してくれた「Richmond若者プロジェクト」のデータ・セットを再検討した。このデータはHirschiの博士論文となり，その後彼の『非行の原因』の基礎データとなったものである（Unnever, Cullen, Mathers, McCulture, & Allison, 2009）。このデータは元来はAlan B. Wilsonの指導の下で1964年に集積されたものであった。そして大学院生であったHirschiはこのプロジェクトの代表者の無給の助手を務めた。彼は調査の質問項目設定担当者となり，彼の学位論文にこのデータを使用することを許可された（Laub, 2002）。犯罪学では通常の活動であるが，彼の実証的分析に彼は彼が評定しようとしていた理論（緊張，文化逸脱，そして統制）の変数のみを含ませた。しかし「Richmond若者プロジェクト」調査資料のUnneverらの吟味によって，標本中のアフリカ系米国少年によって感じられた人種差別体験をより直接に測定する質問項目が画定されることが判明した。さらに重要なことには，Hirschiのデータを彼らが再分析した際に，人種差別体験は社会的絆による非行の予測因子と匹敵する強い因子であることが判明した。

二つの理由からこの発見は重要である。第一に，もしHirschiが1960年代に彼の研究を拡張させ，これらの項目を含ませたならば，その後の犯罪学はかなり違ったものとなっていたかもしれない。社会的絆は人種にまたがって同じように作用し，一方，感じられた，また現実でもあった人種差別体験はアフリカ系米国少年によって経験される一つの明確な危険因子であるとHirschiは結論づけたかもしれない。Hirschiが研究を前進させたなら，市民権運動の文脈の中で調査の全面的進展がなされ，少数派集団が直面している人種的敵意が彼らにいかに特別な一つの犯罪原因として負荷されるかを探究するものとなっていたであろう。

第二に，Unneverらの所見は彼らだけの特異的なものではない。今では，人種差別体験がアフリカ系米国人の間に非行やその他の諸問題をもたらすということを示す少数ではあるが増えつつある一群の研究が存在している（Agnew, 2006b；Unnever et al., 2009；以下も参照のこと，Brody et al., 2006；Gibbons Gerrad, Cleveland, Willis, & Brody, 2004；Simons, Chen, Stewart, & Brody, 2003；Simons et al., 2006）。これは，統制理論家であろうとなかろうと，犯罪学者ならまっさきに探究すべき問題である（より一般的な問題として，Gabbidon, 2007を参照のこと）。

Ⅱ Hirschi の第二理論
——自己統制と犯罪——

前述したように Hirschi の社会的絆理論は1969年に『非行の原因』において提示されてから一つの主要なパラダイムとして存在してきた。しかし24年経た時 Hirschi は Michael Gottfredson と共に関連はするが一つの異なった統制理論，つまり自己統制理論（self-control theory）を提唱した。この理論的視座はかなりの論議を呼び，次のようなその中心的根拠について相当の探究がなされた。すなわち，自己統制とは「一般的効果」を有したもので，犯罪や非行において個人や社会集団を通じての鍵的な原因的因子であるとされた。このため，彼ら二人は一つの「犯罪の一般理論」を提示していると主張した。

Gottfredson が Hirschi と最初に出会ったのはデービスにあるカリフォルニア大学学部生時代で，そこで彼は Hirschi の少年非行の講義を受講した。Gottfredson は彼の下で博士号を取得し，アルバニーの州立大学（アルバニーにあるニューヨーク州立大学として当時知られていた）に招かれた。Hirschi もまたアルバニー校の刑事司法科に移り，そこで Gottfredson と二人で共同研究を展開した。この協力関係はアリゾナ大学でも続くことになり，そこで二人は教授団に加わることになった（Gottfredson, 2011）。

以下自己統制理論の中心的考えを最初に概括する。それからこの理論の実証的位置と概念的挑戦を評価したい。最後に，いくつかの共通する見解を有しているにしても，Hirschi の二つの統制理論——社会的絆と自己統制——は競合しあうものではないとしても，犯罪説明について両立しがたいものを有していることを示している点を考察してみたい。ここでの考究では，改訂した彼の社会的統制理論による自己統制と社会的絆の構築を調和させようとする彼の大いに問題ある試みにも触れている。

1. 自己統制と犯罪

『犯罪の一般理論』（邦題『犯罪の基礎理論』）において，Michael Gottfredson と Travis Hirschi は Hirschi の以前の業績から明らかに出発している一つの犯罪説明を作り上げた。前述したように，社会的絆理論は内面化された統制による犯罪説明の試みを否定した。代わりに明白な社会学的アプローチに立って，Hirschi（1969）が強調したことには，日常的秩序との個人の持続的関係によって——家庭や学校，仕事や日常的活動，そして信念への絆によって——統制は維持される。これとは対照的に Gottfredson と Hirschi（1990）は，社会的絆が違法行為への積極的参加を防護するという考えを放棄し，人生早期に内面化された自己統制によって誰が犯罪への誘惑の餌食になるのかが決定されるという主張をした。

Gottfredson と Hirschi は，実証的研究によって解明されない犯罪の性状に関する事実に大半の犯罪理論は実質上注意を払っていないことと主張した。つまり犯罪は興奮や少額の金銭，そして状況悪化下での気晴らしのようなつかの間の満足を提供してくれるという事実である。犯罪に関与する人たちは喫煙，物質乱用，自動車のスピードの出し過ぎ，ギャンブル，無責任な性行動などのつかの間の満足を与えてくれる犯罪類似のことにも関係している。犯罪者は彼らの行為を計画することはない。彼らの犯罪は格別のものでも巧妙なものでもなく，むしろ，違法への，どのようなものであれ，単純な機会への応答にすぎない。同様に犯罪者は，計画性や持続的努力，満足の先延ばしが必要な，学校，仕事，結婚などのような社会的領域においては

挫折してしまう。最後に，重要なことには，犯罪への関与は変化しないように思える。行動上の問題を起こす子どもたちは少年非行者となり，終には成人の犯罪者となる。

GottfredsonとHirschiは彼らの理論を犯罪に関するこれらの事実から導き出した。もし犯罪とこれと類似の行動が簡単な満足を与えるとしたなら，なぜ誰もがこれらの行為に走らないのか？　論理上示唆されることは，日常的にいたるところで遭遇する誘惑に駆られることから遵法的市民を何かが守っているに違いないということである。さらにはもし犯罪が変化されにくく，その根源は人生早期にあるとすると，この拘束は幼児期に身につけさせられ，時間や社会的状況を超えて作動可能なものであるに相違ない。

GottfredsonとHirschi（1990）が主張したことには，自己統制とは人びとに犯罪とこれ以外のつかの間の満足に対する抵抗を可能にさせる拘束である。犯罪へ走るかどうかの経路は人生早期に始まるので，自己統制を身につけるのは幼児早期の躾の仕方に掛かっているとも彼らは強調した。子どもの養育において怠慢であったり，拙劣な親を持ってしまうという不遇な状態にある子どもたちは「衝動的で感受性に欠け，肉体派で（内省的とは反対で）危険なことが平気な子，近視眼的ものの見方をし，行動に走りやすいので，犯罪やこれに類似した行為に至りやすいであろう」(p.90)。事実彼らの将来は暗い。自己統制を欠いているので，犯罪に引っ張られるだけでなく，学校で挫折して，退学し，仕事を失い，意味のある親しい関係を続けることもできない可能性が強い。逆に，監督し，その不行跡を罰するに足る養育ができて，その手段を手にしている親を持つ子どもは，犯罪の簡単な誘惑に抵抗し，学校，職場，結婚生活において必要な労力維持に欠かせない自己統制を発展させるであろう。

2. 自己統制理論の評価

GottfredsonとHirschi（1990）の理論的視座の実証的検証によって一般的に支持されているのが，低い自己統制力は犯罪関与と相関している，というこの理論の結論である（Brownfield & Sorensen, 1993；Burton, Cullen, Evans, & Dunaway, 1994；Chapple, 2005；Chapple & Hope, 2003；Evans, Cullen, Burton, Dunaway, & Benson, 1997；Graasmick, tittle, Bursik, & Arneklev, 1993；Keane, Maxim, & Teevan, 1993；Nagin & Paternoster, 1993；Sellers, 1999；Vazsonyi, Pickering, Junger, & Hessing, 2001；Ward, Gibson, Boman & Leite, 2010；Wood, Pfefferbaum, & Arneklev, 1993；より全体な評価に関してはGoode, 2008を参照のこと）。実際従来の実証的文献のメタ分析によって，自己統制は犯罪の重要な予測因子であることが見いだされている（Pratt & Cullen, 2000）。15年あまりの研究の回顧談の中で，Gottfredson（2006）はこの点について次のように強調した（Britt & Gottfredson, 2003；Kubrin et al., 2009をも参照のこと）。

　　しかしながらこの理論の文脈においては，自己統制への要求度はきわめて強いものがある。一般的原因としての自己統制はいたるところで，いつでも，あらゆる集団，国々において，あらゆる犯罪，非行そして関連行動に対する発生率の差を予測しなければならない，というものである。この理論以降，きわめて多数の質の高い実証的研究が蓄積され，これらの強い要求をきわめて明確に支持するものとなっている（pp.81-84）。

実証的支持の既存の水準を考慮すれば，この

理論的視座は将来も犯罪学的思考に影響を与え続けるであろう。GottfredsonとHirschiは広範囲に作用を及ぼす自己統制という一つの因子を同定した。しかし同時に，自己統制理論は場合によっては誇張されているようにも思える。

つまり，自己統制は犯罪関与における変動を説明しているのだが，このことは，分化的接触理論のような競合する理論モデルが特定した諸原因が重要でないということを意味するのではない（Baron, 2003；Brownfield & Sorenson, 1993；Burton et al., 1994；Nagin & Paternoster, 1993；Pratt & Cullen, 2000）。事実，中等学校生徒の研究において，Unnever, CullenとAgnew（2006）は，低い自己統制と攻撃的態度とは双方共に独立に非行を予測するだけでなく，暴力的，非暴力的犯罪行動へ明確に相互作用的影響を及ぼすことを見いだした。低い自己統制と攻撃性を支持する態度（社会的学習理論の一つの変数）は犯罪因的危険因子であるように思われる（Andrews & Bonta, 2003）。同じように，人生早期に確立される自己統制と不行跡における個人差は人生を通して常に不変であるようには思えない。つまり変化は可能である。第15章で再検討する研究では，Robert SampsonとJohn Laub（1993）は縦断的研究のデータを用いて示したことには，安定した雇用とうまくいっている結婚生活のような大人になってからの社会的絆は，幼少期にはうまく乗り超えられた順応生活への経路へと，犯罪者たちを導きなおす。自己統制と犯罪やこれに類似の行動との関係はかなり問題である。犯罪的，そしてこれと類似の（あるいは逸脱的）行動はすべての犯罪者――例えば職業上高い地位を得ようとして満足を引き延ばすことが明らかなホワイト・カラー犯罪者を含む――で，強い相関を示すということは疑わしい（Benson & Moore, 1992）。そして一部の証拠（すべてではないが）は理論的予測とは逆に，自己統制は，喫煙（Arneklev, Grasmick, Tittle, & Bursik, 1993）ないし親しい中での暴力（Sellers, 1999；Gottfredson, 2006を参照のこと）のようなあらゆる型の類似の行動に強く関係してはいないことを示唆している。

有益であるが誇張されがちであるほかの定言は無効な育児――無法行為を監視し，認知し，罰するに十分な配慮をすることに親が失敗している――は低い自己統制の主要な源であるというGottfredsonとHirschiの主張である。将来の自己統制水準への育児の影響を支持する数多くの研究がなされてきた（展望論文としてはCullen, Unnever, Wright, & Beaver, 2008を参照のこと）。しかし研究調査では，自己統制の起源はGottfredsonとHirschiが理論化した以上に複雑である可能性があることが示されてもいる。例えば一つの研究では，親の監督が家父長的でない家庭では女子の自己統制を弱め，男子では強化される可能性が示唆されている（Blackwell & Piquero, 2005）。親の管理を超えて，自己統制の水準は効果的な学校生活での社会化訓練によって増大し，逆の地域的条件によって減少するという証拠もある（Pratt, Turner, & Piquero, 2004；Turner, Piquero, & Pratt, 2005）。より重要なことには，親が自己統制水準に影響を与えるのは，育児の仕方よりも遺伝による可能性があることを示唆する研究もある（Wright & Beaver, 3005；Unnever, Cullen, & Pratt, 2003をも参照のこと）。この所見は心理学的研究報告と一致していて，低い自己統制を構成するものに類似のもの（例えば衝動性）を含む人格特性が育児によって少しは影響されるが，しかしこの人格特性の変数のおおよそ半数が遺伝的なものである（Harris, 1995, 1998）。

誇張されているかもしれない主張を超えて，

自己統制理論から失われているかもしれないものを考察することは意義のあることである。この点に関してGottfredsonとHirschi (1990) は彼らの思考に隠れている不一致を解消することに成功しなかった。一方社会階級は犯罪の相関としては重要ではなく，犯罪は階級構造全体を通じて見いだされることを彼らは示唆した。一方彼らのモデルの論理は階級と犯罪との強い相関を外見上は予測している。犯罪者に関する彼らのイメージは社会的失敗者というものである。自己統制を欠いているので，犯罪者は学校でも，労働市場でもかんばしくはない。彼らは不可避的に下層階級へと滑落していく。さらに犯罪者は不適格な親となることが予測され，低い自己統制を子に伝え，経済的不利益を与えている。幾世代の後には，犯罪は次第に社会の底辺に集積するはずである。将来理論上のこの不一致は系統的な検討を必要とするであろう。

以上と関連することだが，GottfredsonとHirschiは犯罪の原因となる条件の重大な鎖を特定したのかもしれないが，家族の安寧，良質の育児を与える能力，そして自己統制を根付かせることに影響する可能性のある比較的大きな構造に関しては沈黙したままである。Currie (1985) はこの無視に対し，〈家族の外界からの〉「虚偽の自律性」(fallacy of autonomy) と名付けた。つまり，「家族内で起こっていることは外界——家族が良くも悪くもはめ込まれている比較的大きな社会的文脈——の家庭に影響する力から有効に分離可能であるという考え」(p.185) である。従って犯罪についてのより完全な理解とは親子を変化する米国社会の文脈に位置づけることである。とくに構造的力と政府の政策を吟味することが重要であるように思える。これらは多くのスラム地区の社会組織を引き裂き，安定した家庭の養育の発展を阻害し，多くの若者たちを犯罪への早期関与の危険にさらしている (Durrie, 1985, 1989, 1993；Panel on High-Risk Youth, 1993)。

最後にTittle, WardとGrasmick (2004, p.166) は自己統制理論の「概念上の不完全さ」を明確にした。彼らが提示したことには，自己統制の構成体は単一の特性や素地といったものではなく，むしろ二つの要素を含んでいる。つまり自己統制能力 (capacity) と自己統制への志向 (desire) である。GottfredsonとHirschiはいかに人びとが自己統制を行う能力なり技量において異なっているかに関して幅広く理論化を行った。しかしTittleらによれば，個人は自己抑制 (self-restraint) を行う関心も異なっているかもしれない。初期の研究でTittleら (2004) のOklahoma Cityの成人の地域調査研究から得られた証拠からは，自己統制能力と志向性とは不行跡へは互いに独立して，また相互作用的に影響を与えていることが示された (Cochran Aleska, & Chamlin, 2006)。

自己統制の志向性の概念を展開する中で，Tittleら (2004) は動機——Hirschiが〈人なら有していると〉当然すぎることと常に見なしていた——を統制理論に再度導入する試みをした。彼らによれば，動機の一つの型は犯罪を行う欲望 (desire) である。これは緊張や，社会的学習的アプローチのような伝統的理論が説明しようとしている動機である。対照的にTittleらの主張では自己統制の志向は質的に異なっている動機なのである。つまりそれは犯罪行動の誘惑に抗する動機である。これら二つの型の動機——犯罪を行う欲望と阻止しようとする志向——は同一線上の両端にあるのではない。むしろTittleらの主張では，これらは競合する動機の力であって，犯罪行為が起こるかどうか決定するのはその相対的強さなのである。動機の複合性に関するこの新鮮な見解には将来この線に沿った研究がみのりあるものになる可

表 6-2　Hirschi の二つの犯罪理論

理論の次元	Gorrfredson と Hirschi の自己統制理論	Hirschi の社会的絆理論
統制の型	自己統制	社会的絆
統制の型	内的	社会的；社会との関係の質に依存
統制の安定性	幼年期に確立；自己統制の個人差は生涯を通じて持続する	統制は社会的絆が変化するに従って変化可能である
犯罪と絆との関係	見かけ上の関係；絆の質と犯罪水準は共に自己統制の水準によって生じる	犯罪の原因である；絆の質は犯罪水準を決定する

能性が秘められている。

3. 自己統制と社会的絆

　前述したように，Hirschi は犯罪の最も重要な統制論モデルの二つを主張した。つまり社会的絆論に関する初期の業績と自己統制論に関する Gottfredson との後の業績である。限られた例外はあるものの（Gottfredson, 2006；Laub, 2002），Hirschi と Gottfredson はこれら二つの視座がどのように収斂し，離散するのかを詳細にはしなかった。こうして『犯罪の一般理論』では，社会的絆理論の限界と，自己統制理論が犯罪性に関する我々の理解を前進させると二人が確信している理由とを説明する試みがなされていない。Laub（2002, p.ix）が指摘しているように，これら二つの視座を「調停する試みがこの分野ではなされてきた」（例えば Ongshore, Chang, & Messina, 2005；Taylor, 2001）。以下，この論争についての我々の見解を述べてみたい（表 6-2 を参照のこと）。

　Hirschi が二つの視座の根底に据えている概念とは，逸脱の動機は可能な限り容易な方法で他人を考慮しないで，即座の満足を求めるという人間の本性に根ざしているというものであった。こうして二つの理論にとって無法と遵法の人間を分ける鍵因子はこれらの衝動への行為を阻止する統制が存在するかどうかである。では Hirschi の二つの統制理論のどこが違っている

のであろうか？　前述したように，これらを区別する特徴は統制の源泉であって，一方は社会的絆であり，他方は自己統制である。

　この差違は重大である。事実，これが Hirschi の二つのモデルを互い競合する理論的視座にしている基本となっている（Hirschi & Gottfredson, 1995 対 Sampson & Laub, 1995）。自己統制理論は早期の育児効果が幼児が発展させる自己統制の水準を決定すると考えられているという意味で自己統制理論は一つの社会学的説明である。しかしこの観点の後 Hirschi と Gottfredson の視座は個人差が変化しない理論となった。人生経路を通じて自己統制水準は，犯罪関与からすべての制度面（例えば家庭，学校，職業，結婚）での成功に至るまで個人的生活のあらゆる側面に強い影響を及ぼすことになる。逆に Hirschi の元来の社会的絆理論はより純粋な社会学的理論となっている。社会的絆の発達は幼児期に限定されていない。むしろ絆はどの年齢にあっても強く形成される。この理論では，絆が形成されると，これが逸脱への動機を阻止し，犯罪関与を防止する，とされている（Sampson & Laub, 1993）。

　Hirschi の二つの統制理論はこうして一つの重要な点で分かれる。彼の第二の視座から主張されていることは，社会的絆は犯罪関与に影響を与えないということである。その代わりに，社会的絆と犯罪との関係は見かけ上のことにす

ぎない（Evans et al., 1997）。例えば親への愛着という社会的絆がそうである。社会的絆の主張によれば，愛着の絆は非行を低減する。逆に自己統制理論の主張では，自己統制の高い子どもは親への愛着を示し，そして非行を回避する傾向も強いが，一方自己統制の低い子どもは愛着を形成することが困難であり，また法を勝手に破ってしまう。こうして愛着と非行とは，第三の基盤となる〈共通〉因子，つまりは自己統制によって双方共に生じている点でのみ，関係している。

違った叙述をすることによって，Hirschi は年と共にその考えを変化させた。かつての彼の考えでは，社会的絆は犯罪の主要な決定因子であった。しかし後に彼（と Gottfredson）は社会的絆は個人の自己統制水準のたんなる表現にすぎず，犯罪関与への独立した因果関連を持つものではないと考えるようになった。この問題は本書第 15 章でも再度取り上げられるが，そこでは Gottfredson と Hirschi を再検討し，彼らの理論の，ライフコース理論，とりわけ Sampson と Laub（1993）の業績にとっての意義を検討してみたい。

4. Hirschi の修正社会的統制理論

2004 年に Hirschi は彼の社会的絆と自己統制論的視座について反省をしている。彼は二つの理論的困難に直面した。第一の困難は前述したところであるが，基本的には互いに反目しあっているように思える彼の二つの統制理論の調和に Hirschi は失敗している点である。第二の困難は自己統制理論を犯罪行為を説明するための一つの「特性」（trait）と解釈する学者たちの傾向に関係したものである。一つのフォーラムで述べられた，犯罪学者たちに広くは読まれていない比較的短い考えが社会的統制理論の第三の道を目指すものなのかどうかは明確ではないが，この問題に関する彼の最終的思想を含んでいるだけに，考察するに値するものである。

Gottfredson との共著で『犯罪の一般理論』（1990）を著し，自己統制の構築を展開した Hirschi にとって，社会的絆の概念は二つの相互に関連した問題を提示していた。第一に，社会的絆は時間経過において不安定であるため，その強さの変化は人生の犯罪関与に変化をもたらす。第二に Sampson と Laub（1993）が指摘したように，いかなる時点においても社会的絆の強さは犯罪者が関与する関係の質によって影響を受ける。絆には二方向がある。それは犯罪者（ないしは潜在的犯罪者）と個人が交流する相手とを含んでいる。関係は開始と終結があるので，社会的絆は行動の連続性のみならず変化の源泉ともなっている。絆は変化し，関係に基づいているとのこの前提は，統制は安定的で，内的であると見なす自己統制理論の前提とは一致しない。

Hirschi（2004）は今や不安定説を拒否し，社会的絆は安定しているという主張をしている。彼は，このことを，「『絆』の源と強さはもっぱら，これを報告したり，開示している人物の中に存在している」（p.544）という言葉によって，主張している。こうして愛着は両親と若者との間の関係の質に依拠するものではなく，主として若者の心の中に存在している。親子の愛着が危うくなると（例えば離婚や，児童虐待），何が起こりうるのかは不明瞭であるが，この可能性は Hirschi の修正社会的絆理論ではいささかも考慮されていない。ともあれ，社会的絆がいまや変化しにくく，内的なものであるとすれば，いかにしてそれは自己統制と区別されるのか？ それは区別されないのである。Hirschi（2004）によれば，「両者は同じものである」（p.543）。こうして社会的絆理論はいまや「救助され」，自己統制理論と同じものとなった。

しかし彼の修正論的視座において，自己統制もまたその性格を変えている。その元来の言明では，自己統制の欠如は衝動的で，無謀で，他者の要求に無頓着で，満足を先延ばしできないものとして記載されていた。これらの「自己統制の要因」（Gottfredson & Hirschi, 1990, p.89）は一つの傾向を構成していると仮定されていた。大半の学者にとって実際このことが意味することは，自己統制は状況を超え，人生を通じて個人が保持し続ける一つの安定した人格特性と同じであった。

Hirschi（2004）はしかし心理特性による犯罪説明論と化した彼の自己統制理論には不満であった。彼の見解では，悪しき特性を悪しき行いに結びつける問題は個人が選択する道を排除することである。人は満足を得ることを先延ばしすることを困難にさせるたんなる衝動の束ではない。むしろ傾向と行動との間に介在する理性的ないし認知的過程が存在している。人は考え，それから行為に至る。もちろん人の考え方には個人差が存在する。ある者は結果を考慮するが，他の者はそうはしない（Gottfredson, 2011 を参照のこと）。

Hirschi（2004）が考察したように，彼の理論は「犯罪者は彼らがそうであること（衝動的，頭に血が上りやすい，利己的，身体の危険も顧みない）ことから行動するが，一方非犯罪者はまさにこのようなものではない」（p.542）。別の見方をすれば，自己統制は実現をめざす人間本性の満足探索を阻止するか，許容する一つの特性である。しかし Hirschi にとって統制理論は人から行為者性を奪うものではなかった。これは Hirschi の実証主義に対する途切れることのない批判点で，そこでは悪しき特性が悪しき行いと同じであると主張され，行為者はこの等式の背景に消えてしまっていた。Hirschi は〈この実証主義以前の〉古典学派の理性的行為者――状況を理解し，選択手段を値踏みし，そうしてから自己の利益に適った行動を起こすという人間観を保持しようとした（Gottfredson & Hirschi, 1990）。彼の自己統制理論のこの側面は犯罪学者たちによるその理論の置き換えや検証の過程で失われた。2004 年の試論の中で Hirschi は犯罪等式の中に実行者と行為者性とを回復させようと試みた。こうして彼が主張したことには，自己統制は統制理論の一つの中心的考えである，競合する利害を認知し，評価することを含んでいる。この理論では認識（cognizance）と合理的選択の要因を含む説明的機序が不可欠なのである」（p.542；Marcus, 2004 をも参照のこと）。

こうして修正された彼の社会的絆理論において，Hirschi（2004）は自己統制を「**一つの特定の行為に伴う代価のあらゆる可能性を考慮する傾向**」（p.543. 強調は原著者による）として再定義している。つまりある人びとは犯罪やこれと類似の逸脱行動を制止するが，それはそのような行為がもたらすであろう種々の結果を彼らは見通すことができるからである。Hirschi の考えでは，多くの場合において彼らがそうするのは，何か失うべきもの――彼らが心に抱く愛着，上昇志向，活動参加心と信念――を持っているからである。社会的絆とは彼らが考量する代価であり，これが犯罪行動を阻止している。低い自己統制の人たちは結果についてほとんど考えないので，即座の満足を拘束されることなく追求しようとする。社会的絆が弱いので犯罪へ走ることを阻止するはずの価値あるものが彼らの生活にはほとんどない。

Hirschi の修正理論は刺激的であり，幾分かの実証的支持も得られている（Piquero & Bauffard, 2007）。そうではあるが，それは二つの欠点を抱えている。第一に，Hirschi は社会的絆の起源について明確な説明をしていない。

その示唆することは，社会的絆は社会関係によって確立されるのではなくて，青少年の性向（internal orientation）を反映したものである。かなり早い時期に，子どもの一部は協調的となり，人の意に適うようにするが，一方他の子どもは怠惰で，怠慢である（Hirschi, 2004, p.544）。もし我々が絆を持っているとすれば，それは我々は建設者であって，選択をして，慣習的秩序への結合から構築したからである。明らかに個人は，社会的絆を形成する彼らの天性の能力に差がある。この絆が今度は自己統制の可能性を高める代価として機能する。因果関係を図式化すると，こうなるように思われる。つまり，自己統制は社会的絆を創り，この社会的絆が今度は自己統制を創り出すのである。次に，第二の欠点であるが，Hirschiは社会的絆は安定的なもので，自己統制と「同じ」であると簡単に言ってのけている。しかしこれら二つの構成体——社会的絆と自己統制——は理論上は同じものではありえない。

　事実，社会的絆の安定性ないし不安定性，その起源，それが自己統制とは異なった作用を持つのかどうかは結局は実証的問いかけである。この点に関して言えば，第15章で検討するSampsonとLaubの業績（1993）である年齢段階的社会的絆理論はHirschiの修正社会的絆理論の中心的主張に疑いを投げかけている。

Ⅲ　統制の複雑さ

　Travis Hirschiは現在の統制理論の支配的人物ではあるが，他の学者たちも社会的絆が犯罪的行動に関係しているということを探究してきた。その中心では，統制理論は順応と統制の存在，犯罪と統制の欠如とを伝統的に結びつけられてきた。しかし，比較的最近の視座が明らかにしたことには，社会的絆はその質，量，それが適用される文脈に応じて異なる作用を持つ可能性のある複雑な現象である。以下の節では統制は犯罪行動を抑制するだけでなく，犯罪因にもなりうる可能性とその条件を探究している三つの有力な理論を概括してみたい。これらに含まれるのが，John Haganの力・統制理論（power-control theory），Charles Tittleの統制均衡理論（control balance theory），そしてMark Colvinの強制理論（coersion theory）である。

1．Haganの力・統制理論
1）ジェンダーと非行

　John Haganの力・統制理論はGottfredsonとHirschiの視座と共通の側面がある。第一にHagan（1989）の主張では，非行が発生しやすいのは，当人が危険を顧みないことを好む場合で，これはGottfredsonとHirschiが自己統制欠如の中核と見なした性向である。第二に双方のアプローチが共に有している考えでは，危険を冒すのか，自己統制を作動させるのか，という個人の性向は育児の性質によって確定される。つまり家族が犯罪関与を助長するのか，阻害するのかの孵卵器となっている。

　この重大局面において，これら二つの理論は離反する。GottfredsonとHirschiにとって育児は良いか，悪いかであって，このことが自己統制が根付くかどうかを決定している。Haganにとっては重要な事柄は，両親間の力の均衡がどのように育児のありかたに，そして向こう見ずな性向と犯罪とに影響するのかということである。つまり，夫婦の間の力関係がいかに子どもが統制されるのかを形成する（このため力・統制理論と呼ばれている）。

　Haganによれば，家父長的家庭にあっては親は男児以上に女児に対してより強い統制をかけている。実際このような家庭は次の世代におけ

るジェンダー関係をも再生産しようとする。娘たちは女性的であるように訓育され、家庭生活を尊重し、つまりは主婦として彼女らの将来の心構えをするように躾けられる。息子たちは大胆さを、世間を知ることを鼓舞され、つまりは大黒柱としての心構えを説かれる。この結果少年は無謀な行為に走りがちになり、このため非行に至りやすくなる。

しかし平等主義の家族では、親は女児も男児もより平等に監督し、Hagan（1989）によれば、「換言すれば、母親が夫に対して相対的に力を得、娘は息子よりも相対的に自由を得る」（p.157）。息子だけではなくて、娘も職業世界に入る可能性があると見なされ、将来の関係において平等なパートナーと見なされる。家父長的家庭の少女たちとは異なり、彼女たちは「家庭生活のカルト」に完全には染まらず、危険な活動に関与する自由を与えられる。この結果、娘と息子の危険嗜好が同じ程度になりやすく、このため非行関与の割合が近似したものとなる。

2）力・統制理論の評価

力・統制理論には批判者がいなかったわけでもなく、多少の修正が必要なのかもしれないが、その視座には非行の一つの有効な理論であることを支持する実証的データが集積しつつある（Blackwell, 2000；Blackwell & Piquero, 2005；Grasmick, Hagan, Blackwell, & Arneklev, 1996；Hagan, 1989；Hagan, Gillis, & Simpson, 1990；Hagan & Kay, 1990；Hill & Atkinson, 1988；Jensen & Thompson, 1990；McCarthy, Hagan, & Woodward, 19999；Singer & Levine, 1988）。さらには、ジェンダーに基づく社会における力関係がいかにして親による統制に、そして究極的には非行への関与に影響を与えるのかを考慮することが必要であることを明らかにすることによって、この理論は犯罪学的考え方を前進させた。

しかし力・統制理論にはいくつか体系的に立ち向かうべき問題が残っている。第一に理論の原理上の限界であるが、おそらくこれは他の構造的条件が育児の性質と効果に対していかに影響しているのかがかなり触れられないままである点である。とりわけジェンダーと階級の交錯にこの理論は立ち向かうべきであり、社会における他の型の力関係がいかに犯罪に影響しているのかをより明確に述べるべきである。例えば貧困にある地域共同体の背景にしたシングル・マザーの育児がどのように非行に影響するのかについてこの理論は明確にしていない。第二に、この視座は元来慢性的とか重大な犯罪行動の説明としてよりも「一般的」非行の説明として展開された（Hagan, 1989, p.160）。しかしもし一つの理論が犯罪学者たちや政策立案者たちが最も関心を抱いている種類の犯罪を説明できないならば、その意義は多いに失われる。第三にこの理論に対する実証的に支持するデータはあるものの、社会的学習理論や個人差に基づく理論（例えば低自己統制理論）のような競合する理論に対するこの理論の検証を大半の研究は行っていない。もし力・統制理論がこのように理論上「競合」するのであれば、その変数の作用が現実のものか、みせかけのものかどうか不明確となるであろう（例えば、これらの変数の作用は、他の理論の変数の作用が統計的検証で考慮すべきものと判明した場合、消失してしまう）。

2．Tittleの統制均衡理論

1）理論的定言

統制諸理論は個人の行動を抑制したり「統制」する因子に通例は焦点を当てている。これらの理論は個人の社会環境への統制的働きかけを考慮するのではない。しかしCharles Tittleは革新的洞察を行い、人は統制の対象となるだけで

なく，統制の行為者（agency）ともなるのである（Tittle, 1995, 2000）。彼の犯罪と非行に関する統制均衡理論において，彼が主張したことには，各人はある程度の統制下におかれ，またある程度の統制を行うものである。

ある個人にとって統制の相対的量は均衡をたもっているが，他の個人では統制の欠如に，そしてさらに他のものは統制の過剰に陥っている。統制の均衡は同調に，統制の不均衡は逸脱と関連する。Tittle（1995）の考えでは，「この理論の中心的前提とは，個人が実行する統制の量に対する個人が受ける統制の量は逸脱の発生可能性と起こりうる逸脱の型とを規定している」（p.135）。彼はこの比率を統制比（control ratio）と名付けた。

もしTittleが，統制の不均衡が犯罪原因であるという定言を提唱しているだけなら，彼の理論はずいぶんと簡略で，理解も容易である。しかし彼にとって，無法行為の因果過程は複雑で，諸因子が交錯している。彼が抱える複雑さは諸刃の剣である。彼は，不行跡を促進する多面的条件を無視するのではなく，把握する必要があるが，彼の理論には，検証困難なほど多くの仕方で相互作用を起こすあまりにも多くの変数が含まれている。驚くことではないが，Agnewの一般緊張理論やHirschiの自己統制理論のような競合する視座と比較して，統制均衡理論の実証的調査研究は制限される。しかしその後になされてきた研究はこの理論を幾分なりとも支持する証拠を提供している（例えばBaron & Forde, 2007；Piquero & Hickman, 1999；Tittle, 2004, p.396を参照のこと）。

Tittleの理論はなぜ個人が逸脱の動機を発展させる素地を有するようになるのか探究することから開始している。このような素地の可能性は人間の本性に備わっている。なぜなら我々は自律への強い要求を持つ生物である，つまり他者が我々に押しつけようとする統制を逃れようとする傾向がある。自律へのこの欲望は，人が追い求めている目標を達成することが阻止されている時，その統制比が不均衡な時に高まる。自律性，目標阻害，統制の不均衡の因子の同時併存が「逸脱行動への動機を体験する準備状態」を助長する（Tittle, 2000, pp.319-320）。

この素地は二つの条件が生じると逸脱への明確な動機を形成する可能性がある。第一に人は「その統制不均衡に急に気づくようになり，逸脱行動は〈行為者からの統制の〉欠如の克服か，過剰の拡張によってこの不均衡を変えることが可能であることを悟る」（Tittle, 2000, p.320）。つまり逸脱の働きないし報酬が明らかになるのである。第二に，人は「陰性感情」体験をさせられる。これは「貶められ，辱められるなり，侮辱されるという感情で，逸脱は挑発に対する一つの可能な反応であるという考えを強化する」（p.320）。逸脱はこの状況に連関したものである。というのも人を貶める試みを正すことをそれは可能にするからである。

一旦逸脱への動機が生まれても，逸脱行動はそれでも生じることはない。その理由の一つは人はある特定の行為を行うための機会を持たなくてはならないからである。また束縛が克服されなくてはならない。この束縛には状況的危険（例えば逮捕される）や個人の道徳的制止，自己統制の水準，社会的絆が含まれうる。重要なのが統制均衡比であって，これが逸脱行動が起こるかどうかを決め，もしこれが起こるなら，逸脱行動の種類をも形成している。

Tittleは一つの「一般」理論を提示し，すべての型の逸脱を説明しようとした。彼は逸脱の類型学を示し，連続する七つの行動カテゴリーが作成された。この連続体（continuum）の中間に位置しているのが同調（conformity）で，これは統制均衡状態に対応すると言われてい

る。この連続体の中間の左には彼が逸脱の抑制（repression）型と名付けた三つのカテゴリーがあって，これらは〈抑制という受け身の〉統制の欠如に関係している。極端すぎる抑制は服従（submission）に，中度抑制は反抗（defiance）に，抑制が最も弱いのが掠奪（predation）に分類されている。この連続体中間の右側には彼が〈逸脱の〉自律（autonomy）型と名付けた群があって〈行為者から外界への能動的〉統制の過多を示している。自律型の最右翼が退廃（decadence）で，中度自律が強奪（plunder）で，最小の自律は搾取（exploitation）とされている。

　犯罪学者は掠奪のカテゴリーに最大の関心を抱くことであろう。Tittleの主張では犯罪の重大な型は統制欠如が小さい人びとに起こる。欠如が限定的だと，犯行は当人が体験している統制不均衡をうまく消去すると犯行者が判断することもありうる。例えば若者が暴力を使用することがその統制比を変更でき，他の若者が当人を統制しなくさせうるからである。統制欠如がより大きな場合には，人は単に服従するだけか，蛮行のような比較的重大でない逸脱に走るが，これは反抗ではあるが，当人に統制を及ぼすことのできる人びとから高い代償を払わされることはない。〈能動的〉統制過多は一般に反動の伴わない逸脱行動の範疇にはいるものへと走らせる。Tittleが主張したことは，企業犯罪やホワイト・カラー犯罪の多くがこのような統制過多に起因するものである（Piquero & Piquero, 2006を参照）。

　比較的最近になってTittle（2004）は犯罪を含む逸脱行為が並んでいる連続体を持つ逸脱の類型学を変更した。そこでの彼の主張ではいかなる逸脱行為も統制均衡の望ましさ（desireability）の程度によって段階付けがなされる。この構成体には二つの因子が含まれている。一つは，逸脱行為は当人の「統制不均衡」を変更する「長期的と思われる効果」に応じて変動する。第二に「逸脱行為の被害者なり対象に当人が直接関与すること」が必要な程度に応じて逸脱行為は変動する（Tittle, 2004, p.405）。長期効果が望ましいのは，統制不均衡問題が解消し，その後の逸脱行動を必要としなくなるからである。被害者への直接関与を避けることは望ましいことで，距離を置き，対面することを避けようとすることは，当人が対抗する反応に屈服する可能性のあることを示している。例えば，もし労働者が当人を辱めた雇い主に暴行したとすると，この暴行では統制均衡の望ましさは低いことになる。なぜなら，この労働者は雇い主に対するその統制不均衡を一時的に変更しようとしただけだからである。結局は統制欠如を悪化させる雇い主の反応を生み出す可能性もまたあるからである（例えばこの労働者を殴り返す，解雇する，逮捕してもらう）。いずれにせよこの理論の今後の課題はこの中心となるものが統制均衡の望ましさの水準を変える行為がいつなされるかをどのようにして予測するのかということである（Tittle, 2004, を参照せよ）。

2）統制均衡理論の評価

　Tittleは従来の統制理論の中核的定言を修正する魅力ある理論を提示した。伝統的統制理論は犯罪を統制の破綻ないし欠落と関係づけている。Tittleはこの主張に同意は（ある程度）しているのだが，彼の鋭い指摘は，過度の統制もまた当人を統制欠如に陥らせ，犯罪の原因になりうるということである。犯罪は統制感を回復する機能をもちうるという彼の洞察は，緊張の緩和，男性性の証明，反抗による自尊心の防衛という問題解決としての犯罪的行動の役割を強調している他の諸理論と合致している。

　しかし，Tittleの理論はいくつかの重大な弱点を抱えている。第一には，犯罪や非行の原因

を明確にしているだけでなく，説明対象である現象の性質と原因要因とを関係づけてもいる一つの理論を発展させようとTittleが試みていること（つまり最初の彼の逸脱の類型学は統制均衡の望ましさに置き換えられている）は賞賛されうる。しかしこの研究方向は無益である。例えば，犯罪のみならず逸脱とみなされる無数の行為に対して統制均衡の望ましさがどの程度か測定することはほとんど不可能であるように思える。というのも一つの行為の望ましさは重要な状況因子によって変化しうるからである（煩い雇い主を暴行によって威嚇することは実行者がどれほど大きいか，雇い主がどれほど怯えるかによって暴行の望ましさは変化する）。行為の統合均衡の望ましさを測定することに進歩がもたらされたとしても，この煩雑で面倒なだけの作業に学者が時間を使うほど魅了されるかは疑わしい。もしTittleが逸脱を定義づけ，測定する試みを放棄し，その代わりに，他でもなく，統制均衡が犯罪を導く条件に傾注するならば，彼の理論はより多くの賛同者を得ることであろう。

第二に，人間の動機の源泉として自律を強調することは不必要であるように思える。例えば，他の多くの統制理論が主張する欲望，つまりは逸脱の動機として普遍的中心でもある自己満足の欲望をなぜ考慮しないのであろうか？

第三に，自己統制，社会的絆や社会的学習のような他の理論では主要な原因的変数とされているものを拘束（contrains）や付帯的条件のような二次的役割へと降格させている。例えばRonald Akersのような競合する理論家が主張するであろうことは，社会的学習が重要で「主要な作用」を及ぼしたり，Tittleが示したいかなる過程とも関係のない，犯罪的行動への独立した影響を与えるのである。他の比較的新しい理論家たちの言うように，課題は統制均衡理論を他の諸理論と実証的文脈において戦わせてみることである。犯罪の他の予測因子と比較して，Tittleの同定する統制比因子が犯罪的行動に作用するのが強いのか，弱いのかを評価できるようになるのはこの方法によってしかない。

3. Colvinの分化的強制理論
1）理論的定言

その誕生以降，人は種々の水準の強制という連続的体験にさらされてきた。こうして一部の人は大半が強制的でない手段によって法の遵守がなされている社会環境で生活するという幸運を得ている。しかし他の人びとは人生を強制的環境で過ごしている。しばしばこの強制は過酷で，気まぐれで強い犯罪素地を形成し，犯罪行動の慢性化を助長するものとなる。Mark Colvinによると，

> 慢性の犯罪者は形成されるのであって，生まれつきのものではない。強制の反復する一定しない出来事によって強調される発達過程から彼らは生じる。彼らは，慢性の犯罪の方向へと駆り立てる力動過程に陥り，強制の受け手であり，実行者となる（Colvin, 2000, p.1）。

Colvin（2000）は対人的強制（interpersonal coercion）を「恐怖を通じて法遵守を形成する目的を持った力の脅迫と威嚇」（p.5）であると定義した。このような強制は身体的罰ないし愛情や支援の剥奪を含んでいる。人はまた人間を直接介さない強制に直面するかもしれない。これは失業や貧困，企業やその他の集団のおける競争によって起こされる経済的，社会的圧力のような個人の統制を超えているように思える構造的調整なり状況から生じる圧力」（p.5）である。これらの二つの強制はしばしば交錯し，強制の直接人を介さない型によって最も影響を受けている環境で，対人的強制に人はさらされる。

これは犯罪学習の原因に暴露されることの変動を示す用語である分化的接触をSutherlandが採用したのと似ている。Colvinのこの用語の採用はまたRegoliとHewits (1997) の分化的圧迫理論 (differntial oppression theory) にも類似している。Colvinによれば，法令遵守を確保することを目的とした——人びとを社会規範に従わせることを目的とした——統制は二つの次元において変動する。一つは，統制は強制的か，非強制的であり得る。第二に統制は一貫しているか，一貫しない形でなされうる。一貫した非強制的統制は違法行為に走りにくい心理的に健康な若者を形成する可能性が最も高い。しかし，最も問題のある組み合わせは統制が強制的で一貫しない形でなされた場合である。Colvinによれば，この型の分化的強制は慢性の犯罪性を形成する。

Colvinのモデルでは強制的で一定しない統制は他の理論家たちが犯罪原因であると考えている多くの因子を形成する。この意味で，このモデルは「統合的」理論である。それでもこの理論の一次的原因因子——分化的強制——は独自のものである。いかなる場合でも過酷で一貫しない強制は不公正感と「怒り」（一般緊張理論），「弱いもしくは疎外された社会的絆」（社会的絆理論），「強制的モデル化」（社会的学習理論），そして「低い自己統制」（GottfredsonとHirschiの一般理論）を形成する (Colvin, 2000, p.43)。これらの因子が組み合わさって犯罪への慢性的関与のための強い素地全般が形成される。Colvinが社会心理学的欠損と呼んだこれらの力が個人の内部に一つの強制に関する観念 (coecive ideation) を形成する。ここにおいて人は強制はお返しの強制する行動によって最も克服されるという世界観を抱く。このような考えを抱いて，人は掠奪的行動に走り，彼らの環境を統制しようとして暴力を採用したり，暴力の威嚇をする。

Colvin (2000, p.87) は，慢性的犯罪性の原因は世代間で伝わり，発達するものであると主張した。この過程は強制的体験を背景に持ち，強制的職場で仕事をし，直接人間を介しない強制的力に干渉されている（例えば不況，貧困，人種差別，過酷な生活状況）親に始まる。そしてこのような親は強制的で一貫しない育児法によって，いわば彼ら自身を再生産するのである。彼らの社会心理学的欠損と強制という考え方はその子らに伝達される。こうしてこれらの若者が学校や仲間集団等の社会に入り，そこで過酷な統制を体験し，彼らの欠損と強制に関する考え方がさらに強化される。さらには彼らが大人になると，臨時雇いの労働市場で雇用される傾向が強く，これが彼らの貧困からの脱出を挫折させ，強制的な労働条件に彼らをはめこんでしまう。しばしば彼らは刑事司法制度に落ち込み，そこでより強制的な扱いを体験をしてしまう。人生を通じて存在するこれらの因子は強制に関する考え方と犯罪的素地を常に強め，慢性的犯罪性の危険を高める結果を招く。最後に，これらの犯罪者は次世代の若者に彼らの体験を再生産しようとする。

このサイクルを断ち切るには，「理論が導いてくれる反応」が必要であると，Colvinは主張した。比較的強制の少ない社会を広範囲に創り出すことにColvinは賛同しているが，この社会では政府の政策によって人びとの人間的要求に優先性が与えられている。この方向へ動き出すには一定範囲の社会支援プログラムを実行する政治的決断が必要である (Colvin, Cullen, & Vander Ven, 2002 ; Cullen, Wright, & Chamlin, 1999 ; Currie, 1998b)。例えばこのような計画には無職やホームレスのような危機に直面している個人を援助するとか，育児をより効果あるものにするための親の支援とかのプログラム

や，犯罪のリスクのある若者への早期介入プログラムである世界的な Head Start プログラム，公的教育へのより強い関与，職場環境を過酷さを減じ，より民主的にするための努力，そして犯罪予防，公平さ，修復と復帰を強調する刑事司法制度が含まれる。

2）分化的強制理論の評価

『犯罪と強制』において Colvin（2000）は彼の原因モデルにおける多彩な相関関係を支持する証拠を提出している。しかしこの視座の実証的検証は必要である。そうであっても，種々の社会的文脈を超えて初期の証拠では強制理論を支持するものが存在している。こうして 2,472人の中等学校生徒の標本に基づき，Unnever, Colvin そして Cullen（2004）は分化的強制理論の中核的定言と一致する証拠を提供している。彼らの所見では，理論の予期しているように，強制的環境への暴露は自己申告の非行を増大させ，これらの作用は社会心理学的欠損によって媒介されていた。同じく，Tronto 市内の 16 から 24 歳までの 300 人の路上生活の若者を標本にして，Baron（2009）が見いだしたことには，強制の多次元的計量によって暴力的犯罪への関与が予測された。Colvin の理論と一致して，暴力への強制の直接的作用は低い自己統制，怒り，強制をモデルとすること，そして強制に関する考え方によって部分的に媒介されていた。

Ⅳ　理論の帰結：政策的意義

本書で検討されている一部の他の理論とは異なり，統制理論は，数十年間存続してきており，多くの者にとって「常識」（Empey, 1982, p.268）となっている防止と介入の努力の種類を強化しようとしてきた。しかし Durkheim の遺産が，逮捕される恐怖に一次的に基づいている抑止政策によるよりも社会教育制度の強化によって防止することを主張してきたことは言うまでもない。そして個人を修正することは隔離や刑罰の政策よりも社会秩序への統合を目指す政策によって実現されねばならないことを統制理論が主張してきたことを強調しておくことは大事である。つまりこれらの視座は「強硬な」法と過酷な刑罰によって，つまりは国家の刑罰的統制によって，犯罪を減少させようとする試みが効果的となる可能性はない，と主張している。というのもこれらによって犯罪行動を絶縁するいかなる自己統制や社会的絆が確立されることがほとんどないからである。

我々が検討してきた統制の諸理論は職業犯罪，組織犯罪，企業犯罪とホワイト・カラー犯罪の防止よりも，少年非行や通常の路上犯罪の防止についてより多く語っている。防止に関しては家族の強化，とくに有効な育児に関してのプログラムをこれらの理論は相当に支持している。これらの努力は早期介入プログラムとしばしば言われている。

これらのプログラムは改善のために親子間の愛着を対象にしばしばしてきた。というのも弱体化した絆は脱線行為への一つの危険因子だからである。このようなプログラムが自己統制の発達に重点をおいているので，外からの統制が弱い状況においてさえもトラブルから人を遠ざけることのできる，好ましい自己概念，衝動抑制，不満への耐性を植え付けることで家族を援助する方策が必要であることをそれらは強調している。

学校プログラムも進められてきた。これは学業上の挫折や教育上の向上心の欠如のリスクが高い若者の学校への絆を強化する必要があることにとくに対象を絞ったものである。ある程度の成果が報告されてきてい

る（Catalano, Arthur, Hawkins, Berglund, & olson, 1998；Hawkins & Herrenkohl, 2003；Losel & Bender, 2003）。例えば「シアトル社会発展プロジェクト」は「初等教育段階での学業と授業参加意欲の増進により反社会的行動を防止しようととくに組まれたものである」(hawkins & Herrenkohl, 2003, p.268)。この介入は多面的手法を用いて，児童の怒りや攻撃性に走ることのない学習や問題解決能力を，教師の行動調整と効果的な教授のための能力を，また子どもの学習を親が支援するための能力をそれぞれ高めようとするものであった。この介入は社会的達成と参加意欲を高め，10代での非行と暴力への参入を共に減少させた（Hawkins & Herrenkohl, 2003)。

　成人を安定した雇用と地域社会活動の社会的ネットワークに組み入れる，防止と再統合の方策を統制理論は主張しているが，若者のためのプログラムほどにはそれはなされていない。非行や犯罪の再発によって失うことになる地域社会での拠点がきわめて多くなるような人間関係へと青年と成人双方を導入するために，通常の仕事の目標に向けてなされる労苦から得られる報酬を明白にできる方策を探究することを統制理論はまた主張している。残念ながらこのようなプログラムは1980年代から1990年代にかけての〈保守派への〉政治的風向きの変化と「強硬政策」の人気の犠牲となった趣がある。しかし比較的最近になって受刑者の「再入運動」(reentry movement) が起こり，家族，地域共同体，そして仕事と犯罪者とを結びつけることに役立つ結果となっている。この行動計画では社会適合的行動を増進する社会的絆を形成する手立てを探求することが求められている（例えばTravis, 2005を参照のこと）。

　比較的大きな社会構造と中産階級的通常の価値観とを考慮すべきこととして人間が受け入れるようになるほどに統制諸理論は最も強い説得力がある。統制理論にとって犯罪と非行の危険にある者たちの修正を，彼らを統合することによって行うシステムは，ほとんどが通例の中産階級的用語によって定義されているシステムである。とても興味深いことには，平等主義的過程が中産階級の新しい理想となっているHaganの力・統制理論のようなアプローチでもそうであって，このような家庭の娘たちによる自由の獲得が実際に統制の弱体化を招きかねない可能性に直面している。比較的大きな問題は次のことである。これらのシステム（例えば，家族，学校）のすべてが，あるいは少なくともその一部が，問題解決というよりも問題の一部となっていないのか？　ということである。「悪い」システムへの統合は統合がなされないよりもさらに悪いものかもしれない。本書第7,8章で触れるように，犯罪理論家の一部の主張では，実は主要な問題は通常のシステム自体に存在しており，特定の犯罪者や非行者よりもこれらのシステムこそが犯罪や非行の重要な温床となっている。ラベリング理論家の主張するところでは，通例のシステムはささいな逸脱に過剰反応を起こすことで犯罪や非行を悪化させてしまう傾向があるのであり，一方葛藤理論家たちはこれらのシステムは望ましい社会訓練のための効果的機関を偽装している目立たない抑圧の道具として実際はある，と主張している。

　中産階級の家庭や学校のような通常の制度がこれにうまく適合しなかった者を拒否したり，レッテルを貼ることをせず，社会的抑圧の道具ではないと人が納得し，これらへの統合や修正機能がうまく行っても，犯罪や非行問題を解決するということにはならない。例えば困窮したアフリカ系米国人を挙げると，Empey (1982) は次のように述べている。「問題はアンダークラスの子どもたちがその親と時には対立し，彼

らの学業が振るわないということだけではなく、のけ者にされている政治経済システムの中に彼らが捕縛されていることである」(p.299)。もし基本的問題が比較的大きな政治社会的次元にあるのなら、家族や学校の補強に重点を置く政策が長期にわたって犯罪や非行を防止し、統制することに多くの貢献をすることがどのようにしてできるというのであろうか？ 政治社会的次元がそのようなものと考えられるなら、どのような場合に理論的政策はこのような考えを支持する価値観を教える方向へと向けられるべきなのであろうか？ 日常的秩序が基盤としているいくつかの先入観に挑戦するような、より基本的な理論的政策が発展させられるべきであるのだろうか？ 本書第7,8章で検討されているラベリング理論家たちと葛藤理論家たちは、まさしくこの方向へと我々の注意を向けてきた。

V 結 論

　少年非行の説明に主眼を置く統制理論が統制の影響を主として家庭に、二次的には学校に求める、成人犯罪を主眼とする統制理論は自己概念や自己統制のような内的因子を比較的強調する傾向にあるということに注目することは意義がある。少年は内的因子よりも同輩からの圧力や親の監督のような社会的力によって影響をうけるかもしれないが、内的因子は卒業し、親の監視から離れた成人の同調性の比率を高める点でより重要であるかもしれない。つまり、成人は世の中でより自立し、より完全に結実した性格構造をもってより完全になっている可能性が高い。人生を通して内的、外的統制がそれぞれ混合され、与える影響問題は今後の研究課題である。

　これまでの二章で言及してきた諸理論は統合や修復の力点の置き方や社会解体論的視座への密着度において幾分違いがあるものの、これらすべてが統制論的視座に立っているということを超えて、いくつかの類似点を共有している。Reckless の強調している目標指向（goal orientation）は Hirschi の初期の社会学的方向の社会的絆理論において強調した上昇志向ときわめてよく似ているように思える。両理論とも非同調と潜在的逸脱者を区別する重要な因子として正当な野心を考えている。Reckless の、規範保持（norm retention）の対極にある規範浸害（norm erosion）の概念は Sykes と Matza の中和の技術（techniques of neutralization）と近い関係にあり、後者は前者の一部に容易に包含されうるものである（Ball, 1966）。同じように、Reiss の、受容（acceptance）の結果としての同調と、服従（submission）の結果としての同調との区別は Nye の、内的統制（internalized control）と直接的統制（direct control）との区別とよく似ている。Gottfredson と Hirschi の心理学的指向性を持った自己統制理論は、このような統制がいかにして挫折するのかに関してより体系だった理論であるとしても、Reckless の内的抑制（inner containment）とかなり類似している。Hagan の力・統制理論は、Nye の視座の1950年代のより家父長的であった家庭と比較した1980年代後半時点での米国家庭に関する改訂版として、ある点では読める。また Tittle の統制欠如の概念と Colvin の強制の主張とには重なるところがある。いくつかの現行理論には例外があるものの（例えば Hagan と Colvin）、統制諸理論は Durkheim の刻印が押されており、力と不平等とが社会的統制の質と影響とにどのように作用するのかという問題には沈黙したままである。これらの問題は次章以降で論じられる課題である。

John Braithwaite
1951-
オーストラリア国立大学
再統合的羞恥付け理論の著者

第7章
政府による介入のアイロニー
——ラベリング理論

　人びとが法を犯した時，政府が取る最も賢明な反応は，容疑者らを捕まえるべく最大限の努力を行い，彼らを刑事司法システムで処理することである。こうした前提を裏付けるのは，犯罪者を脅かすあるいは更生させるものであれ，また彼らが通りを徘徊して市民を被害者にする自由を奪うことで無害化するものであれ，政府による介入は犯罪を減らすという信念である。しかしながら，犯罪のラベリング理論を信奉する学者らは,こうした考え方を猛烈に攻撃した。彼らは，政府の介入が犯罪関与を減少させるどころか，犯行者に「犯罪者」や「元重罪人（ex-felons）」の烙印付けを行って対応することで，やめさせようと意図した行動をむしろ深化させるといった，予期せぬ皮肉な結果を生み出しうると警告する。

　従ってラベリング論者らは，刑事司法システムについては違法行為を抑制する能力が限定的であるだけでなくて，むしろ人びとをキャリア犯罪者に導く主要な要因になっていると論じる。人びとをそのシステムに引き込むことは，状況を好転させるよりも悪化させる。刑事司法機関の職員による網（取締りなど）の広範さを考えれば，こうした主張の重要性が増してくるだろう。一日あたり，約240万の米国人が拘置所や州あるいは連邦の刑務所に収容され，500万人以上の者が保護観察あるいはパロールの監督を受けながら地域で生活している。さらにマイノリティに対しては，彼らの生活への政府の介入はより顕著である。20歳代のアフリカ系米国人のほぼ3人に一人は，刑事司法システムの何らかのコントロールを受けている（Mauer, 1999；Pattillo, Weiman, & Western, 2004 も参照）。1965～1969年生まれのコホートデータを分析してWestern（2006）は，最も不遇なマイノリティがとくに投獄されやすいことを明らかにした。すなわち，高校を中退したアフリカ系米国人については，58.9％すなわち約10人中6人が生涯で一度は刑務所に収容されていることを，彼は示したが，白人の高校中退者については該当する数値は11.2％であった（Western, 2006；Wacquant, 2001, 2009 も参照）。

　この章では，刑務所が犯罪問題を解決すると

149

現行の政策決定者が信念を持っていることとは対照的に，政府の介入が危険なほど犯罪を生み出しているとラベリング論者らが考える理由を考察する。さらに，1960年代から1970年代初頭にかけて，なぜラベリング理論（あるいは「社会的反作用（societal reaction）」アプローチとして知られる）が急速に人気を集め，刑事司法政策に顕著な影響を及ぼしたのかを検討したい。その後で，ラベリング論的観点の最近の理論的拡張について考える。しかしながら，その前にまず，こうした考え方に立つ学者らがいかにして，犯罪とは何か，あるいは犯罪の性質がいかにして密接に社会的反作用の性質と関連するかについて，修正主義的な見方に基づいて，仕事をするようになったかを論じよう。

I　犯罪の社会的構築

　ラベリング理論の出現以前は，ほとんどの犯罪学者は，犯罪を「刑法に違反する行動」と定義することに満足していた。この定義は，研究を導き，犯罪学の学問領域としての大まかな境界を設定する上で有用であった。しかしながら大変しばしば，この定義を安易に受け入れることは，犯罪学者をして，自分らは犯罪が何であるかを知っており，その原因を，犯行者らにせよ，環境にせよ，究明する仕事をやりこなせることを，当然と受け取ることにつながった。概念的定義のこうした具体化は，多くの学者をして，社会的に構築された現象として，何が「犯罪的で」あるか否かは時と共に変わり，社会によって異なり，状況によっても異なると，認識することを妨げることにつながった。こうした洞察がないために，どの行動が犯罪とされ，なぜある人たちに犯罪者のラベルが適用され，犯罪者のラベルを貼られた人たちにどのような結果がもたらされるかを決定する社会状況を，学者らは探究しなかった。

　ラベリング理論家らは，こうした見落としを是正しようとした。出発点として彼らは，行動がともあれ本来的に犯罪的あるいは逸脱的であるという考えを，犯罪学者らが放棄するよう強く促した。確かに，他人を強姦したり，殺すといった行動は本質的に有害である。そうであっても，ある行為を犯罪的とするものは，それが引き起こす害ではなくて，むしろこのラベルがその行為に対して政府から与えられるかどうかによる。従って，犯罪が起こったのかどうかを決定するのは，社会的反作用の性質とそれが構築する実態（reality）であり，その行為そのものの不変の性質ではない（Becker, 1963；Erikson, 1966）。殺人が「元来から逸脱的（naturally deviant）」であるかに関するPfohl（1985）の以下の議論は，この立場の真髄をよく示している。

　　殺人（homicide）とは，他人の生命を奪うことは完全に非難されるべきものであって，いかなる社会的正当化も許されない殺害行為をカテゴリー化する方法である。あるタイプの殺害行為は殺人とカテゴリー化され，その他のものはそうならない。違いが何かと言えば，行動そのものではなく，その行動に対する反応が社会的に構成される仕方である。本来は，以下に示すような行動は同じものである。「警察官を殺すこと，あるいは警察官による殺害」「高齢女性の背中を刺すこと，あるいは戦争で敵を刺すこと」「黒人奴隷が白人の主人を銃撃すること，あるいは白人の主人が黒人奴隷をリンチすること」「飲酒運転者にひかれること，あるいは汚染を出す工場によって引き起こされたガンで苦しみながら死ぬこと」。いずれも何らかの殺害である。そのうち，殺人とラベルが貼られるものもあれば，免責されたり，正当化されたり，

第7章　政府による介入のアイロニー――ラベリング理論

あるいは，危険な産業公害のように，私たちの身体ではなく経済を健全に保つのに必要な環境的リスクと見なされるものもある。殺人と見なされるものの形式や内容は，社会的文脈や状況によって変化する。これは，本来的あるいは普遍的に逸脱的と考え得るものの特性ではないといえよう。(p.284)

犯罪は社会的に構築されたものというビジョンを持って，ラベリング論者らは，政府がラベルを貼る主体である時はとくに，犯罪学者が社会的反作用の性質や効果を疎かにしてはいけないと主張した。彼らが探究した重要な領域の一つは，犯罪者としてのラベルあるいはカテゴリーの起源であった。例えば Howard Becker (1963) は，財務省の連邦麻薬捜査局の局長 (the commissioner of the treasury department's Federal Bureau of Narcotics) がいかにして「道徳請負人 (moral entrepreneur)」の役割を果たし，1937年マリファナ税法 (the Marijuana Tax Act of 1937) の制定を通してマリファナを非合法化するキャンペーンを推進するに至ったかを探究した。Beckerの見方によれば，このキャンペーンは，マリファナを吸うことで若者が統制を失って無分別な犯罪を犯すと主張して，一般市民を喚起するのが特徴的だったが，連邦麻薬捜査局の組織的利益を増進させるために行われた。この組織が法律の成立に成功したことで，「社会の新たな道徳体系とその善悪に関する規範の創出」(p.145；Galliher & Walker, 1977 も参照) をもたらしたと，Beckerは結論づけた。

他の多くの学者らは，他の形態の行動を犯罪化する取り組みについて説明を提供してきた。Anthony Platt (1969) は，20世紀初頭に裕福なご婦人方が，少年に特化した裁判所を創設することを通して，どのように「少年非行を発明した」のかを研究した。こうした裁判所の設立によって，少年は犯行者の独立した類型として扱われ，政府に対しては，若者が犯罪行為を犯した時だけでなく，放蕩なライフスタイルの兆候，例えば怠学や乱交等のいわゆる「不良行為 (status offenses)」が見られる時に介入する権限が与えられた。こうした運動は，主に下層階級の若者を「救済すること」を目的とし，中流階級の文化を再確認し，貧困の構造的源泉を放置するものであったため，階級的偏見に満ちていたと，Plattは気づいた。

同様に Stephan Pfohl (1977) は，「児童虐待の発見」を調査したが，1960年代より前では，この問題はほとんどの場合，刑事制裁を免れていた。Pfohlは，児童の虐待に注目を向けさせるにあたって，病院でX線写真を検査する小児放射線医ら (pediatric radiologists) がいかに尽力したかを示した。彼らの努力は，小児放射線医学の重要性を明示し，その結果として医学界におけるこの専門領域の低地位を向上させることを目的にしていたと，Pfohlは主張した。

Kathleen Tierney (1982) は，「妻虐待問題の創造」に焦点を置いた。彼女は，なぜ妻虐待が1970年代中頃まで顕著な社会問題にならなかったかを明らかにしたが，1970年代中頃にはフェミニストの組織やネットワークが十分に発達し，ドメスティックバイオレンスを社会的に可視的な問題にし，被害者のシェルターを設立し，新法を成立させることができた。さらに，被虐待女性の運動にとって重要であったのはメディアであり，メディアは妻虐待を劇的なものにした。なぜならば，

それ（妻虐待）は，暴力と社会的適切性の要素が共に含まれており，米国におけるフェミニズム・不平等・家庭生活等の問題について真剣にメディアが議論すべき焦点を提供した

からである。さらに，それは同時に，メディアが通常依拠している娯楽的価値，働きかける力，緊急性といったものも満たすものであった。（pp.213-214）

従って，こうした分析や同種類の分析は，政府が犯罪であると規定したものが一定不変ではなく，むしろ人びとが一つの異なった現実を構築しようと，つまり特定の行動が公的にどのように定義されるかを意図的に変容させた結果であることを示した。さらに，犯罪化されるかどうかを決定するのは，単に行動の程度や有害性ではなかった。結局のところ，薬物使用，少年の無作法，児童虐待や妻虐待は，それらが蔓延し有害な結果をもたらしてきたにもかかわらず，政府による刑事的介入を長らく免れてきた。こうした行動は，まさに変化に向けた社会的背景が熟し，法改革をもたらす上で十分に意欲があり，力も兼ね備えた集団が存在する時に，犯罪化されてきた。

しかしながら，一旦特定類型の行動が違法と規定され，犯罪者のラベルが作られると，何が起こるのだろうか？ 誰に対してこのラベルが適用されるのか？ この問いに対する一般的な解答は，法律で禁止された活動に従事した者が犯罪者のラベルを貼られるというものである。ところが，ラベリング論者らはここでも躊躇なく主張したことには，そうした考え方は，社会的反作用は当然のことであり，問題なしと扱われるべきとの前提に暗黙裡に立っている。それは，無実の者が時として誤って告訴されるだけでなく，法違反者のごく一部だけが実際に検挙され，刑事司法システムで取り扱われることを無視するものである（Becker, 1963）。従って，犯罪者のラベルが付与されるかどうかが決定されるにあたって，法違反者の行動は要因の一つに過ぎず，おそらく最も重要な要因ではないだろう。

ラベリング理論に関わる多くの研究は，こうした定理を例示している。ロサンゼルスで行われた実験的研究では，過去1年間無違反の運転記録を持つ人種混合の大学生サンプルを対象にして，対象者の車のバンパーにブラックパンサー（Black Panther）のステッカーが貼られた。実験開始から数時間のうちに，彼らは交通違反（例えば，不適切なレーン変更）の切符を数多く受け始めたが，これは，バンパーのステッカーに基づいて，警察官が差別的にラベル付けを行っていることを示唆していた（Heusenstamm, 1975）。少年と警察との接触に関心を持つ別の研究者らは，警察官が無作法な若者を検挙するかどうかの決定が，どのような法に違反したかというよりも少年自身の振る舞い，すなわち礼儀正しくて協力的か，あるいは粗野で非協力的か次第であることを見いだした（Piliavin & Briar, 1964）。

また別の研究者，William Chambliss（1984）は，男子高校生の2グループ，すなわち「聖人たち（Saints）」という名の中流階層の集団と，「井戸掘り人夫ら（Roughnecks）」で知られる労働者階級の集団に対して，ある地域社会がどのような社会的反作用を行ったかを検討した。両集団は非行発生率が「ほぼ同じ」であったが，「地域，学校と警察は，『聖人たち』を善良で，正直な，非行をしない，前途有望な若者として扱い，『井戸掘り人夫ら』を手強く，トラブルを起こしがちの若年犯罪者として扱った」（pp.126, 131）。どうしてこのようなことが起こったのだろうか？ Chamblissの見方によれば，この地域社会の下層階級に対する先入観が主要な理由であり，こうした先入観が警察をして，聖人たちの行動を単なるいたずらと定義し，身なりや振る舞いが悪い井戸掘り人夫らは今後も悪事を働くだろうと決めつけることにつ

ながった。

　このようなあるいは同様の研究を通して，ラベリング論者らは，政府による刑事的介入の性質が，単に違法行為に対する客観的反応というよりもむしろ，一定の法律外の出来事（extralegal contingencies）によって密接に形成されるものであることを明らかにした（Cullen & Cullen, 1978）。多くの注目が，刑事司法機関の意思決定が人種・階級・性別といった個人特性によってどのように影響されるかに集中してきた。しかしながら，研究者らはさらに，警察等の刑事司法機関にとって利用可能な資源やそうした機関に課される政治的要請に従って，ラベルを貼る率が変化することを探究した。こうした一連の研究はまた，犯罪の程度に関する公的指標，例えば連邦捜査局（the Federal Bureau of Investigation）によって毎年報告される検挙統計が，遂行された犯罪の数だけでなく，警察の検挙方針によっても左右されることを浮き彫りにした。従って，特定集団（例えば，都市部の貧困層）に対する法執行の組織的な先入観を反映したり，特定の法執行（例えば，強姦）に対する警察の積極性が変動するほど，公的犯罪統計はより一層不正確なものとなるかもしれない。

　要するに，ラベリング論者らは，犯罪者というラベルの起源と，その適用に影響を与える状況を考えることが重要であることを明示した。ところが，彼らは自分たちの関心をこれらの問題に留めておかなかった。彼らはさらに進んで，人びとに犯罪者のラベルを貼って対応することが，違法行動に対する常習的関与を生む主要な要因であると，きわめて挑発的な主張を行うに至った。彼らは，政府の介入は犯罪を止めるというよりも犯罪を生み出していると論じた。この論理を次に考察することにしたい。

II　犯罪発生要因としてのラベリング
——キャリア犯罪者を生み出す——

　犯罪の原因の探求はどこから始めるべきか？　すでに見てきたように，学者らは伝統的に，犯罪学的研究の出発点は個々の犯罪者自身か，それとも彼らが住む社会環境であるべきとか論じてきた。しかしながら，因果分析は犯行者や彼らの環境からではなく，むしろ役人を含めて他の人たちが犯行者に対して行う社会的反作用から始まるべきと，ラベリング論者らは主張した。再度述べると，法違反者に犯罪者のラベルを与えて取り扱うことが，予期せぬ結果，すなわち本来防止することを意図したその行動を引き起こすことを招致するという信念に，彼らの主張は基づいていた。

1．ラベリング理論の初期の主張

　刑事司法的介入が犯罪性を深化させるという考え方は，1960年代のラベリング論者を嚆矢とするわけではなかった。例えば，厳格な社会的反作用である刑務所が犯罪の温床となり得ることを，初期の犯罪学者の多くは指摘していた。古典学派の論者であるJeremy Benthamは，「通常の刑務所は，美徳を育むために用いられるよりも確実な方法で邪悪さが教えられる学校である。退屈，復讐や困窮がこうした犯罪の学校を支配している」（Hawkins, 1976, p.57に引用）と嘆いた。1911年にLombrosoはこうした考えに賛同し，「品位低下をもたらす刑務所生活や粗野な犯罪者との接触によって，強い嫌悪感やためらいをもちながら初犯を行った犯罪者予備軍（criminaloids）は，後に常習的犯罪者に成長するに至った」（Lombroso-Ferrero, 1972, pp.110-111）と述べた。オランダのマルクス主義学者のWillem Bongerは同様に，「単に軽微な犯罪を犯しただけの若者を」刑務所に入れる

ことで,「我々は職業的犯罪者を育成している」と指摘した(Bonger, 1916/1969, p.118)。そして,Shaw (1930) は,著書の『ジャック・ローラー (The Jack-Roller)』の矯正施設に関する章の表題を「堕落の館 (The House of Corruption)」とせざるを得なかった。

　このような見方は,より発展した後年のラベリング論者の視点を予期させるものであったが,政府の介入は「悪を激化する」ので犯罪を生み出すという定理を一般的に述べた最初の学者は,おそらく Frank Tannenbaum (1938) であろう。「すべての者がほぼ同様に法を犯しているのに,(法を犯した)子どものごく一部が検挙される」と, Tannenbaum (1938) は述べた。そして,こうした出来事は重大な結果をもたらさずには済まない。ある若者が「特別な取り扱いを受けるために選定され」,具体的には「突然に検挙されることが,その後,他の子どもらが共有しない機関・態度との接触や経験へと導くことになる」。その時点で,当該若者の世界は根本的に変わる。人びとは対応を変え,若者は自分自身のアイデンティティを再考し始める。「彼は自分自身を検挙前と比べて異なった人間であると意識するようになる」と Tannenbaum は述べた。「彼は窃盗犯に分類されるようになり,おそらく彼の周りの世界すべてが突然,彼にとって異なった場所となり,残りの人生すべてにわたって異なったままとなる」(p.19)。このことは,その若者が刑務所に収容された場合はとくに当てはまることである。というのは,刑務所は,初期の「結晶化していない」犯罪的態度が年長の犯罪者から受ける「教育」によって「固まる」場所だからである (pp.66-81)。

　最後に,少年を刑事司法システムに引っ張り込む手立てを取る前に,予想される結果を我々がよく考えることが賢明であると, Tannenbaum (1938) は警告した:

　　犯罪者を作り上げる上で,その子どもを集団から引き離して特別な処遇を行うという,最初の「悪の劇化」が,他のいかなる経験よりも大きな役割を果たす……彼はレッテルを貼られた。これまでなかった新たな環境が彼にもたらされていく。従って,犯罪者を作り上げる過程とは,レッテルを貼り,定義し,特定し,分離し,意識しかつ自己意識を持たせる過程である。それは,非難されている特性そのものを刺激し,示唆し,強調し,喚起する一連の方法である……その人は,思い描かれた通りのものに成っていく。(pp.19-20)

　さらに,1951年に Edwin Lemert は,このような洞察を公式化し,第一次と第二次の2類型の逸脱を区別した。第一次逸脱 (primary deviance) はさまざまな社会文化的・心理的原因から生じると,彼は主張した。ところがこの最初の時点で,犯行者はしばしば,行動を一時的な脱線として合理化するか,社会的に容認される役割の一部と見なそうとする。犯行者は自分自身を逸脱者と考えもしないし,そうしたアイデンティティを中心に自分の生活を構成することもない (p.75)。

　対照的に,第二次逸脱 (secondary deviance) の方は,最初の違反行為に対する他者の反応によって引き起こされる。第一次逸脱の行為が続くにつれて社会的反作用が強くなり,犯行者は「名前を呼ばれ,ラベルを貼られ,固定観念で見られること」(Lemert, 1951, pp.76-77) を通して烙印付けされていく。当初の無作法を生み出した要因が重要性を失うのに対して,他者の反応がその人の生活で対処すべき最優先の課題となっていく。多くの場合,犯行者は,自分自身について「逸脱者としての地位」を受け入れ,

「逸脱の事実を中心に据えて，生活やアイデンティティを」構成することで，この問題を解決する。従って，犯行者は，非遵法性から逃れるどころか，さらに関与を深めていく。Lemert（1972）は次のように説明する：

　第一次逸脱は，さまざまな社会的・文化的・心理的文脈で生じると仮定されるが，個人の精神構造とは精々わずかな関連しか見られない。それ（第一次逸脱）はまた，自己意識や社会的役割のレベルで象徴的な再構成をもたらすものではない。第二次逸脱は逸脱行動あるいはそれに基づく社会的役割であり，第一次逸脱への社会的反作用が生み出した顕在的・潜在的問題に対して用いる防衛，攻撃あるいは適応の手段となる。実際のところ，逸脱の当初の「原因」は後退し，承認せず，評判を低下させ，孤立させる社会の反作用が中心的な重要性を持つようになる。（p.48）

2. 自己成就的予言としてのラベリング

　TannenbaumとLemertは，社会的反作用が無法行為を誘発するという主題をかなり明確に述べたが，1960年代の中盤から終盤まで，ラベリングのこうした見方は広範な知識層の注目を集めるに至らず，犯罪学のコミュニティで一学派として認知されることはなかった（Cole, 1975）。後で論じるが，ラベリング理論が突如広範な支持を受けたことはおおむね，1960年代の社会的文脈に起因すると考えることが可能であり，その文脈によって，政府による介入は犯罪の解決策というよりも原因になるという主張がもっともらしくなった。ところが，別の状況もラベリング理論の台頭をもたらす重要な要因となっていた。それは，ある学者集団が存在したことであり，その集団の中で有力な者としてHoward Becker, Kai ErиksonとJohn Kitsuseが挙げられる。これらの学者らの著作は一体となって，社会的反作用が犯罪や逸脱の創出にとって不可欠であると説得力をもって主張した（Becker, 1963；Erikson, 1966；Kitsuse, 1964）。

　いかにして社会的反作用がより多くの犯罪を引き起こすかを示すのに，これらのラベリング論者はMerton（1968）の「自己成就的予言（self-fulfilling prophecy）」の概念を借用した。Mertonにとって，「自己成就的予言は，まず初めに状況に関する**間違った**規定があり，その規定が新たな行動を引き起こし，その行動によって当初誤った考えであったものが本当に**実現する**ことである」（p.477, 強調は原著者による）。

　こうした論理と一致するように，ラベリング学者らは，犯行者のほとんどは誤って犯罪者と定義されると論じた。こうした主張を行うことで，彼らは，犯行者らが法に違反していない，あるいは司法システムの役人が人びとの生活に介入する根拠がないと意味していたのではなかった。その代わりに，定義の誤りは，犯罪者のラベルが一旦与えられると，単に犯罪者の行動に関して社会的判断をもたらすだけでない事実と結びつく。そうしたラベルは，犯行者の徳性（moral character）を公的に低下させることになる（Garfinkel, 1956）。すなわち，検挙されて司法システムを通して処理されることは，市民が犯行者の法違反行為を悪いと定義するだけでなく，人である犯行者を犯罪者として，さらに結果として，ほどなく再度問題を起こす「類型」として決め込むことを意味する。けれどもLemert（1951）の著作が示唆するように，個人の徳性や将来の行動に関するこうした予測はあまり正しくないようである。犯罪や非行の最初の試みを含めて第一次逸脱の多くは，基本的に徳性や生活様式に根付いておらず，一過性で安定していない（Scheff, 1966）。

要するに理論家らは，我々の社会において「犯罪者」というラベルの持つ意味が一般市民をして，犯行者について誤った，あるいは部分的にしか正しくない見込みを持たせることにつながると主張した。犯罪者について間違った規定あるいはステレオタイプを持って，一般市民は，すべての犯行者を徳性が貧しく，再犯しやすい者として取り扱うようになる。ある意味で，こうした反応は合理的とはいえなくても，用心深いものである。結局のところ，自分の子どもが近隣の「非行少年」とつきあうリスクを踏まないことや，自分のキャッシュレジスターを扱う者として「有罪となった窃盗犯」を雇用しないことは，より安全であろう。けれども別の面から見ると，こうした反応は，予期した行動自体を引き起こす，すなわち犯行者を恐るべき類型の犯罪者に変容させる過程を開始する力を持っている。

　しかしながら，どのようにして予言が成就されるのだろうか？　そのままでも立ち直るような初期の犯行者は，どのようにして常習的な犯罪者になるのだろうか？　再度述べると，犯罪者のラベルが付与されることで，特定の人間が特別な処遇を受けるために選別される。Becker（1963）の言葉によれば，犯行者は「他の人たちとは異なる者となり，道徳的な人間として行動し得ないので，重大な法令違反をまた犯す者」（p.34）になる。結果として，「犯罪者」がその人間の「主要な身分（master status）」となり，一般社会からどう見られるかを支配することになる（pp.33-34；Hughes, 1945も参照）。社会的な接触においては，一般市民はその犯行者の社会的身分を配偶者や親とは考えず，おそらく勤労者とも考えない。彼らは真っ先に，自分らが犯罪者と接触しているという事実に集中する。

　確かに，公的な監視を受けることで，脅えたり，恥じ入って法を遵守するようになる犯罪者もいるだろう。ところが，他の犯罪者については，犯罪者の身分が常に強調され，それに伴って社会的な非難を受けることが，彼らの人生において遵法的に働く影響力を損ない，犯罪のキャリアへと後押しする予想外の結果をもたらす。従って，犯罪者として繰り返し指定されることで，犯行者らは，遵法者あるいは「通常の」人という自己概念を引っ込めて，逸脱者という公的定義をますます内在化させるだろう。こうしたアイデンティティの変容が生じるに従って，犯行者の自己概念は遵法を奨励する力を失い，自己概念に従って行動する圧力は今や法に違反することを要求する。

　同様に，犯罪者として烙印付けされた人びとは，従来の向社会的な人間関係から切り離される。堕落者としての評判が広がるにつれて，電話をかけても返事がもらえなくなり，社交的行事への招待もこなくなり，友人らも突然会ってくれなくなり，親密な人間関係が打ち切られる。社会的なのけ者であることへの解決策は，同様の地位を持つ者を探し出すことである。従ってこうした状況は，犯罪者のラベルを貼られた犯行者をして，他の法違反者と分化的接触を行い，犯罪下位文化を持つ集団を形成することに導く。こうした交際は，さらに反社会的価値観を強化し，犯罪遂行のパートナーを容易に供給する。

　政府による介入が施設収容を伴う場合には，慣習的社会との絆が断たれることが最も起こりやすいと，ラベリング論者は警告する。刑務所に入れられることは，既存の職を失わせ，家族関係を損なって，その存続を難しくするほど追い込むことになる。それはまた，他のより常習的な犯罪者と接触することが必然的な社会状況で，犯行者が生活することを強いるものである。犯罪の教育が起こり得る結果であると，

Tannenbaum（1938）や他の初期の犯罪学者は指摘する。

最後に，犯行者らに犯罪者の公的ラベルを付与することが，とくに彼らが拘禁施設で受刑し，前科者の身分を持つ場合には，彼らの就職の機会を制限する。実刑判決を経て，犯行者らは自らの違法行為について社会に「返済する（pay back）」のかもしれないが，いつ挫折するかわからない悪い徳性の人間という定義を振り払うことは難しいと，彼らは知ることになる。従って，雇用者は彼らを予後不良と見なし，彼らを雇用すること，あるいは責任ある地位につけることを躊躇する。ほとんどの場合，犯行者らは低賃金の単純労働に追いやられ，将来の昇進の見込みもない。こうした文脈で，より儲かる選択肢として犯罪が浮上するため，合理的な者であれば，この魅惑に抵抗できない。

要するにラベリング論者は，犯行者を永久的に犯罪者であり，犯罪の生活に運命づけられていると規定することが社会的反作用を引き起こし，その社会的反作用が遵法を困難にし，犯罪性を魅力的と言わないまでも必要不可欠にすることで，まさにこの予言を成就させると主張した。従って，ラベリングの過程は強力な犯罪生成能力を持っており，不法な役割への参加を固定化し，犯罪に少しばかり関与する者を常習的あるいは職業的犯罪者に変えることができる。さらにそれは，その効果が予期せぬもので，ほとんど観察されないので，とくに危険な犯罪の源泉である。実際のところ，悪化する犯罪発生率への一般的な対応は社会的反作用を最小化することではなく，むしろより多くの者を検挙し投獄することである。ラベリングの観点から見ると，そうした「強硬な（get tough）」政策は，究極的には自滅的であることが明らかとなるだろう。なぜならば，そうした政策は，増加する犯行者らを自己成就過程に追い込み，犯罪の生活を確実にすることのみに成功するからである。

3．ラベリング理論の評価

ラベリング理論が社会的反作用の問題に注目を集めることに成功したこと，あるいはこの理論の革新的な焦点の当て方こそがその人気の重要な理由であることに，異議を唱える犯罪学者はほとんどいない。そうであっても，ラベリング理論の中心的な命題は，かなり批判的な分析を受けることを免れなかった（Gove, 1975, 1980）。以下で見るように，こうした評価は，この観点の大胆な主張の一部を和らげる必要があることを示唆するが，同時にラベリングの流儀でもたらされた洞察を軽視するのが賢明でないことも示している。

一連の批判は葛藤犯罪学あるいはラジカル（急進的）犯罪学の学者らからもたらされた。これらの学者は，犯罪は社会的に構築され，ラベルが分化的に適用されることに同意するが，ラベリング論者がその分析において十分に成し遂げたとは信じなかった。急進的な学者らは，犯罪者のラベルの源泉や適用が，資本主義の構造そのものに根付く不公平によって抜本的に影響されると論じた。第8章で詳細に示されるが，富者ではなく貧者の行動が犯罪とされることを決定付けているのが権力の違いであると，急進的な論者は主張した。ラベリング論者は，政治的利害や社会的不利が社会的反作用に影響を与えることを理解したが，ここでもだが，彼らは刑事司法システムと基礎をなす経済秩序との関連を明確化しなかった。Taylor, Walton, と Young（1973）によれば，彼らは「法が作られ執行される過程を支える権力と利益の構造的不平等を暴露しようと」しなかった。従って，彼らは「逸脱性や犯罪性が社会の権力や諸制度の比較的大きな構造によって形成される有よう」（pp.168-169）を十分に探究するには至らなかった。

非常に異なる批判は伝統的な実証主義の犯罪学者らによってもたらされており，これらの学者らは，実証的な検証を受けると，ラベリング理論の主要な見解は勢いを失うと論じた。こうした批評家は，その視点への人気がその実証的適切さとあまり関係がなく，むしろ時勢に合った挑発的なメッセージを表明していることによる，と主張した（Hagan, 1973；Hirschi, 1975）。結局のところ，政府の介入が犯罪性を深化させると主張するにあたって，初期のラベリング論者は誰もその主張を支持する確かなデータを提示しなかった。

　それゆえに，これら実証主義的あるいは実証志向的な犯罪学者らは，ラベリング理論の主要命題と考えられたもの二つに関連するデータを提供した。二つの命題のうち，一つ目は，誰がラベルを貼られたのかを決定したのが〈犯罪的〉行動だけではなく，法外要因であったというものであり，二つ目は，ラベルを貼ったことで犯罪への関与を増進させたというものである。

1）法外要因の定理

　最初に実証主義の学者らは，違法行為の重大性や犯行者の前歴といった法的要因よりも犯行者の人種，階級や性別といった法外要因（extralegal factors）が，刑事司法の烙印付けを規定する上で重要であるという前提を評価した。ラベリング論者の予想に反して，調査研究は繰り返し，犯行者の社会的背景ではなくて犯罪の重大性が，警察や裁判所職員による烙印付けを決定する最大の要因であると見いだした（Sampson, 1986b）。評論家らは，法外要因が烙印付けに対して弱い影響しか及ぼしていないと結論付けた（Gove, 1980；Hirschi, 1975；Tittle, 1975b）。

　しかしながら，すべての犯罪学者がこの結論に同意しているわけではない。例えば，Robert Sampsonによる研究は，公的反作用が種々の偶発事象に影響されるという考えを評論家らが全面的に拒絶したことを再考させるものであった。例えば，Sampson（1986b）は，警察が行う少年の取締まりにおいて「生態学的バイアス（ecological bias）」があることを明らかにした。つまり，違法行為の重大性を考慮に入れても，警察がより裕福な地域社会よりも貧しい地域社会で検挙する傾向が明らかとなった。この生態学的パターンのあり得る説明としては，警察の資源が下層階級の地域に集中的に割り当てられるというものであり，そうした地域では遭遇する誰もが厳重な監視の必要なほど悪評の徳性を持つ者であると仮定される。とにかくSampsonは，刑事司法システムで分化的選択を引き起こす法外状況について説得力のあるエビデンスを提供した。

　烙印付けを巡る論争は，最近の「人種的プロファイリング（racial profiling）」を巡る議論で再び浮上してきた。現在，研究によって，アフリカ系米国人（と他のマイノリティ）が彼らの人種や民族のために，すなわち「黒人（褐色の人間）が運転していること」で有罪と判断され，交通の検問を受けるのかどうかが探究されている。多少矛盾するエビデンスがあるものの，他の行動的要因が考慮されても，マイノリティのドライバーはより多く止められたり，召還されたり，捜索を受けたり，検挙されたり，有形力を行使されやすい。明らかになっていないのは，こうした格差は警察官側の個人的な偏見によるのか，それともマイノリティは薬物を運搬することが多いと考えられるため，あるいは彼らは「場違いで居住しない」地域を運転しているために，警察官がマイノリティを止める組織的な慣例が存在するゆえなのかという点である。とにかく，ラベリング理論と合致して，個人が社会統制を受けて犯罪者の烙印を押されそう

かといったことは，単純な法的要因以上のもので決定される（Engel & Calnon, 2004；Engel, Calnon, & Bernard, 2002；Novak, 2004）。

2）政府による介入が犯罪を生み出すという定理

ラベリング理論の2番目の主要命題は，司法システムを通した政府による介入が安定的で職業的な犯罪性を生み出すというものである。ところが，このような用語で述べられると，この命題は維持しがたい。批評家らが指摘するように，刑事司法の役人の注目を受ける前に，犯罪者の多くは犯罪に深く関わるようになっている（Mankoff, 1971）。例えば，常習的な非行は，10代の少年になって検挙されて少年裁判所に召喚されたことよりも，スラム地域で長年育って過ごしたことの犯罪生成効果とより密接に関連していると思われる。同様に，刑事制裁を受けなくても，犯行者が企業犯罪・政治的汚職・妻虐待や性的虐待などの広範な違法行為に関わるようになることを，私たちは知っている。

20世紀の第4四半期の間に，烙印付けの因果的影響に関する研究は相反する結果をもたらした（Bazemore, 1985；Klein, 1986；Morash, 1982；Palamara, Cullen, & Gersten, 1986；Shannon, 1982；Thomas & Bishop, 1984；Ward & Tittle, 1993；Kubrin et al., 2009）。こうした状況は犯罪学者から二つの反応を招致した。一つはラベリング理論を拒絶することであり，もう一つはこの見方を拡張することである。

最初の反応は，刑事司法による烙印付けは「何ら影響なし（no effects）」（Hirschi, 1975, p.198）と結論づけ，この考え方を犯罪行動の理論として不適切なものとすることであった。もしこの見方が正しければ，政府の介入は（ラベリング論者が主張するように）犯罪性を深化させることもなく，（刑罰の支持者が主張するように）犯罪を抑止することもないことを意味する（Thomas & Bishop, 1984）。それはまた，なぜ人びとが試しに犯罪をやってみたり，常習的犯罪者になったり，投獄された後に再犯するのかについて，原因は刑事司法システムの運用ではなく，（伝統的な犯罪学者らが主張するように）日常生活で犯行者に働くさまざまな社会的影響力に求めるべきであると示唆する。別の表現をすると，人びとは崩壊した地域に居住し，統制を受けず，犯罪的価値観を学び，緊張する状況下にあって，犯罪者になる。犯罪に深く関わるようになって初めて，彼らは検挙され，投獄される。従って政府による介入は，犯罪関与に対する反応であり，それの原因ではない。烙印付けの影響は取るに足らないものである。

二つ目の反応は，異なる状況では烙印付けの効果も変わるために，研究の相反する結果が生じたのかもしれないと示唆するものであった。それは，どのような条件下で刑事司法システムとの接触が犯罪への関与を促進あるいは抑制するのかを研究者が未だ解明していないので，烙印付けの全体的な効果は不明というものであろう（Palamara et al., 1986；Tittle, 1975a）。目下のところ，研究はごく初歩的に，犯罪者の烙印付けに対する脆弱性が個人の社会人口学的特性，犯罪経歴上の段階，家族の絆や地域状況等の要因によって変わりうることを分析しているに過ぎない。こうした実証的な問題が解決されるまで，烙印付けの効果に関する一般的な見解は時期尚早である（Paternoster & Iovanni, 1989も参照）。

実際のところ，烙印付けが複雑であることは，ドメスティック・バイオレンスの虐待者を警察官が強制的に検挙した場合，その際の対応が予後にどう影響するかを検証した実験的研究にみてとれる（Sherman, 1992）。知見とその解釈はまだ暫定的なものと見なければならないが，その研究は，虐待者が有職かどうかで検挙あるい

は烙印付けの効果が変わることを示唆している。おそらく経済的福利や「遵法的なかかわり (stake in conformity)」が脅かされるので，働いている者は検挙後に再犯しにくいのであろう。対照的に，職がなく，それゆえに慣習的社会との絆が弱い虐待者の場合は，検挙されたことが虐待の事案をエスカレートさせるようである (Sherman, 1992)。

注目すべきことに，こうした類いの洞察は学者らをして，烙印付けの分化的効果を探究する理論を作り上げるよう促した。これに関連して，Braithwaite (1989) の羞恥付け理論（shaming theory）と Sherman (1993) の反抗理論 (defiance theory) を本章の後の部分で提示したい。彼らはとくに，政府の介入の質，すなわちそれが再統合的か，それとも烙印付けを行い，敬意を払わないものかによって，遵法性か犯罪性の増加がいかに起こるかに焦点を置いている。

近年，注目すべきこととして，ラベリング理論に対する関心が復活し，実証的な支持も増加している。こうした業績は，政府の介入が犯罪の主要な原因であると主張するのではなく，それが犯罪生成的な危険因子である，すなわち継続的な犯罪への関与に寄与する一因子であると主張する。

例をあげると，29の実験的研究を対象とした最近のメタ分析において，Petrosino, Turpin-Petrosino と Guckenburg (2010) は，少年司法手続きが犯罪を統制する効果を全く持たず，「ほとんどすべての結果が否定的な方向のものである」(p.6) と推定した。要するに，少年らを検挙して司法手続きに乗せて扱うことは，少年らを司法手続きから外すこと，あるいは福祉的手続きに乗せることと比べて，非行への関与を増加させた。同様の結果は，ロチェスター縦断的青少年発達研究（the longitudinal Rochester Youth Development Study）のデータを用いた場合にも得られた。分析結果によれば，公的介入（検挙，少年司法システムへの係留）は，短期的には（主にギャング等逸脱集団への関与を増加させることによって）非行の増加を招致し，長期的には（主に学業達成や雇用を減少させることによって）若年成人期に犯罪の増加を招致することが明らかとなった (Bernburg & Krohn, 2003 ; Bernburg, Krohn, & Rivera, 2006)。少年司法手続きがもたらす医原性の結果は，モントリオールの不遇な青少年779名を対象者とした Gatti, Tremblay と Vitaro (2009) の研究でも同様に報告された。

Chiricos, Barrick, Bales と Bontrager (2007) は，重罪で有罪判決を受けて保護観察に直面する男女95,000人の成り行きを分析した。これはユニークな研究であり，フロリダの法律では裁判官が有罪の犯罪者に対して重罪の公的烙印を与えないことを許可するために，ユニークな烙印付けの条件が生じたのであった。基本的に，重罪の烙印は次のように差し控えられる。

　このユニークな烙印付けの結果であるが，罪状が同等の犯行者が重罪有罪者と烙印付けされる者とそうでない者に分かれる。有罪判決を猶予された犯行者（近年ではフロリダ州の重罪保護観察対象者の約半数）は，その市民権を剥奪されず，求職等において重罪の有罪判決は成されなかったと正当に言うことが許される。公的に有罪判決を**受けた**犯行者の方は，有罪宣告を受けた犯行者に伴う構造的制限をすべて適用される。(Chiricos et al., 2007, p.548, 強調は原著者による)

ラベリング理論を支持するものだが，Chiricoらは，「判決を猶予された者と比べて，重罪犯人として判決を受けることが，有意にかつ実質的に再犯可能性を増加させる」(p.570) ことを

明らかにした。また，烙印付けの分化的効果は，白人，女性で認められ，さらに重罪犯人の身分になると最も影響される有罪歴がない30歳未満の人びとで確認された。Chiricosらが指摘するように，これらの集団は典型的に再犯するリスクが低い。そうであるならば，この結果は，「第一次逸脱者たち（primary deviants）」に政府の介入が適用されるととくに犯罪生成的であるというラベリング理論の見解と合致する。

投獄の影響に関する研究もまた，ラベリング理論を支持する結果をもたらした。米国ではおよそ240万人の受刑者がいるのにもかかわらず，刑務所での生活が再犯にどう影響するかの研究が比較的少なく，行われた研究も方法論的に怪しいものであることは，犯罪学者の顕著な見落としである（Nagin, Cullen, & Jonson, 2009）。それでも，有用な調査研究も行われている（例えばChen & Shapiro, 2007；Nieuwbeerta, Nagin, & Blokland, 2009；Petersilia & Turner, 1986；Sampson & Laub, 1993；Smith, 2006；Spohn & Holleran, 2002を参照）。こうした研究は，一般的な結論を三つ示唆しており，そのうち一つ目は最もしっかりと確立し，重要なものである（Nagin他, 2009；Gendreau, Goggin, Cullen, & Andrews, 2000；Jonson, 2010；Lipsey & Cullen, 2007；Villettaz, Killias, & Zoder, 2006も参照）。

一つ目として，拘禁刑と非拘禁刑のいずれも全般的に見て，とくにリスクの低い犯罪者には全く効果がないか，犯罪生成的である。二つ目として，刑務所に長くいるほど，犯罪者は再犯しやすくなる（しかしながらJonson, 2010を参照）。三つ目として，刑務所での生活環境が厳しいものであるほど，再犯率が高くなる傾向がみられる。注目すべきことに，これらの知見は「強硬な」政策に賛同する保守的犯罪学者や特別抑止論者（specific deterrence theorist）の予想に反するものである（第12章と第13章を参照）。どちらの場合も，これらの学者は，刑罰，とくに投獄が多く適用されることと，再犯が減ることとを結びつけて考えている。

改めて述べると，拘禁刑が再犯に影響があると示すことは，それが犯罪に対する安定的な関与を説明する主要な要因であると主張することと同じではない。他の要因が関係しているし，他の要因は拘禁よりも重要である。同時に，何百万人の米国人が生涯で一定期間を刑務所内で過ごすこと（Pattillo他, 2004）を考えると，拘禁刑がもたらす犯罪生成効果がわずかであっても，公共の安全に無視できないインパクトを持ち得るだろう。

犯罪統制政策を超えて，ラベリング理論に関する最近の研究は，二つの点を新たに指摘する。まず一つ目として，ラベリング理論を支持する知見が一貫して得られたことは，犯罪を惹起する上で政府の介入が果たす役割を軽視できないことを示唆している。犯罪者を生涯にわたって追跡する縦断的研究が一般化するに従って，職業的犯罪者の重要な社会経験，すなわち逮捕と拘禁がもたらす結果を無視することは許されなくなった。従ってライフコース理論は，拘禁されたことをそのモデルに入れるよう努力すべきである（例としてSampson & Laub, 1993を参照）。さらに，ラベリング論者を待ち受ける課題は，異なる政府的介入が異なる類型の犯罪者，とくに再犯リスクが低い者と高い者との生活にどうインパクトを与えるかをより入念に特定することである。社会的反作用は複雑な過程であり，その効果は真に理解が可能となるまで十分に解明されなければならない（より全般的な言及に関しては，Link, Cullen, Frank, & Wozniak, 1987を参照）。私たちは，この章の後の部分でラベリング理論の現代的拡張を論じる際に，この問題に戻って考察したい。

4. ラベリング理論の社会的背景

本書を特徴づける中心的テーマは，社会が変化することで，人びとが新たな経験をすることにつながり，さらにそうした新たな経験が，人びとに対して犯罪を含む多くの問題を異なった観点から考えるよう促すというものであった。1960年代はちょうど社会的変化が米国に起こった時期であり，犯罪行動に関する従来の前提を一般市民と犯罪学者の両方に再検討させることになった（Sykes, 1974）。例えば，私たちは第5章において，1960年代の騒然とした状況が一部の学者らをして，人間の行為を抑制する上での統制の重要性に気付かせたことを知った。第8章では私たちは，その10年間の出来事が他の学者らを急進化させ，犯罪や刑事司法は資本主義に内在する葛藤や不平等によって密接に形成されたと主張させるに至ったことを理解するだろう。私たちの当面の関心とより関連したものとしては，1960年代はラベリング理論の成長に寄与する肥沃な土地でもあったことが思い出されるだろう（Cole, 1975）。

どうして多くの学者らは突然に，刑事司法システムを通した政府の介入が犯罪問題の主要な原因であると信奉するようになったのだろうか？　強固な実証的なエビデンスもないままに，Tannenbaum（1938）とLemert（1951）によって早くから表明されたラベリングの命題が，突然に共感を得て，きわめて多くの学者に賢明なものと受け入れられたのはなぜだろうか？

これらの問いに答えるための鍵は，支配的社会的背景がどのように多くの人びとをして政府に対する信用あるいは信頼を失わせるに至ったのかを理解することにあると信じている。1960年代の前半の間，楽観主義が高まっていた。第4章で指摘したように，ケネディ政権は，「平等な機会の新たなフロンティア（New Frontier of equal opportunity）」が実現できそうだ，つまり，貧困や犯罪等関連の災難を撲滅する「偉大な社会」が可能だという期待を吹き込んだ。さらに，この政治課題は，こうした変化を起こすために社会的プログラムを通して政府が中心的な役割を果たすべきであるという進歩主義者の信念を追認するものであった。政府は良いことを行うと信頼することが可能だった。

ところが，1960年代も進んでいくと，この楽観主義は衰退し，この年代の初めに成された大胆な約束が達成されなくなると，ついに絶望に転じるに至った（Bayer, 1981；Empey, 1979）。例えば，公民権運動は，人種差別，性差別や階級的不平等の悪質な状況を暴露しただけでなく，こうした積年の不正義を政府が解決する意欲がないと言わないまでも，能力がないことも明らかにした。ベトナムでの戦争は他の懸念を引き起こした。米国の部隊の使用は民主主義を守るために必要として正当化されたが，米国が単に腐敗した政治体制を下支えしているだけであると多くの市民が知るに至って，この政策は倫理的価値を失った。しかしながら，より不安をかき立てたものは，政治的な抗議に対する政府の反応であった。米国では，デモ参加者が警察に追いかけられ殴られただけでなく，ケント州立大学（Kent State University）で学生が射殺されることが起きた。アッティカ〈刑務所〉暴動（Attica riot）では，州警察官がその刑務所を急襲し，受刑者29人と人質の看守10名に重傷を負わせたが，これは反乱の鎮圧にあたって政府が権力を濫用する傾向を確認することになった。政府の道徳的破綻は，ウォーターゲート事件（Watergate scandal）の発覚で頂点に達したようであったが，その事件は腐敗が政府の高官に至るまで浸透し，蔓延していることを示した（Cullen & Gilbert, 1982）。

要するに政府は，評論家らが呼ぶところの「正統性の危機（legitimacy crisis）」（Friedrichs,

1979）あるいは「信頼のギャップ（confidence gap）」（Lipset & Schneider, 1983）に直面した。すなわち，一般市民は政府の役人の動機や能力をもはや信用しなくなった。こうした感情は，1960年代から1970年代に広がって増大し，犯罪問題で政府を非難するラベリング論者の考えを受容することがふさわしい状況を作った。彼らの社会的経験のお陰で，政府の役人が恵まれた人たちよりも不遇な人たちを烙印付けし，さらにはアッティカ刑務所のように犯行者を犯罪の深みに落とす刑務所を運営することは，いまや多くの犯罪学者，政策立案者，一般人にとって合点のいくものとなった。従って，ラベリング理論は広範な支持を獲得し，伝統的な犯罪理論に対して強固な異議申し立てを行った。さらに，既存の犯罪統制政策を再検討すべき局面が訪れた。

III 理論の帰結：政策的意義

Empey（1982）が述べたように，ラベリング理論は「社会政策に重大なインパクトをもたらした」（p.409）。この考え方への賛同者が増大するに従って，犯行者を刑事司法システムに送り込むことは単に犯罪問題を悪化させるに過ぎないと，ますます声高に警鐘が鳴らされるようになった。政策変更の処方箋は，きわめて論理的であり，直截的なものである。すなわち，政府の介入が犯罪を引き起こすのであれば，それを制限する手立てを取るべきだろう（Schur, 1973）。

ところが，これをどのように達成したらよいのだろうか？ Empey（1982）が指摘したように，ラベリング論者は，犯行者の生活に対する政府の侵入を減らすことが見込まれる政策として，非犯罪化（decriminalization），ダイバージョン（diversion），デュープロセス（due process），非施設化（deinstitutionalization）の四つを信奉した。これら四つの改革はそれぞれ実施された規模は異なり，得られた結果も一様ではなかった。そうであっても，ラベリング理論によって特定された検討課題は今日に至るまで，刑事司法政策が取るべき方向性について重要なビジョンであり続けている。

1．非犯罪化

ラベリング論者は，「刑法の適用範囲を広げすぎたこと（overreach of the criminal law）」が重大な公共政策の問題となっていると主張した（Morris & Hawkins, 1970, p.2；Schur, 1965；Schur & Bedeau, 1974）。具体的に述べると，刑事司法システムは伝統的に生命や財産に対する脅威だけでなく，一定の「被害者なき犯罪（victimless crimes）」（例えば，公共の場所での酩酊，薬物使用，ギャンブル，ポルノグラフィー）や少年の不良行為（例えば，怠学や乱交）を統制するのに用いられてきた。これらの行動の道徳性については議論のあるところであるが，統制の手段として刑法を用いることは「高価で，効果がなく，犯罪生成的で，是認されていない拡張」（Morris & Hawkins, 1970, p.2）であると，論者は認めた。

例えば，Edwin Schur は，薬物使用といった被害者なき逸脱を犯罪化するとさまざまに犯罪が作り出されることになると論じた（Schur, 1965；Schur & Bedeau, 1974）。一つ目として，単に法が存在することによって，その行動に参加する者は検挙や刑事司法手続きの予備軍となる。二つ目として，それは時としてそうした人びとに関連した犯罪を起こさせるように導くことがあり，例としては薬物中毒者が自分らの習癖を維持するために強盗を行うことが挙げられる。三つ目として，需要のある品物やサービスを合法的に得ることを禁ずることで，犯罪化は

利益の上がる非合法市場を作ることになり，その市場の運営によって組織犯罪の財源を潤すことになる。最後に，そうした違法な取引が存在することによって，取締官の汚職について強力な誘因を助長することになり，取締官はわいろで「見て見ぬふりをする (look the other way)」よう誘われる。

　従って，ラベリング論者は賢明な非犯罪化の利用，すなわち刑法の対象から多くの行為を削除することに賛成した。取るべき政策は，完全に合法化すること，あるいは交通違反（例えばスピード違反）のような行為として扱うことであり，後者の場合は適用される刑罰が科料に限定される。いずれにしろ，目標は法の適用範囲を制限し，その結果として，人びとが犯罪者として烙印付けされ，取り扱われる度合いを減少させることであった。

　非犯罪化の政策は多くの議論を呼び，いくつかの重要な法的変更を促した。堕胎は米国連邦最高裁決定（U. S. Supreme Court decision）によって合法化され，少量のマリファナ所持はしばしば軽微な違反行為に格下げされ，ポルノ物を犯罪として扱うかどうかの決定を各地域に委ねることになり，不良行為は社会福祉機関の管轄となった。しかしながら，こうした変更はすべての州で起こったわけではなく，他の類型の行為は違法のままであった。とくに注目すべきは，ラベリング論者による政策提言で最も物議をかもすもの，すなわち全種類の薬物使用を非犯罪化する要望については，聞き流されてしまった。実際のところ，近年私たちが見てきたように，薬物の流通を遮断し，こうした違法な市場に参加する者を刑務所に入れようとするキャンペーンが大々的に推進されてきている（Currie, 1993；Inciardi, 1986）。

2．ダイバージョン

　法律が存在し，犯罪者が取締官の目にとまるとして，刑事司法システムはいかに対応すべきか？　ラベリング論者は即答を用意していた。それはダイバージョンであった。Empey (1982)が示唆したように，少年が対象の場合，この政策は，若者を少年裁判所の管轄から外して，「青少年サービス局，福祉事務所，あるいは特別学校」(p.410)の保護下に置くことを含むだろう。大人が対象の場合，それは，対象者を民間のメンタルヘルス機関，地域内物質濫用プログラム，あるいは政府資金による職業訓練教室に移すことを含むだろう。ダイバージョンはまた，より厳しくない介入で代替することも含み，例として，犯罪者が刑務所から「転換させられ (diverted)」，代わりに「集中的保護観察 (intensive probation supervision)」か「自宅監禁 (home incarceration)」の下で地域内に置かれることが挙げられる（Ball, Huff, & Lilly, 1988；Binder & Geis, 1984；Latessa, 1987）。

　ダイバージョン・プログラムは，過去20年間に広がり，その発展は少なくともある程度，ラベリング論者の説得力のある著作によるものといえるだろう（Klein, 1979）。さらに，現在の受刑者過密問題は，各法域がその刑務所や拘置所を空にすることに寄与するダイバージョン・プログラムを創設する上で，新たな誘因を提供するものとなっている。しかしながら，ダイバージョン・プログラムが人気を集めたことは，ラベリング論者にとってほとんど祝福の口実とはならなかった。

　もともと刑事司法システムへの関与あるいは拘禁刑に対する代替として考案され，ダイバージョン・プログラムは多くの場合，システムに対する追加として機能してきた。換言すれば，プログラムへの参加者は，システムに留まるなり，刑務所に行くはずの者ではなく，むしろ

以前であれば，釈放され，罰金を受けるか，おそらく判決を猶予されていた者であった。皮肉なことに，政府の介入を減少させるためにラベリング論者が提案した政策そのものが，その介入を増やす効果を生み，ダイバージョンは「さらに大きな範囲を持ったシステムを」を作ることによって，政府の統制の「網を拡大させた」(Klein, 1979, p.184；see also Binder & Geis, 1984；Frazier & Cochran, 1986)。

3．デュープロセス

また，ラベリング論者はいち早く，当時高まっていたデュープロセス運動に加わり，犯罪者に対する法的保護（例えば，弁護士をつけてもらう権利，違法に捜索されない権利）を拡大しようとした。Empey (1982) が指摘したように，ラベリング理論は犯罪者の権利に対する関心を促したわけではないが，その観点とデュープロセスへの関心とは共通の源を持っており，「両者は，1960年代に政府や他の制度に対する不信が高まったことの一環であった」(p.410)。

ラベリング論の学者らがデュープロセスの拡大を要求することは，彼らが「社会復帰理念 (rehabilitative ideal)」を批判することと連動していた。第2章と第3章で指摘したように，進歩主義の時代 (Progressive era) の改革は，刑事司法の役人に大きな裁量権を与えて，犯罪者に対する個別化した処遇を可能にした。こうした裁量権は少年裁判所では抑えのきかないものとなったのだが，そこでは政府は「思いやりのある親」の役割を務めることで「子どもたちを救済する」ことを委託されていた (Platt, 1969；Rothman, 1978, 1980)。ところが，ラベリング論者らはこうした委託を政府の役人が濫用していると非難した。彼らの主張では，個別化した処遇は単に，権力を持たない人たちを差別する判決や，矯正職員の強制的管理に敢然と抵抗する受刑者の釈放を拒否する仮釈放委員会の決定を，婉曲的に表現したものにすぎなかった。

こうした状況に対する解決策は明快であった。Schur (1973) は，「個別化した司法は**法の支配への回帰に取って代わられなければならない**」(p.169, 強調は原著者による) と勧告した。最悪の濫用は，むやみに政府の手に委ねられた少年に対してとくに，憲法による保護を拡大することで抑制しなければならない。さらにラベリング論者らは，古典学派の原理と実質的に等しいものを信奉した。それは，刑罰は法によって規定され，判決は定期であるべきというものであった。その結果として，裁量権の濫用は排除されると考えられる。具体的に述べると，裁判官は思いつきではなく，成文法典に従って判決を出すことが強いられ，釈放日が設定された定期刑が仮釈放決定に取って代わることになるだろう。

ラベリング論者は，これらの政策がより短期で公平な判決をもたらし，政府の介入の度合いや最悪の影響を減らすことにつながると期待した。しかしながら，法の支配に対する盲信は良くもあり悪くもあることがわかってきた。一方で，デュープロセスは，政府の裁量権の濫用に対して必要な保護を犯罪者にもたらした。他方，社会復帰〈の政府の対策〉に対する同様の攻撃が，介入主義政策よりも人間至上主義理念に傾倒したシステムを作り上げることに至ったかどうかは不明のままである (Cullen & Gilbert, 1982)。第12章で知ることになるが，刑事司法政策の最新動向は，こうした点で希望的な観測を持てる理由を提供していない。

4．非施設化

最後にラベリング論者らは，拘禁刑の犯罪生成効果を詳述し，非施設化を通して刑務所人口を減らす政策を精力的に支持した。彼らの主張

によれば，刑務所建設を一時的に停止し，正道からそれた者を地域内で矯正するシステムへ移行すべき時がきた。

こうした提案は，1972年に驚くべき検証を受けることになるが，その時，マサチューセッツ州青少年サービス部の部長（commissioner of Massachusetts's Department of Youth Services）であったJerome Millerは，州の主要な少年対象施設を閉鎖し，青少年を地域内プログラムに入れるという大胆な措置をとった（Empey, 1982；Miller, 1991）。ごくわずかの青少年のみが警備施設内に留まった（Klein, 1979）。重要なことに，引き続いて行われた評価研究が，施設が空になった後でも再犯率がごくわずかに高まっただけであったことを明らかにした。より啓発的なこととして，個々の若者のニーズがより満たされるよう多様なプログラムオプションを設けて，精力的に改革を実施した州内地区では，Millerの非施設化政策が実施される前と比較して，再犯率が低くなったことを研究者らは見いだした。研究者らはこうした結果を「劇的」と称した（Miller & Ohlin, 1985, p.70；"Deinstitutionalization", 1975も参照）。

このような実証的結果が他州の政策立案者をして，犯罪に対して施設的対応よりも地域的対応をとる知恵を熟考させるに至ったと期待したかもしれない。ところが先述したように，政策決定は研究よりも，良識的に思え，政治的にふさわしく見えるものに基づいている。20世紀の最後の25年間に，米国社会の風潮は変わり，犯罪について新たな考え方が出現した（J. Q. Wilson, 1975）。当然のことながら，政策はこうした考え方の変化を反映して，私たちは非施設化の考えを放棄し，代わって未曾有の数の犯罪者を拘禁することを選択した。

Ⅳ　ラベリング理論を拡張する

近年，「強硬な」刑事政策を提唱する人たちは，きわめて傲慢な振る舞いとして，刑罰が犯行者を抑止する能力について大胆でほとんど根拠のない主張を行ってきた。彼らは，地域内で犯罪者に対する監視を増やす取り組み（例えば，電子監視や集中的監督）を支持し，拘禁刑の過酷さを増やす取り組み（例えば，刑期を長くすること，より禁欲的な生活条件にすること）を支持してきた（Irwin, 2005；Irwin & Austin, 1994；Pattillo et al., 2004；Whitman, 2003）。もちろん，犯行者の生活に対する政府の介入を強めるこうした試みは，ラベリング理論と相反するものであり，ラベリング理論はこれらの政策が単に犯罪行動を増加させるだけであると予想する。

現代の犯罪学者らはしばしば，犯罪者により多くの統制と苦痛を加える壮大な試みの英知を疑問視している（Clear, 1994；Currie, 1998b；Pattillo et al., 2004）。しかしながら，他の犯罪学者は，特定の状況の下では刑事制裁が再犯を減らすこと，すなわちラベリング理論が完全に否定することがあり得ると認める。同時に，彼らはまた，刑事司法システムで典型的に適用される刑罰が効果を全く持たないか，あるいはラベリング理論に合致するように，犯罪への関与を増幅させることもあり得ると主張する。重要な問題は，単に処罰が適用されたかどうかではなくて，処罰の特性（quality），すなわち刑事司法過程において犯罪者に実際に起きたことである。Sherman（2000）の指摘に従えば，「処罰効果の科学における主要な欠陥は，すべての処罰について特性がほぼ同じであり，量のみが異なると仮定していることである」（p.6）。注目すべきことに，処罰の特性がいかに再犯に影響を及ぼすかについて，理論を展開する

第7章 政府による介入のアイロニー──ラベリング理論

重要な試みが二つなされてきた。それらは，Braithwaite（1989）の恥と再統合に関する理論（theory of shame and reintegration）とSherman（1993）の反抗理論（defiance theory）である。次に，これらのパースペクティブに注目することにしよう。

さらに，RoseとClear（1998）は，大量の投獄がマクロレベルあるいは地域レベルで犯罪発生に影響をもたらす有りように注意を促した。その際，彼らはラベリング理論を拡張し，政府の処罰が個々人に及ぼす影響を超えて，地域内に犯罪生成的な条件を作るという予期せぬ結果をいかにもたらすかを示した。彼らの強制移動理論（coerced mobility theory）も以下で提示することにしたい。

1. Braithwaite の羞恥付けと犯罪に関する理論

著書の『犯罪，羞恥，と再統合（Crime, Shame, and Reintegration）』において，John Braithwaiteは，（ラベリング論者が主張するように）社会的反作用が犯罪を増加させる，あるいは（刑罰賛成論者が予想するように）それが犯罪を減らす条件の問題を取り上げた。法違反は，その行為を統制するために政府の公的対応や知人や近隣住民の非公的対応を引き起こす。社会的統制にとって中心的なものは，Braithwaite（1989）が羞恥付け（shaming）と呼ぶものであり，彼はこれを「羞恥付けされた者の反省と羞恥付けを知った他者による非難を喚起する意図や効果を持った不承認表示の全過程」（p.9）と定義した。

羞恥付けには2種類，すなわち再統合的なものと非統合的なものがあり，それぞれが再犯に対して異なるインパクトを持つ。ラベリング理論と合致して，Braithwaite（1989）は，非統合的羞恥付けが烙印付けと排除とを促し，結果として「追放者の群（class of outcasts）」（p.55）を生み出すと論じた。犯行者はその不正行為を非難されるだけでなく，許し難くて地域の一員に復帰させ得ない犯罪者というレッテルを貼られる。ラベリング理論が警告するように，その結果は犯罪への関与を深めることになる。犯罪者は就職や慣習的社会とつながる他の合法的機会を拒まれ，結果として他の追放者と一緒になって犯罪下位文化を創って参加することになる。

しかしながら，羞恥付けは再統合的なものもあり得る。そうした事例では，違法行為は最初に地域の不承認を喚起するが，続いて「赦しの言葉や身振りあるいは犯行者を逸脱者とする認定を取り消す儀式を通して，犯行者を遵法的あるいは堅気の一般市民の社会に再統合する」（Braithwaite, 1989, pp.100-101）取り組みが行われる。これは，むちの後ににんじん，すなわち非難に引き続いて，犯行者を社会秩序に結びつけるべく地域の対応が行われることである。この場合，羞恥付けは二つの側面を持つ。すなわち，行為が不適切であることを犯行者やすべての観察者に対して周知徹底を行い，犯行者が集団の成員に復帰する機会を与える。この組合せこそが，犯行者により大きな統制を及ぼし，烙印付けや社会的排除がもたらす犯罪生成的な過程を発動させないことで，犯罪を減らすことになると，Braithwaite は論じた。

Braithwaite（1989）は，羞恥付けや社会的反作用の類型を描写するだけでなく，羞恥付けが再統合的あるいは非統合的となる度合いを基底的社会状況が決定すると述べることで，ラベリング理論を拡張した。日本のような共同主義社会（communitarian society）では，「個々人は相互扶助と信頼の特性を持つ相互依存性に深く組み込まれている」（p.100）。期待されるように，こうした状況では，羞恥付けは再統合的となり，低い犯罪発生率を生み出す。

しかしながら，米国では，都市化，人種・民族の異質性，住民の広範な移動性と，個人主義

167

の強いイデオロギーによって，共同主義的な考え方が弱体化している。結果として米国は，犯罪者を相互依存的な地域の一員とみなす，文化的・制度的基盤を欠いている。従って，社会統制は強い非統合的特性を持つようになり，法違反者は元犯罪者として永久的に印がつけられ，完全な社会成員の立場を再確立する機会がほとんど与えられない。こうした烙印付けは一群の追放者を作り出し，追放者らは個々人で犯罪に走ったり，集合的に犯罪下位文化や違法活動の機会を生み出す。Braithwaiteが主張したように，結果として，米国は違法行為の高発生率という重荷を背負うことになる。

　要するにBraithwaiteは，差恥付け（あるいは烙印付け）といってもその性質や効果がさまざまなだけでなく，なぜこうした多様性が究極的に差恥付けが起こる社会に依拠するかを明らかにすることで，ラベリング理論を充実させた。Braithwaiteの主張が実証的に正しいかは，納得のゆくように今後示されなければならない。Braithwaite, AhmedとBraithwaite（2006）は，この理論と合致する一連の量的ならびに質的資料（例えば，育児，企業の規制，と修復的司法に関する研究）から，エビデンスをとりまとめた（Braithwaite, 2002；Makkai & Braithwaite, 1991も参照）。調査で再統合的差恥付けを測定し，自己申告非行に対するそのインパクトを測定する研究は，犯罪学理論の検証で最も多用される方法論的アプローチを採用するものであるが，未だ十分には行われていない（Ahmed & Braithwaite, 2004；Hay, 2001；Tittle, Bratton, & Gertz, 2003）。これまで行われた研究は，希望が持てるが，一貫しない結果を出した。潜在的に重要な知見を挙げると，再統合と差恥付けの各指標は結果変数に対して主効果（独立した効果）を持つようである。Braithwaiteら（2006）が指摘したように，「再統合的差恥付けを異なる要素に分解し，どれが理論的に重要でどれがそうでないかを探究する必要性は，サーベイリサーチの伝統を踏襲する犯罪学者が取り組むべき刺激的な挑戦である」（p.410）。

2．Shermanの反抗理論

　Sherman（1993）は，ラベリング理論では「刑罰が犯罪を減らす多くの事例を説明しえない」（p.457）という所見から持論の展開を始めた。同時に彼は，刑罰が犯罪を増加させる事例も多くあることを認識していた。こうした一見相入れない現実を受けて，Shermanは，刑罰の理論はある問いを解決する必要に差し迫られていると指摘したが，その問いとは，「どのような条件の下で，各類型の刑罰は将来の犯罪を減らしたり，増やしたり，あるいは何ら効果を持たないのか？」（p.445）である。

　Sherman（1993）の中心的概念は，反抗（defiance）に関するものであり，彼はこの概念を，「制裁を下した地域を対象とした将来の犯罪に関する犯行者率，発生率，悪質性の純増であり，刑罰の執行に対する誇りだけは高いが，恥知らずの反応によって引き起こされたもの」（p.459）と定義した。重要な洞察は，犯行者らが警察官や裁判所から不公平にもしくは敬意を持たずに扱われると，あるいは彼らがそのような不当な扱いを知覚した時に，彼らは反抗的に行動しやすいということである。このような場合，刑事制裁は，犯行者から正当性を与えられず，犯罪を減らすという意図した効果をもたらし得ない。どちらかといえば，刑事制裁は反抗を誘発することで，犯罪者をして，法を侮蔑し再犯を行って憤怒と自律性を主張させることになる。この主張を支持する実証的なエビデンスは多少存在する（Paternoster, Brame, Bachman, & Sherman, 1997；Sherman, 2000）。

　ところが，Shermanは，不当な取り扱い，

あるいはBraithwaiteが烙印を押す羞恥付け（stigmatizing shaming）と呼ぶものから不可避的に反抗が生じるわけではないと理解していた。とくに三つの要因が，尊敬を欠くことや不公平が犯行を促進させるリスクを高めると思われる。一つ目として，犯行者が地域と社会的な絆をほとんど持たない時は，彼らの反抗や高まる犯罪傾性を抑制するものはほとんどない。二つ目として，Braithwaiteに同調して，制裁が行動ではなくて人格そのものを烙印付けしていると受け取った時に，犯行者らは反抗的になりやすい。三つ目として，烙印を押す羞恥が自分に課せられたことを否定するか，認めることを拒否する時には，彼らの自尊心が反応し，犯罪を利用して慣習的社会に復讐しがちである。これらの定理に関して実証的な検証は未だ十分には行われていない。研究が不足していることは，おそらくこの理論の主要構成要素を測定する指標が既存のデータに含まれていないからである。これまで行われた研究は，このパースペクティブに対して相反する支持しか示していない（Bouffard & Piquero, 2010）。

とにかく，Shermanの業績の価値は，刑罰が裏目に出て，反抗等の過程を経て，ラベリング論者が最初に特定した自己成就的予言を作り出しうることを示したことである。この理論の暗示するものはとくに不安を喚起するが，それは，警察の捜索や検挙が対象とする犯罪者の多くは「ストリートファミリー」の出身だからである（第3章で論じたAnderson［1999］の「街頭の掟（code of the street）」を思い出されたい）。Sherman（2000）が指摘したように，これらの若者は敬意を持って扱われることがあまりなく，警察官から厳しい反応を引き出すように行動しがちである。彼らはまた，持っている社会的な紐帯が脆弱であり，彼らを「軽蔑する」慣習的試みにほとんど正当性を与えない「掟」を持つ傾向がある。これが一つの原因となって，都市内部のマイノリティ若者と警察との接触がトラブルになりやすく，こうした状況は反抗につながりやすいのだろう。より一般的に言うと，Shermanの理論が予想するところでは，都市内部の若者と刑事司法の担当者（例えば，警察，裁判官，保護観察官）との関係の質に相当な注意が払われないと，こうした若者を処罰する試みは逆効果になり，抑止ではなく反抗を生むことになるだろう。

3. RoseとClearの強制移動理論

ラベリング理論は主に，政府による処罰が個人の犯罪性を安定させると言わないまでも増長させるという期待外の結果をいかに招くかに関する理論であった。ところが，Dina RoseとTodd Clear（1998）はそのパースペクティブを個々人から地域社会に引き上げた（より完全な議論は，Clear, 2007を参照）。彼らのプロジェクトは，都市内部からマイノリティの若年男性を不釣り合いに取り除くような大量拘禁政策を政府が採用したら何が起こるかを探究するものである。RoseとClear（1998, pp.450-451）が指摘するように，推定では，26〜30歳の下層黒人男性のうち10人に一人が現在，拘禁刑を受けており，黒人男性のほぼ10人に3人が生涯で一度は州あるいは連邦の刑務所で過ごすことになる（Mauer, 1999；Tonry, 1995も参照）。彼らは，この拘禁を強制移動（coerced mobility）の一類型として概念化するが，これは恒常的に多数の男性を都市内部から連れ去って長期的な欠損とする実践である（Clear, 2002も参照）。

先述したように，ラベリング理論は，社会統制を達成する努力が予期せぬ形で裏目に出ることがあり得ると示唆するので，直感に反したものである（Hagan, 1973）。この場合，マイノリ

ティ男性の大量強制移動が，地域の犯罪発生率を減らすよりも増やすという意外な結果を生むことも理解できると，Rose と Clear は理論付ける。掠奪的犯罪者を収監することで市内部地域がより安全になると思われるので，こうした見解は直感に反している。実際に，Dilulio（1994, p.23）は，そのような犯罪者を拘禁することが本質的に，「黒人の生活を救済する」社会正義の一類型であると主張した。Rose と Clear（1998, p.441）は，この現実に対して無邪気ではいられない。彼らは，「地域で犯罪を行っている人間を取り除くことがその地域の生活にとって悪いこと」にいかになり得るかを理解し難いと実感する。それでも，拘禁が脆弱な地域で大規模かつ集中的に起こる時は，それは既存の社会制度を損なうマクロレベルの力となり，その力は社会解体や犯罪につながる条件を減らすよりも増やすことに寄与するだろう。理論的に彼らは，拘禁が解体を引き起こすフィードバックループを持つと示唆しており，そうであるならば，彼らの見解は社会解体理論の注目すべき拡張であり，地域が組織化や社会統制を達成する能力の重要な源泉に注目するよう求めるものである。

Rose と Clear（1998）にとって，犯行者らは地域の負債（例えば，加害者，しばしば理想的とはいえない親）であるが，彼らは地域の資産（例えば，収入を稼ぐ人，家庭の扶養者，親，社会的ネットワークのメンバー）でもある。従って，彼らの拘禁は（しばしば認識されるように）地域の負債を減らすことになるが，それはまた地域の資産を枯渇させることにもなる。地域社会へのインパクトは，地域の富裕度や社会組織の既存レベルによって異なるだろう。労働者階級や中流階級の安定した地域社会では，限定的数の住民かつ犯行者が拘禁されることは社会的利益となるだろう。ところが，下層階級の地域では，刑務所の過剰使用，すなわち高水準の拘禁が何年も続くことが，ひどく必要とする資源と弱体化する中核的社会制度をその地域から枯渇させる危険を冒すことになる。よって，拘禁はその規模と地域の特性によって分化的なインパクトを持つのである。

例えば，家庭の安定性に対する拘禁のインパクトを考えてみよう。犯罪者は，一般的に合法的な方法と非合法的な方法の両方でお金を稼ぎ，必ずしも信頼できる扶養者でなくても，彼らのパートナーや子どもにとって収入源である。彼らが拘禁されると，家庭生活はたいてい崩壊し，それが社会解体につながる。収入がなくなって，家族は頻繁に転居し，違う校区に移動し，生活保護を受ける。母親は子どもを監督する時間が持てなくなる。そして，子どもの父親でなく，新たな男性が家に入ってくるかもしれないが，これがまた不安定な状況を招く。広範なレベルでみると，犯罪者を刑務所へ強制的に移動させることは，地域の男性人口の相当数が何年も労働市場から外れることを意味し，人的資源をほとんど生み出さなくなる。社会に再入する際に，彼らが仕事を得る見込みは限られている（Holzer, Raphael, & Stoll, 2004）。結果として，その地域の男性の「結婚対象者（marriage pool）」は，稼げる技能のほとんどない元受刑者で構成されるので魅力がなく，女性は結婚を差し控えるが，母親になることは必ずしもやめない（Wilson, 1987）。従って，独身者家庭の集中が広がり，これが社会解体と犯罪を育む条件となる（Sampson & Groves, 1989；Wilson, 1987）。

刑務所の強制移動を終えると，犯罪者は自分の地域に出た時よりも負債を多くして戻るようである。彼らは合法的な仕事を得る機会が限定的なことに直面するだけでなく，刑務所から犯罪を支持する文化価値やネットワークを持ち込む。これらは，共通した向社会的価値体系を若

者に教える地域の能力を脅かすものとなる。そうした地域の男性にとってありふれたことなので、刑務所に送られることは実際のところ、烙印ではないだろう。従って、政府、とくに刑事司法システムの正統性が疑問視される。再度述べると、大量拘禁によってすべて生み出された、これらの拮抗する力が、慣習的諸制度を弱体化させるように機能する。

RoseとClearは、ラベリング理論について潜在的に重要な発展を提案し、いかに公的統制が非公的統制を損なうことによって犯罪を生み出しうるかを探究する。彼らの言葉で示すと以下の通りとなる：

> 政府のさまざまな社会統制は主に個人の行動を対象とするが、家庭や地域の構造にも重要な二次的影響を及ぼすと私たちは論じる。次に、これらの統制は近隣社会の社会統制能力を妨げることになる。従って、生態学的水準では、犯罪者個々人を統制することで犯罪と闘うことを意図した政策が、副作用としてさまざまな問題を悪化させて犯罪そのものを引き起こすかもしれない。(Rose & Clear, 1998, p.441)

これまでのところ、彼らの強制移動理論について実証的な研究は、十分には行われていないし、行われた研究も相反する結果を出している (Clear, Rose, Waring, & Scully, 2003；Lynch & Sabol, 2004)。この理論に対峙する最も厄介な挑戦は、おおむね無害化（incapacitation）の効果によって、拘禁されることが犯罪発生率と反比例することを示す研究である (Lynch & Sabol, 2004；Pratt & Cullen, 2005；Spelman, 2000)。ところが、こうした知見は誤解を招くものであるかもしれない。例えば、大量の拘禁に充てられたお金を、地域基盤で犯罪者の人的資本の構築を戦略的に志向する刑事制裁に用いたならば、より多くの犯罪を削減できたかが未だ示されていない。さらに、拘禁刑は現時点あるいは短期間の犯罪発生率の低下を達成するかもしれないが、その過剰使用がもはや社会解体の水準を悪化させ、次世代の犯行者、つまり父や兄を追って刑務所に入る若者を生むことに寄与する要因でないことを意味しない。

4. 政策的含意：修復的司法と受刑者の再入

ラベリング理論に合致するものとして、概説した現代の三つのパースペクティブは、犯行者に対する社会的反作用（例えば、検挙、投獄等の制裁や烙印付けによる社会的排除）がその特性次第で犯罪性を深化させるという予想外の結果をもたらす有ように注意を促す。Braithwaite, Sherman と、RoseとClearの視点からみると、挑戦すべきことは、犯行者に課せられる典型的な制裁が持つ否定的で犯罪生成的な影響を弱める方法を見いだすことである。こうした考え方に導かれて、近年二つの政策、すなわち修復的司法と受刑者再入プログラムが開発されている。

1）修復的司法

米国等における近年の刑事司法で最も目覚ましい発展といえば、おそらく「修復的司法（restorative justice）」が挙げられるだろう (Bazemore & Walgrave, 1999；Braithwaite, 1998, 1999, 2002；Hahn, 1998；Harris, 1998；Sullivan & Tifft, 2006；Van Ness & Strong, 1997)。伝統的な刑事司法では、政府は、おそらく被害者に代わって、加害者を処罰する。処罰の目的は多くの場合、加害者にいくらかの辛苦を与えることによって、被害者やより広範な地域のために「応報（just deserts）」の措置を講じるものである。しかしながら、修復的司法は、政府が加害者に辛苦を与えることと、被害

者が有意義な正義感を感じることを同一視する論理を拒否する。実際のところ，政府の処置は単に人びとが被る苦痛の総量を増加させるだけで，何ら価値あるものを達成しない恐れがある。

　代替策として，修復的司法の提唱者らは，刑事制裁の主導的な原則は，(1) 被害者について被害前の身分に修復し，(2) 加害者を地域に戻すことで，害を減らすことにするべきであると提案する。こうした提唱者らは，政府が被告を訴追する当事者である伝統的な裁判に代えて，政府が仲介者の役割を果たす，被害者－加害者カンファレンスを支持する。こういったカンファレンスでは，家族や地域の関係者が出席するが，加害者の行動が非難や羞恥付けの対象とされ，加害者は責任をとり，後悔の気持ちを表明し，被害者に謝罪することを促される。加害者の説明責任（accountability）が，これらの手続きで不可欠である。従って，被害者が経験した害を元に戻すこと（例えば，賠償）で被害者の回復を図るにあたって，加害者が被害者にいかに償うかについて企画する努力がなされる。また，地域のサービスも必要とされるだろう。引き換えに，目標は，加害者を地域に再統合することであり，その目標を達成するのに必要な支援を提供する。このような過程を通して，加害者は公平に扱われて敬意を払われ，加害者個人ではなく，その人が行った行動が羞恥付けの対象とされ，「前科者（ex-con）」の継続的な烙印を受けずに社会復帰することが可能な文脈に置かれる。

　修復的司法運動はさまざまなところから支援や支持を受けたが，そうした支持者には福音主義キリスト教徒，被害者権利擁護者や，調停的（peacemaking）そしてフェミニストの犯罪学者らが含まれる（Immarigeon & Daly, 1997）。さらに，Braithwaite（1998, 1999, 2002）の羞恥付け理論は，修復的司法を正当化する上で重要な知的根拠を提供した。Braithwaiteの用語によれば，修復的司法は，「烙印付けする（stigmatizing）」羞恥付けというよりも，「再統合的（reintegrative）」羞恥付けの前提に基づいている。彼のパースペクティブは政府中心の刑罰に批判的であるが，それはその特性が典型的に非統合的であり，犯罪誘発的だからである。対照的に，Braithwaiteの再統合的アプローチは，犯行者ではなく犯罪を羞恥付けの対象とし，犯行者を再度，慣習的社会と結びつける方法を模索する。同様にShermanの反抗理論は，修復的司法に対して受容的である。犯行者らが敬意と公平さを持って取り扱われるので，彼のモデルは，伝統的な刑事司法の制裁と比べて，修復的司法が反抗を生みにくく，犯罪性を増長させにくいと予想するだろう。

　しかしながら，修復的司法が正義を増進するだけでなく，犯行者の犯罪関与を減少させることができるアプローチかどうかは，今後の検討課題である（Braithwaite, 2002 と Levrant, Cullen, Fulton, & Wozniak, 1999 を比較せよ）。修復的司法プログラムはほとんどの場合，軽微な犯罪を行った者を対象とするので，常習犯罪者に対するプログラムの効果は未検証のままである。こうした介入法を検証した研究，とくに無作為化実験によるプログラム評価はまだ十分には実施されていない。有望な結果も多少出てきているが，矛盾する知見もある（Braithwaite, 2002；Kurki, 2000；McGarrell & Hippie, 2007；Schiff, 1999；Shapland et al., 2008；Sherman & Strang, 2007；Strang & Sherman, 2006）。さらに，肯定的な結果が得られた場合でも，再犯の減少がプログラムの修復的司法の特徴によるのか，それともカウンセリング等の提供された他のサービスによるものかは，判断しがたいことが多い（Bonta, Wallace-Capretta, & Rooney, 1998）。

おそらく，修復的司法プログラムの有効性に関して最も体系的な評価は，Bonta, Jesseman, Rugge と Cormier（2006）によって提供された（Gendreau & Goggin, 2000；Latimer, Dowden, & Muise, 2005；Lipsey, 2009 も参照）。彼らは，再犯に対する修復的司法の介入（以後 RJI で引用）のインパクトを評価した 39 の研究についてメタ分析を実施した。彼らは三つの結論に到達した（すべての引用は Bonta et al., 2006, p.117 から）。

まず一つ目として，RJI の効果は「比較的小さいものの，有意であり」，最近の研究ほど大きくなっている（Lipsey, 2009 も参照）。二つ目として，RJI が裁判所の命令による場合は再犯に対する効果はないが，「非強制的な環境で被害者と地域住民が共同して取り組む」ように実施される場合は，再犯を減少させる効果が最大となる。Braithwaite（2002）や Sherman（1993）の研究成果と一致して，こうした知見は，烙印付けの少ない制裁過程が犯罪者に対してより効果的であることを示唆している。

三つ目として，RJI は，「ハイリスクの犯行者」よりも「リスクの低い犯行者に対してより効果的であるようだ」。ハイリスクの犯行者，すなわち再犯可能性が高い者を集中的に扱う場合は，RJI だけでは不十分であり，こうした個々人の強い犯罪傾性に対抗することは難しいようである。こうした集団に対しては，RJI と社会復帰プログラムを組み合わせることが必要であり，その社会復帰プログラムは既知の犯罪生成的なリスク要因を変化させようとし，ハイリスクの犯罪者の再犯を減少させることが示されているものでなければならない（Bonta, Wallace-Capretta, Rooney, & McAnoy, 2002；Cullen & Gendreau, 2000；Gendreau, Smith, & French, 2006；Levrant et al., 1999 も参照）。しかしながら，Sherman と Strang（2007）がこうした知見に異議を唱えていることに留意すべきである。彼らが行った研究のレビューは，彼らをして，修復的司法が「**重大でない犯罪よりも重大な犯罪ほど，減少させる効果が大きいようである**」（p.8, 強調は原著者による）との結論に至らしめる。今後，リスクの水準によって RJI の効果が異なるかについて研究がなされることが望まれる。

2）受刑者再入プログラム

20 世紀の前半において，受刑者は，住む場所（通常は家族と一緒）があって，仕事が待っていることを条件に，パロールで出所することが許可された。Simon（1993）が指摘するように，この「産業的パロール（industrial parole）」のシステムは，二つの要因が重なって機能しなくなった。その二つの要因とは，刑務所人口の増加と国の都市内部地域での経済の悪化であり，これらの要因によって仕事の保障が怪しくなった。「脱産業化のパロール（post-industrial parole）」において，目標は犯行者の社会への再入を管理することに重きが置かれ，その管理は，サービスの提供を強調する治療モデルに基づくか，より最近では，監視と再拘禁の威嚇を強調する取り締まりモデルに基づくものとなった。

何十年もの間，矯正を観察する者の多くは，社会に再入する犯罪者が圧倒的な困難（Irwin, 2005），すなわち高い再犯率につながると予想される困難な状況に直面するという不穏な現実に，重点を置いてこなかった。Petersilia（2003）が指摘するように，「刑務所を出所する者は釈放から 3 年の間に，3 分の 2 以上が再検挙され，約半数は新たな犯罪か遵守事項違反を行って拘置所か刑務所に戻り，約 4 分の 1 は新たな犯罪で有罪判決を受けて刑務所に戻る」（p.153）。こうした数字は新しいものではなく，1960 年代中盤以降かなり安定的に継続するものである

(Petersilia, 2003)。それでも，1970年代初頭以降，刑務所人口が7倍に急増しているので，毎年「帰還する（coming home）」収容者の数自体を無視することがますます難しくなってきた。Travis（2005, p.xx）が注意するように，「大量拘禁の現実が大量再入の現実に変わっていく」。米国では毎年，65万人を遙かに超える犯罪者が刑務所を出て社会に帰ると推定される。

　学者らがこうした問題に注意を向けるにつれて，彼らはほどなく，ラベリング理論等の論者らが予想するように，犯罪行動を「断ち切る（knife off）」というよりも定着化させる矯正の状況を詳述するようになった。犯罪者の多くは，刑務所入所中に犯罪生成的なニーズが治療されるどころか悪化して，家族とのつながりもなく，住むところもなく，免許証や身分証もないまま，刑務所を出る。彼らが職を得る見込みは乏しく，それは，彼らが刑務所入所中に社会で需要のある職業技能を学んでいないからであり，さらに元犯罪者という身分ゆえに雇用されるのが困難である。雇用される場合でも，彼らは低い賃金しかもらえず，不快な環境で働くことになる（Bushway, Stoll, & Weiman, 2007；Pager, 2007）。彼らは，選挙権等の市民としての権利を多く剥奪される。さらに1990年代には，連邦と州の立法府が犯罪者，とくに薬物犯罪や暴力犯罪で有罪となった者に対してより多くの制限を課すように法案を提出した。「福祉政府下の余り者から犯罪者を切り離す法律」（Travis, 2002, p.23）を制定することで，連邦と州の立法府は，福祉的援助，食料配給券，公共住宅への入居，高等教育を受けるためのローン，運転免許を持つ権利を犯罪者から剥奪した（Irwin, 2005；Manza & Uggen, 2006；Mauer & Chesney-Lind, 2002；Pager, 2003；Pager & Quillian, 2005；Pattillo et al., 2004；Petersilia, 2003；Travis, 2005を参照）。

　過去10年あたりから，受刑者再入の問題に手をつけずに，烙印付けする再統合の政策を遂行していくことが，累犯を深刻化させ，公共の安全に脅威をもたらすとの認識が再度高まってきた（Taxman, Young, Byrne, Holsinger, & Anspach, 2002；Travis, 2005；Western, 2006）。この時期に，例えば，オハイオ州の矯正部長であるReginald Wilkinsonは，「生産的な犯罪者の再入と再犯削減に向けたオハイオの計画（The Ohio Plan for Productive Offender Reentry and Recidivism Reduction）」（Petersilia, 2003）を策定し，全米から8州の地域社会が再入パートナーシップ・イニシアチブ（Reentry Partnership Initiatives）を推進したが，この取り組みには「刑事司法，社会サービスと地域グループが再入過程を開発し，遂行するために連携するもの」が含まれていた（Taxman et al., 2002）。どのように効果的な再入プログラムを開発するかについてモデルや原則も提案されてきているが，おおむね以下の三つのニーズを満たすことが強調されている。(1) 社会に再入する準備を犯罪者が刑務所にいる間に始めること，(2) 釈放後直ちに直面する挑戦や危機（例えば，食料，住むところ，仕事）に焦点を置くこと，(3) 長期的な地域への再統合を促進させるために処遇サービスや支援を提供すること（Petersilia, 2003；Taxman et al., 2002；Travis, 2005）。再入プログラムが適切に企画され，再犯を減らすことができるかは今後の検討課題であるが，受刑者の社会への再入は表に出てきて，間違いなく当面の重要な矯正政策の課題になるだろう（Bushway et al., 2007；Listwan, Cullen, & Latessa, 2006）。

V 結 論

　ラベリング理論はとくに社会的反作用に焦点

を置いたことで，行動の犯罪性はそれに対する反応で社会的に構築され，さまざまな要因が働いて，誰が犯罪者のラベルを背負うかが決まるという重要な洞察に，犯罪学者らを気付かせることに成功した。このパースペクティブはまた，政府による介入が抑制の対象とする行為そのもの，すなわち無法行為を生み出すという皮肉的で予想外の結果を生み出しうることを考えさせた。相反する知見を考えると，実証的研究は未だ，こうした因果関係に関わる命題に確証を与えていない。しかしながら最近では，政府による介入，とくに刑務所の活用が一定の犯行者について犯罪のキャリアへ導くことに寄与することを，多くの研究が示唆している。少なくともラベリング理論は，刑事司法の制裁の効果は複雑であり，常識で考えるものと異なりうることを警告したという点で有意義である。この伝統を受け継ぐ現代の犯罪学者が教示するように，課せられる制裁の特性，すなわち私たちが犯罪者に対してあるいは犯罪者と共に何を行うかが，潜在的に重要である。犯罪問題に対する万能薬は刑法の射程を広げ，刑務所人口を拡大させることにあると，政策決定者が繰り返し断言してきたことを考えると，こうした警告は重大である。

第8章
社会的力と犯罪構成
——葛藤理論

William J. Chambliss
1933-
ジョージワシントン大学
葛藤理論の著者

7章で論じたように，犯罪の源を犯罪者と関連する生物学的，心理学的あるいは社会学的諸因子に求めて，犯罪を説明しようとする諸理論によって無視される傾向にあったのが，「犯罪」とは，犯行者というラベルを貼られている者たちの現実の，あるいは思い込まれた属性なり行動への反応によって形成され増悪されるという見方であった。ラベリング理論はラベリング過程とその結果とを詳細に分析し，説明しようとする努力の中で，この見過ごしを正そうとするものである。しかし前章でも触れたが，ラベリング理論が充分な進歩を遂げていると考える犯罪学者は一部にすぎない。政治的利害や政治権力が社会的反応に影響するという見方にラベリング理論家は一定の評価を与えているものの，この問題をより深く探究することはほとんどなかった。

ある一つのラベルが貼られるかどうかを決定するものは何か？　これらラベルを貼られた者たちが罰せられる程度を決めるものは何か？　このラベリングの性格はラベルを貼られる者と貼る者との相違に依存しているのかもしれない。ラベルが貼り付く者になるのかどうか，ラベルを貼られる者たちがどの程度罰せられるのかどうかは本質的に権力を持つ者次第である。差別的な権力に関する個人間ないし集団間の闘争に焦点を合わせた諸理論は葛藤理論（conflict theory）という一般的カテゴリーに分類されている。

一部の葛藤理論家は表面的な葛藤の源を探究しようとしている。葛藤が展開する基本原則を解明しようとする理論家もいるし，葛藤を除去するための理論的基礎づけを発展させようとする理論家もいる。これらのすべてやこれら以上のことをしようとする理論家も存在している。

本章では犯罪学の代表的葛藤諸理論の一部を検討するが，手始めに Marx と Engels の先駆的業績と Simmel の後期の業績に見られる葛藤理論全体から見てみたい。次に Marx 主義的犯罪理論を発展させようとした Bonger の試みと，文化葛藤と犯罪との関係に焦点を合わせた Sutherland や Sellin の理論に，そして Simmel を模範とする伝統に基づいた犯罪学的葛藤理論を構築しようとした Vold の貢献について言及

177

することにする。というのも現代米国の犯罪学的葛藤理論は，これとは異なる犯罪学的統制理論のように1960年代の騒乱に大きく鼓舞されて生まれたもので，Turk, Chamblissそして Quinneyの諸理論のような影響力のある葛藤諸理論を考察する前に，他の見地から1960年代を再検討する必要があるからである。最後に考察するのは葛藤理論の政策的意義と犯罪学内部でのいくつかのこれから生み出された帰結である。

I　葛藤理論の先駆者たち

1. MarxとEngels——資本主義と犯罪——

　5章で触れたように，Karl MarxとFriedrich EngelsとはDurkheimに先立つこと数十年前の1800年代半ばまでに社会的連帯の明白な衰退に関する関心をすでに表明しつつあった。Durkheim同様MarxとEngelsにとっても，犯罪はある程度まではこの衰退の一つの症状であって，もしも社会的連帯が回復されるなら，消滅するものであった（もっともDurkheim自身は，犯罪が決して消失することがないものであることを明白にしたのではあるが）。彼らの相違は連帯の腐食の源の分析とこの回復のための処方箋にあった。

　Durkheimはこの状況を一つの道徳的問題と見なして，議論したことには，未来の社会的連帯は，工業化によって形成された新しい労働分配と同調して機能しうる社会統合と社会調節の様式を通じての，諸統制の効果的な組み合わせとに依存している。MarxとEngelsがこの問題を経済的事柄から眺め，この新しい労働分配を他の社会階級による一つの社会階級の不正な搾取と見なし，社会的連帯は資本主義そのものの放棄によってのみ回復可能であると主張した。彼らの主張では革命は一定期間の社会主義へと引き継がれる。というのも彼らの見解では，政府が存在しているのは，本質的には資本主義永続化の一つの機構としてであり，この〈社会主義〉国家が次には「消退し」，共産主義の真の同胞愛に基づく一つの社会が存続するようになることは，歴史的には不可避のことであると見なされた（Marx & Engels, 1848/1992）。

　Marx自身は犯罪について語ることはほとんどなかった。彼を重要な一人の先駆者として引用する犯罪理論家たちの傾向として，彼の一般的アプローチ法から推定したり，彼の協力者のEngelsの犯罪とより直接に関連した著作を引用したり，あるいは論証のために一般論としてはMarxを，Engelsからは各論的に，両者を引用したりしている。確かにMarxとEngelsはDurkheim以上に利益と権力における格差を強調した。彼らにとって葛藤は資本主義の下での社会装置に本質的に内在するものであった。というのも利益の大きな格差を生み出すのが資本主義であり，底辺の大多数を強力に支配する権力を頂点の少数者に与えているのも資本主義であった。結局彼らの理論的アプローチは次のような方向性を持つものであった。つまり彼らの関心は，社会問題のたんなる理解よりも，彼らがよりよいものと考えたものに向けて物事を変革することにあった。

　MarxとEngelsの業績はかなり複雑なものであったとはいえ，いくつかの基本的命題は明白なものである（Turner, 1978）。第一に，異なる集団間の利害の葛藤は不十分な資源（例えば食糧，衣類，住居）の分配の不平等によって増強されるだろうという命題がある。第二の命題では必需品を少なく受け取っている者たちは，彼らが受けている「酷い扱い」（"raw deal"）の正体に気づくようになった時には，この取り決めの正当性を問題とするようになるであろう，というものであった。第三の命題であるが，次にこれらの集団は組織化の傾向を強め，この葛

藤を公然化し，不十分な資源が誰にでも行きわたるように再分配を実現させるための先鋭化と暴力化とが生み出されよう。資本主義は不正な不平等の源泉と見なされるために，この葛藤の根本的原因であると考えられた。この見地からすれば，〈改良的な〉統合と調節が強く作動することは，不正な経済システムを永続させるだけである。危機に瀕した社会的連帯を救出することは社会的秩序の信頼のための何か新しい源泉を求めたり，その構成員たちを調節する，なにかより効果的な手段を追い求めたりすることではなく，むしろ資本主義そのものを破壊し，社会的連帯のための一つの正しい姿である共産主義へとこれを構築することなのである。

2. Simmel——葛藤の形式——

Marx 同様に Georg Simmel は社会理論に強い関心を抱いていた一人のドイツ知識人であった。他方では Simmel は Durkheim とは同時代人で，Marx よりも数十年遅れて理論的研究を行い，世界の変革よりも人間の相互作用を支配する抽象的法則についての厳密で知的な理解のための探究に関心を寄せた。Simmel は「社会学的形式主義」の代表者であった（Martindale, 1960, p.233）。反復する形式なりパターンほどには，変化する社会的内容について彼は関心を寄せなかった。Simmel に言及しながら，Wolff (1964) が述べているように，彼の研究法は「規範的なものよりも論理的なものに優位性」(p.xviii) を認める立場を示している。彼の関心は特定の葛藤ではなくむしろ葛藤一般にあり，特定の結果が正義に適うかどうかといった規範的問題ではなく，葛藤それ自体の抽象的理論にあった。

Simmel は社会生活における一つの普遍的形式として葛藤に強い関心を抱いたのだが，Marx ほどにはこれには没頭せず，生活に通常存在する一部である他者との相互作用の一つの形式と見なしており，この相互作用の一部は統合された一つの社会システムにおいてさまざまな方向に，時には反対の方向にも作動しているものであった（Turner, 1978）。葛藤は解決が必ず必要であったり変革を求めるような一つの問題ではなく，社会秩序に実際に貢献することがしばしば認められるこの秩序の典型的一側面であると見なされた。同様に重要なことだが，Marx は葛藤の諸原因に焦点を当て，この除去方法を探求したが，Simmel は葛藤の結果に焦点を当て，その源泉にはほとんど目もくれず，葛藤が展開する錯綜した形式的パターンに強い関心を寄せた。

3. Bonger——資本主義と犯罪——

20 世紀初頭に Marx と Engels の葛藤論的観点はオランダ人犯罪学者の Willem Bonger によってとくに犯罪学理論へ応用された。後述するように，1960 年代の混乱によって Marx 主義理論と Bonger の業績（1916/1969）への新たな関心が寄せられるようになった。1960 年代の終わり頃に出版された Bonger の主著の簡略版の序文において，米国の犯罪学者で葛藤理論家の Austin T. Turk が Bonger について尊敬をこめて述べていることには，「人間の悲惨さを軽減しようとする情熱と等しい情熱を科学的探究に抱いていた人物であった」(Turk, 1969b, p.3)。Marx と Engels と同じように，そして Freud や Durkheim とは異なって，人間とは本質的に社会的であると Bonger は考えていた。もしそうであるなら，犯罪は人間の本性を歪曲する逆境にまでその源を遡る必要がある。まさしくこのような逆境こそが資本主義の勃興によって生み出されてきたものであった。

Bonger によれば，資本主義の下では，支配する者と支配される者との間に明確な区別が生じ

るが，これは両者に元からあった差別ではなく，経済システム自体から生じたものである。このような逆境にあって，人びとは経済的争いの中で互いの闘争に駆り立てられ，個人は他人を顧みることなくあらゆる可能な手段を用いて快楽を追求するように仕向けられ，金銭を追い求め，人間性は強い「利己主義」に歪められることによって人は相互に犯罪を相手に対し犯しあう可能性がより高くなる。こうして統制理論者たちが，Durkheim同様に，突きとめたように，Bongerもまた犯罪を部分的には個人の利己主義に求めた。しかし彼らとは異なり，社会的統合の衰退と極度に破滅的な個人主義の勃興とは資本主義に起因するというMarx主義の立場にBongerは立脚した。このような利己主義は，個人をより密接に社会に結びつける社会的統制によっては決して消退されうるものではない。というのも資本主義社会それ自体が利己主義のまさしく源泉にほかならなかったからである。

　Bongerは多くの犯罪を資本主義が直接的にも間接的にも生み出す貧困のせいであるとした。直接的というのは，従属的階級における犯罪は生存にとって時には不可欠であるからであり，間接的というのは，少数の者がほとんどすべてを所有している一方で，多数の者は何も所有していない世界での不公平感は個人を意気消沈させ，社会的本能を枯渇させてしまうと考えられたからであった。しかし同時に彼が認めたことには，力のより強いブルジョワジーもまた犯罪を行う。これは力に伴う機会と資本主義に伴う道徳の低下とによるものであると彼は考えた。貪欲かつ利己的な「ナンバー・ワン」を渇望する心性を助長し，同時にまた富める者をますます肥らせ，貧者をより一層貧しくさせる経済システムの産物が犯罪であった。

　ラベリング理論家たちよりも以前に，Bongerが主張していたことは，犯罪は背徳的活動の範疇に入ることは確かな真実であるとしても，道義の定義は変動可能である。なんと彼はこれ以上に踏み込み，道義の支配的定義とこの変化の源泉は権力者側の利害に合致したところに存在するとまで主張していた。Bongerの見解では，行動が権力者側の利益を著しく脅かす場合に犯罪と規定され，「支配階級の利益を損ねないならば，いかなる行為もほとんど罰せられることはない」(Turk, 1969b, p.9)。こうしてBongerはブルジョアジーでは犯罪発生率は低いという統計に着目し，このことは，法体系は「ブルジョアジーの利己的活動を合法化し，プロレタリアートのそれは処罰される」(p.10) ということに起因するとした。犯罪原因に関するBongerの説の前提からは，資本主義の廃絶と富と権力との再配分とは好ましい環境を再建し，犯罪を除去するという彼の結論は政治的な事柄におけるほとんど当然とも言える論理的帰結であった。

4. SutherlandとSellin──文化葛藤と犯罪──

　犯罪理論においてEdwin H. Sutherlandは本書第3章で論じた彼の分化接触理論によって著名である。その章で論及したように，分化接触理論は分化的社会組織化の概念を基礎としている。この概念自体は，分化的に組織化される状況を社会解体として記載する時に派生する価値判断から離れようとする試みである。分化的社会組織化の概念は葛藤的観点の一つの型を示すものであった。社会は完全な合意の上に立っているのではなく，むしろ葛藤的な文化パターンを持ったさまざまなセグメントから成立しているということがこの考えの前提となっていた。社会の遵法性の低いセグメントに属している者たちとの関係によって接触が支配されている者は犯罪技術を学び，犯罪的方向性を発展させる傾向にあるという前提によって，個人の犯罪活

動は説明可能であるというものであった。

　Sutherland はすでに 1920 年代半ばまでには富裕層，権力者層の犯罪の体系的調査研究を開始していた。1930 年代にはホワイト・カラー犯罪の研究を彼は開拓し，1940 年代初頭には一つの草分け的論文を Sutherland は公表している (Sutherland, 1949)。これらの業績において，彼が注意を喚起した事象とは，20 世紀に勃興した巨大企業のような強力な経済的利害に関わっており，その組織化と方策とによって企業が「慣習性犯罪者」となってしまうような社会的セグメントを構成しているのだが，彼らはその富と権力によって刑事法廷への訴追を免れていた。第 3 章で言及したように，ビジネスの犯罪的パターンに浸かり，**分化的接触**によって**個人**はホワイト・カラー犯罪へと参入することになると彼は説明した。

　1930 年代の不況時代に，別の犯罪学者，死刑の研究と犯罪指標の開発への彼の努力とによって現在著名な Thorsten Sellin は犯罪の比較的広義の定義づけと犯罪学理論への非伝統的アプローチを主張した。Sellin (1938) は犯罪の一つの源泉として「文化葛藤」の問題を強調し，異なる集団は異なる「行動規範」を学習し，一つの集団のこの行為規範は別の集団のものと衝突すると主張した。どのような行為規範が刑事法の対象となるかに関して，Sellin は次のような主張をした。

　　国家が犯罪と規定している行為はもちろん社会にとって，とどのつまりは社会で政治的権力を行使する者にとって危害を及ぼすと考えられるもので，彼らは権威の表現形態である立法的，司法的，そして執行的機能を支配しているのである (p.3)。

5. Vold ── 葛藤と犯罪 ──

　1950 年代も終わる頃，George B. Vold は今なお認められる一つの葛藤理論の立場から犯罪学理論の最も広範かつ詳細な修正を推し進めた。Simmel を引用しつつ，Vold (1958) は葛藤は異常ではなく，むしろ社会生活一般に特徴的な一つの基本的社会形式と見なされるべきであることを主張した。「社会的相互作用の諸過程はぶつかり合い，不安定な調整の種類を変えながら，対立する力を均衡した多少なりとも**安定している平衡状態**へと導くのだが，この結果生じる相対的に安定した状態は社会秩序ないし社会組織と通常呼ばれている」(p.204, 強調は原著者による)。この観点では社会秩序は合意に全面的に依拠しているとは考えられてはおらず，社会を構成している種々の葛藤的力の均衡から生み出される安定性に部分的には依存していると想定されていた。Simmel 風の用語で分析された集団間の葛藤は，闘争への参加が団体の集団精神と集団内連帯とをもたらすので，さまざまな集団の強化へと積極的に貢献する可能性があるとされた。この分析に従えば，諸集団の利益が衝突するので，複雑な社会では諸集団が葛藤することはまったく正常なことであり，「民主主義では盛んに行われていることだが，政治は一般共同体の拮抗する集団の間で実践的妥協を見つけ出すことがまず第一に主要な事柄となる」(p.208)

　法的妥協に関して，Vold (1958) は 1920 年代からの Sutherland の業績を引用し，「法を編み出す多数派は警察権力に支配を及ぼし，法を侵害する可能性の高い者とは誰かを決定する政策を牛耳る」(p.209)。Vold によれば，政治は妥協の技巧であり，「力関係を念頭に置いた妥協の原則がこの葛藤過程のあらゆる段階で働いている」(p.209) と主張した。このような葛藤内容よりも形式に彼自身の理論的関心はあっ

て，戦時中の良心的兵役拒否者と非行集団とのパターンを比較するといったことにこのことが現れている。両者は共に同じパターンないし社会形式を示し，集団のイデオロギーと既成の権威との間に葛藤が存在していると分析された。Simmel同様にVoldは道義の性質が関係するような規範的差違よりも葛藤の形式の同一性に関心を抱いていた。

 Vold（1958）が指摘したことには，多くの犯罪は明らかに政治的性格を帯びている。政治的改革を目指した抗議運動に由来するものも彼は犯罪に含め，「成功した革命はそれまで政治中枢で権力を握っていた者を犯罪者と成し，挫折した革命は，この指導者たちを即刻処刑される定めの雄弁家と成す」（p.214）と述べている。彼の形式論的分析は規範的なものを避け，論理的なものに密着している。誰が「良い」とか「悪い」とかに関係なく，敗者たちが「犯罪者」であった。この意味で彼らの（形式的）「犯罪」とは敗北によって成り立っていた。

 Vold（1958）はまた団体組織（unions）と管理運営（management）との間の，また異なった団体組織間の葛藤に関係する犯罪にも注意を向けていた。1960年代の米国における，そして1980年代には世界各地に波及する市民権運動の先駆けとなる声明において，彼は，「世界各地の，とりわけ米国と南アフリカ連合における人種隔離による投獄制度を変革なり転覆させる試みで派生した衝突から無数の種類の犯罪が生み出されている」（p.217）ことを指摘した。葛藤において採用される戦略や戦術を検討する中でVoldは，利益を追求しつつ自らを組織化する集団の例として，組織犯罪とホワイト・カラー犯罪を精力的に分析した。

II　理論的背景——1960年代の騒乱

 前述した葛藤理論の種々の先駆者たちは次に来たるべきことの多くについてすでに先鞭をつけていたが，犯罪学的葛藤理論がそれ自身の姿を示すようになったのは1960年代の社会的激変以降のことであった。1960年代は犯罪学において大きな転換期となった。既述したように，統制理論とラベリング理論とが以前に蒔かれた理論的種から発育したのもその当時の文脈の枠内においてであった。同じことが葛藤理論においてもいえる。統制理論は，急速な社会変化という条件下での複雑な社会の脆弱な性質を強調することで応答し，犯罪や非行は個人を含む力のなんらかの有意義な弱体化によって拡大傾向を示すことを主張したのだが，葛藤理論は社会的分配の新たに明らかになったパターンを明白にし，権力層の動機，戦略そして戦術の正当性を問題とした。ラベリング理論が明らかにしたのは犯罪とは政治情勢によって動かされる犯罪の定義に影響を与える立場にある道徳請負人たちなどによって社会的に構築されたものの一つであるということであり，ラベリング過程における階級的違いを時には指摘することもあったのだが，一方葛藤理論は刑事司法システムとこの基盤にある経済的序列との結びつきに関してはより一層明確な立場を示し，国家それ自体を告発することもあった。

 1960年代に犯罪学的葛藤理論（これをSykesは批判理論（critical theory）と呼んだのだが）の隆盛を説明する際に，Sykes（1974）はとくに重要な三要因を指摘した。第一に，米国社会に対するヴェトナム戦争の衝撃であった。第二に，反体制文化（counterculture）の勃興があった。第三に差別，とくに人種差別に対する，さらには政治的反対論者に対する国家の警察権力を使用した抑圧に対する政治的抗議運動が広

がったが，両方の問題は第二次世界大戦以降くすぶり，脅威となっていたものが結びつき公然化したものであった。

ベトナム戦争が激化するに従って，政府の政策の愚劣さだけでなく，権力者側の動機の根底にあるもの，信頼性に対する疑問が強まった。戦争拡大についての説明は，大多数の国民にとってはさらに昏迷を深めるもので，意図的虚偽情報（disinformation）――政府の嘘を表現するお役所言葉――の存在が発覚したため疑惑は一層強まった。抗議行動は燎原の火のように拡大した。大学構内で武装した軍隊が発砲し，明らかに平和的な抗議参加者をも殺害した。Voldが非常に冷たく記載した良心的兵役拒否者は至る所に存在していた。カナダへの逃亡によって「犯罪者」に意図的になる道を選んだり，徴兵令状が抗議行動参加者が大勢見守る中で火中に投げ込まれた。

第5章で言及したように，反体制文化の興隆は標準的中産階級の離反によることが大きかった。反体制文化的行動は価値観における基本的葛藤の存在を劇的に示していた。何百万人もの市民が無害と考えていた種々の活動に参加していたが，しかし法システムはこれらを犯罪的違法行為，つまりは姦淫や浮浪，違法な薬物使用のような被害者なき犯罪と呼ばれているものと同じとみなした。薬物使用は「気分がハイになる」というだけでなく，象徴的な政治的抗議の一つの方法でもあった。

第5章で強調したことだが，ベトナム戦争の衝撃と反体制文化の興隆と共に，差別廃止と政治的敵対者の抑圧の終結を求める社会運動が巻き起こった。フェミニスト運動は女性の政治的，経済的，性的抑圧に対して次第に過激に発言するようになった。同性愛者共同体はより政治的となり，ラベリングと差別に抗議すべく組織化されるようになった。アフリカ系米国人は市民的不服従なしには社会的平等を得られず，隔離を執行する不正義な法に対処する唯一の道は皆でこの法を破り，抗議者たちが「犯罪者」となり，信念の代償に刑務所で一定の日数を過ごすことであるということが市民権運動によって明白にされているように思われ，基盤にあった社会的葛藤が公然のものとなった。

同時に1950年代のあのマッカーシズムにさえ耐えてきた社会が知って驚いたことは，FBIのような最も尊敬を集めていた法と秩序の象徴的存在の一部が政治的敵対者を破滅させるために全国にデマの情報をまき散らし，合法的不満を表現しようとする市民に対し違法な戦術を使用していたということであった。警察犬を使用してアフリカ系米国人の学童たちを威嚇していた南部の保安官たちや，さらには政治的秩序を真剣に問い掛けていた者を過激派なり共産主義者として執拗に攻撃していた議会関係者たちであっても，これら国家の代理人たちは法的に構成された当局者を装った道義的犯罪者であった。権力者側の利益をひどく危険に晒す行為を犯罪として烙印を押す傾向にある法システムをもち，葛藤状態にある集団から成る社会であるという思いは次第に強くなり，葛藤理論の発展の肥沃な土壌となった。

III　さまざまな葛藤理論

新たな犯罪学的葛藤理論はMarxやBonger, Simmelに依拠しながら，犯罪学者たちが考えていた以上にはるかに先に進んだ。GibbonsとGarabedian（1974）が葛藤理論運動（ここではラジカル犯罪学（radical criminology）と呼ばれている）の検討において指摘したように，「Sutherlandは彼が検討した70の企業を『人民の搾取者』とは確かに性格規定を行わなかったが，その代わりこの種の告発をしているに

等しいところまで行っていた」(p.51)。同様に Sellin は法が支配的集団の利益に合致して定義され，適用されることに注目したのかもしれないが，Marx のようには彼らを非難することはなかった。この問題に関する Vold の状況分析によれば，1950 年代後半には葛藤論的観点の骨格のように思えていたものはより一層精緻化が必要であったり，あまりにも抽象的すぎ，学問的であったり，怒りを覚えるような不正に対し冷淡であったりしていると，今や感じられるようになった。

Sykes (1974) はこの変化の背後にある以下のような 4 主要因を挙げている。第一に，生物学的，心理学的理論だけでなく，不適切な社会化のような社会学的理論をも含めて，個人に関する事柄に犯罪原因を求めるいかなる理論に対しても強い懐疑が今や抱かれるようになった。第二に，刑事司法システム不全は，無能で駄目な個人とか小集団の欠陥に帰因されるべきであるという考え方から，このシステムは基本的に制御不能であるためか，権力層の利害に沿って構築されたものであるために，これらの諸問題はこのシステムに内在するものであるという結論へと変化した。第三に，刑事法は人びとの集団的意志を示しており，犯罪学者の仕事とは理論的分析と経験的調査研究であり，正邪の規範的問題を扱うことではないという比較的古い考え方が基本的問題への問いかけを不能にする詭弁として拒否された。最後になるが，第 7 章で論じたように，公式の犯罪発生率の数字は社会に現存する犯罪量を反映するものではないということのみならず，それがよりしばしば映し出すのは当局のラベリング行動であるということが明らかになってしまった。

1960 年代には，ラベリング理論と政治学理論との混合理論に影響を受けた幾人かの犯罪学者たちが犯罪学的葛藤理論の独自のブランドを展開しはじめた。彼らの業績を一つの理論的運動の一部として特徴づけることは公正なことである。ここでは指導的な葛藤理論家 3 人の功績に絞って言及する。それは Turk, Chambliss と Quinney である。後述するように，彼らは孤立して研究を行っていたのではなく，一定の社会歴史的文脈の枠内で密接に交じり合いながら仕事を進めていた。彼らのすべてが 1960 年代に書かれた論文において自分たちのアプローチの骨格を明らかにし，彼らの全員が 1969 年に著書を公刊した。彼らの相違はかなりの程度，前述したさまざまな理論的先駆者からの影響の違いに依っている。

1. Turk——犯罪化過程——

1960 年代の初めに大学院論文完成に勤しんでいる時に，Austin T. Turk は Sellin のような犯罪学者たちの文化葛藤的観点と勃興しつつあったラベリング理論とに次第に関心を強めていった。あらゆる理論家同様に彼の観点も自己の人生体験に影響を受けていた。Turk (1987) 自身はこのことを次のように語っている。

> ジョージア州の小さな町の隔離された地区に労働者階級の息子として成育し，早くから学んだことは多くの民衆にとって人生は安楽なものでも，公正なものでもないということであったし，不合理と矛盾は社会的現実のまさしく大半（おそらくは最大）の部分を占めており，資源や機会へのアクセスは能力や性格とは必ずしも結びついてはいないし，理論における正義の意味は議論の余地があり，実践上の正義の意味は操作されやすいもので，社会に存在するいかなる程度の自由，平等，同胞愛，ないし安全でも実現困難で，か細いものである，ということであった (p.3)。

1960年代末までにTurk（1969a）は『犯罪性と法秩序』(Criminaliy and the Legal Order)において葛藤理論の自前のブランドに関する完成された論述を行い，序章では全体としてはSutherlandから引用し，VoldとDahrendorfの比較的最近の論著を参照している。Turkの理論的貢献を識別しているものは，Dahrendorfの観点に立脚し，葛藤はなんら異常ではなく，むしろ一つの社会的形式として扱ったSimmel-Vold風のアプローチに沿って構築しようとする研究努力であった。Turkにとって人生の一つの基本的事実として社会的葛藤を認めることは彼の皮肉的傾向などというよりもたんなる現実主義を示しているにすぎない。

とはいえ葛藤理論家の一人，Daherendorf（1958, 1968）は不平等の問題に関してはMarxとは意見が異なっていた。不平等の原因を不正な経済システムに求める代わりに，Dahrendorfはこの源泉を権力の差違に，より特殊的には正当と受け入れられてきた権威ないし権力の差違に求めた。不平等の撤廃に賛同したMarxとは異なり，文化的規範は常に存在しており，その執行にあたっては制裁に頼らなければならないので，制裁が貫かれるには一部の人民が残りの人民よりも強い権力を持つ必要があるという立場をDahrendorfは採った。Dahrendorfの見解では，社会的不平等を生み出すのは資本主義由来の経済的不平等ではなかった。むしろ不平等は，社会の基本的諸単位が必然的に支配・服従関係を有しているので，不可避的事実であった。こうして不平等を廃止するという考えはユートピア的夢物語として扱われるようになった。

Turk（1969a）はラベリング理論家たちと多くの点で一致して，犯罪は本質的に相対的であるとの確信を深めてきた。彼にとって犯罪説明の理論的問題は多様な行動を説明することではない。というのもこれらの行動は時と場所が違えば犯罪となったり，ならなかったりしうるからである。そうではなく，問題は「犯罪化」，つまりは「個人への犯罪的地位の割り当て」（p.xi）であって，これが「犯罪性」("criminality")を生み出している（p.1）。「法的**支配者**と被支配者——受容者なり抵抗者ではあってもこのような法の創造者，解釈者，執行決定者ではない——との間の地位と役割との関係を研究する」ものとして「犯罪性」を検討するというTurkの主張には明らかにDaherndorfの影響が認められる（p.1, 強調は原著者による）。

このようなアプローチは，もしも犯罪学者が犯罪発生率における変異のような「事実」を説明すべきであるとすると，あるいは「犯罪者」の処遇方法を改良するべきならば，必然的と考えられた。Turk（1969a）が強調したことには，個人に犯罪者の地位を割り当てることは当人の行動と関係しているというよりも，支配者と当人と関係した事態である。「実際に犯罪者という地位は，実在する，あるいは仮想された属性のために，当人たちが何をするのかというよりもなんであるのかということのために，付与されうるもので，実在する，あるいは空想され，でっち上げられた行動によって正当化されうる」（pp.9-10, 強調は原著者による）。この観点からすれば，犯罪学者が犯罪者たちの行動を説明するのにたまたま成功したからといって，このような成果は彼らの犯罪性の原因を説明することにはならない。これは犯罪化過程を支配する支配者の行動とより強い関係を持つものであった。

支配者の概念の鍵は正当性が容認されているということである。支配者がむき出しの権力とは異なっているのは，合法的権力と見なされているからであり，その使用が被支配者から容認されているからである。被支配者と支配者との関係に関心を寄せる理論家は誰でもこの容認の基盤について探究する必要がある。統制理論家

の一部のように，Turk（1969a）は支配者を容認するのは内面化の結果であるという議論には与しなかった。この容認は当人の有している地位に与えられている役割を人びとが学習し，単純に黙認し，当たり前なこととして従っている結果として説明できることを彼は主張した。被支配者が従う「規範の合法性は支配者の言葉と行動によってのみ規定されている」(p.51)。

Simmel や Vold 同様に Turk（1969a）が関心を抱いたのは，この権限の根拠もないままに，なんらかの正義の概念に従ってこの権限が正当なのか，そうでないのかも問題にされないままに，一部の人が他者を統治する権限を持っているという事実からの論理的帰結に対してであった。犯罪のような概念は時と場所に関係するラベリングの問題であって，正義のような概念も犯罪と同じ地位にあることを確信している者にはこの論理的一貫性は不可避なものであると期待してもよいだろう。

いずれにせよ，このような分析には「いかにして支配者が支配者となるのかということは重大なことではない」という考えを保持しながら，Turk が焦点を当てたのは，支配者関係の論理的帰結であった（p.51）。

犯罪者という地位を割り当てることは，法規範の侵害を示すと考えられる「現実的，空想的，あるいはねつ造された行動を参照しつつ」(pp.9-10) 支配者によって正当化されねばならないということを Turk（1969a）は主張していたので，法規範を二つの型，文化的規範と社会的規範との間に形式的差異を認めることが重要であることに彼は気づくことになった。前者は言葉のような象徴的語句によって説明され，期待されていることを扱う規範として彼は規定した。後者は現実の行動パターンに認められる規範で，語られていることよりも為されていることに関係している規範であると彼は規定した。一定の状況下にある文化的規範と社会的規範とは一致していることもあれば，そうでないこともある，と彼は指摘した。

Turk（1969a）によれば，犯罪者の地位を割り当てることの説明を満足する理論というものが満たす要件は以下の通りである。

　支配者と被支配者との文化的，社会的差異がおそらくは葛藤を招くことになりそうな条件というものの言明があること，犯罪化が葛藤の過程で多分に起こりうる条件と，さらには犯罪者になることで剥奪される程度が多分により大きくなるのか，より小さくなるかの条件とについて言明がなされていること，以上である（p.53）。

Simmel 同様に彼はこれらの条件の性格を一連の形式論理学的命題によって検討した。

こうして Turk が論じたことには，文化的規範と社会的規範とが一致しない条件では，ある特定の属性（例えば政治的に過激な集団に過去属していたこと）ないし行為（例えばマリファナ使用）の評価をめぐって支配者と被支配者との間に食い違いが存在していることに対して，論理的には四つの状況的可能性が存在している〈訳註：この文脈はわかりにくいが，論理的帰結からして，かつ以下の本文の叙述も考慮すると，支配者側の文化的規範と社会的規範の一致の有無，被支配者側のこれらの一致の有無という2群2組の組み合わせの四つの状況を指している〉。各論理的可能性が各自の異なる一つの葛藤ポテンシャルを有している。例えばこの葛藤可能性は「高−高」状況において最も高くなる。この状況とは，(1) 支配者によって説かれる文化的規範と〈これに基づく〉彼らの実際の実行パターンとの間に高い一致がある場合であり，(2) 同じように，被支配者側において，特定の属性ないし行為の文化的評価とこの行為の

属性の実際の所有ないし実行との間に高い一致が存在している，ことである。もし双方の側で違った基準を有しているのみならず，これらの基準に合致した行為に走るならば，妥協の余地はない。例えば支配者が「マリファナ喫煙は悪である」というだけでなく，これを禁止する行為に出て，さらにマリファナ使用者が「大麻は大丈夫」というだけでなく，規範的衝突にもかかわらずこの使用に固執するならば，葛藤ポテンシャルは論理的には最大となる。

一方Turkの論理が示唆していることには，この葛藤ポテンシャルが最も低くなるのは，支配者側の言明する文化的規範と実際の行動規範との間に一致がなく，被支配者側の文化的規範と社会的規範との間にも一致が存在しない場合である。このような状況では主張は衝突するが，主張されることはいかなる場合でもどちら側も実行しないので，葛藤の可能性は低くなる。双方共にそのようには生きていない言葉に対して闘い合うなどということがどうして起こりうるだろうか？

第三の理論上の可能性は支配者の言葉と行動とは高い一致を示しているのに，被支配者の言語と活動にはあったとしてもごく低い一致しかないような場合が記載された。このような状況ではTurkの形式論理上の葛藤ポテンシャルはおおよそ中程度となるが，次の第四，つまり最後の可能性に理論上属する葛藤ポテンシャルよりも幾分強い。この最後の状況では公然の文化規範として規定される属性ないし行為は被支配者間ではよく合意されているのに，支配者の説く文化規範とその行動との間には実際にはほとんど関係が見られない。Turkによれば，第三の可能性の方が第四の可能性よりも強い葛藤ポテンシャルを有している。というのも〈第三の可能性のように〉支配者は彼らの文化規範が彼らの社会規範によって裏付けされている場合に

は彼ら自身の規範と異なる規範に我慢する可能性は低いからである。

Turkの分析に従えば，文化と社会との規範間の関係の論理は付加される形式的命題によって一層複雑なものとなる。集団のサポートを受けている個人は彼を変えようとする力に抵抗する力がより強いという前提に立てば，違法的属性を有している者なり違法活動に参加する者が組織化されている程度に応じて支配者の葛藤の可能性は増大する，とTurkは結論している。一方，規範へのより巧妙な抵抗者は，より狡猾な戦術的奸計（例えば隠れて以前のようにしているのに，服従しているふりをする）によって，明白となった葛藤を避けるのにより一層長けているであろうという前提にたてば，より巧妙でない規範への抵抗者に支配者が直面するに従って葛藤の可能性は増大する，とTurkは結論している。組織化と巧妙化というこれら二つの変数の組み合わせから生じる理論上の可能性は次のようになる。(1) 組織化されてはいるが，巧妙ではない，(2) 組織化もされず，巧妙でもない，(3) 組織化され，巧妙である，(4) 組織化されず，巧妙である。葛藤の確率はこの組み合わせ次第となる。

四つの形式的に異なる可能性の形式的分析を通じて，Turkはいくつかの結論に達した。第一の結論は支配者と被支配者との葛藤は後者が高度に組織化され，比較的巧妙でない場合（例えば非行ギャング）に最も可能性が高くなる。彼の結論ではこの葛藤の確率は当該被支配者が非組織化され，非巧妙化される（例えばドヤ街住人）程度に応じて減少し組織化され，巧妙化される（例えば犯罪シンジケート）ほどに，その確率は高くなる。この論理的帰結は葛藤が最も低いのは規範に反抗する被支配者が非組織化され，巧妙化されている場合（例えば職業的ペテン師）である。これらの形式に演繹された結

論は経験的事実と合致していたり，合致していなかったりするかもしれないが，ある程度の論理的一貫性を有しており，この実際の経験的妥当性を評価するためにデザインされた研究調査をTurkは推奨した。

支配者自身に関してTurkが指摘したことには，彼らは定義上組織化されていなければならない。そうでなければ，支配者となれず，ある種の非合法的群れとなってしまう。支配者と彼らの規範に逆らう被支配者間の葛藤可能性は権力の行使において最も拙劣な場合に最大となる，と彼は結論づけた。興味深いことには，Turk（1969a）は自身の論理に導かれ，統制理論家Hirschiが到達した結論と同じ結論に同時に至った。すなわち葛藤の可能性は「支配者と被支配者との絆の性質」(p.61)に影響される，という結論であった。彼の結論では，「被支配者が支配者を強く同一視し，道徳的評価において全体的に一致している場合には公然となっている規範は『パパは何でも知っている』("father knows best")(p.61)精神で受け入れられるであろう」。しかしHirschiがこれらの絆を中心的なものとしているのに，Turkはこれらに関心を向けることははるかに少なく，社会はDurkheim風の絆が問題となるよりも，常にSimmel風の葛藤の作用そのものが時を超えて問題となる。当然想起すべきことは，Hirschiが理論的に焦点を当てたのは少年非行であり，一方Turkは組織犯罪，政治犯罪，そしてホワイト・カラー犯罪に総じて格別の関心を払っていた。従って葛藤ポテンシャルと比較して絆をある程度にしかTurkは強調していないということは驚きではない。

Turk（1969a）にとって葛藤の可能性の分析は手始めにすぎなかった。鍵となる問題は以下のようなことであった。「ひとたび葛藤が発生すると，反対の構成員たちが犯罪者となる可能性に影響を与える条件とは何か？……彼らが多少なりとも過酷な〈搾取的〉剥奪に服従する条件とは何か？」(p.64)。この回答の一部は犯罪化過程全体の可能性に影響を与え続けるものとして前述したものと同じ因子に求められた。しかしTurkの結論によれば，補足された諸変数は現実の犯罪化と共に作動する傾向にある。

まずTurkが認めたことには，葛藤を規定する決定的な規範とは比較的上層の支配者の規範であるとしても，犯罪化の可能性で重要な因子は公的な法的規範，とくに警察や検察，判事などのこの法的規範を執行する者の文化的規範と社会的規範とが一致する程度である可能性が考えられた。警察の裁量と決定権の重要性のゆえに，警察が執行すると期待されている法的規範に警察が同意する程度は逮捕と犯罪化の確率に重要な影響を与えると彼は考えた。検察官，判事，陪審員などは幾分この可能性に影響を与えると予想されたが，規範への抵抗者が実際に犯罪者と規定される程度を規定するのは結局法執行の前線にいる警察であるとされた。

Turkの分析では，法執行者と抵抗者との相対的力もまた犯罪化の確率に影響を与える別の変数となっていた。抵抗者に対する法執行者の力が巨大になればなるほど，犯罪化の可能性が高くなる。きわめて強力な抵抗者に対抗することを法執行者たちが嫌がることは抵抗者の行動に関係なく，この抵抗者の犯罪化〈訳注原文はcriminality犯罪性とあるが，犯罪化の誤記と判断した〉を低く抑えることになろう，と彼は主張した。さらに彼が付言したことには，力の最も弱い者が脅威となるように思えず，「悩みの種」と見なされないならば，彼らの承認されない行動の一部もまた無視されうるであろう。

犯罪化の確率を決定するものとして特別に重要であるとTurkが見なした変数の最後のものは葛藤的運動の現実主義と関係するものであっ

た。部分的には前述した巧妙化の問題ではあるが，犯罪化を回避するのか，形成するのかということの鍵は他者を扱う際に他者の行動パターンの知識を活用すること以外の因子に依存していると見なされた。抵抗者のいかなる動きも次のような条件では現実離れしたものと考えられた。(1) もしもこの動きが攻撃的属性ないし行動の可視性を高めるのであれば，支配者が反応せざるをえないリスクが高まる場合，(2) この動きがその属性ないし行動の攻撃性を高める場合（例えば，攻撃性を強調し，付随的な攻撃的属性に注意を向けさせ，支配者のより重大な規範でさえも侵害するようなこと），(3) この動きが種々の水準の法執行者間の合意を増大させる場合（例えば，特定の規範ないし，一群の規範への単純な反対から残虐なとか，無知蒙昧な，とか腐敗したとかの法執行者への決まり文句でもってこのシステムへの全面的攻撃へと移行すること），あるいは (4) この動きが法執行者に有利に働き，力の差を増大させる場合（例えば，法執行者が予算の増額のような資力を著しく増大させることができるような形で公序を乱すようなこと）。

Turk の分析によれば，次のような場合には支配者側の動きは現実離れしたものとなりやすい。(1) この動きが彼らの合法性の基盤を合意から，「抑止の規範」なり，不同意にもかかわらず服従する義務へと移行する場合で，力尽くの場合に起こりやすい。(2) この動きが標準的な法手続きからの離脱を示す場合，とくにこの移行が非公認で，突発的なり，激しいものである場合，(3) 特定の攻撃的属性が一般化され，抵抗者の付随的属性が犯罪化の基盤とされてしまう場合（例えば同じ型ばかりを蒐集する調査が特定の犯罪者の体系的研究調査の代わりになされてしまう），(4) 抵抗者の規模と力を増大させる場合（例えば抵抗者側の殉教者を増やし，その結果彼らは社会の他の部分から同情とさらなる資力とを獲得してしまう），あるいは (5) 種々のレヴェルの法執行者の合意を減少させる場合，以上である。

社会的葛藤の性質と結果とを変化させうると予測される補足的諸因子を指摘しながら，Turk は前述したこと以上にさらに進んだ。いかに多様な組み合わせが葛藤可能性にさまざまに影響を与えるかを示すために彼の命題の論理的統合を図り，調査研究を促進するための彼の命題を操作化するために採用可能なありうるべき指標を記載し，詳細に言及するに至った。こうして彼は法的規範が実践的に分類可能となる方法を論じ，規範・法葛藤，法規範の意義，葛藤的運動における相対的力と現実主義のような鍵概念の最良の定量化に関する問題を扱い，彼の理論がデータによって検証される場合に解消されるべき問題をさらに論じている。

2. Chambliss
——犯罪，権力，そして法手続き——

Turk がそうであったように，William J. Chambliss は同じ年 (1962) に，大学院を修了し，興味を抱いたのは刑事法の発展，とりわけ「特定の法と社会的状況——この中でこれらの法が生まれ，解釈され，除去される——との関係を社会学的に分析する」(Chambliss, 1964, p.67) ことであった。Chambliss (1987) はまた彼の理論的観点と彼の人生経験との関係について次のように明白にしてきた。

> UCLA〔California 大学 Los Angeles 校〕を卒業して，父に会いにヒッチハイクしながら帰省した。それは 1955 年のことであった。召集令状により兵役に就き，朝鮮へ送られ CIC（対諜報部隊；Counter Intelligence Corps）の任務に就いた。この時期私は犯罪について数多く

のことを学んだ。米国人や朝鮮人兵士たちは朝鮮人の人びとを強姦し、盗み、暴行し、威嚇し、恐怖のどん底に広く陥れていた。彼らは権力を持っていたために、彼らの無法行為に対して何もなされなかった……私が学んだ心理学や社会学の枠組みから犯罪を理解することはできようもなかった（pp.5-6）。

Chambliss はインディアナ大学で大学院を終え、ワシントン大学で教鞭を執り、それからウィスコンシン大学で博士号取得後の研究生活に入った。以下のことは注目に値する。(1) 本章で言及されている Turk と彼と同時代の犯罪学的葛藤理論家である Quinney とは、Cahmbliss がインディアナ大学で大学院を修了しつつある同じ年に、ウィスコンシン大学で大学院を修了したこと、(2) Turk 自身がウィスコンシン大学院を修了した後インディアナ大学の教員団に加わったことである。両大学の結びつきはきわめて密接で、相互にかなりの影響を与え合っていた。

> 我々の人生は我々が認める以上に偶然の出来事に依存している。私がワシントン大学に赴いた一年後に、Pierre van den Berghe が大学に採用された。彼はマルクス主義に驚くほど精通していた。Pierre と哲学者１名、人類学者２名と共に、私は法社会学の学部セミナーを開設した。この当時、Russell Sage 財団は法社会学の復興を支援しようとしていた。私にウィスコンシン大学で法学を研究する奨学金が授与された（Chambliss, 1987, pp.3, 7）

Turk 同様、Chambliss は、犯罪は相対的なものであって、犯罪者のラベル付けは社会的葛藤の産物であるように思えることに強い印象を受けていた。しかし Turk の業績は Simmel 風の形式的アプローチに影響を受けていたが、Chambliss の方は葛藤理論の古い欧州的伝統よりも、リアリズム法学（legal realism）という米国的伝統に最初は鼓舞された。この法学は米国の法学者 Jerom Hall の先駆的業績と彼自身の経験的研究の成果である。Chambliss (1964) は浮浪者法（vagrancy laws）の歴史的研究を行い、これらの法律は次のような所定の関心に基づいているという結論を得た。すなわち「これらの法律は、土地所有者が支払うことのできる代価で労働力を適切に彼らに供給することを保証するという明確な一つの目的で、低い賃金で強制的に労働者が雇用を受けざるをえないようにすることを狙ったものであることに異論を差し挟む余地はほとんどない」（p.69）。

Turk (1969a) が『犯罪性と法秩序』（Criminality and the Legal Order）を出版した同じ年に、Chambliss (1969) は『犯罪と法手続き』（Crime and the Legal Process）を刊行した。この本は法体系の現実的な経験的調査研究で構成され、これと彼自身の理論的枠組みとの一体化を試みている。この後すぐにより精緻化された著書『法、秩序、権力』（Law, Order, and Power）がウィスコンシン大学の法学教授 Robert T. Seidman との共著で公刊された（Chmbliss & Seidman, 1971）。比較的早い時期に Chambliss (1969) が公言していたことには、「価値表現」（value expression）的観点よりも「利益集団」（interest group）的観点（p.8）を代表する者であると彼は自らの立場を簡明に位置づけていた。この二つの観点の区別は「『葛藤論者』と『機能論者』間の社会科学的理論の論争」に見られる区別に彼はなぞらえている。彼の研究法はリアリズム法学の米国学派の影響を大きく受けているが、これは「書物の中の法」と「活動における法」との区別に関心を抱くものである。抽象的法理論研究は実際の実践において作動され

ている法の研究を行うことによって補充されるべきであるという主張をしたものである。これら二つの著書の最初のものは本書2章で言及した古典派に焦点を当てたものであったものの，法の働きに新しく注目していることに法研究における実証主義の影響が認められることは興味深い。Chamblissは活動時の法理論，経験的調査研究に基礎を置いている理論を発展させようとしていた。

第二の著書の前半で，Chamblissと Seidman（1971）はほとんどDurkheim的とも言える主題を鳴り響かせ，「我々の理論モデルの第一の変数は社会の相対的複雑さである」（p.31）と主張している。しかし彼らの議論はさらに展開され，(1) 技術発展と共に生まれ，より複雑で分化され，(2) 精妙な社会的役割を必要とするこの複雑さは人びとを互いに対立させ，(3) 規範侵害と一部が為す行為を罰するために工夫された公的制度がこうして必要となる。この議論はDahrendorfの議論を彷彿させるものであるが，公的制裁制度は社会に本来的に必然的なものとは見なされず，社会的複雑さの増大から生み出された現代風の必需品としている点で，大きな違いがある。彼らの葛藤的観点によって彼らはDurkheim（1964）の統制理論的アプローチで詳述されている理論とはほとんど正反対の法発展理論へと導かれた。前者の理論の主張するところでは，増大した社会的複雑さによって社会は「鎮圧的」法から「修復的」法の強調へと社会を導びく。しかしChamblissとSeidman（1971）の議論では，「以上から我々は以下の命題を導ける。すなわち社会の複雑さの水準が低くなればなるほど，和解に基づく論争解決過程への傾斜がより強くなり，社会が複雑さを増すほど，規則執行への傾斜が強まる」（p.32）。

ChamblissとSeidman（1971）は，社会の複雑さが強まることはそれ自体，利害の対立において秩序を維持するために工夫された制裁制度を求める傾向にあるという主張から議論の口火を切った。さらに彼らが主張したことには，この制裁過程がより強まり，一部の集団が他の集団以上に富と権力を持つという社会的階層化が問題となる程度にまで達するであろうということであった。「社会の経済的階層化が強まれば強まるほど，社会の支配集団が彼らの優位性を保証する行為規範を強制することが必要となる」（p.33）。ChamblissとSeidmanが社会階層化の最も深刻な問題の原因を資本主義が生み出す両極化に求めるという歯切れの良いマルクス的立場の要点に言及していないとはいえ，マルクス風の臭いのするテーマがなにがしかは残存している。

ChamblissとSeidman（1971）はまた制裁の発展は官僚的組織化によって強化される傾向にあるという事実の意義をも強調している。彼らの見解では制裁の基盤は支配者集団の利益に応じて整備されうるものであるが，制裁の実際の適用はそれ自身の利益を有する官僚によって実現される傾向を示す。この意味で法の働きは権力者側組織の利益と法を執行する官僚組織の利益との結合による所産であることが予想される。

Chambliss理論の本質は現今の複雑な産業化社会における法の働きを説明するためのものであるので，法の働きに関する理論における第二と第三の変数である社会階層と官僚制度に我々は傾注することが許される。『犯罪と法手続き』においてChambliss（1969）が強調したことには，「法秩序を形成する上で影響のある現今の英米社会で唯一最も重要な特徴は」「価値観が異なる人びとに固有の行動に関する自身の基準と見解とを押しつけようとする中産階級［構成員］の試み」と一致して起きている「中産階級の支配」である（pp.10-11）。この見解によれば，

中産階級が慣習的道徳律を代表しつつあるのだが，これらの価値観の背後には利己心が存在していることを強調している。

『法，秩序と権力』において ChamblissとSeidman（1971）は社会階層と法との関係に関して次の五つの基本的命題を提示した。(1) 人の生活条件は当人の価値観と規範に影響を与える。かくして，(2) 複雑な社会は大きく異なる生活条件を持つ諸集団によって構成されている，(3) このため複雑な社会は，きわめて異なり，矛盾に満ちた幾組かの諸規範から構成されている，ということが主張される。これらの矛盾に満ちた規範と法それ自体との間の関係に関して，主張されることは，(4) 集団が法に具現されたその特定の規範体系を有している可能性は〈集団間で〉均等ではなく，むしろその集団の政治的,経済的な地位と密接に関係している。以上の命題が一緒になって，以下の最終命題へと至った。(5) 集団の政治的もしくは経済的地位が高いほど，その集団の見解が法に反映される可能性が高くなる（pp.473-474）。

法の働きに対する Chambliss と Seidman の理論的説明の大半が議論の焦点としていることは，複雑な社会の層システムにおいて最も権力を持つ部分の価値観と利益とを法は代表しているとはいえ，自身の政策を持つ官僚組織によって，法は独自に作られ，執行されるということである。『犯罪と法手続』において Chambliss（1969）が強調したことは，「組織的行動の最も明確な特徴は進行中の政策と活動はその組織にとって最大の報酬をもたらし，負荷を最小にするということを目指していること」（p.84）である。さらには，

> この一般原理に反映されていることは，刑事法の執行において，**逮捕され，裁判にかけられ，有罪宣告を受ける者たちとは，法律が執行されなくても法システムを構成する組織に対して見返りをもたらすことが最も少なくて，耐えがたい負荷をかけることもまったくなくて処理できる人たちである**という事実である（pp.84-85, 強調は原著者による）。

Chambliss の見解によれば，比較的低い社会階級の人びとは寛容にしてもなんら見返りがなく，官僚システムと戦う地位にもないので，刑事司法官僚は比較的低い社会階級の人びとを中産なり上流階級の人びとによってなされた同じ犯罪に比較して，より手荒く扱う傾向を有している。さらに彼が言及していることには，これらの官僚組織は階層が比較的高い人びとによって行われる同じ犯罪に対しては無視するか，寛大に扱う傾向にある。

官僚的安易さを求め，トラブルを回避するという目的が公平な法執行という公的な目的にとって代わる過程は目的置き換えないし目的代替えと呼ばれてきた。Chambliss によれば，官僚組織は安易な抜け道——最も抵抗の少ない経路——をとることを期待されている可能性がある。とくに (1) この組織構成員が安易な解決に抵抗する動機をほとんど持たない場合，(2) 彼らが実際にどのように行動するのかの決定権を大幅に有し，そして (3) 公的な目的が実行されないことを厳守している場合にはそうである。「この組織が政治的弱者であり，権力もない人びとを起訴し，政治的権力者を起訴することに慎重になることは報酬を最大にし，負荷を最小にすることなのである」（Chambliss & Seidman, 1971, p.269）。こうして

> 中産ないし上流階級の侵す犯罪の可能性を強めてしまう法制度のこのような欠陥は，法制度側のむしろきわめて合理的な選択から派生しているものであって，共同体が訴追したいと

望む法の侵害者のみを訴追し，法機関に干渉する力のある侵害者を見逃しているのである（Chambliss, 1969, p.88）。

警察に関しては，ChamblissとSeidman（1971）は官僚機構としての警察は「法手続きの規範を破り，違法行為を働くものである」（p.391）という結論を下す証拠を示している。この違法行為が発生するのは警察が悪であるからではなく，むしろ法手続きを旨とはされてはいないからで，彼らは大幅な裁量権を有していて，刑事司法制度の公共等の機関によっては法手続き規範を執行することがほとんどなされないからである。逮捕後の起訴に関してChamblissとSeidmanは次のような結論を下している。「事前審理において検察官がいかにも好意的に『取引』をしているとの印象を受けるかどうかは，被告人がいかに政治的，経済的に力があるのかということに直接掛かっている」（p.412）。陪審員による裁判権によるいわゆる安全装置は大いに神話に属することと考えられる。「というのも陪審員裁判には偶発的なことが内在しており，これが被告人に有罪申し立てをさせる最大の圧力となり，弱者の9割が〈抗弁の〉いわゆる権利を放棄してしまうことになる」（p.444）。ChamblissとSeidmanは次の命題の妥当性を確証しようと試みた。すなわち，いかにして「貧民に対する差別が制度化されるパターンは不可避的である」かということを論証し，断定さえすることによって，「官僚化の趨勢と必然性は司法制度の日常的な実際の機能を決定している唯一の最重要変数である」（pp.468-469）。

Chamblissは彼の独自の理論的枠組みを提示する7年前に，米国の大都市における職業的犯罪と司法制度との関係を研究することに携わった。この研究に従事する間の彼の経験は彼の思想，とくに司法制度に与える官僚制の作用に関して明らかに影響を与えた。「職業犯罪者（窃盗者，賭博師，売春婦や詐欺師）は法執行機関に提供できるものは何もないように，最初は思えるかもしれない」ことを指摘しながらも，「共生」ないし相互依存的状況が実際には存在していることに彼は注目した（Chambliss, 1969, p.89）法執行機関は実際彼らの職務遂行がより容易にしてくれる内部情報を職業犯罪者に頼っているので，これら犯罪者に法を執行することよりも彼らと協調する傾向にあるということを彼は論じている。この後，共著の中でChamblissとSeidman（1971）は組織犯罪との共生の問題にさらに踏み込み，「司法制度の社会学的観点から見て，組織犯罪が広範に存在することの最も重要な側面はこのような組織は司法制度との協調がなければ存在しえない」（p.489）との主張を支持する証拠を示している。

Chambliss（1969）は幾分非論理的に思える英米系司法制度のいくつかの特徴を説明するためにこの議論を用いている。彼の指摘したことには，「皮肉なことに大半の刑事司法的努力は司法的制裁によっては**最も**抑止されようもない人びとを起訴し，制裁している」（p.370, 強調は原著者による）。まさしくほとんど抑止効果のない事例に過酷な制裁をしている例として薬物嗜癖者に対する厳罰と殺人者に対する極刑の採用を挙げている。これとは対照的に，まさしく制裁によって抑止される傾向のある犯罪者を制裁から免れさせている例としてホワイト・カラー犯罪者と職業犯罪者に対する断固とした制裁を科することへの逡巡を彼は挙げている。彼の議論によれば，このような政策は抑止の形式論理に直接的に反しているが，権力者側に立ち向かうことから派生する組織的緊張を避け，権力のない者への過酷な処遇によって「効果」を誇示するという官僚的論理には完全に合致して

いる。

　法は社会的連帯に寄与しているというDurkheimの統制理論に関して，Chambliss（1969）が下した結論では，「法的制裁を科することが共同体の連帯を強めるのは，新しく派生した道徳が共同体の権力地位にある者の〈求められている連帯強化とは〉別の利益に寄与している場合だけである」(p.373)。法が社会の連帯に時には寄与することがあるにせよ，彼が強調したことは，一定の共同体の（権力なき）構成員にラベルを貼り，彼らを排除することによって法の働きが共同体を分裂させる事態と，死刑制度のような政策が「問題解決のために極端な暴力の使用を正当化してしまうような一般的世論の形成において，非常に大きな役割を果たすかもしれない」(p.376) 仕方とであった。Chamblissの見解によれば，法の創設と執行とは社会的葛藤から生まれ，この葛藤を増大，強化する傾向がある。

　しかしながら，1970年代半ばまでに，政治的事柄一般と個別には社会理論の発展とはChamblissの視点からすれば，相伴って重大な変換を形成したように思われた。TurkとChamblissに影響を与えた1960年代の社会変化は同時にまた数多くの重要な社会理論家をマルクス主義の伝統へと回帰させたが，マルクス主義は1940年代の戦時中と1950年代のマッカーサーシズム時には鳴りを静めていたものであった。これらマルクス主義理論家は人種差別問題とベトナム戦争とを資本主義者の経済的利益と直接結びつけていた。彼らの主張では，アメリカン・ドリームに対する反体制的文化反応は政治的に素朴なもので，この推進者たちが革命的社会主義の精神を展開しなければ，崩壊したであろう。後に詳述するが，1960年代の終わりには，法の働きへのChamblissの批判に暗黙の裡に含まれていた改革への期待を阻害するだけでなく，1950年代の社会的，政治的雰囲気に回帰するような「時計の針を逆戻り」させかねないような政治的反動が起こった。彼が明白に下した結論では，彼が考えていた以上に問題は根深く，マルクス主義者たちは真理により近づいており，彼自身の分析はマルクス主義の方向に転向されるべきであるというものであった。

　Chambliss（1975）の転換は次の九つの個別的命題に現れている。刑事法の内容と作用に関して，今度は次の主張を彼は行った。(1)「行為が犯罪とされるのは，これらの行為を犯罪とすることが支配階級の利益に適っているからである」，(2)「支配階級構成員は罰せられずに法を侵害できるのに，被支配階級の構成員は罰せられる」，(3) 資本主義社会が産業化されるに応じて，ブルジョワ階級とプロレタリア階級との溝は深まり，プロレタリア階級を服従させるために刑事法は拡大することになる」(p.152)。犯罪が社会に及ぼす結末に関して，彼が主張したことには，(1)「犯罪は犯罪者にとってだけではなく，法執行者や福祉士や犯罪学教授など犯罪が存在することで生業を営んでいる一群の人びとにとっても雇用を創出し，残余の労働の低下を招いている」し，(2)「犯罪は下層階級が体験している搾取から目をそらし，資本家階級やその経済システムよりも彼ら自身の階級構成員にむしろ注目させており」，そして (3)「犯罪とはこの存在によって利益を得る社会的存在者によって創り出されているかのようにのみ存在している一つの現実である」(pp.152-153)。

　彼の立場とその意義とを要約しながら，Chambliss（1975）が論じていることには，(1)「犯罪的，非犯罪的行動は，人びとの階級的地位と矛盾せずに当人の社会階級の生活条件への反応であるという形で，合理的に行為する人びとに由来する」，(2)「犯罪は，社会の政治的，経済的構造に応じて，社会ごとに異なる」，(3)

社会主義諸国は階級闘争が激しくなく，犯罪へと導く力と犯罪の機能とが低下するために，犯罪発生率は著しく低いはずである」(p.153)。Bongerの立場との類似性は明白であり，ブルジョワ階級，プロレタリア階級，搾取，そして階級闘争とかの用語法によって，問題としての資本主義とこれに対処する方法としての社会主義に焦点を合わせたマルクス主義的公式化への転換が一層明白となっている。

3. Quinney
——社会的現実，資本主義，そして犯罪——

前述したように，犯罪学の葛藤理論家の3番手を以下検討する。Richard Quinneyもまた1962年に大学院を修了し，1960年代も終わり，すでに著明に異なった社会的雰囲気が形成されつつある時に，TurkやChamblissと並んで，犯罪学の道へと進んだ。Quinneyは犯罪学の葛藤理論家の中で最も多産的であるというだけでなく，最も議論の対象となった人物で，時代と共に彼の理論的観点を変更している。TurkやChamblissと多くの点で類似の立場から出発するやいなやこれを変更し，Chamblissと同時期頃にマルクス主義的観点を展開し，それからさらに別の方向へと進んだ（Wozniak, 2011；Wozniak, Braswell, Vogel, & Blevins, 2008 をも参照のこと）。Quinneyはこれらの理論的転回を次のように説明している。

　　私は社会科学のさまざまな認識論や存在論を通過してきた。一つを採用した後気づいたことは，前説等から除外したものを併合するには別の説が必要であることだった。かくして私は科学哲学における最新の発展によって自分の仕事が満たされるよう努めてきた。さらに言えば，私は常に時の進行の一部である。こうして私の業績は犯罪学や社会学の外にあるより大きな社会で発生する社会的，そして知的変化の一つの統合された部分である。また別の事実が私の業績に最近影響を与えた。すなわち私の人生の，そして世界の意味の探求である（Bartollas, 1985, p.230における引用）

次項ではこのようなQuinneyの犯罪に関する思考の発展を辿っている。本8章の後半ではQuinneyと調停的犯罪学（peacemaking criminology）創設における彼の役割に再び触れることにしたい。

1）犯罪の現実の構築

Turk（1969a）の『犯罪性と法秩序』とChambliss（1969）の『犯罪と法手続き』が出版された同じ年に，Quinney（1969）は『社会における法と正義』(Crime and Justice in Society) と銘打った法社会学に関する一巻の序文において彼自身の立場を打ち出した。Quinneyの観点はいくつかの点でTurkに類似し，また別の点ではChamblissにも類似していた。Chambliss同様，Quinneyは利害葛藤的社会学に重点を置いていた。しかし彼は「いわゆる法学リアリズム」よりもPound（1942）の社会学的法解釈に最初は依拠し，「『書物の中の法』の研究から区別された『実際の法』の研究の必要性」を最初に唱えたのはPoundであることを主張した（Quinney, 1969, pp.22-23）。しかし，法を社会の善のために働いているものとみなしたProudとは異なり，QuinneyはTurk（Dahrendorfを引用しているのだが）同様に，「統合的モデルとは対立する強制モデル（coercive model）に依拠した」立場を採った。

Quinney（1969）は法を「政治的に組織化された社会における特殊化された規則の創設と解釈」(p.26) と規定した。こうして彼が主張したことには，「政治的に組織化された社会は利

195

益構造に基盤を置いている」，この構造は「権力の不平等な分布を特徴とし」，「法は利益構造の範囲内で形成され，運用されている」(pp.27-29)。「法の政治性」に触れつつ，Quinney は「法が創設されるなり，解釈される時にはいつでも，一部の者の価値は必然的に保護され，他の者の価値は無視され，否定される」(p.27) と主張した。法は社会の利益構造の一部と見なされ，利益構造の変化を反映する法は変化し，この構造の変化と共に法は変化する。

1年後に Quinney (1970a, 1970b) は『犯罪問題と犯罪の社会的現実』(The problem of Crime and The Social Reality of Crime) を二巻本として出版し，この中で彼は犯罪学の葛藤理論の幾分異なった改訂を行った。Turk と Chambliss 同様に，Quinney は犯罪の相対性に強い印象を受けた。『犯罪問題』において，Quinney (1970a) は Turk 同様の次のような立場を採った。すなわち「社会において権威ある他者によって人物と行動とに与えられる法的地位」である犯罪者は「この者の行為が犯罪を構成するという公的判断を基礎にして犯罪者の地位を与えられる者」(pp.6-7) として規定されるので，犯罪とは相対的用語であると考えられねばならない。Turk や Chambliss と同じように Quinney もまた，社会分化と社会変化とは複雑な社会を形成する傾向にあり，この複雑な社会は，さまざまな層において支配しているしばしば葛藤をもたらす種々の行為規範を持っていることを主張した。刑事司法統計に対する批判は Turk と Chambliss のものときわめて類似している。彼の主張では，「重大な問題とは，なぜ社会とその機関は彼らが犯す犯罪の量を報告したり，作成し，作り出すのかということである」(p.16)，そして犯罪因的社会システムとしての米国社会についての彼の分析は，「犯罪の政治性」(p.180) を除けば，前半の諸章で記載された米国社会の諸伝統から汲み取られたものであった。犯罪の政治性によって Quinney が意味していることは，

> 犯罪と規定される活動は何かに対して取られた意識的活動であるので，不適切な社会と人格問題の結果であることは多くはない。それはある種の思想ないし感情を表現する唯一の適切な手段であり，さらには社会変化をもたらす唯一の可能性なのである (p.180)。

しかし Quinney は彼のアプローチの基盤にある哲学的原理に関する彼の議論において，Turk と Chambliss からは大分異なっている。この差違こそが彼を隔たった存在にしているものである。数多くの犯罪学者たちが「原因」の実証主義的概念に関心を露わにし，この議論の奥底にあるより深い哲学的問題点を浮き彫りにしていることを，Quinney (1970a) は指摘し，「現代物理学の哲学的意義の衝撃を受けて，大半の物理学者が科学は**現実のコピー**であるという考えを放棄してしまった」(p.134, 強調は原著者による) と結論を下した。このことが高じて実証主義の完全な拒否にまで至った。哲学的観念論の欧州的伝統に触れながら，彼が採った立場は，「従って，極論を言えば，現実に関する人の観念を超えて，現実は存在しない。**現実とは心の一つの状態である**」ということで，あらゆるものの客観的実在を信じる理由などまったくない」(pp.136-138, 強調は原著者による)。Quinney が見てとったように，重要なことは観察者から離れて存在する現実なるものを理解することではなく，人の目的のために有効な観念を形成することである。

哲学に不慣れな犯罪学者たちにとって，このことはかなり信じがたいことであり，奇妙なことでさえあるように思えるかもしれない。しか

し哲学的観念論（世界は心の所産であるとする理論）は長い一つの明確な歴史を有しており，プラトンやそれ以前にまで遡るものである。我々の外にある客観的世界と我々がとらえているものとは感覚と，感覚が反映しているように思われるものを解釈している考えによって形成される一つのイメージであるということを観念論は主張する。例えば世界は，異なる感覚とこころを持つ別の生物にとっては別物であろうし，別の生物の世界よりもなにがしかより現実的であるような生物の世界というものは存在しない。ラベリング理論というものは，それ自体がこの方向性に控えめに踏み出したもので，知覚や定義に関係した事柄として犯罪に光を当てている。Quinneyはさらに踏み込み，社会的現実一般，個別には逸脱や犯罪は変化する知覚や解釈に関する事柄であるという指摘をし，社会的構築論者たちの道案内をすることになった。

哲学的観念論のいくつかの型の変異型が数多く1960年代には「風に吹かれて」いた。これはマーチン・ルーサー・キングがガンジーから学んだ道義に訴える説得と非暴力を通して大きな社会変革を達成しようとする政治的関わりから，極端な例として反体制文化的イッピーの「前衛的」("far out")活動にまでの広がりを示した。いくつかの点で1960年代は新たな意識の展開を通じて「物事を定義し直すことで物事を変化する」ことが可能なように思われた時代であった。この「意識の覚醒」("blowing people's mind")を目指した「精神の政治的革命運動」の一層極端なものは次のように要約される。

人びとの意識を覚醒させることは，彼らの文化的前提を遮断することのできる状況に彼らを向けさせることであり，おそらくは支配階級像から彼らを解放することであった。新左翼のリーダー的幻覚剤使用者たちはイップ（国際的に連帯する若者たち）(Youth International Party) (YIP) と名乗る「熱狂的反主知主義運動者」と自己規定している。

なんら理論や組織をもたず，狭い社会的基盤に根ざしたこれらイッピーたちは戦術的なことのみを展開した。彼らは，その正当性を見せかけの合理性に置いている社会秩序の不条理な条件を明るみに出すために，劇的アイロニーの方法を援用した。

イッピーたちは裸体で教会へ現れ，大学の講義室に侵入し，上半身裸になり，フレンチキスを行った。キーストン・コップス〈米国コメデアン・グループ〉のようないでたちで，ニューヨーク州立大学ストーニーブルック構内を襲撃し，酩酊者を全員逮捕するという笑劇を演じたり，街の真ん中に植樹したり，コン・エディソン会社のロビーに煤をまいたり，爆弾を発火させたり，マスコミ会見で，「レース」と呼ばれていた薬物を披露し，これを警察署で，まき散らして衣服を脱ぎ，セックスをした（Starr, 1985. pp.267-270）。

Quinneyはイッピーでは決してなかったが，社会生活の当然視されている側面は人びとがあまり深く考えないで賛同してしまっている集団的規定の問題であるという一般的に受け入れられていた考えに影響を受けたことは明白である。彼の立場は『犯罪の社会的現実』において比較的詳細に説明されている。この著書で，Quinney (1970b) はBergerやLuckman (1966)，Schultz (1962) などを引用しながら，犯罪の社会的現実の分析を展開している。これらの理論家たちが議論したことには，物的現実がどうであれ，社会的現実は「日常生活の意味ある世界」によって構成されており，これと，「**人間の行動は志向的**であり，その行為者にとって**意味あるもので，目的志向的で結果を自覚された**

出来事である」という事実とは結びついており，諸個人の意味と理解との共有という集団的現実を共有している（p.14, 強調は原著者による）。Quinneyにとって理論的問題は，この集団的意味がそれによって展開し，維持される現象学的過程の探究と説明に存在している。

『犯罪の社会的現実』で提示された理論は六つの命題から成り立っている。Quinneyの理論はまず，犯罪の一般的規定から始まっている。これによると，犯罪は「政治的に組織された社会において当局によって作られる人間行動という定義づけ」と見なされる。これに続くのが第二の命題で，「公的政策を形成する権力を有する社会層の関心と対立する行動を記載しているのが犯罪の規定である」（Quinney, 1970b, pp.15-16）。ここでQuinneyはVoldとTurkの両人に対する学問的感謝を示している。こうして彼は，権力を有する社会層が犯罪を規定する公算は社会階層間の利害の対立が増大すると大きくなることを観察し，法の歴史は社会の利益構造の変化を反映していることを主張した。

Quinney（1970b）の第三の命題は「法の働き」に焦点を合わせたもので，「刑事法の執行と運用を行う力を有する社会層によって犯罪の定義は**適用される**」（p.18, 強調は原著者による）。

彼が論じているのは，

> 犯罪の規定が適用される公算は次のような共同体と組織的因子によって影響される。(1) 法の執行と運用への共同体への期待，(2) 犯罪の可視性と公的報告，そして (3) 刑事法の執行を任されている司法当局の組織，イデオロギー，そして活動である（1970b, pp.19-20）。

犯罪のレッテルをもたらす行動の源泉を扱っているのが，第四の命題で，「行動パターンは犯罪規定に関して階層的に組織化された社会において構造化され，この文脈において犯罪者と規定される可能性が相対的に高い活動に人は関与する」（p.20）と彼は主張した。

犯罪者とするのは行動の質ではなく，むしろ犯罪に対してなされる活動であるという立場に立ちながら，「犯罪の規定を行い，これを適用する活動に関与していない社会層の人びととは，犯罪規定を定義し，適用する社会層の人びとよりも，犯罪者と規定される可能性が高い」（p.21）

第五になるが，Quinney（1970b）は議論をさらに進展させ，一定の社会層によって展開される犯罪の規定は，一般的に認容されている社会的現実が変わってしまう前に，社会全体にうまく伝播されている必要がある。つまり「犯罪の概念は構成され，コミュニケーションのさまざまな手段によって社会の諸層へと伝播される」（p.22）。彼の最後の命題はこの理論的枠組み全体を要約したものである。「犯罪の社会的現実は犯罪規定の定式化と適用，犯罪規定に関連する行動パターンの展開，犯罪概念の構成とによって構成される」（p.23）。

2) Marxの影響

しかし，4年後にQuinney（1974a, 1974b）は『米国の刑事司法と法秩序批判』を公刊した。この二巻本はマルクス主義的アプローチへの重要な移行を反映していた。今や彼は実証主義のみならずこの4年前にはきわめて効果的に採用していた社会構築主義と現象学をも批判の対象とし，「実証主義者たちは法を一つの自然現象と見なしてきたし，社会構築論者たちは法を相対化し，人間の利器の一つと見なしてきたし，現象学者たちでさえも根底的な前提を検討するとしながらも，これに代わるものを提供することも，推進することもほとんどなかった」と主張した（Quinney, 1974b, p.15）。Marx同様Quinneyが結論したように思えることは，要は

社会生活を集団的構成とたんに理解するのではなく，それを変革することであり，「我々にとってたんなる可能性以上に信頼できる生活感覚から，私が言及することは，社会秩序を理解するための批判哲学の基盤は我々の年代ではマルクス主義思想に求められるべきであるということである」(p.15)。

彼の思想のこの移行に影響を与えたのは，Habermas (1970, 1971) や Marcuse (1960, 1964, 1972) のようなドイツ社会理論家のフランクフルト学派の業績や，前述した伝統的マルクス主義の復活といえる米国の最近の業績 (Baran & Sweezy, 1966; Edwards, Reich, & Weisskopf, 1972; Milibrand, 1969) に彼が触れたことや，反動時代，とくに，ジョンソンとニクソン政権時代に展開されたような「犯罪への戦い」("war on crime") に対する彼自身の考え方であった。Chambliss や Quinney がさらなる変革を求めていたちょうどそのときに，最初はジョンソン政権時代に，次にニクソン——彼は1960年代に二度選挙民によって〈大統領選挙で〉拒否され，この年代の最後に大統領にようやく選出された政治家であった——政権時代に，犯罪撲滅運動に代表される反動期が起こった。Chambliss や Quinney のような犯罪学者たちがもっと改革をと，呼びかけていた時に，まさしくこれとは正反対の政策を公約として掲げた大統領を選挙民は選出しつつあった。Quinney の周囲の多くの人びとがそうであったように，Quinney 自身が信じていたことには，米国民がもっと「まっとうな生き方」を取り戻すべきなら，国民の生活基盤は変更されねばならなかった。Quinney (1974b) の六つのマルクス主義的命題は次のようである。

(1) 米国社会は**先進的資本主義経済**を基盤としている。(2) 国家は支配的経済層，**資本主義的支配階級**の利益に奉仕するために組織化されている。(3) 刑事法は**現存する社会的，経済的秩序を維持し，永続化させるための**国家や支配階級の一つの道具である。(4) 資本主義社会の犯罪抑制は，家庭の秩序を確立するために，**支配階級の利益を代表する政府のエリート**によって確定され，運用される種々の制度や機関を通して遂行される。(5) 先進的資本主義の矛盾——存在と本質との分離——によって，当然を意味するすべての事柄によって，とくに法制度の強制と暴力によって**被支配階級が抑圧され続けることが**求められる。そして (6) 資本主義社会の崩壊と**社会主義原理に基づく**新たな社会の創設によって，犯罪問題の解決がなされるであろう (p.16, 強調は原著者による)。

国家制度は私有財産が出現し，少数者の手に集中されるという社会の発展段階ではじめて生じるもので，法とは，「国家が支配階級の利益を保証する究極的手段である」(Quinney, 1974, p.98) という主張をしている点で，この議論の大筋は Engels に追随したものである。『犯罪の社会的現実』の中での議論をマルクス主義の方向へと展開しながら，Quinney (1974b) が主張したことには，支配階級の狡猾な操作はこの制度を正当化することに奉仕しているイデオロギーによって曖昧にされ，「人びとの心を操作することは資本主義の最も絶妙なコントロール手段である」(p.137)。ここで擁護されている社会主義とは（当時の）ソ連やいくつかの東欧社会に存在しているような中央集権的国家官僚主義的社会主義ではなく，平等を基盤にした「民主主義的社会主義」で，自己の人生をコントロールすることに関与する機会がだれにでも与えられている社会主義である (p.188)。

Quinney の思想は，マルクス主義犯罪学とマルクス主義理論の比較的新しい業績に対して

向けられた批判に応じながら，発展を続けた。3年後に『階級，国家と犯罪』(1977)を公刊し，そのある巻の中で，彼は最近の司法理論を批判し，これらの理論は根底において現行経済秩序を暗黙のうちに認容してしまっていると主張した。資本主義は雇用されない労働者からなる余剰人口を作り出しているというマルクス主義的議論を彼は今度はひどく強調するようになった。資本主義国家の普遍的問題とは，福祉国家や刑事司法システムのような機序によって問題解決を図りながら，資本主義に成長支援を与えることであると考えられた。Quinneyによれば，とくに資本主義はこの機序に適切な財政的支援を行わないという事実を考慮すれば，余剰人口の一部は福祉制度のような機序によっては吸収されてはいない。彼らは犯罪に走ることによってこの苦境に適応するのかもしれない。Quinneyの観察では，「資本主義社会の労働者階級におけるほとんどの犯罪が実際には生存手段であり，生存がほかの集団的〈に認められた〉手段によっては保証されないような社会で生存するための一つの試みである」(p.58)。

同時に，Quinneyは国家が権力のある万能のエリートの手中にあるということを示唆しているように思われる立場から，社会階級について弁証法的見方を強調する立場へと移行した。「エリート（もしくは『支配階級』）と『大衆』」（もしくは『民衆』）との対立を前提とする理論は資本主義社会の諸力を適切に理解することに失敗してしまう」(p.64)とQuinney(1977)は主張した。彼の新しい主張は，選別された少数のエリートが政治的策動をめぐらす道具主義的マルクス主義 (instrumental Marxism) よりも，政治的結果を経済システムの力動的展開の当然の結末とみなす構造的マルクス主義に接近している。犯罪は「反乱の原始的形態で，剥奪と抑圧への応答」ではあるが，「それ自体は政治的に満足すべき形態ではない」(pp.98-99) ものというEngelsの言葉で考察されている。犯罪の政治性という比較的古い考え方の徴候が残存しているとはいえ，今や犯罪は政治的には未熟な形態として明確に把握されている。犯罪が革命的意識を高揚し，資本主義的条件に対する洗練された反逆とならなければ，抑圧に対する十分に合理的な応答とはならない。

『階級，国家と犯罪』はまた支配者の犯罪，順応と抵抗の犯罪を含む犯罪の類型学に言及している。支配者の犯罪は統制の犯罪（例えば警察の残虐行為），政府の犯罪（例えばウォーターゲート型犯罪）そして経済的支配者の犯罪（例えばホワイト・カラー犯罪，組織犯罪）を含むと言われている。順応と抵抗の犯罪には財産犯罪（例えば窃盗），対人犯罪（例えば殺人）が含まれていると言われ，これらの犯罪は資本主義の諸条件によって惹起され，抵抗の犯罪（例えばテロリズム）は国家に対する政治的闘争を含んでいる。

3）超越的存在と司法の変化を求めて

Quinneyの理論的転回を超えて一貫して存在しているのが主観的世界と客観的世界との絶えざる緊張である。『犯罪の社会的現実』では主観的方向が目指され，現象学的，構築主義者的世界観に立っているが，『法秩序の批判』では厳格な唯物論というマルクス主義的伝統へと，哲学的観念論を明白に拒否しているだけでなく，敵とさえみなしているその哲学的伝統へとQuinneyは向かっている。

この緊張は『階級，国家と犯罪』の第二版(1980)において弾け，その内容はひどく神学的なものとなっている。興味深いことには，現行の諸教科書は彼の後期のこの展開は困惑させられるか，見当違いのものであるかのように，これに触れず，彼の社会的現実論の時期やこの

後のマルクス主義時期の言及にとどまっている傾向が強い。しかしこれはQuinneyにとって筋違いのものではなく，その後に彼の思想は犯罪学それ自体よりも実存哲学ないし神学的なものへと向かっていった。

『階級，国家と犯罪』の第二版の序文においてQuinney (1980) は，「究極的には，人間の窮状への回答とは，〈人間の〉存在と本質との間の不均衡の克服と回復によって達成される救済なのである」(p.ix) と主張している。犯罪問題の社会主義者的解決を支持し続けながらも，彼は次第に目標の宗教的特徴を強め，マルクス主義的唯物論を拒否し，Tillich の神学を擁護するまでになった。すなわち「現行の資本主義世界は，Tillich が，マルクスの資本主義の唯物論的分析を超えて，精神的と社会・経済的水準の双方における人類の窮状を聖なる**空虚感**（sacred void）と呼んでいるもののうちに把握される」(p.3, 強調は原著者による)。Quinneyはこの問題を次のようにさらに掘り下げている。

> 現在の文明の特徴である空虚の中には，労働者を奴隷化している生産様式と，生命力を徐々に奪い，あらゆるもの（人間をも含む）を計算とコントロールの対象と化す分析的合理主義とが存在している。さらにこの中には，自然の透明感と歴史的感性との喪失があり，我々の世界がたんなる環界へと貶められ，我々の創造主から我々を切断してしまうヒューマニズムの世俗化ということがあり，政治の悪魔的性格と将来への絶望がある。

『階級，国家と犯罪』第二版の大半が社会主義の宗教的意味の議論に当てられている。Quinney (1980) の主張では，「資本主義後期段階における政治意識の高まりは次第に究極的関心〈宗教〉に関する事柄への意識を伴うようになっている」(p.112)。

Marx は宗教をたんに「人民の阿片」と考えた点で誤っており，「我々の存在の聖なる意味を考慮しない社会的批判主義は我々の存在に深く秘められたものと本質とを体系的に排除している」(p.199)，と彼は主張している。彼の説くところでは「予言的批判主義が神性なものとの歴史的関わりへの自覚と共に生まれている」(p.204)。Quinneyは宗教的社会主義に関するTillichの業績のような神学的著作から多くを引用し，「我々の全体性を取り戻し，我々の存在の源からの疎外を修復することを我々が望む」方向への努力をそこには認めている。「我々の時代の社会主義闘争は神を求めるものであると同時に人間社会における正義を求める闘争でもある」(p.204) と彼は結論している。

とりわけ本章で後述するように，このようなテーマは，彼が調停的犯罪学を構想したようにQuinneyの著作に浸透し続けることになった。Quinneyの人生は広範な読書と注意深い研究，自己吟味と自己実現，そして世界への参画を特徴とする学問的，人間的な旅として最もよく理解できる (Wozniak, 2011)。彼は人生を旅する中で，関心を抱くようになったことは，我々の思考を拘束し，世界で傷つけ合うようにさせる超越的な心理状態であった。権力構造を正当化するイデオロギーを破壊し，貧しい者，無防備な者たちの苦しみを軽減する新しい方法を構想するという新しい思想によって，Quinneyが信じるに至ったことは，より大きな正義を求めて，自己自身と社会秩序を変更することが可能であるということであった (Wozniak, 2011; Wozniak et al., 2008)。このように彼の業績は，彼が個人的に成長しようと願ったような自己成長と，彼の著作を通じて犯罪学者などがより人間的な社会を創造することを鼓舞する試みとを示している。

4. 葛藤理論と犯罪原因

1960年代は犯罪原因の探求から離れていった。前述したように統制理論は犯罪と非行とは服従することへの支配的力の影響力が低下する時に起こるはずであるという前提で, 服従の源に焦点を合わせていた。ラベリング理論は犯罪を規定づけの問題, レッテルを貼る者がこの規定付けの原因であるとした。葛藤理論家 Turk, Chambliss や Quinney の初期の業績は犯罪者の行動よりも権力の行動を説明していると思われる諸因子に重点を置いた犯罪化過程を探究した。

なお犯罪学的葛藤理論は犯罪者の行動の原因に関して語るべきものを持っていた。すでにいくつかの例に言及したが, Turk は文化的そして社会的規範について触れていたし, Chambliss は犯罪を搾取に対する合理的反応と見なしており, Quinney は一定の思想を表明し, 一定の変化をもたらすための唯一利用可能で適切な手段の採用と関わっているものとして犯罪の政治性を論じていた。しかし 1960 年代末および 1970 年代初めの社会的雰囲気の変化と共に出現してきた犯罪学的葛藤理論においては因果論の問題はより重要性を帯びるようになった。葛藤理論家たちはその時々で犯罪者の行動の源の可能性について言及していたが, 犯罪とは権力者側によるある種の行動の犯罪化の結果であるという事実が犯罪と非行行動の原因の伝統的探究によって目をそらされてきたということに初期の葛藤理論家たちは注目した。このように強力に主張していたので, 犯罪学的葛藤理論は犯罪化される行動の源により注意を向けるようになった。

1970 年代初頭には例えば Gordon (1971) が, 米国社会の経済的下部構造へと多くの犯罪の原因を追い求め, マルクス主義的経済の分析を行った。多くの民衆の経済的立場が資本主義のまさしくその本性のゆえに常時危機に晒されているという事実に対する合理的反応を示している犯罪がいかに多いかということを彼は示そうとした。この 70 年代の半ば頃に, Spitzer (1976) が論じたことには, 資本主義は経済的に見捨てられた者から本質的に構成されている余剰人口と, 資本主義者の支配を維持するために発展してきた諸制度における一連の内的矛盾との双方を生み出している。余剰人口の構成員は慢性的に雇用されないアウトサイダーで, 犯罪を含む逸脱行動へと時には走り, 若者に奉仕すると言われているが実際には支配階級に奉仕している学校のような制度における緊張由来のその他の逸脱も起こると, 彼は主張した。

非行の源に焦点を当てながら, Greenberg (1977) が論じたことには, 資本主義社会の若者は, 経済システムが雇用機会を排除しているのに, 消費指向的若者文化においてかなりの浪費をするように強い圧力がかかる状況にあり, 窃盗はこの状況への応答の一つである。学校のような諸制度がそこに収容されている若者に種々の恥辱を体験させ, 彼らから独立心を奪い取っている時代には雇用機会のこの欠落は成人の安定した地位を確立する希望に対するかなりの不安を生み出していると主張された。Greenberg が言及したことには, このような状況によって深い恨みと失敗への恐怖が生み出される傾向があり, これらが暴力行動を生んでいるが, この暴力それ自体が, 彼らの尊厳を求めることを反映しているのである。

1980 年代初めに, Colvin と Pauly (1983) は統制理論と社会の階級問題へのマルクス主義的アプローチを合体させる試みをしている。両人の見解では, 資本主義社会は下層階級に対して, 「強制的統制」パターンを発動させる傾向があり, 底辺やその近辺の人びとを, もし彼らが権力層の期待に完全に応えないならば, 職を失い, いかなる経済的扶助も得られないぞと, 脅迫し

ている。この圧力は，このような抑圧下にある人びとに「関係の疎外」をもたらし，Hirschi なら「社会への絆」と呼んだかもしれないものを破壊し，犯罪活動の可能性を増大させる，とColvin と Pauly は主張した（Colvin, 2000 を参照せよ）。

　他の多くの葛藤理論家たちもまた犯罪と非行行動の原因について発言しようとしてきたが（例えば，Currie, 1997 を参照せよ），種々の社会階層間葛藤の結果の一部として負荷される定義づけの結果としての犯罪概念に焦点が当てられていた。このように見れば，中心的理論問題はいまなお社会的葛藤の性質を理解することにある。犯罪学的葛藤理論のより最近の発展は次章で検討することにしたい。

IV　葛藤理論の帰結

　犯罪学的葛藤理論は主流派犯罪学の次世代の理論化と見直しに対して顕著な影響を与えたが，おそらくは「調停的犯罪学」（Pepinsky & Quinney, 1991）の形への最近の変貌を除くと，社会政策に対する直接的衝撃は比較的低いものであった。前述したように，また次章で比較的詳しく述べるように，現在の犯罪学的葛藤理論を生んだ社会的混乱の時期の後には疲弊期と保守主義の社会的反動期が続いた——まるで人びとは 1960 年代はなにごともなく，自己満足的な 1950 年代の安心感を回復しようとしているかのようであった——。葛藤論的観点のいくつかは現在の犯罪学理論に統合され，社会政策に応用されているとも言えるが，大半は拒絶された。受容されたものと，拒絶されたものとの違いは主として，その理論的定式が求めているのが，それ以前のなんらかの理論の伝統に沿った社会改良なのか，それとも社会革命を要求しているのかの相違によるものであった。

　Turk の葛藤論的アプローチはかなり定式的で，葛藤パターンを本質的に回避不能なものと見なしていたので，彼の理論的観点は社会的政策の特別な変革を導くことは考えられないものであった。しかしそれは犯罪学のみならず「逸脱行動」研究のより広い領域内でもかなりの衝撃を与えた。蓋然性の高い葛藤を通して作用する一つの過程の結果として権力から与えられた地位としての「犯罪者」という考えは，葛藤論的観点に関心を抱きながらも，多くのマルクス主義者が持つイデオロギー的熱狂からは距離を置いている形式論的社会学的方向性を志向していた者たちへとりわけ訴えかけるものであった。

　『犯罪と法手続』における Chambliss（1969）によって示され，後に Seidman との共著で精緻化された葛藤論的観点に関して言えば，このアプローチに内在している政策的意義の多くが Earl Warren 裁判長の下での米国最高裁によってすでに提起されていたことに注意する必要がある。実際それなりに「ウォーレン法廷」は，市民権運動や反体制文化運動そしてベトナム戦争への抗議行動のような不穏な 1960 年代の一部と言ってよいものであった。Chambliss が彼の研究に着手する何年か前にウォーレン法廷は書物の中の法と実際の法とを区別する法的リアリストにかなりの評価を与えていた。この法廷は有罪者や被疑者，私的市民たちの法的権利を拡大し，警察や法廷，矯正施設の官僚的政策との戦っている彼らの保護を強化した。Chambliss 自身はこのことを十分承知していたし，事実彼は処女出版の自著を Warren に捧げている。この本が出版されたのは皮肉にもニクソン大統領が引退する Warren に代えて，保守派の Warren Burger を任命した時で，このことは実際の法と書物の中の法とは異なりうるということにあまり注意を向けない方向へと法廷を後退させた。

Chamblissが法的リアリズムの伝統を採用したことは犯罪学内でかなりの影響力をもち，Turkの業績のように，逸脱行動の研究においても影響を与えた。Quinneyの初期の業績はTurkの仕事同様の同じ理論的意義を本質的に有していたが，その政策的意義を解釈することは人が哲学的観念論をどのように解釈しているかということ次第であった。前述したように，Quinneyは後に自分の初期の現象学的構成論的アプローチは変革の努力を阻害しがちであったと述懐している。それでも初期の立場は後のマルクス主義や神学的アプローチ以上に犯罪学的思想と逸脱行動研究に対して与えた衝撃が強かった。「現実の社会的構築」の結果としての犯罪という考え方はラベリング理論よりも広く，その一般的観点は次章で論じる予定の比較的新しい「ポストモダン犯罪学」におけるのと同様に「社会問題」理論（Ball & Lilly, 1982）のより広い領域において非常に強い影響を与えた。

　葛藤理論が犯罪を社会の犯罪因的要因に求める諸理論（3章と4章で言及したように）よりも一歩だけ前進した限りにおいて，また犯罪の相対性をラベリング理論が指摘している（第7章で言及した）限りにおいて，これらの理論はその観点によって示した社会改革政策を強く主張する傾向にあった。事実これらの理論はさらに大きな政治的リアリズムの実現を目指した。これらの理論は，機会理論とラベリング理論によって主張された烙印過程によって強調された不平等が権力者側の明白な利益と大きく関係していることを認め，いかにして権力者側とこの代理である官僚とが一層責任があるかを示した。例えば急進派の一部は政治の横暴を制限するための地域キャンペーンに積極的に参加し，貧しい被告人の保釈を請求し，死刑制度廃止を求め，政治的反体制派の抑圧を阻止し，受刑者の支援をした（Greenberg, 1981）。また一部の急進派は反対派を犯罪者とすることのない社会のより大きな多様性を許す政策を推進し，仲裁，インフォーマルな紛争解決や国家機構外での交渉による葛藤解決のような葛藤調停の諸政策に基づくよりインフォーマルな共同体のための政策を推進した（Mathiesen, 1974；Pepinski, 1976；Quinney, 1974b）。これらの努力は「調停的犯罪学」（peacemaking criminology）と呼ばれるものとなって結実することとなった（Pepinsky & Quinney, 1991）。

　しかしラジカル犯罪学者たちが資本主義の廃絶を求めた時，彼らの大半はマルクス主義であるとの誤解（彼らはそれほど深刻に受け取られるべきではなかった）か，あまりにも善良しすぎる理解（彼らは本当は，1950年代頃にMcCarthy上院議員が米国に警告した類いの危険な革命家たちであるとの意味だが）を生み出した。これがChamblissとQuinney二人の後期葛藤理論の運命の概要である。従って以下マルクス主義的アプローチと「調停的」アプローチとを比較することが有用であろう。

1. マルクス主義的アプローチ

　1970年代後半にさらに劇的な変化のための準備を社会が整えつつあったとしても，政策のための青写真を提供することをマルクス主義的葛藤理論家たちはできなかったり，不同意であったという単純な理由から，政策的影響を与えるという課題が多分に残ることとなった。マルクス主義者たちは資本主義を非難し，また革命意識を持った者たちは彼らが立ち上がる時には政策的変革によって彼らの流儀を実現できるであろうと主張する傾向にあった。彼らの一般的主張では，民主主義的社会主義の下で法と刑事司法（もしこれらが存続しているならば，であるが）がどのような姿になるかを正確に述べることは時期尚早であった。例えば一部の者は，

刑務所はなお必要であろう（ただし受刑者はより少なくなり，その環境も大分異なったものである）と，予測する傾向を示し，他の者は将来の青写真を提供しようとはしなかった。この立場は弁証法的論理の原理を重視するマルクス主義者にとっては理解可能であっても，目的・方法計算論理の手法しか知らず，信頼もしない現代の政策立案者たち（そして多くの犯罪学的理論家たち）の眼には無意味なものと映った。後者は，政策に着手する前に立案過程の最後には何を期待するのかを政策立案者が詳細に説明することを主張している（Ball, 1978a, 1979）。

　葛藤理論は社会政策に直接的衝撃をほとんど与えなかったが，犯罪学自身の内部にはかなりの衝撃をもたらした。それは，多くの教科書が1960年代初めの場合よりもより批判的観点をとるようになるなど，法の性格に関してかなりの再考が求められるようになった。マルクス主義的伝統内で研究している比較的最近の犯罪学的葛藤理論家たちは，トップのエリートの小集団の共謀という考え方に近いように思える道具主義的マルクス主義から構造的マルクス主義へと向かった。この道具主義的マルクス主義は，資本主義的エリートすべてを熟知し，彼らの利益が得られることを保証する適切な時期に常に策動をめぐらす全知の少数者として描く傾向にあった。構造主義は，いかなる時にも資本主義者の全面的な意識的コントロール内にあると主張するよりも，総じて階級関係における法のような社会的コントロール因子を基盤とした。構造的マルクス主義は，Simmel, Vold や Turk の形式論に似ており，社会的葛藤は特定のシステムに内在する社会的力動の問題であることを主張した。しかし構造的マルクス主義は相対的に歴史的立場を採る点で，異なっており，その主張するところでは，これらの力動を理解する鍵は，社会システムを抽象的に扱う形式論理学に存在するのではなく，特定の資本主義の構造的様相の理解に根ざした弁証法的論理学に存在している。

　マルクス主義的葛藤理論は資本主義を攻撃すると同時に，伝統的な犯罪学の批判をも行っている。この批判はこの領域に関して無関心ではいられにくくしただけかもしれないが，一定の影響を与えた。伝統的犯罪学それ自体が資本主義システムの一部となっており，これを補強する傾向にあり，このため犯罪の理解や解決よりも犯罪問題を促進しているという告発がこの批判には含まれていた。より急進的な葛藤理論家たちによれば，伝統的犯罪学は法を既定のものと見なし，犯罪者の行動に重点を置き，この行動のなにがしかの病理的源を生物学，心理学もしくは社会的因子に求めた。彼らの指摘では，犯罪者を形成しているのが法の創設と法の執行にあるのが問題となっているのに，まさしくこの伝統的探究では犯罪者はなにか重要な点で「非犯罪者の我々と異なっている」という考えが強調される傾向が見られた。狭い階級的な偏った観点を離れるための試みの一部として受刑者の手記を援用し，犯罪者の観点から犯罪を考察してみるべきであるという主張が一部の犯罪学者から出された。

　科学的犯罪学は「事実」に自己限定すべきだと主張し，政治的論争や政治活動に巻き込まれることを拒否する価値中立的「科学的」態度を保持する伝統的犯罪学の努力に，一部のラジカル犯罪学者たちは激しい批判を加えた。この科学的立場は第2章で論じた実証的アプローチの発展に帰因するものであった。実証主義批判者たちが非難したことは，特定の道徳的観点に立つことを拒否することによって伝統的犯罪学は，権力者側によって提供され，権力のない者に押しつけられる道徳的イデオロギーを，暗黙の裡に受け入れていることであった。主流派

犯罪学者たちが権力者側のイデオロギーを単純に受容してはいないし，広い社会的合意の上で，実際は活動しているのであると反論した際に，急進派がこれに応じたことには，この大衆的合意こそ，世論を形成するエリートの権力を隠蔽するまやかしである（Michalowski & Bolander, 1976；Quinney, 1970b；Reiman, 1981, p.9）。まさしくそれは彼らにとって「でっち上げられた合意」を示しているように思われた。急進派の一部が主張したことには，伝統的犯罪学者は「財産，人種，性別による特権の既存の関係の支配権を再生産する」か，もしくは「特権を回復し，研究王国を建設しているように」見えるし，さもなければ「彼らは真実，権力者側の考えを信じ込んでいる」のである（Krisberg & Austin, 1978, p.119）。

ラジカル理論家たちの主張では，伝統的犯罪学によって推進された改良でさえもたんなる小手先の修繕でしかなく，権力者側が気遣いをし，経済的，政治的公正に向けて進歩していると思わせることによって，腐敗した社会システムのさらなる存続を補強する傾向を示している。さらに彼らが付言したことには，伝統的犯罪学は権力者側には脅威と見える者たちを探索し，統制するために必要な知識を提供している。例えば，Platt（1969）の指摘では，少年法廷の元来の設立趣旨は若者を援助する一つの手段というよりも，上流階級，共和党支持派，新教徒婦人たちがカトリックとユダヤ人移民の子どもへの統制を拡張する技法の一つであった。同じ論法で，社会復帰の概念も受刑者を扶助すると見せかけて，受刑者の心身の侵襲的とも言える引っかき回しを長引かせることを正当化する政治的抑圧の道具の一つであると批判された（Smith & Fried, 1974；Wright, 1973）。

2. 調停的犯罪学

Quinney（1969, 1970a, 1970b, a974a, 1974b, 1977, 1980）の思考の発展ほど明瞭に，とりわけ彼の理論化のより最新の段階（Pepinsky & Quinney, 1991）へと移ったように，犯罪学理論の発展を時代背景が条件付けていることを示す例はおそらくないであろう。先に引用したところで彼が明確にしたように，Quinneyは「社会科学の諸々の認識論と存在論をくぐり抜け」，別のアプローチが「以前には排除されたものを併合するためには必要であること」に気づくのが常であり，彼の業績を「科学哲学の最新の発展によって満たそうと」し続けてきた（Bartollas, 1985, p.230）。彼が明確にしていることには，彼の探究は「犯罪学や社会学外部のより大きな社会で起きている社会的，知的変化」（p.230）によって条件付けられてきた。結局Quinneyはガンジーを彷彿させる，社会葛藤へのアプローチを力説する者たちの陣営へと加わることになった。資本主義の転覆を求めるマルクス主義的道を歩む代わりに，道義に訴える説得やインフォーマルな交渉（Wozniak, 2003）のような葛藤解決の種々の方法によって葛藤を仲裁することを試みる「調停的」アプローチを彼は構想した。対決を好む者たちによってまったく実践に耐えないとしばしば嘲りを受けているこのアプローチが長い目で見れば実際にははるかにより効果的であるかもしれないことが注目されていることは興味深い（Fuller, 1998；Fuller & Woznik, 2006；Wozniak et al., 2008）。

調停的犯罪学は葛藤が犯罪の根底にあるという考えを受けとめることを拒絶する政策的回答を擁護している（Fuller, 1998；Fuller & Wozniak, 2006）。Pepinsky（1999）によれば，調停は社会統制のための二つの方法の一つであって，もう一つは「紛争的」（warmaking）なものである。敵対者に対する力を次第に強める

努力や敵対者を破壊する努力と同じように，紛争的アプローチは次第に不信を強め，一方調停的アプローチは信頼と一体感との確立を目指している。伝統的葛藤理論と最も強く連携しながら，統制理論が強調しているように，民衆の間の社会的絆を形成することによって葛藤は解決されうることをこの方法は現実に示している。

この見解はキリスト教精神（クエーカー教徒のような集団によって示される），仏教（Quinneyは仏教信者となったという事実に示されるように）や，ガンジーによって具現化されたヒンズー教的伝統のような宗教的伝統における信頼感においてより明確となる。この見解はまたいくつかの人間愛的伝統においても認められ，Marx の初期のより人間愛的側面を強調したい葛藤理論家たちもまたマルクス主義的伝統と調停的犯罪学とを結合させることが可能である（Anderson, 1991）。Pepinsky（1999）が指摘したように，調停的犯罪学は，反対派を圧倒することによっては目的を達成することはできないことを悟っている辺縁に追いやられている多くの人びとの立場を反映している。こうしてこの犯罪学は第10章で言及するフェミニスト犯罪学にいくつかの点で近いと見られてもきた。

調停的犯罪学は「二つの悪でもって一つの正義は実現されない」とか「犯罪への戦争」は社会それ自体をより暴力的にする傾向を示すにすぎないという考え方を反映している。ラベリング理論によって提起された多くの問題にきわめて敏感に反応しながら，調停的犯罪学は普遍的人間愛と共同体の相互一体感を取り戻すために，他者を異邦人として疎外する競争心から距離を置く努力をすることを表している。それは社会的絆の発展を力説はするが，建設をめざしているその絆は多くの統制理論によって触れられている絆よりも深いものである。Pepinsky（1999）が指摘している Christie（1981）の観察によれば，誰かを深く知るようになればなるほど，この者を苦しめようとする力を我々は失ってしまう。調停的犯罪学はまた，我々が自分自身を，とくに自身のより醜い側面を知れば知るほど，醜さを他者に投影しにくくなる（Pepinsky & Quinney, 1991）。

この見解によれば，現代にはびこる暴力は一方では犯罪者が犯す殺人によって，他方では，国家によって実施される死刑によって示されている。双方共に同じ基盤を有する社会的前提条件を示している。国家の暴力は犯罪者の暴力と同じ基盤である価値観を反映している。つまり対立者を処理するのに暴力的手段を好んで採用するということである。

調停的犯罪学が葛藤のただ中においてさえ信頼を構築する手立てを発展させることに焦点を合わせていたり，「相互の愛や尊敬，関心の社会的構築」の建造を強調していることは驚くことではない（Peppinsly, 1999, p.59）。このようにして最近の「修復的司法」運動のような社会政策の導入口に調停的犯罪学はなった（Consedine, 1995；Fuller & Woznik, 2006）。修復的司法は最終章で触れることにしたい。このアプローチの目的は被害者，共同体，そして加害者をも犯罪が生み出したダメージから回復させることによって損傷を軽減することである。国家の役割はさらなる苦痛を加えることでも，復讐を求めることでもなく，仲直りが起こりうる背景を構築することである。犯罪者は説明責任と個人的責任を取らねばならないが，彼らはまた再統合とこのための支援を，場合によっては許しをも受け取る。このアプローチの目的は正義を実現することであるが，それも人びとをつなぐ形であって，分離することによってではない（Fuller & Wozniak, 2006）。

予期されるように，調停的犯罪学はユートピア的考え方と，権力は権力以外のものによって

均衡を図ることが可能であるという主張のゆえに強く批判されてきた。Gibbons（1994）の指摘では，調停的犯罪学者たちによって擁護されている人間愛的政策の類いは改革的犯罪学において長い歴史を有しており，大きな，本質的に非人間的な社会において密接な人間的繋がり，精神的理解（spiritual understanding），偽りのない優しさを作り上げるために必要なより大きな構造的変化をいかに達成するかということを示す理論を彼らは展開させてこなかった（Fuller, 1998；Fuller & Wozniak, 2006；Wozniak et al., 2008）。

V 結 論

　ラジカル葛藤理論と調停的犯罪学を，時代の要請だから導入することは簡単であると理解し，受容すべきではない。実際，本書それ自体が示していることは社会的文脈の性格によっていかにして犯罪に関する考え方が密接に形成されるかを明らかにする努力である。自己満足は犯罪学には必要でない。両理論共に自己満足以外のなにものでもない。しかし，これらの欠陥がどうあれ，犯罪学的葛藤理論と調停的犯罪学は〈犯罪学の〉方向性を広げ，それまで見逃されるか，片手間にしか取り扱われてこなかった諸問題への感受性を高めたことは確かである（Thomas & Hepburn, 1983）。

Ian Taylor
1945-2001
ダラム大学
思慮深い左翼現実主義的批判論者

第9章
批判理論の新たな方向

　社会的現実への，そして不平等の現存する構造への挑戦によって，葛藤理論の発展を促進した社会的背景はまもなく保守的方向へとその流れを変えた。この社会変化は，伝統的価値観および権力との力関係への批判に反対する保守主義的犯罪学のような，より対立の少ない，既存のものの変更をあまり求めないものへと犯罪学を導いた。とはいえ，葛藤理論によって口火を切られた学問的伝統は，犯罪学の辺縁において断続的ではあっても存続してきた。第10章ではこの一般的パラダイムにおける一つの重要な探究方向であるフェミニスト犯罪学を展望したい。これは犯罪学においてはジェンダーと家父長制が無視されていることへの注意を喚起した。本章では最近生まれた批判犯罪学における最も重要な「新たな方向」を検討する。明らかにされることだが，批判理論は多様性に富み，いくつかの国々，なかでもオーストラリア，カナダ，英国や米国のような国の傑出した熱心な支持者を魅了し，生気溢れる観点を提供してくれている。

　次のページ以降では，批判犯罪学の発展と現状における「ニュー・クリミノロジー」の重要な歴史を探索してみよう。また左翼リアリズム，アボリショニズムの欧州におけるアプローチ，アナーキスト犯罪学，文化犯罪学，有罪者による犯罪学（convict criminology），そして消費者犯罪学（consumer criminology）についても考察を加えたい。これらの各観点はポストモダン社会思想と呼ばれてきているものの一部である「ポストモダン犯罪学」を成しているものの一例である（Milovanovic, 1995）。ポストモダン思想全体が少々混乱してはいるが，犯罪学に一つの衝撃を与えてきたし，与え続けているだけに，我々の注意を引くだけの重要な知的進歩である。それは，科学的手段によって自然的そして社会的世界を発見するという伝統的啓蒙主義的主張からの広範囲で複雑な哲学的シフトを表している。さらに付言しておきたいことは，ここで言及するポストモダン犯罪学的業績はそのすべてではないことである。それは，カオス理論や言述分析（discourse analysis），トポロギー理論,調停的犯罪学（第8章を参照のこと），構成理論（constitutive theory），有罪者によ

る犯罪学そしてアナーキー犯罪学（anarchic criminology）を含む発展過程にある批判的観点の多彩な一つの集団である。「モダン（近代）」の概念を論ずる前に，「批判犯罪学」の定義を検討しよう。

簡明に言えば，「ただ一つの批判犯罪学というものは存在せず，むしろ異なった起源をもち，異なった方法を採用し，多様な政治的信念を持つ批判犯罪学者たちがいる」（DeKeseredy，印刷中）。実際はそれでも，犯罪の主要な源は，不平等な階級，人種・民族そしてジェンダー関係が実際に社会をコントロールしているという事実に由来していることを主張する一つの観点を彼らは共有している。この点については，Friedrichs（2009）の次のような見事な言葉がある。「現代社会の権力なり資産の不平等な分配はあらゆる系統の批判犯罪学の統一的出発点である」（DeKeseredy，印刷中からの引用）。一部の批判犯罪学者たちが軽蔑的に正統の，とか，伝統的（慣例的），主流派，あるいはリベラルな進歩的犯罪学者たちと呼んでいるものと比較して，これら犯罪学者が総じて拒否しているのが，犯罪の公的・法的な定義と定量的測定である。「ゼロ容認」（zero tolerance）政策，三振法の判決，民営刑務所のようなことを主張する犯罪闘争的政策（crime fighting policies）――犯罪を減少させるために本質的なものとしての社会における大きな構造的，文化的変革を無視する解決法――もまた批判犯罪学者からは拒絶されている（DeKeseredy，印刷中，Lynch & Stresky, 2006）。一方伝統的犯罪学者たちは，価値中立的な科学専門家であることを要求することがしばしばあるが，批判犯罪学者たちはこの立場をイデオロギー的に素朴すぎるとして批判し，自らを政治的活動への積極傾向をより強めるものであると自負し，その成果によって痛みと苦しみを和らげる責務を負っていると見なす傾向がある（DeKeseredy，印刷中）。

過去40年の間に，このような共有されていた前提，なかでもその公約は豊かな理論的，研究成果に基づく貢献を生み出してきた。この結果，批判犯罪学はこの分野の思考を形成する一つの観点として主流派犯罪学といまや肩を並べるまでになっている。それは，実際「伝統的犯罪学と対等なパートナー関係」（Lilly, 2010）を確かに共有し合っている一つのパラダイムである。こうして今や「近代」の概念について言及すべき時機となった。

I　近代とポストモダン

近代（modern）の最も簡明な意味は18, 19世紀の啓蒙主義時代に発展した思想ないし哲学の形式に関係している。いくつかの重要な観念の中でも，それは科学的方法によって発見可能な「自然な」秩序を社会的世界は持っているということを重視していた。変数の操作，体系的観察や測定と所見の応用（政策）を重視し，犯罪のような問題は「発見され」そして「解決される」ことが可能であることを近代思想は主張した。一旦問題が発見されると，人間の状況は進歩を遂げるであろうと説かれていた。

約200年間，学問的，政策的関心はこの観点の力と魅力とを味わってきた。政治家も学者も同じように主張したことには，国家の介入を通じて，科学的方法は統制や排除がかりにできないまでも，大半の社会問題，とくに犯罪の減少をほぼ保証してくれる。しかし時代と共に，科学的方法は危険な諸刃の剣であることが一部の観察者には明らかとなった。それは人間の痛みを和らげる手助けとなりうるが，膨大な人間の苦しみを課することにもなりかねないものであった。

例えば生存のための労働集約的戦いから人類

を解放する産業革命がまさに明白に示す技術的進歩が，パリ万博のために建造されたエッフェル塔がそびえ立った1889年には，大きなファンファーレと未来への希望と共に祝福された。しかし20世紀初頭には西欧と北米の社会的文脈は第一次世界大戦と共に根源的にシフトしてしまった。この頃までに重力に逆らう技術の発展によって飛行機と早い空の旅を約束する発明がなされるようになった。不幸にもこの技術は米国，英国，仏国，露国そして独国を含むさまざまな国によって爆弾投下に使用され，軍隊や民間人の想像を絶するほどの死と破壊をもたらした。この重要な一つの結末は，多くの異なった人生を歩んできた人びと，とくに欧州の人びとが悪魔の発明として飛行機のような技術をのろい始めると同時に，一方では進歩は国家の手に握られた科学に由来するという考えに重大な疑問を抱き始めたことであった。

ポストモダン思想は，一部の評者によれば，第二次世界大戦後に欧州において本格的に始まった。それは多くの型の理論化を含んでおり，その一部はなによりも科学的方法の未来と前提に対して懐疑的である。基本的にそれは知と進歩の主要な手段としての科学の合理性と国家の介入という啓蒙主義的信念を拒否している（Barak, 1994）。おおまかに言えば，ポストモダン主義者の主張では近代社会と，犯罪の定義と法を含む行動のためのその規則とは任意的な言語的構築体である。その説くところでは，これらの構築体は確実性，真理そして権力に関する外皮で覆われた概念となって結実している（DiCristina, 1995）。事実，ポストモダン主義者たちにとって，真理は絶対的ではなく，科学的探究は現実を完全に露わにすることに失敗している。「換言すれば，実証主義的（決定論的）科学は理解（understanding）のための一つの方法を提供しているが，人間の行動と社会現象を了解する（comprehending）ための唯一の方法を提供しているわけではない（Arrigo & Bersot, 2010, p.41）。

さらにはこの〈科学的〉論理は分離的で抑圧的である社会秩序の中に偽りの階層と分割を作り上げた。これらの言語的構築体の中には肯定される，そして否定される人びとと行動という人種的，性別的カテゴリーがある。多くのポストモダン理論家たちがこうして主張していることには，これらの被造体は，エリート主義による構築体ないし主張であるので，仮面を剥がされるか，「破壊される」べきである（Arrigo & Williams, 2006；Milovanovic, 2002）。

ポストモダン主義者のさらに別の主張では，伝統的科学論理を強調しながら近代主義は社会のより大きな図面，全体としての社会を無視し，個人ないし教育を固定するなり，変化させるといった方向に努力を傾けている。これが意味することは，社会秩序の正しさとか正常性に関する公的考えや政策は放置されたままであるということである。ポストモダン主義者の一部が論じていることには，これらの既存の理念は現代により即したアプローチにとって代わられるべきである。例えば社会的世界の複雑さと真実について学ぶための代替えの手段と認識論の発展が必要である。

このような二つの違いを超えた，社会科学におけるポストモダンの用語の意味は一貫性に欠け，錯綜しており，最初検討しただけでは当惑させられる。これに関して1980年代後半に書かれた物の中で，Featherstone（1988）が言及したことには，この用語を参照することは浅薄さと意味のない知的ブームを永続させるだけの流行に浮かれていると非難される危険にさらされるだけである。こうしてファッション的ではあっても，この言葉はやはり「いらだつほどに定義されにくい」（p.195）。この言葉は，経歴

を上昇させることだけを望んでいる理論家たちによって造語されたという批判に耳を傾けるにしても，今日この用語は広範な知的資本となり，また慣用されている実態がある。

Ⅱ　ポストモダン犯罪学思想
——大きな物語の終焉？——

　この観点では，犯罪とは科学的方法を用いて発見できるようなたんなる公法の侵害とか客観的事実とかいうものではない。犯罪に対するこのような立場の背後にある論法は比較的単純なものである。今日のポストモダン主義者たちによれば，民主主義が普遍的幸福へと導くといった考えや，資本主義の崩壊がユートピアを導くことになるといったマルクス主義の論法によって人びとが生きているといった「大きな物語」（grand narratives）ないし現実の物語は支持されない。ポストモダン主義的犯罪学者全体にとって，犯罪とは公的制度によって作られた言語的構築体である。従って法や善悪についての公的要求とは支配構造であって，自由よりも抑圧の増大を導いてきたものである（Schwartz & Friedrichs, 1994, p.224）。1960年代ないし1970年代までは，犯罪と司法の領域における科学的方法の国家による応用への批判以上に激しくなされた論争はなかった。再三再四，批判的評者たちが議論したことには，国家の法と命令による個人の行動矯正への努力が向けられたのは国家の公的言語に抵抗することが最もできない者たちであった。従って犯罪を生み出しているまさに中心的価値観と物質的基盤とが，これらが生み出している諸問題を国家が解決しようとする際に，置き去りにされたままであることをポストモダン的犯罪学者たちが皮肉を込めて指摘しているのは驚くことではない。

　HenryとMilovanovic（2005, pp.1245-1249）——指導的なポストモダン主義的犯罪学者の二人——によれば，1980年代後半までポストモダン主義は犯罪学には到達していなかった。この二人によると，現在のポストモダン主義は次のような考えの集まりから構成されている。すなわち，真理は不可知である。合理的思想は思考の一つの方法に過ぎず，必ずしも優れた方法であるとはかぎらない。知は漸増するものではない。事実とは社会的構築体であって，これら自身が一つの言述（discourse）の表現ないし反映——物事についての一つの語り方——であるという点で，〈従来の〉真理観に対する十分支持されうる異議申し立てとなっている。そしてこの批判が想定していることは，知を求めることの基盤にある先入観を暴露ないし露呈しようとする尽きることのない試みによって発見可能となる，交替可能な真理である。

　HenryとMilovanovicの総括は正しいかもしれないが，別のポストモダン主義者たちは用語の定義についてはそれほど確信的ではない。実際，これは多義的意味を有しており，一つの歴史的時代，審美的方向性，反社会的運動をも含んでいる。この定義づけが陥った泥沼に直面して，Ferrell（1998）が主張したことには，犯罪学と刑事司法のポストモダン主義はその対立するものから最良の理解が得られる。それが反対し，対立するものは「近代主義の知的，法的装置」と「犯罪学が伝統的に探究している合法性，違法性，そして犯罪という型」（p.63），慣習的型とに対してである。この立場を主張することによって，ポストモダン主義は，近代法と国家とを，「経済的，社会的不平等の上に建造され，強制と文化的操作によって永続化されている組織化された一つの統制システム」（p.64）として，暴露し，拒絶している。

　この点が明らかになるのは，いかに一部のポストモダン的フェミニスト学者たちが女性の

役割形成と彼・彼女らが「ジェンダー化された」主題と呼んでいることに関心があるかを考えてみた場合である（Arrigo & Milovanovic, 2009）。例えば，社会における女性の地位は本質的に「男性主流的」で女性嫌悪的な男性的用語によって定義されている。このことが意味しているのは，女性や少数派の同一性は低められ，抑圧されており，とくに刑事的，法的，矯正的活動は男性的用語によって定義づけされていることによって，そうである（Arrigo & Milovanovic, 2009）。

根本的にはこの対立は，近代犯罪学と，法と司法の近代的構築とに対する「二重の否定」である。これら両者の「公的説明」の弱点と限界は，これらが真なる，そして普遍的な知の存在を要求する「大きな」もしくは「メタ・物語」に依存しているという事実に由来している。

比較的具体的表現で Arrigo（2003）が語っていることには，ポストモダン的犯罪学思想は，次の三つの鍵となる言語に基盤をおいた命題を基礎としている。これらの命題は現実についての社会的構築と犯罪に関する観点の社会的構築という〈その犯罪学的〉基本的見解とほとんど同じである（ラベリング理論と葛藤理論に関する第7章，第8章を参照のこと）。

1. 言語中心

現実と我々の社会活動とは書かれ，話される世界によって形成されている。言語は中立的ではなく，価値観と了解事項とを含んでおり，これらが我々は何者かということ，他者との相互作用，社会制度，そしてこれら制度への我々の関与を規定している。

2. 部分的知と暫定的真理

日常生活の意味と活動とはこの中立的ではない言語によって構造化されている。例えそうでないとしても，不可避的にあらゆる型の我々の理解は限定され，不完全である。

3. 脱構築，差異，そして可能性

ポストモダン的方法が強調しているのは，特殊な物語（例えばある種の法廷決定における隠蔽されている特権的な政治的メッセージ）に込められた暗黙の隠蔽されている了解事項を暴露するための，書かれ，話される世界の脱構築である。テキスト（書かれている，もしくは話されている言語）の「デコーデング」によって，他のことは忘却されたり，無視されているのに，特定の「真理の要求」のみがいかにして受け入れられているかが暴露される。ポストモダンの犯罪学理論は社会的相互作用に巻き込まれているあらゆる声の言語における差違の分節化を包括している。

Ⅲ 初期の英国と欧州の影響の回顧

英国と欧州において批判犯罪学的観点が展開し始めてから40年近くの経過を回顧してみると，この理論的貢献を現在ではより明確に理解し，評価することができる。今日では「ニュー・クリミノロジー」，左翼リアリズム，そしてアボリショニズムと呼んでいたものを眺めてみると，これらはマルクス主義の大きな物語に基づいたポストモダン的批判の一部であったということが理解される。これらの現在の形は大きく変わってきているが，これら三観点はそれでも近代犯罪学理論における最も実り多いものの一部であった。より特殊には，1970年代と1980年代早期には，これらは犯罪の社会的，経済的そして政治的な意義に関心を寄せていた。これらの理論の社会的背景を探るためにこの時代に眼を転じてみよう。この後に，文化犯罪学，有罪者による犯罪学というより最近の貢献に言及したい。

1. 背景——ニュー・クリミノロジー——

　マルクス主義的，唯物論的，弁証法的，ラジカル，社会的，そして批判的な犯罪学のような他の用語によってこの時代に知られていたニュー・クリミノロジーは大西洋を挟んだ両大陸において強い人気と支持とを得ていた。とりわけ注目されるのは英国版ニュー・クリミノロジーで，「この国におけるラジカル犯罪学の類い希な成功」（Young, 1988, p.159）がそうさせている（社会的力と犯罪の構築〈との関係〉に関する米国理論家たちの業績に主として焦点を合わせた議論については本書第 8 章を参照のこと）。英国におけるその人気以上のその特別な重要点であるが，ニュー・クリミノロジーは 40 年以上も前にアカデミックな犯罪学に重大な衝撃を与えただけでなく，従来の犯罪学の外部とは言え，今日でも重要な影響を及ぼしていることである。比較的短期間の人気を得た後消退していった多くの犯罪学理論とは異なり，ニュー・クリミノロジーは短い後退期を経た後，再び関心が起こり，影響力を持つに至った（Walton & Young, 1988）。

　初期の頃にニュー・クリミノロジーは，「ラジカル犯罪学という軋む馬車を軌道に乗せた Howard Becker を中心とした西海岸ラベリング理論の衝撃［英国での］」（p.163）と Young（1988）が見なしたものだが，この衝撃に大きな影響を受けた。Young によれば，これは米国の思想の改変版であるが，この米国思想がむしろポピュラー音楽同様に欧州文化の米国での再生でもある。しかもこの展開は米国思想の英国への単純な翻訳ではなかった。そこには「政治的にも文化的にも，実にまた犯罪それ自体に関しても相当の距離」（p.163）の旅を必要とした思想の転位が生じていた。

　さらには特別な影響が働いた。1960 年代後半に英国犯罪学は岐路に立っていた。というのも緻密でない単純な生物学的，心理学的，そして社会学的決定論を主張する伝統的実証主義が危機に瀕していたからであった。伝統的犯罪学が犯罪説明理論によって予測してきたこととは異なり，その中心的問題は，「社会的条件の大幅な改善は犯罪の減少ではなく，［むしろ］その逆のことをもたらした」（Young, 1988, p.159）ことであった。この困惑的事態は犯罪についての従来の決定論的説明にとって重大であった。説明され，矯正されるべきものは社会的異常だけではなかった。それは英国の第二次世界大戦後の福祉国家への挑戦となっている数多くの社会問題の一部，一群であった。これには都市の住宅問題や共同体の崩壊，公衆衛生，そして教育といった問題が含まれていた。「こうして犯罪学の危機は警察力から派生したのではなかった。それは政治と文化の特定の危機の一部が犯罪学内部の問題となって現れたに過ぎなかった」（p.160）。英国におけるニュー・クリミノロジーが生まれたのはこのような背景においてであった。

2. 理論的論争

　米国マルクス主義者 Alvin Gouldner（1973）のかなりの賞賛を伴った序文が寄せられて 1970 年代初めに公刊された（そして今なお増刷されている），ここで論じている観点の主要な書物である『ニュー・クリミノロジー』（The New Criminology）（Taylor, Walton, & Yung, 1973）はその伝統的犯罪学批判においてきわめて強力なもので，「『犯罪』と『逸脱』に関する技法的論述の構造全体を改変する」（Gouldner, 1973, p.ix）とまで言わしめたものであった。1 年後に Currie（1974）は「より人間的な犯罪学を構築する努力」と「おそらくはその時点までなされてきた『この分野』の最も包括的な批判的展望」（p.133）であるとこの本を賞賛した。

この観点の内容は米国の同じ学派とは重要な点で異なっていた。例えばそれは米国のものより知的に洗練され，犯罪学的文献と大陸の哲学に通暁しているものであることが数多く認められた。そして米国のラジカル犯罪学が少数派的立場（Inciardi, 1980）に過ぎなかったこととは異なり，〈英国では〉従来の犯罪学と肩を並べるまでに成長した。

その初期の発展の中心となっていたことは次のことへの反対であった。すなわち（1）社会秩序は大衆的合意に基づいているという構造機能論的前提，そして（2）伝統的犯罪学の過度に決定論的な犯罪への対応，である。これに早くから焦点を当てた著書において，Cohen (1988) が述べたことには，「この変化の最初の知的形は実証主義的な犯罪学的伝統の了解事項を転覆する体系的試みであった」(p.9)。この了解事項を転覆するための最初の仕事は次のことを示すことであった。つまり，犯罪の従来の研究は，人間の本性と社会秩序に関して「正しい」，「科学的な」，そして「決定論的」理解を独占していることを前提とするより一般的な理論とパラダイムであると自認するにはあまりにも狭すぎるものであった。例えば崩壊家庭の結果として犯罪を説明することはあまりにも単純すぎることであった。ある程度ニュー・クリミノロジーの課題とはこの狭い考え方に有効に立ち向かい，従来の犯罪学が国家政策の核心を成すイデオロギー構成体に立脚していることを明確にすることであった。この挑戦には，これらの問題に関して「犯罪学には進行中の一つの論争が**あった**」(Young, 1988, p.161, 強調は原著者による) ことを確認することが必要だった。

社会科学者にとって，犯罪が伝統的実証主義によって知的ゲットー内に閉ざされていたと仮定すると，次の作業は犯罪を周辺的トピックよりも，関心の中心に据えてやることであった。換言すれば，犯罪を研究することは社会的秩序と無秩序の双方を解明することになることをニュー・クリミノロジーは主張した。実際犯罪は周辺的トピックではなく，安定性と変化についての社会科学者の説明の中心的よりどころとなっている。伝統的犯罪学の方向を把握し，変化させようというこの論述に沿って，ニュー・クリミノロジーがすべきことは，決定論的「実証主義が誤った科学性を求めるあまり創り上げた客観性の概念を抹消し」，犯罪の政治的性質に焦点を当てることであった（Young, 1988. p.161）。このことが達成されるのは資本主義の政治，経済構造と制度に，またこれらが犯罪を生み出す社会的諸条件をいかにして形成するのかに，焦点を当てることによってであった。

ニュー・クリミノロジーにとって，資本主義は搾取的で疎外的な社会秩序であって，そこではエリート支配階級によって不平等が制度化されていた。これらの条件下で，犯罪は強制される社会的順応への一つの合理的な応答である。それは政治経済の一つの副産物である。1970年代中頃のYoungの立場──ニュー・クリミノロジーへの主要な貢献者の一人であった──は以下のようなものであった。つまり，「我々の関心の中心は支配的生産様式と社会の階級的性格とに基づいて法と犯罪性を説明することである」(p.14)。

資本主義の下では，刑事法すべてが特定の利益集団を利して，その他のすべての集団に損害を与えるように運ばれることがあまりにも多い。とくに刑事法は資本主義システムの延命を確保するために国家や支配階級によって利用されている（Bohm, 1982）。こうしてニュー・クリミノロジーにとって犯罪とは，資本主義的政策と利益によって人間に悲惨さをもたらし，人びとから彼らの人間力を奪い取るものと定義された。ここにおいて人権侵害は犯罪の定義の中

心的関心となり，それは帝国主義，資本主義，人種差別そして性差別を含むものであった。30年以上も，サッチャー，メージャー，そしてブレア首相の下で，不介入と社会サービスの民営化のイデオロギーに攻撃されてきたが，ここで焦点となっていることは英国犯罪学の実行計画の重要な部分として残っている。最近，その魅力は諸外国へと，他の形の批判犯罪学へと拡大している。

3. ニュー・クリミノロジー批判

　早くからニュー・クリミノロジー的観点は，時には同じ人びとからさえも，称揚されると同時に，激しく，用意周到に批判された。ある批判は早くも次のような指摘をしていた。すなわちニュー・クリミノロジーは「批判し，置き換えようと多分思っている伝統に」多くの点であまりにも「近すぎ」る（Qurrie, 1974, p.133）。次の三つの個別問題が明らかにされた。

　第一にTaylorらは従来の犯罪学，とくに民族学的方法論（エスノメトドロジー）と葛藤理論の欠点について断固とした批判を啓発的に展開したが，それは概略的で，しばしば明らかに誤ってさえいた。さらには古典学派に対する彼らの議論は不完全で，実証主義批判は生物学的決定論のみで，他の決定論の諸型については触れないままであった。従って，心理学的，社会学的決定論に対しても生物学主義批判が同じように妥当するとの誤った印象を彼らは与えた。生物学的決定論に対する彼らの批判は同じ問題に対するそれまでの批判を超えるものでもなかった。Taylorら（1973）の業績は，「なぜ一部の理論が存続するのかを説明しようする」（p.31）という彼らの主張にこたえるものではなかった。その代わりに彼らは，資本主義先進国社会の物質的基盤に根ざしているより広いイデオロギー的流れよりも，学問的世界にあたかも存在しているかのように犯罪学理論を扱った。この看過は犯罪とその他の社会問題への国家的介入と従来の犯罪学との関係を曖昧にしただけでなく，Taylorら自身は，批判的分析をより深い水準まで行わなかったので，従来の犯罪学理論家たちと変わりはないという主張に対して信憑性を与えることともなった（Currie, 1974, p.136）。

　第二に，『ニュー・クリミノロジー』の著作スタイルは犯罪学領域にかなりの共感的関心を抱いている人びととの著作スタイルと酷似していた。これは不当な批判のように思われるかもしれないが，一方では，Taylorらは，搾取される者のために有意義な社会変革を創るための著作というよりも，伝統的犯罪学に即して現実には書いているというCurrieの指摘があるからである。

　第三の最も手厳しい批判であるが，伝統的犯罪学によって提供されたもの以上に犯罪についてのより解釈学的社会的説明を与えることに邁進したために，ニュー・クリミノロジーは人間の本性と社会秩序とについて説得ある考察を提示することに失敗した。この考察的成果を欠いては，伝統的犯罪学に代わるものとしてニュー・クリミノロジーが提供しようとしていたことはまさしく何かいうことが不明確である。この欠点を説明することの一部は，生物学理論へ集中した，ニュー・クリミノロジーの批判によって産湯共に赤ん坊まで流してしまった，ということであった。「より有効なアプローチは生物学的，そして心理学的考想を共に拒絶することではなく，人間性の全体的観点によってこれらの考想を統合することである（Currie, 1974, p.138）。このようなことのために，『ニュー・クリミノロジー』の主な理論的前提は若干混乱し，基本的には誤解を招くものであった。

Ⅳ 初期左翼リアリズム

1. 理論

　ニュー・クリミノロジーの初期の称賛と衝撃を結局は消し去ることになった他の要因の中でも，少なからざるものがサッチャー首相時代の「新」右翼の興隆という英国の政治的文脈の変化であった。1979年に英国総選挙において新右翼（New Right）は保守党の勝利に成功し，変革を実行する政府が造られた（Jenkins, 1987）。この政府は，とりわけ英国の国内的，国際的な経済力，政治力の低下を終結させることが負託されていた。これを実行することは，1940年頃と第二次世界大戦後に発展した社会民主主義のイデオロギー下にあった政府を抑制するという思想と規則によって，イデオロギー的そして政治的な変革を行うことであった。

　このことが英国政治の主要な変化であった。社会民主主義がもたらしたことは，40年に及ぶ政府の機能と負担の拡大であった。例えば公営企業セクターは「ガスや電気，石炭や鉄道のような主要な公益事業の国営化によって著しく増大した」（Gamble, 1989, p.2）。社会的領域ではこの拡大は，国民医療や，住居と教育のような福祉をもたらした。しかし1970年代までには社会民主主義とその福祉政策は英国や多くの国々で攻撃にさらされることとなった。1979年の保守党の勝利は新しい政府のイデオロギーの導入となり，これはその主要な政策課題として国営企業の民営化，福祉，国民医療，教育支援の制限を採用するものであった。保守党政府は社会政策の失敗や政府高官のスキャンダル，1997年の労働党政権の誕生によって人気の点で大きく後退したが，過去30年以上も福祉国家を廃止するための努力を継続的に払ってきた（「福祉国家への攻撃」，1993〈オブザーバー紙〉，『英国スキャンダル』，1994）。

　新右翼的政府の政策が立案され，実施されている時に，ラジカル犯罪学はその潮流が変わったことを肌で感じた。『ニュー・クリミノロジー』の出版後10年も経たない時に，ラジカル犯罪学の衝撃について論じた批判犯罪学者Cohen（1981）は次のように述べている。

　　10年前よりも苦境にあるが，しかし英国犯罪学の制度的土台の大半は無傷なままで，変化していないし，権力機構は新理論といっても結局は廃れてしまう。たんなるファッションないしは既存のパラダイムを全く変えないままに飲み込まれてしまうちょっとおもしろいアイディアぐらいにしか受け止めていなかった（p.236）。

　実際1980年代前半における英国のラジカル犯罪学の衝撃に関する総括はそれほど広範囲に真剣には論じられなかった。ラジカル犯罪学の歴史に関する反省的論評の中で，MatthewsとYoung（1986）が言及したことには，それは「被害者への犯罪の影響を無視したままで，ラベリングの過程を介しての犯罪者への国家の衝撃に論点を絞ってきた」（p.1）。彼らの言葉では，この無視は不適切であって，ラジカル犯罪学は「犯罪者，国家，そして被害者という犯罪学の適切な主題である基本的三項関係」に関心を持つべきであったからである。

　部分的にはこの看過の救済策として，またラジカル犯罪学はそれ自身危機的状態にあるという一部のサークルの主張への対応として，ラジカル犯罪学はニュー・クリミノロジーから離れ，左翼リアリズム（left realism）と呼ばれる異なる犯罪研究アプローチを展開した。この名称の由来は犯罪のリアルな側面を重視しているためであった。左翼リアリズムは，ニュー・クリミノロジーが多分に国家をあまりにも強調しすぎただけでなく，犯罪の原因論を無視したこと

217

にも強い関心を抱いた（Young, 1986）。この点は，英国ラジカル犯罪学の重要な変化，つまりは理論的問題から犯罪原因とその結果の探究と統計的分析への移行が起きているだけに，いくら強調しても，強調しすぎるということはない。

より個別的に言えば，左翼リアリズムは，もっぱらではないにせよ，明白に労働者階級の犯罪の原因，性質，そして衝撃に関心を抱いた。この重心の移動によって「正確な被害者学［研究］」を含む研究方策の創設へと向かうこととなった（Young, 1986, p.23）。しかしこのことは「被害者」の強調ということではなかった。それは，共同体の脆弱な部分の地理的分布と社会的次元を強調するだけでなく，共同体の「脆弱さの危険率」の研究をも含んでいた。このことを概念化する一つの方法は労働者階級をあらゆる種類の犯罪被害者と考えることである。例えば経済的，社会的に人びとがより脆弱になればなるほど，労働者階級とホワイト・カラー双方の犯罪が彼らを被害者として発生する可能性がより高まる（p.23）。

被害者に対する左翼リアリズムの関心を示す一つの例は，ニュー・クリミノロジーによって無視されていた一つのトピックス，犯罪学におけるフェミニスト的関連の強調である。強姦やその他のフェミニスト的問題の認識の深まりと共に，フェミニストたちは犯罪学理論そのものの再考を迫った。このような展開が，犯罪は「人びとが犯罪を体験するままの問題」（Young, 1986, p.24）として研究されるべきことを力説する左翼リアリズム陣営で，見失われることはなかった。Young（1986）が述べたように，「それは女性の訴えを真剣に取り上げる」（p.24）。このことは，左翼リアリズムは犯罪被害者としての女性のみに関心を抱いた，抱いているということを言っていると捉えてはならない。その重要課題として，人種差別，官憲の暴力，そしてその他の多くの「日常的犯罪」（"everyday crime"）（Matthews & Young, 1992；Young & Mathtews, 1992）にも等しく関心を寄せている。

左翼リアリズムは「日常的犯罪」——路上犯罪——を重視したからといって，犯罪戦争に勝利するためにより過酷な刑罰を求めはしなかった。むしろ彼らは軽微な財産犯，薬物使用，そして売春を含む軽微かつ「被害者なき犯罪」に対する最小限の制裁を擁護し，産業による公害や企業の違法行為のようなより有害な犯罪に対する社会的統制の拡大を求めた（Young, 1991）。しかし，Cohen（1986）が指摘したように，左翼リアリストたちは「『法による秩序』に全面的に依拠し，20年前の理論的成果から大きく後退してしまった。社会統制を犯罪化と刑罰をめざす標準的刑事法とによって達成しようという目論見への彼らの後退は未熟なものである」（p.131）。

この左翼リアリズム的観点の独自性は犯罪因果関連の階級と権力の次元への，またこの犯罪因果関連に関して何がなされうるのかということへの強い関心であった（Young, 1992b）。それはまた，ラベリング，緊張，下位文化，ラジカル・マルクス主義，そして一定のフェミニスト的観点をも含んだ，いくつかの理論を綜合する試みを示すものでもあった（Alvi, 2005）。その20周年が近づいた時に，左翼リアリズムの主張と賛同者たちはカナダ，米国，オーストラリア，英国を含む多くの国々において見いだされ，いくつかの批判をも巻き起こしていた。その一つは，急進的思想的なその根源，とりわけマルクス主義からあまりにも離れ，道を見失ってしまい，「見かけが新しいだけのリベラル理論以外のなにもの」（Alvi, 2005, p.933）でもなくなった，いうものである。別の批判は，犯罪原因へのリアリズム的アプローチを強調するそ

の姿勢は保守派に人気のある懲罰的統制戦略を擁護することと危険なほど類似している点であり（Schwartz, 1991, Alvi, 2005 からの引用），そして傑出した学者のStan Cohenなどを含む英国とウエールズの最も影響力のあるラジカルないし批判犯罪学者たちからの転向者を一部でも獲得できなかった点である。

2. ニュー・クリミノロジーと左翼リアリズムの帰結

ニュー・クリミノロジーとリアリスト犯罪学（realist criminology）の初期に貢献がなされたのは社会的，政治的空間においてではなかった。それは1960年代後半と1970年代前半に北米と英国における「新左翼」の興隆の一部としてなされていた。批判主義の範囲内であったが，それは伝統的犯罪学内で論じられていた問題のみならず，反精神医学運動，刑務所支援団体，大学構内座り込み，そして地域社会活動運動として知られるようになったことをも，含んでいた（Young, 1988）。さらに1960年代後半と1970年代には英国における社会科学の高等教育は比類のない水準に発展し，社会学・犯罪学・逸脱の科目は有力大学のみならずその他の大学や，膨張しつつあった総合工芸大学（polytechnics）でも新設され，増大していった。新しい講義課程はニュー・クリミノロジーか，これに近い人びとによって受け持たれ，受講した社会学学生たちは新左翼的思考と実践とが強く浸透していった」（p.168）。これらの学者とその学生たちの多くが学界に残り，活動的な批判犯罪学者となった。

第二次世界大戦後と1960年代の間に支配的であった伝統的実証主義に攻撃を加えつつラジカルとリアリスト犯罪学者たちは「その政治的信条がどうであれ，犯罪学的文化の標本といまやなっている」諸概念の長大なリストを作成することに寄与した（Young, 1988, p.164）。これらの概念リストに含められていたのは，犯罪の生物学的説明と結びついた機械的決定論への厳しい批判，さらには統計学の社会構築〈的性格〉，犯罪の階級に基盤を置かれただけでなく，むしろ疫学的な特徴の強調，人種差別主義者の犯罪，女性への家庭内暴力，そして児童虐待の広範な隠蔽に対する批判であった。

いくつかの一般的な社会的，刑事司法的政策の意義は左翼リアリストからもたらされ，これらの中には「権力者の犯罪と路上犯罪のリアリティ」との間に保持されている均衡の打破，安全かつ手頃な住宅，やりがいのある労働，幼児保育，全国民保健ケア，適切な交通機関などを提供する民主主義を基礎に置いた改革を主張する社会的正義を目指した綱領の作成が含まれている（Alvi, 2005, p.933）。左翼リアリストが支持しているのは最小限の拘禁，釈放された受刑者の社会復帰の成功可能性を高めるようなプログラム，そして後手に回った対策よりも先取的対策（proactive policing）である。

V ニュー・クリミノロジー再検討

1990年代後半に，ニュー・クリミノロジーの衝撃を再評価する契機となった二つの出来事が起こった。最初の出来事とは，英国政治の歴史的移行と新しい異なった政治哲学の始まりで，これらは一見してわかる形であらゆる書物が記載していることであった。第二の出来事は，『ニュー・クリミノロジー再検討』（The New Criminology Revisited）（Walton & Young, 1998）の出版であった。

この1年前の1997年5月1日に44歳のトニー・ブレアが1812年以来最も若い首相として圧倒的支持で選出され，英国史上最も人気の高い新政府が誕生し，20年に及ぶ保守党政権

の幕が閉ざされた。「悪評」（Ugly Rumor）と呼ばれる学生バンドの先頭に立って歌いながら、ブレアは「新労働（ニュー・レイバー）」党のキャンペーンを張り、分離的階級主義の象徴である山高帽に決定的に別れを告げた「新英国」へと国全体が変貌することを公約に掲げた。彼の重要政策の中核は包摂型地域社会（community inclusiveness）支援と熱意の回復という謳い文句であった。職務に就くや、ブレアと彼の労働党とは保健医療の近代化、英国の膨張する福祉予算の抑止、人権、グローバリゼーション、貧困、スコットランドとウエールズへの権限委譲、欧州連合との強力関係の強化に早くも尽力した。これらの政策の大半がサッチャーや彼女の後継者であったジョン・メージャーによるものとは全体として対極的なものであった。

しかし、ブレアと〈その基本政策〉ニューレイバー（New Labor）は、それまでよりも社会問題（例えば犯罪）解決の取り組みにおいて幾分とも非保守主義的で、希望のもてるものであるのかどうか、1997年代後半と1998年代前半までに懐疑的な人びとが疑い始めた。実際その時までの一部の批判では、ブレアは偉大な保守党員で、サッチャー政権の第三期目を担っている、というもので、9.11以降はジョージ・W・ブッシュ大統領とイラク戦争への彼の追随ゆえに得られた信頼関係の強化に対する批判が強まった。それ以降、また2005年のロンドン地下鉄爆破テロ以降、ブレア政権がとった反テロの法制化、行政政策と実践は違法かつ不正な人権侵害、個人の秘密侵犯との批判が強まった（Lea, 2005）。

これらの政策の前に、例えば福祉改革への労働党のアプローチは無職のシングル・マザーたちへの扶助の打ち切りと、病人と障害者への給付金も資産調査対象とした。ブレアはこれらの決定を「厳しい選択」（tough choice）と呼び、弱者に対する悪影響を与えるものとの警告には「デマをまき散らすもの」として無視した。一部の批判者にとってはニューレイバーの犯罪へのアプローチは最初は左翼リアリズムに影響されたものであったが、まもなく保守党と同じく、権威主義的、懲罰的、そして保守主義的なものとなった。例えば新政策には民営刑務所の増大、若者の夜間外出禁止、電子機器による監視（タグをつける）、浮浪者の追い出し、「例外なしの法適用」（zero tolerance）、そして軽微な犯罪を繰り返す者への有罪宣告の強化が含まれていた（Hanley & Neilis, 2001；Lilly, 2006a, 2006b, 2010；Lily & Neillis, 2001；Nellis, 2003b, 2003c, 2004, 2006；Neillis & Lilly, 2000, 2004）。

これらの政策の中で、医療、教育、刑事司法機関を含む公共サービスの民営化（中央集権化と平行した）は、「何が有効か」（what works）の採用がブレアの指導原理となるべきと信じられた頃に、次第に彼の試金石となった。このモットーは「それは競争をもたらすのか？」のイデオロギーに置き換えられた。例えば、2002年に彼は八つの成人刑務所と三つの少年刑務所の開所にこぎ着けたが、これらすべてが民間の努力によって建造されたものであった。このようなアプローチに対して、ロンドン公共サービス・センターは、英国は世界でも最も民営化の進んだ刑事司法システムを有しているとの結論を下した。同時期に、ブレアと彼の政治的支援者たちは「競争力」として知られ、カーター報告（Carter, 2004）によって導入された民営化拡大に努め、保護観察サービスをもこれに含められた。2005年後半と2006年前半には、おそらくは一時的なものかもしれないが、民営化路線は敗退してしまった（Dean, 2005；Travis, 2006）。2005年後半には保護観察は約100年に

及ぶ社会事業精神から「地域社会における刑罰」イデオロギーへと大きく変化したが，これは「地域社会と拘禁による刑罰との間」の昔からの区別を曖昧にし，双方を含む「境目のない宣告の創設を導いた」(Nellis, 2003a, p.41)。

「全国犯罪者管理システム」(National Offender Management System) (NOMS) の方式の下で，イングランドとウエールズ刑務所と保護観察サービスを共に支えてきた国の中央集権的展開の後に保護観察を民営化する試みが起こった。建前上は公共サービス水準を改善する一つの方法としてブレアによって提示され，正当化されてきたが，ほぼ確かなことだが実際にはそれは刑事司法に，より進んだ技術革新的成果を導入するための方便であって，とくに，GPS 即時追跡を含む電子機器による監視の諸々の方式の導入手段であった (Nellis & Lilly, 2000)。犯罪者管理の監視戦略は入所者の社会への復帰ないし再入の高い失敗率を政府が憂慮した一端を示していた。よく練られた復帰計画と連動した電子機器による監視の強化は再犯と伝統的拘禁費用とを低下させるであろうと考えられた。

ニューレイバー政策の下でもイングランドの収監者数は保守党政権時代同様に増大し続け，入所者率——10 万人あたり 142 人——という数字は西欧では最も高いままであった。2005 年後半のイングランドとウエールズの受刑者数は約 7 万 5 千人で，1994 年に比較し 50％以上も増大した（内務省，2004；「刑事改革のための Howard 連盟」，2005）。2007 年 6 月 24 日にブレアの後継者に選出された労働党員ゴードン・ブラウン政権下でも，イングランドとウエールズの受刑者数は高いままであった。2010 年で，それは 83,378 人に達した (World Prison Brief, 2010)。スペイン（10 万人あたり 165 人）を除き，イングランドとウエールズの受刑者率——10 万人あたり 152 人——はデンマーク (66)，フィンランド (67)，ノールウエイ (70)、スエーデン (74)，スイス (76)，アイルランド (85)，ドイツ (88)，ベルギー (94)，フランス (96)，オランダ (100)，ポルトガル (106)，そしてイタリア (107) (World Prison Brief, 2010) を含む他の大半の有力西欧諸国よりも高かった。しかし，そうであっても，2010 年 5 月 7 日のブラウン労働党の選挙敗北が，また第二次世界大戦後初めてのデービッド・キャメロン保守党との新しい連合政権がイングランドとウエールズの受刑者数にどのような衝撃を与えるのかは不明確である (Burns, 2010)。

ニューレイバーの「犯罪弾圧」政策は犯罪原因攻撃においてはしばしば失敗した。クリントンやブッシュ政権の警察力強化，拘禁刑の長期化，死刑拡大の擁護とは異なり，ブレアとニューレイバー政策とは法と秩序の党である保守党政策を直ちに変更した。1973 年出版の『ニュー・クリミノロジー』と，外見上はその批判的継承者である左翼リアリズムとの影響をあらためて我々が検討できるのはこのような変革についてである。

おそらくは，ブレアとニューレイバー政策に伴う政治的シフトよりも，『ニュー・クリミノロジー』初版の長期持続的な人気と，またこの本が 1973 年以降途切れなく増刷され続けているという事実とによって生み出されたのであろうが，『ニュー・クリミノロジー再検討』(Walton & Young, 1998) は，例を見ない重要な進化であった。というのも再検討するに値するほどに進化が続くということは，犯罪学上ではもしあったとしてもきわめて少数にすぎないからである。『ニュー・クリミノロジー再検討』の編者や執筆者たちが回顧していることには，1973 年の初版の出版は 21 世紀にさまざまな程度の衝撃を与え続けているラジカリズムの 1970 年代の波の部分現象であった。本書を熟読すれば，

1973年で提唱された重要な点の，すべてではないにせよ，その大半が次のように再度是認された。

- 犯罪と犯罪化の過程は，階級関係や家父長的形態であろうが，あるいは内在する権威主義であろうが，社会の中核構造に根ざしている（Walton & Young, 1998, p.vii）。
- ニュー・クリミノロジーの唯一にして正確な目的は人間の条件の改善である。ニュー・クリミノロジーは一つのユートピア的約束をしている。
- ニュー・クリミノロジーは行政的・管理的犯罪学（administrative criminology）風の既存の犯罪学によって支持されているような矯正に委ねることはなかったし，いまなおそうではない。人間の行動とは「矯正す」べきものではない。
- ニュー・クリミノロジーは社会の変革に邁進している。人類の知識に専門的貢献をすることよりも実行することを強く願望している。
- ニュー・クリミノロジーは犯罪と逸脱の社会理論を構築することを試み，犯罪学諸理論を解体することを目的としている。

しかしながらその間にニュー・クリミノロジーのイデオロギーはそれほど変化してなかったとはいえ，その重要項目が1998年に再確認されたことによって重要な新しい理論的進歩が起こったということは紛れもないものだった。ポストモダン主義思想がそうであったようにフェミニスト的観点はより進化し，批判犯罪学の中心となった。マルクス主義の遺産は純化され，再定義化され，放棄されるには至らなかった（Muncie, 1998, p.227）。それは，大きな物語としてのその地位を保持する代わりに，一組の「暫定的仮説ないし概念的資源・保管物の枠組み」のための一つの源泉となった。米国および英国各国および両国総計の1980年代と1990年代の財産犯の増大に対する「自由市場の力」の暴発的影響に関するIan Taylor（1998）とElliott Currie（1998b）の分析は犯罪のマルクス主義的説明の復活のよい例である。保守派の社会，経済的政策を支持するものとして宣伝されてきたが，自由市場は財産犯，貧困，ホームレス，スラム街での薬物乱用と暴力犯罪とを増大したという主張を支持する多くの証拠がある。

顧みれば，『ニュー・クリミノロジー再検討』で展開された考えの一部は今日の文化犯罪学者の想像力を刺激した多くのものの先駆けとなっていた。これらの学者の各々が後期近代と犯罪の様相のいくつかを論じていたし，そうすることで，彼らはニュー・クリミノロジーと文化犯罪学との架け橋として今では評価可能ななにがしかの理論的基礎作業を行った。とくに之に名を連ねる論著はCurrie（1998），Lea（1998），Muncic（1998），そしてTaylor（1998）によってなされたものである。

左翼リアリズムはニュー・クリミノロジーの明らかな批判的継承者であり，主流派犯罪学の英国における主要な代替手段である。Tierneyの1966年の評価は予見的なもので，左翼リアリズムは「右翼のレトリックに対するラジカルな代替え手段」を提供し続けている（Tierney, 1996, p.233）。

Ⅵ　今日の左翼リアリズム

一部の批判者がもはや死に体と言っているにもかかわらず，最近左翼リアリズムに対する関心が，批判犯罪学のより広いカテゴリーにおける研究領域の一つとして，相当に高まってきている（DeKeseredy, 2010）。死に体などという

早計すぎる誤った判断にはいくつかの理由がある。その一つは次のような事実である。1980年以前に企業とホワイト・カラー犯罪と，そして階級と人種とが刑事司法機関の運営に対して与えている衝撃を理解することに批判犯罪学は主として重点を置いていたが，労働者階級や女性の犯罪被害同様に弱者による犯罪にも注意を向けるべきであるという左翼リアリズムの主張に耳を傾けることをしなかった。この点に関する左翼リアリズムの立場を無視したことは左翼リアリズムが留意するに及ばないものであるという誤った印象をこれら一部の批判者に与えてしまった。

左翼リアリストがこれらは重要な項目で留意に値すると認めているのに，力なき者の犯罪を認めて研究がされてこなかったのは，伝統的右翼の法と秩序の政策を支持するイデオロギーを作り上げる力のある保守派政治家たちの術策に陥っていることの経験的証明だと左翼リアリストは主張をしている。左翼リアリズムの主張では，力なき者の犯罪は社会構造に内在する不平等から主として派生するものであり，社会的公正原理を基礎とする平等主義的社会が発展する以前では——彼らの見解では——，公民権を剥奪された者の犯罪がまず第一に認められるべきである。しかししばらくの間この主張はほとんど無視された。というのもこれは理論的，経験的正しさとは逆に，権力者の犯罪や人種やジェンダー問題に焦点を当てるよりも，政治的に訴える力が弱いためであった。このことは左翼リアリズムは批判的声が小さいという印象をも与えてしまった。批判犯罪学が弱者の犯罪を無視しているとの左翼リアリズムの批判にはまた別の理由があって，弱者の犯罪は批判犯罪学自身の名声をほとんど高めることにならないというものであった。彼らの考えでは，労働者階級の犯罪と被害，とくに女性の被害を真剣に取り上げなかったことが，右翼陣営が犯罪と対策に関する知を支配することにつながってしまった。このことは例えば，ラジオやテレビのトークショー番組での辛辣な議論に認められる。イングランドでは 2010 年前半の国政選挙遊説中に，暴力犯罪は労働党政権下で劇的に増加したと言って，保守党は「まやかしの犯罪の数字」を問題にしていると批判された（Watt, 2010）。事実，しばらくの間，初期左翼リアリズムは比較的広範囲の男性中心主義的権力の役割のようなジェンダー関連の問題に対するリップサービスだけであるとの批判を受けた。このことも左翼リアリズムはもはや死に体であるとの考えに寄与した。

このような事情は変わった。今や「彼らの多くの理論的著作は路上犯罪，警察活動の過酷な手段，異性関係における女性に対する暴力に関するものである」(Dekeseredy, 2010)。さらには，

> 左翼リアリズムは［今や］地域犯罪被害調査を実施している。この調査には警察や，保守派政治家，国民の中流，上流階級の大半には関係しないと一般には考えられている被害の量的，質的質問に関するデータが含まれている。これらの項目には，成人の親密な関係にある女性に対する男性からの身体的，性的暴行，また公共の場におけるゲイやレズビアン，有色人種に対する性的ハラスメント，そして企業犯罪が含まれている（DeKeseredy, 2010, p.548）。

しかし，英国と北米の左翼リアリズムとの間に明確な違いがあるにせよ，これらの学派の観点が死滅したなどという考えを支持するものではない。逆に，この違いこそが左翼リアリズムの健全さを示してくれている。一般的には，英国のリアリズム的一連の政策は「警察活動の民主的統制を含む」（DeKeseredy, 2010, p.549）

刑事司法制度改革に焦点を当てている。一方北米大陸のその勢力は反犯罪対策により強く注意を向けている。両地域の左翼リアリズムが理論的に一致していることは，「公然酩酊を中止させ，捜索するような『厳格な』警察取り締まりを含む方策は都市の地域共体を社会，経済的に疎外し，政治的に排除することにしかならない」（DeKeseredy, 2010, p.547）。

さらには，しばらくの間左翼リアリズムは，英国での業績の大半によって，とりわけ困窮したスラム地域の犯罪に関するその理論的業績によって，文化・結合的立場にあると思われていた。この立場の重視によって他の多くの領域への犯罪学的関心は無視されることになった。ある程度までこのことは的を射ている。しかし今日では，左翼リアリズムは世界中の現代社会が直面している数多くの重要な問題についての諸理論を構築し，検証している（DeKeseredy, 2010）。

しかしながら，最近まで左翼リアリズムは，製造業からサービス中心の経済への移行や，新保守主義からの社会事業に対する攻撃と彼らが呼んでいるような構造的因子がいかにして今日の中産階級の若者に不利な影響を与えているのかということに，批判の眼を向けることがほとんどなかった。また，大西洋を挟んだ両国での二桁台の失業率，家の差し押さえ，工場の稼働率低下ないし閉鎖，経済的混乱の増大（シカゴ大学経済学者 Milton Friedman によって助長された経済政策の実行によって引き起こされた），公共部門の消滅と言っても良い事態，企業の規制緩和（ウオール街と銀行業務の信じられないほどの危険性を伴って），そしてやせ衰えた社会出費などが，いかにして社会的排除の種々の形態，ジェンダー化された犯罪，そして中産階級青年層に対する有害な衝撃を生み出しているのかということにも彼らは批判的関心を抱かなかった（Currie, 2004；Klein, 2007）。例えば低度の，品位を傷つけるような些末な雇用形態は女性に対する暴力と普遍的に結びついていることが Currie（2009）と他の研究者たちによって確認されている（Barsan, Gill, & MacLean, 1995；DeKesesredy, Alvi, Schswartz, & Tomaszewski, 2003）。あるいは，2010年前半に米国連邦立法化によって，失業扶助の30日追加と地方の住民50万人にテレビ放送受信可能にするという下院の法案を上院が採択することをたった一名の上院議員のみで阻止するようなことまで，なんと，可能となった（Hulse, 2010）。

現在の左翼リアリズムの活力はまたその議論の多さにおいても確認され，一部の批判者が正統犯罪学の大衆による軽視，無関心と呼んできたもの，あるいは「犯罪学だって？　だからどうだというのかね」というお決まりの文句をめぐっての議論が活発である。これは主流派犯罪学にとって些細なことではない。とくに2005年の米国政府説明責任事務所（Accountability Office）（GAO）報告などのいくつかの資料によれば，犯罪は減少しており，犯罪実行が割に合わないものになっている（Zimring, 2006）という事実に犯罪学は直面している。現在の論争の主要な概略は米国犯罪学会の2004年総会での受賞者で国際的に評価されている左翼リアリスト Elliott Currie によって論じられた（Currie, 2007；Feeley, 2010）。犯罪学の名著の一つ（Cullen, 2010）である『犯罪との対決』（Confronting Crime（1985））の著者である Currie が本音で語っていることには，伝統的犯罪学はその蓄積された理論的，経験的重みにもかかわらず，悲惨なことには，犯罪と刑事司法に対する公共政策の進路になんら影響を与えられなかった。彼の見解——他の陣営によっても間もなく取り上げられた1960年代と1970

年代のラジカルと批判犯罪学者たちによって信奉されたものと同じ立場の一つの亜型——では，立ち向かうべき犯罪問題があまりにも少なかったために，犯罪学が置かれたこのような状況が起きたのではなかった。実際にはこの状況はまさしく正反対のものであった。米国は，

　　拘禁の規模と路上や家庭内での日常的暴力の率の双方において世界でも突出している。刑務所という妖怪が貧困の地域社会を徘徊し，家庭を破滅し，未来を破壊し，米国の多くの少数民族の権利を奪っている。大量拘禁は富裕層と貧者，白人と黒人の間にある人生のチャンスの歴史的溝を深めてしまい，社会的，経済的無力者の膨大な群を生み出した。刑務所は何億ドルをも毎年無駄に吸い上げており，もっと実りのある人間的目標を持つ必要がある」(Currie, 2007, pp.175-176)

Currie (2007) によれば，犯罪学が声を大にすることが今以上に求められたことはなかった。しかし，幾十年もの間，犯罪学は犯罪と刑事司法の比較的大きな大衆的議論では次第に周辺的なものとなり，「公共政策推進への影響力も次第に低下しいった」(p.176)。犯罪学は公共施策に関して語るべきものがなにもないとか，関係がほとんどないなどということではなかった。むしろ犯罪学者たちが犯罪に関して何をなすべきかを実際に知っていることに関して大衆を啓蒙するというさもしい仕事をしているために，そのような論争からは離れてしまったということが問題であった。Currie はこのような状況のいくつかの理由を明確にした。

彼の批判の頂点にあるのが，主要な研究大学における犯罪学的奨学金のあまりにも狭すぎる規定である。伝統的犯罪学者たちにさえも魅力が乏しい，公共政策にほとんど関心がないか，無関係な堅い言語と理解不能な数式で埋められた，査読者二人を持つ雑誌で発表された「独創的研究」と「重要な知見」しか認めないという現在の奨学金規定の趨勢がある。Currie が言及したように，このようなアプローチは研究のセンスを駄目にし，「我々自身以上に広範囲に効き目のある聴衆」へとこのようなアプローチの弊害を広めてしまった (Currie, 2007, p.180)。

Currie によると，伝統的犯罪学の孤立に寄与した他の根源的因子は全国的な政治的右傾化である。右傾化は，逸脱への大量拘禁等の懲罰的対応の利点，大衆の生活の基本原理としての一種の利欲的個人主義の受け入れ，孤立化や辺境化の問題を解消するための社会サービスのカットや排除を増強する社会的ダーウィン主義的見解を賞賛することに40年間成功してきた。Currie の主張では，犯罪学は無駄ではない，効果的戦略をとくに研究大学においては，発展させるべきであり，このことによって犯罪学者は社会活動と社会政策の分野で力強くて体系的な介入をすることが可能となる (Currie, 2007)。

左翼リアリズムの創設者の一人である Roger Matthews は Currie の考えと一致していたとはいえ，その解決法には同意できなかった。犯罪と司法刑事政策論争へ犯罪学者が介入するための新しい戦略を発展させるよりも，Matthews (2009) は「適切な方法論を採用する理論的に洗練された介入」(p.343) に関わることを提案した。この左翼リアリズム的考え——理論，方法論そして実践を含んでいるために，「聖なる三位一体」として知られていた——は他のラジカルな，また批判思想家と長く結びついてきた提案を代表するものであった。しかし「犯罪に立ち向かう」保守的政策を拒否したり，反対することにおいてリベラル派の主要な貢献がなされた時以降，一つの重要な因子が変化した。

Matthewsによると,この変化とは,保守主義的犯罪学それ自体が消退しつつあることで,この後退によって「より不寛容で,懲罰的になることを課される担がれやすい大衆に対して,『法と秩序』のカード遊びをしている操作主義的政治家」以上に訴えるものがなにもないリベラル犯罪学者が残った(Matthews, 2009, p.344)。

Matthewsは階級や国家,そして構造といった概念を巡る理論の役割の優先性を認める,新たな一つのリアリズム犯罪学を示した。これらの観念を採用し,彼が論じていることだが,犯罪の被害者や犯行者への(これらに向かうよりも)意味づけ(meaning)を強調する分析法は理論と効果的な介入とを結びつけようとする重要な要素である。Matthewsのこのアプローチは「[伝統的]犯罪学では優勢な実証主義と経験主義」(Matthews, 2009, p.344)の形態とはまったく対照的な立場に立とうとするものであった。

DekeseredyとSchwartz(2010)は左翼リアリズムの重要性とそれが再発見された事実についてのMatthewsの評価に同意している。この二人は彼を,失業,無意味な労働と社会的排除を含む後期近代の主要な構造的変化を観点に入れて,犯罪と刑罰とを説明する一貫した批判的リアリズム的理論を書き上げようとしていると賞賛している。しかしこの二人は彼を,それまでの左翼リアリズムの者たちによってなされたのと同じ誤謬——ジェンダー無視——を犯していると批判している。DekeseredyとSchwartz(2010)によれば,「事実,『ジェンダー』という言葉は一度だけ,彼の論文の本文中に出てくるだけで,『フェミニズム』と『家父長制』(patriciacy)という言葉はどこにも見当たらない。このためフェミニストの観点からは,彼の模様替えしたリアリズム的犯罪学は実際は変わりばえしないものである」(p.161)。

この限界に立ち向かうために,DekeseredyとSchwartzはジェンダーを前面に押し出した新左翼リアリズム的下位文化理論を提示している。彼らの主要な論点はシカゴ大学経済学者Milton Friedmanが擁護したような放任的経済政策が北米の「絶対的な不平等」(Massey, 2007, DekeseredyとSchwartz, 2010, p.163からの引用)を次第に強めて,労働者への比較的「新しい攻撃」の原因となっている。格別に権利剥奪的と確認されている経済政策の一つによって,「環境労働安全法の弱体ぶりに目をつけた」(p.163)企業が発展途上国へと移動している。その結果,北米労働市場の大部分において男性労働者が彼らの男らしさに対する自信を失わせるような問題が次々に起こっている。このことが「他人と協力して,暴力的手段によって男らしさを強め,表現し,確証する下位文化を創り上げる」危険性を高めている。この下位文化では,女性に対する暴力,男性どうしの暴力が「男らしさを補償する」一つの方法として展開するのである。Dekeseredy と Schwartz, 2010, pp.163, 164; Dekeseredy と Schwartz, Fagen, & Hall, 2006 をも参照のこと)。DekeseredyとSchwartzは彼らの主張を支持すべく,オハイオ州の田舎や北米の他の地域での彼らの調査に言及している。

要約すると,左翼リアリズム理論には亜型があって,DekeseredyとSchwartzやMathewsの理論はその最も新しいものの二つである。他の左翼リアリストたちはMerton主義的,下位文化論的,そしてマルクス主義的理論を合体させている。さらに別の理論ではフェミニズム,男性仲間支援理論(male peer support theory)とマルクス主義を統合したものとなっている。また別の者たちは被害者,加害者,地域社会,そして国家との関係を同時に重視している(Dekeseredy, Alvi, & Schwartz, 2006)。

さらに最近では，Gibbs（2009）が左翼リアリズムの観点からテロリズムを考察している。

Ⅶ　ニュー・ヨーロピアン・クリミノロジー

1. 貢献と文脈

歴史的には，北米や英国の英語圏の国を超えた種々の学派の思想や学者が本書で論じている犯罪学の発展に影響を与えた。不幸にして，今日においてはこのことが頻繁には認められない。この結果，地上の他の国々が犯罪学に寄与することがまったくない，あってもあまり重要でないものばかりであったという誤った印象がはびこっている。これは真実ではない。

英語圏以外の国々の貢献を多少なりとも認めない誤りの理由の一つは犯罪学への初期の貢献者たちが異なる言語，背景，学問に分散していたことにある。例えばLombroso, Ferri, そしてGarofaloはイタリア人で，Gabriel TardeとDurkheimはフランス人であった。またBongerはドイツ人であった。学問的修養の仕方も異なっていた。Lombrosoは医師で，一方Tardeは哲学と心理学に関心を抱いていた地方の司法官であった。この結果文献的領域においてまとまりに欠け，犯罪学として確定されるような展開に至りにくかった。

犯罪学に対するさらに最近の欧州の貢献者たちが米国で無視されてきた他の理由は，伝統的に犯罪学は「刑事法の補助的学問」であったからである（van Swaaningen, 1999, p.6）。残念なことだが，このために犯罪学は国家による社会統制のための便利な道具として使われる傾向が強かった。第二次世界大戦中のナチ法の隆盛と施行によって，犯罪学は倫理的危機に陥り，これは戦後まで克服されることはなかった。このため犯罪学では科学的方法論の厳密さを有した一つの学問としての発展の遅れが生じた。米国と英国での大陸からの亡命者と犯罪学的関心の芽生えは大戦後の犯罪学ブームを生み出した。第二次世界大戦の国家主義の残骸は消え去り，偉大な一つに結合された欧州に向けて強い国際的努力がなされた。これは「国境線が次第に崩れ，国民性が確実に混合される」（Ruggiero, South, & Talor, 1998, p.1）一つの欧州になるべきものであった。1960年代には，欧州調和の努力を支える経済面では失業率が2%を切り，この夢の実現が現実のものと思えるようになった。1990年代後半と21世紀初頭には，変化が起きた。いくつかの欧州諸国では失業率が12%以上に高まった。この変化はニュー・ヨーロピアン・クリミノロジーの発展に大きな衝撃を与えることになる次の二つの強力な展開を反映するものであった。

第一に，失業とこれに関連する社会問題とは経済市場における一つの大きなシフトの産物であった。1980年代までは欧州で強く主張されていた国家による地域社会福祉支援が企業の利益により強く関わった自由市場経済へと移行した。「市場の力」へのこの変化は国家主義の消滅が期待されていた調和的欧州の建設努力が後退したことを物語っていた。この間隙を埋めたのがほとんど拘束されることがない競争と消費主義のすさまじい享楽ぶりという選択の自由を強調する自由主義の一型であった。他者に対する義務と責任感は古くさくて，市場の自由への障害物と見なされた（Ruggiero et al., 1998, p.4）。

第二に，自由市場経済への移行に伴って，東欧やアフリカの一部から政治的不安定と経済的困窮から逃亡してきた大量の移民が欧州調和に対するもう一つ別の脅威となっている。労働者の供給過剰状態での利潤競争が，数多くの予測可能な問題をもたらした。労働条件が厳しくなった。住居，教育，そして医療の分野での競

争が激化した。いくつかの地域では無職のその国出身の市民たちが，移民たちを負傷させ，時には殺害に至ることも起きた。幾人かの評論家によれば，2005年のフランスの暴動は移民の若者の失業に端を発していた。そこでの26歳以下の無職の人びとの「常勤職を見つけるまでの期間は他の多くの欧州国では3～5年であったのが」(Gow, 2006)，8～11年であった。一部の評者によれば，労働条件と福祉的支給の厳しさが増したのは北米（保護的な「北米自由貿易協定」を有している）やアジアとの市場競争に直面しているだけに必然であった。

2．アボリショニズム

部分的には一つの欧州統合へ向けた大きな夢が崩壊したことに連動した犯罪問題の結果として，また一部は「逸脱と社会統制の研究欧州グループ」(the European Group for the Study of Deviance and Social Control) によって1973年に開始された持続的努力として，1990年代後半に「ニュー・ヨーロピアン・クリミノロジー」(Ruggiero et al., 1998) が生まれた。大まかに言って，その目的の一つは欧州における犯罪学的な交流と比較を継続することで，これは市場主義的自由主義の進展よりも体験の共有化を重視する欧州的公共領域の拡大に寄与しようとするものであった。第二の目的は「欧州における〈犯罪学的〉趨勢と関心についての理解向上に役立つような」(p.10) 欧州犯罪学共同体の発展を図ることであった。

その後間もなく，2000年に「欧州犯罪学会」(European Society of Criminology) (ESC) が創設され，その一年後には第一回総会がLausanneで開催された。2004年にはESCは「欧州犯罪学雑誌」(European Journal of Criminology) の創刊号を発刊した。現在欧州犯罪学は活気に満ち，多様性に富んでいる。この活気と多様性を示す一例が「アボリショニズム」(abolitionism) に見いだされる。アボリショニズムの具体的定義はない (Brushett, 2020)。相当程度このアプローチ方法は欧州犯罪学の一例であって，この擁護者たちはイングランド，スウェーデン，デンマーク，オランダ，ノルウェーを基盤としている。最近までこれは限られた賛同者しかいなかった米国においては無視されていた。ニュー・クリミノロジー／左翼リアリズムと同じように，アボリショニズムの起源は社会的文脈の変化から生じたのだが，この力点の置かれ方が異なっている。ある評者によれば，近代アボリショニズム的観点は批判犯罪学によって影響され，1960年代に一部の北欧諸国において誕生した (Tierney, 1969, p.132)。とはいえ，その主要な流れを形成しているものの一つは本章の最初の方で言及した奴隷制度廃止運動にその起源を有している (van Swaaninngen, 1997, p.132)。生まれて40年経たこの時点で，アボリショニズムは二つに分かれている。すなわち，全体的なものと限定的なものとの二型である。

全体的アボリショニズム (general abolitionism) の中心的見解では，刑罰は，苦痛を科することが犯罪を防止するという誤った論理に基づいている社会統制の一型であるので，それは決して正当化されないものである。さらに，この型のアボリショニズムの主張では，刑事司法制度全体が一つの社会問題であって，これは廃止され，代わりの紛争処理に置き換えられるべきものである (Brushett, 2010)。これらの概念に反映されていることは，伝統的拘禁刑が個人と地域社会にとって破壊的であるというだけでなく，司法はその被害者と加害者のすべての者に対する社会的，経済的関心を基盤に置くべきであるという (Knopp.1991)。この点でとりわけ一致しているのが，8章で論じたように，和解，仲裁，

紛争解決を強調する調停的犯罪学である。

限定的アボリショニズムが扱うのは刑事司法制度の特定の側面の廃止である（Brushett, 2010）。ここで主張されていることには、刑務所は暴力の一形態であって、「暴力と退廃の社会的風潮」を反映したものであり、再犯を防止してはいないので、廃棄されるべきである（Thomas & Bohehlefeld, 1991, p.242）。刑務所の主要な目的の一つが社会の生産活動の最も低い人びとを統制することであると、そこでは主張されている。この学派の人びとの考えでは、刑務所は「回復」（redress）ないし「修復的司法」（restoractive justice）を強調する民主的な地域社会による統制と地域社会を基盤とした処遇によって置き換えられるなり、少なくとも中心的なものから外されるべきである。

一方刑務所の廃止はいかなる主要産業国においても達成されたことがないが、「「英国刑務所代置急進派」（Britain's Radical Altanatives to Prison）（RAP）、「ノルウェー刑罰改革連合」（Norwegian Association for Penal Reform（KROM）、「オランダ刑罰改革連合」（KRIM）、「スウェーデン刑罰改革連合」のような刑罰廃止を強力に支持するいくつかの主要な団体がある（Brushett, 2010. p.2）。

3. アボリショニズムの帰結

批判犯罪学の他の改革派と同じく、アボリショニズムは夢想的であるとか、厳密さに欠けるとか、刑罰反対の理論的基盤が脆弱であるとか批判されてきた（Thomas & Boehlefeld, 1991）。あるいはHudson（1998）の言葉を借りれば、廃止は「戦略なき夢想」である（Brushett, 2010. p.2からの引用）。とくに危険な掠奪的犯罪者（predatory criminals）を処遇するための実践的プランを有していない。明確な財政基盤を伴う精緻化された研究計画をも有していない。それにもかかわらず、アボリショニズムは重要な貢献を果たしてきた。例えば通常の刑罰の限界についてのChristie（1981）の雄弁な批判や産業としての犯罪統制に関する彼の洞察溢れた分析（1993, 1997, 2001）——これは三版を重ねた——がある。米国ではAngela Davis（2003, 2005）が刑務所と拷問廃止に賛成し、人種主義批判を行った。それでも「アボリショニズムは主としてアナロジーや比喩的表現によっていまなお構成されている」（Brushett, 2010, p.2）。アボリショニズムはしかし有力な批判犯罪学的視点の一つである。

批判主義的理論家の声は、犯罪原因を説明する際に犯罪学者や政治家が当然と考えがちな前提を問題視し続けている点で非常に価値がある。彼らの貢献は犯罪への応答を問題にする際にも価値あるものである。ここで特記すべきことは、犯罪に対するフェミニズム的関連から広く認められ、非常に尊重されている貢献である（第10章を参照のこと）。同じように重要なのが、「ニュー・クリミノロジー」と呼ばれていたもの、左翼リアリズムや欧州を基盤とするアボリショニズムからの貢献である。

4. 重要な別の声——Jock Young——

過去40年間で、米国以外の最も影響力のある犯罪学的主張を確定しようとすることは無謀なことではあろうが、それでも我々は海外からの貢献の豊富さを考慮し、評価すべきである。ニュー・クリミノロジー、左翼リアリズム、そして比較的最近では文化犯罪学（cultural criminology）の誕生とその後の持続的発展とはJock Youngの著作によって大きく影響を受けてきた。彼が今日まで世界における主要な犯罪学理論家の一人であり続けてきたことだけはほとんど疑いようもない。1998年に米国犯罪学会は、米国人以外の学者に贈られる米国で

最も栄誉のある賞である「傑出した国際的研究に対するSellin-Glueck賞」を，彼に贈呈した。2003年に米国犯罪学会批判犯罪学部会は彼に「生涯業績賞」(Lifetime Achievement Award) を贈呈した。イングランドのミドルセックス大学の犯罪学センターの元社会学教授でそこの所長でもあったYoungは現在ではジョン・ヘイ刑事司法単科大学の社会学特別栄誉教授 (Distinguished Professor) で英国ケント大学社会学の客員教授でもある。

　犯罪学理論に対するRichard Quinneyの多彩に展開された貢献を彷彿させるのだが，Youngはロンドン大学社会科学部で社会学の学士，修士，博士号を取得しており，彼の初期の経歴で最も知られているのが，『ニュー・クリミノロジー』の共著者としてである。他の多くの彼の著作も同じように影響力を持っている。彼の『薬物犯罪者』(Drugtakers) (Young, 1971) は薬物対策と薬物行動の古典的研究となっているし，『排除型社会』(Exclusive Society) (1999) と彼の『後期近代の眩暈』(The Vertigo of Later Modernity) (2007) とは現代社会の社会的排除に対する厳しい批判と考えられている。2003年頃にはYoungは左翼現実的犯罪学のみならず，文化犯罪学にも貢献を果たしていた (Hayward & Young, 2004, 2005；Young, 2003;Young & Brotherton, 2005)。後者の展開については次節において言及しよう。彼の知的旅——ニュー・クリミノロジー，左翼リアリズム，そして文化犯罪学——の中心的で持続的な主題は資本主義によって片隅に追いやられている集団であった。この焦点の当て方が最初に認められるのは1975年の〈Taylorらとの共著『批判犯罪学』の〉「労働者階級犯罪学」(Working-Class Criminology) の高度に緻密な彼の分担章であり，このことはそれ以降絶えず認められてきている。

Ⅷ　文化犯罪学

　文化犯罪学は米国と英国とにおいて，国境を越えた重大な影響力を持つ著作によって1990年代中頃から展開されてきた一つの観点である。これは，犯罪と犯罪統制とは文化の領域を離れては理解不能であるという主張を基盤とした理論的な一つの方向である。犯罪学は日常の犯罪パターンの構造的な促進因子のような問題に伝統的に焦点を当ててきたが，犯罪とはその実は本性的に文化的なものである。この観点に従えば，犯罪は集団と人間との象徴的相互作用から構成されており，「彼らの意味づけと知覚に生じる葛藤によって形成される」(Ferrell, 2010, p.249)。2005年に米国の犯罪学者Jeff Ferrell (2005) が述べていることによれば，文化犯罪学は「Cohen (1971, 1980), Hebdige (1979), その他の英国の文化理論家たちの草分け的業績」(p.358) を基盤に形成された。彼らの相互の影響はほとんど前例を見ないものである。こうして1960年代には当時の若い英国の犯罪学者の一部がHoward Becker (1963), John Kitsuse (1964), Edwin Lemert (1951, 1972), そしてDavid Matza (1964, 1969) などの幾人かの米国犯罪学者／社会学者から大きな影響を受け，さらには「Peter BergerとThomas Luckmanの著作のような社会構築論的業績によって補完された」(Hayward & Young, 2004, p.261)。1970年代後半には，同じ若い英国犯罪学者の多くが「ニュー・クリミノロジー」を発展させたが，これは緊密な文化共同研究活動が現在では廃止された「Birmingham　現代文化研究センター」において成熟した時でもあった (Hayward & Young, 2004, p.261：Webster, 2004)。Katz (1988), Manning (1998), Young (1999), そしてFerrell, Hayward, Morrison, そ

して Presdee（2004a）の業績は大西洋の両岸，英米の文化犯罪学に影響を及ぼした。

1. 後期近代とグローバル化——文脈の変化——

Young（2003）によれば，経済的，文化的グローバリゼーションの衝撃は第一〈産業先進国〉世界に，そして世界中に憤激と緊張とをもたらした。グローバリゼーションは政治，経済的には，とくに短期間では有益ではあっても，「相対的剥奪感と同一性危機の双方」を悪化させている（Young, 2003, p.389）。Young が理論化していることには，これらの条件が合わさって，ニュー・クリミノロジーや左翼リアリズムによって主張されたように，合理的，手段的である代わりに違反的，表出的な攻撃的行動となって結実する不公正と屈辱感が生み出される。

この主張の中心にあるのは，伝統的社会と近代的社会に認められる社会に埋め込まれているもの（例えば仕事の安定性，結婚，地域社会）と関係する文化，行動の境界とカテゴリーが，後期近代の現在では，不透明となり，混乱している，という点である。労働市場の操縦に必要な新しい「可動性」が仕事の安定性を「雇いやすくて解雇しやすい」（"easy hire and fire"）ものに代えてしまった。例えばデンマークでは労働力の3分の1が毎年職を変え，高年齢者が比較的長く働いている（Gow, 2006；Peters, 2006）。Merton（1938, 1957），Felson（1998），そして Garland（2001）は「一方では機会の，他方では統制の欠落の概念」に依拠しながら犯罪を説明しているが，文化犯罪学が強調しているのはこれとは正反対のことである（Young, 2003, pp.390-391）。それが焦点を当てているのは，「犯罪の官能的快感，際どい仕事——意図的な危険な行為，禁制破りと恐怖と快楽のシーソー感覚——に伴うアドレナリンの噴出」である（Young, 2003, p.391）。

文化犯罪学においては，犯罪者，政治家，刑事司法組織，メディア，大衆文化にとっての日常生活における犯罪と犯罪性の意味づけに異論が立てられ，異議が出されている。この観点によれば，犯罪は，これを統制なり防止する者たち，あるいは研究する人びと，メディアで報告しようとしたり，犯罪に関与する者たちとでは，同じ意味づけを有してはいない。犯罪の意味づけはむしろ複雑な諸過程の結果なのであって，それは，「これらの過程を通して，不法な下位文化，マス・メディア，政府機関，刑事司法専門家などが犯罪と犯罪性の意味づけをめぐって競い合っている」過程なのである（Ferrell, 2005, p.358）。

文化犯罪学的観点において中心となっている重要な理論的意義の一つは，犯罪の意味づけは明らかに社会的に構築されたものであって，単なる，合理的に選択された法侵害の結果ではないという点である。社会的統制の衝突なり力動において展開する犯罪と不法な下位文化の状況依存的意味づけは文化犯罪学にとって重大な関心事である。この点を理解するために，文化犯罪学は犯罪や犯罪統制のイメージ，スタイルや表象が実際にどのようにして現れるのかを探究している。一方で，犯罪と犯罪統制に関する政治的論争は——メディアを通して現れてくるのだが——一方では犯罪者を卑しめると同時に，大衆に対して荒廃と脅威の躍動的な範例と象徴を示すものにしばしばなっている。しかし犯罪者と犯罪的下位文化とは〈犯罪の〉この同じ行動に対して〈の意味づけは〉，「慣習化された格好良さ，動機付けを飾る言葉，様式的に洗練された自己表現などを巡って意味づけを選択する」可能性が高いように思われる（Ferrell, 2005, p.359）。この一つの結果は，道徳請負人が犯罪と犯罪者について道徳パニック・キャンペーンを展開すると，メディアの手に握られて

いる犯罪が政治化してしまうことである。事実，Ferrellによれば，現代社会の明確な特徴の一つは「メディアのループと螺旋（media loops and spirals）」モデルを構成するメディア，犯罪，刑事司法が絶えず相互に作用を及ぼしあっていることである（Ferrell, Hayward, & Young, 2008）。この〈新しい〉モデルの鍵となる点は，犯罪とこの後に起こる犯罪に対するメディアの作用ないしメディアの〈犯人の〉犯罪性に関する報道の正確さを検討するという伝統的モデルは時代遅れとなっているという考えである。必要なのは，「犯罪とそのメディアを介したイメージとの間にある違いがしばしば失われてしまうほどに，メディア像とメディア技術にあまりにも充満されている一つの世界を説明することのできる」一つのモデルである。「この世界では犯罪とメディアとは輪を形成していて，犯罪と［その］イメージは円環的に相互作用をし，**当事者と一般大衆**にとっての犯罪の現実を共に構成する」（Ferrell, 2010, p.251, 強調は原著者による）。この理論を支える観察となるメディアのループと螺旋の例は，日常的取り締まりに影響を与える監視カメラ付きのパトロールカー，人気番組「科学捜査最前線」スタイルのテレビ番組，金銭のために録画され，WEBに投稿される10代の女の子どうしの演出された乱闘劇のような暴力，遊びや意味づけ，利欲のための「アングラ的抗争」と呼ばれているものにおいて確認される（Ferrell et al., 2008；Brent & Kraska, 2010を参照のこと）。犯罪と，警察のような刑事司法機関，そしてメディアはフィードバックの輪を構成している（Ferrell et al., 2008）。

文化犯罪学はまた伝統的犯罪学によってしばしば採用される方法を批判し，代わりの方法を提示している。調査研究およびこの統計的分析は文化犯罪学者に言わせると，犯罪の意味づけ，表象や情動のような解釈的次元の理解には不適切である。伝統的犯罪学の方法では犯罪者の行動は，死んだ魂の抜けた試料をあらかじめ定められたカテゴリーに従って集計し，分析することには適している。文化犯罪学の方法は怒りのような，驚きと曖昧なものの人間の力動，伝統的犯罪学やメディアではしばしば無視されるこのような諸因子を重視する。「文化犯罪学者はその代わりに民族学的感覚によって洗練された種々の方法へと向かう」（Ferrell, 2010, p.252）。

犯罪者（そして彼らを浪漫小説風に仕立て上げる者たちと）が小説的な無法者やアウトサイダー的自己像を創り上げる一方で，政治家たちは犯罪の空想的にすぎない解決策を売り込み，〈選挙目当ての大衆的人気という〉政治的資本を蓄財している。Ferrell（2005）によれば，「結局，文化犯罪学者が強調しているのは，犯罪と犯罪統制とは次第に大衆の祝祭，メディアが演じるサーカスの見世物，互いを映し出している大広間の鏡のようなものになりつつある」（p.359）。文化犯罪学者のMike Presdeeの言葉を借りれば，「日常生活に忍び寄る見世物的犯罪情報の氾濫は法の遵守よりも違法を煽り立てている」（Young, 2003, p.391からの引用）。

2. 文化犯罪学の帰結

文化犯罪学に対しても理論的，方法論的批判家たちがいる。その一部はとくに洞察に富んでいる。この犯罪学の中心的概念である文化の使用の仕方への批判はその代表である。（O' Brien, 2005）。要するに文化犯罪学は，分析的というよりも政治的動機に基づいた文化の定義を採用することが託されている。その結果の一つは文化と下位文化の意味についての混乱である。例えばFerrell（1996）の落書き文化の研究では国家や主流派やその追随者たちについて一般論的に触れられている。彼らは退屈で，凡

庸で，一元的であるとイデオロギー的に批判されている一方で，下位文化のメンバーはその緻密な描写において，主流派よりもいくらか精神的に優れ，創造的であると賞賛されている（O'Brien, 2005）。

左翼リアリズムの再生をもくろむYoung（1999, 2003）を含む文化犯罪学全体とFerrellとに対するO'Brienの批判の心底において，O'Brienが指摘しているのが，社会人類学において認められる文化の意味づけに関する理解の欠如とその古典的論争への参戦である（Yar & Penna, 2004）。この結果が「分析の異なった水準に関して文化が表していること」の基本的混乱と「事例ごとの基盤に基づく混乱を扱うべく意図されてなされた無理な定義づけの集積」（O'Brien, 2005, p.600）となっている。換言すれば，もし彼らの民族学的業績が，個人的な犯罪経験と犯罪の時代を超えたパターンとに「影響を与える心理的，経済的，政治的，そして地理学的力」を相互に区別しないなら，文化犯罪学的研究における文化とは一体どこに存在するのであろうか？（O'Brien, 2005, p.605）

HallとWinlow（2004）とHall, Winlow, そしてAncrum（2008）の業績はこれらの問題のいくつかに立ち向かった。彼らがそうしているのは，なかでもJacques Lacan（2006）の修正フロイト的精神医学や，Lasch（1979）の自己愛の業績，Zizek（2002, 2006a, 2006b, 2006c, 2007, 2008）の哲学，精神分析，そして文化批判主義，そしてヒッピー的消費者主義（hip consumerism）と米国政治の深い矛盾と皮肉さに関するFrank（1997）の評論を援用し，一つの理論的関連を創設することによって，である。

文化犯罪学に関するこの考え方を理解するための鍵はHallやWinlowの次のような考察に見いだされる。文化犯罪学は犯罪と社会的混乱の分析に関して大いに期待がもてる一方で，先進資本主義の経済論理にしっかりと根を下ろしたその観点をあまりにも強調しすぎている。彼らは代案として犯罪，とくに暴力を「消費者文化において増大する道具主義の文脈と見せかけの平穏の破綻」と彼らが名付けているものの内部に犯罪を位置づけるというアプローチを提案している（Hall & Winlow, 2004, p.284）。平穏の破綻の用語によって意味することとは，啓蒙時代以降続いてきていて，ここ数十年まえまでは，西側資本主義社会を特徴づけていた社会的連帯を支える集団的な力が現代文化では弱体化しているとHallとWinlowが見なしていることである。現時点での彼らの主張では，超自我や不安と動揺，そして暴力の沈静に関するHobbes的な政府との社会契約という文明による影響は我々の社会の一部ではかなりの程度弱体化してきている。

事実，彼らがRose（1969）に同意していることには，「1980年代後の時代は，『社会の死』と，種々の人類学的歴史を通じて形を変えながらも常に存在してきた相互関係性の破綻とを体験してきた」（Hall et al., 2008, p.6）。伝統的な社会集団的絆は「今なお存在する，バラバラにされた個人間の自分勝手な競争の最も完全で広範囲な形である可能性がきわめて高いもの」によって置き換えられている（p.6）。この結果，野蛮な暴力的行動によって文化的商品を強奪することは極端にまで高まった不安と寄る辺のなさへの有効な一つの回答と事実なっている。しかしHallとWinlow（2004）が強調しているように，欲望と野心とを刺激しているのは商品の物質的側面ではなく，むしろ，Baumanが流通的近代（liquid modernity）と規定したことの意味，〈自己〉同一性に与える商品の力という，商品の社会的象徴の意義である。

詳述すれば，Hallら（2008）の見解では1960年代，1970年代に英国と米国において約

束された平等，機会，自由への期待の高まりは，彼らが述べているようにとりわけ人種・民族関係において幾分進展したとはいえ，次第に萎んできた。1990年代には犯罪の明確な減少も起こり，このことの一部は大量の投獄者の増大によって説明可能である。しかし仮にそうではあってもそれは種々の暴力犯罪に大きな衝撃を与えなかった。こうして，「永続的景気後退と膨張する犯罪市場によって荒廃した多くの困窮した地域では殺人率は全国平均の6倍にも達している」(Hall et al., 2008, p.3)。この逆説を説明するために，HallとWinlowが主張していることには，1980年代の諸変化は経済と労働市場のたんに異なる構造的調整というのではなかった，それらはそうではなくて政治経済と文化における一つのラジカルな変化であって，このことにより生活の未曾有の支配を市場が達成することが可能となった。「犯罪の爆発」の最も鳴り響く時代が起こり，それは1980年代のこのラジカルな「変化を起こした地盤」においてであり，このことが犯罪学理論への新たな挑戦となっている(Hall et al., 2008, p.4)。

この学者たちにとって，文化犯罪学は文化主義へと陥ってしまう危険がある。つまりは，政治的，経済的，歴史的過程と変化する文脈とを無視するという犠牲を払って，文化の説明的力を強調することによって，後期近代ないしポストモダン時代の資本主義における文化と同一性とを説明しようとする一つの還元主義的考えに陥るということである。彼らが説明しようとする犯罪の類型は新しい非文明的生活者(barbarians)なりすべての希望を奪われた者(アネルピス anelpis)によって犯されている。つまり，「賃金面での彼らの値段は世界の労働市場外のところで決定されるので，構造的な意味での『アンダークラス』とさえも言えない人類の歴史的にユニークな一つのセクション」によってなされる犯罪なのである(Hall & Winlow, 2004, p.277)。彼らが生きているのは，先進的消費主義の下で地位の極端な不安と不安定感を住民たちが体験している所で，経済的に見捨てられた，過去の産業社会の古い小地域社会で，永続的景気後退の地域であることが判明している。同じ目に遭っている他の集団とは異なり，これらの集団の一部は希望も，意見も，当局への恐れも，現実的な期待をも抱かない全くのシニシズムとニヒリズムのうちに生きている。彼らは隣に住む新しい非文明的生活者である。

犯罪のメディアに基づいたイメージに関する文化犯罪学の分析は幾分問題性が少ない。この方法によって，いかにして犯罪のイメージが作り上げられ，議論されているのかが実際に明らかになっている。しかし，実証的観点からは犯罪それ自体について文化犯罪学はほとんどなにも語っていないし，例えばとりわけ女性，子ども，老人や資産家のような被害者への犯罪の意味についてそうである。「文化犯罪学は現行の犯罪学の理論や実践を新しい形に変える」，そして「犯罪学のその伝統的な研究領域において静かな革命を進行させている」という文化犯罪学の主張は証拠立てられてはいない(Ferrell, 2005, p.359)。

文化犯罪学の業績の一部は興味深いもので，思想を刺激し，賞賛に値すると言われている。Ferrellらの編集した『解き放たれた文化犯罪学』(2004a)についてのMatthews(2005)の紹介はその典型例である。Matthews(2005)の紹介では，伝統的犯罪学が衒学的で退屈なもの，非政治的で脱文脈化されたものになったために，文化犯罪学は部分的には新鮮なものと思われている。一方，文化犯罪学は，「変化しつつある後期近代的な条件と感受性との一つの産物であり，それらへの一つの応答であり」(p.419)，そこでは犯罪とは何かということの

伝統的で，固定的で閉鎖的なカテゴリーがあまりにも問題をはらみ，維持困難となっている。彼の主張では，社会学，政治学，メディア研究のような他の主題と犯罪との境界が曖昧になっている犯罪学についてもそれと同じことが言える。文化犯罪学によれば，犯罪と犯罪学とは対人関係の形成に関して，また意味の社会的形成との関連においても文化的影響を次第に受けつつある。『解き放たれた文化犯罪学』の執筆者の一つである Maggie O'Neil（2004）の見解では，文化犯罪学の主要な任務は，「受容されている社会的知識に挑戦するために採用可能な範囲の方法と表象を採用しながら，辺縁に押しやられている者の生きた体験に関与すると同時に」，批判的分析を行うことである（Matthews, 2005, p.420）。

文化犯罪学一般と『解き放たれた文化犯罪学』に関する Hallworth の評価は同じ音色を奏でている。Kuhn 的意味でのパラダイムシフトとして文化犯罪学を見るよりも，「これは犯罪学内で彷徨する集団の種々のメンバーが意義のある交流をする会合場所となっている」（Hallsworth, 2006, p.147）。彼らの理論的関心は下位文化理論のミクロ社会学，現象学，そしてポスト構造主義に向けられている。政治的参加と圧制批判とに結びつき，これらに鼓舞されている成果が「理論的に豊かでありながらも政治的にも動機づけられ，発言している混合的運動」である（Hallsworth, 2006, p.147）。この企ての奥底にあるのが，「非行者が彼らの行動と相互作用にもたらす意味を認識するという，違反の現象学的解明」（Hallsworth, 2006, p.147）への努力である。この主張の例が抗争と路上のカーレースについて言及している彼の著書の章において認められる。その他の章では，とくに Brotherton の章（2004, p.263）では，「米国で最も悪名の高い路上の無法集団である「全能のラテンの王と女王国」（Almighty Latin King and Queen Nation）が，貧困に対する国家による戦いに直面して，政治運動集団へと変貌したことを分析するために，文化的，政治経済的理論が採用されている。

人びとが「これらの変化，とりわけより重い罰とより高い安全を彼らが［国家が］要求するようになった変化の発生機序」を研究するために，後期近代の不安定な条件を文化犯罪学は重視している（Hallsworth, 2006, p.148）。文化犯罪学の敵は国家であり，合理的選択理論を擁護する行政的・管理的犯罪学である。しかし Hallsworth が言及しているように，文化犯罪学が現在の「成人」を超えて成長するためには，否定的力としてのみ統制機関を扱う以外のことが必要である。文化と司法行政は同じように努力され，研究されるべきである。さもなければ，文化犯罪学の政治的，知的衝撃は弱体化する。要するに，文化犯罪学は，犯罪学それ自体の体制内学問の特殊な理論であるかどうかは別として，犯罪の慣例的理解の解体を指向している（Ferrell et al., 2008, p.5）。

Ⅸ 有罪者による犯罪学

1．背景——主として米国の貢献——

最初の犯罪者の伝記や自伝と言うわけではないが，Shaw（1930）の古典的研究『巻き上げジャック（jack-roller）』——1920年代に酔っ払いやスラム街の放浪人から強奪していたならず者——はこの分野に何らかの理論的ないし社会組織論的枠組みを最初に与えたものであった。それ以降，犯罪学は犯罪者の主観的体験とこの枠組みを結びつける，いまだ断片的ではあるが，持続的な伝統的学風を築き上げてきた。John Irwin が自分の犯罪体験を公然と自身が学問的世界へ入る手立てとした——賞賛と非難の嵐を

巻き起こしたが——最初の有罪者となるまで，広く知られても，評判を呼んだものではなかった。彼以降には，学問的犯罪学者となった有罪者は数多く現れてきており，その中にはカリフォルニア大学で教鞭を執った Gwynn Nettler や，Santa Barbara などがいる。しかし学者になった有罪者が，現在では「有罪者による犯罪学」（convict criminology）と呼ばれているものを展開し始めるほど十分な数と勢力，流れを形成するのは 1990 年代になってからである。

この犯罪学の指導的米国の二人の筆者によれば，この「観点は六つの相互に関連する運動から生まれ育った」（Richards & Ross, 2001； Ross & Richards, 2003b）。それらは，犯罪学における理論的発展，被害者学と構築論的犯罪学の著作，受刑者の権利運動の挫折，内部者的観点の信頼性，民族学の重要性の増大である。有罪者による犯罪学の要になっているのは次のような事情である。過去 40 年の間にラジカルな，また批判的な観点が犯罪学で発展してきた。しかしこれらの観点はまた「意図が明確な知的産物であっても，いまだ特権的で，刑事司法機関による被害者たちに言及することはごく限られたものであることが多かった」（Ross & Richards, 2003b, p.2）。

正式には 1997 年の始めに，米国犯罪学会総会のある部会で，有罪者による犯罪学は「受刑者の伝記」という長い伝統上の大いに歓迎すべき発展的姿であるとされている（Franklin, 1998）。2003 年頃には有罪者による犯罪学は犯罪学における一つの新しい学派であると自ら宣言するようになった。その基本的見解とは，「現存の文献，政策，そして実践」を批判している有罪者，元有罪者そして啓蒙的学者は「過去の慣例的研究への挑戦を約束する」現実的なパラダイムを創成することを確信していることである（Ross & Richards, 2003b, p.2）。彼らは以下のように主張している。すなわち，彼らの活動は共同的になされる；これには新旧の学者が含まれ，初期の指導者であった John Irwin（1970, 1980, 1985; Irwin & Cressy, 1962）のような元有罪者の犯罪学者や学者と協力するなど，しばしばよき相談相手を得ている；犯罪学者も犯罪を犯し，逸脱し，そして倫理に背く行動をするという事実を認識すること；そして問題の核心へ迫ることにこだわっている。これら後半の諸点は文化犯罪学の中心的主張の一部や犯罪の状況依存的意味づけを文化犯罪学が強調していることとよく類似しているように思われる。

その人道主義的指向性は一種の「基本回帰」（"back to basics"）の犯罪学を包含しており，これは，単に学問的なだけの，あるいは学問——行政・管理志向的であるだけの犯罪学を避けながら，刑事司法の目的を国民の声に耳を傾けて定めようとする犯罪学である。今までのところこの犯罪学は一部のアボリショニズムのような「ラジカルな空想」へと陥ってはいない。むしろこの点では過度に現実的である。学界は一部の元有罪者である犯罪学者を支援しているが，有罪者による犯罪学は，その支援のお返しに，行刑や刑務所調査の基礎になる信頼できる，刑務所職員に関する生の声を届けてくれている。この犯罪学の優れている点は，党派性がない点で，その指導的選集である『有罪者による犯罪学』（Ross & Richards, 2003a）で証明されているように，有罪者ではない者たちの意義のある声にも耳を傾けている。

2.「有罪者による犯罪学新学派」の帰結

元有罪者 Alan Mobley（2003）の次の言葉が最良と思われるので，引用する。「犯罪学は奇妙なビジネスであって，前科のある犯罪学者の居場所がどこか，そこがあるのかどうかも分からない」（p.223）。彼は前科のある犯罪学者に

ついて言及しているのだが，彼の意見は「有罪者による犯罪学新学派」の現状を評価するには重要な意義を有している。有罪者による犯罪学が，その約半数の貢献者が「元有罪者」であることを公言していることは別として，過去45年間に散発的にさえなされてこなかった何か新しいことをしているということは必ずしも明白ではない。

　有罪者による犯罪学の中にこれまで入れられている問題や政策的提言は——かりにこれがあったとしても——，犯罪学や刑事司法にとって目新しいものはほとんどなく，その民族学的方法論の嗜好性——「内部者的観点」(insider's perspective)もまたそうである。最近では確かに古いスタイルの刑務所民族学は勢いがなくなってきているが，それはおそらくは刑務所の秘密厳守と刑務所が危機感を抱いているためである。この「下からの，内部者・外部者的観点」が「幾百万もの男女の有罪者と重罪者の声」を大いに代弁するものであるのかどうか，また主張されるように犯罪学におけるパラダイム・シフトを示すものであるのかどうかを検討する課題が残されている（Richards & ross, 2005, p.235）。しかし犯罪学が，重要な貢献を為すための基礎として，自らの犯罪者体験を採用し，学者となった有罪者の歴史を有しているということは，彼らが真実を知っているとか，拘禁中の扱いが不公平とか，圧力的であったとかという主張をするものではない。

　ここまでのところ，その執筆者たちは主流派の雑誌に著作を掲載してはこなかったが，彼らは数多くの国際的，国内的，そして地方の犯罪学と刑事司法の会議に参加してきており，本（多くは編著であるが）を公刊してきた。もしも有罪者による犯罪学が主に依拠している文献がこれまでのところ伝統的実証主義的ないし科学的言語よりも比喩的・情緒的言語であるならば——文化犯罪学と共通の力点であるのだが（Ferrell, et al., 2004aを参照のこと）——，それが作りだそうとしているメッセージや政策の変更が成功しているのかどうかを検討する課題も残っている。現在のところその成果は奇妙な混合体となっている。

　Richardsの1998年の著作（pp.122-144）はこの実例となるが，しかし必ずしも代表的なものというわけではない。『共同体的刑罰に対する批判的でラジカルな観点——暗黒からの教訓』——と表題があるが，「教訓」と「暗黒」の意味は直接言及されてはいない。これらの言葉の意味は暗示されているだけである。感動と，ある意味での真理とが一体となってはいるが，大胆な考察は教示的というよりも挑発的であるとの非難を受けかねないものである。例えば，米国の有罪者の劣化を「大半の人びとは理解できないし，知りたいとも思わない」というRichard（1998）の主張は，これを支持する文献の引用もないもので，これは「刑務所は人を駄目にするために建造された」という彼の主張が，殺人者で，ラジカルで粋で有名なJack Henry Abbottの著書『野獣のはらわた——刑務所からの手紙』に，同じ文章があるのに，この参照を省いているのと同様である。民族学的方法論は，「現実の人びとの生活に深く入り込み，これを明白に」してきたので，この方法論は特別の価値があるという議論もまた挑発的なものである。深く入り込み，明白にしてきた，（「非現実的」人びととは逆の？）現実の人びとというのは十分な説明もないままに提示されている。このような広い一般化は，他にも挙げると「有罪者は法や社会的道徳になんら関心を示さない」といったことと同じく明確さに欠け，広範囲に受け入れられ，支持されることの大きな障害となっている（Richards, 1998, p.138）。この文脈で言えば，有罪者の観点からの「前科

237

者物語」は興味深いことではあるが，それでもこれは，学術的な実証的犯罪学というよりも，Edward Bunker の著作（2000；彼の『ある重罪犯罪者の教育』を参照のこと）のような前科者による小説・手記や一部のジャーナリズムとなんら変わるところがないという危険を孕んでいる。

この弱点の危険性が現在の——そして将来の——有罪者による犯罪学のすべてないし大半において認められるかどうかはここでは答えようもない問題である。きわめて明白なことは，この犯罪学的アプローチは，Mobley（2003, p.223）が正しくも，奇妙なビジネス，と呼び，これに対し，我々は，政治的論争を呼び起こすもので，微妙な，と付け加えておいたこのビジネス〈犯罪学〉における批判的立場を遂行しようと闘っているのである。「局外者」には有効ではないが，一般化可能な知，あるいはこの学問における小さな，島状のパラダイムとなるような知を提供可能な批判的思考の真に新しい方法と有罪者による犯罪学がなるのかどうかが，確定されるべき課題として残っている。

このような留意すべきことはあるにせよ，その最初の十年間に有罪者による犯罪学は，犯罪学とメディアにおける確実な存在感のように思えるものを作り出してきた，と言える。米国犯罪学会第 61 回総会において，有罪者による犯罪学は，「刑務所・産業界複合体内部からの声」，「教室における刑事司法的虚構の種々の採用」，「刑罰と矯正の諸政策」，「前科者，学生，大学」，「柵を乗り越え，自由な世界への再加入」，そして「最後の有罪者，犯罪歴，再入」のような種々の話題に関する六つのテーマ部会を開催した（米国犯罪学会，2009, pp.70, 84, 146, 207, 280, 310）。同じ年に二人の前科ある犯罪学者，Ross と Richards（2009）は前科者の社会復帰に関する自助活動についての本を出版したが，これは「全国公共ラジオ局」（National Public Radio）（"Behind Bars' Amid Bad Times", 2009）で放送され，メディアの関心を集めた。この学派に属する者の出身国はオーストラリア，カナダ，フィンランド，ニュージーランド，スエーデン，英国そして米国に及んでいる。

X 結 論

批判犯罪学は主流派犯罪学や社会の権力構造の埒外に位置している。第 8, 9 章で言及したように，このアプローチにおける多彩な理論は批判犯罪学の名称の方がふさわしいとの結論を下してもよいように思われる。これらの多様な観点を貫く中心的テーマは，公式の正当で支配的な現実は考慮されるべきでないということにある。これらは利己心，不平等，そして非人間性をしばしば隠蔽してしまう。これらを明るみに出すことによって，既存の現実は必然的なものではなく，社会的，政治的に構築されていることを理解することが可能となる。端的に言えば，犯罪学が理解され，言及されるさまざまな方法を考えることが可能となった。きわめて異なった一つの社会を考えることが可能となったのである。

第10章
犯罪学のジェンダー化
——フェミニスト理論

Freda Adler
1933-
ペンシルバニア大学
リベラル・フェミニスト理論の著者

　20年前に共同でなされた犯罪学理論についての本書初刊と今度の刊行の間に，犯罪学理論は大きな変化を遂げたが，それは我々がこの章で展望するものほど劇的でも意義深いものでもない。我々が1989年〈の本書初版で〉扱ったフェミニストの視点は，非常に限定されており，ただ2度だけ，フェニズムの語を用いただけであった。フェミニストの視点は，Adler（1975），Simon（1975），Smart（1976）の初期の著作を超えて発展し始めていた。1995年に出された第2版では，背景や理論上の発展を反映させて，我々は，女性と犯罪について大きな刷新を行った。実に，フェミニスト理論は，「新しい批判的理論」という新しく設けた章の最初の半分に入れられ，このプランは第3版では，もっと拡大して継続された。それ以来，フェミニスト犯罪学における多くの重大な出来事がおきたが，とくに大きな事は，米国犯罪学会の「女性と犯罪部門」が，そのメンバーの多さと共に20回目の記念日を祝ったことである。しかしながら，2007年から2010年の始めにおよそ25％，そのメンバーが減少した。これがなぜ起こったかは明らかでないが，女性と犯罪についての理論と研究への関心は尽きないという考えを我々は持っている。加筆，拡大された本章は，これらの継続した発展を反映し，犯罪と犯罪学に関する現在の我々の理解が種々のジェンダー化された視点から明らかになる重大な背景と理論の進展について探求する。

　ジェンダーと犯罪についての理論の進展についての探査の旅程は長く，ある程度遠い過去にまで遡る。これらの業績は，加害者としての女性に焦点を置くことに特徴があったが——他の研究者たちはこれを無視していた——，しかし彼らには，例え性差別論者ではなくても，限界があり，犯罪の原因を女性性や生物学や病理学に求めてそれを行っていた。犯罪学における大きな変化は，1960年代と1970年代の女性運動の第2波の中頃で，女性が自由になり，平等を得ると犯罪の質と量は，男性のものと等しくなると論じ，犯罪を性役割に結びつける理論が起こってきたことによって生じた。犯罪の一般的理論と同様，女性犯罪の理論も政治的左派へ，つまりは「批判的」方向へと動いた。事実，現

時点でも，——Daly（2010）によると——犯罪学におけるフェミニストの視点と文化犯罪学を含む批判理論との間には多くの類似性と重なりがある。

最も重要なのは，女性によるそして女性に向けられた犯罪は，家父長制に内在する性の不平等によってかたどられているという認識が増大していることである。発展過程において，研究者たちはジェンダーは社会における不平等の一形式であることに気付いた。そのため，彼らは次のように議論する。女性の犯罪性の完全な理解のためには，ジェンダーがどのように人種や階級と交差しているかを調べる理論的・経験的な調査が必要であると。探求のもう一つの方向は，男性の犯罪性もまた基本的にはジェンダーの産物であるということを示唆した——犯罪は，男らしさまたは「ジェンダーらしさ」の表示の一形式なのである。比較的最近になって，フェミニスト論の学者たちは犯罪学的実践の中にジェンダーを組み入れる種々の方法を進展させ，こうして犯罪研究を「ジェンダー化した」。フェミニスト理論の本章での旅はポストモダン主義についての考察，より具体的にはジェンダーを政策的課題とするフェミニスト思想の役割を考察して終えることになる。

I　背　景

犯罪学理論における現在のフェミニストの視点を調べる前に，我々はまずフェミニズムの根幹は古い風習の中にあるということを認識しなければならない。さかのぼればフェミニズムはローマ帝国に由来しており，そこでは何人かの女性が解放を勝ち取っている。ローマで人気のあった女性Corneliaは，貴族に対する平民の解放運動をリードした（Boulding, 1992, p.8）。彼女の二人の息子の死をもたらした社会的騒乱の後でも，Corneliaは平等を求める声を上げ続け，彼女のアドバイスを求めて実務家が訪ねてくるような国際的な存在となった。彼女のためにローマ人によって建てられた一つのモニュメントが，彼女に寄せられた尊敬の念を表している。Bouldingによれば，Senecaと彼女の母のHelviaは，共に子どもたちに性の平等を教え女性解放の推進者となった（Boulding, 1992）。彼女等の行動が女性たちの従属性を終わらせるという大変革を確立することにはならなかったが，永い年月を通して解放の火が消されることはなかった。

米国におけるフェミニストの視点の最初の波の始まりは19世紀中頃で，女性の権利に関する集会が1848年にニューヨークのセネカフォールズで催された（Daly & Chesney-Lind, 1988, p.497）。この集会での声明では，「人類の歴史は男性から女性へと繰り返される侮辱と強奪の歴史であり，女性に対する暴虐の極みを有するものである」とされた（Miles, 1989, p.221）。

この決議およびフェミニストの視点の最初の波は，それ自体別の解放運動，すなわち奴隷解放と共に起きた。事実，Milesは1989年に「女性の権利への闘争を焚き付けた大義名分は，最も重要なことであるが，同時に米国南部の奴隷制度に対する闘いのそれでもあった」と論じた（p.242）。このことと男女同権闘争は合衆国を超えてヨーロッパのいくつかの国に及んだ。しかし奴隷廃止論者が「男女同権のビジョンを米国の同志の女性たちに伝えた」のは1840年代のイングランドの世界奴隷反対会議からであった（p.237）。これは1848年のセナカフォールズの集会への大きな原動力であった。奴隷反対と女性運動とは19世紀半ばにおける解放運動上重要であるとしても，社会闘争はこれら二つに尽きるものではなかった。

19世紀半ばの早い時期に歴史上最も意味深

く劇的な変革の一つと言われる出来事——産業革命——が起こったことはよく知られている。18世紀半ばにイギリスで始まった産業革命は，19世紀半ばには資本主義の台頭と相まって伝統的な家庭と村の経済を工場生産へと大きく変えた。この一つの結果は，以前には大切で必要なこととされていた配偶者，その子どもそしてその周辺の親族の間の「家族」の連帯感が破壊に近い状態になったことである。19世紀半ばのパリからの書物，『共産党宣言』の中であの理想家MarxとEngels（1848/1992）は次のように論じた。

　資本家階級は，人を「生まれながらの人格者」にしたさまざまな封建時代的結びつきを非情にも引き裂き，……人と人との間にむき出しの私欲と冷淡な「現金」以外には何も残さなかった。資本家階級は，……最も妙なる信仰の喜び，騎士道の感激，ペリシテ人的な感情を，自己中心的打算という氷水の中に投げ入れた。資本家階級は，個人の人格的価値を交換価値に変え，無数の確固として認められた自由の代わりにあのたった一つの不当な自由——自由貿易——を起こした。要するに，宗教的かつ政治的幻想によって覆われた搾取の代わりに，むき出しで恥知らずの直接的な冷酷な搾取をすることとしたのである……。（資本家階級は，）家族関係を単なる金銭関係に変えた。（pp.20-21）

我々が，犯罪学におけるフェミニストの視点を今調べる以前には，人間的闘いと搾取という幅広い背景がある。

II　フェミニストの先駆けとテーマ

　つい最近まで，女性の犯罪は永い間ずっと無視されてきた。しかし，19世紀の終わりから20世紀初頭にかけて，とくに女性と犯罪に関する著述をする小さなグループがあった。異なった分析的アプローチがあったものの，初期の著述を通じて，女性の性格と彼女等が犯した罪について多くの共通の仮説があった（Klein, 1973）。これらの仮説は，罪を，女性の個々人の生理学上あるいは心理学上の特性の結果であると見ていた。また，これらの特性は女性に普遍的なものであり，歴史という時間枠を超えたものであると考えられていた。中心となる考えもまた，女性の生来の性質というものが存在する，という仮説であった（Klein, 1973）。

　現存する社会構造の中にある条件についての視点というより，むしろ個人の特性の結果としての犯罪という視点が，罪を犯す女性とそうでない女性の間の違いを決めることに向けての理論的，調査的関心を呼び起こした。一つの結論は，女性に二つの区分を作ることであった——すなわち，犯罪常習性のない良い女性たちと犯罪常習性のある悪い女性たちの区分である（Klein, 1973）。この区分を深めていくと別の重要な次の仮説につながった。つまり罪は個人の選択によって起こる。そのため，女性は，罪を犯すか犯さないかを，世の中の社会的，経済的，政治的な影響を全く受けないで自由に選択する，と概念づけられた。

1. CESARE LOMBROSO

　よく「近代犯罪学の父」（第2章参照）と呼ばれるCesare Lombrosoは，人類進化の全体的パターンをたどることに大きな興味を持った。彼の考えによれば，進化は諸集団間の不規則な発達の原因となっている。例えば，白人は白人でない人間に比べより進歩し，男性は女性に比べより進歩し，大人は子どもに比べより進歩している，ということであった。20世紀初め，Lombroso（1903/1920）は『女性犯罪者』（The

Female Offender）を出版し，その中で彼は，女性の犯罪性を，結果として適切に道徳的に洗練された女性へと育っていかなかった女性の内在的な性向，と評している。彼は，彼の考えを，女性の犯罪者は生物学的な先祖返りであるのではないか，という生理学的な根拠で強化した。それには頭蓋と顔の特徴，ほくろ，身長，黒髪，皮膚の色が含まれていた。短い黒髪でほくろがあり，男っぽい頭蓋と顔を持った女性は罪を犯しやすいとされた。

Lombroso は，しかし，女性はまた生理学的な固定性，精神的受動性，道徳観念がなく冷たく打算的な傾向によって特徴づけられると考えることにより，さらに進んだ。女性犯罪者たちは，事実，女らしいというよりもっと男らしかった。彼女たちは「男性のように考え」，「善良な女性」のように考えることはできなかった。女性犯罪者たちは，また，いくつかの点で男性より「より強い」と考えられた。Lombroso は，女性の犯罪者は男性より容易に精神的また肉体的苦痛に順応することができる，と観た。一つの例として，彼は，女性の犯罪者は刑務所の暮らしによく順応し，刑務所の暮らしが彼女たちに全く影響を与えない，と論じた。Lombroso にとって，女性の犯罪者は異常者だった。

2. W. I. THOMAS

Lombroso により提起された女性の犯罪の生理学的説明についての修正論が W. I. Thomas の著作に現れた。バージニアの片田舎に生まれ，テネシー大学を卒業した Thomas は，シカゴ大学（彼は 1886 年にここで初めて社会学を教えた）で「両性の新陳代謝における差異について」（On a Difference in the Metabolism of the Sexes）という社会学の博士論文を書いた。彼は，性的行動と社会に関する 2 冊の有力な本——『性と社会』（Sex and Society）（Thomas, 1907）と『不適応少女』（The Unadjusted Girl）（Thomas, 1923）——を書いた。これらの出版の間の 16 年間を隔て，これらの本の論調の変化は，女性の行動についての考察を「生理学的，精神的そして社会構造上の要因を取り込んだ」より精緻な理論へと導いた（Klein, p.11）。

『性と社会』の中で Thomas（1907）は，男性と女性は根本的に異なっている，という年代物の二分法を提起することから始めた。Thomas にとって，女性は植物のようにエネルギーを貯めるのに，男性はエネルギーとそこから出てくるものを消耗するものであり，女性は男性に比べ，より静かで保守的であった。Thomas によれば，この違いは，とくに「文明」社会において，女性の組成の相対的衰退をもたらした。しかし Thomas は，なぜ女性の才能が衰退したのか，についてはあいまいだった。ある所で，彼は，衰退を女性の側の優れた運動的順応性の不足のせいにした。別の所で，彼は，衰退は女性の性的自由の無さで説明できるとした。彼は，一夫一婦制の進展の下で，女性は，その行動を妻であることと母であることに限られ，男性に支配される所有物として扱われる，という事実に順応しなければならなかった，と主張した。

女性の低い地位についてのこのような議論をはっきりさせることは，本来生理学における視点であった。例えば，男性は女性よりもっと性的なエネルギーを持っていた。このことは，男性に性的理由で女性を追うことを許し，その代りに，女性に性を家庭生活と交換することを許した（Klein, 1973）。本質的に，一夫一婦制と貞節は，男性の基本的衝動に対する調節の一形態となった。

『不適応少女』の中で，Thomas（1923）は，彼の女性の犯罪性に関する意見を二つの方向で変えた。最初に，彼は，女性の非行は，一定の「女

性の本性についての前提条件」が認められた一定の状況の下では正常である、と論じた（Klein, 1973, p.14）。遺憾ながら，彼は仮定されたこれらの本性を明らかにしなかった。

しかし，二番目に，あるいはそれ以上に重要なことは，Thomas が，犯罪者の処罰から更生と予防へと視点を変えたことであった。この点は，罪を犯しやすい人は予防策として監禁するか断種すべきである，と主張する Lombroso の生物学的見解からの急進的な離脱を示すものだった（Klein, 1973）。それに続く一つの重要な意味合いは，社会に役立つようにすることができない人はいない，という Thomas の主張であった（Thomas, 1923）。彼としては，人は，例えスラムの家庭あるいはその近傍で貧しく過ごしてきたとしても，反社会的態度を抑えることができる者であった。この方策の鍵は，自分というものの明確な立場を人に教える点にあった。Thomas は，例えば，伝統的な性の役割に不満を抱いている女性を，罪を犯すことから守る方法は，彼女等の考えを変えるように仕向けることだ，と主張した。言い換えれば，彼女等は，まず自分たちの立場を受け入れられるように定義しなおすことによって，その立場に順応すればよかった。このことは，彼の説明によると，中産階級の女性が殆んど罪を犯さない重要な理由の一つであったし，彼女等はその立場を受け入れるように仕向けられ，貞節を投下資本として大切にしてきた（Klein, 1973）。一方において，下層階級の女性は，安心のために彼女らの必要性を抑えるようには仕向けられてこなかったし，その代りに刺激と新しい体験への欲求から迂闊にも罪を犯した（Klein, 1973）。非行少女の性的行動は，ほかの願望を実現するための手段として使われていると Thomas は主張した。

Thomas が生物学的決定論から離れて更生に注目するようになったにもかかわらず，それでも彼は女性の罪を説明するのに，良い女性と悪い女性，という不朽の二分法を信頼していた。悪い女性は自分の願望実現のために男性を利用し，良い女性は将来と不確実さに対する保護手段として性を使った。女性の犯罪を説明しようと試みた他の人びとと相違せず，Thomas もまた，心理的特質を重視して経済的要因の重要性を軽視した。

3. SIGMUND FREUD

同じような説が Sigmund Freud の著作に見られる。彼にとって，女性の地位は，女性の本質についての明確な生物学的仮説に基づいていた。本質的に，Freud にとって「肉体構造は宿命」であり，女性の肉体構造は男性のそれに劣ると信じていたので，女性が母であり妻であることを含め，社会的に低い地位にあることに宿命づけられるのは適切であった（Klein, 1973, p.16）。明確な肉体的特質は男性と女性の性器である，と Freud は考察した。Freud によると，女性の性器の劣等性は一般的に認められていた。例えば，幼少時代，男児も女児もこの違いに気づいており，少女はやがて，罰としてペニスを失ったということを当然だと思うようになった。Freud によると，重要な結果として，少女はペニスに妬みを持ち復讐心に燃えるようになり，少年は彼女たちの妬みと復讐を恐れるようになった。

Freud によると，女性の肉体上の劣等性に基づく男性と女性との更なる違いは，女性が劣等感を感じて自己顕示的になり，自己陶酔的になり，着飾るようになることによって，それを償おうとするという事実であった（Klein, 1973）。Freud によると，このような人とのかかわり方が，女性が正義感を殆ど持たず，社会に広い関心を持たず，そして文明の構築に重要な貢献を

243

殆どしていないのはなぜか，ということを説明するのに役立った。女性は，彼女たちの個人的ニーズを昇華することができないので些細な事柄に関心を寄せた。他方，男性は，文明の構築者として，世間のさまざまな事柄とうまく付き合っていくためには，個人的な衝動，とくに性欲動，は抑えなければならないということを認識していた。さもないと，永遠の価値は完成もしなかったし創造もされなかっただろう。ゆえに，男性は理性的であり，女性は非理性的であった。

この枠組みにおいては，「逸脱した女は**男**であろうとした者である」(Klein, 1973, p.17, 強調は原著者による)。例えば，女性の攻撃性と造反はペニスへの熱望の表現であり，「治療」されなければ，最後には「神経症」になるだけだっただろう。従って，フロイト流の女性の扱い方は，彼女等を性の役割に専念することに馴染むように仕向けることであった。これまで見てきたように，重要な点は，社会を変えるのではなく，男性によって定められた社会に適合するよう，女性を変えていくことにあった。正常であるためには，女性は男女平等を犠牲にして，妻として母としての栄誉ある義務に順応し適応しなければならなかった。Klein (1973) が見たように，Freud の理論の明白な意味合いは，「上流と中流階級の女性のみが，保護された愛人として生活を楽しむことができる」(p.18)という階級的先入観である。貧しい女性や第三世界の女性は，それほど幸せでない。

もう一つの重要な意味合いは，フロイト主義が上品な女性の態度と性についてのイデオロギーを科学的枠組みに変えることに力強い影響力を持った，ということである。そういうものとして，フロイト主義は，女性の性の抑圧，忍耐と核家族における「女性の地位」を維持するのに，何十年もの間使われてきた。よく物議をかもし度々信用されない理論家であったが，彼の研究は今なお新しい人気を持っている (Adler, 2006, pp.43-49；Kalb, 2006, pp.50-51)。彼の初期の遺産は，Pollak を含め多くの学者の著作に影響を与えた。

4. OTTO POLLAK

Otto Pollak と言えば，男性との対比における女性の犯罪の分野で第二次世界大戦後に最も影響力のある学者の一人であったが，犯罪への女性の関与は男性の関与に比して一般の眼からは殆ど「隠されて」いるとした (Klein, 1973, p.21；Pollak, 1950)。Pollak は，女性は生理的理由で本質的に人を誤らせやすい，という着想に基づいた理論を進めた。男性は女性と違って，性行為を行うには勃起させなければならないので，感情を抑えたり，性交失敗を否認したりすることはできない，と Pollak は推論した。他方，女性は身体的特性によりセックスに熱中する気持ちを多少なりとも隠蔽することが可能であった。だから女性は生まれつき人を誤らせやすいのだ，と Pollak は言った。女性が，メイドとして，看護婦として，教師として，そして主婦として家庭内での機会があるとき，この，人を誤らせやすい性質から，気づかれない罪を犯すことになった (Klein, 1973)。

Pollak によれば，女性はまた，とくに生理の時期は執念深い。この時期に女性は，女性の「肉体構造は宿命」であり，男性でありたいという願望は叶えられない，ということを繰り返し認めることとなった。例えば，誣告は，女性の性質から出たものであり欺瞞であるがゆえに典型的な女性の罪であった。万引きもまた盗癖という心の病からくる女性特有の犯罪であった。

Pollak が女性の隠れた犯罪を説明するために進めた究極の要因は，司法制度における騎士道的精神であった。彼の主張は，男性と女性の犯

罪の割合に大きな食い違いはないのに，女性は，犯罪の割合を隠したまま法によって〈男性とは〉違った扱いをされる，ということだった（Klein, 1973；Pollak, 1950）。彼は，女性の犯罪者は往々にして貧しいか，女性の妥当な役割についての愛国主義的，階級主義的，人種差別主義的定義からはみ出した者である，と考えることをしなかった。

不幸にも，Pollak は多くの初期の理論家のように，いくつかの事例において，女性犯罪は経済的必要性によって説明できる，とは気づかなかった。その代り，心理学上，生理学上の性的動機あるいは精神疾患が，しばしば女性の経済犯罪を説明することとなった。この論理が攻撃を受けたのは最近の数十年のみであった。

III 新しい疑問の出現
——女性の登場——

1961 年，犯罪学者の Walter C. Reckless は，どのような犯罪論でも，それが女性にあてはまるかどうか犯罪学者が思案するならば，受け入れられるかどうか疑問である，とした（Reckless, 1961）。しかしその後 10 年近くなって，Bernard（1969）と Heidensohn（1968）は，「犯罪一般理論から女性が省略されていること」に注目し，「犯罪学が男性中心の眠りから目覚める契機を作った」（Daly & Chesney-Lind, 1988, p.507）。実際に，後になってからだが，犯罪学理論に組み入れることができる概念用語としての女性の発見は，「とても文学的であり革新的だ」と言われた（Young, 1992b, p.289）。

犯罪学におけるフェミニストの考え方の発展のこの段階で，二つの点が重要であった。第一点は，Reckless によって究明されたが，男性および少年の犯罪を説明するために男性によって生まれた一般犯罪理論が，女性および少女に適用または普遍化できるかどうか不確実なものだ，ということであった。第二点は社会構造とリスクの範疇にかかわるものだった。ここでの問題は，階層，人種，年齢構造が男性にとって犯罪学理論の中核であると考えられるのか，またジェンダーにとってはどうなのか，ということだった。この点は，女性の犯罪は男性より少ないのはなぜか，というジェンダーに基礎を置く疑問に到達した。

しかし，初期のフェミニストの犯罪学の著作では，常にはこれらの問題に焦点をあてなかった。その代り，Gelsthorpe（1988）が犯罪学者の女性「健忘症」と呼んだものに集中した。続いて出てきたのは，女性の犯罪と司法制度の説明の中で見られる，理知的で制度上の性差別主義に関する無数の評論であった（Daly & Chesney-Lind, 1988）。いくつかのフェミニストの著作は，女性が伝統的な犯罪学の文献の中でいかに描かれあるいは誤り伝えられたか，に焦点をあてた。この研究，本質的に女性の犯罪者（Campbell, 1981；Smart, 1976 参照）について「蓄えられた知識」に関する評論は，男性によって展開され，「男性に関しては妥当性のある犯罪性理論は女性犯罪説明の妥当性を制約する」，ということを論証するのに計りしれない影響力を持った（Gelsthorpe, 1988, p.88）。このような研究の実例は当時数多くあったし，すぐれた犯罪学のテキストに容易に見つけられた。

何世代にもわたる米国の犯罪学者の世代のなかで，多くの犯罪学者が犯罪と司法の研究へと"のめりこんで"いった入口となった〈「不思議な国」への〉兎の穴（rabbit hole）としてSutherland と Cressey の『犯罪学』(1970) に勝るものはなかった。それまで米国で出版されていた多くの犯罪学の入門書で，この本ほど版を重ねたものはなかった（Lilly & Jeffrey, 1979）。しかし，1992 年に出版された第 11 版

でさえ，犯罪についてのフェミニストの視点それ自体の検討は含まれていなかった。最近の調査が，いくつかの犯罪で男性と女性の比率が狭まっていることを示している，ということを認めるものの，この関係は，「女性が伝統的に受けてきた幾分騎士道的な扱い」に変化が生じ，法の執行面で調整が行われた結果，として部分的に説明された（Sutherland, Cressey, & Luckenbill, 1992, p.162）。

女性の犯罪についてのこのタイプの説明は，おそらく幾分経験主義的な根拠を持つものの，広くより重大な短所を示した。すなわち，Sutherlandと他の初期の犯罪学者は，女性と少女の世界を殆んどあるいは全く理解していなかったのである。従って，女性の犯罪と逸脱についての歴史的な説明が，度々社会的あるいは経済的影響よりも生物学的影響に焦点を合わせていたことは驚くことではない（Daly & Chesney-Lind, 1988；Heidensohn, 1985；Morris, 1987）。また，青少年および刑事司法制度の少女の非行に対する反応についての調査によって，司法制度は少年の性行動より少女特有の性行動により関心を示したことを見いだした，ということも驚くことではない（Chesney-Lind, 1973）。事実，少年の性行動に関する青少年司法制度は殆んどなかった。これは，「19世紀に出現した，社会秩序のなかの女性の地位についての一連の考え方，すなわち男性は公的分野に，女性は私的分野にという考え方」を反映した性差別論を連想させた（Daly & Chesney-Lind, 1988, p.509）。ここでは，男性は賃金労働者，政治家，警官になり，女性は世帯と家族生活の貞節な保護者と位置付けられた。

フェミニズムの最初の波は，米国では，女性に参政権を与えた米国憲法修正第19条の批准と共に，1920年に終わった。第二波のフェミニズムは，家庭的あるいは個人的な分野を「女性を抑圧するもの」と批判し，「公的分野において男性との平等を達成しようとした」（Daly & Chesney-Lind, 1988, p.509）。このイデオロギーの変化は，犯罪学のフェミニスト的批判論を惹起し，フェミニストによって唱えられた平等についての問題を提起する役割を果たした。

Ⅳ 第二の波
——女性解放から家父長制へ——

1. 女性解放と犯罪

1960年代の終わり頃から1970年代初めに，女性問題の復興の始まり，すなわち女性運動の第二波として知られる進展が見られた。それは，一部，男性との社会的，政治的，経済的平等についての問題から出たのであるが，国の検討課題に，とくに女性と犯罪をどのように検討するかということに，重大なインパクトを与えた（Freidan, 1963参照）。この進展の前に，犯罪学者は，女性は男性よりはるかに少なくまた異なる犯罪にしか関与していない，と度々報告していた。増え続ける女性の賃金労働への参入に続いて，女性の犯罪についての新しい解釈が進展した。

1970年代の中頃，論争の的になる二冊の本——Adlerの『犯罪における女性たち』（Sisters in Crime）（1975）とSimonの『女性と犯罪』（Women and Crime）（1975）——は，1960年代および1970年代初期の女性の検挙の趨勢の分析に基づいた女性の犯罪性についての考えを明らかにした。二冊の本はいくらか違った結論にいたったが，両者は主として，「女性の解放は，単に，公的分野において男性との法的，社会的平等を達成することに存する，という未だ検証されていない仮説の自然の成り行き」であった（Daly & Chesney-Lind, 1988, p.510）。Adler（1975）は，市場での女性の制約の解除は，男

性と同じように貪欲で、暴力的で、犯罪に陥りやすくなる好機となった、と論じた。Simon (1975) は、証拠を挙げて、女性の財産犯での検挙の割合が増えている（暴力犯では増えていないと彼女は気づいた）のは、罪を犯すような仕事場にいる機会が増えているからだろう、と結論づけた。Simon はまた、女性の解放は、法執行と裁判所が男性と女性を同じ扱いをすることにもっと関心を持つよう、鼓舞したのではなかろうかと考えた。

どちらの本も批判的な注目を集め、数名の学者は、Adler と Simon 両者によって提起された論点の多くに異議を唱えた。例えば、Steffensmeier (1978, 1980) は、調査結果は、女性はより男性的な暴力犯罪をしている、という見解と矛盾することを見いだした。彼は、女性の検挙率は事実増加しているが、男性と女性の犯罪の割合の隔たりはなくなっていない、と報じた。むしろ、女性の検挙率は歴史的に男性の検挙率よりずっと低いので、女性の検挙率の絶対値のわずかな増加でも、相対的にはパーセンテージの大きな増加に見えるのだとした。しかし、Steffensmeier (1980) は、窃盗罪、それは女性がいつも多くかかわるタイプの犯罪だが、この領域では女性の率に増加がある、ということを見いだした。

Steffensmeier (1981) は、また、職業構造の変化が女性のホワイト・カラー犯罪の増加をもたらしている、という主張に異議を唱えた。彼は、Simon が、女性による窃盗、詐欺、文書偽造、横領を伝統的なホワイト・カラー犯罪ないし職業上の犯罪に分類するのは間違いだ、と論じた。Steffensmeier は、女性は資産詐欺ないし大金の横領には関与していない、と論じた。その代り、女性は、万引きと不渡り小切手でよく検挙された。Steffensmeier にとっては、これらの犯罪は、Simon の言うホワイト・カラー犯罪のイメージには合わなかった。全体的に見れば、Steffensmeier と Cobb (1981) は、女性の検挙率の増加は、買物をするとか家庭の勘定を払うという女性の日常活動にマッチしており、職業上の地位とは関係がない、と断じた。

このことは重要な疑問を惹起した。もし増加する職業上の機会が増加する女性の犯罪につながったのでないとすれば、何がそうさせたのか？ Steffensmeier によって二つのことが示唆された。第一に、セルフサービスの店のゆえに、女性がちょっとした窃盗や詐欺をする機会がこれまでよりずっと多くなった。このタイプの店と共に、女性がクレジットをより利用し易くなり、万引き、不渡り小切手使用、クレジットカード詐欺といった犯罪の新しい機会が次々と提供された。これらの新しい機会は、また、女性犯罪者の検挙率を改善する警備と探知機器の増加とに関係した。第二に、Steffensmeier と Cobb (1981) は、女性犯罪者に対する法執行と裁判所の考えが変わってきており、積極的に女性を検挙し起訴しようとすることを示すデータを出した。

しかし Steffensmeier と彼の同僚には批判する者がいないわけではなかった。Giordano, Kerbel と Dudley (1981) は、女性の役割は、Steffensmeier が調べた比較的短い期間に計測できたものより、もっと徐々に変化しているに違いない、と論じた。Giordano およびその他の者は、1890年から1976年までの警察の記録を分析し、女性の犯罪のパターンは20世紀への移行期のものと大きく違う、ということを見いだした。20世紀初期においては、20世紀後期における女性の検挙の理由と著しい対照をなして、女性の検挙の高いパーセンテージは売春によるものだった。

批判者たちが言うようにここに重大な問題があった。それは、女性の犯罪についての早い時

期の研究によって女性運動と結びつけられている諸傾向が現に起こっていたかの検証が不十分だということである（Daly & Chesney-Lind, 1988）。Adler が言うように，低所得の女性が公的分野において男性との平等を現に求めたのだろうか？　Simon が主張するように，財産に関する犯罪での女性の検挙は，機会によるものだったのだろうか？　あるいは，検挙データを読解することが，リベラルなフェミニストの性別についての見方，すなわち「女性の階層と人種の差を無視し，ジェンダーを，男らしさあるいは女らしさの持主か，それとも男と女の役割の違いかと定義する」という見方によって妨げられたのではないか（p.511）？　Adler（1975）と Simon（1975）両者は，社会構造が男性に女性の労働と性行為をコントロールすることを許した家父長制における力関係の影響を無視した。男性との比較における女性の公的分野での平等と機会に焦点をあてることにより，これらの学者は，支配的な社会構造のより重要な特徴の一つ——すなわち家父長制——を考慮することができなかった。

2. 家父長制と犯罪

「解放論」（emancipation thesis）は，女性の犯罪に注目を集めるのに大きな価値があったが，これまでは女性の犯罪性のみの洞察をもたらした。Adler と Simon による先駆的な仕事に続いて，フェミニスト犯罪学者（feminist criminplogists）の次の世代は，注目の視点を解放から家父長制（patriarchy）へと換えた。Akers が 1994 年に認めたように，その時のフェミニスト理論における主要テーマは，「家父長制社会における男性優位の普及とそれが女性によるそして女性に対する犯罪へ与える影響」であった（p.175）。この理論転換は，初期に女性解放に焦点をあてたことからの離脱であったものの，葛藤理論や，マルキスト理論のように権力に焦点をあてた犯罪学理論からの全面的離脱ではなかった。違いは，どんな「**タイプ**の権力が中心に置かれているのか」（p.175, 強調は原著者による），にあった。例えば，犯罪についてのマルキストの理論は，支配階級の力に焦点をあて，葛藤理論は，さまざまな力のあるグループと力のないグループとの間の争いに焦点をあてた。この時のフェミニスト理論の多くにとって，焦点は，女性に対する男性の力であった。

この説は，女性が男性のせいで経験した犯罪のいくつかと同じように，女性の犯した犯罪の性質を我々がよく理解することへのフェミニストの貢献とうまく合致した。男性と女性の間の力の違いについての説は，——議論はあったが——女性を売春や小規模な詐欺のような「無力な」犯罪へ導いた（Messerschmidt, 1986）。これらの犯罪は，女性が支配されているため，殆んど経済的報酬をもたらさない。こうして，女性の犯罪の一部は，社会における性的階層化の一つの兆候であり，階層化を存続させるものとなっている（Cloward & Pivan, 1979 参照）。

レイプ，デートレイプや夫婦間のレイプを含むほかの型の性的虐待，そして家庭内暴力は，家父長制の優位性によってすべて説明された。もう一度言うが，男性のこれらの犯罪は，——それはまた女性を被害者とするものであるが——男性の力を女性に行使する能力を表した。不幸なことに，家父長制が女性の犯罪を説明するという考えは，殆んどといってもいいほど検証されなかった。ここでの大きな問題は，家父長制は独立した変数として量るのが困難である，ということであり，そのため，その説明的な力価はさまざまな状況で計られることになる。これがなしとげられるまでは，家父長制の理論の評価の進展は遅いだろう。幸いにも，犯罪に対するフェミニストの考えの進展によ

り，社会の家父長制の構造に対してのみならず，ジェンダーは単なる生物学上の性というよりむしろ社会を構成するものという考えに対しても注目が集まった。振り返ってみると，この理論転換はフェミニストの考えの大きな進展だった，ということは明らかだ。

V フェミニストの考え方の変化

1. 初期のフェミニストの視点

犯罪についてのフェミニストの考え方，それは「初期の」ものと「現代の」ものに分類することができるが，それを構成する理論化と調査には現在ではいくつかの要素がある。リベラルフェミニズムは，驚くことではないが，18世紀と19世紀の自由と平等の考えにその基礎を置く（Jaggar & Rothenberg, 1984）。それは，ジェンダーの社会化を犯罪の原因であると主張する。男性の優位と女性の従属は，男性，女性夫々が，社交的，文化的に振る舞うことをどのように教えられたか，ということの反映である。この見方によれば，犯罪の公的データは，例えば，男性は女性に比べより攻撃的な罪を犯す，ということを示している。主張されているように，夫々のジェンダーが，役割期待に一致して犯罪を犯している。このことは，性差と人種そして年齢とが複雑に交錯する点を考慮に入れた，もっと後の研究によってより完全に展開された（次項：現代のフェミニストの視点参照）。

マルクス主義的フェミニストは，階級とジェンダーによる労働の分化が男性と女性の社会的地位の決定に結びついている，という考えを信奉する。しかし，労働のジェンダー区分は，男性に支配される労働の階級区分の結果としてとらえられる。従って，女性の男性による支配は，性差別の表れではない。女性の犯罪的虐待や女性が犯す犯罪は，資本主義下の生産様式に起因する。この見方からは，女性の家庭や市場での労働は資本家に利益をもたらす。

ラジカル・フェミニズムは，これに比べ，犯罪を，男性は生まれつき積極的で支配的であるという生物学的事実の一部と見る。だから，犯罪は，唯一ではないが，支配するという男性のニーズの一表現である。このニーズの他の表現には，性的隷属，帝国主義，レイプ，女性を母であることに押し込めること等がある。レイプは，Brownmiller（1975）によると，すべての女性を恐怖状態に置いておくというすべての男性の企てにすぎない（Lilly, 2003, 2004, 2007；Lilly & Marshall, 2000）。

ラジカル・フェミニズムは，マルクス主義的フェミニズムと全く類似点がないわけではないが，女性は男性により，まず出産と育児に源を発し「生活のすべてのエリアに拡げられている」性区分に従わせられる，と論じる（Jaggar, 1983, p.249）。さまざまな機関——国，職場，家庭を含めて——は，男性優位のこの型を反映し強める，と言われている。女性の文化と自己概念もまた男性優位を反映し，女性の盲従的な地位をもたらしている。

社会主義フェミニズムは独特である。というのは，家父長制と，男性を犯罪へ，女性を従属へと導く資本主義の間のさまざまな関係を調べることによって，マルキストとラジカル・フェミニズムを融合しようと試みているからである。この考えの重大な声明の中で，Messerschmidt（1986）は，犯罪は資本主義の労働者搾取によって起こる，と主張した。しかし，男性と女性は生産に関して力の異なった立場にあり，男性はより力強い。このことは，男性には犯罪にかかわる機会をより多く与え，同時に，女性を比較的強く従属的にする。このように，女性は，正当な機会からも，犯罪の機会からも遠ざかっている。女性の

立場と殺人被害者になる危険性に関する最近の調査は、マルキストと社会派フェミニスト（social feminist）の議論に有利に働いている。Vieraitis, Kovandzic と Britto（2008）は、女性の殺人発生率と、女性の立場とジェンダーの不平等のさまざまな度合いとの間の関係を調べた。この研究では、2000 年に人口 10 万以上の都市での資料が用いられた。この結果では、女性はより高い社会経済的立場にあるほど致命的暴力から守られている、という考えを支持できることが見いだされた。

犯罪についての他のフェミニストの見方のいくつかと違って、社会派フェミニズムは、人間の行動は「社会以前に与えられたもの」によるよりも、社会的な力によって形成される、と論じる（Jaggar, 1983, p.304）。むしろ、人間の行動は社会的に構築され変更されるということが、犯罪に対するごく最近の複雑なジェンダーの説明の中心的テーマとなっている。

2．現代のフェミニストの視点

上述の初期的見方のいずれもが、それぞれの補足的な見方を進展させ、あるいは代わりの理論構成へと変形させる必要があった、という短所を持っている。「伝統的な」、あるいは初期のフェミニストの見方と完全に区別されておらず、分離もされていないとは言え、最近の研究は、ジェンダー——とくに女性——を研究のより中心に導いている。彼女等は、〈以下のように〉犯罪とジェンダーを、そしてそれを人種、階級、年齢とどう絡めるか、理解しようとしている。

Ⅵ　人種，階級とジェンダーの交差

多くの初期の貢献と同様に、初期のフェミニストの視点にとって重要なのは、それらが、共通の限界を共有する傾向にあったということである。すなわち、それらは、暗に女性を分析上では一枚岩のまたは同質の塊として扱っていた。しかしながら、研究者たちは、女性たちは単に「ジェンダー役割」を持ち、単純な家父長制の不公平の構造の中に存在しているのではないことを理解し始めた。それとは異なり、彼女らの構造的な位置に付随した経験は、異なっており、潜在的に入り組んでいるように見られた。結果として、ジェンダーのみに特別に焦点をおくことを超えて、フェミニストの研究者たちは、いかに犯罪が人種，階級とジェンダーの交差によって形作られるかを見いだす理論と調査の重要性について議論し始めた。この点に関して、犯罪学における種々の重要な貢献が考慮に値する。

1991 年の著書における、Sally Simpson の主張では、10 年間、犯罪学の調査は、犯罪への関与とこの継続の重要な指標としてジェンダーに的をしぼってきた。Simpson（1991）によれば、しかし、過去のこの調査が、ジェンダーと犯罪について知るために重要で示唆的だったこと同程度には、男性の犯罪性と女性のそれの対比にあまりにも焦点をあてすぎていた。とりわけ、彼女が論じたのは、「ジェンダーと犯罪についての過去の調査は、暴力的犯罪性は、主として低所得階層の現象であり、とくに若い男性によって行われるという正しくない描写を支持していた」という点であった（p.115）。この図式は、Simpson によれば、ジェンダー，人種，階層間の複雑な相互作用的効果に触れていないので、ただ部分的に正しいものでしかない。

最初に、官庁統計や調査や自己申告法によっては、これらの相互作用的効果を述べることが困難であることについて認めた後に、Simpson は、アフリカ系米国人の女性は、白人の女性より、殺人や加重暴行を行う率が高いことを示した。Simpson（1991）は、あるタイプの人身犯の被害者は、「成人と少年におけるアフリカ系

第 10 章　犯罪学のジェンダー化——フェミニスト理論

米国人の女性の率が，白人の女性に対するそれより白人の男性に対するそれにより類似していること」を見いだした (p.117)。それに付け加えて，少年の中では，アフリカ系米国人の女子は，白人女子より，常に暴力的犯罪により多く含まれていると報じられた。この調査とその他の調査に基づいて，Simpson はジェンダーのみでは犯罪的暴力における差異を説明しえないと結論づけた。

　Simpson は，また，アフリカ系米国人の女性の犯罪性に対する階級とその効果について考察している。階級がしばしば暴力犯罪に関連しているという，よく確立した社会学の自明の理に依拠することによって，Simpson (1991) は，アンダークラスのアフリカ系米国人への周縁化が増強され，このことが犯罪的暴力の高率と比例していることを示した (p.118)。離婚法における変化と女性に対する低い賃金を伴った職業差別，そして単身の母親の貧しい暮らしの増加と結びついて，このことが，アフリカ系米国人の女性と犯罪の間の理解しうる結びつきに，さらに資している。Simpson は，下層階級の最底辺層を記述するために採用された用語であるアンダークラスと暴力についての彼女の議論で，階級，人種と犯罪についてさらなる明白さを提供している。下層階級は女性とアフリカ系米国人が不釣り合いに多く，そのため比較的異質的であるのに対して，アンダークラスは人種的により同質的である。すなわち，それは主としてアフリカ系米国人で，しかもその若者である。「その地理上の地域は，都会の中心部である」(p.119)。

　相対的経済剥奪感 (relative economic deprivation) や全くの貧困によって，あるいは人種と都市化，階級間のある種の相互作用によって引き起こされるにせよ，暴力犯罪の割合は，アンダークラスの地域で最も高い。これらは，不釣り合いにアフリカ系米国人が多い都会の地域である (Simpson, 1991, p.119)。これらの地域における女性が世帯主の家庭が，少年や成人の強盗犯罪の増加に，「黒人にも白人にもだが，黒人の殺人の割合により大きな影響を持つ」ことに関連している (p.119)。さらに，アフリカ系米国人男性労働が周縁に追いやられ，このことがアフリカ系米国人女性と子どもたちに影響を与えている。例えば，アフリカ系米国人男性の周縁化 (marginality) の一つの結果として，アフリカ系米国人女性の家族のネットワークが拡大，変化し，同親族，異親族，そして疑似親族で構成されるようになるとの主張が可能である。これらのネットワークの中の両親や保護者は彼らがその子どもたちに対してなす社会統制に対し厳しい制限を受けるために，アフリカ系米国人の女性はしばしば犯罪への勧誘に影響されやすい。

　アフリカ系米国人の女性にとくに焦点をあてたものではないが，同様の方向への理由づけが，1995 年の Ogle, Maier-Katkin, Bernard の女性たちの殺人行為についての理論に見いだされる。犯罪学の理論における彼らの主要な書物において，これらの著者たちは，女性による殺人のパターンは男性によるそれとは異なることを示す調査結果で出発した。男性と女性の殺人における違いは，まったく際立っている。例えば，殺人は圧倒的に男性の犯罪である。連邦調査統計によると，1998 年において殺人で逮捕された者の 89.4%は男性であった。しかし，殺人はとくに男性犯罪であるのではない。女性たちも時には殺人を犯す。これらのデータが示すように，1998 年に殺人の 10.6%では，女性たちが逮捕されている。

　これらの違いは，女性の殺人行為の異なった理論的説明の必要性を示唆する。それは男性と女性の間の重要な構造的，社会的，そして文化

的性差を認め，体現しているものである。理論化の努力における，Ogleら（1995）による説明は，三つの存在する犯罪行動の理論を再公式化し，男性とは異なって女性が経験する状況的ストレスの強調を含んでいた。例えば，女性たちは伝統的性役割の文脈の中で彼女ら自身をながめ，社会的に保守的でありがちである。女性たちはまた，自分たちが多くの形式，とくにうつ病のかたちであらわれる多くの生活上の圧迫の下におかれているように感じている。このようなそして，考えられている他のジェンダーの差異と共に，Ogleらは，女性たちの殺人行為の社会心理学的理論を構成した。

全般として，Ogleら（1995）は，殺人を行う男性は，状況を支配する必要性からそれを行うと主張する。殺人を行う女性は，他方，彼女らは自分自身へのコントロールを失ったためにそうする。例えば，女性による殺人の80％は，親しい人の殺人であり，とくに長いあいだ虐待関係にあり，……出産前後の時期に起きる（pp.173-175）。女性による殺人は，一般に，家庭内で起き，計画的というより機会的にしばしば起こる。

Ogleら（1995）は，女性たちによる殺人の種々の形態に対して経験的に証明しうる理論を示した。それは，すべての女性たちに緊張を生じさせ，かわるがわる否定的な影響を生み出す構造的，社会的，そして文化的状況に焦点をあてている。標的に向けられた怒りとしてそれを外面化する男性とは異なって，女性は，否定的な影響を罪や苦痛として内面化する傾向がある。女性たちにとっては，このことは，過剰に抑制された人格に似ている状況となり，この結果，概して逸脱や犯罪は低率となる。時には，しかしながら，殺人を含む激しい暴力が起きる。とくに長期の虐待関係にあり，出産前後の環境において，そうである。この理論は，それがとくに女性に特有のジェンダー経験に焦点をあてているために，犯罪に対するフェミニズム的視点に重大な貢献をしている。

Richie（1996）は，あるアフリカ系米国人の女性たちの犯罪について同様の調査を行っている。人種，ジェンダー，階級そしてドメスティック・バイオレンスの交差に焦点を当てることによって，これらの女性たちは，彼女らの社会環境によって，とくに犯罪へと強制されたと，彼女は主張する。彼女の仮説は，彼女らの犯行のパターンは，アフリカ系米国人の女性たちの経済的周縁性と文化的に形成された性的役割と彼女らの人間間の暴力の経験を反映するというものである。

この方向での調査の注目すべき例は，受賞している学者であるJody Millerの『遊ばれること』（Getting Played）（2008）に見いだされる。この研究は，セントルイスのスラムにおけるアフリカ系米国人の女性の若者たちの被害の比較（男女の）と，いかにこの被害が彼女らの毎日の生活に埋め込まれているかの調査をジェンダー化された，生態学に基礎を持つ理論的形式を用いて行った。Millerは有償のインタビューに広く依拠している。それは，セクシャルハラスメントのゆるやかな形式から集団レイプ（"running trains"）にいたる広く生じる被害の生起という個人的事柄についての豊富で貴重な資料を提供した。彼女は，人種，階級，ジェンダーの交錯と——彼女が付け加えた——場所に基礎を置いた調査から，被害者化についての最も興味深い，重要な知見のいくつかを報告した。その知見のいくつかは，我々がすでに知っているもの——例えば，被害者と加害者はしばしば知り合いであること——であるが，他の結果はよりニュアンスに富んだ複雑なものである。

このように，もし事件が，学校やパーティーや，しばしばパーティー後のような公的領域

の状況的文脈で起こったとすると，被害者は，Ruth Peterson（2008）が言う「社会的，公的場所において多くの被害者化は生じるという事実にかかわらず，貧しいアフリカ系米国人少女の実質的孤立化の」(p.x) 例と呼ぶものを被害者は経験する。例えば，干渉しえたのに，証人たちはそれをしなかった。それは「私的なこと」だと，また「彼女はそれを受けるに足る」と思ったとか，自分たちが報復を受けるだろうと考えたがためであった。彼らは，友人や同僚によってだけでなく警察官を含む成人の男性による世評の標的になることを恐れていた（Miller, 2008. pp.552-557）。事実，少女たちは，同年の男の子よりも成人の男性のセクシャルハラスメントに対しての不安をより感じている。

Millerの研究は，被害者化についての被害者や少年たち自身の解釈についても調査している。彼女の研究では，彼らおよび彼女ら自身の声の中に，女の子も男の子も被害者になることを個人の性質の問題と捉え，彼らおよび彼女らが負っている構造的，状況的文脈の結果だと見ていないことが見いだされた。男性は，ジェンダーに基礎を置いた，「彼女がそれを求めていた」，「彼女が欲した」，「彼女の衣装」，「彼女自身が選んだ道」のようなステレオタイプの言葉を用いた。男の子の行動は，「男の子は男の子らしく」のようなステレオタイプの言葉で説明された（Miller, 2008. pp.32-66）。

そのような説明——被害者帰責の一形態——の結果の一つは，被害者化された少女たちは種々の状況的自己防御の方策をとったが，それは実際には彼女たちへの危険を増大させるものであった。衣装の型を変えること，友人たちと歩くこと，夜の外出を避けること，そしてその他の方策は底にある性的被害者化の構造的原因に打撃を与えないで，それらは，——Millerによると——，被害者化と自己価値低落の継続へと導くのである。

Millerの研究は，さらに，貧しい不遇な地域の中でのアフリカ系米国人の少女の被害者化の理解に重大な貢献をしている。それはまた，次のことを示している。女性に対するハラスメントと暴力の力学は，公共のスペースの男性による統治と支配の中に見られるステレオタイプ化されたジェンダー観と不平等とに本質的なものである。他の言葉で言えば，不遇な地域の公共スペースにおける社会組織は高度にジェンダー化されている。Millerの著書の最後の章は，街頭での男らしさ発揮の行為にいかに挑戦するか，そしてジェンダーの分離に橋をかけるかについての政策提言を含んでいる。果たされるなら，それらは，少女たちがそうさせられている構造的要素を大きく減じ——おそらく，除去さえするであろう。

他の研究では，それはまた，セントルイスで収集されたデータに基づいているが，MullinsとMiller（2008）は，女性の暴力的葛藤の時間的，状況的，相互作用的様相を検討している。以前の研究の多くが暴力を生み出す侮蔑的言動の直接的作用に焦点をあてていたのに対して，MullinsとMillerの見いだしたものは異なっている。彼らは，女性の葛藤は，「より広い大きな——そして中間の社会的文脈」に埋められた長い一連の相互作用的連続性によって，生み出されていることを見いだした（p.58）。暴力への関与者は，長い目で眺めるべき状況にある。ときには，お互いに葛藤を避けることを試みたり，より都合のよい時期へとそれを延期したりする。他の語で言えば，MullinsとMiller（2008）は暴力発生は，以前考えられていたより非常に複雑で微細な陰影に富んだものであることを見いだした。

より早期の研究において，Zhang, ChinnとMiller（2007）は，いかに，組織的文脈と市場

の需要が，女性が中国における国際的な人の密出国にかかわるかの程度と性質を形作っているかについて調査した。雪だるま式に増えるサンプリングを用いることによって，彼らは，129人の人の密輸者，そのうち106人は男性，23人は女性，とインタビューすることに成功した。調査は組織的犯罪企業の内輪の論理に焦点を当てたものであったが，その戦略はジェンダー化されていたことを見いだした。Zhangら（2007, p.715）によると，人の密出国は，——募集者は"蛇頭"として知られている男性や女性であるが——他人のための地域社会サービスであり得，そしてしばしばそう見られている。このことが，女性の世話役であるという規範的範囲にとどまりながら不正なビジネスにも加担することを女性に許容している。事実，男性は38％なのに対し，53％の女性が「他の人を助けることが彼女らの動機の一面であった」と述べた（Zhang et al. 2007, p.712）。さらに，偽装結婚が人間の出国に最も安全な方法を代表しているために，女性が男性より計画を立てやすかったといえる。

例えば，書類の操作は，また，ジェンダー化されていた。この活動に専門化された女性の密輸者の割合は21.7％であったが，男性はこの数の半分をわずかに超える11.3％であった。他方，男性は，航海の操作を支配し，その時には腐敗した政府の役人も含まれているビジネスを行った（Zhang et al. 2007, p.715）。この犯罪の研究で検討されたジェンダー化された行動は，より大きな社会環境における不平等のジェンダー・パターンを反映している。

今日，犯罪学における人種，階級とジェンダーの交錯に対する関心は，なお，非常に強い。しかしながら，犯罪のジェンダーに向けられた分析の発展に重大なシフトがあった。2006年までは，MillerとMullins（2006）は，ジェンダーの諸理論が女性と犯罪についての犯罪学的分析における主要な出発点になったと言い得た。そのときの同じ学者たちが，この強調は，より広い犯罪学理論と同様，フェミニスト犯罪学の未来に対する最良の，そして最も有望な方向性をあらわしているという考えを持っていた（Miller & Mullins, 2006, p.218）。この約束の中心は，その時も今も，「性差」を説明し，ジェンダーをより一般化しうるようになることに資する理論の発展への期待である。

この方向における発展は，DalyとChesney-Lind（1988）の何を彼らがフェミニスト理論の真髄と考えるかについての洞察に富んだ仕事から恩恵を受けている。1980年代の終わりころ，これらは，次のものを包括していた。

1. ジェンダーは，自然の事実ではなく，複雑な社会的，歴史的，そして文化的産物である。それは，生物学的性差と出産能力に関係しているが，単にそれのみから生じるものではない。
2. ジェンダーとジェンダー関係（gender relations）は，社会生活と社会制度を根本的に秩序づける。
3. ジェンダー関係と男らしさ（masculinity）と女らしさ（femininity）の形成は，対称的でなく，男性の優越性と女性に対する社会的，政治経済的支配の構造的原理に基づいている。
4. 知識体系は，自然的，社会的世界の男性の観方を反映しており，知識形成はジェンダー化されている。
5. 女性は，知的探求の中心に存在しているべきであり，周辺の目に見えないもの，男性の付属物であってはならない。

総体的に，これらの点は，犯罪学におけるフェ

ミニストの視点を従来の犯罪学または男性流の犯罪学（前章参照）と名付けられているものから区別する鍵になる要素として認識されてきた。Daly (2010) によると，この表——またはそれに類似したもの——は，1970年代の容認されたフェミニストの知恵——性(sex)は「自然」界での生物学的カテゴリーである——に依拠している。ジェンダーは——その時そして今日の多くの理論家にとってそう思われていた——「文化」の世界での社会的カテゴリーである。この考え方は，主要な突破口となった。というのも，それは，関係，相違と同一性を理解するために解放する力として「ジェンダーの出立（gender take off）」を生み出したからであった。しかしながら，"性（sex）"と"ジェンダー（gender）"の概念を用いることは，——その有望な前途と成功にかかわらず——複雑な事柄を二者択一の二元的，二分法的方式に還元してしまう紛れもない一例となっている。

1990年代の初期に，Daly (2010) によると，この便利な知恵は，学者たちが「身体（the body）」を再考し始めるにつれ，「フェミニスト思想の地殻的変動」と共に変化し始めた。新しい考え方は，性とジェンダーの関係に焦点をあてた。そして，それは，一部には，性は，前社会的生物学概念であることより，実際，社会的に漫然と形成されてきたという考えに焦点をあてている。このことは，生殖器のような身体の部分が，「時代と文化を通じて同じではなくて変化しうるものであり」，「言語や文化において特別な社会的意味」を付与されているということを意味する（Daly, 2010, p.231）。このアプローチの一つの意味は，sexとgenderを二元論的に考えることは，新しい概念化に道を開く可能性がある。頭の中では〈区別されて〉存在する二つの詞の相互作用が，実際にはそれらはお互いに区別しえないことを認めることも可能

である。他の言葉でいえば，性とジェンダーは，現実には合体するか，言葉以外ではそれらを分けえなくさせるほどに，共に融合されうるということである。もう一つの意味は，新しい概念が，この観念を捉えるために発展させられることが必要とされたことである。「身体化された主観性」，「物的身体性」(Grosz, 1994, p.22)と「身体化された経験」(Lacey, 1997, p.74)のような諸概念が，犯罪に関するフェミニスト的思考へと統合されうる有用な例である（Daly, 2010, p.231において引用）。

しかしながら，性とジェンダーを合体させて，「性・ジェンダー」(sex/gender) とし言語的に表記するというアイディアは，知的には刺激的であるが，Daly は，「この変更は，犯罪学におけるフェミニスト理論の功績にはわずかな影響しか持たなかった」と考察している（Daly, 2010, p.231）。しかしながら，彼女は，事態は変化するであろうと信じている。その時までは，いかにジェンダーが我々の犯罪の理解を進めるために用いられてきたかに我々は焦点を当てることになる。

VII 男らしさと犯罪
——ジェンダーを行うこと（Doing Gender）——

DalyとChesney-Lind (1988) を含む他のフェミニストの研究者と同様に，James Messerschmidt (1993) は，伝統的犯罪学理論は分析からジェンダーが省れているために，不完全な犯罪の理解しか提供していない，と信じていた。家父長制による説明に共鳴しながらも，彼は，それらもまた，不完全であると主張した。ジェンダーは家父長制の視点においては無視されていないが，ある意味では，男性は無視されていると彼は主張する。男性を次のような単純なカテゴリーに位置づける明白な傾向がある。「女性は

良く，男性は悪く，ぶっきらぼうで，単純である，そして，それが，家父長制と女性に対する暴力に導く本質的悪なのである」(p.43)。しかし，この男性を一面的な固定的な方法で観る傾向は，いかに男らしさが現実に犯罪へと傾くのか，そして，等しく重要なことだが，いかに種々のタイプの男らしさが犯行の異なったタイプに関連しているかの双方を見過ごすことになる。

　Messerschmidt (1993) は，男は，「支配的男らしさ」へと社会化されるという彼の観察に基づいて分析を始めた。この優勢な文化的台本は，次のことを意味する。男は，彼らの男らしさを，「有給労働市場で働くこと，女性の軽視，異性愛主義，そして，あおられ，抑制できない性的関心」を通じて示し，獲得する（p.82）。それは，さらに，「権威，支配，競争的個人主義，独立性，攻撃性，そして暴力に対する能力に向けての練習」を含んでいる（p.82）。彼らの生活，そしていかなる状況においても，男性は，常に彼らの男らしさを，この文化的台本と一致するやり方で，「完成し」，または示さなければならない。彼らは，この目標をスポーツや学校や雇用における成功を通じてのような伝統的な方法で達成しうる。しかし，もしこの目標の達成が妨げられるなら，——もし，男らしさを達成する通常の道が得られないならば——その時，男たちは，彼らの男らしさを示す他の道を見つけなければならない。目標の遮断に焦点をあてることは，緊張理論に類似している。そして，双方の理論にとって，このフラストレーションに対する何らかの適応または回避の方法がとられねばならない。

　Messerschmidt は，犯罪が，目標遮断を経験している男たちが「ジェンダーを行い」，彼らの男らしさを示すために用いる中心的な方法——危険な算段であるが——であるといっている。男らしさの否定に直面すると，男性は，彼らが「勇気をもち」，恐れを知らず，「真の男」であることを他の者に示す方法として，犯罪を用いうる。重要なことに，Messerschmidt は，男らしさが攻撃される程度とこれらの攻撃にたいする対応の仕方は，人種と階層によって異なると主張した。そのように，種々の「男らしさ」——構造的位置に結び付けられている——が生じ，犯罪行動の内容に異なったインパクトを与える。例えば，少年非行に関しては，白人の中流階級の少年たちは，彼らの未来に専門家としての職業が存在することを意識しつつ，男らしさをスポーツや学校での成功を通じて獲得することができる。結果として，彼らは，学校生活の男らしさを否定するような経験にも順応する。しかしながら，一度教室の外に出ると，彼らは彼らの男らしさを暴力的でない犯罪（例えば，バンダリズム）や過剰な飲酒によって示す。白人の労働者階級の少年たちは，あまり学校の中では成功しそうもなく，その代わりに成功者を「同性愛の傾向のある者」ときめつける。そのために，彼らは，学校において悪ふざけや他のいたずらのような逆の行為を示す。教室外では，彼らは，窃盗，格闘や，おそらく憎悪による犯罪（hate crimes）によって，「ジェンダーを行う」。最後に，少数民族の下層階級で労働者階級の少年たちは，学校を彼らの未来の生活に関係のない退屈な，屈辱的なものと見がちである。それに対応して，彼らは，身体的暴力を含みうる反対の行動をとる。教室外では，彼らは街頭に出て，男らしさを集団暴力，強盗や被害者が支配され，侮辱される犯罪を通して表現する。

　Messerschmidt (1993) はまた，彼の〈ジェンダー的〉観点が，一連の女性たちへの身体的暴力を含む一連の成人犯罪をも説明しうることをも示した。彼の考えでは，妻への殴打は，「男性性を確認するための方便」である（p.149）。

彼は，そのような殴打行為は，労働者階級であれ，無職であれ，経済的に不安定な地位にある人びとの間で，よく行われているだろうと推測する。彼の考えでは，これらの男性は，「彼らの男らしさを構成するための伝統的手段を欠いており，その結果として，中産階級の男性より，暴力の使用によって，家庭内の究極の支配に中心を置く一定のタイプの男らしさを獲得しようとする傾向にある」(p.149)。それは，公的領域で男らしさを証明することができないことが，家庭内での男らしさの誇示をますます顕著にせしめるということである。この意味で，殴打行為は，「ジェンダーの達成と家父長的な男らしさの確信を同時に行いうる適切な手段として資する」(p.150)。

今日，我々は，Messerschmidt の1993年の著作は，重要であったと結論を下している。というのも，それは，犯罪の生起に含まれている男性性（maleness）の様相について，さらには，いかに人種と階層とジェンダーの交錯が男性が直面するジェンダーに特有の問題に影を落としているかについて，そして，いかに，男性たちがそれに対応しているかについて，より注意深く考えせしめることになったためである。GrahamとWells (2003)とMullinsら (2004)は，例えば，多くの男性の他の人との人的な争いは，ジェンダー化された評判を形成し維持する必要性に基づいているとする（Miller & Mullins, 2006, p.238）。

ジェンダーの視点におけるさらなる進歩が，経験的検証とこれに続く理論的作業の中に見いだされる。Daly の1998年の『法違反に対するジェンダー化された道筋，ジェンダー化された犯罪，ジェンダー化された生活』——それ自身はフェミニスト犯罪学的考え方を示すに足る力作であるが——についての著作は，Messerschmidt の男らしさに対する視点を超えて，フェミニスト犯罪学における最近のより複雑な進歩に重要な貢献をした（Miller & Mullins, 2006）。我々は，これらの発展を次に示す。

Ⅷ 犯罪学のジェンダー化（Gendering Criminology）

1. 法違反へのジェンダー化された道

1990年代の初期から，フェミニストの研究者たちはライフコース分析（Miller & Mullins, 2006）類似の犯罪を説明するアプローチである「ジェンダー化された道」（gendered pathways）として今では引用されることを試み始めた。何が彼女らを犯罪を抑止するより，犯罪に駆り立てるのかについて知るために，女性たちの経験が地図で著わされた。そこでの調査は，次のことを見いだした。ネグレクトや虐待に対応するために家出をした少女は，しばしば，街頭においてホームレスとなり，失業し，薬物を乱用し，生存のためにセックスをするようになる（Chesney-Lind & Pasko, 2004 ; Gilfs, 1992 ; Miller & Mullins, 2006）。しかしながら，犯行への主要な道として虐待被害者であることを特別に強調することは，人種や経済的不平等，学校での経験，薬物やアルコールの使用を含む性差別の他の要素を極小化または無視することになりうる。

2. ジェンダー化された犯罪

この側面のジェンダーと犯罪についての研究は，Sutherland に遡る犯罪学の研究の方法である「犯行に必要な個人の判断決定や機会と同様，犯罪を生み出す社会的状況」への関心を回復した（Miller & Mullins, 2006, p.232）。この主張は，法違反へのジェンダー化された道筋と密接に関連する。しかしそれは個々の動機や最

初の〈虐待〉被害者化の力を超えて動き，いかに，「女性たちがジェンダーにより層化された環境を航行し，いかに彼女らが彼女らの犯行におけるジェンダー不平等性に順応していくか」を吟味している (Miller & Mullins, 2006, p.232)。ジェンダー化された犯罪分析は，「より正確にジェンダーと犯罪の力動的関係を特定する」(p.236) ために，ジェンダー内部に，またジェンダーにまたがって存在する偶発的付帯事態を見いだそうと試みる。

どのような状況が男性と女性の犯罪に影響するかを探求することによって，この主題についての研究は，有望な比較を可能にする。例えば，ある女性たちの犯罪は，興奮や復讐と同様，経済的な利得，承認，地位の向上の機会に対応してなされるものである。売春宿の主人のために性の仕事を行う売春婦は，薬物組織によって低価格にされた性市場の中での被害者化や傷つきへの抵抗の一形式として，売春相手を「あしらう」一形式である「強奪」(viccing) を行いうる (Maher, 1997)。ちょっと見た目には，「強奪」(viccing) は一種の強盗の手段に見えるが，その下にある動機はより複雑であり，彼女らの身体と仕事に対する低評価という女性たちの一致した感覚に密接に連接しているものである (Maher & Curtis, 1992, p.246)。

女性の男性との関係が，なぜ女性たちが集団強盗のような男が支配する犯罪においては周縁化されるか，を説明可能かもしれないが，他方では，それらの関係の結果がまた，男性が支配する他の強盗仲間への女性の参加を妨げる，あるいは止めさせる，ということも考えられる。このように女性の犯罪の機会は，地位の変化によって制限されていることが見いだされた (Mullins & Wright, 2003, cited in Miller & Mullins, 2006)。

3. ジェンダー化された生活

ジェンダー化された生活の概念は，Daly (1998) によると，女性の経験する**社会**は男性と比較し大きな差があることを強調する (98頁，強調は本書著者による)。Miller と Mullins (2006) は，このフェミニスト犯罪学の側面は，それが，犯罪の分析よりもジェンダーに体系的注意を向けることを要求するがゆえに，おそらく最も挑戦的なものであると考えている。犯罪への道筋や犯罪のジェンダー化された性質の研究への注目と比べて，ジェンダー化された生活に向けられた研究は少ない。それにもかかわらず，重要な研究がジェンダー化された犯罪のこの側面において刊行されている。Miller と Mullins (2006) によると，Bottcher (2001) と Maher (1997) がこの方向での研究の重要な例である。

Bottcher (2001) の研究は，個別の行為としてのジェンダーに焦点を当てるのでなく，社会活動のジェンダー化に焦点を当てている (Miller & Mullins, 2006 による引用，p.240)。彼女は，社会的活動の次の三つの広い類型を示した。すなわち，友人を作り楽しむこと，性関係をもち親になること，そして困難に耐え目的を持つこと，である。例えば，Bottcher は，性別によって分離された友人集団では女性よりも男性において，高リスク群を非行に走らせるリスクが相対的に高い。「さらには，性的関係や育児の責任を導く意味や規則も〈非行における男女差という〉同じような結果をもたらす」(Miller & Mullins, 2006, p.240)。

Miller と Mullins (2006, p.240) は，ジェンダー化された生活に対する Bottcher のアプローチはそれが，個々人よりも活動を強調し，同時に，ジェンダーと犯罪の研究においてしばしば見られる男女というジェンダー二分法に挑戦しているゆえに重要で注目しうるとする。さらに，

Bottcher は，行動のジェンダー化されたパターンは常にすべての男性または女性に適用可能なのではないと言っている。男性のある社会的活動は，両性に対し犯罪的活動を鼓舞するが，女性の社会的活動の一部は両性に対して犯罪的行動を阻止するようにみえる（Bottcher, 2001, p.904, Miller & Mullins, 2006, p.240 に引用）。

その他のジェンダー化された生活についての模範的な研究の例は，Lisa Maher の『仕事の性別化』（Sexed Work）(1997) に見いだされる。それは，「女性の経験と生活を形作るうえでの，人種と身分とジェンダーの交錯の絶えざる検証であり，ジェンダーに対する特別な強調をこえて活動しているフェミニストの研究の強さを描き出している」（Miller & Mullins, 2006, p.240）。文化的再生理論についてのフェミニストの分析を混ぜることによって，例えば，彼女は，薬物取り引きが女性たちに新たな機会を開いたとする研究者とは反対に，性の不平等が街頭において組織化されていることを見いだした。女性たちを頼りなく弱いとする決まり文句が「陰の経済的街頭ネットワークへの女性の関与を制限している」（Miller & Mullins, 2006, p.241）。より明確に，彼女は，男性に比して明らかに女性が不利益を受けている人種のラインに沿って形作られた薬物取り引きにおける労働の強い性分業を見いだした。薬物取り引きのより利益のある分野から排除されて，性の仕事を女性たちはお金を稼ぐ数少ない選択肢の一つとして見いだしたと Maher は報告している。

この知見その他は，女性の薬物市場への関与についての以前の説明と描写に挑戦している。例えば，次の幸運を求めて行動している自暴自棄の病的な力のない個々人という女性の薬物使用者のイメージに反している。その代わりに，Maher は，女性たちは彼女らの行動を支配する組織規範に従う薬物経済の中のいくつかの収入を生む活動のメンバーに含まれていることを見いだした。この知見は，女性の法違反者は，従属的な受け身の被害者であるよりも，しばしば矛盾した選択に直面する行動的な生産的な判断者であるという考えを支持する。このように考えないならば，犯罪は一般的に，薬物市場はとくに，組織と構成員の間の関係の複雑な理解を含むという事実を否定することになるだろう（Maher, 1997, p.210, Miller & Mullins, 2006, p.241 に引用）。

犯罪からの決別において「結婚をすること」のインパクトは，ジェンダー化された生活についての考え方の他の方法である。多くの米国において行われている研究は，例えば，成人にとって結婚の効果は，犯罪の減少に対し他の例に比してとくに強いものであることを見いだしている（Bersani, Laub & Nieuwbeerta, 2009, p.4）。同様の知見は，オランダの研究においても報じられている。しかしながら，この研究の結果は，犯罪を行うことにおける結婚の効果は，とくに女性より男性にとってよいものになっていることを示している。例えば，「婚姻中」であることは，男性にとっては有罪の見込みを36％減少させ，女性にとっては，有罪の見込みを21％減少させた（Bersani et al., 2009, p.14）。

IX ポストモダン主義フェミニズムと第三の波

ポストモダン主義フェミニズム（postmodernist feminism）は，犯罪についてのフェミニストの見方についての多量の文献に比較すると比較的マイナーな見方ではあるが，女性と犯罪を研究している多くのフェミニストの理論的アプローチの一つである。前章で説明したように，ポストモダン主義の考えの最も目立った特徴の一つは，実証主義の科学において見いだされた

犯罪と犯罪者のカテゴリーと伝統的説明を破壊することに強調を置いている点にある。ポストモダン主義フェミニズムは，そのため，「近代西欧文明由来の人種，階級，ジェンダーの層化」の破壊をしようとしている（D'Unger, 2005, p.563）。

文化犯罪学によるメディアの強調と同様に，ポストモダン主義フェミニズムは，女性犯罪者のイメージを含む犯罪の構築されたイメージに関心を持つ。これらのイメージは，真実の代わりに，利益代表である特権的権力階級の考えをより反映している（Chesney-Lind & Faith, 2001, p.297；D'Unger, 2005, p.563による引用）。

ポストモダン主義フェミニズムに近い関連を持つものとして，フェミニストの主張についての新しい方向の考え方がある。それは，「第三波のフェミニズム」と呼ばれる。それはやがて，犯罪学におけるフェミニストの見方に大きなインパクトを持つべきものであるが，Daly（2010）によるとそれは到来しているという。関連する第二波の見方や指針とはまったく異なった考え方や解決策を持っているのではないとしても独特の特徴を持っている。Snyder（2008）によると，「第二波と第三波の最も大きな差違は，1980年代においてフェミニスト理論の中で発展してきた袋小路の一部に提供される戦術的アプローチである」（p.175）。そのような袋小路の一つは，第二波のイデオロギーに認められた硬直性であった。

例えば，第二波は，社会生活の中の女性の位置づけを統一する大きい物語を強調した。フェミニズムの第三波によると，その一つの結果は，変更不可能な不変の位置に女性を置いた女性のためのアイデンティティの創出であった。第三波のフェミニストは，女性たちにとって，女性の位置は広い形態で漫然としていることを主張して，第二波のこの努力を置き換え，あるいは拒んだ。この位置は，反対を超えて進もうとしている。そして，「歓迎すべき連立政策」と呼ばれているものを是認する。それは，制御せずまたは第二波が用いた政治的境界を維持することをしない包摂的で非判断的なアプローチ（nonjudgemental approach）を強調する（表10-1を見よ）。

X　フェミニストの多様な見方の帰結

女性の父権からの解放と犯罪を巡る議論は，経験的に実り多いものではなかったけれども，性的・身体的暴力の被害者として多くの注意が女性に向けられた（Daly & Chesney-Lind, 1988）。著名なそして重要な作品（例えばBrownmillerの1975年の有名な『意に抗して』（Against Our Will））や犠牲者や生残者としての女性の多くの報道レポート（例えば，1993年から1994年のケースである長年の身体的心理的暴力行為のあと，夫のペニスを切断したLorena Bobbit，1994年のO. J. Simpsonによる先妻ニコルと彼女の友達ロナルド・ゴールドマンの殺害）等の女性運動に助けられて，このトピック，とくにレイプや親しい者による暴力は，伝統的犯罪学におけるフェミニストの観点にとって中心となり，左翼現実主義へと移行した。それは，公的な認識においても中心となった（"Living in Terror, 1994"；"Wife Tells Jury", 1994）。

観察者によると，トピックとしての女性の被害者化が，なぜ，女性犯罪を父権からの解放運動によって説明することに比較し成功を収めたか，についての理由はいくつかあるとされる。第一に，女性や少女の被害者化は，マルキストや社会的，急進的フェミニズムを含む多くのフェミニズムの視点に結び付けられうる。女性の被害者化の拡大は，女性に対する男性の暴力

第10章　犯罪学のジェンダー化——フェミニスト理論

表 10-1　犯罪についてのフェミニストの見方の概観

見方	描写
初期のフェミニストの見方	
リベラル	犯罪はジェンダーの社会化による。男性と女性が社会内でより平等になるにつれて，男性と女性の犯罪の量と類型はより近似するようになる。
マルキスト	生産の資本主義形態のために，女性は社会において従属的な役割を引き受けている。彼女らの労働は職場や家庭内で搾取されている。彼女らの犯す犯罪と被害者化はこの従属的な位置を反映している。
ラジカル	男性は生まれつき，より攻撃的で支配的である。男性は，女性を支配するために強姦を含む犯罪を行う。
社会主義	帝国主義に基礎を置く家父長主義が男性により多くの犯罪の機会を生み出し，女性の被害者化を可能にする。
現代の重要な展開	
男らしさ	犯罪は「ジェンダーを行う」方法である——彼らは彼らの男らしさをその中で示す。
ジェンダー化された生活	犯罪や犯罪被害者への道は，一般的またはジェンダ——中立的ではない。むしろ，それらは女性特有の友人集団や親の役割や困難を反映して，ジェンダー特性がある。
人種，階級，ジェンダーと場所の交差	被害者化と犯罪者化の理解の複雑さは，これらの変数の各々の相互作用を検討することによって，最もよく理解される。
ポストモダン	犯罪学の実証主義と絶対的真実の拒絶。西欧世界において発達した身分，人種そしてジェンダーの階層化を再構成する。

を家父長制とくに権力の際立った特徴のいくつかに容易に結び付けることを許容する。女性の被害者化は，家父長的権力が現認され，永続されうる一方法である。第二にこの家父長制と支配力の結びつきによって，「多くの草の根フェミニストと幾人かの学界のフェミニストが，ほとんど女性が被っている隠れた形態の暴力について報告するという方に動かされた」（Daly & Chesney-Lind, 1988 p.513）。第三に，女性運動全体の動向が，フェミニスト学派を吸収し取り扱わねばならない犯罪学——フェミニストでない犯罪学者を含む——に影響を与えた（p.513）。女性に対する男性の暴力の報告数の増加は，それ自体犯罪学に統合されざるをえず，無視できなかった。最後に，これらの発展が行われている間に，より多くの女性やフェミニストが犯罪学や他の学問部門に参入していった。犯罪学におけるフェミニスト的視点の側面は，うまく図式化されなかったが，犯罪学における女性のインパクトは議論されてきた。

このインパクトの証拠の一つは，「米国犯罪学会」（ASC）の会長に見いだされる。1941年の創立以降 ASC は，51人の会長を持ったが，その中のたった5人が女性であり，これらの女性会長のすべてが1989年以降に職を得ていた。最も最近のこの組織における女性会長である Jurie Horney は2005年に選ばれた。

対比して，「刑事司法学会」（ACJS）は，1963年の創立以来43人の会長が選ばれたが，これらのうち，5人が女性であった。これらの発展，とりわけ，以前は男性が支配していた職業組織への女性のメンバーの増加は，女性の被害に対する緊急性の意識と親近感の発展に重要な意味を持ったことは疑いない（Daly & Chesney-Lind, 1988 p.513）。

1970年代後半の書物で，Rock (1977) は，Smart の1976年の『女性，犯罪，犯罪学』（Women, Crime, Criminology）の書評において，女性を考えないことによって犯罪学の理論に分析上の欠損を生じさせるということに彼が

疑いを抱いていることを認めている。現在時点で，この結論は性差別論者のレトリック以上のものとして受け取られているのかどうかは明確ではない。より近年，犯罪学におけるフェミニストのインパクトの短評において，Young（1992a）は，女性犯罪についての伝統的犯罪学の偏見と不確かさを暴くことによって，フェミニストは犯罪学界全体に動揺を与えたと論じている（p.292）。次第に，講義概要は，女性と犯罪を含むように変更され，新しいコースが造られ，学会総会は，女性と刑事司法についてのセッションを持ち始めたと彼は主張している。逸脱と犯罪学についての教科書もまた，フェミニストの主張を反映するように改訂された。イギリスにおいては，DownesとRock（1988）の古典である『逸脱を理解する』（Understanding Deviance），米国においては，Sykes（1978）の『犯罪学』（Criminology）が女性の財産犯についてのフェミニストの説明をただ一つ含んでいた。しかし，第2版においては，「フェミニスト犯罪学」（Feminist Criminology）という題の章を含んでいた（Sykes & Cullen, 1992）。これらの変化と修正は，一人の女性の研究者によって，「閉鎖的議論の中に沈没しているように見えていた一つの学問をよみがえらせたほど影響があった」と説明されている（Young, 1992a, p.290）。それにもかかわらず，今日，「フェミニスト犯罪学」は存在するのかという問題は残っている。文献ではこれは相半ばしているように見える。

1980年代後半，この問題を伝えつつ，Gelsthorpe（1988）はその時用いられたフェミニスト犯罪学の文字は，混乱を生み出したと結論づけた。フェミニスト犯罪学を表示しようとすると，二つの困難な核心要因が存在する。確かに，Gelsthorpeによると，フェミニスト社会学や歴史学，そして哲学や他の単一のフェミニストの教義があり得ないように，フェミニスト犯罪学というものは存在しえない。さらには，犯罪学には複数のフェミニストの見方が存在する。あるフェミニストたちは男性と女性は刑事司法システムにおいて等しく扱われねばならないと主張し，他のものは，彼らは異なって取り扱われるべきと主張する。ある者は男性と女性は犯罪を行う能力において異なると主張し，他の者はそれに同意しない。なお，その他の者は，フェミニスト犯罪学は社会的現実について，代わりの説明を発展せしめるべきだと主張し，また他の者は，フェミニスト犯罪学は，男性と女性の犯罪の発生率の大きな差を説明することに焦点を当てるべきだと主張する。

これらの強調点の相違の重要性を却下するわけではないが，Renzetti（1993）は，フェミニズムは，犯罪学や刑事司法の教育をジェンダーが一つの中心的な組織化されたテーマであるように変えるほどに十分なインパクトを持っていたのかを問いかけた。カリキュラム，教授法，学生と学部についてのキャンパスの雰囲気についての彼女の評価を統合して，Renzettiはフェミニスト犯罪学や刑事司法の教育は，「男性潮流」（male-stream）の端にとどまっているように見えると結論づけた（p219）。彼女の結論を支持するものとして，彼女は，次のことを指摘している。女性が今や総大学生の人口の52％，犯罪学における学士号の受領者の40.4％，社会学における学士号の受領者の68.4％以上を構成しているのに，「女性はいまだ我々のコースや教科書には大きく，目につかない」（p.226）。女性は，たかだか，特殊な主題のような特別コースや別の申しわけ程度の章に追いやられていると，彼女は言っている。それらは，犯罪学や刑事司法のカリキュラムに完全には統合されていない。

キャンパス文化が犯罪学と刑事司法にお

けるジェンダーの主張の周縁化に貢献した。Goodstein（1992），HallとSandler（1985）を引きながら，Renzettiはクラスルームの学部や学生間の言葉と性差別論者のユーモアを含む相互作用のパターンは，「セクシャルハラスメントを含む他のより陰険でない差別の形式を生み出す」と報告している。Stanco（1992）によると，このことは，これらの経験が，彼女らが「女にすぎないこと」を思い出させるものであるから，女性を周縁におくことに資している。

　伝統的な教授法や調査方法へのフェミニストの批判は，認識されるものから認識する者を厳密に区別することを告発する。相互作用的または参加型の調査方法をとっている定性的方法論に，より強調点が置かれた。DalyとChesney-Lind（1988）が言うように，「それらは，なぜ女性が犯罪に含まれるようになるかについての正確な像を提供しつつ，性質や社会的背景や事例史を提供することにより関心を持っている」（p.518）。フェミニストは感度の鈍い数量化に反対する（Renzetti, 1993）。フェミニスト犯罪学を発展させることの中心的なものは，ジェンダーの強調である。このことは，女性のステレオタイプのイメージについてのフェミニストの見方からの関心やこれらの関心への方法論的共感を軽視するものではない（Gelstorpe, 1988）。しかしジェンダーはただ女性についてだけではない。Renzetti（1993）が説明するように，「フェミニズムの目的は女性をひきいれるために男性を追い出すことではなく，犯罪の研究をジェンダー化することにある」（p.232）。それを考慮しない理論は，ジェンダーは大きな社会的，経済的，政治的意味を持っているため，不完全であるだけでなく誤りへと導くものである（Gelstorpe, 1988）。

　犯罪に対するフェミニストの視点を付加したことの結果は，多くの公的な社会政策に見いだされる。例えば，ドメスティック・バイオレンスに対する必須逮捕（mandatory arrest）は今や米国中に広がっている。ドメスティック・バイオレンスに対するその長期間のインパクトは疑問視されてはいるが。例えば，逮捕された黒人に対してはDVの再犯は増加しているが，逮捕された白人に対しては減少しているということを一つの研究は見いだしている（Sherman et al., 1992）必須逮捕政策は，暗黙のうちにすべての虐待者は同じであることを前提としている。この前提は，すべての虐待の状況は同じではないから，すべての虐待者は同じではなく，すべての被害者が同じなのではないと批判されている（Hines, 2009, p.126）。

　また，必須逮捕政策は，刑事司法制度に予期しない結果を生み出した。虐待者の逮捕が多くなるほど，しばしば彼らに関する予算をあまり持っていない検察官に事件数が増え，職員が増え，すでに仕事負担の多かったシステムにより緊張をもたらした（Hines, 2009, p.126）。

　さらに，ドメスティック・バイオレンスを行う男性の処遇は，虐待されている女性たちは，家父長的社会の構造によって生み出された問題であると仮定するフェミニストモデルに基づいている。男性は，彼らの力を女性たちを支配するために虐待するように用いると主張されている。Hinesによると（2009, p.118），そのような処遇モデルが効果的であるという証拠は何もないという。しかし，そのような処遇モデルが裁判所によって通常命じられ，州法によって，フェミニストの考えに基礎をおくことが要求されている。ドメスティック・バイオレンスの再犯率は，それらのプログラムに参加した男性と参加しなかった虐待男性とで異ならない。多くの虐待者は男性であるが，女性のドメスティック・バイオレンスの遂行者も存在するにもかかわらず，彼女らに対する処遇プログラムは乏しい。

レイプ法における改正が，社会政策へのフェミニストの視点の影響の他の例である。伝統的には，レイプの解釈は，犯罪の性的要素，犯罪者の過度の性的欲求や不適応，そして被害者がそれを望んでいるというようなところに強調をおいてなされていた。1970年代の始めより，焦点はレイプを性的行為として定義し起訴することから，それを暴力行為として扱うように変わった。この強調における変化の鍵は，レイプは，男性役割という文化的定義を反映する制圧／支配の行為であるとして認識されたことである。この解釈は，女性運動の発展と犯罪に対するフェミニストの視点に伴って生じ，数人の研究者によって磨きをかけられた。Griffin (1971)は，例えば，レイプは家父長社会に深く根ざしており，女性の自己決定を否定するための集団テロリズムの一形式として用いられると主張した。

　他のものは，一昔前には考えられなかった，今デートレイプと呼ばれるものに注意を向けた。ここでの主張の中心点は次の問題である。いつセックスはセックスと呼ばれ，いつセックスはレイプと呼ばれるのか。女子学生が見知らぬ人でなく彼女たちがよく知っている学生である男性によってレイプされたと通報し始めるほどにそれは大きく進展した（Fisher, Cullen, & Turner, 2001；Fisher, Daigle, & Cullen, 2010）。カレッジや大学がこの現象を学ぶにつれ，新しい通報政策が生み出された。そして，今や連邦政府と数州は，教育機関に犯罪統計を報告することを要求する法律を作っている。他の対応として，知人によるレイプと合意上の性的関係についての，カレッジや大学の新しい教育プログラムまで存在している（Celis 1991；Karjane, Fisher, & Cullen, 2005）。

　レイプ防御法（Rape shield laws）は，フェミニストの視点が刑事司法政策にインパクトを与えた他の例である。これらの法律は，レイプの被害者を2度レイプされることから守る必要から生まれた。つまり，1度は被告人から，そして，再び，被害者の過去の性行動を証明することによって被告人の弁護士から象徴的になされる。すべての州は何らかの形のレイプ防御法を採用している。しかし，これらの法は異なった点が多くある。とくに被害者が被告人と過去，同意による性交渉を持ったか否かに関してはそうである。

　毎年どれだけの女性が真にレイプされているのかは誰も知らない。しかし，デートレイプ，知り合いレイプの存在を認め，レイプを暴力行為と定義し直すことで，そしてレイプ防御法を発展せしめることで，レイプの定義と起訴の方式は劇的な変化をしたことは明らかである。しかし，これらの変化は，レイプに対するフェミニストの視点の影響の証拠のみではない。今日，レイプの被害者はより多く，民事の法廷で正義を見いだしている。レイプについての専門家は，民事訴訟の数は，1970年代ではわずかだったのに，一貫した流れへと成長し，女性は，レイプを恥じることが減じ，戦うことの法的選択をより自覚し始めたと言っている（"Many Rape Victims", 1991, p.A1）。

XI　矯正に対するフェミニスト犯罪学の意義

　米国の矯正施設人口の中，女性はたった7％のみである，しかし，その数は，男性以上に急速に増加している。実際，2006年，米国の刑務所（prison）と拘置所（jail）には約20万人の女性がおり，5年前に比し約100％の増加であった（Amnesty International, 2006）。しかしながら，1977年から2007年の30年間では，女性の刑務所人口は832％増加しており（West & Sabol, 2008），そして今や20万人を超えている。男性の刑務所人口は，同時期に416％増加

した（West & Sabol, 2009）。プロベーション（保護観察）(probation) に付された女性の数は，1997年から2007年の間に524,200人から987,427人に増加した。10年間に88％の増加である。

いわゆる鉄の天井（steel ceiling）（しばしばいわゆる騎士道仮説に資した）が，女性をプロベーションや他の形の社会内処遇にふりかえるために用いられたが，それは，何度もひびが入った（Kruttschnit & Green, 1984）。というのも，一部は，女性が男性なら刑務所に送られるような犯罪を数多く犯すようになったからで，そして一部は，絶対的法定刑であるために，また一部は，時に「女性に対する戦い」と呼ばれる「薬物に対する戦い」のために，そしておそらく一部は，刑事司法システムが女性の平等の要求に対して，そのような要求に対応して公平で答えしめる「復讐心のある公平」のために，であった（Chesney-Lind, 1998）。同時に，矯正システムは男性用に作られている，そして女性を扱うときはその欠陥が拡大されることは広く認識されている（Bell, 1998）。

一般的には人権運動が，個別的にはフェミニスト犯罪学が，女性の矯正システムが直面する諸々の大問題に注意を向けさせた。明らかに，女性は刑務所に対して異なった必要性を持っている。例えば，およそ80％の女性収容者が養育が必要な子どもを持っており，この子らを養育可能な他の人がいないために里親に預けるか，施設に入れなければならない。平等主義思想家は，男性にとっても同じだと主張するかもしれない。しかし，女性の方が男性以上に家族に基礎をおいており，子どもの養育に最大限のことをしており，女性の収容者は男性の収容者以上に子どもへの心配を表明していることは事実である（Allen, Latessa, Ponder, & Simonson, 2007）。

正確な数字はわからないが（およそ5％と推定する），刑務所に入る女性のうちかなりの数のものが妊娠している。彼女らは，特別の規定食やより軽い仕事につけるという指示，よりストレスの少ない環境，その他医学的，環境的配慮を必要としている。いくつかの女性刑務所はこのためのプログラムをスタートさせているが，これらは稀である。例えば，ワシントン州は育児室プログラムを持っており，カリフォルニア州は，収容者の母親が七つの小さい社会内施設で幼い子どもと住むという社会内受刑母親プログラムを始めた。しかしながら，そのようなプログラムは例外であり，その欠乏は，いかに刑務所はなお「男性の世界」であると考えられているかということを示す。そうこうするうちに，最近のレポートは，なお，刑務所はしばしば女性と胎内の子どもに対し危険と考えられる仕事に妊娠している女性を割り当てていることを示している（Liptak, 2006）。

しかしながら，妊娠は女性の収容者が直面する医学上の問題における相異の一つの例にすぎない。矯正学会は，刑務所にいる女性たちに対する婦人科のサービスが非常に不適切であることを見いだした（Amnesty International, 2006）。例えば，最近のカリフォルニアでの研究は，5年前に彼女たちの32％が婦人科や産科の健康上の問題を訴えていたのにかかわらず（Stoller, 2000），多くの女性収容者は子宮がん検査や乳房画像検査を数年間受けることがなかったということを見いだしている（Katayama, 2005）。これは，一つには矯正の医学サービスが男性のためにデザインされているからであり，一つには多くの女性の施設における医学部門が，刑務所人口が少なく特別なプログラムの費用がかさむために，不適切であるからである。女性収容者の医学問題は，女性に対する州の刑務所の健康管理のコストは男性

に対するより60％以上多くなるが，それでもなお不十分であるために重大な問題を構成する（Katayama, 2005）。

　女性の刑務所においてさえ，刑務官は男性がなお支配的である。あきらかに，家父長制に関心を持っているフェミニストは，刑務所に入れられた女性たちは，外部におけるより男性の支配を受けている事実に関心を抱く特別な理由を持っている。刑務所は人の自立性を取り除くために，どのケースにおいても一定の「依存性」を育むように資する。そして，そのような施設化は，女性をより強くはしそうもない。さらに，性的搾取という継続する問題がある。ときには，よりよい処遇の見返りの語で，時にはその状況に内在する心理的な支配のゆえに，そして，時には，あからさまなレイプのゆえに（Human Rights Watch, 1998），である。そのような報告は稀なものではない。そしてフェミニスト犯罪学者とその他の人びとに，それらは，女性の矯正職員の増加（我々の刑務所収容の過剰が継続すると仮定して）と性的搾取を訴える収容者に対して報復することを困難にする開放的政策の必要性を勧告している（Human Rights Watch, 1998）。

　フェミニスト犯罪学者等は，しばしば家父長制社会において，少女や女性が被る虐待について述べ，そして，これは，女性を刑務所に入れる諸問題に反映されると説く。最近のカリフォルニアの研究は，男性の16％と比較し，女性の収容者の約57％は刑務所に入る前に身体的・性的虐待を受けていることを示した（Vesely, 2004）。これらの女性等は，男性に比し，高い自殺未遂率や薬物乱用問題を伴う特別な自尊に関わる問題を持っている（Allen et al., 2007）。おそらく「軍隊キャンプ」（boot camps）のようなプログラムは，被虐待関係を経た女性犯罪者にはとくにきつすぎるであろう（MacKenzie et al., 1994）。

　他方，刑務所がなお，男性のためにデザインされているという事実は，女性の異なった需要や彼女らの搾取的被害の現実に向き合っていないことにだけでなく，しばしば用意されるプログラムのステレオタイプ化の中に反映されている。フェミニスト運動にもかかわらず，選択しうるプログラムはなお，秘書や看護補助，美容師などの職業のような古い好みのものに向けられている。多くの女性のための施設は小さいので，選択しうる訓練機会を含む社会復帰プログラムは，男性のための施設より制限される傾向にある。このことは，多くの州は，女性のための大規模施設を一つしか持っていないため，その中には，重警備，閉鎖や中警備，そして軽警備の分類級を含んでおり，そのことは，依存症のために少量の薬物を所有したために拘禁された女性が暴力的犯罪者と混合され，すべての収容者が最も問題の多い者を扱うのに必要な制限を受けなければならないということを意味するという事実と混じり合っている。女性収容者の特別な必要と問題を考慮するとする「ジェンダーに対応した方策」（Bloom, Owen, & Covington, 2003）の必要性の認識にもかかわらず，これらの問題は継続している。

　しかしながら，最近の10年間に，女性犯罪者のジェンダー化された危険と必要性に向けたプログラムが生まれてきた。そのようなプログラムの一つである「変化」（"Moving On"）は「三つの相補的アプローチ，すなわち，関係理論，動機付け面接法，認知行動的介入」（Gehring, Van Voorhis, & Bell, 2010, p.6）によって影響を受けた。それは，種々の原理と実用的目的を持つ。それらは，女性を尊敬と威厳を持って取り扱う。支持的，感情移入的，受容的，協働的，そして挑戦を必要とする環境を準備しつつ，女性を健康な相互支持的ネットワークを作

るように援けつつ，判断形成や問題解決や主張技術や，感情制御を含む人的方策の装備を生み出しつつ，女性の再統合への挑戦を援けつつ行われるのである（Gehring et al., 2010, p.6；また，Baumann Gehring, & Van Voorhis, 2009 参照）。介入についての最近の評価すなわち，190 人のプログラム「変化」（Movin On）に参加した女性の保護観察者とこの処遇を受けていない 190 人の保護観察者とをマッチさせたものだが，所期の成果を見いだした。プログラム「変化」に参加した女性の保護観察者の再逮捕と有罪の率（拘禁刑の率ではない）は，有意に対照群のそれより低かった（Gehring et al., 2010）。

XII 結 論

フェミニストの学者たちは卓越した方法で「犯罪学のジェンダー化」に成功した。かっては，女性の犯罪者と被害者を無視するとか，女性の犯罪性を性や体質に帰することが簡単に許容されたが，今やどの理論も，もし女性の犯罪でも男性の犯罪でもジェンダーの役割を顧慮していなければ完全ではない——真に一般的であろうとすれば——ことは明らかである。後世においては，いかに犯罪性はジェンダーの差によって影響されるだけでなく，ジェンダーの類似性によって影響されるかについて決定する重大な挑戦がなされるだろう。例外は存在するけれど，フェミニストのアプローチは，女性が犯罪をするにいたる特異な経験を暴き出すことに資した。この視点は，これらの要因が他の方法では考慮から外れてしまうものであるなら，理解できるし，貴重なものである。そうであっても，犯罪に対する多くの危険因子は，男性にも女性にも——男女では，犯罪は社会的関係に応じて異なった出現をするかもしれないが——同じであることの相当の証拠がある（例え ば Andrews & Bonta, 2003；Daigle, Cullen, & Wright, 2007；Moffitt, Caspi, Rutter, & Silva, 2001 参照）。ジェンダーの差違と類似性とがいかに犯罪の成長とその特別な表出の仕方に影響するのかに統一性を持たせることが，注意深い考慮に値する理論的，経験的課題であることは間違いない。

Edwin H. Sutherland
1883-1950
シカゴ大学，インディアナ大学
White-Collar Crime Theory の著者

第11章
権力者の犯罪
——ホワイト・カラー犯罪の理論

　1979年，Jeffery Reimanは影響力の大きい本，The Rich Get Richer and the Poor Get Prison（『金持ちはより金持ちに，貧乏人は刑務所に』）を出版した。この本は街路犯罪者が刑事司法システムによってどのように処遇されるかを告発しただけでなく，権力を持つ者が引き起こす実害を国が統制できていないことを暴露した。「ほかの名による犯罪（A crime by any other name）」という章では，Reimanは企業の活動がいかに労働者と市民の健康を危険にさらすかを明らかにした。しかしながら，「カーニバルミラー」をのぞき込むのと同じように，これらの行動は歪められ，犯罪としては扱われていない。むしろ，企業が職場の安全を無視し，我々の環境に有害な化学物質を持ち込んでいる——これにより，毎年何千人もの死者や怪我人・病人が出ているのだが——一方で，刑事司法システムはその注意と糾弾の矛先を「典型的な」個人の犯罪者たちに向けている。この不平等は変えられるべきである。Reimanは**「犯罪を被害に一致させ，罰を犯罪に一致させる」**ときが

きた，と主張した（1979, p.195 強調は原著者による）。

　そこでなされている具体的主張のみならず，Reimanの本は1970年代に現れてきた考え方を反映しているという点で重要である。権力を持つ者の犯罪——あるいは「ホワイト・カラー犯罪」として知られているもの——はそれまでの犯罪学でほとんど取り上げられることがなかった。例えば，1968年，法執行機関と司法行政に関する大統領の委員会は「ホワイト・カラーの犯罪者たちとビジネス犯罪」というセクションにわずか5ページ——全体で814ページのうちの——しか割いていない。委員会は「一般市民は企業犯罪には無関心，あるいは捕まった犯罪者に同情的にすらなる傾向がある」（1968, p.158）と結論付けている。しかしその数年後に，学者たちは冬眠から目覚め，急に上位階層の犯罪を意識するようになった。ほんの数年の間に，以下のようなタイトルをつけた本がたくさん出された。Crimes of the Powerful（『権力者の犯罪』）（Pearce, 1976），"Illegal But Not

269

Criminal"; Business Crime in America（『「違法だが犯罪ではない」：米国のビジネス犯罪』）(Conklin, 1977), Corporate Crime（『企業犯罪』）(Clinard & Yeager, 1980), Corporate Crime in the Pharmaceutical Industry（『製薬産業の企業犯罪』）(Braithwaite, 1984), Wayward Capitalists（『無法な資本家たち』）(Shapiro, 1984), The Criminal Elite（『犯罪エリート』）(Coleman, 1985) など。またこの時期に多くの論説も出されている。

　これらの研究は，その傾向として三つの中心となるテーマを内包していた。第一に，根本的偽善が米国の司法システムに汚点をつけたという主張である。司法は平等であるという理念は偽りであった。金と力により大きな犯罪が，実際のところ処罰されることなく引き起こされることになった。第二に，権力を持つ者の犯罪の代価は，貧しい人の犯罪の場合よりもはるかに重大なものとなる，という点である。一つの詐欺行為により，数百万ドルの代価となるかもしれない；労働者や一般市民を化学的有毒物に暴露させることで，数千人を病気にしたり，死に至らしめたりしうる。第三に，これらの被害を止める唯一の方法は，上位階層に法と秩序をもたらす刑事制裁を行使することである，という主張である。とくに企業の幹部——あるいは腐敗した政治家や疑わしい医者——を刑務所に送れば，彼らの不正行為はまもなく止まるだろう。

　このような世界の新しい見方が犯罪学にも持ち込まれると，変化した社会文脈は多くの学者に，現実の解釈の仕方と，意義のある研究対象について再考を促すこととなった。予測されるように，権力を持つ者の犯罪に焦点を当てることは，もう一つの犯罪学の主流，つまり企業の役員室ではなく街中にいる犯罪者が占める方の犯罪学を棄却することを意味する。実際，このときに批判犯罪学（critical criminology）をアピールする鍵となったのは，権力に対して真実を語る意志であった。そしてとくに米国の不平等の構造がどのように犯罪行為に関係しているかを明らかにすることもそれには含まれていた。第7章から10章において我々は米国の既存の体制（existing status quo）——人種や階層あるいは性差の不平等——を疑問視する立場を検証した。犯罪学の主流とは対照的に，犯罪行為を分類し，統制する努力や原点を理解するうえで，権力はその中心的な位置を占めている，と論じられた。

　第7章から10章で見たように，70年代以降にラベリング，葛藤，批判，そしてフェミニストの各理論を考案した学者たちは60年代および70年代初めに教育を受けている。彼らは広範囲にわたる社会的動乱——これまでに述べた背景であるが——を目撃している（例：暗殺，都市部の暴動，ベトナム反戦運動の弾圧）(Brockaw, 2007; Collins, 2009; Gitlin, 1989; Patterson, 1996 などを参照のこと)。これらの出来事は，権力や葛藤への深い認識を犯罪学的な活動に注入しようとする，いわゆるニュー・クリミノロジーの引き金となった。このときに関心をホワイト・カラー犯罪に向けたのもこの世代の学者たちだ。彼らは当時の出来事に衝撃を受けた。彼らがとくに関心を向けたのは，恵まれた人びとが刑務所に入るリスクなしに利益を追求する違法な手段を行使する力をどのようにしてその地位の中に形作っていったのか，という点であった。

　しかしこの時代には二つの特徴があり，それらが影響して学者たちをとくにホワイト・カラー犯罪の研究に引き寄せた。第一に，公民権運動が法の下での平等な正義を構築する必要を強く訴えかけたことである。

　南部においては，アフリカ系米国人のリンチと，黒人を殺害した白人たちの無罪判決と

がとくに象徴的な不公平であった（Oshinsky, 1996）。マーチン・ルーサー・キング Jr. やロバート・ケネディが射殺された1968年はリチャード・ニクソンが大統領を引き継いだ年であるが，彼の選挙運動の一部は「法と秩序」を米国に取り戻す，という大胆な公約で満たされていた。このレトリックは白人米国人——いわゆる道徳的多数派——への人種的な意味合いのアピール，すなわちニクソンが都市部の騒動や黒人の犯罪を厳重に取り締まるために刑事司法制度を活用するであろう，という内容をはらんでいた。

これが「犯罪との闘い」の始まりであり，40年にわたる大量収監政策を正当化することへとつながった。

しかし，全国の街頭に「法と秩序」が必要であるというニクソンの喧伝には，そもそも根本的な偽善があり，学者たちにもそれは分かっていた。すなわち，彼の政権上層部には汚職が蔓延していたのである。大きな開発事業において，副大統領スピロ・アグニューはメインランド州知事時代のみならず，副大統領在任期間中にも建設業者からキックバックを受け取ったことが明らかになり，辞任に追い込まれた。1973年10月10日，彼は脱税の容疑を認めて辞職した（Patterson, 1996）。ニクソンについても，政策により資産価値が上がった固定資産の税金を払っていないことへの疑問が持ち上がった。ニクソンは「私は公的サービスから利益を得たことはない……，私は決して司法妨害はしていない……，私は詐欺師ではない」（Patterson, 1996, p.776 より引用）と答えている。その後まもなく，ウォーターゲート事件が起こった。

1972年6月17日午前2時30分，ワシントンDCのウォーターゲートホテル＆オフィスビルディングの6階にあった民主党全国委員会本部に，5人の男が侵入していたところを捕まった。彼らは3週間前に密かに仕込んだ盗聴器の調子が悪かったため，これを取り換えようとしたのだった。捜査はついには大統領のスタッフのスキャンダルにまでおよび，その多くはその後有罪となり収監された。その中には司法長官ジョン・ミッチェルも含まれていた。ニクソンがこの侵入事件の裏工作に深く関与していたこと，また事件に対するFBIの捜査を妨害するようCIAに命令していたことなどが明らかになった。国中を驚かせたこの事件のさなか，ニクソンは1974年8月9日に大統領を辞任した。任期中に辞任した初めての大統領だった。スピロ・アグニューの辞任により副大統領となっていたジェラルド・フォードが大統領に昇進した。法よりも前大統領を守ったと揶揄されかねない決定ではあったが，フォードは，表向きは国家を救うための努力としながらニクソンに特別恩赦を与えた（Patterson, 1996；Watergate. Info, 2010）。

第二には，この時代，消費者および環境運動もまたより強くなったことである。活動家たちは——最も注目すべきはラルフ・ネーダーであるが——企業が不正に価格をつり上げたり，偽りの宣伝で消費者を欺き，安全でない製品（例：フォード・ピントのような自動車）を売ったり，そして無計画に大気や水を汚染する様子を体系的に記録していった。企業の違法行為の事例は，「60ミニッツ」のようなニュース番組でしばしば取り上げられた。米国人は今では，悪行を否認する企業幹部を探り，結局は，一転，悪しき慣行をあばく内部文書や極秘ビデオテープなどを明らかにさせるマイク・ウォレスのようなレポーターの姿をよく見るようになった。1972年，州検事総長は消費者詐欺が大きな懸案事項であると明言した（Benson & Cullen, 1998）。そしてジミー・カーターが大統領に選ばれたときに，その司法長官グリフィン・ベルは1977年，ホワイト・カラー犯罪が自分の「最重要課題」

になるであろう，と述べることになる（Cullen, Link, & Polanzi, 1982）。この時期，Stephen Yoder（1979, p.40）は「犯罪が都市や郊外の街中で発生するのと同じように，多くの企業の役員室でも起こることに気付くようになった米国人が多くなった」と述べている。

　第二次世界大戦の後，米国は経済大国となり，ジェームス・パターソンの言葉によれば国は「大きな期待」で満たされていた。しかし腐敗や不正が暴露され，これら期待は打ち砕かれた。企業や政府の信用は地に落ちた。実際，権力者への不信感は，批評家が「信用ギャップ」あるいは「正当性の危機」というほどに大きくなっていた（例えば，Lipset & Schneider, 1983 を参照のこと）。例えば，大企業の経営者に対する信用度は 1966 年には 55％だったが，5 年後の 1971 年にはわずか 27％にまで下落した。これらや同じようなデータから，Lipset と Schneider は「1965 年から 1975 年の期間は……，反企業感情が非常に高まった時期の一つである」（p.31）と結論づけるに至った。このような否定的な見解は今でも残っている（Cullen, Hartman, & Jonson, 2009）。

　このような状況から，批評家たちは「ホワイト・カラー犯罪に対する社会運動」について話題にするようになった（Katz, 1980, 他に Cullen, Cavender, Maakestad, & Benson, 2006 も参照のこと）。犯罪学者たちもこのキャンペーンの一翼を担っていた。彼らは巧みに影響力を行使する人間，オフィスにいて利潤を得るためには手段を選ばないような者に疑いの目を向けていた。他の米国人と同じく，彼らはウォーターゲート事件や繰り返される企業の不正の発覚に憤慨していた。こうしたケースでは，無垢で無防備な人たちに対して信用や権力といった職権を乱用して被害をもたらす悪意が見てとれた。さらに悪いことには，こうした堅気の法律違反者はしばしば正当性を笠に着て犯罪を犯していた，つまり一方では罰せられることなしにこっそりと法を犯していながら，偽善的に法や秩序を説くのである。Reiman の「金持ちはより金持ちに，貧乏人は刑務所へ」という言葉は，多くの犯罪学者にとって米国の司法の本質をよくとらえているように思えた。こうした不平等は，犯罪学や他の領域（例えば法律やビジネス）の多くの学者を動かし，ホワイト・カラー犯罪に関心を向けさせた。

　このようにして学者たちは三つの流れの調査に乗り出した。第一に，この種の犯罪の規模とそれによる損失を明らかにするために，ある学者たちはホワイト・カラーを身にまとった者の非道な違法行為を伝える教科書ないしは著作物を書いた（例えば，Ermann & Lundman, 1978；Friedrichs, 1996；Hills, 1987；Rosoff, Pontell, & Tillman, 2007 を参照のこと）。いまや多くの米国人は，たった一つのホワイト・カラー犯罪が巨大な経済的損失にまで広がりうることを知っている。バーナード・マドフによるネズミ講は，それを疑わなかった投資家たちに 650 億ドルの損失を負わせたと訴えられた。過去数十年の間に，次々に大きなスキャンダルが起こっている。突出したものだけを挙げても，ウオール街のインサイダー取引，貯蓄貸付の巨額損失，エンロン詐欺事件などがある。しかし犯罪学者および他の専門家たちが詳細を追求したのは，企業による広範囲におよぶ暴力である。それは違法に金を奪うだけでなく，毎年何千もの米国人を病気にしたり，傷付け，死に追いやっている。彼らは，職場の安全基準の無視や，分かっていながら従業員を致死的な毒物（例：アスベスト）に暴露させること，安全でない製品を市場に出したり，大気や水の危険なレベルの汚染，などを立証してきた。これらはもしそれが止まらなかったら，社会全体が

徹底的に破壊されてしまうほどの事態であった（例えば，Braithwaite, 1984；Brodeur, 1985；Brown, 1979；Cherniak, 1986；Frank, 1985；Mintz, 1985；Mokhiber, 1988；Nader, 1965；Peacock, 2003を参照のこと)。ホワイト・カラー犯罪による物理的な損失は，街路犯罪のそれに匹敵するか，それを上回ると見積もられた。これは見過ごされてはいけない型の犯罪であると学者たちは主張した。

第二に，他の学者たちによって，ホワイト・カラー犯罪はいかに統制されるべきか，という難しい問題が研究された（Benson & Cullen, 1998；Braithwaite, 1985；Cullen, Maakestad, & Cavender, 1987；Hochstedler, 1984；Simpson, 2002；Vaughan, 1983)。議論の争点は，上位階層の犯罪者の制裁に刑法を適用するかどうかにあった。とくに企業が法律違反主体とみなされる場合に，である。歴史的には，人びとに害を及ぼした企業は民事裁判で訴えられるか，政府により規制されるかのいずれかであった。学者たちは，これらの矯正対策は効果がなく（企業は害を及ぼし続けた），公正でない（なぜ強盗は刑務所へ送られるのに，価格操作をする企業幹部はそうではないのか）として非難した。刑法の上位階層による悪事を抑止する法的能力には疑問が残るものの，多くの犯罪学者はその適用を拡大することと，企業幹部を収監することは正当であると論じた。今日，バーナード・マドフやエンロンの幹部ジェフリー・スキリングのようなホワイト・カラーの犯罪者が長期刑を受けることは，もはや珍しいことではなくなっているというのは示唆的である。

第三に，十分とはいえないまでも，学者たちはホワイト・カラー犯罪の理論を発展させた。一つのアプローチは，上位階層の犯罪を説明するのに既存の犯罪理論を用いたことである。もし「一般理論」（general theory）の観点に立つとすれば，犯罪者の階層には関係なく，すべての犯罪が説明されなければならない。別のアプローチは，ホワイト・カラー犯罪は多くの場合，企業や他の機関における合法的な仕事の一部として，独特な状況において発生する，と捉えることであった。街路犯罪のように個人的な利得のためだけではなく，企業の利潤や利益を高める目的でも犯罪は犯されるかもしれない。学者たちは，こうした特別な状況を考慮に入れた「特殊理論」（specific theory）が必要とされている，と論じた。

この章ではホワイト・カラーの犯罪の理論に焦点をあてる。特殊理論と，必要に応じて一般理論の両方を議論する。章は「ホワイト・カラー犯罪の父」であるEdwin H. Sutherlandの先駆的な仕事の検討から始める。続いて四つのセクションでホワイト・カラー犯罪についての現在の考え方を検証する。(1) 組織文化理論（organizational culture theories），(2) 組織緊張・機会理論（theories of organizational strain and opportunity），(3) 中和理論（neutralization theory）と合理的選択理論（rational choice theory）を含む，犯罪の意志決定，(4) 国家－企業犯罪理論（state-corporate crime theory），である。最後にホワイト・カラー犯罪の統制理論の意味するところを考えたい。

I ホワイト・カラー犯罪の発見： Edwin H, Sutherland

ホワイト・カラー犯罪は，学者たちに社会の上位階層で起こる犯罪に注意を向けさせたという意味では，Edwin H. Sutherlandによって「発見された」と言えるだろう。

この節では，私たちはまずSutherlandが犯罪行為に関する当時の慣習的な見方や説明の仕方を批判するために用いたホワイト・カラー

犯罪の概念について，その歴史的な端緒を議論することから始めたい。また当時の学者として，なぜSutherlandが上位階層の犯罪やその有害な結果に注目する見識と勇気を持つことができたのかを見ていきたい。そしてなぜSutherlandのホワイト・カラー犯罪の独特な定義には議論の余地があるとされ，今日の犯罪学者が採用している概念的定義にとってその理論的含意がどれほど重要であるかについて，探っていく。最後に，ホワイト・カラー犯罪の説明にSutherlandがどのように分化的接触理論を用いたか考察する。その際，彼は貧困やそれを招くと言われている特徴（例：知的障害）が犯罪の原因であるとする競合する理論の不備を論じた。一方でSutherlandは，貧富を区別せずに犯罪を説明しているという理由で，分化的接触理論は一般理論であると主張した。

1. フィラデルフィア講演

Gilbert Geis（2007）は述べている。

「ホワイト・カラー犯罪」という語は，詩人W. H. Audenが「ひどく憂うつな10年」と述べた，米国が10年にわたる過酷な経済不況の苦痛に悩まされていた1939年のクリスマスの2日後のフィラデルフィアの凍てつく風の強い冬の夜，英語に加わった。

12月27日水曜日，Edwin Sutherlandは，米国経済学会会長のJacob Vinerが発表を終えた後に，同学会と米国社会学会の合同会議の会長講演を行うために登壇した。インディアナ大学の教員であったSutherlandは，ASS（the American Sociological Society 米国社会学会）の会長を務めていた（学会はのちにその名前をthe American Sociological Associationに変更し，堂々と略称ASA！を名乗るようになる）。彼の講演はその後まもなく，1940年2月，American Sociological Reviewに掲載された。これは次に我々がその一部を引用するが，重要な記録である。

1949年，Sutherlandはフィラデルフィアでの講演を，彼の古典的著作 White Collar Crime（不思議なことに，WhiteとCollarのあいだにハイフンが使われていない）の中でも取り上げている。犯罪者呼ばわりされたと企業が訴訟を起こすかもしれないという出版社（Dryden Press）の危惧もあり，Sutherlandはこの巻では企業名は削除している。名前を載せたこの本の"ノーカット版"は，1983年にGilbert GeisとColin Goff編集のもと発行された。我々はここではこの版から引用する（Sutherlandの説明については，Gaylord & Galliher, 1988；Geis, 2007, 2010；Geis & Goff, 1983, 1986；Mutchnick, Martin, & Austin, 2009；Sheptycki, 2010；Snodgrass, 1972を参照のこと）。

1939年のフィラデルフィア講演までに，Sutherlandは熱心に10年以上にわたる期間の，専門職（医師，弁護士）や政治家，実業界の人間による不正行為に関するニュース記事を集めていた（Geis & Goff, 1983）。経済学者と社会学者の合同大会は聴衆にとって，彼が「ホワイト・カラーの犯罪」と呼ぶものについての見解を共有するにはこの上もない絶好の機会であった。彼はフィラデルフィア講演をこのように始めた。

この論文では，ビジネスに関連した犯罪について扱っている。経済学者はビジネスの方法にはよく精通しているが，犯罪という視点からそれを考えることには慣れていない。多くの社会学者は犯罪に精通しているが，ビジネスにおいてそれが表出すると考えることに慣れていない。これは二つの学問を統合しようとする試みである（1940, p.1）。

そして次にSutherlandは，「社会的地位のある，あるいは少なくても正業や専門職に就いている，上位階層あるいはホワイト・カラークラスにおける犯罪と，社会経済的地位の低い人びとの犯罪とを比較」していることを明らかにした（p.1）。要するに，彼は「ホワイト・カラー」を身にまとう，現役の地位の高い人びとの違法行為について調べたいと願ったのである。

Sutherlandはこのすぐ後に，ホワイト・カラー犯罪に注目することは「犯罪行為の理論を発展させるためであり，醜聞を暴いたり，犯罪学以外のものを変えようとする目的ではない」と付言している（p.1）。20世紀のはじめで言えば，Ida Tarbell，Upton Sinclair，Lincoln Steffens，Charles Russellなど，醜聞を暴いた人たちは，政治腐敗や，産業界の権力を持った指導者たち（いわゆる悪徳資本家（robber barons））の労働者や社会を餌食にするやり方の暴露記事を書いた。Harvey Swados（1962, p.9）によれば，彼らは「米国資本主義の裏側」を明らかにすることに成功した。シカゴの食肉加工業の非衛生的な習慣と，劣悪な労働状態を暴露したUpton Sinclairの『暗黒の労働』（The Jungle）(1906)は，この種の調査報告としておそらく今日最もよく知られた例である。これらの活動家たちは，テディ・ルーズヴェルト大統領に陰口で「スキャンダル暴露人」と呼ばれた。かつてはその支持者であったにもかかわらず，大統領は米国上院議会での政治的提携が彼らに叩かれたことに腹をたて，また一般市民が大企業を嫌うようになるかもしれないと恐れた（Brady, 1989）。1906年4月14日のワシントンD. C.のグリディロンクラブでのスピーチで，ルーズヴェルトは「天路歴程」（Pilgrim's Progress）から一節を引用し，彼らの否定的態度を批判した。

皆さんは，バニヤンの「天路歴程」の中の肥やし熊手を持った男の記述を思い起こすかもしれません。肥やし熊手を手に持って下ばかり見ている男，その肥やし熊手に天冠が与えられても，その天冠を見ようともせず，床のゴミをかき集めてばかりいる男です。……そして彼はまた，あらゆる高尚なものを見ることをいつも拒絶し，その真面目くさった熱心さで，卑しく品のないものにだけ目を向ける人間の典型でもあります。卑しく，品のないものをひるまずに見ることはとても大事なことです。床にゴミはあり，それは熊手でかき集められなくてはなりません。そしてすべてのサービスには，それが最も必要とされるタイミング，場所があります。しかしながら，他に何もしない，熊手で集めた成果について考えも，話しも，書きも，保存もしようとしない人間は，すぐに助けではなく，最も強力な悪しき力の一つになることでしょう。(The Big Apple, 2010, p.5より引用, Brady, 1989；Swados, 1962も参照のこと)

フィラデルフィアでのスピーチで，Sutherlandは自分が不正暴きに関わっていることを否定したが，それは部分的には正しかった（まもなく，すべてがそうではないとわかるのだが）。彼には金持ちや権力者の違法行為を詳しく調べる犯罪学的な理由があった。社会的に解体したスラム地区にいる移民の若者に主に焦点を当てたShawとMcKayとは異なり，Sutherlandは長い間，さまざまな種類の犯罪者に夢中になってきた。彼の伝記である『職業窃盗者』（The Professional Thief）(1937)は，今日でも犯罪学者によく知られている有名な本である。しかしSnodgrass（1972, p.227）が指摘しているように，「Sutherlandが取り組んだ企業犯罪と窃盗のプロの研究は，彼の最も分かりやすく，よく知られた例に過ぎない。彼はまた事例を集め，リンチ，山賊やお尋ね者，インディアンの土地

の詐欺，カーニバルゲームのいかさま，誘拐，密輸，そして海賊行為などのような難しいテーマについても書いている」(p.227)。Sutherlandの学問的な関心は，提唱されたある犯罪理論が犯罪の多様性を説明しうるかどうか，という点にあった。もし説明できなければ，その理論が一般理論であるという主張は偽りということになる。彼は，自分の理論である分化的接触理論が多様な犯罪の種類を説明しうる，すなわち犯罪はすべて学習行動である，と信じていた（第3章を参照のこと）。

Sutherlandは個人の何らかの欠陥や病理によって犯罪を説明するような理論をとくに嫌った（Snodgrass, 1972；Laub & Sampson, 1991）。ホワイト・カラー犯罪を，犯罪が下層階級に起こる現象，すなわち犯罪は貧困あるいは「知的障害や精神病質的な偏倚，スラム環境や『崩壊』家族など，統計的に貧困と関連のある個人的，社会的な特徴」に結びついた現象である，とする説明を基礎にすることには問題があると彼は感じていた（1940, p.1）。明らかに，悪徳資本家や医師そして政治のボスたちは知的障害ではないし，失業地帯に住んでいるわけでもない！　だからこそ，既存の理論は極端に特定の階層に偏ったものであったし，誤っていたのである。Sutherland（1940）が痛烈に主張しているように，

この論文の主旨は，今まで述べられてきた犯罪の概念や説明は誤解を招くものであり，正しくないこと，すなわち実際のところ犯罪は貧困あるいは貧困に関連した精神病質，社会病質と密に相関するものではないし，犯罪行為の適切な説明はまったく異なる方向性で進められるべきである，という点にある。従来の説明は偏った対象から導かれたものであるために，原理的に正しくないのである。ここで扱う対象には犯罪多発地域や下層階級の人は含まれない。この論文では，今まで無視されてきた領域の一つ，企業家や専門職に就く人間の犯罪行為について分析をしていく（p.2）。

Sutherlandが自分の関心は厳密に犯罪学的なものであると主張する理由は他にもある。もしSutherlandが公然とスキャンダルを暴き出すような改革論者の立場をとっていたら，彼は米国社会学会の会長として，社会学が科学として，また学問として価値のある領域であると認められようとする試みにダメージを与えてしまったかもしれない。さらに，当時の大学教授は政治的に攻撃を受けやすかった。例えば，Sutherlandが仮釈放委員会を批判したことで，伝説的なFBI長官J・エドガー・フーバーはFBIの犯罪統計を彼に渡すことを拒否し，当局にSutherlandとは「一切コンタクトをとるな」と命じた（Geis, 2007）。それ以前には，悪徳資本家を批判したE. A. Rossが，その「危険な社会主義」を理由にスタンフォード大学を解雇されている（Geis, 2007, p.13）。

さらに，Sutherlandがフィラデルフィアにおいて，彼のホワイト・カラー犯罪を明らかにすることへの関心は，信用ある高い地位を悪用して人をだますような人間への嫌悪とは無縁の，まったく価値中立的な科学であると主張したときには，彼は本心を述べていないと一般には思われていた（Geis, 2007；Geis & Goff, 1983；Snodgrass, 1972）。実際，Sutherlandの講演は怒りを抑えるような口調であった。

彼は，「ペテン師」とか「詐欺」といった言葉を選び，ふつうの低い階層の犯罪者と同等と見なすことによって，「社会的地位のある」法律違反者たちをその台座から引きずり下ろそうとした。

Sutherland（1940）の上位階層の犯罪者に対

する軽蔑は，彼がフィラデルフィア講演のはじめの部分で，「19世紀後半の『悪徳資本家』がホワイト・カラーの犯罪者だったことは，**実際に皆さんも今やご理解いただけるでしょう**」（p.2, 強調は原著者による）と述べていることからも明らかである。「今日，ホワイト・カラー犯罪者は，『悪徳資本家』よりもただ人当たりがよく，欺瞞的であるに過ぎない」と彼は続けた（p.2）。彼らの無法ぶりは広範囲におよんでいた。「ホワイト・カラー犯罪はすべての職業にあり得る。それは，ある職業の人に『あなたの職業ではどんな不正行為が見られますか？』と何気ない雑談で尋ねてみることですぐにわかるかもしれない」とSutherlandは指摘している（p.2）。

実際，これら悪巧みは「アル・カポネが『合法的詐欺』（legitimate rackets）と呼んだものである」とSutherlandは言った（p.3）。想像するに，彼はこの蔑みに満ちた比喩を喜びながら言ったであろう。彼は「ビジネス界でよく見られる」違法な企てを次のように分類している（p.3）：

> ビジネス界のホワイト・カラーの犯罪は，企業の決算報告の虚偽記載，証券取引の操作，商取り引き上の賄賂，有利な契約や法制定を引き出すための公的機関への直接あるいは間接的な賄賂，広告やセールスマンシップにおける不当表示，資金の着服や悪用，商品の重さや大きさや品質表示のごまかし，税金詐欺，破産や管財人による管理下での資金の悪用，といった形を最もとりやすい。（pp.2-3）

Sutherlandはまた，上位階層の違法行為はほとんど損害を引き起こさない微罪に過ぎない，という弁明をかわすことにも熱心であった。以後の学者たちも自身の言葉で繰り返しのべてい

るように（Cullen et al., 2006），「ホワイト・カラー犯罪に関わる財務コストは，おそらく『犯罪問題』と従来見なされているすべての犯罪のそれの何倍にもなる」（pp.4-5）と彼は主張した。銀行員による使い込みのような単独犯，あるいは投資家をだます金融詐欺のような悪巧みにより，その損害は百万ではないにしろ，数十万ドルに上るかもしれない。その他の例として，Sutherlandはスイスの投資家イーヴァル・クルーガーについて述べている。彼のネズミ講（多数の投資家に43％の利益を約束していた）の上に成り立っていた牙城が世界大恐慌で崩壊，1932年に彼の命を奪う結果となった（Ivar Kreuger, 2010）。「1938年に市民の敵6人が強盗や掠奪により13万ドルを奪ったが，一方でクルーガーによって盗まれた（原文のまま）金額の合計は2億5千万ドル，その2千倍ちかくに上るとみられる」とSutherlandは述べている（p.5）。

しかしながら，恵まれた者が犯罪を起こすと，さらに有害な結果をもたらすことになる。Sutherlandは「ホワイト・カラー犯罪の財務コストはとても大きなものであるが，それよりも社会的関係へのダメージの方がより重要である。ホワイト・カラー犯罪は信用を破壊，不信を創り出し，それは社会のモラルを低め，大規模な社会解体をもたらす」と言っている（p.5）。それに比べて，「他の犯罪が社会の機構あるいは組織に及ぼす影響は比較的小さい」（p.5）。のちの学者は，これをホワイト・カラー犯罪の「社会的代償」を呼ぶことになる。

2. ホワイト・カラー犯罪の父となる

「ホワイト・カラー犯罪」を定義し，犯罪学研究の対象にしたという意味で，その発見になぜSutherlandが卓越した役割を演じることになったのか？　なぜ彼は「ホワイト・カラー犯

罪の父」として不朽の名声を得るような，その世代を代表する犯罪学者となったのか？　推測ではあるが，学者たちは「なぜSutherlandが」というこの問いへの答えは，彼の早い時期の生い立ちにあると考えている（Geis, 2007; Geis & Goff, 1983; Snodgrass, 1972）。Geis と Goff（1983, p.xx）が記したように，ホワイト・カラー犯罪に対する彼の見方の「感情的なルーツ」は，「Sutherlandがその初期を過ごした中西部の風土に深く関わっている」。

　1888年8月13日，ネブラスカのギボンにて「Edwin Hardin」は，権威主義で信心深い父のもと，家族7人兄弟の3番目として生まれた。父のGeorge Sutherlandは神学の学位を取得し，カンザスとネブラスカの大学で教え，またその中心的人物であった。その中には，1904年にSutherlandが卒業した保守的なバプテスト校であるグランドアイランド大学も含まれる。卒業写真には，フットボールチームでフルバックをしており「ユニフォーム姿の荒々しくて手強そうに見える」Sutherlandが写っている（Geis, 2007, p.27）。Snodgrass（1972, p.221）によれば，「Sutherland家の両親，とくに父親は，信心深い原理主義者であり，バプテスト派の禁欲的で厳格な慣習を実践していた」という。記録によると，Edwinはこの原理主義とその厳格な生活様式を拒み，喫煙，ブリッジ，ゴルフ，映画などの活動や趣味を楽しんだ（Snodgrass, 1972）。それでも彼の幼少期の経験は，おそらく彼にその上位階層の見方を形成する二つの永続的な影響をもたらした。

　第一に，Geis（2007, p.28）が指摘しているように，「Sutherlandは若い頃，間違いなく，ネブラスカでとくに強く支持されていた人民主義運動（populist movement）の原理に傾倒していた」。州の人民党は1890年に創立され，Sutherlandの成長期のほとんどを通じてネブラスカの政治を支配していた（Nebraskastudeis.org, 2010）。この運動は人権と保護を，労働者と農民に広げようとしていた。そして力のある企業が「産業の民主的統制」を危機に陥れるほどに，その富と権力を確固たるものにしようとすることもまた懸念されていた（Geis, 2007, p.29）。こうした人民主義的感情が，彼の企業倫理の考え方の中心にあった。Snodgrass（1972）によると，

　　彼のホワイト・カラー犯罪の理論は，ビジネスマンたちや企業，とくに現代の規模の大きな独占企業に対する，敵対的な見方に強く彩られている。彼の主な関心は，産業の集中，その集中によってもたらされる権力，そして経済システムと伝統的な社会秩序に与えるこれら企業の影響の大きさにあった。巨大な産業の集中は，犯罪行為，とりわけ独占禁止法への違反により生じた，というのが彼の見方であった。(p.269)

　第二に，誰に聞いても，Sutherlandは疑いようのない人柄と専門家としての高潔性とを持ち合わせており，こうした特性は，幼少期からのバプテスト派原理主義的な養育環境によるところが大きいと考えられる。Snodgrass（1972, pp.227-228）によれば，これはSutherlandの父がもたらした「シカゴの非行少年や犯罪者のほとんどが決して経験することのない幼年期の分化的接触」といえるだろう。彼は大人になっても「誠実さへの強迫的なこだわり」を持ち続け，「なぜすべての人は愛や誠実，献身，正直さといったCooleyの愛他的な基本概念と真剣に向き合わないのか理解できなかった」（Snodgrass, 1972, p.227）。Sutherlandは，うわべでは立派な態度を見せながらその裏で犯罪を犯すホワイト・カラーの犯罪者の偽善をとくに嫌悪した。

　Sutherlandが好んだのは，彼が「粋な

Conwell」（1937）と名付けたプロの窃盗犯やブロードウェイ・ジョーンズなど昔からのタイプの犯罪者であった。『職業窃盗者』（The Professional Thief）ジョーンズを取り上げたあと，Sutherlandは彼と親しくなり，彼らはその後数年間，互いに連絡を取りあったり，訪ねたりすることになる（Snodgrass, 1972）。

　実際，Kornhauser（1978）は，その文化的逸脱理論（cultural deviance theory）——これは彼女がSutherlandの分化的接触理論のアプローチに対して用いた呼び名だが——についての批評の中で，彼の仕事における「人民主義的感情の鎖」が彼の「倫理的中立性」を失わせることになったと論じている（p.201）。彼女の述べるところによれば，Sutherlandは「非行少年になるスラム地区の子ども」を「非行のサブカルチャーにあっても教化可能な，人柄のよいフレンドリーな若者」として，一方で「製品を誇大宣伝し，他にも多くの悪事に手を染めるような，独占禁止法を犯す金持ち」を「忌み嫌うべき者」として記述している（p.201）。「こうした感傷は，……研究という安寧な環境にいる，「ホワイト・カラー以外の犯罪には直接影響を受けない教授たちだけが持つことが可能な，贅沢なものなのである」と彼女は信じていた（p.201）。

　この最後のコメントは少々不適切だが，Kornhauserがこれを書いた当時は，まだ上位階層の犯罪の圧倒的な影響力が学者によって示され始めたばかりの時期であったということは考慮されてもいいであろう。しかしKornhauserが結論として，Sutherlandが金持ちではなく，貧しい法律違反者に対してだけ共感を示したと述べたのは正しかったと思われる。これが書かれた1940年代，Sutherlandは，犯罪が貧困層に階層特異的にみられるというステレオタイプな見方を打破することに奮闘していた。彼は，立派な地域社会の一員として日曜には教会に行き，他の住人には知られることなく，残りの日は掠奪的なビジネスに手を染めているような，狡猾な人間の世間体の仮面をはぎ取ろうとした。この意識変革のために，彼はホワイト・カラー犯罪を従来の典型的な犯罪と同じように位置づけるという戦略を用いた。そのポイントは，結局，ホワイト・カラー犯罪は街路犯罪と同じく単なる犯罪に過ぎず，それを実行する者は，街路犯罪者と同じく，単なる犯罪者でしかないということである。そしてひとたびこの二つが等価であると理解されれば，上位階層の犯罪者に特有の罪深さも暴かれる。すなわち彼らは，本当はそうであるのに犯罪者であることを素直に認めようとしないのである。

　このようにして，フィラデルフィア講演の2年前に出版された『職業窃盗者』において，Sutherlandは「多くのビジネスマンと専門職に就く人間が，論理的には窃盗のプロと同じように，〈職業〉活動としての掠奪行為に手を染めている」と記している（1937, p.207）。とりわけ，ホワイト・カラーとプロによる窃盗は，共に組織化されており，ときに巧みに違法行為を行い，他の職業と同様にそれで生計を立てている。決定的な違いがあるとすれば，上位階層の違法行為の特徴は，不誠実さ，偽善の程度が段違いに大きいことである。ホワイト・カラーの犯罪者は，頑なに故意であることを否定し，実際彼らが「犯罪者」であることを否定する（Benson, 1985；Conklin, 1977）。Snodgrass（1972）は「結果としてSutherlandは，一般市民と自身の両方を欺くホワイト・カラーの犯罪者よりも，その罪を自分でも認める窃盗のプロや，従来型の犯罪者に好意的であるように見える」と結論づけている（p.269）。

3. ホワイト・カラー犯罪の定義

1) ホワイト・カラーの犯罪者とは何者か？

1949年の著作『ホワイト・カラー犯罪』(White Collar Crime) の無削除版 (1983) の中で、Sutherland は「ホワイト・カラー犯罪は、おおまかにはその職業において高い社会的地位と信頼を得ている人間が犯す犯罪、と定義される」と主張している (p.7)。述べておきながら、説明されないままになっているという意味では少々奇妙なのだが、彼は「その概念は、限定的なものを意図しているのではない」と述べている (p.7)。むしろ、彼は「通常の犯罪学の射程には入らない犯罪に関心が向けられること」ことを望んだに過ぎない (p.7)。しかし彼が明確にしたのは、ホワイト・カラー犯罪は「仕事上の手順の一部」となっているような犯罪のみを指しているということである。上位階層の市民が関与した他の違法行為、殺人や中毒、あるいは姦通といったものは除外されている (p.7)。

つまりホワイト・カラー犯罪には二つの本質的な要素がある。一つ目は犯人についての要素で、犯罪者は高い地位にある者でなければならない。二つ目は犯罪行為についての要素であり、犯罪は職業に基づくものでなければならない。この概念化の価値は、Sutherland が従来ほとんど無視されてきた不法行為、すなわちより多くの富や権力を得るために金持ちや権力者がその職業的地位を利用するような犯罪の領域に対して、学者たちを敏感にさせたことにある。しかし Sutherland のホワイト・カラー犯罪の定義の仕方は、我々にはおおむね受け入れられているものの、批判にさらされている。例として、横領罪を取り上げてみよう。一見して、これはホワイト・カラーによる違法行為の典型のように思えるかもしれない。しかしながら、銀行員による1年で2万ドルの横領と、銀行幹部による1年で50万ドルの横領を比較する場合、状況は複雑である。批評家はこれらは同じ犯罪だと主張するであろう。結局、どちらも横領であると。しかし Sutherland 派は、この議論にはホワイト・カラー犯罪の概念の本質的なポイントが抜け落ちていると反論するだろう。犯罪者の要件、すなわち高い地位にある者ということが、その構成概念を有意義なものにしている。つまり、幹部による横領は一般行員によるそれとは質的に異なるのである。出納係による小口の着服はそれには含めず、信用と守秘を隠れ蓑にした大金の詐欺などがこれにあたる。率直にいえばこの論争には答えはない。重要なことは、学者が用いているホワイト・カラー犯罪の定義に、犯罪者の要件が含まれているか否かを、見きわめることである。

実際に実証的な研究を慎重に検証すると、重要なことがわかってくる。(強盗や侵入窃盗などの) 日常的な街路犯罪ではないという意味においてあたかもホワイト・カラー犯罪かのように見なされている犯罪の多くが、実際には、地位の高くない、その一部は失業者であるような犯罪者によるものである。Weisburd と Waring (2001) によるホワイト・カラー犯罪者の経歴に関する重要な研究を例にとろう。ホワイト・カラーの犯罪を「詐欺や偽装、共謀などの組み合わせ」による経済犯罪と定義し、彼らは八つの連邦犯罪への関与を検証した。すなわち「独占禁止法違反、証券詐欺、郵便と電信詐欺、不正請求や虚偽の申し立て、貸付詐欺、銀行の横領、所得税詐欺、贈収賄」の八つである (2001, p.12)。上位階層の犯罪者によるこうした行為は Sutherland の頭にあっただろうか？ おそらくなかったと思われる。この犯罪者の3分の2は、企業のオーナーでも幹部でもない。我々の計算によると、4分の3近くは大学の学位を持たず、5分の3以上は資産ではなく債務を抱えており、約45%は定職について

いなかった。さらには，2件以上の犯罪で逮捕された者のうち，ホワイト・カラー犯罪のみを犯した者はわずか（15.1%）であった。

WeisburdとWaring（2001）は以下のように結論している。

多くのホワイト・カラー犯罪は，その条件に，確立された職業的地位やエリートの社会的地位を必要としない。これら犯罪の多くは，高度な技術は必要としない。貸付やクレジットカード機関の詐欺は，銀行でローンの申込用紙を記入する者によって行われるかもしれないし，税金詐欺は国税庁の書類を完成させる（あるいはそれができなくても）者によって行われるかもしれない。郵便詐欺は，場合によって，電話あるいは郵便切手よりは多少の技術を要する。（p89，強調は原著者による）

WeisburdとWaringは犯罪の重要な領域，すなわち脱工業化した米国の金融およびサービス経済の中でますます増加した違法行為に明確に焦点をあてている。しかしこれらの詐欺や悪事のすべてを「ホワイト・カラーの」と呼ぶのは，Sutherlandがそれに込めた中心的な意味を奪うことになる。しかし残念ながら，術語の用法に判断を下すような犯罪学の法廷は存在しない。結局，学者たちはその構成概念を好きなように使うことができる。このため，それは買い手（ここでは読者ということになるが）の意識の問題ということになる。

繰り返しになるが，学術的な著作を読む際には，そこでホワイト・カラー犯罪の概念がどのように定義され，その中でどのような犯罪者が取り上げられているかを理解することが重要である。最も注目すべきことは，この定義上の決定には，理論的に非常に大きなものが含まれている可能性があるという点である。Sutherlandが上位階層の職業上の犯罪に焦点をあてたのは，典型的な貧困に関連した悪い特性ばかりがすべての犯罪を引き起こすわけではない，ということを示すためであったことを思い出そう。しかしホワイト・カラーの定義を広くとり，例えば大学の学位をもたない非正規雇用の労働者もこれに含めるとすれば，個人の悪しき特性にこだわる理論が，ホワイト・カラー犯罪を説明するものとして経験的な支持を得るかもしれない。まさにこの議論では，第6章でみてきた，GottfredsonとHirschiの低自己統制理論がホワイト・カラー犯罪にもあてはまるかどうかが問題になっている。低い階層の犯罪者を含む広い定義を用いることで，GottfredsonとHirschiは彼らの「一般理論」がここでもあてはまると主張している。つまり，他の違法行為者と同様に，ホワイト・カラー犯罪を犯す人間は自己統制力が低いのだと。

しかしながら批評家は，この観点はSutherlandが記述したある種の上位階層のホワイト・カラー犯罪を説明するのには不十分である，と指摘している（Simpson & Piquero, 2002も参照のこと）。このような犯罪機会のある経営的な地位にまで昇りつめるためには，低自己統制ではなく，相当な自己統制を発揮しなくてはならない。まずは教育の場で（よい成績を取り，大学を卒業する），そして次には職場で（毎日出勤し，よい業績をあげる）。典型的な低自己統制の者に一般的な逸脱，例えば犯罪とほぼ同等な逸脱行為（例：薬物使用）への関与が明らかな一方で，彼らが出世コースにとどまり続けられるとは考えにくい。さらに，他のビジネスの実践と同様，ある種のホワイト・カラー犯罪には自己統制，すなわち，例えば価格操作など，時間をかけての違法な資金計画とその管理能力が必要となる（Friedrichs & Schwarts, 2008を参照のこと）。自己統制あるいはおそら

くリスクをいとわない傾向のような個人の特性が，ホワイト・カラーが法を犯すか否かを分けるのかどうかははっきりしない。しかしここで重要なのは，ホワイト・カラー犯罪はどのように定義され，どんな人間がその例としてある理論に合致して不正を働くのか，という点である（Stadler, 2010 も参照のこと）。

2）ホワイト・カラー犯罪とは何か？

犯罪とは単純明白に，刑法を犯す行為である。しかし Sutherland の理解のように，金持ちや権力者の犯罪となると単純明白とはとても言えなくなる。例えば，それが使用され，消費者が死亡する結果になるような製品を企業が故意に市場に出すことは犯罪だろうか？

1978年，10代の少女3人——二人の姉妹と遊びに来ていたそのいとこ——が，フォード社のピントという車の火災事故で亡くなった。ピントは追突による火災を繰り返していたことがよく知られていた（Dowie, 1977）。その車のガソリンタンクは，後ろのバンパーからわずか6インチのところに取り付けられており，衝撃が加わり前方に押し出されると，差動歯車枠のボルトにより破損する危険があった。ガソリンが人が乗る座席部分にも漏れ，爆発火災が起こるのである。インディアナ州エックハートの地方検事，Michael Cosentino は，小型トラックに後ろから突っ込まれて彼女たちの車は爆発炎上しており，少女たちの死はフォードに責任があると考えた。しかし危険な製品を市場に出した企業の刑事責任を追求するような殺人罪の法律はなかった。その代わりに Cosentino は，企業を起訴するためにインディアナ州の車使用にともなう重過失致死罪の法律を斬新的に活用した。

しかしフォードは，この法律は，例えば直接引き金を引いた個人に適用されるものであり，合法的な製品を販売している企業を対象としたものではないと反論した。またフォードは，ピントを製造する上で連邦政府の安全基準には何も違反しておらず，連邦政府の規制を遵守している企業体に州の刑法を適用しようとするのは憲法違反であると主張した。フォードは，米国憲法の優越条項下では連邦政府の規制管理は個々の州によるいかなる刑事裁判にも「優先」し，それを無効化する，と述べた。結局，Cosentino は成功と失敗の両方を経験した。彼はフォードを刑事訴訟の場に立たせ，欠陥商品の販売により企業は殺人のような暴力犯罪の適用をも含む刑事制裁を受ける可能性があることを世間に知らしめた，という点では重要な闘いに勝利した。しかしながら法律の細則上の困難と，潤沢な資金のある手強い相手を前にして，彼は重過失致死罪によるフォードの有罪判決を勝ちとることはできなかった（Cullen et al., 2006）。

フィラデルフィア講演とそれに続く著書『ホワイト・カラー犯罪』の中で，Sutherland はまさにこの問題に直面している。もし企業やその従業員が他人を経済的あるいは身体的に傷つけたとしても，それは犯罪になるのだろうか？すでに述べたように，もし完全に統制されるとすれば，ビジネスによる損害の多くは伝統的に二つの法的システムによって対処される。すなわち，一般市民が損害に対する賠償を求める民事訴訟と，政府の監督官庁による規制の強化である。この難題，つまり歴史的にはそのようには扱われてこなかったが，犯罪かもしれない不正行為についての Sutherland の反応は次のように二つの要素からなっている。彼は，犯罪学の境界が問題であることを理解していた。何がこの学問分野の主題として重要なのであろうか？

第一に，上位階層の犯罪者には，どのような法案を成立させ，誰にそれを適用するかを

方向づける権力があるために刑事処罰を逃れている，とSutherlandは述べている．要するに，彼らのもたらす害悪がはっきりと違法とは見なされないこと，あるいは仮にそうなっても民事または規制制度によって処理され，収監の可能性のある犯罪としては訴追されないと彼らは確信しているのである．「彼らはその社会的地位により，何が法令に加わり，また彼ら自身に影響する刑法をどのように施行，管理するかを決定する上で大きな発言権がある」と彼は述べている（1940, p.8）．第二に，彼を批判する人たちの一部が論じるように，ある行動が犯罪にあたるかどうかの主な基準は，その人間に犯罪の有罪判決が正式に下るかどうかではない（Tappan, 1947；Orland, 1980 も参照のこと）．このような立場をとれば，犯罪学は刑事責任を逃れている金持ちや権力者の力に影響を受けていることになる．Sutherlandは巧みにこれに答えている．「実際の有罪判決ではなく，有罪可能性が犯罪性の判断基準であるべきである」（p.6）．このように，どのような行為が訴追されるかにはかかわらず，ある行動がそれを犯罪とする刑法の下で，**罰せられる可能性がある**，ということが重要なのである．

Sutherlandはその後の著書『ホワイト・カラー犯罪』では，この定義を拠り所にしている．これはおよそ45年間にわたる「製造業，鉱業や商社など70の大企業」の犯罪性を研究した本である（1983, p.13）．彼の1949年の本は，訴えられる恐れもなくなったことから，企業名を復元して1983年に再版されていることを思い出しておこう．この著書は本書でも引用することになる．彼は，民事や刑事裁判，監督官庁により企業の不正行為が認められた判決の数と，決着した事例について検証した（詳細は，Sutherland, 1983, p.15を参照のこと）．**企業犯罪**をこのような方法で調べることは，刑事責任が立証されてもいない判決を用いていることから批判を受けるかもしれない．さらには，多くの犯罪行為はそもそも被害者や検察官，取締官に気付かれないために，Sutherlandの統計では間違いなく，違法行為の程度が非常に低く見積もられている．

Sutherlandはその70の企業に対して980の判決が下っていることを発見したが，これは平均するとそれぞれ14の違法行為があったことを意味する．ほとんどすべてに近い97.1%の企業が，二つあるいはそれ以上の不利な判決を下されている．これらの結果から，彼は「プロの窃盗犯と同じく，企業の犯罪行為は絶えることがない．つまり，その犯罪者の大部分が常習犯である」と結論している（1983, p.227）．さらに続けて，「法を犯したビジネスマンに適用された公式な手続きのうち，彼らを更正したり，あるいは他のビジネスマンの同じような行為を抑止するのに有効だったものは何一つなかった」としている（p.227）．彼の分析が有罪判決の例に限定されているとはいえ，対象の60%は，平均して各々四つの有罪判決を受けていることが明らかになった，とSutherlandは述べている．「多くの州では，四つもの有罪判決を受けた人間は，法律上『常習犯』と定義される」と彼は痛烈に断言した（p.23）．そして，その後の研究も同様の結果を示している（とくにClinard & Yeager, 1980を参照のこと）．

Sutherlandは意図的に言葉を選んだ．彼は社会的地位の高さや信用が犯罪関与を遠ざけるという神話が誤りであることを暴こうとした．彼の考えでは，スラム地区の街路犯罪者たちに適用される分類が，企業で役員を務める犯罪者にも同じようにあてはまるという．彼らは繰り返し法を犯すために，「常習犯」や「習慣的犯罪者」という汚名を得るのである．Snodgrass (1972) は，Sutherlandが『ホワイト・カラー

犯罪』の初期の草稿で，ある章に「生来性犯罪者としての企業」(The Corporation as a Born Criminal) というタイトルさえつけている，と記している (p.268)。Snodgrass (1972) が引用しているように，Sutherland は「生来性犯罪者」という術語——これはもちろん Cesare Lombroso によって有名になった語だが——を選んだことを次のように正当化している：

　以下に示される分析によって明らかになったことは，これらの企業のおよそ半分はもともと犯罪的なのであり，そのため「生来性犯罪者」と呼べるかもしれない。ただそれは，犯罪性の遺伝という Lombroso 的な意味からではなく，発足後まもなくから，その構想と組織化において，あるいはその行動において，法を犯す意図をともなう行動が明らかに認められる，という意味においてである (p.268, fn.67)。

4. ホワイト・カラー犯罪の説明

　繰り返しになるが，Sutherland は三つの目的でホワイト・カラー犯罪の概念を考案し，その実態について書いている。第一に，彼は心の奥底に秘めた革新主義あるいはスキャンダル志向に触発され，金持ちや権力者の犯罪を犯罪学の射程に収めようとした。彼は同僚の学者たちが，上位階層の犯罪に注目し，その犯罪者が通常の犯罪者と何ら変わらず，同種の烙印や刑罰を受けるのがふさわしいことを示してくれることを望んだ。第二に，貧困に関連すると仮定されている個人の特性に注目することによって犯罪者を病理化しようとする理論が誤っていることを示そうとした。ホワイト・カラー犯罪者が存在すること，まさにそれ自体が，こうした階層に偏った理論的枠組みへの反証となるのである。ハーバード大学を出て大企業の上役であるようなホワイト・カラー犯罪者に直面すれば，知的障害が犯罪の主な原因であると論じるのは困難である。第三に，Sutherland はこれを機に，その原理が広くすべての型の犯罪を十分に説明するような統合的な一般理論の発展にも通じる，自身の犯罪研究のアプローチをアピールしようとした。もちろん，この全体的な観点は彼の分化的接触理論であり，先の第3章でシカゴ犯罪学派について論じた通りである。ここで Sutherland のホワイト・カラー犯罪についての説明を見てみよう。

　Sutherland は「ビジネス界の人間は，この意味でおそらくスラム地区の人間に比べ，より犯罪的 (criminalistic) である」と主張している (Snodgrass, 1972, p.268 より引用)。これはどういうことであろうか？ Sutherland (1983) が言うには，結局，ホワイト・カラーの職に就いているのは「よき家庭」と「よき隣人」の出で，「非行に関する公的な記録」が何もない人たちである (p.245)。しかしビジネスあるいは専門職の世界に入ると，彼らは徐々に生まれ育ったそれまでの社会から隔絶される。古い考え方，古いモラルは新たに学んだものごとのやり方に置き換えられていく。つまり違法なスキームを可能にするような状況や技術がどのようなものかを彼らに教え込むホワイト・カラー労働者との分化的接触を経験するようになる。実際，新しく職につくと「理想主義の，他者への思いやりもある若者がホワイト・カラー犯罪へと誘導される」(p.245)。彼 (Sutherland の時代には，実際にすべて男性であった) は，非倫理的な実務を管理職に命令されたり，同僚から学ぶ。彼は法律を犯すことを正当化するようなイデオロギーを教えられる。「『我々は自分の健康のためにビジネスをしているのではない』，『ビジネスはビジネス』，『至福の上に成り立つビジネスなどない』，といったフレーズである」(p.245)。より理論的に言えば，

ここで示されている仮説は……，他の組織的な犯罪と同様，ホワイト・カラー犯罪は学習されるものであるということ，すでにその行為を実際に行っている者との，直接または間接的な関係の中で学ばれるということ，そして，これらの犯罪行為を学ぶ者は，法を遵守する者との頻回，親密な接触からは分離される，というものである。ある人間が犯罪者になるかどうかは，主に二つのタイプの行為のどちらと，より頻回，親密に接するかによって決定される。これは分化的接触過程と呼ぶことができるかもしれない (Sutherland, 1940, pp.10-11)。

　ビジネス界を含め，犯罪の慣習は，**社会的な秩序が解体**している区域において生じ，そして伝達される，とシカゴ学派が議論していたことを思い出そう。これらの区域では，犯罪のための組織は強くなる（例，少年ギャング，大人の不正な商売）一方で，伝統的な制度は弱い（例，崩壊家庭）。Shaw と McKay は，遷移地帯は社会的秩序が解体している地域であり，そこでは犯罪の伝統が強固に定着し，伝達される，と主張した。こうした環境で育った若者は，このようにして犯罪の価値観や技術に分化的に接触，これを学習することになった。重要なのは，Sutherland が上位階層についても同様の議論をしたことである。米国のこの層もまた社会秩序が解体している，と彼は主張した。犯罪に抵抗する力が弱く，一方で犯罪へと向かう力は強いのである。理論的な原理は，金持ちの犯罪も貧しい者のそれも同じである。ただその内容が異なるだけである。

　Sutherland はホワイト・カラー犯罪への抵抗力がなぜ弱いのか，について四つの理由を挙げた。第一に，彼らのコミュニティにおける高い社会的地位のために，一般市民——少なくとも Sutherland の時代には——は，ビジネスマンや専門家を「犯罪者」とは考えないのである。従って，市民はホワイト・カラーの悪行に対し，立ち上がって法の執行を求めるようなことをしない。第二に，自由放任の資本主義イデオロギーの浸透により，これを Sutherland (1983) は「アノミー」と呼んだが，一般にビジネス実践への不干渉が正当化されることとなった。彼が述べているように，有害な経営を規制しようとすると，産業界から「共産主義的」だとして非難の声が上がる (p.255)。第三に，ビジネスはその影響力を駆使して，それを統制しようとする試みを妨害する。これは，上位階層の有害行為への制裁が刑法に盛り込まれないようにしてしまう力の中に見ることができる。また産業界と政界のエリートたちの間には「親交」があり，これが違法行為を阻止する役人の動機を弱めてしまう (p.256)。第四に，ホワイト・カラー犯罪の潜在的被害者は，加害者に比べ無力である。「消費者，投資家そして株主は，組織化されておらず，専門知識に欠け，自らを守ることができない」と Sutherland (1940) は述べている (p.9)。実際，「それはまるで，赤ん坊からキャンディーを盗むようなものである」(p.9)。

　一方，ホワイト・カラー犯罪は「組織化された犯罪」である。Sutherland (1983) は「企業の行動は，暴徒化した群衆の行動に似ている」(p.235) という。一般市民や法の執行者（法廷，監督官庁）を混乱させる行動をとる以上に，ビジネス企業は犯罪のために組織化されている。Sutherland は，この犯罪の組織化について，四つの重要な特徴を挙げている。第一に，企業は新しい従業員に犯罪的な文化を伝え，発展させ，援助している。この文化は，行政や取締機関の軽視や，良心や恥の感情が中和されるような違法業務の価値づけ，そして違法行為を真の犯罪ではないと再定義するような合理化を含んでいる。第二に，企業は内部と他の企業と

の間の両方で，違法行為の計画，実行を企てる（例，虚偽の広告，価格設定）。第三に，企業の法人格により，ホワイト・カラー犯罪の加害者は匿名のまま，また刑事責任は組織の中でさまざまな職員にまたがって分散するようになっている。このため特定の個人に刑事責任を課すことが，不可能とは言えないまでも，困難である。最後に，企業の合理性——結局，ビジネスの目的は利益を生むことである——に押されて，それは密かに実行可能であり，弱者（すなわち，犠牲になっていることに気づかない消費者や対抗する手段のない人びと）を犠牲にするような違法なその業務を不道徳にも選択している。ビジネスの合理性は，単に「技術的な効率」を上げるために用いられるのではなく，「目的のためには手段を選ばないマキャベリ的イデオロギーや方針」を企業に植えつけながら，「広告や営業，プロパガンダ，ロビー活動などによって人を操作すること」をますます目指すようになっている。最後に，Sutherland（1983）は，自分の分析が「企業による法律違反は，計画的で組織化された犯罪だという結論を正当化している」と述べている（p.239）。

　要約すれば，フィラデルフィアの講演に始まり，Sutherland は犯罪学に決定的な影響をもたらした。Geis と Goff（1983）が書いているように，彼によるホワイト・カラー犯罪の概念の導入は，「犯罪学者が以前は無視してきた法律違反の型に注目を集めさせることにより，根本的に世界中の犯罪研究を変えることになった」（p.ix）。学者たちが第二次世界大戦の後，60 年代と 70 年代の混乱期，社会的不正や犯罪がどのように「金持ちをより裕福にし，貧しい者は刑務所に行かせる」ようになっているのかについて敏感になるまでの間，学者のホワイト・カラーの犯罪への関心は，低いとは言わないまでも，高くなかった。犯罪学者が Sutherland を再発見し，次第にホワイト・カラー犯罪の原因を探求し，理論を発展させた。次にこうした学者たちの仕事の成果を見てみよう。

II　組織文化

　不朽の業績である Edwin Sutherland のホワイト・カラー犯罪へのアプローチは，合法的な企業内の文化がどのように犯罪因的となり，従業員へと浸透していくのか，ということについて我々を敏感にさせる。その後の学者たちはこの文化の起源と性質について研究した。犯罪文化は，一般的に，あるいは特定の状況において法律違反を容認，助長しているような諸定義からなっている。突き詰めると，犯罪的な定義というのは，従業員に「これらのばかばかしい法律は全部無視してよい」または「この法律は破ってよい」（例：価格を設定する，あるいはこの安全基準を無視してよい）と教えるようなものである。またそれらは，ある種のリスク——経済的あるいは健康に関連するような——は「それほどひどくない」ので無視すべき，と従業員に教えることでその過失行為を助長しているかもしれない。ここでは，Sutherland 学派の三つの理論的観点について考えてみよう。

1．非倫理的な文化

　Sutherland や他の何人かの学者（例，Gilbert Geis）と共に，Marshall Clinard はホワイト・カラー犯罪の研究がかたちとなる上で決定的な役割を演じた。Clinard（1952）が書いているように，彼はシカゴ大学の大学院生だった時に，Sutherland によって初めてこの領域への関心をかき立てられた。厳格な信心深い伝道者というわけでもないが，Clinard の上位階層の犯罪についての見方は Sutherland の影響を強く受けている。とくに，Clinard はそのキャリアを，

企業内の多様な道徳的風土との分化的接触がどのようにホワイト・カラー犯罪の主な原因となるのかについての研究に費やすことになった。

古典『ブラック・マーケット』(The Black Market) において，Clinard (1951) は第二次世界大戦中の価格管理局 (OPA) による規制に対する違反について調査している。インフレを回避するために，家賃や乏しい食料，一般消費財にはその価格に上限が決められた（インフレによって戦費がかさんでいたために）。すべての市民が平等に製品（肉，砂糖，靴，ガソリンなど）を手に入れられるように，と配給も開始された。国家の安全が不安定な状況で，愛国心がこうした戦時の規則を万人に受け入れさせるようになると期待された。しかし実際は違った。それどころか企業は，広く組織的に，これらOPAの規則を破ったとClinardは報告している。例えば，価格管理下にある牛肉の割り当てを得るために，違法収益を求める卸売業者は小売店に過小出荷の容認，リベートの支払い，あるいは規制を受けていない製品（ソーセージなど）の購入を要求した。

Clinard (1952) は，OPAの価格違反が「ギャングやビジネスの胡散臭い一面」(p.293) ではなく，業界全体で広く行われていたことを反映していたと主張している。すなわち，中にある2-3個のリンゴではなくて，樽全体が腐っていたと。これら詐欺的な悪巧みのいくつかは，戦争より前に，別の状況で使われ，またあるものはOPAによって課せられた価格統制を免れるために新しく考案されたものだった。「闇市場の広範さと違法行為の多様さ」を考慮すれば，その不法行為は「主としてサブカルチャー的な伝達」によるものである，とClinardは結論づけた (p.229)。OPAの規則を破るテクニックは，他のビジネスマンとの会話の中で知られ，法律を破るのに都合のいい定義づけがビジネスコミュニティの中で強化された。このため政府規制は「ばかばかしい」とはねつけられ，法律違反者たちは他の企業幹部と共にその地位を失うことはなく，そして業界の人間は互いに「告げ口」や密告をしないというコンセンサスが存在していた (pp.304-347)。Clinard (1952) はSutherlandの口調をまねて述べている：

> 闇市場の違法行為の多くは，他者との接触において学習された行為にその起源があるようにみえる。すなわちそれは，この分化的接触により同様に伝達された，法を犯すことを支持するような合理化や状況が部分的に明らかな，倫理にもとる非合法的な実践である (pp.298-299)。

1980年，Peter Yeagerと共にClinardはもう一つの古典的研究，『企業犯罪』(Corporate Crime) を著した。Sutherlandが用いた方法をそっくり真似たわけではないのだが，この研究は『ホワイト・カラー犯罪』の要旨を再現したものとなっている。ClinardとYeagerは1975-1976年の2年間，米国の最も大きな公営製造企業477の違法行為について調べた。彼らは25の連邦機関による，これら企業に対する刑事および民事訴訟，行政措置の数を記録した。彼らは，自分たちの方法では，特定されていない違法行為の多くが漏れてしまうことに気づいた。それでも，5分の3 (60.1%) の企業が少なくとも1回は処分を受けており，対象企業の平均では2.7件の違反事例が認められた。驚くべきことに，わずか8%の企業で違反全体の52%を占めており，これら企業では平均23.5件の高率な違反があったことが分析により明らかになった (Clinard & Yeager, 1980, p.116)。この最後の所見についてはまた触れることになるだろう。

『企業犯罪』の中で，ClinardとYeager (1980)

は企業組織がどのように違法行為を促進するのかを考察した。彼らの視点の鍵となる要素は，「企業の文化」である（p.58）。その内部文化が二つの要素により違法行為のきわめて重要な原因となっている。第一に，この文化は「法律違反に関する企業防衛」にあふれている（p.68）。これらは，企業を規制する法律は選別した上で守るものであるという理由を明示した信念あるいは「正当化」である。例えば，自由企業制では政府規制は違法なものになる，という考えもこれに含まれる。他のそのような防衛には，利益を生むなら違法行為は許容されるといった考えや，さらには，規則が複雑すぎて遵守できず，法律違反は不作為による誤りである，とするものなどである。後のセクションで，こうした正当化もしくは無効化のテクニックについて再び取り上げる。

第二に，企業はこのような文化にその構成員を「洗脳」するようにうまくできている。従業員は「企業マインド」を信奉することで報われるような役割を果たしている（p.66）。この構造的位置は労働者を強い会社化の圧力にさらすことになる。彼らはその非倫理的な信念に対抗するような競合する世界観から隔絶されやすくなる。ClinardとYeager（1980）が述べたように，「彼らは，企業よりで政治的には保守的，そして概して政府規制には反対するような人間とばかり付き合う傾向がある」（p.68）。新しい土地への転勤や，個人の生活において会社が支配的な位置を占めるようになってしまう過重労働により，この隔離はますます強められる。このような状況で「同僚や上司が個人の仕事および社会生活において『重要な他者』となる」（p.63）。

ClinardとYeagerはその主要な洞察において，すべての企業文化が同じわけではなく，企業によりその非倫理的な実践への後押しの仕方は異なっている，としている（Victor & Cullen, 1988も参照のこと）。この結論を支持する彼らの実証的データを思い起こしてみよう。約40％の企業には，彼らが調査した2年の期間，違法行為はなかった。一方で，8％の少数の企業が恒常的に違法行為に関わっていた。何が犯罪を犯す企業とそうでない企業を分けるのか？　そうでない会社がある一方で，なぜある企業には非倫理的な文化があるのか？

Clinardは1983年の，『企業倫理と犯罪――中間管理職の役割――』（Corporate Ethics and Crime；The Role of Middle Management）という自身の本の中で，**企業文化の管理職者理論**に言及しながらこの疑問を扱っている。一流企業500社をリタイアした中間管理職64人へのインタビューを基に，Clinard（1983, p.89）は重要な結論を引き出した。すなわち，企業の文化あるいは「倫理的なトーン」はトップの管理職，とくにCEOの方向性に強く影響される。企業にはそれぞれ伝統はあるものの，それは可変的であり，上層部の考えと一致しないときには変化することになる。生え抜きの専門職あるいは技術職から昇任したCEOたちは，非倫理的な実践を推し進めることはないだろう。一方で，「財務志向の」強いCEOたち――利益を生むために雇われた外部の者――は，違法行為をものともしない雰囲気を作りやすい。2008年の世界経済危機へとつながったウォール街の金融企業の不祥事は，この主張を支持する1例に過ぎない（Lewis, 2010）。

2．対抗的な文化

Braithwaite（1989）は，「分化的接触理論のような注目すべき例外はあるが，これと同じように，再統合的羞恥付け理論（the theory of reintegrative shaming）は文献上の他の犯罪理論とは異なり，その理論的説明からホワイト・カラー犯罪を除外していない」と述べて

いる（p.124）。第 7 章において我々は，烙印を押すことになる羞恥付けが犯罪行為を増やす一方で，再統合的な羞恥付けはこれを減らす，とする Braithwaite の重要な議論に注目しながら，羞恥付け理論について概説した。しかしながら，Braithwaite もまた上位階層の犯罪が注目されるようになった時代の犯罪学の中で育った，ホワイト・カラー犯罪の有名な研究者の一人である。彼もまた，例えば製薬企業や石炭鉱業における違法行為に関する重要な研究を行った（Braithwaite, 1984, 1985）。驚くにはあたらないが，彼は金持ちと貧しい者の犯罪を説明する自らの理論の必要性を理解していた。

すでに記したように，ホワイト・カラー犯罪の重要な源は，組織内でそれを後押しするような文化である。Braithwaite によれば，こうした文化は二つの理由で繁茂する。一つめの理由は，他の多くの学者によって強調されているように，ビジネス界の違法行為はそれまでほとんどまれにしか羞恥付けされてこなかったことである。悪事が道徳的に非難されない場合——道徳的な基準が定義も強化もされない場合——犯罪の文化は妨げられることなく続くことになる。二つめの理由は，Braithwaite 独自の観点だが，悪行を統制し，羞恥付けをしようとした努力は，不法行為を後押しする文化的価値の強化という予想外の結果をもたらしたのかもしれない，ということである。核となるのは，**烙印付けする羞恥付けはホワイト・カラー犯罪を後押しする反抗的なサブカルチャーを助長する**，という主張である。

Braithwaite（1985, 2002）は，企業の行為を規制することの複雑さについてさまざまな角度から書いている。実地調査から，彼は対抗的な企業とその幹部に対して刑事罰を含む懲罰的な制裁を課す必要を強く認識していた。しかしながら，彼は頻繁に烙印付けをするような懲罰的制裁が，国の規制にすでに不信感を抱いているビジネスマンの間では逆効果になることを理解していた。烙印付けや恥をかかせるような敵対的なアプローチがとられると，ビジネスマンは挑戦的な反応に出やすくなる（Sherman, 1993 も参照のこと）。彼らは自分たちに課されている基準が不当で違法なものであるとして，「糾弾者を糾弾」する中和テクニックを使うのである（Braithwaite, 1989, p.127；Sykes & Matza, 1957 も参照のこと）。烙印付けされた企業職員たちは，社内そして業界内の両方で互いに結び付きやすく，違法行為を後押しする分化的接触や結束を作り出していく。反対の視点からすれば，彼らは「すべての強制的な措置に異議を唱え，法を強制する政府の合法性を常に疑い，訴訟を起こすことを推奨するような組織化された抵抗的サブカルチャー」を形成することができるのである（p.129）。

街路犯罪への対応と同じく，Braithwaite（2002）は，問題を解決して被害を減らすように企業を動かすような良好な機会をもたらす修復的アプローチを好んだ。このため，再統合的羞恥付けは「尊厳と法の執行者と犯罪者の間の相互尊重を保つようなやり方」での処罰を含んでいる。「可能なら，処罰は無責任で信用できない落伍者としてラベリングするのではなく，その代わりに犯罪者に懲罰の正当性を認めさせながら実行されるべきである」（1989, pp.131-132）。効果的な躾のスタイルをとりつつ，取り締まる者は温かく，しかし拘束的介入をしなくてはならない。望ましい戦略は，犯罪者のモラルに訴え，「恥ずべき行為をやめるよう彼らを説得する」ことで違法で有害な行為を止め，コンプライアンスを確保することである。刑事制裁を含む，より厳しい懲罰の脅しに裏付けられているときに，説得は最も効果を発揮する（Braithwaite, 1985）。Braithwaite によれば，

このアプローチによって，対抗的な文化の構造を弱体化し，産業界に不正，有害行為を避ける集団的なレスポンスを生みだすことも可能であるという。Clinardと同様，Braithwaiteはこのように，組織化された犯罪文化を，作られたものであり，また改善し得るものでもあると捉えていた。

3. 逸脱の常態化

1986年1月28日，スペースシャトルチャレンジャーは，ニューハンプシャーの教師クリスタ・マコーリフを含む乗組員7名を乗せ，打ち上げから73秒後に爆発した。この大惨事は，固体ロケットブースターの接合部に取り付けられたゴム状のOリングの不具合が原因であった。低い温度でOリングが硬くなり，高温の推進剤ガスが液体水素と酸素の入ったタンクを貫通するような発火炎上を起こすのを防げなくなり，致命的な結果となったと考えられている。チャレンジャーの悲劇の朝，気温は華氏36度しかなく，フロリダ州ケープカナベラルにあるジョン・F・ケネディー宇宙センターからの打ち上げとしては前例のない低さであった。このOリングの危険性がわかっていたにもかかわらず，NASAと固体ロケットブースターの製造元Morton Thiokolは，それでもなおチャレンジャーを宇宙へと送ることを選んだのである（Vaughan, 1996）。

振り返ってみると，事前にわかっており，容認できないはずのリスクを犯したことが「明々白々」であったので，大統領事故調査委員会を含むオブザーバーたちはその打ち上げの決断に愕然とさせられた。評論家の中にはこの決断を犯罪とみなしている者もいる（Kramer, 1992）。致命的な不具合の切迫した可能性がOリングにあった時に，なぜ7人の命が危険に曝されることになったのだろうか？

この大惨事についての卓越した報告『チャレンジャー打ち上げの決断』（The Challenger Launch Decision）の中で, Diane Vaughan（1996）は，この問いに対して二つの答えを示唆している：背徳的ともいえる計算の標準理論と，逸脱の常態化理論である。

米国の宇宙プログラムが始まった時，それはテクノロジーと安全の文化的規範が卓越している科学プロジェクトとして運営されていた。資金は十分にあり，そのプログラムには，価値を証明したり，利益を生まなくてはならないといったプレッシャーはほとんどなかった。しかしながら1980年代までに，宇宙を疾走する宇宙船はすでに当たり前になっており，NASAは他国機関と競争し，資金調達のためにその優先度を争わなくてはならなかった。このため，スペースシャトルプログラムではチャレンジャーのような再利用可能な機体が採用され，繰り返し打ち上げてもコスト効率が十分得られるように計画された（すなわち，民間や軍，科学目的の実験装置などを有料で積載し，宇宙へ運ぶことによる利益化が図られた）。宇宙探査から営利目的までその使命が再概念化されたことにより，NASAは政治的に存続可能であり続けるために，打ち上げ期限に間に合わせなくてはならないプレッシャー下におかれるようになった（Kramer, 1992）。Vaughan（1996）によると，「議会とホワイトハウスは目標を設定し，宇宙研究開発機関をある程度競争的な事業運営へと転換し，生産循環の反復や納期，コストや効率目標を競うようにさせる決定を下した」（p.389）。このため，機関の技術的，科学的文化は次第に「生産の文化（culture of production）」に取って代わられないまでも，競合させられるようになった（p.196）。

この文脈は標準的な犯罪学理論では，NASAとMorton Thiokolはチャレンジャーを打ち

上げるために協働して**背徳的計算**（amoral calculation）をおこなった，と説明される。NASAにはさらに打ち上げを延期するだけの余裕はなかったし，Morton Thiokol は後援者を失望させたくなかった。飛行前の検討で Morton Thiokol の技術者は安全上の懸念を表明したが，上層部は取り上げず，打ち上げを是認した。おそらく，同様に潜在的なリスクに気付いていたNASAの職員を喜ばせるために，そうしたのであろう。Vaughan（1996）によれば，「従来型の説明」では「生産のプレッシャーが管理職に，打ち上げスケジュールに固執するあまり，安全基準に違反すると知りながら，Oリングの危険性についての情報を隠蔽させた」と論じる（p.xii）。

しかし Vaughan（1996）はその徹底的な研究において，違った意味合いの説明をする。確かに，宇宙計画に限局された生産の文化は，既存の専門技術的文化を浸食し，実績のプレッシャーを生みだした。この文脈のリアリティにおいては，作業グループは多くの厄介な技術的問題に，シャトル計画のスケジュールを大きく崩すことがないように対処するよう機能している。Oリングの問題は新しいものではなかった。しかし他のリスクと同様，作業グループは徐々に，増大している危険を管理可能なものとみなしてしまっていた。Oリングの困難な問題が持ち上がるたびに，分析がなされ，関連したリスクは作業グループによって許容範囲と判断された。Vaughan（1996）によれば，記録からは「次第に判断力低下の状態に陥っていた」ことが明らかになっている。「これは，潜在的な危険の兆候——ブースター接合部が想定されたようには機能していないという情報——が管理職や技術者によって繰り返し正常なこととされてしまった，典型的なパターンである」（p.xiii）。

重要なことは，「逸脱の常態化」——危険の認識を中和してしまう世界観の出現——が，意思決定を導く文化的信念や規範となっていることである。このようにして，NASAと Morton Thiokol の職員による電話会議での相談では，突然プロトコルを無視したり，別の飛行遅延の不都合を避けるために7人の乗組員の命を危険にさらすような背徳的計算がされたわけではなく，チャレンジャー打ち上げが決定された。むしろその職員たちは，Oリングの不具合のリスクを軽視するようにさせていた作業グループの規範に従ったのである。

「この悲劇の責任は，規則を破り，背徳的計算をする管理職にあるのではなく，（逸脱の常態化に）順応してしまっていたことにある」と Vaughan は結論している（1996, p.386）。Vaughan（1996）によれば，

> 結果として，チャレンジャーの悲劇の後，アナリストや一般市民が逸脱とみなした1977年から1985年までのさまざまな決定は，技術的な決定を行っていた作業グループにいた人間にとっては，その行動が組み込まれている文化的信念のシステムの中においては正常なものだったのである。ジョイントに問題があったにもかかわらず，FRR（飛行準備完了確認審査）において打ち上げが推奨され続けたことは，逸脱ではなかった。つまり彼らの視点では，その行動は文化的に容認され，適合したものだったのである（p.236）。

Vaughan（1996）は自分の研究を「過誤の社会学」（sociology of mistake）の研究とみなしている（p.xiv）。しかしそれはまた，企業の犯罪的過失の社会学の啓発と見ることもできるかもしれない。もちろん，管理職が故意に不正行為（例，価格操作）や欠陥製品の販売に関与した事例はたくさんある。しかし Vaughan が巧

みに明らかにしたのは，管理職や従業員が，時間をかけて徐々に，無意識に危険の存在を否認し，意思決定をするようになってしまうプロセスである。このリスクあるいは逸脱の常態化は，危険な製品を市場に出したり，迅速にそれをリコールしないという事態を許容してしまう。また，投資家に破産の危機をもたらすような危険な財務行為にもつながりかねない。重要なのは，企業文化は複雑であり，さまざまな形で違法行為を助長する可能性があるという点である。

III 組織的緊張(Organizational Strain)と機会

企業とは，(失敗を避けて)商売を続け，(期待に見合った)市場シェアと利益の拡大を追求する目標指向の営利事業である。目標を達成するための持続的なプレッシャーは，多くの企業環境の中では日々の現実なのである。YeagerとSimpson（2009）が書いているように，「企業犯罪のおそらく最も一般的な説明は，緊張である」というのはさほど驚くことではない（p.357；Croall, 1992 も参照のこと）。しかし理論家たちは，構造的にもたらされる緊張は，さまざまなやり方で適応的なものになりうると長い間認識してきた。違法な手段を用いるには，犯罪因的な機会に接する必要がある（Cloward, 1959；Cloward & Ohlin, 1960；Cullen, 1984）。「緊張は犯罪の動機（行為の喚起）をもたらす」とYeagerとSimpson（2009, p.337）は見ているが，企業の「犯罪は機会と選択がないところには起こらないだろう」。このように緊張と機会は，ホワイト・カラー犯罪への関与を促進する二つの交差的要因としてよく捉えられる。

1．緊張とアノミー

伝統的に，緊張理論は低い階層の犯罪や非行を説明するものとして理解されている（第4章を参照）。より正確には，それは個人の成人期への移行についての理論である。上昇志向を阻止された人——アメリカン・ドリームのかけらを否定された人——が犯罪に走りやすくなる。下層社会では目標を妨害するものが多く広がっているため，貧しい若者は非行，次には成人犯罪のリスクに曝される。

しかしながら学者たちが認識しているように，緊張理論は，成人へとうまく移行したものの，目標達成への期待が減らずに逆に増大するような社会の新しい領域——企業国家米国——に参入した個人の犯罪を説明することにも関係している。個人として，彼らは目標を達成するか，あるいは社内での昇進を否定されるかの仕事のプレッシャー下にいる。彼らは出世の階段をより早く駆け上る他の従業員と比較され，相対的剥奪感を経験するかもしれない（Passas, 2010）。つまり逸脱してしまうプレッシャーは急性かつ慢性的なものなのかもしれない。

さらに，企業自体も「文化的に是認された目標を掲げられ」，「閉塞した状況を経験する」ような競争的な環境におかれている（Vaughan, 1997, p.99）。財務上の困難が企業犯罪と相関しているというエビデンスもいくつかある（Shover & Scroggins, 2009；Yeager & Simpson, 2009）。「データは少々入り混じっているが」と述べつつ，Agnew, PiqueroとCullen（2009）は次のように結論している。

> 利潤追求型の企業，比較的利益の少ない企業，利益の落ち込んでいる会社，不況業種の企業，そして他のタイプの財務上の問題（例，資産に比較して低い売り上げ，資産と負債の差が小さいかマイナスに陥っている，競合相手からの脅威）を抱える企業では，企業犯罪はより多く見られることを諸研究は示唆している。(p.39)

しかしながらここに主張されている傾向によって、収益がうなぎ登りのエンロンやゴールドマンサックスのような企業においても、スキャンダルは頻繁に起こっていることが目立たなくなってはいけない。そのボーナスが株主配当の額によって決まる役員たちは、下の者に対して上昇し続ける利益を出すよう、過度の圧力を与える可能性がある。そしてより広いレベルで見れば、経済的成功ばかりを強調することは、緊張だけでなく——Merton が予測するように——アノミーをも生みだす可能性がある。第4章から思い出されるかもしれないが、アノミーとは、目標を達成するために合法的な手段を用いるよう規制している規範が弱まったり、あるいは効果がなくなっているような状態のことである。Messner と Rosenfeld（2001）が書いているように、このような状況においては、個人は望む目標を達成するために、最も技術的に目的に都合のよい方法を自由に使うようになる。ビジネス界の場合、これには顧客からだまし取ったり、従業員の安全管理にかけるコストをケチることが含まれるかもしれない。

とりわけ、学者たちはアノミーが多くのビジネス組織に蔓延していると論じてきた（Cohen, 1995；Passas, 2010；Vaughan, 1997；Waring, Weisburd, & Chayet, 1995 も参照のこと）。このモデルにおいては、目標達成が突出していて、合法的手段への関心は欠けている。このようにして組織内の倫理的風土は、Cohen（1951）の言葉によれば、「道具主義」、「個人主義」、「最小限の人間関係の責任」、「効率重視」と「原価統制」、そして「従業員への関心の欠如」が強まることになった（p.196；Messner & Rosenfeld, 2001 も参照のこと）。ビジネス倫理や法令遵守にはほとんど注意が払われない。この文脈において、「犯罪的なビジネス行為」が生じるのである（Cohen, 1995, p.196）。

2. 犯罪因的機会

第13章で詳しく検討することになるが、犯罪事件が起きるには、その行為が実行される機会がなくてはならない。この見解——機会のないところに犯罪なし——はかなり陳腐に思えるかもしれない。しかし考えてみれば、犯罪を理解するには、犯罪因的な機会についての詳細な研究が必要であることがわかる。これに関連して Michael Benson と Sally Simpson（2009）は、ホワイト・カラー犯罪の説明として「機会論的観点」を展開した。

もっとも一般的には、犯罪の機会は二つの構成要素を含んでいる（再び第13章を参照のこと）。第一に、格好のターゲットがなければならない。強盗を働く人間がいて、盗む財産、あるいは誰かの老後の蓄えが存在するだろう。第二に、有効な監視が欠如していなければならない。これは夜道を歩く時の屈強な連れや家の警報システム、資金状況を監督する会計士などがそうであろう。格好のターゲットがあり、それを護るものがないとき、犯罪機会はそこにある。

街路犯罪の場合、犯罪者は格好のターゲットに近づき、それを護るものを避けるためにはある種の技術がなくてはならない。強盗を例にとってみよう。Benson と Simpson（2009）が述べているように、強盗はしばしば住居に侵入するために物理的手段を使わなければならず（例、ドアを蹴破る）、法的には権利のない場所にいて、被害者の住まいに直接触れ、特定の時間と場所で犯罪を犯す。このため強盗にはある種の身体適応能力や見知らぬ場所に入り込む度胸がなければならないし、見つかる危険（誰かに警察を呼ばれたり、犯人が目撃、特定される可能性）もある。

対照的に、ホワイト・カラーの犯罪者には一般的に三つの非常に特徴的な性質がある。Benson と Simpson（2009）が説明するように、

293

「(1) 犯罪者は，犯罪が行われる場所に合法的に近づき，(2) 被害者とは**空間的に離れており**，(3)犯罪者の行動は**表面的には合法的に見える**」(p.80, 強調は原著者による)。価格操作を例にとってみよう。幹部はドアを破壊せず，ただオフィスに座るか，あるいはランチミーティングをしているだけである。消費者が不正に価格操作された製品に高いお金を払っている時，重役はこれら被害者の姿を見ることはない。そしてこの策動は，信用ある企業を隠れ蓑に行われるのである。

重要なことは，合法的なビジネス——企業あるいはおそらく医者のオフィス——は脆弱なターゲットに近づきやすくなっている，ということである。合法的なビジネス行動に見えるプロセスで被害が起こるために，それはしばしば気付かれない。実際，複雑な社会においては，一般市民は，自分たちの金がだまし取られたりすることはなく，製品は誤った広告をされることなく，安全基準は守られており，自分たちは実際に提供されたサービスに対して請求されていると信じている。しかし多くの場合，市民は信用が悪用されることに対して防御策をほとんど持っていない。繰り返されるスキャンダル——その大小にかかわらず——は，ホワイト・カラーには一般市民を欺く方法が多数あることを示している。閉められたドアの向こうで，彼らは，価格をつり上げ，資産報告書を操作し，すぐに価値のなくなる在庫品を売り，ネズミ講を立ち上げ，環境基準を無視する，などの共謀をしているかもしれないのである。組織を盾にすることで，彼らはしばしば通常のビジネス活動とは区別が難しいこれら違法行為を覆い隠すことができるのである（Benson & Simpson, 2009）。

Shover と Hochstetler（2006）が述べているように，上位階層は法律の外に足を踏み出すことで得られる利益の多くの誘惑でいっぱいである。彼らはこれら誘惑のことを「ルアー」と呼び，それを「非常に魅力的な取り決めや状況」と定義した。「子どもにとってのティンセルのように，それは注意を惹くのである」(p.27)。ルアーは「確かな監視がないところで」犯罪の機会となる (p.28)。彼らの見解は，機会について中心となる構成要素を捉えている。すなわち，魅力的なターゲットがあり，監視はない状況である。しかし「ルアー」の概念には，重要なリアリティがそこに存在している。つまり誘惑が存在することによって，儲かるホワイト・カラー犯罪に関わる動機が形作られるのかもしれない，という点である。言われてきたように，ホワイト・カラー犯罪の場合，機会が犯罪者を作り出すのかもしれない。

実際，規模が膨らみ，新たな産業を創出し，革新的な金融サービスを提案する資本主義システムのまさにその性質が，富と社会整備だけでなく，多くの新鮮で魅力的な犯罪機会をも作り出すのである（例として，Calavita, Pontell, & Tillman, 1997 ; Jesilow, Pontell, & Geis, 1993 を参照）。社会学者の E. A. Ross は，自身の 1907 年の『罪と社会』(Sin and Society) の中でまさにこの点を強調している。「罪深い心はいつも同じである」と Ross は言う，「しかし社会が発展すると，その罪は質の面で変化する」(p.3)。他者を信用することは現代社会では避けて通れない。Ross が書いているように，「私は食肉トラストに豚を処理させ，石油トラストにキャンドルを作らせ，砂糖のトラストにソルガムを煮詰めさせ，石炭トラストに木を切らせ，有刺鉄線の会社が垣根を提供する」(p.3)。しかし難しいのは，このような信用が，ビジネスマンが悪用する犯罪の機会も作り出したということである。「この蜘蛛の巣のような社会生活に存在する悪意に満ちた機会は，これまでた

められることなく手に入れられてきた。なぜならそのような背信はまだ悪名高くなっていないからである」(pp.6-7)。Rossによれば，一般市民はこれら新しいタイプの罪に気づかなかった。なぜならそれらは距離に隔てられ，匿名で，立派な社会的体面の陰で行われていたからである。「現代の強力な，不幸をばらまくディーラーは」，とRossは言う，「とても清潔な麻の服を着て，シルクハットと火のついた葉巻を携え，穏やかな表情と静かな様子で罪を犯す。そして自分が引き起こした悪事からは距離も時間もとっている。最終的に流される血や涙が彼らの紳士的な物腰を損なうことはないのである」(pp.10-11)。

Ⅳ　犯罪を決断すること

多くのホワイト・カラー犯罪は組織的な枠組みの中で行われるので，学者たちは――これまで見てきたように――企業の文化的そして構造的な文脈がどのように犯罪を生みだすのかに焦点をあててきた。しかしながら他の学者たちは，この原因となる「背景」よりもホワイト・カラー犯罪の「前景」に注目した。つまり，上位階層の人間が違法行為をすると決めるとき，彼らは何を考えているのか？　ホワイト・カラーの違法行為の直接の起源の洞察は，二つの理論的カテゴリーに分類されるだろう。中和技術理論と合理的選択理論である。以下これらの視点を概観する。

1．罪の意識の否認

Sutherlandは，良識ある人たち――多くはおそらく，健全な環境で育ち，成人してからも定期的に教会に行くような人たち――が，それにもかかわらず，ホワイト・カラー職に就いていかに他人を犠牲にするようになるのか，という難問に直面していた。彼らはどのように伝統的な良識を乗り越え，Benson (1985) の言うところの，「罪の意識を否認」したのか？　一つには，彼らは「合理化」，あるいは特定の状況でのそのような違法行為を正当化するような犯罪の定義づけを学習した，と彼は述べている。彼らにとっては，街路で誰かから盗みを働くことは「犯罪」であり，道義的に考えられないことだが，価格操作で消費者から奪うことは，その業界の人間なら誰でもしているような，単に「必須のビジネス実践」なのである。『ブラック・マーケット』の中で，Clinard (1952) はこの考察に賛同し，後にこれらの定義を「法律違反企業の自己防衛」と呼んだ (Clinard & Yeager, 1980, p.68)。第5章から思い出されるように，この見解のより一般的な記述はSykesとMatzaによる中和技術理論に見いだすことができる。

Donald Cressey (1950, 1953) は，Sutherlandの「合理化」あるいは犯罪に好都合な状況の定義についての見解を，銀行の横領に関する彼の古典的な研究に応用した (Jonson & Geis, 2010も参照のこと)。投獄されていた横領犯へのインタビューを基に，Cresseyは，良識のある人間が「他人の金」を奪うようになるには三つの要素が交差している，と論じた。これらはときに「詐欺のトライアングル」と呼ばれている (Jonson & Geis, 2010, p.225)。要するに，彼は動機，機会，意思決定を考慮に入れた統合理論 (integrated theory) を発展させたのである。

第一に，彼らは未払いのギャンブルの借金や使い過ぎた家計費についての心配のような，「他人に言えない問題」に直面しなくてはならなかった。Cressey (1950) は，横領犯は高い確率で「酒，女と賭博」をやっている，と述べている (p.743)。彼らはコミュニティの中ではしかるべき社会的地位にあるので，軽蔑される行

為から生じた金銭問題は秘密にしておかなければならなかった。助けを求めることは，良い評判を落としてしまうリスクがあった。第二に，他人に言えない問題を抱えている者が，財務上信頼されている立場にあり，資金をくすねる機会を悪用できる状況が眼の前にあることに気づかなければならない。Cressey（1950）によれば，横領犯はしばしば，ある時点で，「委託された資金はこれこれの目的のために使える，と『思いついた』とか『気がついた』」と語るのだという（p.743）。第三に，横領犯は「一方で犯罪性について，もう一方で高潔さや正直さ，そして道徳性に関する相反する考え」を乗り越えなければならない（p.743）。ここで彼らは，その信用を裏切る行為を犯罪ではなく，何か他の――例えば，ちょっと「借りた」だけで後で返すつもりだった，のように――言い方ではっきりと「言語化」あるいは「正当化」しなくてはならない。Cressey（1950）は次のように述べている。

　　それは，**我々**が「信用侵害者」と呼ぶ役割を演じる信用のある人の犯罪行為は，常に，かつ厳しくは非難されないような反応を想定することができるからである。彼はしばしば自身がその役割を演じているとは考えず，その代わり，自分は特別な借り手あるいはビジネスマンといった別の役割を演じていると考えている（p.843, 強調は原著者による）。

　ShoverとHunter（近刊）は，ホワイト・カラーの犯罪者たちの階層が，彼らに罪の意識を否認させるような「文化的資本」を授けている，と論じている。これら犯罪者たちは「ある程度の言葉の創造力と，自分たちの信用失墜を自己本位に解釈して論じることができる如才なさ」を持ち合わせている。彼らは「犯意あるいはその行為が害を及ぼすものであったことを否定し」，「悪意と卑しむべき動機」を告発者に転嫁し，「彼らが有罪であるとする証拠は誤っているか，誤って理解されている」と主張し，そして自分たちは「単に『形の上で有罪』」なだけであり，後になって『犯罪』のレッテルを貼られるようなミスを自分たちにさせた環境のせいで挫折させられた」と不満を述べる（Shover & Hunter, 近刊）。こうした「説明」は，有罪判決の汚名と折り合いをつける努力なのである（Benson, 1985）。しかしおそらくは，それらはまたホワイト・カラー犯罪に関わる前，そして関わっている間にも生じていたであろう言語化である。この意味で，上位階層のメンバーの文化的資本によって，罪を中和し，内面的にではないにせよ，外見的には世間体を維持しながら犯罪を犯すような言語的能力が彼らに与えられる。

　ホワイト・カラー犯罪を正当化するために用いられる説明あるいは中和化は，特異な――各犯罪者によって新たに作られた――ものでななく，むしろパターン化され，頻回に繰り返されてきたものである（Shover & Hunter, 近刊）。1950年代にCresseyの調査した横領犯たちによって語られた財務上の信用を犯したことへの弁解の言語化は，今日でも簡単に耳にすることができる。この知見は，犯罪の正当化が米国の経済的取り決めやその相応する文化的信念に深く根ざしていることを示唆している。BensonとSimpson（2009）が記しているように，

　　ビジネス界には，都合のいいように違法行為を解釈するために用いられる価値観とイデオロギーがしっかりと根づいている……こうした規範と慣習の有用性は……潜在的なホワイト・カラー犯罪者がその犯罪目的と行為を，犯罪とは関係のない言葉で解釈することを可能にする。（p.141）

例えば，資本主義は，政府の規制を違法な干渉として定義するのに用いられるような自由企業での強い信念を後押しする。そして規制を無視することは，政府の統制がビジネスマンの利益を生み出す権利を不当に押さえこんでいる，という弁明によって正当化——罪の意識が中和——されるのかもしれない。

とくに中和の技術論（theory of techniques of neutralization）は，さまざまなホワイト・カラー犯罪の説明によく用いられてきた（Benson & Simpson, 2009 ; Shover & Hunter, 近刊）。内科医によるメディケイド〈訳者注：連邦と州が負担し，州が運営する低所得者向け医療費補助制度〉詐欺に関する，Paul Jesilow, Henry Potell と Gilbert Geis らの研究,『私欲のための処方箋』(Prescription for Profit) にその一つの例がある。Jesilow ら（1993）は，医者たちが政府からだまし取る機会を広く作りだした構造的な状況について詳しく述べている。基本的に医者は専門職であり，財務的な信用がある立場にある。必要な医療サービスを提供するために，政府は彼らに金銭を支払っていた。1965年に始まったメディケイド・プログラムは，医者が患者に適切なサービスを処方し，プログラムのガイドラインに規定された料金を政府に請求するように想定されたものである。しかし，事実上は何の規制や検査の機会もなく，この出来高払い制度は詐欺の機会をいたるところに作りだしていった。

　　医者たちはそれぞれの処置ごとに決まった額を払い戻されるので，実際に行ったものより高額の処置を請求したり，二重請求，ピンポン（不必要な受診をさせるために患者を送り返す)，家族ごとまとめて診る（1回の受診で家族全員を検査する），頻回受診（不必要な来院を命じる），治療を長引かせるなどして，追加収入を得ることができる（Jesilow et al., 1993, pp.7-8）。

しかしなぜ彼らはこのルアーに屈し，法律はいうまでもなく，職業倫理の大きな侵害となるような行為に至ったのだろうか？ その答えは，中和技術を用いる彼らの能力にある。Jesilow らは，メディケイド詐欺で逮捕された42人の医者にインタビューした。Jesilow と同僚たちによれば，「彼らの言い分を聞くと，彼らは裏切りやすくだらない法律，官僚政治のナンセンス，無能な帳簿係のせいで，無惨にも犠牲となった罪なき子羊なのである」(p.148)。全員が，少なくとも一つの Sykes と Matza (1957) の中和技術を使っていた（第5章を参照のこと）。よく用いられる正当化である「加害の否定」は，彼らがサービスを実施するのにかかるコストが払われないからメディケイドをだますのだ，というものである。別の正当化である「被害者の否定」は，メディケイドが認めないであろう必要なケアを自分たちは行っている，というものである。こうした考えがあまりにも広く行きわたっていたため，Jesilow らはこれらが「医療不正の下位文化」を構成しているのではないだろうか，と考えた (p.175)。医者たちはこの下位文化的信念を利用し，「自分たちの行為を逸脱したもの，違法，あるいは犯罪的とする代わりに，職業的な正当化」としてそれを用いるのである (p.175)。

2. 合理的選択としてのホワイト・カラー犯罪

ビジネス活動は利益を出すこと——利益がコスト（代償）を上回るような活動——が含まれる。合理性は富を生むことにより報われ，非合理性はときに破産をともない罰せられる。このため，仮にいかなる犯罪者の決定も合理的選択によってなされるとすれば，それはビジネスのコミュニティにおいてのことであるはずであ

る。実際，なぜ上位階層の犯罪が横行するのかという説明として，潜在的な利益が高いこと，そして弱い強制力と組織の機密保持，支払わされる代償が小さいことが挙げられる。この観点からすると，犯罪が儲かることに気付いた管理職がさらに違法行為をするようになるということも予想される。しかしこれには反論もある。確かに，選択はなされるが，それは合理的といえるだろうか？ 競合する犯罪学理論では，純粋な利益性以上に，多くの他の要因が犯罪の意思決定には関わっていることが論じられている。それには，社会的な絆，自己統制，伝統的価値観に対する犯罪的価値観の強さ，緊張への暴露，等が含まれるだろう。合理的選択の広範な理論については，第13章で詳細に論じている。ここではそのホワイト・カラー犯罪への適用可能性について考えてみよう。

これに関連して，最も体系的な観点は，Raymond Paternoster と Sally Simpson (1993) の「**企業犯罪の合理的選択理論**」である（Paternoster & Simpson, 1996；Simpson, Piquero, & Paternoster, 2002 も参照のこと）。彼らは，企業に代わって犯罪を犯す従業員の意思をどう説明するかということに関心があった。この犯罪の意思決定の鍵となるのは，生じるであろう客観的な代償や利益ではなく，その行為の有用性の認識である。このモデルにおいて，犯罪者たちは，ある犯罪が有用であるかどうか（利益がコストを上回るかどうか）を計算し，何が起こるかを把握しようとする。

大ざっぱな合理的選択理論では，公式の制裁（例，監督官庁や刑事裁判による処罰）の確度と重さのみを検証する。しかし Paternoster と Simpson の理解では，他に二つの種類の代償も企業犯罪の認識されている有用性を決定づけているかもしれない。この一つのカテゴリーは，非公式の制裁に関する認識である。これには，マイナスの評判という意味での企業としての代償，あるいは友人や家族からの否定的な反応という意味での個人としての代償が含まれるだろう。もう一つのカテゴリーは，とくに法を犯した場合に懸念される自尊心の喪失など，個人の内面に課せられる制裁である。

犯罪を犯すと決めるとき，このように企業の職員は生じうる公式，非公式の，そして自らにかかる代償を判断しなくてはならない。しかし人間はすべての道徳規範を欠いた空の状態で決断の瞬間に至るわけではない。人によって異なる道徳的規範の幅が，さらに犯罪の選択を決定づける。道徳的信念が強く機能していれば，それは認識されている有用性に優先しうる。一部の人たちは，自分たちが間違っていると考えるようなことはしないだろう。しかし他の道徳的信念は，状況倫理とほぼ同じである。それらは，「**特定**の文脈の中での，**特別な**行為を受容」することを許すような「便宜上の道徳規則」である（Paternoster & Simpson, 1993, p.45, 強調は原著者による）。状況の定義づけまたは中和技術は，ある状況下において違法行為を正当化するかもしれない。この点に関連して，規制による道徳的な強制力は，「**規則と規則の執行者についての正当性についての感覚**」によって決まる（p.45, 強調は原著者による）。フェアでないと見なされる法律には拘束力はあまりない。

制裁と統制以外にも，企業の幹部たちは他に二つの要素を考慮しなくてはならない。すなわち法を遵守することにともなう代償と，法に従わないことによる利益である。そしてこの判断は，与えられた問題の解決のために企業あるいはその環境において可能な，他の合法的な選択肢を考慮した上で慎重に検討されなくてはならない。合法的な代替案が閉ざされているか，あるいはあまりにも高くつきそうな場合，犯罪を犯す決断は有用性を増すことになる。さらには，

職員が過去に犯罪を犯している場合，彼らの行動は変わりようがないことが明らかになるかもしれない。上位階層であっても，街路犯罪についての過去の「犯罪学研究」と同じく，「将来の犯罪行為を最もよく予測する因子は，過去の犯罪歴である」のかもしれない（Paternoster & Simpson, 1993, p.47）。

Paternoster と Simpson は，以下のようなときに，企業犯罪はより発生しやすくなると予測した。それは幹部たちが，(1) 公式，そして非公式な制裁は弱いと認識している，(2) 自尊心を喪失するような経験をしていない，(3) 強い道徳規範を欠いているか，その行動を正当化するような状況規範が内在化している，(4) 規則をフェアでないと見ている，(5) 法に違反することによる利益と，遵守することにともなう代償の両方を高いと判断している，(6) 過去に法を破ったことがある，場合である。このモデルの検証には，主に経営の意思決定に影響する要因を調べるためのビグネットが用いられ，これを支持する結果が出されている（Paternoster & Simpson, 1996；Simpson et al., 2002；Smith, Simpson, & Huang, 2007）。問題は他の要因と比べての「合理性」の相対的重要性——代償と利益の評価——である。道徳は犯罪を犯す意思の最も強い予測因子であるように思える。統制欲求といった他の個人の特性は，制裁の効果についての認識を形成し，また企業犯罪の意思決定に独立に影響を及ぼしているかもしれない（Piquero, Exum, & Simpson, 2005）。最も重要なのは，厳密な合理的選択モデルでは，潜在的な犯罪者の文脈的背景が考慮されていないという点である。しかし歴史と慣習，標準的業務手順，作業グループの文化を持ち，外部環境の変化を抱え，動き続けている企業体に彼らは絡み取られている立場にある。（合理的選択理論が主張するような）犯罪の有用性の認識が問題と

なるにせよ，それは文脈的な多くの要素に依存しているようである（Simpson et al., 2002）。

V 国家（州）- 企業犯罪

1991年9月3日午前8時，ノースカロライナ州ハムレットにある鶏肉加工工場，Imperial Food Products で火災が発生し，火はまたたく間に広がった。油脂タンクの上の油圧パイプが破裂し，可燃性の液体がタンク内の400度の油の中に噴霧され，火災は起こった。工場にはスプリンクラーも窓もなく，ドアもほとんどなかった。許し難いことに，金属製の非常ドアは，必死に脱出しようとした労働者たちがつけた無数のくぼみのあることが後に見つかったのだが，企業のオーナーエメット・ロウの指示により南京錠で施錠されていたのである。ドアが開かないように，ドアから数インチのところにトラックも停められていた。オーナーは，鶏肉をくすねた労働者が気付かれずに工場からこっそり逃げ出すのを防ぐためにそうしたのだった。労働者90人のうち，24人が死亡，56人が負傷した。自動販売機に商品を仕入れていた食品会社の従業員一人も亡くなった。数年後には，その日の怪我が原因の合併症により，もうさらに一人の労働者が亡くなっている（Aulette & Michalowski, 1993；Cullen et al., 2006；Wright, Cullen, & Blankenship.1995）。

一見して，これをホワイト・カラー犯罪とするのは簡単なように思える。エメット・ロウはおそらくは合理的選択と犯罪価値観から，わずかな鶏肉を守るために非常口を閉鎖することを決めた。ロウは25件の過失致死で正式に起訴され，司法取引により19年11ヵ月の判決を受けた。彼は4年半服役した後，釈放された（Cullen et al., 2006）。正義は成し遂げられたのか，それとも？　Ronald Kramer と

Raymond Michalowski によれば，ある個人オーナーの悪質な決定による工場での死亡事故，というこの社会的構造が，犯罪の本質を分かりにくくしているという（Aulette & Michalowski, 1992 も参照のこと）。彼らの見解では，これは国家（州）-企業犯罪の一例である（Kramer, Michalowski, & Kauzlarich, 2003）。

Kramer ら（2003）によれば，国家（州）-企業犯罪は「一つまたはそれ以上の政治的統治機関が，一つまたはそれ以上の製造および物流機関と直接連携してある目標を追求するときに発生する犯罪行為，と定義される」（p.263）。本質的には Kramer と Michalowski は，米国における政治的な経済犯罪に犯罪学者たちの注意を喚起しようとしている。国家と企業は分かちがたく結びついているのである。企業は国によって合法的にその存在が許されており，富を生み，国家の政策にその影響力を行使する。ウォール街の金融スキャンダルが暴露された時のような例外はあるものの，国家と米国の実業界は，利益とイデオロギーを共有している。しばしば秘密裏に彼らはお互いの命令を実行している。

Kramer と Michalowski は国家（州）-企業犯罪を二つのタイプに分けている。どちらのタイプにも「目標達成と有用性，認識されている非合法的手段の魅力，そして効果的な社会統制の欠如，という点での一致」がある（Kramer, 1992, p.239, 他に Dallier, 2011 も参照のこと）。第一に，**国家（州）主導型の企業犯罪**は，「企業が，政府に雇われ，政府の指示あるいは黙認の下，組織的な逸脱行為に関与するときに起こる」（Kramer, et al., 2003, p.271）。Kramer（1992）のスペースシャトルチャレンジャーの分析（先に議論）は，このカテゴリーにあてはまる（Vaughan, 1996 も参照のこと）。彼の見解では，多くの政治的および経済的理由から，NASA はスケジュール通りのシャトルの打ち上げという目標達成の強いプレッシャー下にあった。しかしながら Morton Thiokol 社の協力がなければ，チャレンジャーの打ち上げは中止されていただろう。NASA が喜ぶことを願って，企業は寒天候下での O リングの不具合という，致命的となりかねないリスクに関する技術的な内部データを無視したのである。Morton Thiokol 社の幹部たちが打ち上げを認め，NASA はチャレンジャーを宇宙へと送り込む作業を進めた。この国家-企業の決定が安全であることを確認するような外部からの統制はまったくなかったのである。結果として 7 人の乗組員が亡くなった。

第二に，**国家（州）促進型の企業犯罪**は，「企業と政府の間の直接的な共謀，または達成不可能な目標を企業と政府が共有し，その目標に両者が固執すること，このいずれかの理由によって，政府の監督機関が逸脱したビジネス活動を抑制することができないときに起こる」（Kramer, et al., 2003, pp.271-272）。Kramer と Michalowski によれば，Imperial Food Products の工場での死者を出した火災は，国家（州）促進型の企業犯罪に分類される。確かにエメット・ロウには，非常口を施錠したという点で刑事的な過失がある。しかし彼に焦点をあてることは，この犯罪の機会と事件を生み出した，より大きな文脈的な現実を見逃すことになる。ロウは誤ってはいたが，しかし彼には従業員たちに危害を与える意図はまったくなかった。さらに言えば，もし州，この場合はノースカロライナ州，が適切に安全基準を強化していたら，彼がドアをチェーンで閉めてしまうことも決してなかっただろう。いわゆる有利なビジネス環境を作るために——企業誘致のために——，ノースカロライナ州は規制を弱くする政策をとってきたのである。100 年以上経つ工場設備が，11 年の間，州の労働安全衛生局による立ち入り検査

を受けていなかった（Cullen et al., 2006）。さらに衝撃的なのは，火災の少し前にノースカロライナの州機関は「使われなかった労働安全衛生局の予算50万ドル近くを連邦政府に返していた」のである（Kramer et al., 2003, p.277）。要するに，火災を防げなかったという点で，また労働者の安全よりも企業の利益を優先し，人命を危険に晒しかねない状況を作っていたという点で，州はエメット・ロウと同程度に，彼以上ではないかもしれないが，犯罪に加担していたのである。

KramerとMichalowskiの国家（州）-企業犯罪理論の優れた貢献は，これにより犯罪の動機と機会を生み出すような国家（州）と企業の関係のあり方について考えさせられることである。米国社会の最も強力な主体として，犯罪における両者のパートナーシップは，事実上罰せられることなく甚大な被害を生み出しかねないのである。

VI ホワイト・カラー犯罪理論の帰結
――政策的意義――

おそらく既存の理論から導き出される最も明白な教訓は，上位階層の犯罪を減らすことは，克服不能なものではないにしても，手ごわい挑戦になるということである。すでに見てきたように，多くの街路犯罪者とは異なり，ホワイト・カラー犯罪者は社会で立派な地位を築き，多くの場合，大企業で働いている。この会社という隠れ蓑は彼らの姿を消し，自身の無法行為を隠匿できるようにしてしまう。実際，彼らの犯罪行為は多くの場合，合法的な経済行動と混ざり合っているために，起こりうる被害に対して両者を区別するのは困難である。企業によっては，違法行為が企業の文化風土（あるいは習慣）により助長されていることがある。逸脱した慣習が，ふつうのこととして関係者がその意思決定に無関心となっていることに気付かないようにしてしまう可能性がある。そして犯罪的な文化も優位となる，すなわちこうした考えが罪や他の道徳的抑制を中和することへとつながってしまうかもしれない。ときには国が企業に規制が弱い，あるいは緩くしか強制されないと確信させてしまっている。企業幹部に対する犯罪処罰の行使は，歴史的にみて今まで限定的なものであった。Sutherlandが70年以上前に調べたのと同様，研究者が実際に調査すると，どんな産業，専門職においても違法行為の証拠が容易に特定される。

ホワイト・カラー犯罪に立ち向かうのに，実際にはさまざまなレベルで二つの方法が可能であり，用いられてきた。第一に，Sutherland, その前にはE. A. Rossが警告したように，上位階層で違法行為が横行するのは，社会秩序が乱れているからである。彼らは，ホワイト・カラー犯罪者が組織だった犯罪におよぶ一方で，米国社会はこの種の違法行為に対し組織化されていなかった，と論じていた。この秩序の解体は，一部には，ホワイト・カラー犯罪の本当の影響が一般に知られていなかったこと，また一部には，影響力のある巨大な利益がそれら行為をコントロールしようとする努力を挫いてしまうために生じていた。しかしながら1970年代に現れたホワイト・カラー犯罪に対する動きは，実質的にこの力のバランスを変えてきている。既存の世論のデータでは，人びとが企業幹部，とくに大企業幹部に対して不信感を持っていること，そして彼らを刑法で処罰してほしいと望んでいることがはっきりと示されている（Cullen et al., 2009）。さらに，企業や専門職に対して刑事制裁が行使されることが最近数十年で多くなってきている（Benson & Cullen, 1998; Cullen et al., 2006; Liederbach, Cullen,

Sundt, & Geis, 2001）。少なくとも社会はこれまで以上にホワイト・カラー犯罪を暴き出し，これと闘うようになってきている。そのような犯罪者となれ合いになっているように見える当局者でさえも，職場から追放される危険を冒している。こういうわけで，当局はその信用を悪用していたことが発覚した者——バーナード・マドフとジェフリー・スキリングがその典型——を残りの人生の全部ではないがほとんどの期間，刑務所に送ることを厭わなくなっている（Cullen et al., 1987 を参照）。

第二に，どの程度の刑事制裁——単に企業に対してというよりも企業幹部にフォーカスをあてた場合——がホワイト・カラー犯罪を抑止することができるのか，ということに関しては学者のあいだで見解が異なっている（Cullen et al., 1987；Simpson, 2002）。それでも一般的なコンセンサスは存在しており，それは街路犯罪と同様，厳しい刑事制裁を課すことは犯罪統制戦略としては限界がある，というものである。犯罪学の理論家は，企業が自主規制に努めるよう促される，あるいは強制されるべきであると強く主張してきた（Braithwaite, 1985；Simpson, 2002）。企業経営者に犯罪に駆り立てるような状況を変えさせ，かつ犯罪の機会をなくすような対策を講じさせることに焦点が当てられるべきである（Benson & Simpson, 2009）。そのような戦略には，商業倫理についての管理者教育，規則を守るよう徹底させるコンプライアンス担当の幹部やスタッフを置くこと，受け入れ難いリスクや業務を上位の幹部に報告できるような情報伝達の仕組みを作ること，そして財務上の不正行為ができないような厳格な会計処理の方法を導入すること，などが含まれるだろう（Simpson, 2002）。

Ⅶ　結　論

Edwin Sutherland は自身の 1939 年のフィラデルフィア講演を皮切りに，二つのやり方で犯罪学に挑んだ。彼は学者たちに，いかに従来の犯罪者のイメージが一般大衆だけでなく，犯罪学者たち自身によっても強く抱かれていたか検証することを強く要請した。Sutherland の考えでは，犯罪学には基本的に階層バイアスがある。主として秩序の乱れたスラム街地区の犯罪者の研究では，犯罪学者は暗黙のうちに犯罪は社会的弱者によって占められるものであるとしてきた。しかし Sutherland は「ホワイト・カラー犯罪」という概念を作り出すことにより，この犯罪問題の見方が誤っていることを劇的に示した。残念なことに，犯罪はすべての社会階層に存在するというこのメッセージは，1960 年代と 1970 年代初めの出来事によって犯罪学者の意識が変わるまではほとんど受け入れられなかった。社会的不公平に敏感になっていた新しい世代の学者たちは，Sutherland を再発見し，上位階層の犯罪行為の捜査を活性化させた。この時代以降，米国社会に巨額の損失をもたらしたスキャンダルの数々によって，犯罪学者は権力者の犯罪の原因の明らかにし，もたらされた大きなダメージをはっきりさせる必要に常に迫られるようになった。

第二に，ホワイト・カラー犯罪の存在が広く認められたことで，Sutherland は犯罪の一般理論としての質に対し，ある観点が説明されなくてはならないことを厳しく問うようになった。Braithwaite（1989）が述べているが，「一部の犯罪についての理論があることは何も悪いことではない。例えば，レイプについての理論が犯罪の一般理論としてではなく，レイプの理論として記述される限りにおいては」（p.124）。しかし，例え「ホワイト・カラー犯罪が除外さ

れているような，階層に偏った犯罪理論を適用する」（Braithwaite, 1989, p.124）ことになるとしても，学者は自分の構想を一般理論にしようとする傾向がある。Sutherland の後では，理論の一般性を主張するには，その観点が街路のみならず，企業の重役室で起こる犯罪について十分説明できるかどうかが厳しく精査されるようになるであろうことは明らかである。この課題は，犯罪を犯罪および社会的落伍（例えば，自己統制の低さなど）につながると予測されるような病理学的な個人の特性に帰する，いわゆる特性理論（trait theories）にとってはとくに困難をともなう。これらの観点に内在する社会ダーウィン主義では，人がいかに駄目になっていくか，すなわち人間が学校や職場で落伍するのかということと，一方でホワイト・カラー犯罪が起こるような上位の世界へどうやって昇っていくことができるのかについて，同時に説明することはできない。

つまり，Sutherland や彼に続いた学者たちは，犯罪学者に「犯罪」概念を当然のことと考えないよう，警鐘を鳴らしたのである。確かに，権力者の犯罪を捜査することは手ごわい挑戦である。なぜならこれらの犯罪者たちは，しばしば自分たちの犯罪行為を隠匿することに長けており，また自分の周囲を嗅ぎ回ったり，その無法行為を自己報告するよう求めてくるような学者を歓迎しないからである。

それでもホワイト・カラー犯罪についてのより体系的・統合的な理論の構成要素は新たに生まれつつある。Yeager と Simpson（2009）が述べているように，ホワイト・カラー犯罪行動が「動機や機会，選択，そして抑制（統制欠如）が錯綜した状態で発生する」ということではおおむね意見が一致している（p.338；Coleman, 1992；Friedrichs, 2010 も参照のこと）。今後の研究が，これら要因に特異的な内容，その相対的な重要性，そしてそれらがどのように相互に作用して上位階層の犯罪が生じるのか，について精査することで得るものは大きいであろう。

第12章
罰を取り戻すこと
——保守派犯罪学

James Q. Wilson
1931-
ペッパーダイン大学，カリフォルニア大学
保守派理論の著者

　これまでの章で見てきたように，過去20年ほどの間，それ以前に出現した理論的方向性の多くが発展したが，時代的文脈に従いその強調点は変化した。この章では，1980年代の保守主義が，犯罪の源を個人に特定する視点を再び活発にするような状況をいかに形成していったのかを中心に論じる。多くの点で，それはあたかも犯罪学理論が1980年代に，犯罪が個人の合理的選択の行使の結果，あるいは器質的異常または心理的欠陥の結果であると実証的な説明をしてきた古典的な学派の説に戻りながら一回りして元に戻ったかのようである。これらのアプローチはほとんどいつも，とくに国や刑事司法制度により，犯罪の解決として，より多くの刑罰を行使することの論拠として説明されてきた。

　我々は1980年代と1990年代にかけての米国における文脈的素材にあえて多面的に焦点をあてている。それはこの時代が歴史的視点から分析するには現在に近すぎ，よりバランスのとれた分析は未来の学者たちの仕事を待たねばならないからである。ここでは時代の雰囲気をつかみ，その時期のマスメディアが伝えた「単なるニュース」以上の何か，すなわち犯罪学の理論家たちに影響を及ぼした共通の社会的現実感を形作ることになったものについて，読者がじっくりと考えていただくことになれば幸いである。

　すでに見てきたように，1960年代（から1970年代にかけて）は既存の社会秩序についての前提が疑問視され，人種や階級，性別によるそれまでの不平等が露呈した時代であった。とりわけ公民権やベトナム戦争への反対意見を押さえ込もうとした国による権力の暴力的乱用は，その正当性をさらに損なうことにしかならなかった。このような背景は，機会の否定（the denial of opportunity），国家によるラベリング（state labeling）や介入，そして力の不平等といった要因を犯罪と結びつけるような理論が発展，受け入れられていくための道具となった。1980年代は，ロナルド・レーガンの選出がその典型であるが，多くの米国人——いわゆる声なき大衆といわれる人たち——のそれ以前の時代の行き過ぎと捉えていたものへの反応が大き

くなり，頂点に達した時代である。それは愛国主義や宗教，労働強化，自身の運命への個人の責任の価値が声高に叫ばれた時代であった。そこには，(1) 快楽主義的な世俗文化の道徳的退廃と信仰の軽視，(2) 貧困層やマイノリティを社会的に扶養する政策を掲げる自由主義的な福祉国家へのイデオロギー上の反応があった。

この政策的な大転換は，保守的な価値観を反映した理論の出現に寄与した。概して保守的な理論化には二つの特徴がある。第一に，犯罪には何か「根本的な原因」がある——すなわち犯罪行動は不平等を含む社会における構造的な背景により引き起こされる，という考えの否定である。代わりに，**犯罪の原因は個人の選択に帰せられる**。この個人的選択においては，人間性や理性が，あるいは自由放任で不道徳な社会で育ったことによる道徳の欠如が，その原因になるかもしれない。保守派にとって，悪人が犯罪を選び，悪い社会を作るのであって，その逆ではない。第二に，犯罪の問題解決のための力点はさらなる抑制や統制におかれ，それは多くの場合，家族や学校などの社会組織や刑事司法制度に一層の規律の強化を求める。そこには脅しや厳しい処罰の行使——とくに投獄——が効果的な社会統制の要であるという考えがある。

この章でこれから概説するように，1960年代や70年代初めとは違い，一部を除いて多くの犯罪学者は時代に流されたり，保守的理論を主張するように動いたわけではない，ということに我々は留意しておく必要がある。むしろ，どちらかといえば，学問領域としての犯罪学は保守的な政治運動やその懲罰的な犯罪政策に**反対**の立場をとっていた。この勢力の一部はイデオロギー上の反対であった。1960年代と70年代に犯罪学者になった世代の人間は，彼らが受け入れることになった犯罪観を簡単に放棄するつもりはまったくなかった。保守的な犯罪学的意見に反対することは，大量投獄により犯罪に対して「厳しい態度」で臨むというその主たる政策を拒否するための正当な理由にもなった。しかし，多くの犯罪学者にとってこのアプローチは，複合的な犯罪の根本原因を無視するもの，貧困層やマイノリティを抑制するための安易な方法，そして犯罪行動を減らすことにほとんど効果がないものと映った。

それでも，保守的な政治や思考へのこだわりは，1960年代に犯罪学者に強く根を下ろした理論の影響力をおそらくは弱めることになった。今でも批判理論やフェミニズム論を信奉する強硬な学派はある。しかし同時に今は，これらのパラダイムとは別の探求をする他の犯罪学者たちにも，場はより広く開かれている。これらの視点は，応用のされ方次第でリベラル，保守いずれかの方向に向かうことはあっても，そのいずれとも同じではない。我々は第13章と第14章でこうした理論を論じることになるが，ここでは保守的理論に関心を戻そう。まず保守的理論が躍進した背景からみていくことにする。

I 背　景
——1980年代と90年代初めの米国——

分析をよりしやすくするために，米国における展開に話題を絞ろう。先に述べたように，1960年代の混乱の後に続いたのは，リチャード・ニクソンの大統領選出につながる政治的反動であった。ニクソンが選ばれたのは，一つには犯罪に厳しく臨むことを公約したこと，また「秘密の計画」によりベトナム戦争の泥沼から米国を解放する意向を示したからである。彼はカウンターカルチャーの服装やドラッグに対して「はっきりと」強い嫌悪をあらわにした。そして彼の選出は，当時の公民権やカウンターカルチャー，フェミニスト運動には関心がなく，

また寛容でもない人間たちに権力が戻ることを表していた。

しかし1970年代初めまでに，それまで数十年にわたって生じていた経済的，政治的な変化が感じられるようになっていた。こうした根本的な変化は，1950年代の平和と繁栄の感覚，1960年代の急進的な発展にとってきわめて重要であり，また次の10年，20年に多大な影響をもっていた。構造的な変化は経済，政治の両面に起こった。米国の経済的優位は1970年代のあいだに疑問符がつくようになり，それは何か「うまくいっていない」感覚を生じさせた。政治的には，米国は1980年代にさらに保守政策的なレトリックへと変化したが，それは膨大な国債発行による支出政策をとった「古きよき」1950年代への文化的なノスタルジアが混ざっていた。

1．米国の経済的衰退

1945年の第二次世界大戦終結時，米国の世界の工業生産におけるシェアは50％近くあり，これはそれまで（そしてそれ以降も）単一国家では達成されたことのない大きな数字である。米国は戦争から経済的には力強く脱出し，最大手の出版業者の一人であったヘンリー・ルースは「米国の世紀」の始まりであると宣言した。確かに当時はそのような予測も妥当であった。例えば1945年，米国は世界の3分の2の金とすべての原子爆弾を保有していた。まさしくそれは旧世界の米国化の第一段階であった。米国の圧倒的な経済力からすると，コカコーラのような商品の輸入や販売を違法にしようとすることはフランスのような国にとってほとんどよいことはなかった（Kennedy, 1987, p.29）。

莫大な資源を考えれば，1940年代後半に米国が世界中にその軍事防衛を拡大していったことは驚くにあたらない（これを「資本主義的軍事帝国主義」という人もいる）。1970年までに，米国は30カ国に100万人以上の兵士を配置し，世界中で100カ国近くに対して軍事支援を提供するまでになっていた（Kennedy, 1987, p.29）。米国の軍事的肩入れが増し始めたのは1945年の後だが，世界の工業生産と国民総生産におけるその地位はすでに低下し始めていた。初めはゆっくりと，そして次第に加速しながら。アイゼンハワーやケネディ大統領の下での軍事支出はすでに国民総生産の約10％であったが，その経済的負担の大きさは世界生産量や富におけるシェアが現在の約2倍であったという事実により目立たなかった。

1980年代の米国に潜在していた経済状態の基盤的不安定さは，レーガン大統領の下での数年間に防衛費が前任のカーター大統領の1970年代後半の支出に比べ，少なくても50％増えたことを見ればある程度わかるだろう。一方で国の借金は著しいスピードで増えていった。1980年に596億ドルだった連邦政府の赤字は，1985年には2,028億ドルとなり急速に増大した。1980年には債務への利払いだけで525億ドルあり，1985年にはそれが1,290億ドルに達した（Kennedy, 1987, p.33）。1988年，米国は5,000億ドルの連邦赤字を抱え，1945年に世界の金の3分の2を保有していたときからは程遠い状況となった。ある観測筋はこの状況を「米国のアルゼンチン化」と表現した（1987, p.22）。多くの人が米国の世界経済における地位は下がり続け，21世紀は米国ではなくアジア諸国，とりわけ日本の世紀になると予測した。1980年代後半，1995年には日本の個人投資家が1兆ドル，あるいは米国のすべての資産の10％を保有すると予想されていた。

世界の他地域における変化もまた米国の苦境の一因となった。この時期，例えば，諸外国はかつて米国が生産量で世界トップにあった繊維

製品や鉄鋼，造船，基礎化学品などの分野で生産量を増やした。加えて米国はロボット，航空宇宙技術，自動車，工作機械やコンピューターの製造と販売で過酷な国際競争に直面していた（Kennedy, 1987, p.29）。そして食料生産においても，1970年代まで米国が優位にあった他地域，第三世界の国々や欧州経済共同体（EC）が食品輸出を始めたことにより，米国産の農作物と競合するようになった。

2．米国における不平等の持続

1980年代，緊張理論や葛藤理論により論じられた不平等の源が，米国において多くの人たちがそれまでに懸念していた以上に根深いものになっていることがますますはっきりした。若者にとって大学進学はますます難しくなったし，一部のフェミニストたちは機会均等がなかなか進展しないことからその立場を考え直すようになった。また人種差別がいろいろと卑劣なやり方で再びみられるようになった。先に述べたような根本的な経済の変化により，分配されるパイの大きさは，もはや1960年代や70年代前半のようにはそれを必要とする人の数に見合った大きさではなくなっていた。1960年代には抗議行動に拍車をかけていた団塊の世代の圧倒的多数が中年世代となり，若年世代の勢いが下がったこと，またおそらくは，より活発で高学歴，はっきりとものを言う女性やアフリカ系米国人が自分たちの取り分を得ることに成功した（つまり「システム」の一部となった）ことにより，基本的な社会変革への圧力は衰退した。1970年代の終わりに，Lasch（1978）はすでに「ナルシシズム文化」について述べ，またある人たちは「自己中心の10年間（Me Decade）」が到来したと評した。それまで少なくても部分的には解決に向かっているように思えた基本的な社会問題が悪化し始めていたにもかかわらず，より多くの人が自分自身の問題ばかりに目を向けているように見えた。

人種問題を例にとろう。1960年代，ジョンソン大統領はカーナー委員会に当時の人種暴動の原因を調査するよう指示した。委員会は，暴動は白人による人種差別の結果であると結論し，さらに白人が態度と行動を変えないかぎり，米国は白人と黒人の，分離され，かつ不平等な二つの社会からなるシステムへと向かうであろうと警告した。20年後，いくらかの進展はあったものの，その影響はアフリカ系米国人社会の三つの別の層により大きく異なっていたことが明らかになった（"20 Years After", 1988）[1]。アフリカ系米国人の中流層は，1980年代までの20年間にある程度の経済的な成功を収めたグループであるが，政治の舞台でも成功するにつれ一層の経済的成功を得ていった。しかしアフリカ系米国人の労働者層は，人員削減や産業の空洞化による失業のあおりを受けやすく，1980年代後半にその経済的地位を維持する上で大きな困難をたびたび経験した。しかしアフリカ系米国人の三つめのグループにとって事態はさらに深刻であり，今や彼らは底辺で永久に「お手上げの状態」のままのようにみえた。

この三つめのグループ，「黒人アンダークラス」はスラム生活に内在する経済的・社会的歪みに圧倒されてしまった人びとから成っている（Wilson, 1987）。マスコミは彼らのことを「慢性的な失業，暴力犯罪，薬物乱用，10代の妊娠など，世界で最も劣悪な環境から抜け出せずにいる憐れな取り残された人びとであり，非常に成功した他の黒人たちの部分的歪みの結果であるようにもみえる」と表現してきた（"20 Years After", 1988, p.A13）。1970年代初頭，アフリカ系米国人の平均所得は白人の57％であった。それからの数年間，手に負えない黒人・白人間の収入格差への懸念が続いた。

残念ながら，1990年代より前の米国全体の人種や宗教，あるいは民族間の暴力に関する信頼できるデータは存在しない（"Lack of Figures", 1987；"U. S. Had More", 1994）。1980年代，ほんのわずかな都市に，憎悪が動機となった犯罪を扱う特別対策班が立ち上げられたが，人種間の対立や暴力に関する報告は増加し続けている。1987年の半ば，米国の司法省地域社会局は，政府に報告された人種関連の事件の件数が1980年の99件から1986年の276件へと増加していることを明らかにした（"Lack of Figures", 1987, p.A13）。1993年には7,000件以上の憎悪犯罪（hate crime）がFBIに報告されている（"U. S. Had More", 1994）。白人が大半を占める地域へマイノリティが移り住むようになって以降の，放火や十字架を焼く行為に関する調査結果がこれを裏付けている。アラバマ州モンゴメリーの南部貧困法に関連したKlanwatchプロジェクトによれば，白人地域へ移り住んだマイノリティへの破壊行為やその他の事件が1985年から1986年のあいだに100件あったという（"Report Traces", 1987, p.A22）。

このような報告は南部の保守的な地域に限ったことではない。ニューヨーク市だけで見ても，1987年1～8月のアフリカ系米国人や白人が負傷した人種間の暴力事件の報告数は，特別対策班が調査を始めて以来7年間で最も高い数字を記録した。1986年通年では235件だったが，1987年は8月時点ですでに301件に達していた。同様の傾向は市長報告書でも，1986年度－1987年度で差別関連事件の件数が倍増したと言及されている（"Reports of Bias", 1987, p.A19）。またユダヤ人団体の名誉毀損防止連盟は，反ユダヤ人活動が1987年に12%増加したと報告している。ユダヤ人の人口の最も多いニューヨークで破壊事件の数が一番多く，カリフォルニア，ニュージャージー，フロリダがこれに続いている（"Anti-Semitic Acts", 1987, p.A13）。

1980年代に生じたこのような傾向の一部は，Bernhard Goetz事件に象徴的に表れている。1984年のクリスマスのわずか3日前，白人の中産階級のGoetzはニューヨークの地下鉄で5ドルを要求してきた4人のアフリカ系米国人の若者たちを次々に撃った。1987年6月，陪審はGoetzの発砲について無罪とした。審理の過程において，人種間の緊張や自己防衛の問題，またGoetzが無罪となれば少なくても白人のアフリカ系米国人に対する武力行使が正当化されたとの解釈が広がってしまうのではないかという懸念で議論は紛糾した（"Goetz Case", 1987, p.A11；"Trial That Wouldn't End", 1987, pp.20-21）。

3. 安定というレトリック

社会秩序の根本的な変化を考えたくない人びとは，犯罪のような社会問題の原因を個人の欠陥あるいは社会化の制度の失敗に位置づける傾向がある（Rubington & Weinberg, 1971）。人種差別や暴力の増加は従来，一つの例として非常に重要ではあるが，**あるタイプの人間**を問題とみなす傾向により説明されてきた。またいわゆる**社会化の制度の失敗**という見方に立てば，それは「米国人的な生き方（American way of life）」を模範的であるとしたり，あるいは少なくともその根本は健全であるとしながらも，労働や家族，教育や宗教の制度が潜在的なトラブルメーカーたちを主流派にうまく取り入れることができておらず，これらの再確認と強化とが必要である，という考えにつながる。前者の考え方がニクソン大統領を特徴づけるとすれば，後者はニクソン－フォード時代の後の民主党カーター大統領に特徴的に表れている。

カーターが米国大統領へと台頭したことは，

それ自体が経済的そして政治的変化の公共政策への影響の及ぼし方を示す教訓的な例であるが，それには実践される犯罪学理論も含まれる。米国の経済的衰退がマスメディアや一般社会に明らかになるずっと以前から，米国の有力な財界筋は状況を十分認識しており，対策として 1973 年に米，欧，日本の緊密な連携を目的とした三極委員会を創設した。一時その委員長を務めたスビグネフ・ブレジンスキーは，ウォーターゲート事件での国民の幻滅，次のフォード大統領のニクソンへの恩赦，そして制度に対する信用の失墜を示すさまざまな兆候について，「1976 年の大統領選挙では，民主党候補は当選するために仕事，家族，宗教，そしてさらなる愛国心を強調しなくてはならないだろう」と書いてまとめている（Allen, 1977, p.27)。南部の票を取り戻す「南部戦略」という側面もあり，これら要素を体現している南部の州知事としてカーターが選出された。カーターの当選でブレジンスキーは国家安全保障顧問となった。

カーターが当選したのは影響力のある政界実力者たちの強力な支援だけではなく，彼が他のどの候補者よりも当時のムードを象徴していたからである。実際，米国で政治家たちが成功するのは，彼らが国民の求めている存在になるように自らを世間の雰囲気に合わせていく能力によるところが大きい。カーターは，彼自身がよくワーカホリックと呼ばれたくらいに労働倫理を再認識させることに成功したし，妻や娘，そして「不良少年」ビリーへの家族愛の強さでもよく知られた。身近な家族のあいだでは自称，福音主義によるキリスト教再生派として，カーターはより伝統的な宗教的価値への回帰や，ウォーターゲート事件の余波があるなかでの道徳的リーダーシップを切望する人びとを代表していた。しかし彼は大統領としてイランにおける人質事件で強い愛国主義的な力を示すことができず，レーガン大統領にその地位を譲ることとなった。そしてレーガンはカーター以上に 1980 年代の米国を象徴する存在となった。

1970 年代後半，カーターは，種々の調査が米国に停滞感がまん延していることを示している，と公然と語った。国民は社会化への原動力として教育においてきた伝統的な信頼感の多くを失っていた。多くの人びとが 1960 年代に起こった変化が家族のまとまりを破壊し，米国市民を社会化，統制する力を弱体化させてしまったと考えているようだった。宗教が数を増す市民に対して個人的な癒しをもたらしてくれるように思えたが，おそらくそれは共同体の形成や変革への手段とはならず，より多くの人をカリスマテレビ宣教師へと向かわせることとなった。

1970 年代の終わり，米国国民のムードはレーガン候補の主張にうまく合っていた。つまり非常に多くの反対論者が米国を批判し，「米国のために決起する」愛国的国民が必要であると主張していたのである。先に示したように，社会は全体として経済不況や人種差別，貧困，環境汚染，その他すべての国内の問題に関心を向けることにうんざりしており，それらが存在していなかったかのように背を向けたがっていた。ラベリング理論は表面的にはある程度の賛同を得ていたとはいえ，緊張理論，葛藤理論にはなおさらのこと耳が向けられる時代ではなかった。

レーガンの大統領就任は，米国社会が 1950 年代の精神をふたたび信奉し始めていたことを示していた。1970 年代後半にいわれた「自己中心の 10 年間」というテーマは何か違った色彩を帯び始めていた。その焦点は，「わが身のことだけを考える」個人に多く向けられていたとはいえ，同時に自由放任な社会に対するさらに激しい非難があった。例えば，社会一般は，個人が「競争社会」において物質的な富を追い求めることを皮肉を込めながらも肯定的に捉え

ていたが，一方で個人が性や薬物といったかたちで快楽を追求することにはだんだんと厳しい目を向けるようになっていた。実際，社会防衛のための個人の権利の制限という原理から，性の監視や強制的な薬物検査の実施が要求されるようになった。

1）物質主義信奉

1980 年代の米国は，マスメディアの描写をアートと呼ぶことができるとすれば，「アートを模倣する人生」の一つの例のようにみえた。1981 年に最も人気のあったテレビドラマはゴールデンタイムのメロドラマ「ダラス」（Dallas）で，そこでは狡猾な石油王ユーイング家の「J. R.」をはじめとするテキサスの浪費家の姿が描かれていた。少し後には，実在のウォール街のやり手ディーラーアイヴァン・ボウスキー――彼の考えの多くは「強欲は悪いことではない」（『80 年代の終焉』（The Eighties Are Over），1988, p.42）という主張に要約されるのだが――は 5,000 万ドルの違法な利益を放棄し，別に 5,000 万ドルを補填することに同意した後，フォーチュン誌で「詐欺師オブ・ザ・イヤー」と名付けられ，のちに 3 年の実刑判決を受けた。1984 年，「セレブのライフスタイル」（Lifestyles of the Rich and Famous）がヒット番組（p.42）となり，同じ年「ニューズウィーク」誌は「ヤッピーの年」とこの年を名付けた。1960 年代のイッピーと対照的に，ヤッピー（上昇志向の若い都会派の専門職）は，それを妨げる社会的良心がなく「成功する」ことに夢中になっている自己中心的な物質主義者の人口層としてその時代を象徴していた。

2）伝統的な性についての説法の再確認

1980 年代初め，「80 年代の性革命は終わった」（1984, pp.74-78）といったタイトルの記事では，1960 年代のカウンターカルチャーの高まりにその多くが関連していた大っぴらな快楽主義的な性はもはや過去のものであると断じられた。「ニューズウィーク」誌の特集記事は「プレイボーイ・パーティは終わった」と，また「タイム」誌は「セックス・バスターズ」の時代と述べた。新たな流れを表す例は他にも多くあった。国立図書館の視覚障害・身体障害者サービスが 1970 年以降，毎月「プレイボーイ」誌の点字版を刊行していたことに対して，議会からは反対，厳しい批判が向けられた。「**プレイボーイ**」，「**ペントハウス**」，「**ハスラー**」誌での子どもの描かれ方に関する政府の支援を受けた調査，同性愛者に対する暴力の増加，激しい議論を巻き起こしたポルノについての司法省報告，などがその例である。

性についての価値観をめぐる議論は法廷にも及んだ。例えば，80 年代半ばに判決の下された **Bowers v. Hardwick** のケース（1986）で，米国の最高裁は 5 対 4 の最小僅差で成人の口腔あるいは肛門性交を懲役 20 年の重罪処罰としたジョージア州での判決を支持した。このケースは当初，警察官が飲酒の一斉摘発の一環として，公共の場にアルコールの入った蓋の開いた容器を持ちこんだかどでの逮捕状を執行しようと Hardwick のアパートへ向かったことから始まった。捜査官は一人の客にアパートに案内され，Hardwick は寝室にいる，と教えられた。そこで捜査官は他の男性とオーラルセックスをしている Hardwick を発見，逮捕した。実際には，公衆道徳の維持強化への責任から，私的空間であってもそのような行為を制限，規制する正当な権利が州にはあるとの立場から，裁判所は，私的な寝室での同意した大人同士の行為であってもジョージア州法の下では許されない，との判決を下した。

個人対国の利益のバランスに関連した問題は

他にも，1980年代は女性の妊娠中絶をする権利について白熱した議論が交わされた。裁判所は **Roe v. Wade** のケース（1973）について繰り返し再審を求められ，最高裁は中絶禁止法は違憲であるとの判決を下したが，それは国益が女性個人のプライバシーへの干渉を正当化することにはならないとの判断からだった。道徳的なジレンマとして，中絶についてのスタンスは，しばしばイデオロギー上の対立となっている（例えば，リベラルなカソリック対中絶選択権支持派）。それでも **Roe v. Wade** 裁判で保守的な政治家や宗教指導者，生存権擁護団体が強力な反対運動を牽引するなかで，中絶反対運動は米国の右傾化によってさらに勢いをつけた。彼らは，公衆道徳の維持における国益——胎児の命を守るという道徳的選択がその最たるものであるが——の観点から，議会が処罰の対象とはしないにしてもいま一度中絶の慣習を制限することを認めるべきであると論じた。

最終的に，1980年代は増大する脅威としてエイズの出現を見ることとなった。エイズの犠牲者の増加はメディアや政治討論の場において，それまでの性習慣について多くの議論が交わされるようになった。リベラル派にとってエイズは，分別あるパートナーの選択や「安全なセックス」の実践，性行為感染症に関する教育のさらなる普及など，性的関係のより現実主義的な実践を迫るものであった。保守派にとっては，エイズの脅威は性道徳の崩壊の悲惨な結果を示す明白な証拠であった。究極的にはエイズの問題は婚姻外のセックスというモラルの失墜を反映しており，伝統的な性の価値観に立ち返ることによってしかそれは撲滅できないだろう，と保守派は警告した。

3）麻薬戦争

レーガン政権初期には，薬物反対運動が起こり，1986年，連邦政府は2億5千万ドルを「麻薬撲滅運動」に充てると宣言，これは強制的な薬物検査を実業界やスポーツ界から連邦職員まで拡げて実施するというものであった（"Crack Down", 1986, pp.12-13；"Trying to Say No", 1986）。5カ月にわたる議会の調査で「尿検査による手続きは高価で『多くの例では無用であり』，またしばしば不正確である」（"Drug Test", 1986, p.A15）との結論が出た後にだが，この新たな検査政策は告示され，違法薬物の使用あるいは犯罪を犯した証拠がない場合でもこの検査が実施された。当時，連邦政府は薬物に対して「血眼になっている」と言われていた（"Fighting Narcotics", 1986, p.A25）。従業員がプライベートで何をしようとそれが職務遂行に影響しなければ関係ないという議論，そのような検査は，法の適正手続きではっきりと示されるまでは推定無罪とする原則を推定有罪に置き換えてしまうものであるといった議論があったにもかかわらず，政府の世論調査では国民は財政赤字や軍縮よりも薬物問題に関心が高いと報告された（"Crack Down", 1986）。

4）司法省と最高裁

連邦政府のとる立場がその時代を正確に反映する，というのは真実ではないかもしれないが，その手がかりは与えてくれる。従って，1980年代の司法省と最高裁の両方についてその傾向を考えてみるのは有益であろう。どちらの場合も，社会状況が犯罪の背景となっている可能性に注意を向けることをますます避け，ふつうの街にいる犯罪者へのより厳しい対処を求める傾向がみられた。

レーガン大統領2期目，彼の親しい友人であったエドウィン・ミースが司法長官に任命された。1986年，ミースは最高裁の判断が必ずしも国の最高法とみなされる必要はない，と言

明した（"Edwin Meese", 1986, p.9）。彼は，最高裁の判断は特定の訴訟に関連した事柄にのみ結びつくものである，と論じた（"Meese Says Court", 1986）。司法省の公民権部門の長ウィリアム・ブラッドフォード・レイノルズは同じ立場を主張した。彼は最高裁の判決の権限を疑問視しただけでなく，急進的な平等主義社会を達成しようとすることは個人の自由にとっておそらく大きな脅威をもたらすだろう，と論じた（"The President's Angry Apostle", 1986, p.27）。レイノルズは連邦公民権や教育の人種分離廃止プログラム，女性の大学スポーツにおける平等化，住宅供給における人種差別撤廃等への反対論のリーダーであった。カーター大統領のときの司法長官を務めたグリフィン・ベルによれば，「それが彼が採用された理由である」（p.27）。

刑事司法についていえば，司法省による主導は等しく保守的であった。例えば，ミースはミランダ対アリゾナ州訴訟（1966）の判決で警察が容疑者に対してその法律的権利を告げることを要求したのは，悪名高い判断であるとしてその見直しを主張した（"Meese Seen as Ready", 1987, p.A13）。裁判長のウィリアム・レンキストは，死刑囚からの土壇場での控訴に関して一定の制限が必要である，とする中で同様の発言をしている。彼はそのような控訴が「死刑執行1～2日前のひどく混乱した状況」を招いてしまう，と論じた（"Death Row", 1988, p.A7）。残念ながら，レンキストが懸念した「混乱状態」は，最高裁が「訴訟代理人を立てる憲法上の権利は，最初の控訴を超えては適用されない」との立場を明確にしたことに一部由来している（"The Gideon Case", 1988, p.A27）。一方，ミースは10代の殺人犯への死刑適用を主張した（"Meese: Execute Teen-age Killers", 1985）。

軍事支出や経済階層の底辺にいる人びとへの批判の他に，米国の1980年代の政策の一部は，困難な課題に直面している米国人の生き方への信念の強化が必要なのかどうかをめぐって展開した。1986年の自由の女神100周年のときには，3,900万ドルをかけての2年にわたる改装の後，像はかつてない高価で贅沢なパーティで祝われた。それには500万人以上の人が参加している。自由の女神によって象徴されている米国的な価値の核をなす，リバティ，フリーダム，そしてニューライフの証拠として，1986年7月4日に米国中の44の異なる場所で25,000人以上の移民が市民権の宣誓を行った。祝典には外国の要人も参加，そして35隻以上の外国の軍艦がニューヨーク港で支持を示した。またこれに合わせてガバナーズ・アイランドでは，1カップルあたり1万ドルの参加費で豪華なダンスパーティが開かれた（"Hail Liberty", 1986；"Sweet Land of Liberty", 1986）。

4. 保守的政治路線が残したもの

保守路線は1990年代にある程度は革新派によって異議が唱えられ，その最たるものが1992年のクリントンの大統領選出であった。それでも1994年まで，共和党は断固とした保守政治路線を叫び続けながら上院や議会，主な州政府をおさえていた。多くのリベラルな政策案は抑えつけられ（例：軍におけるゲイやレズビアンの権利，国の医療など），そして多くの保守的な政策が実行された（例：子どものいる女性の公的扶助の受給可能期間を制限する福祉制度改正など）。

誰に聞いても，失業率が急落し，インフレも統制範囲内にとどまっていたことから米国経済は上昇傾向にあった。「ドットコム」企業が隆盛を極め，若い億万長者の出現がほとんど当たり前のこととなった。さらにこうした良い経済情勢のニュースは，米国において一部で経済

の不平等が持続していることを覆い隠してしまった。1973年から1998年のあいだに，実質の時間あたり賃金（すなわちインフレ分を補正した）は9％減少した。同じ期間で，5％の富裕層が得た所得の米国全体に占めるパーセンテージは14.8％から20.7％まで増加した（Wolff, 2001, p.15）。Wolff（2001）が述べたように，「労働者の賃金が伸びず，経済の不平等は悪化した」(p.15)。さらに失業者数は，より大きな枠組みの中で人種や地域ごとに分析しないかぎり，人を欺く。Currie（1998b）によれば，国全体の平均と比較して，アフリカ系米国人の失業率は2倍高く，またこの統計には膨大な数にのぼる収監中の人数は含まれていない。Currie が述べたように，「1995年，公には76万2千人の黒人が失業者としてカウントされ，別の51万1千人は州あるいは連邦刑務所に収監されている。これらの数字を合わせると，黒人の失業率は11％から約18％にまで上昇する」(p.33)。

1990年代を通じ，控えめにその持続的な影響を見ても収監人口は着実に増加している。レーガン大統領（8年）およびジョージ・ブッシュ大統領（4年）の任期中，地域，州，および連邦刑務所にそれぞれ44万8千人，34万3千人が収監された。クリントンの8年間ではこの数字は67万3千人となる。クリントンの大統領任期の最後には，国全体の人口10万あたりの収監率はブッシュ時代の332，レーガン時代の247に比べ476に達した。アフリカ系米国人についていえば，20世紀末の収監率は人口10万比で1992年の約3,000から3,620にまで上がった（Gullo, 2001）。

保守派による米国の政策維持は，ときに弱まったり，いわゆる青路線あるいは民主党寄りの政策をとりながらも，21世紀初めへと続く。ジョージ・ブッシュがアル・ゴアに僅差で勝利し，そして共和党が議会の上下両院を制するなかで大統領2期目が続いた。米国的な価値観を中東に広げようとする新保守主義的哲学によりその大部分が正当化されたイラク戦争を超えて，保守派は右派的な政治目標を推し進めた。これには，増大する企業の規制撤廃，組合を弱体化し米国人労働者の保護を弱めるグローバル経済における自由貿易，社会保障プログラムの削減（大学生の学費ローンを含む），富裕層に有利な偏った減税，同性結婚を禁止する憲法改正の要求，公的資金による宗教的奉仕活動活性化の支持，進化論の別の代替説「生命の知的設計者説（intelligent design）」を学校教育に取り入れることを提唱するブッシュ大統領や議会指導者らの支持，メキシコとの国境にフェンスを建設しない場合のパトロールの大幅強化の提言，最高裁への保守派判事の任用，監視なしでの電話通信傍受など対テロ戦争における遂行権限の拡大，などが含まれていた。一方，「犯罪の取り締まり強化」のレトリックは弱まることなく，厳罰化政策はある程度の一定性を持って実施された。2004年のジョージ・ブッシュの大統領1期目の終わりまでに，国全体の収監率は過去最高の人口10万比で486まで上昇した（Harrison & Beck, 2005）。Garland（2001）は，「統制文化」が強まった，と述べている。

II　さまざまな保守主義的理論

複雑な議論を単純化することになるかもしれないが，20世紀の最後の20年間において，五つのタイプの保守主義的な理論化がなされた。第一は，初期の実証主義学派が強調した人間の個体差，とくに犯罪関与の主な予測因子としての人間性あるいは知性の欠陥を再度見直そうとする動きである（Herrnstein & Murray, 1994；Wilson & Herrnstein, 1985）。第二に，古典学派の原理を見直すことにより，利益がその代償

を上回るときに犯罪を選択する論理的行動主体として個人をとらえるモデルを他の学派が発展させた。簡単にいえば，犯罪はそれが我々の社会において「ペイする」から起こる，というものである（Reynolds, 1996）。第三に，別の論者たちは，犯罪者は論理的というよりも別の考え方をするために犯罪に固執することを示唆し，その心理学的アプローチを展開しようとした。人を病的にする，あるいは病的にではないにしろ救いがたくするような独特な「犯罪心理」がある，とする立場である（Samenow, 1984）。第四として，ある保守的傾向の学者たちは，独特なアプローチを超えて犯罪をはっきりとした社会的影響の一つ，すなわち寛容といわれる文化——あるいは「道徳の貧困」——に結びつけて考えるようになった（これらは1960年代の米国社会で発展し，先の章でも論じた（Bennett, DiIulio, & Walters, 1996））。そして最後は，公共の秩序の崩壊や礼節を失うことが犯罪へとつながり，それは持続的な貧困や他の社会悪によるのではなく，警察がそれを容認するからである，という主張である（Kelling & Coles, 1996；Wilson & Kelling, 1982）。以下にこれらの論点を概観する。

繰り返すが，これらの論点を保守主義的なものとしているのは，単に学者たちが議論している犯罪の根底にある要因のことではない。例えば，犯罪者が衝動的であるとか，知的に低い，あるいは違法行為が大目に見られるようなときに犯罪を犯しやすい，という場合，それは本質的には保守主義的な論点ではない。実際，これらは個人と社会の犯罪へのリスクファクターとして見られるし，また多くの犯罪学者による著作でも強調されている。むしろこれら理論家たちが，資本主義，あるいは経済的な不平等または不利益が集中するような社会形態が米国の犯罪率——とくにスラム街の——に関係している，ということを一貫して否認してきたことをもって彼らを保守的としているのである（Currie, 1985）。このパラダイムでは，犯罪には「根本的な原因」があるのではなく，あるいはもしあるとしても，それは富の再分配もしくは必要に応じセーフティ・ネットを拡張するようないかなる政府の介入をも超えたところにある（J. Q. Wilson, 1975）。それよりもむしろ，犯罪は一つの選択，すなわち衝動的，愚劣，病的「スーパー・プレデター（超捕食者）」，狡猾な個人，経済的貧困ではなく，道徳の欠如した，そして／あるいは結果を恐れることなしに「窓ガラスを破壊する」ことを許すような環境で育った個人がとる選択とみられている。

これらの観点はまた，その政策提言によっても特徴づけられる。このようにして，犯罪者たちに個体差を認めることにより，早期介入や適切に策定された治療プログラムの必要性が訴えられるようになる（Andrews & Bonta, 2003；Farrington & Welsh, 2007）。しかしながらわずかな例外を除けば，これら理論家たちは主として，犯罪リスクのある個人を，援助ではなく管理する目的で介入することを正当化するために，苦労してその理論を用いた。そこには露骨にではないにしろ，犯罪者は変わらない，あるいは痛みを伴う制裁にのみ反応するのだという暗黙の考え方がある。彼らの仕事は結局，犯罪学に「再び処罰を取り戻し」，その特別な有用性を強く訴える試みなのである。とくに，これら学者たちは公的な統制，とりわけ犯罪を減らすために優先されるべき大規模な収監政策の理由を提示している。この「強硬」政策の採用は，例え彼らの理論が別の介入政策を推奨する場合でも，彼らの立場を保守派犯罪学者たらしめるものとなっている。

Ⅲ 犯罪と人間の本性：WilsonとHerrnstein

1. 理論

犯罪についての個人主義的な説明への回帰の例として，先駆的に，また大々的に取りあげられたのは，WilsonとHerrnsteinによる『犯罪と人間の本性』(Crime and Human Nature) (1985) である。これは Time, Newsweek, U. S. News & World Report, Vogue, New York Times, Chronicle of Higher Education といった有名誌で多くの評論家に取りあげられた。またAP通信はこれを一つの記事として扱っている（"[Editorial]", 1985)。議論の基本はWilson（ハーバード大学の政治学者）が示し，Herrnstein（ハーバード大学の心理学者）は，主に体質的な要因に注目して行為についての生物社会的な説明を行っている（Wilson & Herrnstein, 1985, chap.3)。それらの要因は，一部は遺伝的なものであるが，WilsonとHerrnsteinによって個人を犯罪行為へと駆り立てる素因とみなされた。彼らの言葉によれば，彼らは「なぜある者は他の者より犯罪をより起こしやすいのか」，また「なぜある人たちは高い率で重大犯罪を起こし，他の人たちはそうでないのか」を説明したかったのだという（pp.20-21)。彼らの努力は，犯罪よりも犯罪性の説明に向けられている。

WilsonとHerrnstein (1985) は自分たちの理論について，特定の分類あるいは名前を与えたりはしていないが，その生物社会学的なフォーカスは明らかである。

> 生物学的素因の存在が意味するのは，ある人には行為を賦活する環境が他の人においてはそうではないかもしれないこと，社会的な力では100％犯罪行為を抑止することはできないこと，そして社会における犯罪の分布は，ある程度は根底にある体質的要因の分布を反映しているのかもしれない，ということである。犯罪は素因やその生物学的根拠を考慮せずに理解することはできない。(p.103)

ある面，WilsonとHerrnstein (1985) の視点はLombroso, Hooton, SheldonそしてGluecksら（第2章を参照のこと）の理論や，実証主義的な犯罪学に立ち返るものである。理論的そして方法論的な問題のために今日の犯罪学者からはほとんど無視されているが，WilsonとHerrnsteinは非犯罪者から犯罪者を区別する特定の体型があることを主張した。

> どこで調べても，平均的な犯罪者の体格は一般人口のそれとは異なっている。彼らの体型は，中胚葉型（筋肉質）であることが多く，外胚葉型（細身）は少ない……対応する一つの根拠として，筋肉質な犯罪者ではその実父母にも犯罪者が多くなる，ということがある。(p.215)

家族やその犯罪への関与の重要性について，WilsonとHerrnstein (1985) は「悪い家族は悪い子どもを生む」(p.215) と述べている。彼らは双子や養子に関する研究を詳細に検討し，この立場を強調した。(pp.69-103)

ここでの主な議論は，遺伝が犯罪に結びつくとすれば，それは同じ環境で生育した一卵性双生児と，やはり同じ環境で生育した二卵性双生児を比較することにより明らかになるはずである。結果は，一卵性双生児の一方が犯罪を犯すと，もう片方もまた犯罪を犯しやすくなる，というものである。研究によれば，これは二卵性双生児についてはあてはまらない。

養子研究では，実の親子と養子縁組の場合の子どもの犯罪傾性 (criminality) について比較

している。それによれば実父母が犯罪者である子どもは，養父母が犯罪者である場合よりも犯罪に関わりやすい。もし遺伝が犯罪に結びつくのであれば，それは環境にかかわらず影響力を持つことになるのだろう。いくつかの研究は，養父母よりも実父母の犯罪傾性が子どもの犯罪傾性のより大きな説明要因であることを示している。

ただし体質的な要因が犯罪傾性にどの程度影響するかについては，WilsonとHerrnsteinは慎重な立場をとっている。彼らは人間が何を報酬と考えるか，そして未来のいつまで欲求の充足を我慢できるかの能力にその答えを基礎づけている。WilsonとHerrnsteinによれば，体質的な要因は将来，即座に得られる報酬そして罰について考える能力に大きく影響する。例えば，知的能力の低い攻撃的，衝動的な男性は，「良心の呵責」——それは高度な認知的・知的発達を反映する——を身につけている若い男性よりも犯罪を犯すリスクが高い。

生物学的な点を強調するだけでなく，WilsonとHerrnsteinはGibbs（1985）が犯罪傾性についての「オペラント功利主義」理論と呼んだものを示した。WilsonとHerrnstein（1985）は，生物学的なものに根ざした「個人差」は，それがのちの社会的学習に影響する，あるいは人がその行動をする上で報酬や罰にどのように影響を受けるか，という点において重要であると論じた。これ以降，今もなお，行動はそれが引き起こす，あるいは引き起こすであろうと人が考える「結果」に影響される，という視点で彼らは説明している。彼らのモデルのこの部分は他の社会学習理論とは異なっている。WilsonとHerrnsteinは次のように結論づけている。

犯罪を犯さなくても得られる報酬（物質的なものと非物質的なもの）が犯罪によって得られる報酬に近いほど，犯罪を犯す傾向は弱まる。良心の呵責，仲間からの承認，そして不公平感が犯罪の総価値を増やしたり，減らしたりする。すなわち家族や友人，同僚たちの意見は，犯罪に走らないための大切な援助であり，刑事司法制度により課されうる刑罰を避けたいという強い思いもまた同様である。いかなる報酬の力も時間と共に弱くなるが，人によってその減り方は異なる。与えられた報酬の力もまた強化因子の総体に影響される。（p.61）

2.「犯罪と人間の本性」の評価

『犯罪と人間の本性』の評価は，WilsonとHerrnstein（1985）を一様に称賛するばかりではない。その理由はたくさんあるが，概念／実証性に関するものと，イデオロギーに関するものの二つに分けることができるだろう。概念／実証的な批判では，これら著者らがその術語の実証的な適用性について考慮していない点を問題にしている（Gibbs, 1985, p.383）。彼らは「報酬の比」，「物質的，非物質的な犯罪」，「仲間の承認」，「不公平感」といった概念を用いている（Wilson & Herrnstein, 1985, chap.2）。しかし彼らはそれらの概念について何ら数値的あるいは操作的な表現を提示していない。その結果，彼らが何を伝えようとしていたのかが明らかではなく，そのために彼らの理論を検証するような研究を行うことが困難になってしまっている。

WilsonとHerrnstein（1985）の仕事のもう一つのやっかいな側面は，彼らが議論の中心を殺人や強盗，侵入窃盗といった街路犯罪と掠奪的犯罪に限定していることである。彼らが掠奪的犯罪の分類にホワイト・カラー犯罪のようなものを含めず，また侵入窃盗をなぜ街路犯罪とみなすのかを説明していないために，彼らの理論的議論の一般性と概念上の明確さに深刻な疑

問が持ち上がる。Gibbs（1985）が述べているように，WilsonとHerrnsteinが用いた比較的ルーズな犯罪の分類は「犯罪学よりもジャーナリズムに向いている」（p.382）。

同様に『犯罪と人間の本性』の問題点として何人かの評者が指摘しているのは，WilsonとHerrnstein（1985）は関連する文献を客観的に選択，提示しているかのような印象を与えているが，彼らがレビューしているものは実際にはかなり選択的なのではないか，という点である（Kamin, 1985）。著者らの議論は厳密な科学を基礎にしており，それゆえ信じられるべきであるとの印象を読者が持つとしても，評論家たちは，いくつかの点において彼らの議論が疑わしいエビデンスを基にしていると強く主張している。しかしながら読者にはこの情報は与えられていない。例えばKamin（1985）によれば，1960年代に生育した若者は，それより15年早く生育した若者よりも物事を我慢しようとしない，というWilsonとHerrnstein（1985）の見解は，「文字通り一つの実験研究」に基づくものであった（p.22）。加えて著者らは，非行少年よりも非犯罪者には体型が中胚葉型の者が多かったことを示した論文をきちんと引用していない（p.24）。批評家が結論づけているように，明らかにWilsonとHerrnsteinは犯罪に関連する体質因についての自分たちの議論を支持するような資料を強調し，その論拠を揺るがすような文献については言及していないのである。

これらの批判は，それがいかに重大であろうと，WilsonとHerrnsteinの議論のイデオロギー的意義に影を投げかけることはなく，彼らの議論の根拠により広い関心が寄せられることになった。この点についてKamin（1985）は述べている。

WilsonとHerrnsteinの仕事は〈社会的背景から〉隔絶されるべきではないだろう。生物学的決定論についての混乱したイデオロギーを支持する，十分ではないデータを彼らが選択的に用いたことは，レーガン政権6年目における米国の社会科学としてはまったくの例外とも言えないのである。当時の政治情勢を考慮すれば，社会学者たちが早計に社会的緊張の原因を遺伝子や根本的な生物学的構造に求めようとしたのも理解しやすくなる。（p.25）

WilsonとHerrnsteinの仕事は，ある生物学的素因が貧困者のあいだに偏って見いだされ，それらが過度な犯罪行為の原因になっているかもしれない，ということを示した。このメッセージは，とくに犯罪学の専門知識のない，そして彼らの議論に疑問をもたない人びとが読んだ場合，やや不穏な政策的影響を表していることになる。我々は第2章で，初期の生物学理論が抑圧的で身体的にも侵襲的な政策を正当化するために使われてきたことを見てきた。歴史の記録は，犯罪の根源を人間の本性のなかに見いだし，社会構造の責任は問わず，犯罪者は矯正を大きく超えて，刑罰的統制が必要である，という考えに傾きやすいことを教えてくれている。

しかしWilsonとHerrnstein（1985）に公正を期して言うなら，『犯罪と人間の本性』に向けられた多くの批判は，多くの犯罪学者自身がイデオロギー的に生物学的な理論化には反対の立場であったことから生じた。その理由は，繰り返しになるが歴史的にそのような考えを「科学の名の下に」正当化してきた弾圧的な政策にある（Gould, 1981）。WilsonとHerrnsteinは力強く「犯罪学に生物学を復活」させようとした最初の犯罪学者であり，ある意味で彼らはその代価を払うことになったのである。今日，第14章で見ることになるように，多くの犯罪学者は彼らの理論を全くのでたらめと捉えるので

はなく，生物学的な個体差，すなわち衝動性や知的能力の低さが，社会的学習（や他の犯罪因的なリスク要因）に影響し，そのために犯罪行動に一定の役割を演じる可能性を認めている。

しかし保守派からも Wilson と Herrnstein (1985) が『犯罪と人間の本性』を通じて主張していること，とくに本の最後の2章（その第15章を参照のこと）への反応が出るようになった。彼らは矯正的なリハビリテーションやさらに全般的な社会の改革といった犯罪防止を目的としたより先進的な政治的主導には悲観的な見方をしていた（Cullen & Gendreau, 2000; Currie, 1988b）。彼らは，犯罪的な人生を越えて，彼らが非犯罪というところのふつうの人生の有用性が増すような政府の政策について，革新的に考えるようなことは実質的にはほとんどなかった（Currie, 1985, 1998b）。

Wilson と Herrnstein (1985) は可能な範囲でではあるが，主に二つの領域に犯罪の解決策はあると結論している。すなわち，親にもっと効果的に子どもを罰したり管理するようにさせること，そして政府にはより確実に，迅速に，そしておそらく厳しく犯罪者を罰するようにさせること，である。彼らはその抑止効果を裏付けるエビデンスはさほどでもないことを有能な学者としてわかっていた。しかしながらここで彼らは，刑罰がすべての犯罪者への抑止力にはならないにしても「道徳教育」の手段にはなる，というそれ自体は検証ができない立場をとってしまう。この筋書きでは，刑罰が道徳の境界線を決め，善悪の区別を教える，ということになる。それは「人びとに悪行についての主観的な感覚を形成する。（中略）道徳教育としての刑罰は，抑止力としての刑罰より確実に犯罪を減らす」(p.495)。これは一見もっともらしいが，彼らは刑事司法による制裁が道徳教育になることを示すエビデンスに全く言及していない。そのような制裁，あるいはその適用のされ方は，この「システム」が人種的，階級的にバイアスがかかっていることをまた教えることになる，ということを彼らは考慮していない。そして犯罪者を更生させる努力が，執念深さではなく，社会において思いやりや支援を大事にすべきという価値観を教えてくれることになるかもしれない，という点ついても考慮されていない。いうまでもなく，このようなメッセージは犯罪とは正反対の道徳的価値を作り出すことになるかもしれないである。

Wilson と Herrnstein の懲罰的国家への嗜好は，彼らが言う「個人としての責任」の正当化においてさらに顕著である。犯罪を社会的文脈にだけでなく，深く根ざした生物学的な個体差にも結びつけるような理論は，犯罪者は自由意志を発揮しており，それゆえその不品行は罰せられるべきであるという考えとは相容れないことを認めていた。結局，犯罪者が衝動的となったり，知的障害になることを選択しているのではないし，子どもを犯罪に走りやすくするような育て方をする親のもとに生まれることを選ぶのでもない。しかし Wilson と Herrnstein の保守的な感覚では，彼らの理論の論理的な要請を却下することはできなかった。すなわち犯罪が生じれば，犯人はその行為について「個人として責任を負う」ことはできないのである。著者らはその理論が導くこの帰結をわかっていたが，罰しないことにより，我々は自身の行為に対して責任を持つべきである，という社会の道徳的メッセージが損なわれることを恐れた。彼らは述べている：

　我々は，犯罪にはすべての人間の行為と同じように原因があり，科学はその特定に進歩を遂げてきたし，これからもさらに進歩するであろうことを知っている。しかし我々がそれにより

犯罪を回避することを学ぶその経過そのものにおいては，裁判所は犯罪が完全に自由選択の結果であるものとしてその役割を果たさなくてはならない。(p.529)

この点で保守的イデオロギーは科学を凌ぎ，『犯罪と人間の本性』の根底にある考えがあらわになっている。

Ⅳ 犯罪とベル・カーブ
—— Herrnstein と Murray ——

1970年代後半までに，その10年前にはすでに不評となっていた IQ 理論が再び注目されるようになった（Hirschi & Hindelang, 1977）。Wilson と Herrnstein（1985）は知的能力の低さについて，それが認知だけでなく道徳的な遅れを表しているとの意見を再評価しながら，道徳的な判断ができないことと関連づけた。1980年代後半には，(1) 知能とは単一の能力であり，(2) IQ スコアはこの能力の有効な尺度であり，そして (3) その能力は本質的に環境・後天的ではなく遺伝的なものである，などの仮説が論拠のあるものとして受け入れられ，また犯罪や非行における人種間の差異を説明するのに使われた（Gordon, 1987）。いくらか単純化し過ぎた言い方かもしれないが，1990年代はじめには，例えばアフリカ系米国人が認知的にも道徳的にも生来劣っており，犯罪の問題の多くはそれで説明がつく，といった示唆と共に社会ダーウィン主義的な要素の復活が見られた。

知能が犯罪行動，実際にはすべての社会的行動の最も確実な予測因子であるという主張は，Herrnstein と Murray のベストセラー，『ベル・カーブ——米国人の生活における知能と階層構造』（The Bell Curve：Intelligence and Class Structure in American Life）の中で最も詳しく，また洗練されたかたちで述べられている。米国は脱工業化経済，すなわち知識や技術的専門技能，実績をますます重視する社会に移行しており，人びとの人生の可能性や行動はますますその認知的な資源により決定づけられるようになってきている，と著者らは示唆した。著者らの見解では，「認知的に障害のある」人は新しい社会的なコンテクストに適応するのに苦労する。彼らは学校で脱落したり，職に就けず生活保護を受けたり，未婚で子どもをもうけやすく，市民としての責任を果たさず，犯罪行為を犯しやすい傾向にある。

Herrnstein と Murray（1994）の業績は根拠のない保守的憶測として片付けられるかもしれないが，それは彼らが自説を支持する確固としたデータを見せかけ的に作り出したという理由からではない。知能が人間の行動の最も強力な予測因子であることを示すために，彼らは国の経時的青少年調査（NLSY）のデータを分析している。この調査（NLSY）は IQ と犯罪関与の両方の尺度を含んでいる。Herrnstein と Murray は，社会経済的な状況が安定しているときでも知能指数の低い者は，自己申告，刑事司法制度上のデータいずれでみても犯罪行為に関わる確率が高くなることを示した。そして彼らは「犯罪に対する認知能力の関係の重要性」を論じた（p.251）。Herrnstein と Murray は「多くの人は犯罪者のことを人生の間違いからそうなると考えがちである。それは認知能力の低い者が人生を踏み外す，という意味では正しい」（p.251）。そしてこの見解は，「犯罪問題への対処として貧困や失業といった問題に現在向けられている注意の多くは，別の問い，すなわち認知能力の低さにともなう不利益に向けられるべきである」（p.251），ということを示唆している。

しかし Herrnstein と Murray（1994）の議論には二つの問題点がある。第一に，研究で

は少なくてもホワイト・カラー犯罪を除くと犯罪者のIQは非犯罪者に比べて低いことが明らかにされているが，先行研究のメタ解析によれば，知能は違法行為の弱～中程度の予測因子でしかないことが報告されている。つまり知能は犯罪との因果関係において，犯罪行為の決定因子の単に一つでしかなく，唯一のものではない（Cullen, Gendreau, Jarjoura, & Wright, 1997, Andrews & Bonta, 2006 も参照のこと）。Herrnstein と Murray が用いている NLSY のデータでさえ，そのデータの再解析において，知能で説明されるのは自己申告の犯罪では1%以下，何らかの形で刑事司法制度にのったもの（すなわち，結果無罪から有罪判決，矯正施設送致など）でもわずか3%しかなかったことが示されている。さらに Herrnstein と Murray が無視した変数を多変量モデルに含めた場合，IQ と自己申告の犯罪との相関は統計的に有意ではなかった（Cullen et al., 1997）。Herrnstein と Murray がなぜ，NLSY でも容易に利用できたはずの，既知の犯罪の予測因子を除外して実証的な分析を行ったのかははっきりしない。

第二に，Herrnstein と Murray（1994）が，IQ の原因としての重要性を強調するだけにとどまらず，科学ではなく純粋に保守的イデオロギーを基礎にした犯罪対策をも提唱していることである。犯罪者の IQ が非犯罪者に比べて低いという所見は，懲罰的な政策を不可避的に正当化するものではない。例えば，この知的能力の差は，認知能力に障害をきたすリスクのある子どもを対象とした集中的な就学前プログラムの実施や，すでに従前の学校プログラムで数年間困難に直面している低い IQ の生徒を支援する介入の必要を訴えるうえでの根拠となりうるだろう。しかし Herrnstein と Murray はこのような考え方はとらず，それどころか「単純なルール」と刑罰により統治される社会を作ることで犯罪問題と闘っていくことを提言した。

Herrnstein と Murray（1994）の「高潔な」社会ビジョンでは，品行についての規則は認知能力に障害を持つ人にも理解できるくらいに明確ではっきりとしたものになる。「知能に限界のある人びとは『なんじ盗むなかれ』を旨とする社会で道徳的な生活を送ることができるが，そのような人びとも『本当に正当な理由があれば別だが，そうではない限り，なんじ盗むなかれ』を旨とする社会では，道徳的な生活を送るのに相当な困難を感じる」（p.544）と彼らは強く主張した。もちろん善悪の区別が伝わらないことのないよう，法律に違反することは罰せられなければならない。そしてこれらの罰は「意味を持つ」ような「痛み」でなくてはならない（p.543）。要するに，「政策的処方として刑事司法制度は，よりシンプルなものにしなくてはならない。昔は犯罪行為の意味は明らかで客観的なものであり，その結果も同様であった。犯罪行為を再びそのようなものにしようとすることには価値がある」（p.544）。

この政策目標について多くの犯罪学者は懐疑的だろう（Cullen et al., 1997）。提案されていることは推測のみを基にしており，Herrnstein と Murray（1994）が，認知能力に障害のある人びとは何が犯罪で何がそうでないかについて混乱しているために，そして彼らは十分に罰せられていないために法を犯す，ということについて実証的に論じている資料に少しも言及していないことは示唆的である。最も特筆すべきは，犯罪についてのこのような考え方により，Herrnstein と Murray が，IQ の低い者を含む犯罪者が更生プログラムを通して犯罪から反転する可能性を無視してしまっていることである（Cullen et al., 1997）。またこれにより，他の保守派にとっても，米国社会に根強く残る社会経

済的な不平等の影響という厄介な可能性を考慮することなく，犯罪は主に法や刑罰をうまく操ることによって減らすことができる，という誤った印象を与えることになった。

V　クリミナル・マインド (criminal mind)

1970年代半ばまでに精神分析理論はそれまでの大きな影響力を失い，さらに1990年代初めまでにはすでに批判に晒されるようになっていた。それはFreudが誤った判断をしていた，あるいは批判の材料となる症例の多くを実際には伏せていたことが新たな資料により示されたこと，またフェミニストたちからの厳しい批判があったこと，などによる。そのような中，YochelsonとSamenow（1976）は一般向けの本，『犯罪的パーソナリティ』（The Criminal Personality）を出版し，犯罪は「クリミナル・マインド」を構成する病的思考パターンの結果であると論じた。犯罪者は伝統的な精神病質という言葉によって，操作的で計算高く，彼らを治そうとする試みにほとんど無反応であるような存在として描かれてきた。犯罪者の思考を理解するための認知的アプローチには価値があるが，犯罪者に通底するような単純な構成概念（例えば，クリミナル・マインド）が示されてきたわけではない。重要なことは，YochelsonとSamenowの研究は，触法精神障害者のための医療施設にいる犯罪者を主とした非常に特殊な群に限定されたものであり，このため研究の結果を一般化できるかどうかは疑問である，という点である。それでも1980年代まで，犯罪者は何らかの病的なメンタリティ――これが同定できるとすればの話だが――によって特徴づけられているに違いないという考えは，広く支持され，多くの異なる心理学的な特徴が犯罪の源として取り上げられてきた。

Samenowはそれに続き，『クリミナル・マインドの内側』（Inside the Criminal Mind）（1984）でYochelsonとの共著の仕事をさらに展開している。彼の視点は二つの前提を起点にしている。第一に，「犯罪者の考え方は異なっている」（p.23）。彼らは自己中心的で大げさ，衝動的で怒りやすく，他人の痛みに無神経である。彼らはすべてにおいて他責的で，罪責感（それが彼らにあるとして）をなかったものにしてしまい，周囲の人を自己の欲求充足のために操作する。まとめれば，これらの思考パターンが一つの「クリミナル・マインド」を構成しており，この構成概念はGottfredsonとHirschi（1990）の「低い自己統制」の記述に似ていなくもない。

第二に，「人がどう振る舞うかは，その人がどう思考するかによって大方決まる」（Samenow, 1984, p.23）。適切な思考は適応へと導くが，クリミナル・マインドに基づいた思考は繰り返し犯罪を生みだす。ある意味，この命題は実質的にはSutherlandやAkersの仕事と重なっている。分化的接触や社会的学習の観点では，犯罪の重要な直接原因は犯罪者が犯罪に好都合と考える状況の定義にある，と議論されている。しかしSamenowはこのような伝統的な犯罪学との関連を否定した。その代わり，彼は「我々はいまだ因果関係のパズルを解くにはほど遠い」（p.182）と述べている。つまり我々は実際にはまだ犯罪者の思考パターンの源を知り得ていないのである。クリミナル・マインドは，家族の中の一人の子どもを襲うが他には影響しない，などランダムとも思える現れ方をする。奇妙なことに，Samenowは最終的に，犯罪の解決策は犯罪者にクリミナル・マインドをどのように慣習的なものの考え方に変えていくかを教えることだ，と述べているにもかかわらず，分化的接触理論を受け入れていない。

Samenow（1984）は，犯罪者は理性的であ

り犯罪を犯すことを選択している，という自分の主張に厳格であった。残念なことに，彼は犯罪者が意識的に選択をしているという現実と，一連の要因によりその選択が「制限され」，あるいは形作られているかもしれないような現実とを混同している。例えば，一方でその起源が分かっていないクリミナル・マインドに支配されていると論じられているのに，犯罪者が自由意志を持つ理性的な存在であることを示すのは困難である。この種の混乱したロジックによって，Samenowは犯罪の原因に社会的要因は関係しないという主張に至った。犯罪者は，彼らの環境の「犠牲者」ではなく，自分の人生の状況を分かってそのように作り上げている者として説明されている。彼らは親に虐待ではないにしろ，強情で反抗的，気にくわないとの理由で叩かれる。「悪い仲間」を選ぶので非行少年たちと付き合う。勉強することに抵抗し，怠けるので学校から落伍する。働くことを好まないので仕事に就けない。彼らは自ら選択して困難な人生の状況に陥っているのであり，これらの状況がそうさせているのではない（Samenow, 1989も参照のこと）。

この立場を実証するために，Samenowは一連の社会的要因が犯罪関与に原因として関係していることを示すような犯罪学研究を体系的に無視している。Samenowは社会的要因が犯罪者を生んではいないとする特異な例を引用することによって，**社会原因説**（social causation）の可能性を退けている。例えば，秩序の乱れたスラム街地区の住民に犯罪の責任があるわけではない，なぜなら住民の多くは犯罪に走っていないからである。さらに言えば犯罪は郊外地域でも見られる。しかしながらこの論法には不備があり，ある種の社会状況への暴露は犯罪のリスクあるいは可能性を増大させるという事実を無視している。Samenowの考え方は，喫煙はガンとは関係ない，なぜならすべての喫煙者がガンに苦しめられるわけではないし，すべての非喫煙者がガンにならないわけでもないからである，と主張する人びとと同じである。犯罪にもガンにも，結果としてそうなるリスクを増大させる条件，ほとんど確実に因果関係があることが示されている条件がある。

最後に，Samenow（1984）は，**犯罪者はどのように思考するのか**，について犯罪学者が研究することは価値があり，重要であると指摘している。そのような思考は，おそらくは重要な犯罪の直接の原因，ある状況で犯罪者がなぜ法を破る決断をするのかに関わる要因であろう。いまだ犯罪の説明は犯罪者の心の中にあるものにまで達していない。またそれがどこから来るものなのかも探らなくてはならない，つまり犯罪の遠因や根本的原因についてさらに明らかにしていかなくてはならないのである。

VI 犯罪者になるという選択
―― 犯罪の見返り ――

合理的選択理論（rational choice theory）は多くの経済学者に好まれるアプローチである。「期待効用」（expected utility）の概念を基礎として，個人は合理的判断により利益を最大に，損失を最小にするように行動する，というBenthamの功利主義的な主張と同様の仮説を展開する。それはすなわち，「得をする」から，利益が代償を上回るから人は犯罪を犯すのだという中心的な命題である。Gibbs（1975）は社会学者が抑止問題により興味を持つようになったために，経済学者が犯罪の合理的選択理論モデルに興味を示すようになった，と論じている。双方の変化が時代の産物であることは間違いない。

実際，過去20年間，政治家たちはしばしば

違法行為についての公的な意見表明において，荒削りな合理的選択理論を声高に述べてきた。彼らは刑事司法制度が課す刑罰は手ぬるく，そうした寛容さが社会制度に別の影響を及ぼしている，と論じてきた。この犯罪についての通俗的な説明は，犯罪者に課す刑罰を重くする多くの「強硬」政策を正当化することになった。結局，もし人が得をするから犯罪を犯すのなら，そこから論理的に導かれる犯罪の解決策は，罪を犯す代償がその利益を上回るよう十分に刑罰を重くすればよい，ということになる。さらに，厳罰化法案が通って犯罪が減らない場合，その結果は根本にある犯罪理論が間違っているという証左とはみなされない。むしろ（厳罰化による）抑止効果が十分でないのは，罪を犯すことにともなう代償が十分に引き上げられなかったからで，更なる「強硬な」法制化が必要である，という証左となる（Clear, 1994；Currie, 1998b）。

この種の犯罪を過度に単純化した理論は，Morgan Reynoldsの仕事にはっきりと見いだすことができる。彼は投獄の拡大を推奨する経済学者で（Reynolds, 1996），その見解はニューズウィーク（Reynolds, 2000）などの主要報道誌や，その記事が配給される多くの新聞の保守的なコメンテーターにより引用されてきた（Ridenour, 1999）。Clear（1994）も指摘しているが，Reynoldsや他の同様の研究は「州選出の当局者のあいだに広がり，ただちに立法府による法案化と厳罰化の要求へと読み換えられた」（p.99）。要するにこれらの考えは潜在的に重大な帰結を孕んでいたのである。控えめに言っても，これらは「強硬」政策を合法化するように政治家たちを動かしてきた。

「犯罪の多くは非合理的な行為ではない」とReynoldsは主張する（1996）。「それどころか，犯罪を犯す人たちは，捕まったり罰せられることを含め，予想される代償と利益を少なくとも暗黙のうちに比較している」（p.7）。「たくさんの犯罪が起こる理由は，多くの人にとって利益が代償を上回るから，そしてそれが犯罪を他の選択肢よりも魅力的なものにするからである」と彼は言う（p.7）。そして犯罪学者たちが，理論的および実証的に犯罪関与のリスクを増大させるとしてきた他の条件についてはどうだろうか？　これらのことにReynoldsはほとんど関心を向けていない。というのもそれらは概して，違法行為の「予想される代償」に焦点をあてた彼の狭いモデルの埒外にあるからである。実際，彼は多くの社会学的要因が犯罪の「根本的な」原因である，ということを否定している。「これとは反対のことがよく言われるが，貧困や貧しい経済，低賃金，低い収入の伸び，高い失業率などの経済的要因が犯罪の原因であるというエビデンスはほとんどないのである」とReynoldsははっきりと主張している（p.16）。

Reynold（1996）はその主張を裏付ける実証的なエビデンスとして，テキサス州における1960年から1995年までの間の犯罪発生率が，犯罪の「予想される代償」，すなわち逮捕回数，起訴回数，有罪判決の回数および収監回数の確率や判決の中央値など，彼が計算した要因によって変動していた，ということを挙げている（p.8）。彼は「最近のテキサス州では刑罰が犯罪を抑止しており，犯罪が割に合わないとき，犯罪者は犯罪を起こさなくなるということを示している」と述べている（p.23）。

Reynold（1996）の仕事についてまず持ち上がる問題点は，それが単純な2変量解析，すなわち予想される代償と犯罪率の経時変化の相関を基にしているという点である。そこではその分析方法が問題になるような多くの複雑な方法論上の要因が考慮されていない（Spelman, 2000）。とくに，他のマクロレベルの変数が統制されていないことは，Reynoldsが用いた統

計的なモデルはほぼ確実に「定式化が誤っている」ことを意味している。つまり，犯罪の他の原因を考慮に入れていないため，彼の結論はおそらく誤っているということである。この点に関しては，PrattとCullen（2005）が犯罪についてのマクロレベルの研究のメタ解析をおこない，失業率や貧困などいくつかの社会学的変数が，刑罰に関連した多くの尺度（例えば検挙率）よりも犯罪の強い予測因子であることを示している。

そして刑事制裁が〈犯罪を〉抑止するのかどうか，というより大きな問いもある。刑罰をより確実に重くすることに一般的な抑止効果があるのかどうかはもともと議論があり，仮にそうだとして，その効果に意味があるのかどうかについてもまた議論のあるところである（Nagin, 1998, Levitt, 2002, Wright, 1994, Currie, 1998b, Lynch, 1999を参照）。しかし，特定の抑止効果については明らかなエビデンスがある。先行研究の総説やメタ解析では，長期刑は短期刑よりも抑止効果が少ないこと，自由刑は地域社会における制裁よりも抑止効果が少ないこと，地域社会で犯罪者を監視したり罰すること（例えば，集中監視や薬物検査をすること）は従前の保護観察付き執行猶予，仮釈放よりも抑止効果が少ないこと，などが明らかにされている（Cullen & Johnson, 2011；Cullen, Pratt, Micelli & Moon, 2002；Cullen, Wright, & Applegate, 1996；Finckenauer, 1982；Gendreau, Goggin, Cullen, & Andrews, 2000；Gendreau, Goggin, & Fulton, 2000；MacKenzie, 2000, 2006；Nagin, Cullen, & Jonson, 2009）。とりわけ，軽い刑罰よりも厳罰の方がより効果的に犯罪者の再犯を抑止するということを示すことができないのは，単純な合理的選択論に対する強い反証となっている。

犯罪の解決策として，必ずしも自由刑などの形式上の国家統制によらない，より繊細な合理的選択理論が発展してきている。こうしたアプローチについては第13章で詳しくみていくことにしよう。

Ⅶ　犯罪と道徳の貧困

クリミナル・マインドや犯罪者がとる選択を重視するアプローチに加え，より保守的な理論家の中には，犯罪を社会的影響のある一つの特定の型，つまり米国社会の許容的な文化に結びつけて論じる者もいる（Murray, 1984）。階層や社会的不平等の犯罪因的効果を最小限に見積もりつつ，家族や学校が躾や罰を与えることに失敗している，と彼らは論じる（Hirschi, 1983も参照のこと）。これらの主張の背景には，人間のさもしい本能をコントロールしないと人は犯罪に走ってしまうだろう，という考えがある。

William Bennett, John DiIulio, Ronald Waltersら注目すべき著者らによる本『被害者の数』（Body Count）は，この多様な保守的思考の見本ともいうべきものである。彼らは道徳の貧困が犯罪の鍵となる原因であると主張，とくに大騒ぎを起こしつつ本格的な常習犯罪者になっていくような若者の「スーパー・プレデター」を挙げている。著者らは，道徳の貧困を「正しいことを若者に教える，愛情があり，有能で責任感のある大人が傍にいない，という意味での貧困」と定義している（p.13）。この基本的な定義は次のように説明されている。

　それは子どもを，他者の喜びや苦痛，よいことをしたときには満足感を，悪いとことをしたときには後悔の念を感じるように（アリストテレス的ないい意味で）**慣らしていってくれる**ような親や保護者，親戚，友人，教師，コーチ，聖職者その他がそばにいない，という意味での

325

貧困である。それは成長する上で、自身が日々の手本として教えてくれるような、また若者が倣い、正しく振る舞うよう言ってくれるような人間が実際そばにいない、という意味での貧困である。極端な場合、それは事実上きわめて犯罪因的な環境、つまりほとんどわざわざ、たちの悪い、悔悟のない掠奪的な街路犯罪者を生み出しているのではないかと思えるような環境にいる、偏った、犯罪的な大人に囲まれて育つ、という意味での貧困である。(pp.13-14, 強調は原著者による)

このように道徳の貧困は広く概念化されている。しかしそこには正確な記述、例えば道徳の貧困の構成要素が何であり、またそれが犯罪とどのように関連しているかを系統的に検証できるような記述が欠けている。また別の次元でみれば、道徳の貧困という概念はさほど注目を引くものではない。多くのリベラル派を含め、子どもが機能不全あるいは偏った親に育てられたり、不幸にも「犯罪因的な社会環境で生活せざるをえない場合、犯罪に走りやすくなることに異を唱える犯罪学者はいないであろう(Skolnick, 1997)。「道徳の貧困」という言葉は、別の感情的あるいはイデオロギー的な関心を惹くかもしれないが、犯罪学的なメッセージとしては陳腐に思える。

Bennettら(1996)は伝統的な犯罪学から距離をおきつつ、道徳の貧困についてその起源を分析した(Currie, 1998b；Skolnick, 1997)。そこでは彼らの保守政治的な傾向が明示されている。伝統的な犯罪学者たちは、不十分な子育てや犯罪因的な環境を社会解体や経済的な不平等、社会的不利の集中などの構造的な状況に結びつけてきたかもしれない。しかしBennettらは、「経済ではなく道徳の貧困が、国内の薬物と犯罪問題の本当の根本的原因である」と論じた(p.193)。つまり問題は構造的なものではなく、文化的なものなのである。

1960年代以降、米国は「急速な」道徳の「地滑り」が起きた状況にあり、それは「寛容の文化」が広がったためであるとBennettら(1996)は主張する(pp.195, 199)。「影響力のある金持ちや上位階層」が「道徳相対主義の混ざった拘束されない自由」を旨とする生活様式を吹聴したことにより、「それがついには他の社会にも広がった」(p.198)。テレビや大衆文化にも原因がある。そして当然のことながら、刑事司法制度が刑罰よりも社会復帰を重視したことにより、明らかに犯罪者の責任感を失わせてしまったことは非難されるべきである(Bennett, 1994も参照のこと)。

この観点を前提にすれば、犯罪の解決策は子どもに道徳的な指導、健全な大人に成長するのに必要な愛情や躾を与えるという、ほとんど誰も反対する人はいないであろう処方箋になる。しかしBennettら(1996)はさらに踏み込んだ改革——寛容の文化においては、逸脱に対してそれが大きくても小さくても寛大であるが、それを徳の文化で置き換えていくような——を提案している。この文化の中心にあるのは、自己責任の精神と、不品行は悪い結果をもたらすという考えである。刑事司法において、これは犯罪者に責任を負わせ、彼らを罰することを意味している。

非常に多くの暴力犯や累犯者が街を歩くことを許している矯正制度の現状が、「無過失責任と回転ドアシステム」になっていると彼らは指摘し、「罰せられていない犯罪」があまりにも多いと論じている(Bennett et al., 1996, pp.83-84)。彼らによれば、掠奪犯罪がとくに多いスラム街では、刑務所は不足しておらず、むしろ十分に活用されていない(DiIulio, 1994も参照のこと)。国内の一日あたりの収監者数は200万

人以上に達しているかもしれないが,「暴力犯や累犯者を拘束するために我々の税金1ドルあたり1ペニー以下しか使わずに,治安を良くし,正義を行使し,犯罪や無秩序についてのきちんとした道徳的メッセージを伝えることができる,と考えるのは現実を甘く見ている」(Bennett et al., 1996, p.136)。我々は投獄された犯罪者は更生しうる,という考えから抜け出す必要がある。実際,「反収監論」が出てきたのは,人びとが「犯罪行為を罰するのではなく,更生させるべきである」と考えるようになったという現実があるからである (1996, p.198)。

とりわけBennettらが大量収監を支持し,更生に反対しているのはその犯罪理論に一致していないように見える。道徳の貧困が犯罪者を生みだすのだとすれば,その解決策は刑罰ではなく,反社会的な価値観や性格傾向を変えることを目標とした介入にあるように思える (Andrews & Bonta, 2003; Cullen & Gendreau, 2000; Johnson, 2004 も参照のこと)。道徳の貧困の犠牲者は「ハイリスクな」犯罪者のみならず,むしろ「スーパー・プレデター」なのである (Bennett et al., 1996, p.26; DiIulio, 1995 も参照のこと)。その違いは単なる婉曲表現ではない。「ハイリスクな」とは再犯に至りやすいという意味を含んでいるが,それは不可避ではなく,さまざまな資源の活用はこの群をターゲットにすべきであるということを含意している (Andrews & Bonta, 2003)。しかし「スーパー・プレデター」の方はどうにもならない。それはあたかも発達段階において,転換点を通過し,一線を越えたかのように,その後には違った種が作られてしまい,改善はもはや不可能である。Bennettら(1996, p.26)が警告したように,「新世代の街路犯罪者が迫ってきている——どんな社会もかつて知らないような,若く,巨大で,最悪の世代である」。このような視点から

すると,刑務所をできるだけ多く建て,収容する政策は理にかなっている。残念ながら,犯罪を抑えるのに最適な刑務所の能力とは何か,という合理的な議論がありうる一方で,犯罪者は罰せられることにより犯罪から抜け出す,あるいは更生の見込みはない,などの考えは,経験的にいって簡単に受け入れられるものではない (Andrews & Bonta, 2003; Cullen & Gendreau, 2000)。

レベルを広げてみれば,Bennettらはまた我々に,信仰や市民社会から神を追い払ってきたここ数十年の傾向が大きかったことを思い起こさせてくれる。彼らによれば,我々が「神を思い出す」必要があるのは,「宗教が善を強化する最良で最も信頼のおける方法である」からである (p.208)。ジョージ・ブッシュ大統領が,「宗教的奉仕活動」プログラムを彼の大統領としての重要な政治的イニシアチブであると考えていたことは特筆すべきである (Dionne & Chen, 2001)。彼は『被害者の数』(Body Count)の共著者である John DiIulio を,新しく創設された宗教的奉仕活動およびコミュニティ活性化プラン支援室の管理者に指名した。この機関は宗教的奉仕活動プログラムを監督している (Grossman, 2001)。注目すべきことに,DiIulioは長くは務めずにその職を辞めている。

道徳貧困理論が提起するような犯罪に関する広く文化的な解釈は,文化的な変化を測る基準が不足しているために,実証的な検証を行うのが困難である (Pratt & Cullen, 2005)。問題は,検証が難しい理論は評価することができないことであり,とくに重要なのは,競合する犯罪についての説明(この場合は構造理論)との比較において評価することができない,という点にある。さらに,文化的要因は犯罪の原因に疑いなく関係しているにもかかわらず,Bennettら(1996)が,本質的に犯罪傾性には影響を与

えないとの主張から，構造的および経済的条件を除外しているのは，その根拠が曖昧である。Currie（1998b）が述べているように，「保守的意見の問題点は，犯罪を理解する上で米国の家族やコミュニティの道徳的，文化的条件が重要であるという考え方ではなく，それらの条件自体が大きな社会的，経済的な力に強く影響を受けるということを認めようとしない点にある」（p.113）。

Bennettら（1996）の犯罪学的エビデンスの選択的な読み方は，彼らがRobert SampsonとJohn Laubの研究を引用している箇所に見ることができる。彼らはSampsonとLaubを，非行には家族プロセスが強く関連していることの確認として引用している（Bennett et al. 1996, p.60）。これによりBennettらの，家族と道徳の貧困を助長するようなその役割が犯罪の根源である，という主張が支持されている。しかしながらBennettらは，家族システムそれ自体の質は「都市部の貧困」に影響を受けること，すなわち構造的に根ざした不利な状況が家族の問題の隠れた源である，ということを示したSampsonとLaubの研究には言及していない。SampsonとLaub（1994）は「貧困が，家族の日常的社会統制の能力を抑制し，青年を非行に走りやすくしている」と論じている（p.538）。実際，Bennettらが中心に据えたメッセージとは反対に，SampsonとLaubは「家族は孤立して（あるいは『天井裏に』）存在しているのではなく，社会構造的なコンテクストに系統的に組み込まれている」と注意を促している（p.538）。こうした構造的布置を無視すること，すなわち道徳の貧困のみに焦点が当てられることによって，理論的な理解が不十分となり，犯罪行為を統制するために推奨される政策が誤った方向に導かれてしまうおそれさえある。

Ⅷ　割れ窓（broken windows）
──公的秩序解体の黙認──

なぜスラム街地区は街路犯罪が多いのか？これまで見てきたように，犯罪学のシカゴ学派（第3章を参照）からすれば，一般的な答えは，これらのコミュニティでは社会秩序の解体が起こっている，あるいはより最近の言葉で言えば，集合的効力感（collective efficacy）が成立していない，ということになるだろう。この考え方では，社会秩序の解体あるいは弱い集合的効力感それ自体が「根本原因」の副産物——それには民族的にも人種的にも異質なグループからなる多くの移民や，さまざまな条件が重なった「不利益の集中」が含まれる——なのである。従って，高い犯罪率は，スラム街地区に流れ込む逸脱した個人による自己選択が主な原因なのではなく，その住んでいる地域にまん延している構造的な犯罪因的条件への暴露によるところが大きいのである。犯罪や非行の原因となるのは悪い人間ではなく，悪い地域なのである。

James Q. WilsonとGeorge Kelling（1982）は異なるコミュニティ解体理論，「割れ窓を修理せずにおくこと」を提起した。彼らは窓の壊れた家を仮定してみるよう促した。ガラス窓が入れ替えられれば，それは家主がいて建物を大事にしており，壊れたままにはしておかない，というメッセージを通行人に送ることになる。しかしもし窓を壊れたままにしておけば，それはこの建物には管理者がいないというまったく別のメッセージを送ることになる。粉々に割られた窓ガラスは，今度は石を投げたり別の窓ガラスを割るよう通行人を誘う招待状として機能するようになる。そしてそれがそのままほったらかしにされた場合，いずれすべての窓が割られ，その家の破壊行為が完了することになるだろう。

WilsonとKelling（1982）の観察では，近隣でもほぼ同じようなことが起きるので，割れ窓は修理しなくてはならないのである。コミュニティの衰退のスパイラルは，公共の場における社会秩序解体のサイン——それはときに「無礼」（incivilities）と呼ばれる——が黙認されることから始まる。「無法者」が公共の場所を占拠するようになり，彼らは必ずしも掠奪犯ではなく，「厄介で，荒々しい，気まぐれな輩，つまり乞食，飲んだくれ，薬物中毒者，けんか早い若者，売春婦，なまけ者，精神障害者」である（p.30）。コミュニティの善良な人びとは金銭をせびられ，街角にたむろしたり，歩道を塞いでいる集団を避けるために道を渡らなくてはならず，そしていつもやかましい音楽やどんちゃん騒ぎ，増え続けるゴミに曝されることになる。彼らの不安がさらに募ると，善良な住人たちはまず自分の家に避難するが，可能な場合，他の地域に引っ越していく。その結果，地域で機能する正常な日常的統制力は弱まっていく。一方，地域はより多くの掠奪犯罪者によって「侵犯をますます受けやすくなる」。こうなるとその地域の犯罪多発コミュニティとしての運命はもう決まっている。

このプロセスは巻き戻せないとすれば，どのように止めることができるだろうか？　明らかな答は，地域全体が社会的荒廃に陥らないように「割れ窓を修理すること」である。その修復の手順はWilsonとKellingが仮定した因果関連の理解に依っている。すなわち厄介な輩が引き起こす混乱→日常的統制力の低下→掠奪犯罪者の侵犯→地域の犯罪率上昇，となる。この衰退のスパイラルを止めるためには，この因果関連の最初の要因を叩くことが必要となる。つまり厄介な輩に公共の場を占拠させず，混乱を起こさせないことである。公的秩序の解体を許してはいけないのである。

問題は，無作法で厄介な輩により壊された窓を誰が修理するのか，である。WilsonとKellingによれば，この仕事には社会福祉機関ではなく警察があたるべきである。彼らの任務は逸脱者への統制力を行使すること——逮捕も含め——である。「ゼロ容認」取り締まりや「クオリティ・オブ・ライフ」政策（Eck & Maguire, 2000；Harcourt, 2001）として知られるようになったが，警察官は，うろついたり，住民を困らせたり，玄関で寝たり，平穏を乱したり，売春や薬物の客引きをする者を厳しく取り締まるのである。WilsonとKellingの理論は，この**公的社会統制**（formal control）が再び**非公的社会統制**（informal control）が機能するような状態を作り出す，というものである。割れ窓を修理することにより，信頼できる人びとが再び外に出てくるようになり，地域を統制するようになる。混乱が起こることは減り，犯罪者予備軍への招待状も取り消される。

この理論はまずそのタイトルの賢明さからして注意を引く。「割れ窓」という言葉にほとんどの評者を共鳴させるメタファーと内容が含まれている。結局，放棄された粉々に割られた窓の建物を見て，自身，石を投げつけたくなったことのない人間などいるだろうか？　それはまた地域が，警察官が巡回に戻って地域への侵入者への手入れを行い，騒ぎをさらに大きくするような輩を逮捕することで秩序を守ることにより，救われうるということをも示唆している。費用をかけて社会保障制度を戻すような「シカゴ地域プロジェクト」や同様の社会改革は必要ないだろう。さらに，世界は二つの分類，すなわち厄介者（"彼ら"）と信頼できる者（"我々"）に分けられる，と理解することにはある種の安心感がある（Harcourt, 2001）。

しかしそれほど単純だろうか？　ニューヨーク市の経験はこれを支持するエビデンスを示し

ている。このモデルが周知され，市の警察官たちは精力的に軽微な逸脱行為，例えば車の窓を勝手に洗い金銭を要求する若者から，信号無視をして道路を横断することまで取り締まるようになった。これと同時に，市の殺人および暴力犯罪の発生率は劇的に減少した。この自然実験は割れ窓理論が正しいこと，つまり統制障害と重大犯罪は減少しうることを示しているように思えた。

しかし評論家たちは，ニューヨークの明らかな成功が「ゼロ容認」(zero-tolerance) 取り締まりによるもの，そして実際のところ割れ窓理論が立証されたと言えるのかどうかに疑問を投げかけた。犯罪が減少した期間，他にも直接重大犯罪に向けた取り締まり対策は行われていた（例えば，犯罪地図の作成と「多発地点」への介入）。犯罪の減少はその当時の他の要因，経済的繁栄やクラック・コカインから離れた薬物マーケット，それに関連した暴力の変化などが重なった結果とも見ることができる。さらに問題なのは，ニューヨークの犯罪率は警察の改革運動よりも前に減少し始めていること，また割れ窓対策をとらなかった都市でも同程度の治安回復を成し遂げている，というエビデンスがあることである (Eck & Maguire, 2000; Harcourt, 2001)。さらに研究によれば，秩序の乱れと犯罪との関係は複合的でいくつもの条件，とくに地域の経済状況の影響を受けることが示されている (Harcourt, 2001; Taylor, 2001)。重大犯罪が社会秩序の乱れを生むのであり，割れ窓理論が仮定するようなその逆ではない，と考えることもまた可能である。秩序の乱れも重大犯罪も，集合的効力感のような根底にある地域の状況に依るところが大きく，両者の関係を論じること自体が誤りなのかもしれない (Sampson & Raudenbush, 1999)。

WilsonとKellingの割れ窓理論によって，我々は公的および非公的社会統制のあいだの複雑な相互作用に気付くことができ，また取り締まり対策は犯罪にはほとんど効果がない，というしばしば左派寄りの犯罪学が持ち出す仮説に対抗できるようになった。もしこれらの実施介入が効果的ならば，掠奪犯罪がきわめて多発している現実に日々直面するスラム街地区には，比較的短期間のうちに大きな利益をもたらすことになるだろう (Kelling & Coles, 1996)。

この理論に否定的な側面があるとすれば，それはなぜ地域にはホームレスや物乞い，アルコール依存，精神障害者，街角にたむろする者がいるのか，といったことにはほとんど関心が向けられていないことである。こうした個々の人間の状況は社会秩序の乱れが生みだすのではなく，構造的な不平等や不利益の集中に影響される地域や家族の中で育つことによって生じる，という考察はほとんどなされていない。厄介者がどこから現れ，そして割れ窓取り締まり策によって彼らがどこに行ったのかについても関心は向けられていない。その課題は，彼らを警察が厳しく取り締まった地域における厄介な存在から，どこか他の地域に行くどうでもいい存在へと変えてしまうことにあるように思える (Harcourt, 2001 も参照のこと)。結局，割れ窓取り締まり策は地域の犯罪率にはおそらく関連するのだろう。しかしこのような取り締まり策は，我々が犯罪行為についての適切な理論に到達しているのかどうか，というより大きな政治的そして社会的コンテクストの中で位置づけられなくてはならないだろう。また同時に重要なことは，効果的なだけではなく，正当なものとしてその政策が受け入れられるには，割れ窓理論がもたらす地域や人びとについてのメッセージが十分に理解されなくてはならない (Harcourt, 2001)。

IX 保守的理論の帰結
——政策的意義——

　保守的犯罪学の中核には個人主義理論の再生があった。前にも述べたように，犯罪の源を人の内側に見いだそうとするため，個人主義理論は人の外側で何が起こっているかを考慮しない。既存社会を前提とし，犯罪を欠陥のある個人のその社会への適応能力の欠如とみなす傾向がある。権力や生活条件の長期にわたる不平等のパターンがこれら犯罪因的な「欠陥」に関わっているとは考えない。このように社会問題としての犯罪は個人の病理の問題へと変換され，社会はいいもの，そして犯罪者が悪とみなされる。このアプローチでは，犯罪学はその重要な批判能力を失ってしまい，弁明ではないにしろ，社会秩序に根ざしている不公平な状況に蓋をする危険を冒してしまうことになる。

　少なくても米国において，個人主義理論の再生は，結果として刑事司法における進歩的実践の時代をもたらしてはいない，ということは示唆的である。個人主義理論は（少なくてもほとんどの場合）本質的には保守的ではないはずなのだが，しばしば「強硬」政策を正当化するために利用——ときには誤用——されてきた。近年の出来事がそのことを示している。

　1980年代と90年代初めに再生した保守的理論には，無害化と抑止という二つの政策目標が含まれていた。新しい保守的理論付けで主な政策目標の中心におかれた——中心におかれ続けた——のは，長期間，より多くの犯罪者を無害化することであった。米国中の議会が犯罪処罰をより厳しくした。それが最も顕著に見られるのが，仮釈放制度の廃止や，「三振即アウト」法（three strikes laws）（3回の重罪の有罪判決を受けると終身刑が命じられる），「量刑の真実」法（truth sentencing laws）（科された懲役の少なくても85％の期間は服役しなくてはいけない）などである。驚くことではないが，過去40年間，国家が「投獄への熱狂」を経験した結果，米国は世界一収監率の高い国となった（Irwin & Austin, 1994；World Prison Brief, 2009）。Travis Pratt（2009）の言葉でいえば，国家は「投獄依存症」（addicted to incarceration）になったのである。こうして米国では，来る日も来る日も成人100人に一人の割合で拘留されている。アフリカ系米国人の場合には，数字は11人に一人となる（Pew Charitable Trusts, 2008）。

　投獄の増加を理解するためには，過去を見返してみる必要がある。1970年から遡ること50年，国の収監率は比較的安定していた（人口10万あたりの州および連邦刑務所の服役者数で標準化）（Blumstein & Cohen, 1973）。実際，1970年には米国の州および連邦刑務所の服役者数は20万人以下（196,429）であった。しかし1970年代半ば，犯罪についての保守的な考えが現れ，これが次第に信頼を得るようになった（J. Q. Wilson, 1975）。1980年代は保守派の時代と犯罪に対してはっきりと強硬な態度をとる動きの到来を告げていた。そしてこの政策目標は成功を収めた。

　今日，州および連邦刑務所の服役人口は160万人を越えており，これは1970年から7倍以上の増加である。拘置所と他の収容施設も含めると，鉄格子の中にいる一日あたりの犯罪者総数は約240万人となる。推定で米国の収監率は人口10万比で約760，これに最も近いのがロシアで人口10万比620となっている。我々の北の隣国カナダの収監率は116に過ぎず，1970年代以来おおむね安定している（Webster & Doob, 2007）。イングランドとウェールズの場合は154である。数の上では中国が米国の主な競合相手であるが，それでも収監されてい

る犯罪者数は約75万人少ない。言い換えれば，米国は世界の人口のわずか5%に過ぎないのに，収監されている人数では世界全体900万人の25%を占めていることになる（Cullen & Jonson, 2011；Pew Charitable Trusts, 2008）。

　保守的な理論付けは，二つの面で収監が賢明な実践であるように思わせている。第一に，古典的理論の再生において，保守派は，非常に長い服役期間が犯罪の代償を大きくし，割に合わない行動であると強く思わせることの必要性を強調する。合理的選択理論が示すところによれば，利益が代償を上回る限り，犯罪を続ける者はいるという。人によってはこれを「これ以上失うものがない」者は犯罪に転じる，と解釈するかもしれない。そこで政策は，市民が犯罪行動によるリスクを恐れるような「順応することで得られる利益」を十分確保できるように展開しなくてはならない（Sherman, 1993）。今では合理的選択の論理は，法を犯す者は長期の収監経験によりさらなる犯罪がうまく抑止され，また犯罪を考えている者は犯罪者がさらに厳しく罰せられている例を知ることにより，犯罪的衝動から行動することを控えるようになる，ということを意味すると理解されている。第二に，実証主義的理論の再生において保守派は，犯罪者の中には，それがクリミナル・マインドによるものであれ，犯罪的本性によるものであれ，更正は不可能であり，分厚い壁や頑丈な鉄格子の中に収容されなくてはならない，という信念を表明している。James Q. Wilsonが述べているように，「悪人は存在する。彼らを罪なき人びとから引き離しておくしか手はない」（p.235）。

　そのような考え方が，積極的にではないにしろ，犯罪の解決策として刑務所をすぐに使うことを正当化してきたことは疑い得ない。保守派が受刑者数の増加で安心しようとしても，彼らがこの政策の効果に楽観的になれる根拠はきわめて乏しい。先に論じたように，収監の抑止効果についての研究は，よく言っても曖昧なものでしかないのである。刑務所の一般抑止効果には疑問の余地があり，特別抑止に関するエビデンスは保守派にとっては都合が悪い。強硬策が過去あるいは未来の犯罪者を震え上がらせ，まっとうでいるようにさせるとは思えないのである。

　同様に，多数の犯罪者を収監することで犯罪が減るとしても，その全体の効果は限定的であり，複雑な政策決定の問題が持ち上がることになる。「無害化の効果」を計算する際，学者たちは，収監に代わる対案は犯罪者を街に「野放しにする」ことである，という厄介な前提を持ち出す。彼らは例えば，刑務所にいることと，地域に根ざした質のよい更生プログラムの中で過ごすことの効果とを比較，検証していない。本質的な問題は，無害化が他の矯正的介入策に対してどのくらい犯罪を予防しうるのか，ということのはずである（Cullen & Jonson, 2011）。

　いずれにしろ，Visher（1987）は，1970年代のあいだに服役者数は2倍に増えたが，強盗と窃盗の犯罪率の減少はほんのわずか（6%～9%）であった，と計算している。1980年代初めには，収監は「犯罪予防においてほんのわずかだけ効果があった」（p.519）。さらに憂慮すべきことが，独房一つあたりの建設費用が3万ドルから8万ドル，そして囚人一人にかかる年間の収容コストが1万ドルを超えており，州の相当な資金をつぎ込んだ結果が，犯罪のわずかな減少しかもたらさなかったことである（Camp & Camp, 1987）。20世紀の終わりには，州と連邦の成人の矯正機関の平均予算は6億3100万ドル近くに，そしてすべての矯正機関の合計の支出は327億ドルを超えた（Camp & Camp, 1999）。当時，Spelman（2000）は服

役者数を2倍に増やせば「おそらくFBIの犯罪率インデックスは20から40％の間ぐらいの数字で減少するだろう」と見積もった（p.422）。こうした予測は的外れなものではなく，政策介入のコストは200億ドルを超えそうであった。Spelmanはこの金額で「余裕のないすべての家庭へのデイケアサービス，または高校卒業者全員の大学教育，あるいは若年世代のすべての失業者に生活費が稼げる位の仕事を提供することが可能であっただろう」と述べている（p.420）。

財政的に厳しい時代であった1980年代，刑務所の財政負担の大きさは，これに代わる社会統制の方法を模索する十分な動機となった。地域社会矯正へと転換するなか，それでも保守派は独自の見解を持った。これら保守派の時代は結局，地域社会，公共，そしてプライバシーの意味や重要性を再定義することとなった。1980年代になる数年前なら，米国社会が家を刑務所にすること，寝室を独房にすることには大きな反発があったことだろう。しかし1980年代半ば，いくつかの州では，先陣を切ったフロリダやケンタッキーに続いて，自宅拘禁や電子モニタリングを認める法案が通過した（Ball, Huff, & Lilly, 1988；Ball & Lilly, 1985；Lilly & Ball, 1993）。米国では19世紀に認められなかった，犯罪者にその監視およびその維持に料金を課すという考えが1980年代に再び現れた。いくつかの難点はあったものの，1980年代後半にはカリフォルニア，オハイオ，ミシガンそしてメリーランド州で一日あたり囚人一人につき20ドルから85ドルが課金されていた（"More Jails", 1987, p.A8）。

しかし識者たちは，こうした収監にかかる高額なコストと合理的な代替案の模索をより大きな流れの一つとして見ていた。1990年代の初め，50年以上前にアイゼンハワーが警鐘を鳴らした「軍事‐産業複合体」とは異なる，米国や世界の他国における矯正の仕組みが「矯正‐商業複合体」の一部になっていると報告されている。この議論で中心となったのは，矯正にかかるコストは高い犯罪率や収監率だけでは説明できない，なぜなら看守や政治的利益と同様，矯正に関連する商品やサービスを提供する企業もまた「強硬」政策（クリントン大統領が提唱した累犯者に対する"三振即アウト法"による終身刑判決を含む）の恩恵を受けているからである，という点だった。この展開について，識者たちはまた，それは米国だけでなく世界的な現象であり，ときに他国における司法政策にも影響していると論じている（Lilly, 1992, 2006a, 2006b；Lilly & Deflem, 1993；Lilly & Knepper, 1992, 1993；Nellis & Lilly, 2010）。

投獄熱以上に，1980年代，公共の場で屈辱を加えたり，罰することが再び見られるようになったことにも我々は触れなければならない。例えば，オレゴン州ポートランドでは，性犯罪者はアルコールや薬物の禁止，カウンセリングを受けること，公園や学校に近づかないことや刑期など，通常の判決だけでなく，出所後に玄関に「危険な性犯罪者につき子どもを近づけないこと」と掲示することを求められた（"Unusual Sentence", 1986）。同じような公衆的恥辱はオクラホマ州のある都市にもあり，飲酒運転で有罪となった者は車のバンパーにステッカーで「私は飲酒運転（DWI），飲酒影響下の運転（DUI）で有罪判決を受けました。異常な運転をしていたらミッドウエストシティー警察に通報して下さい」と表示しなくてはならない（"Public Humiliation", 1986）。

犯罪者がその地域にとどまる場合，1960年代や1970年代初期に比較して，1980年代1990年代のより保守的な政策では犯罪の社会的なルーツに注意が払われなくなる傾向にあった。社会環境は重要でもなければ改善されうるもの

333

でもないという仮説の影響により，これらの政策は，犯罪者を無害化する安価な方法（例：化学的去勢，自宅拘禁）を模索すること，心理的負荷をかけることにより犯罪を抑止すること（例：公衆的恥辱），あるいは伝統的な家族観の唱道や，警察官が学校に出向いて薬物の害を説くなどの薬物乱用予防教育（DARE）プログラムを通じ，是認されうる価値観を植え付けること，などには注意を向けなくなった。このような中，DAREプログラムについての評価研究は，これらのプログラムは若年層の薬物使用の再犯には効果がない，と報告している（Gottfredson, Wilson, & Najaka, 2002；Lynam et al., 1999；Rosenbaum, 2007）。

最後になるが，前にも触れたように，ジョージ・ブッシュ大統領が犯罪を含むスラム街の種々の害悪へ対抗するために，宗教的奉仕活動の地域プログラムを始めた（Grossman, 2001）。宗教を犯罪へと接続することの複雑さ（Evans, Cullen, Dunaway, & Burton, 1995），また宗教的プログラムの効果を示す研究がまだ不足しているという理由から（しかしJohnson, 2004を参照のこと），そのような介入が犯罪関与を減少させることができるかどうかについては，現時点ではまだ分からない。それでもその効果は別にして，宗教的奉仕活動プログラムは政治的右派の人びとに興味深い思考の転換をもたらしている。それは「思いやりのある保守主義」としての立場を反映している（Dionne & Chen, 2001を参照）。これらのプログラムが保守的なのは，宗教への視点が，道徳の貧困（構造的に生じた貧困ではなく）が犯罪の根源であるというその根底にある信念を反映しているからである。構造的な問題を無視する限り，信心深い人びとが提供し，それにより犯罪者が誠実になるようなサービスが犯罪を減少させるかどうかは疑問である。しかしながらこうしたプログラムが哀れみ深いのは，犯罪者を価値のある，そして更正あるいは「救済」されうる存在として描くからである。この点で，犯罪者は生まれつき邪悪で救済の余地はない，という考えは否定されている。実際，宗教的奉仕活動プログラムは犯罪者にサービスと支援を受けさせることができている（Cullen, Sundt, & Wozniak, 2000）。多様な地域社会に根ざしたプログラムが「信仰」を前面に出すことなく資金調達を模索する場合，これが可能かどうかは今後の課題である。それでも宗教的奉仕活動プログラムという考え方は米国社会には馴染みやすく，保守的な時代の名残として長く続くことがいずれ明らかになるのかもしれない（Cullen et al., 2007）。

X 結　論

保守理論についての我々の議論はこの本の中心的な論点を映し出している。すなわち犯罪についての考え方——あるいは我々が理論と呼ぶもの——は社会が産み出すものであり，その社会とは特定のコンテクストに沿って展開し，その結果は社会政策としてあらわれる。1980年代と1990年代初めは，言い方はさまざまだが，犯罪についての考え方は，不法行為の根源は社会構造ではなく個人の中にあるという古い考えに回帰していたように見える。我々はこのような理論化の仕方が再び高まったのは偶然ではないと考えている。それ以前の他の理論も同じだが，保守的理論はその時代に主流となっていた社会的なコンテクストからその力強さや人気を引き出している。そして今まで見てきたように，保守的な思考が実際に刑事司法政策の方向性に影響を及ぼす時期があったわけである。かつてない数の人間を収監することは，刑務所が計算高い者を抑止し，悪人を無害化することにより無法行為は改善されるということを人が信じて

いる場合にのみ理にかなう。残念なことに，収監による抑止効果を支持するエビデンスはほとんどなく，投獄による無害化の効果は十分なコストをかけないと得られない。実際，大規模な収監には莫大な費用がかかり，その財源は納税者に大きな負担をかけ，また他の犯罪予防策や教育，医療といった領域に充てる財源が限られてしまう。合理主義の典型であると主張するこれらの理論が，そのような怪しげな合理性しかもたない政策的帰結に陥りやすいことは，いささか逆説的である。

さらに21世紀に目を転じると，保守主義に方向づけられた犯罪の個人主義理論が引き続き受け入れられるかどうかはまだわからない。これら理論は国民にかなり人気があった——仮にそれが理論の単純さ以外には理由がないにしろ——が，犯罪を減少させるために関心や資源を社会環境に向けること以上に，そのような説明により実践的な価値があることを示す研究はまだない。しかし近い将来にこれら理論，保守主義的な犯罪の説明，過去四半世紀の「強硬」政策からの大きな転換が生じるかどうかもまたはっきりしていない。

2008年にバラク・オバマが大統領に選出されたことにある程度希望が見えるかもしれない。この選挙は米国政治における保守派優位の時代が終わったことを表しているようにも思える。それは単に民主党がホワイトハウスと議会の支配権を得たというだけでなく，社会および経済政策についての右派の提案が通らなくなったことを意味する。一つの象徴的な出来事は，ハリケーン・カトリーナにより起きたニューオーリンズでの悲劇に際してブッシュ政権が迅速かつ効果的にこれに対処できなかったことである。銀行や金融市場の破綻は深刻な景気後退の引き金となったが，さらに「自由な」市場のために規制を最小限にする保守的な経済政策や，それが生み出した格差の拡大が問題視された。政府が強力に利害調整を行い，破産へと追い込まれた市民へのセーフティ・ネットを提供することが重要と思われた。

しかしながら，保守的な世界観の衰退は，新たな自由主義が生まれることを意味するわけではない。なかなか改善しそうにない経済的不況が有権者の怒りを煽り，政局を不安定にしている。さらにオバマ大統領自身の犯罪統制政策は寄せ集め的なものである（例えば，彼は死刑制度や薬物治療を支持している）。2011年度の司法省の予算案において，警察官の増員あるいは維持と連邦刑務所への支出増額に数億ドルを割り当てる一方で，少年司法プログラムへの支出は削減された（Justice Policy Institute, 2010）。40年間続いてきた大量収監の動きを止めることを見込める理由があるとすれば，それは深刻な財政危機に直面する州がこれ以上この政策に予算を割けなくなることである。ピューセンター（米国の調査機関）の報告によると，「最近40年間で初めて，米国の州刑務所の受刑者数が減少した」(p.1)。減少はわずかで5,793人，全体の0.4%に過ぎない。それでも半分以上の州（27州）で受刑者数は減少している。

経済を超えて，もっと根本的な思考の変化が生じるかもしれない。すなわち，米国は犯罪問題から自身を投獄することはできない，という認識である。2010年，ペッパーダイン大学法科大学院での講演において，ケネディ最高裁判事は三振即アウト法や極端に厳しい有罪判決を批判した（Williams, 2010）。さらに言えば，アーノルド・シュワルツネッガー知事（2010）は州法の改正，カリフォルニア州が刑務所よりも高等教育にもっと予算支出をすることが必要になるような内容の州法の改正を提案した。その後まもなく，カリフォルニア州議会は6,000人以上服役者数を減らすことを目的とした仮釈

335

放制度の修正法案を可決した。手続き上の違反による仮釈放の取り消しを減らすため，規則では，リスクの低い犯罪者は仮釈放監視から除き，薬物および精神障害の犯罪者が再び収監されるのではなく治療を受けられるようにする専門の法廷を作った。他の変革もあり，更正プログラムを修了（例：一般教育修了検定GEDや職業教育修了証明）した受刑者が今では早期出所できるようにもなっている（Archibold, 2010；California Department of Corrections and Rehabilitation, 2010；Petersilia, 2008 も参照のこと）。これらの出来事がさらに拡張的な政策変化の兆しであるのかどうかは今後を見る必要があるだろう。しかし少なくても政治的リーダーたちのあいだに，長く続いてきた「強硬」政策の妥当性を疑う姿勢が現れてきている。

第13章
日常生活で犯罪を選ぶ
——日常活動と合理的選択理論

Marcus Felson
1947-
テキサス州立大学
日常活動理論の著者

　ほとんどの犯罪理論は，犯罪性（criminality）と呼ばれることが多い，犯罪を行う傾向（orientation）を，なぜ一部の人間だけが発達させ，他の人間はそうではないのかを検討する。そうした理論はさまざまな点で異なるものの，犯罪性は時間とともに発展するものだという見解を共有している。そのため人びとを取り巻く諸条件，例えば，崩壊した地域社会で育ち，何年にもわたり望ましくないしつけを受け，少年期には学校に不満を抱いたりなじめずに過ごし，不良グループで非行少年と付き合い，あるいは施設に長期間収容されているかもしれない，といったことに焦点を当てる。こうしたアプローチでは，法律に違反する実際の行動である犯罪は，不可避なものだと暗黙に仮定されており，そのため特別な説明は必要とされない。犯罪性の強い者は犯罪に及ぶ好機を逃さず，犯罪性の弱い者と比較して，犯罪により深く関わると考えられる。

　本章で検討する理論は，上記のような理論的な立場とは逆で，犯罪そのものに関心があり，犯罪性には興味がない。焦点は，遠い昔に起こったことではなく，現下に（in the present situation）起こりつつあることにある。今まさに行われようとしている犯罪行為は，理論上の問題を示しているのかどうかや，重要な政策上・犯罪抑止上の意味があるのか，といったことが問題となる。とくに，犯罪者がビリヤードの玉のように，機会的に犯罪へと押しやられたり引き込まれたりする，という考え方を否定する。代わりに，犯罪的な企てにおいて犯罪者は能動的で，熟慮する参加者であると仮定する。つまり犯罪者は決心し，選択するのである。犯罪者が，なぜある状況では犯罪におよび，他の状況ではそうしないのかというのは，犯罪学上の難しい問題である。

　こうした視座は，「機会理論」（opportunity theories）と呼ばれることもある。というのも，犯行を完遂する機会がなければ，犯罪は起こりえないと主張しているためである（Wilcox, Land, & Hunt, 2003）。この見方はあまりに当然過ぎて，何の役に立たないかもしれない。しかし，一旦機会という概念を当然のものとせずにあらたに研究対象とすれば，機会を犯罪と結

337

びつけることの重要性が明らかとなる。そのため機会の性質は，どのような犯罪が・どこで・どのように・誰に対して行われるかに影響する。具体的には，他の住宅ではなく，その住宅に盗みに入ろうかどうかを決めるというように，犯罪者がどのような選択を行ったかをはっきりさせる。

遠い過去よりも直近の状況と機会に焦点を当てることは，犯罪者が法を破る意思決定を，どのように行ったかを調べることにもつながる。合理的選択理論（rational choice theory）と呼ばれるよく知られた立場では，犯罪者は判断を下す際に「合理的」であるとする。例えば，犯罪者は即座に満足が得られ，実行に労力がほとんどかからず，見つかったり捕まったりするリスクが低いと，犯罪に及ぶ。この後半部分については，完全には同一ではないものの，捕まったり罰せられるかもしれないという知覚によって，犯罪者の選択がどのように影響されるかを，他の犯罪学者が研究している。これは知覚的抑止理論（perceptual deterrence theory）として知られている。

これらの視座はまた，大半でないとしても多くの犯罪が，犯罪者と被害者の過ごす日常生活という状況で起きるとする。一定の根拠に基づいて，研究者は犯罪性を形成するような，病理的で強力な社会の「悪い」条件と，犯罪を結びつけてきた。逆に機会理論では，犯罪者であれ被害者であれ，人が普通に日々の生活を送る日常活動の中から，犯罪が生み出されると見なす傾向がある。この概念は，Lawrence Cohen と Marcus Felson が日常活動理論（routine activity theory）を提案した際に，取り入れたものである。

さらに，これらのアプローチは，犯罪を減らすきわめて実践的な方法を提起している。我々がこれから見ていくように，犯罪性を生み出す犯罪の「根本原因」に対応することや，犯罪性に悩む人を社会復帰させようということについて，犯罪機会理論はほとんど関心を払わない。代わりに着目するのは，状況的犯罪予防（situational crime prevention）である。その主張は，機会というものが犯罪発生の必要条件だとしたら，犯罪はその行為を完遂するための機会を奪うことで，減らすことができるということである。これは常識と何ら変わりがないように見えるかもしれないが，この考え方が理論的基盤と，有効性を証明する物差しとなっているのである。

我々は，機会理論の主要な理論的観点について学ぶことで，状況，機会，選択，状況的予防といったテーマを再検討することになる。手始めに，最も古くそしてよく知られている，日常活動理論を取り上げる。

I　日常活動理論——機会と犯罪——

繰り返しになるが，昔から犯罪学は，犯罪者と犯行に及ぶ動機に着目してきた（統制理論を例にすれば，動機に基づいて犯罪を行うのを，犯罪者の性格がどう食い止めるのか）。長らく指摘されているのは，犯罪を行いたいと思う犯罪者であったとしても，法を破る機会がなければ犯行は不可能ということである（Cloward, 1959；Cullen, 1984）。しかしこの見解は，完全に無視されるか，あたかも「わかり切ったこと」であるかのように扱われてきた。犯罪学者の作業仮説は，犯罪に手を染めた人物が，自らの犯罪的な動機や「犯罪性」によってどの程度左右されているのか，そして社会的地位ごとの犯罪発生率は，それぞれに含まれる犯罪的に動機づけられた犯罪者の数で決まるのか，ということであった。もし，機会が犯罪発生に役割を果たしているとしても，それはわずかであると考え

られてきた。

しかしここ20年以上，他の学者たちが主張しているのは，犯罪性と犯罪（あるいは犯罪事象（crime event））の区別は些細ではなく，かなり重大なものだということである。犯罪を行う動機や傾向である犯罪性は重要ではあるが，そうした法を破る意思は，機械的に実際の犯罪行為に転換されるとは限らない。機会は，あらゆる実際の犯罪の遂行に必要な条件である。さらに機会理論の研究者が主張するのは，機会の分布と，個人がこうした機会を利用できることが，ある地域で他よりも犯罪発生率がなぜ高くなるのか，そしてある人びとが他の人よりも犯罪をなぜ行うのかを，決定づけるということである。

前述のとおり，機会と犯罪事象のつながりに着目する立場は，機会理論と呼ばれる。また，これが環境犯罪学（environmental criminology）の一派と見なされることがあるのは，どのような物理的・社会的環境の特徴が存在して，犯行機会を制限するのかを検討するためである（Bottoms, 1994）。こうしたアプローチのうち最も言及されてきていて，本章でも扱われるのは，日常活動理論である。1979年にMarcus FelsonがLawrence Cohenと共にこの立場を作り上げ，以来第一人者となっている（とくに，Felson, 1998, 2002を参照）。この理論については，「犯罪の化学作用」（chemistry of crime）の項で述べる。

注目すべきは，Felsonには犯罪学者になろうとする意向がなかったということである。彼は大学での最初の仕事として，1972年イリノイ大学において，（例えば景気動向のような）社会指標とさまざまな従属変数を関連づけるプロジェクトに参加した。他に誰も研究しようとするメンバーがいなかったため，新任教員のFelsonには，担当する分析の独立または従属変数として，犯罪が割り当てられた。当時，犯罪発生率は急激に上昇していたが，奇妙なことに米国はより豊になっているところであった。そのため，犯罪と社会的弱者であることを結びつける古典的犯罪理論は役に立たないように思われ，Felsonはそこで，新しい解釈を見いだすため犯罪学から離れた。Felsonは第三者的に，日常活動理論へ至る知的な道筋を次のように物語っている。

そこで彼は，着想を求めて振り返ってじっくりと考えてみることにした。Amos Hawleyの1950年の名著『人間生態学』を再読し，犯罪をより具体的な言葉で考えようとした。また人体の4種類の密度を発見した，彼の父親の放射線医学に関する有名な研究の発想を利用して，物理的に収斂することで犯罪を発生させる可能性のある，三つないし四つの要素がないか，彼は思案した。さらに自らの消費行動の階層化に関する博士論文を用いて，盗まれる可能性の高い商品を検討した。David Bordua教授は彼に，英国警察の父と言われるPatrick Colquhounや，犯罪機会に関する文献について語った。こうして日常活動アプローチを作り出し，数式と理論が結びついた（Clarke & Felson, 2011, p.253）。

犯罪機会への着目によって，犯罪を防止する実用本位の対処法が提起される。それは犯行の機会を減らすことで，犯罪は減少させられるとするものである。我々が見ていくように，犯罪機会を減らす対応策は，最も変化させやすい環境面に着目することが多い。例えば，住宅に警報装置がついているかどうかや，商店でレジに入れる現金を最小限にしているかどうかといったことである。しかしながら，この理論的観点が実際的であることに集中するあまり，不平等と権力の問題，つまり不平等と権力が犯罪機会

をいかに形成するのか（Maume, 1989），を議論することを避ける傾向は，利点がないわけではないものの，暗黙の思想的な判断を示している。とくに，Felson（1998）は従来の犯罪学が政治問題化していることを批判して，「右派，左派，いずれであろうとも，もしあなたが反対する何かがあれば，それを犯罪原因としなさい。もしあなたが賛成する何かがあれば，それを犯罪予防に関連させなさい。もしあなたが軽蔑する集団があれば，それを非難して他の集団を擁護しなさい」（p.20）としている。イデオロギー選好から完全に自由な犯罪学者はいないとするFelsonには一理ある。しかし彼や他の環境犯罪学者は，自身の暗黙の政治的立場を熟慮していないことがよくある。

事実Felsonは，犯罪を平凡なあるいは「日常」の社会特徴と結びつける傾向があり，この点については後に述べることにしたい。Felson（1998）は「疫病の誤謬」（pestilence fallacy）という用語を使い，犯罪を「社会における災いからもたらされる数多くの害悪の一つ」（p.19）として，犯罪学者が扱う傾向を述べている。しかし，犯罪は「社会の災い」つまり社会問題とはあまり関係がない，という彼の非分析的な仮定は，犯罪の発生原因に関連するものとして，彼が体系的に分析しようとする対象を制限してしまう。同様に，「私は違う誤謬」（the not-me fallacy）も，間違いだと思われる仮定を説明するのに使われた。彼は，「ほとんどの人は犯罪に及ぼうかと考える際に，自分は凶悪な犯罪者とは**根本的**に違うと考えたがる……誰でも少なくとも何かしらの犯罪をいつかは行いうる」（pp.10-11，強調は原著者による）としている。社会全体におおむね均一に犯罪性が分布していると見なすFelsonの立場では，社会経済的な不平等に関連する要因を含む，社会的条件を無視することができる。だが社会的条件によって，一部の人間は他の人と比べて，より強い犯罪動機を形成するかもしれない。

この実用本位の着眼点と，構造的・政治的な問題を避ける傾向のため，現在の社会的文脈において，この理論は魅力的なものとなる。1980年代から1990年代の初めにかけての，社会政策と犯罪対策の強い右翼的偏向の後，米国は「ポスト保守主義」時代になったと考えられる。多くの保守的なテーマが米国政治では引き続き重要であったが，革新主義者の思想もそうであった（Dionne, 1996）。政党の基盤的党員は厳格なイデオロギー的な立場をとり，対立勢力と活発に争う一方で，米国は一種のイデオロギー的な行き詰まり，あるいは停滞状態に陥っていった。ほとんどの国民は右派でも左派でもなく，政治的スペクトルの真ん中あたりを漂っている。社会福祉や自由市場の思想を否定はしないが，大きな福祉国家を作るリベラルな勢力にも，逆に他者に右翼的なモラルを押しつけ，企業や金融機関に対して，思うままに振る舞う無制限の裁量権を与える保守主義的な勢力にも，米国民は疑念をいだくようになっている。こうした社会的文脈では，「何が有効か」（what works）あるいは「何が道理にかないそうか」にあてはまることが支持され，イデオロギーは避けられることが多くなっている。実際に刑事司法制度では，犯罪抑止効果が確認された根拠に基づく，または「何が有効か」的な対処法を採用することに，重点が置かれるようになっている（例として，Cullen & Gendreau, 2001；MacKenzie, 2006；Sherman, Farrington, Welsh, & MacKenzie, 2002；Welsh & Farrington, 2006, 2009 を参照）。

犯罪機会理論の魅力は，米国が過度に不平等あるいは道徳的に寛容であるかどうかといった，やや大げさな議論を避ける点と，大規模な文化的・社会的変革なしでも，犯罪は相当程度

防止できるという点にある。そういったことの代わりに、何個か錠前を交換したり警報装置をつけたりすることで、あるいは同様のちょっとした介入で、我々はより安全になると考えられている。実際、こうした政策提言はおそらく重要で、犯罪機会は瑣末な問題などではない。犯罪機会を減らすことで、人命を救うことができる。さらにこうした理論では、いわゆる「強硬」（get tough）政策とは逆に、犯罪者の選択に影響するのは、投獄のおそれという不確かなものよりも、犯罪で欲望を満たそうとしている目下の状況で、障害となるものであるとする。そうであったとしても、実際的な政策を喧伝する際のリスクは、犯罪が「他の社会的災い」に影響されないと示唆する点にある。結局、本質的な「社会的災い」あるいは「根本原因」を変化させることは難しいとしても、このことは、そうした根本原因が存在しているという現実を変えるものでもないし、またそうした根本原因による個々人への悪影響に対抗しようとする欲求を除外するものでもない（例えばCurrie, 1985, 2009を参照）。

1. 犯罪の化学作用——犯罪者、対象、監視者——

ちょうど化学反応は必要成分すべてが混じり合わなければ起きないように、Felson（1998）は「犯罪の化学作用」（p.52）には、必要成分すべてが不可欠であるとしている。また環境犯罪学者は、犯罪事象には単に犯罪を行おうとする人間だけではなく、そうした動機に基づいて行動する機会も含まれると主張している。Felsonの特別な貢献は、彼が機会の主要要素を区別するのに一役買っていることにある。

彼とLawrence Cohenの古典的な文献で、「成功裏に完結した違法行為には、犯罪的な傾向（inclinations）とそれを実行する能力のある犯罪者が、少なくとも必要である」（Cohen & Felson, 1979, p.590）とFelsonは述べている。これは、犯罪事象には「動機づけられた犯罪者」、つまり動機に基づいて行動する機会のある人間が必要であるということの言い換えである。機会や犯罪を「実行する能力」には、さらに二つの要素がある。

第一に「犯罪者にとって**適当な対象**（suitable target）となる人や物」、第二に「違法行為を防止できる**監視者の不在**（absence of guardians）」がなければならない（p.590、強調は原著者による）。CohenとFelsonは、「被害者」よりも「適当な対象」という用語を用いている。なぜなら、これは人だけではなく財物をも含むことを意味するためである。また「警察」ではなく、「有効な監視者」という用語を用いているのは、法執行機関の職員だけではなく、対象を防護するあらゆる方法を意味しているためである。たいがいの場合、こうした監視は家族、友人、近隣住民、他の一般市民等による私的なものである。また監視は、番犬や防犯カメラなどの方法によっても、なされることがある。

CohenとFelson（1979）は、分析を「掠奪的犯罪」（predatory crime）、あるいは犯罪者と対象が接触する犯罪に限定した。こうした犯罪が行われる際には、三つの不可欠な要素、すなわち動機づけられた犯罪者、適当な対象、そして監視の不在が、時間的・空間的な一点に収斂しなければならない（表13-1参照）。彼らはこの収斂の主な決定要因が、社会における人びとの日常活動であるとした（そのため彼らの理論的観点は「日常活動理論」と呼ばれる）。これこそが、まさに革新的な洞察であったのである。日常という用語には、二つの意味がある。最も重要なのは、社会の中で人びとが従っている「日常活動」とは、いつどこで働き・通学し・余暇を過ごし・自宅で暮らしているか、を

表 13-1 Cohen と Felson の日常活動理論の要約

犯罪の要素	定義	犯罪学的な要点
動機づけられた犯罪者	犯罪を行う傾向や意向のある人物	多くの伝統的な犯罪理論は、なぜ一部の人間が犯罪を行おうと動機づけられるのかを説明する。そうした理論では、対象や監視者を含む犯罪機会の要素を検討することはない。
適当な対象	犯罪者が奪ったり支配したくなるような、対象となる人や物	適当な被害対象なしには、犯罪は起こりえない。適当とは、対象が報酬（例：金銭）をもたらしたり、持ち運びしやすい（例：コンピュータと冷蔵庫の対比）といった点で人を引きつけることを意味する。
有効な監視者の不在	監視者には、友人・家族・警備員・番犬もありうる。人は自身の財物の監視者となりえる。	人は自身の財物の監視者となりえる。監視者の不在が犯罪をもたらす。監視者の存在が犯罪を防止する。

指す専門用語であるということである。さらには、日常というのは生活にありふれたもので、特別なものでも異常なものでもない、という含意もある。Cohen と Felson が強調しているのは、社会の病理的な側面よりも、むしろ正常な構造に、犯罪発生件数が影響されることである。Felson は 1998 年の文献で、このアプローチは「日常の適法的な活動によって、違法な活動がいかに育まれているかを強調している」（p.73）と述べている。Bottoms（1994）はこの点を「日常活動理論が実際には、機会という概念を、一般人の日常生活の習慣的な規定要因の中に埋め込んでいる」（p.605）としている。

Cohen と Felson は、犯罪発生率の時間的な変化の説明に、とくに興味を持っていた。この点で、彼らの理論的視点は当初、マクロレベルの犯罪理論として提起された。犯罪発生率の急上昇はこれまで、動機づけられた犯罪者の全体よりもずっと大きな、米国の社会問題に帰せられることが多かった。反対に、Cohen と Felson（1979）は、「掠奪的違法行為の実行機会の大幅な増加は、地域の社会統制機構を侵害し」（p.605）、犯罪者の特性とは関係なく無法状態を強めることを示した。「個人が犯罪に関わろうと動機づけられるような、社会の構造的な条件の増大や変化がなくても、適当な対象と監視者の不在が、時間的・空間的に同時発生することで、犯罪発生率の大幅な上昇が引き起こされる」（p.604）と彼らは主張している。Felson（1998）は、「犯罪者は犯罪の一要素に過ぎず、おそらく最も重要なものではない」（p.73）と我々に再認識させている。

さらに Cohen と Felson（1979）は、掠奪的犯罪の増加の鍵となるのは、自宅からの遠出という「第二次世界大戦後、米国が経験している日常生活上の重大な変化」（p.593）であると主張した。というのも、住居は、日中に家人不在になることが増えたために、家庭内にある魅力ある対象を、家人は油断なく見張ることがもはやできないため、侵入盗の選択対象となっているのである。同様に、通勤や通学、そして余暇活動のために、人びとが社会のさまざまな場で時間を過ごすようになるにつれ、人びとは監視に欠ける環境で、動機づけられた犯罪者に出くわす可能性が増えた。そのため、強盗や暴行の可能性が増加した。さらに、Cohen と Felson は、財産犯を経済的な貧困ではなく、むしろ「高価で」「長持ちして」「持ち運びやすい」物品の生

産，そしてより豊かになる社会の広がりと結びつけた。食料品や冷蔵庫よりも，電気製品と自動車が盗まれやすいのはそのためで，持ち運び，再利用し，換金することができることから，より好適な対象となる。大部分の犯罪学的思考とは反対に，社会的繁栄は動機づけられた犯罪者にとって魅力的な対象が増えることで，犯罪発生率の低下ではなく増加をもたらすのである。

経済的繁栄による，犯罪誘発効果の可能性に焦点を当てるのは啓発的である。しかし同時に，犯罪者の動機形成ではなく，犯行機会の生成における貧困と不平等の潜在的な役割を，日常活動理論は無視しがちである。公平のために述べておくと，Felson（1998）は「貧困地域」が「誘惑」を増大させ，「統制」を減少させる可能性を示唆している。例えば貧しい人びとは，「ショッピングモール，商店街，倉庫街，トラックターミナル，屋外駐車場や立体駐車場，操車場，工場，バーや居酒屋，医療施設」（p.35）などの近くに住む傾向がある。こうした場所は犯行機会を提供する。つまり「盗めるものが多く，夜には監視する人が少なく，群れからはぐれた動物のように襲うのが簡単である」（p.35）。また，貧困地域には中古品の大きな市場があり，集まってきた商店主が盗品の故買をいとわないことで，泥棒を助長する。こうした地域には，簡単に被害にあってしまう，移民のような社会的弱者も多いであろう。それにもかかわらずFelsonは，違法行為の機会と犯罪の社会的分布が，政治経済の影響をどう受けるのかを，彼の理論の中で体系的に発展させるのに失敗した。例えば，強姦発生率に対するマクロレベルデータの示す経済的不平等の影響は，日常活動によって媒介されているとした，Maume（1989）の画期的な研究を，彼は検討したであろうか（Cao & Maume, 1993 も参照）。Maume（1989）は「不平等の隠れたコストの一つは，一部の人がリスクの多い生活様式で暮らすことを余儀なくされるという点だ。こうした人は，犯罪問題に最も強く苦しめられる」（p.524）と結論づけた。

これまで数多くの日常活動理論の検討が，マクロレベルデータを用いて行われてきている。PrattとCullen（2005）のメタ分析は，ほとんどの研究が，日常活動理論における監視性の要素を調べていることを示した。そうであっても分析結果によっておおむね支持されたのは，日常活動が生態学的な単位を越えて犯罪発生率に影響しているという結論であった。しかし日常活動理論は，ミクロレベルで個人の行動を説明するのに用いられてきたということを，述べておかなければならない。つまり研究が明らかにしているのは，若者が型にはまった慣習的な活動や日課に時間をとられている場合に，犯罪を行う可能性は低いということである。この洞察は，Hirschi（1969）における社会的絆の活動参加（involvement）の概念と一致している（第6章参照）。しかしWayne Osgoodらは（Osgood, Wilson, Bachman, O'Malley, & Johnston, 1996），熱中する対象がない青少年は何をして過ごしているのかを，Hirschiの研究は特定していないとしている。Osgoodらによると，犯罪を助長する主な日常活動は，気ままに友達とつきあう時間，とくに監督する権威ある大人がいない場合である。こうした日常活動で若者は，犯罪や他の逸脱行為をする誘因と機会がもたらされやすい状況（車を乗り回したり，友人と騒ぐなど）にさらされる（Osgood, 2011）。

他方で多くの研究が，社会で最も被害にあいやすい人に，日常活動がどう影響するのかを示している（Fisher et al., 2010；Fisher, Sloan, Cullen, & Lu, 1998）。日常活動理論に似た視点は，他の研究者によって独自の発展を見ている（例えばGarofalo, 1987）。彼らは犯罪被害調査に基づいて，一部の人が他の人より被害に

343

遭いやすいと述べている。この犯罪被害の差異は「生活様式モデル」(lifestyle model) で説明されるとし，生活様式や日常活動がリスクのより高い人，すなわち潜在的な犯罪者に自らをさらしている人は，より重大な身体的犯罪の被害を経験する可能性が高いとされる (Garofalo, 1987)。例えば，バーに行って夜遅くまで外出し，一人で歩いて帰宅する人は，夜に家族と自宅で過ごす人よりも被害に遭いやすい。さまざまな研究は，日常活動や生活様式による犯罪被害の説明を支持する傾向にある (Fisher et al., 2010)。しかし結果は時に矛盾し，不完全な研究デザインに基づいた研究も多い（例えば，地域社会の社会的文脈の影響を統制することの失敗）(Meier & Miethe, 1993)。そのため，継続的で系統的な研究が必要とされているのである (Kubrin et al., 2009)。

2. 犯罪者の視点

人はなぜ犯罪を行うことを動機づけられるか，という点でまず区別されるものの，日常活動理論は合理的選択理論（後述）と，GottfredsonとHirschi (1990) の低自己統制理論 (theory of low self-control)（第6章参照）とに，最も適合する (Eck, 1995)。例えば，ClarkeとFelson (1993) は「日常活動と合理的選択のアプローチは，説明の範囲と目的こそ異なるが共存するもので，実際に相互支援的である」(p.1) と述べている。いずれにせよ，似ていないように見える両者の観点のつながりは，犯罪を遂行する労力か，逆に犯罪を完遂する容易さかという考え方にある。Felson (1998) は，犯罪があまり魅力的なものとならない時，犯罪の行われる可能性は低いと主張した。なぜなら，犯罪者は「手軽な楽しみ」という餌につられ，「目の前の苦痛」を避けるためである (p.23)。また犯行の障害となるものがあれば，犯罪は起こりにくくなる。つまりFelsonが述べているのは，自己統制の欠けた者にとって，あまりに魅力的であるような犯行機会を作らないことで，「自己統制を支援する」試みがなされるべきであるということである (p.48)。

合理的選択の観点からすると，機会におけるこうした制限は「コスト」であり，犯罪の「期待効用」を減少させる。そして自己統制の観点からすれば，犯罪の遂行をより困難にすることは，犯行によって得られるであろう，即座の満足を減らすものである。低自己統制は，犯行を思いとどまらせる力を弱める一方で，確固たる自己統制を欠いてもまた，犯罪者が不断の努力や障害の克服を必要とするような犯罪に手を染める可能性は低くなる。結局，こうした理論的立場が日常活動理論と共有している見解は，犯罪の発生しうるどのような状況であっても，犯行に及ぶという意思決定は，犯罪者の欲求を満たすのが容易か困難かによって影響されるという点である。

また，日常活動理論は本質的に，どのような動機が人びとを犯罪者にするのかという点について，特定の見解に基づいていない。単に，犯罪が発生するためには，動機づけられた犯罪者が不可欠だと主張しているのである。そうであれば，この観点は，社会的学習理論，緊張理論，フェミニスト理論，また他の動機的犯罪理論と互換性があるかもしれない。しかし今までのところ，こうした潜在的な関連は系統的に探求されていない。むしろ，顕在的にも潜在的にも，日常活動理論は「手っ取り早い満足を得て，目の前の苦痛を避け」たがる快楽主義者という犯罪者観に基づいている (Felson, 1998, p.23)。次に見ていくように，なぜ日常活動理論が合理的選択理論と同様に，「状況的犯罪予防」の手法による犯罪対策を推進するような政策を導くのかについて，主要な理由となるのは，この犯

罪者に関する仮定によるものである。

　最後に，日常活動理論は犯罪者に関して詳細に焦点を当てて発展してきてはいないものの，「環境犯罪学」の研究者はこうした課題に取り組んできた（例えば，Bottoms, 1994；Brantingham & Brantingham, 1993；Eck & Weisburd, 1995 参照）。環境犯罪学者が主張しているのは，犯罪現象が犯罪者と対象との時空間における相互作用を含むため，潜在的な被害者の日常活動だけでなく，潜在的な犯罪者の日常活動と，犯罪者が犠牲とする対象をどう選択するのかを，研究する必要があるということである。これは犯罪者の探索行動理論（offender search theory）と呼ばれることが多い。

　犯罪者は，犯行機会を求めてあてもなく歩き回っているのではない。むしろ典型的には，いろいろな地域ではなく決まった地域で，自宅からある程度までしか離れない，といった型にはまった行動をとる。犯罪者は周辺環境の「認知地図」を発達させ，なじみのある場所で犯行に及ぶ傾向がある（Bottoms, 1994）。また経験や習慣に基づいた包括的な概念化である「心的な雛型」を発達させ，「好みの対象や場所を，前もって決めておく」のに使う。そして「（犯罪の）『絶好の』機会であるか，あるいは『悪くない』機会になりそうかを見極めたり，また犯行機会をどう探すのかを決めたりする」のにも使われる（Brantingham & Brantingham, 1993, pp.268-269；Meier & Miethe, 1993 も参照）。つまり犯罪者は，犯行機会を作り出すのに積極的な役割を演じているのである。どこに行こうとするのか，どのように社会的環境を解釈するのか，いつ犯意をかき立てる目的地にたどり着くのか，どの対象に接触するのか，どの対象が魅力的で獲物にできそうだと見なすのか。結局，犯罪の時間的・空間的な分布は，犯罪者と被害者双方の日常活動の交錯による副産物だと考えられる（Brantingham & Brantingham, 1993）。

3. 政策的意義──犯罪機会を減少させる──

　本書の中心課題は，それぞれの理論的概念が，犯罪対策として一定の政策を必然的に提起する，あるいは「理屈に合う」よう示す，ということである。日常活動理論も，この課題の例外ではない。犯罪者を快楽主義者と捉える点を除いて，この理論は犯罪者に対して全般的に関心が薄いため，違法行為者の犯罪性や動機が変化していく段階に関する考察は，差し控えられている。そのため，社会復帰，早期介入プログラム，社会変革といった，犯罪の根本原因に取り組もうとする思考に欠ける。その代わり，Felson（1998）やこの理論的立場の他の研究者は，犯罪抑止の鍵となるのは，犯罪者と対象が時間的・空間的に交差し，その際に監視がないという事態を防ぐことである。これは，犯罪事象の根本原因は機会であるため，犯罪を防止する主な方法は，こうした犯罪機会を減らすことだ，ということの言い換えである。広いレベルでこれは，対象の魅力を弱めたり，対象に有効な監視をつけたりすることをも意味する。

　犯罪対策の鍵となるのは機会であるとする考えは，斬新なものでもなければ，現代の犯罪学理論とだけ結びつくものでもない。刑事司法の基準および目標に関する諮問委員会（the National Advisory Commission on Criminal Justice Standards and Goals）(1975) によると，「市民や地域社会に属する全員が，犯罪を減少させることが可能なのであり，最も即時的かつ直接的な方法は，犯罪者に見つかりやすい犯行機会を根絶することである」とされた。そして「犯罪を……より困難にするために」諮問委員会が勧告したのは，「車の施錠，街灯の整備，警報装置，適切にデザインされた安全な住居」(p.146) であった。それ以前に，Jane

Jacobs（1961）は，市街地の通りで安全なのは「まさに人びとが自発的に利用し，その多くが楽しみを見いだしていて，普段は人びとがほとんど意識することなしに，監視しているという場である」（p.36）と述べた。しかし，公共空間が寂れていたり混み合っていなければ，監視性が低下して「蛮行がそこかしこの通りを支配する」機会が発生する（p.30）。同様に，Oscar Newman（1972）は，公共住宅のような住宅環境の建築設計が，どのように「まもりやすい住空間」（defensible space）を形成して，犯行機会を減少させるのかを評価した。Newmanはそれが可能であると断言し，それを促進するために，以下のように述べている。

　互恵的な付き合いを強めるために住居ユニットをグループ化すること，通り道をはっきり示すこと，特定の利用者のための場所を，内部の居住エリアと区切って配置すること，自然に視覚監視をする機会を与えること［による］……きわめて強い領域性と秩序管理手法，それが潜在的な犯罪者に対して強力な抑止力として働く（p.4）。

さらにC. Ray Jeffery（1977）が支持しているより広い概念である「環境設計による犯罪予防」（crime prevention through environmental design：CPTED）についても言及しないと，我々はうかつであろう。

日常活動理論，さらに一般的に環境犯罪学は，犯罪機会を封じ込める系統的手法を唱える，上記のような洞察を基に築かれている（Wikström, 1995）。さらに，こうした理論的観点は，「犯行を困難にする」と犯罪は起こりにくくなるという考えを，合理的選択理論と共有している。そのため，「犯罪のないデザイン」（design out crime）や「状況的犯罪予防」（Clarke, 1992）を導入する取り組みを提起している。Clarke（1992）は以下のように述べている。

　状況的犯罪予防は，犯行機会を減少させる手法からなり，それらは（1）特定の罪種を対象とし，（2）可能な限り系統的で永続的な方法による，身近な環境の管理・デザイン・利用を含み，（3）犯行の労力とリスクが増え，成果が減るとさまざまな犯罪者に知覚されるものである（p.4）。

この定義に基づいて，犯行機会がどのように妨げられたり，あまり魅力的でないものにできるかを理解するのに，Clarke（1992, p.13）は有益な方法を提供している（Bennett, 1998； Clarke, 1995 も参照）。第一に，犯罪を行うのに必要な労力を増大させるような方策がある。これには，犯罪に対してより効果的な物理的な障壁，例えば自動車のハンドルロック，敷地を囲むより高いフェンス，建物へ入る際のブザーのようなものが含まれる。第二に，犯罪を行おうとする際の，リスクを増大させるような方策がある。これには犯行発覚の可能性を増やす数多くの方法，例えば，警報装置の導入，商品タグの使用と店舗出口への検出器設置，警備員の採用，近所からの各住居への見通しの向上（生け垣の剪定，照明の改良）のようなものが含まれる。第三に，犯行の成果を減らすことを目的とした方策がある。これには，店舗で保管する現金を制限すること，盗品の転売を難しくするために所有者の身元を記しておくこと，（固定式ではなく）取り外し可能なCDプレーヤーで，自動車への侵入をあまり魅力的なものではなくすることなどが含まれる。

Clarkeの状況的犯罪予防の考え方は，異なる結果の出ることが想定されていた，彼が関係した二つの研究の成果に基づいている。Clarke

は臨床心理士として養成され，英国の少年院に研究職として就職した。彼がDerek Cornishと行ったある実験的な研究で，驚くべきことに，治療共同体（Therapeutic Community）における若者の再有罪率（reconviction rate）は，統制群（少年院の通常施設での処遇）と差が見られなかった。この知見で彼は，犯罪的な動機を変えることは，難しい課題であるということを痛感した。それ以前の研究で，さまざまな心理検査や人口統計学的な変数もまた，驚くべきことに，収容者が施設から逃亡するかどうかを判別することができないと彼は発見していた。彼は誰が脱走するかを予測できなかったものの，88施設の中で逃亡率が大きく異なることを発見した。この知見で，「収容者の性質よりも，施設環境の方がずっと強力な逃亡の予測因子であり，管理体制や環境の改変によって，逃亡率を相当程度低下させられることを示唆する」ことをClarkeは思い知った（Clarke & Felson, 2011, p.251）。こうした研究が相まってClarkeは，犯罪を行う動機を取り除くことで犯罪者を変えるのは，きわめて困難であると確信した。その代わり，犯罪を減らす最善の策は，環境を操作することで，犯罪という選択を不可能にすることか，少なくとも躊躇させることであるとした。この一連の研究がやがて，Clarke（1980）の「『状況的』犯罪予防」と題された定評ある論文を書くことに，彼を駆り立てた。

Clarkeと同様にFelson（1998）は，犯罪機会を阻むことが三つの方策によって強化されることを主張した。第一には自然的方策（natural strategies），つまり人びとが「危害を加えず，また加えられないように」（p.150）導かれる方法で，空間がデザインされていることである。例えば，入口を指し示す標識や特定の経路によって，（例えば人がたくさんいる）監視性の高い入口にだけ入館者を「自然に」導く。第二には組織的方策（organized strategies）で，犯行を困難にする目的でとくに警備員を雇うことである。第三に，機械的方策（mechanical strategies），「警報装置，監視カメラ，その他の機器によって立ち入りを規制し，監視を行う」（p.150）ということである。

同じような調子で，Eck（2003）は，監視という概念を「管理者」（controller）という概念に拡張した。彼の研究上の関心は，Felson（1995）で言うところの，「犯罪をためらわせる者」であった。日常活動理論と同様に，Eckは犯罪を，犯罪者と対象との特定空間における交差であるとした。また「犯罪の三角形」（crime triangle）を用いて，視覚的にこの交差を表現し，どのように管理者が犯行機会，ひいては犯罪を抑制することができるかを示した（図13-1）。そのため「三つの要素それぞれに……潜在的な『管理者』——各要素を保護する役割のある人（人びと）がいる。もし管理者がいれば，犯行機会は少なくなるか消滅する」（Cullen, Eck, & Lowenkamp, 2002, p.32）。

彼の術語では，犯罪者には普通，配偶者，家族，近所の人，通っている教会の聖職者のような「行為規制者」（handler）がいる。そうした人との絆のために，犯罪者は行為規制者の目前で法を破ろうとは思わないであろう。結果として行為規制者の存在は，犯罪の発生を抑えることが多い。また犯行対象（または被害者）には，「監視者」（guardian）がいる。人は自らの所有物の監視者であったり，夜遅く出かけた時には，友人同士で一団となってお互いに守りあうであろう。そのようにして，掠奪的な犯罪に及ぼうとする潜在的な犯罪者を，思いとどまらせる。さらには，特定の場所を正しく機能させることに責任を持つ，「監督者」（manager）がいる。これには，店員，施設管理人，教室での教師，ドアマン，受付係などが含まれる。犯罪予防が念

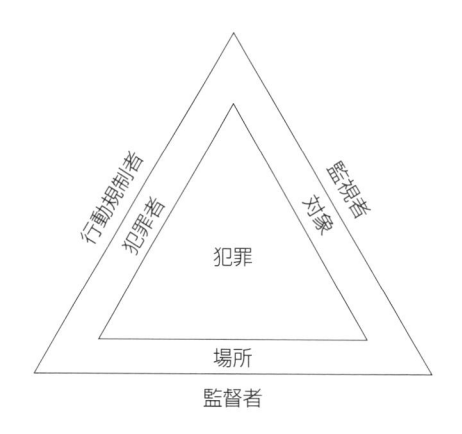

図 13-1　Eck による日常活動における犯罪の三角形

典拠：Eck, J. E. (2003). Police Problems : The Complexity of Problem Theory, Research and Evaluation. In J. Knutsson (Ed.), Problem-Oriented Policing : From Innovation to Mainstream (Vol.15, pp.67-102). Monsey, NY : Criminal Justice Press, p.89.

頭になかったとしても，ただ監督者がいるだけで，犯罪者がその場で犯行可能であると考えることを躊躇させる。

　ちょうど見てきたように，犯行機会削減の推進派は，一般に警察力の使用が含まれない方策の重要性を強調する。これは主に，犯罪予防が最も効果的であるのは，それが立地場所の常在かつ（あるいは）自然的な特徴となっている時であることによる。反対に，警察による監視は事前の計画が必要なことが多く，大概は一時的なものにとどまり，警官が犯罪を抑止するのは，実際にその場にいる時に限られるのがほとんどである。そうであっても，「問題指向型警察活動」（problem-oriented policing）というある種の法執行は，日常活動理論や状況的犯罪予防の考え方と一致する可能性がある（Eck & Spelman, 1987；Goldstein, 1979；Sherman, 1997）。この理論的観点からすると，警察はまず問題となる事柄を明らかにする。例えば近隣での少年による暴力，あるいは特定のビルでの薬物取引というように。そして対象とする特定の犯罪が，起こりにくくなるような方策を考案する。このやり方には，少年の所持品検査と銃の押収を目的とした，警官の訓練といったことが含まれる（Sherman, 1997）。こうした対応策は，若者に公共空間への銃器の持ち込みを思いとどまらせるかもしれないし，それによって暴力行為の発生や致命度を抑えられるかもしれない。あるいは，建物がより安全になるよう管理することを促すための（例えば薬物密売人の排除），警官とビルのオーナーの会合や，民事訴訟によるビルの差し押さえのようなものが含まれる（Eck, 1998）。犯罪発生パターンを地図にする取り組みもまた，犯罪者の居住地と思われる場所や犯行地点への経路を発見するために，行われることがある。すべては警察の捜査を一定の場所に集中させ，常習犯罪者を逮捕する可能性を高めるためである（Rossmo, 1995）。犯罪が何度も繰り返し発生する場所は，「犯罪多発地区」（hot spots）と呼ばれる（Sherman, Gartin, & Buerger, 1989）。

　特筆すべきは，「犯罪のないデザイン」や「状

況的犯罪予防」の取り組みで，一般に犯罪は減少することを，(必ずしも質の高いものばかりではないが) 調査研究が示している点である。(Clarke, 1992；Eck, 1997；Felson, 2002；Felson & Boba, 2010；Guerette, 2009；Welsh & Farrington, 2009)。なぜなら，こうした知見は日常活動理論と (そして合理的選択理論とも) 一致しており，こうした理論的観点にメリットがある根拠となるであろう。

いずれにせよ，犯罪の機会を抑止することが科学的に「有効である」と楽観的に結論づけるのは早計である。犯罪の「転移効果」(displacement effect) といわれる点について，系統的に考慮に入れた犯罪予防施策はほとんどない。簡単に言って転移とは，ある場所で犯行がより難しくなった場合に，犯罪者が他の場所に移動して，そこで犯行に及ぶ可能性である。犯罪は減少するというよりもむしろ，他の対象や場所に移るのである。そのため，もしある住宅に警報装置があれば，犯罪者は隣の住宅に侵入するであろう。あるいは，警察がある通りでの薬物取引を「集中取り締まり」(cracking down) した場合，犯罪者は何本か通りを隔てた場所で，薬物を売るかもしれない。犯罪の転移は無視できないものであるが，ただ重要なのは，ある場所で抑止された犯罪のすべてが，他の場所に転移する可能性は低い (Barr & Pease, 1990；Clarke, 1992, 1995；Eck, 1997；Eck & Weisburd, 1995；Felson, 1998)。Felson (1998) はこうした批判を「転移幻想」(displacement illusion) (p.140) と呼んだ。同様に，EckとWeisburd (1995) は「全面的な転移はめったに起こらず，わずかに見られるか確認されないことが多い，という報告が相次いでいる」と結論づけた (p.20；Guerette, 2009 も参照)。

なぜ転移が限られたものになるのかについて，少なくとも三つの理由がある。第一に，犯罪が妨害された場合，新しい犯行機会を見つけるのには時間と労力がかかる。新しい対象を探すのは「コスト」がかかったり，自己統制を必要とするため，犯罪者は犯罪を行うのを「労力に見合う」ものでないと判断するかもしれない (Gottfredson & Hirschi, 1990, p.256)。Clarke (1992) が見たように，犯罪の転移は「代替の犯罪が，同等の成果を，リスクや労力という点でコストが過度に大きくならない」限りにおいて発生すると思われる (p.22)。第二に，ある種の犯罪には「選択構造化特性」(choice structuring properties) があると考えられる (p.24)。例えば侵入窃盗とは，犯罪者が被害者と対面したり，武器を用いたり，おどしたり，あるいは実際に暴行することなしに，財物を手に入れる方法を示す (Wright & Decker, 1994)。もし侵入窃盗が阻止された場合でも，犯罪者は強盗のような他の犯罪に関与しようと思わなかったり，関与できないかもしれない。第三に，犯行機会が犯罪者の日常活動に由来する点で，ある地域での犯行機会構造の崩壊は，新しい日常活動や認知地図ができるまでは，犯罪行動を減らすと考えられる。

II 合理的選択理論

第12章で見たように，人が犯罪に手を染める理由について，それが割に合うから，という単純な見方を取り入れている理論家もいる。この計算は，犯罪からどの程度利益 (通常は金銭) が得られそうか，そして当局に捕まったり罰せられることで何を失うかという，単純な差し引きにまとめることができる。そのため，犯人の見込みの甘さが犯罪の主要原因と見なされ，より厳格で長期の懲役刑が，社会の不法性に対する主要な解決策であるとされる。しかし他の学

者は，Derek Cornish と Ronald Clarke が最も著名であるが，犯罪を行おうとする意思決定について，より洗練されたアプローチを構築しようとしてきており，これを合理的選択理論と名づけている。この理論的観点は先に述べたとおり，政府による犯罪者処罰ではなく，よりインフォーマルな状況的犯罪予防によって，犯罪を取り締まるという志向性を持っている。

1．合理的選択と犯罪

Cornish と Clarke（1986）は，彼らのモデルで，人は犯罪が行われるかもしれない状況に接近する際に，「空っぽの入れ物」ではないと見なした（Clarke & Cornish, 2001）。犯罪者は他の犯罪理論で明らかにされている，気質，知能，認知スタイル，家庭でのしつけ，出身階層，近隣という文脈，性別，といった「背景要因」（background factors）を抱えている。こうした要因が「犯罪者的動機，すなわち犯罪を行おうとする根深い性癖や気質」を形成する（Clarke & Cornish, 2001, p.33）。こうした動機が重要であるのは，何かしようと考える人に，犯罪を「好む」ようにしたり，犯罪が「できそうだ」と思わせる可能性を増加させる点にある（Wright & Decker, 1997）。

合理的選択理論の観点からすると，伝統的な犯罪理論の問題は，犯罪の因果関係の分析を，ここでやめてしまうことである。ところが最終的に，犯罪は単に根底にある動機や性向によって起きるものではない。もしこうした動機が実際の犯罪行為に帰結すれば，具体的な選択，より厳密には選択の連鎖，が下されることをも含むのである。犯罪学者がある意味で仮定してきたのは，人が犯罪に動機づけられているのであれば，そうでない場合よりも，その人が犯罪をさらに重ねるということである。この仮定は，おおむね的確なものであろう。しかし，ある状況で動機づけられた人が，法を破るという決断をどのようにするのかは，明らかではない。合理的選択の理論的観点が強調しているのは，いつ犯罪が行われるかを予測するためにも，犯罪者がどのように思考するかを重要視することである。そのため中心的な課題は，ある特定の種類の犯罪に及ぶという意思決定，どのように犯行地点，「対象」や被害者が選ばれ，どのように犯罪者が犯行の発覚を避ける手立てを決めるのか，そしてどのように犯罪者が再犯を決意するのかを含む。Clarke と Cornish（2001）が指摘したように，従来の理論が関心を寄せていたのは，「信念を形成して選択を体系化する，より広い社会的・政治的文脈であった。結果として，犯罪者の意思決定の詳細には，ほとんど関心を払わなかった」。逆に合理的選択理論の観点では，「その詳細が解明されなければならなかった」（p.32）。

合理的選択理論の重要な仮定は，犯罪者の下す決定が「合目的」であるということである。すなわち，意思決定は「犯罪者に利益をもたらす意図で行われる，計画的な行為」なのである（Clarke & Cornish, 2001, p.24）。もちろん犯罪者は完璧に合理的というわけではない。むしろその合理性は「制限されて」いるとも言える。実際，犯罪者が選択を行うのは，限定された情報に基づいて，追い詰められた状況で，不十分な計画の下，自らの行為の長期にわたる結果よりも，当面の逮捕リスクにだけ配慮する。考えてみれば，そうした選択は愚かでないにせよ，軽率なものだと判断されるかもしれない。それでもなお，この文脈で犯罪者は非合理的に振る舞ったのではなく，むしろ欲求（例えば，金銭，地位，復讐）を満たし，悪い結果（例えば，逮捕，犯行対象とした被害者に撃たれる）を回避する努力をしている。Clarke と Cornish（2001）は，こう指摘している。犯罪者は「利用可能で

あった時間，資源，情報の制限の下で，最善を尽くすのが通例である。これが，限定されたものであったとしても，犯罪者の意思決定を合理的であると我々が見なす理由である」（p.25）

合理的選択理論の理論的関心は，犯罪をどう効果的に減らすかという点で重要ではあるが，政策的意義は限定されている。合理的選択理論の研究者の関心は，主に犯罪者の行う決定に影響する状況のダイナミクスであるため，多くの強力な犯罪の予測因子を，「背景要因」という包括的な見出しの下に，ひとくくりにしてしまった。こうした要因は，ほとんど理論的な関心の対象にならず，犯罪の「根本原因」を変えて犯罪者への影響を消すために，どのように介入が策定されるべきかについて，真剣に検討されることはない。驚くことではないが，合理的選択理論の研究者は，矯正施設での社会復帰プログラムの効果を示す研究結果を無視し，処遇プログラムが「破滅的な失敗」であったとする間違った言説を受け入れている（Cullen, Pratt, Micelli & Moon, 2002）。それどころか，「すべての犯罪行為は，犯罪者によるある程度の選択を含む。彼や彼女は，その選択に対する責任を負いうるし，法に則って罰せられうる」（Clarke & Cornish, 2001, p.34）と信じる傾向がある。この点で，合理的選択理論は，保守的なイデオロギーに陥っている。誰でも容易に指摘するかもしれないが，例えば，すべての犯罪行為は，ごくわずかの選択しか含んでいない。犯罪行為は，少なくとも部分的には背景要因と関連するか因果関係があるため，犯罪者の自由意志と刑罰の正当性に関する仮定には疑問が残る。

しかし合理的選択理論は，状況的犯罪予防（Clarke, 1992）というより有望な犯罪抑止策を提起している。例えば侵入盗を敢行するといった意思決定を，犯罪者がどのようにしているかに関して研究することで，こうした犯罪が起こる機会を減らす対策が行われるかもしれない。この取り組みでは，犯罪者を変えることよりもむしろ，犯罪が典型的に発生する状況の側面を変える（例えば，警報装置の導入，番犬を飼う）ことで，犯罪が予防される。焦点となるのは，犯罪をより遂行困難にし，利得を減らすことで，犯罪をあまり魅力的ではない選択にすることである。先に日常活動理論について論じた際に，この新しい取り組みを検討したことを思い出してほしい。

最後になるが，合理的選択理論は，犯罪学上の考察の重要な発展を代表するものである。なぜなら，犯罪者が「空っぽの入れ物」で，背景要因によって犯罪に駆り立てられるのではなく，むしろ選択肢を比較して意図を持って行動する自意識のある意思決定者とみなして，研究する必要性を示したからである。しかし，合理的選択理論の危険性は，犯罪者がまるで単なる意思決定者であるとして扱われるかもしれない点にある。こうなると，犯罪者が法を破ることに至る際に影響した社会的文脈は無視され，犯罪を割に合わない決定にすることにだけに焦点を当てた，厳しい刑事司法政策を評論家は勧告するようになる。

2．犯罪者の選択は合理的か？

WrightとDeckerによる，ミズーリ州セントルイス中心街での侵入窃盗犯と強盗犯の民族誌的研究には，犯罪者の選択を理解することの複雑さが明瞭に表れている（1994, 1997；またShover, 1996；Tunnell, 1992も参照）。合理的選択理論の所見と同様に，WrightとDeckerが示したのは，犯罪者が犯罪を行うかどうか，どの対象を犠牲にするか（すなわち対象の住宅や個人），どう円滑に犯行を完遂するか，そしてどうやって発覚を避けるかという，一連の選択を行っていることである。さらに，こうした

選択は差し迫った要求，通常は金銭に対するものによるとした。従って，手軽に現金を手にしたいという欲求に対して，犯罪は一つの解決策なのである。金銭を得て所期の目標を達成するために，犯罪者は盗みに入ったり強奪する。どう見ても犯罪者はきわめて合理的である。

しかし，見かけの合理性は誤解を招くおそれがある。WrightとDeckerが示したように，金銭に対する犯罪者のまさしく「死に物狂い」とも言える様子は，「ストリートカルチャー」への参加の副産物である。そこで尊ばれるのは，商品の誇示的消費と，ひっきりなしに行われるパーティーである。そうした場では，薬物中毒とまではいかないにしても，薬物乱用を招くことが多い。こうした文化的規範を植え付けられ，犯罪者の人生の進路は，物品や薬物といった即時的な満足に全財産を費やし，そして自らが唯一可能な方法である犯罪によって，金銭をさらに手にしたいという切迫した欲求に直面する，というサイクルに陥っていく。WrightとDecker（1994）が述べたように，犯罪者は「意識的な選択をしている」ものの，「彼らの犯罪行動は，独立して自由に選ばれたものには見えず，むしろストリートカルチャーへの傾倒から生まれて形作られる，ありがちな行動の流れの一部であった」(p.205)。加えて，こうした「路上の掟」(code of the street) (Anderson, 1999) にさらされること自体が，まともな仕事に就く機会がほとんどないような，社会的に崩壊した地域で育てられるという不幸によって運命づけられている (Sampson & Wilson, 1995；Wilson, 1987, 1996)。中流の地域住民とは違い，スラム街の住民にとって，侵入盗や強盗の実行がはるかに「合理的選択」となることを説明するのが，そうしたより大きな文化的・構造的文脈なのである。

こうした結果は，犯罪者の意思決定，そして理論的観点を合理的選択と呼ぶことが正当かどうかという，より大きな問題を提起する。犯罪者が犯行に及ぶ際に，どのように一連の計算を行うかを強調することで，このパラダイムの研究者は，伝統的な犯罪学が意思決定を看過するのを正すことになると主張するであろう。犯罪が行われる際の影響を犯罪者がどう考えるか，そしてあらゆる犯罪状況で犯罪者が「手っ取り早い満足を得て，目の前の苦痛を避ける」(Felson, 1998, p.23) という点でもまた，犯罪者の行為が目的的であると主張するのは一理ある。しかしより広い観点から，反復的な犯罪行動という選択は，どう合理的であるのかという疑問がわくかもしれない。こうした生活様式は，社会的に認められた機会と利益から人を「切り離し」，暴力と受傷，薬物の乱用と中毒，逮捕と投獄のリスクに染められた生活に陥る。誰かの親類がこうした人生を「選択」した場合，この人物が一族で最も合理的だったと見なされるか否か，我々は疑問を持つであろう。

合理的という用語の使用をためらうのは，科学的な理由による。合理的選択理論の立場の犯罪学者は，犯罪者が下した選択が合理的かどうかを評価できる，明確な基準を提起することに失敗している。実際，頻繁に犯罪者が選択を行うという事実が，犯罪者は合理的選択を行うと推定するのに使われてきた，唯一の根拠である。合理性を判断する基準がないため，「選択しない」というのは，非合理を示すことになりうる。つまり，犯罪者が合理的選択を行うという主張は，反証が不可能ではないにせよ困難な仮定となる。さらに，選択は個人特性によってとは言えない，社会的・文化的要因によって「制限され」，または構造化されることを学者が認めるとしても，彼らは決断を合理的だと見なすのが最もふさわしいという仮説に固執する。しかし他のさまざまな要因によって，犯罪者による

犯行の想定が相当程度に方向付けられ決定されているので，犯罪行為の合理的な部分を強調することで何が得られるのかを見いだすのは難しい。もし犯罪者が反社会的な価値を持ち，緊張を解きたい，衝動的であるなどの理由で，犯罪が魅力的だったり満足できる選択となる場合，この選択を合理的であると見なすことは，理解を容易にするというより，現実を歪めてしまいかねない。

実際，合理性を強調する際のより大きな危険は，理論的なものよりもむしろイデオロギー的な関与であろう。また上述のとおり，そうしたイデオロギーは，ある種の政策的介入，すなわち刑事司法的処罰，状況的犯罪予防などの唱導を招く。その一方で，取りうる選択の中で，犯罪が最も合理的となる状況に人をおくような諸条件を改善する他の政策的介入に対して，懐疑主義と言わないまでも無関心である。

さらに，「新古典経済学」（neoclassical economics）とも呼ばれる単純な合理的選択理論は，経済学の洞察と社会心理学のそれの融合である「行動経済学」（behavioral economics）から，幅広く見直されている。ThalerとSunstein (2008) はこれを「選択の科学」（science of choice）と呼んでいる (p.7)。この理論的観点で選択は，経済学者が主張する単なる誘因だけでなく，社会心理学的過程を含む。経済学者は「我々それぞれが，間違えることなく考えて選択する」という誤った仮定をした (p.6)。もちろん，誘因は重要である。ガソリン，キャンディー，タバコの価格上昇は，消費量を減少させる。もっともThalerとSunsteinが指摘したように，経済学者は過ちを犯した。「ホモエコノミクス［経済人］は，アルバート・アインシュタインのように考えることができ，IBMのビッグブルーのように大容量メモリーがあり，マハトマ・ガンジーのような意志力を発揮する」 (p.6) と仮定したのである。だが人間は，こうした存在よりも間違いを犯しやすい。彼らは，「現実の人間は，計算機がなければ桁の多い割り算に苦労し，結婚相手の誕生日を忘れることがあり，新年には二日酔いになる。彼らはホモエコノミクスではない。ホモサピエンスである」 (pp.6-7) と指摘する。

問題はさらに複雑である。選択を行う際に用いる方法や簡便法によって，人間の意思決定が系統的に歪んでしまうことを，社会心理学の研究は長らく示してきている（例えばTversky & Kahneman, 1974, 1981）。不確かな状況でリスクを評価する際に，人間の脳はすべての情報に，冷静かつ合理的なやり方で重みをつけるようにデザインされていない。そうするためには，落ち着いた感情，情報の収集と分析に相当の労力を払う意欲，そして高い分析スキルが必要である。しかし人間はいつでも冷静で，データをためるのに長い時間をかけられるような時間なり気質があり，きちんと分析するとは限らない。すべてのコストと利益を計算に入れる厳密に「合理的」であるよりむしろ，経験則や社会心理学でいう「ヒューリスティックス」（自学自習）（heuristics）という決定方略を利用する。これらのヒューリスティックスで，意思決定を早く下すことができ，心理学的に快適になる。こうした意思決定は，労力を節約して「正しいと感じられる」。しかし純粋に客観的な立場からは，こうした選択は非合理であり，リスク（コスト）と利益を誤って判断しているとみなされるかもしれない。

例えば，「利用可能性ヒューリスティック」（availability heuristic）を使うのは，「ある分類の頻度や出来事の起きる確率を，事例や発生することが簡単に思いつくものによって，人が見積もる状況」である（Tversky & Kahneman, 1974, p.1127）。そのため，目的地まで飛行機で

353

行くか車で行くかを決める際に，最近の飛行機事故を思い出して，飛行機に乗るよりも車のほうが安全だと判断するかもしれない。また最近の自動車事故の記憶で，反対の結論となるかもしれない。確かに，データがなければ，リスクの評価方法が正確かどうかを知るすべはない。現在行っていることへ固執することである「現状維持バイアス」(status quo bias) のために，より価格が安くより高い品質の車よりも，人は今乗っているのと同じものを買うと決めるかもしれない。多くの人はまた，「楽観バイアス」(optimism bias) によって，自らの能力を過大評価する。ThalerとSunstein (2008) の報告では，「Lake Wobegon（レイク・ウォビゴン）村〈訳注：村民全員が平均以上との意識を持つ虚構上の米国の村〉に住んでいないにもかかわらず，運転者の90%は平均よりも運転が上手だと考えている」(p.32)。

行動経済学には，犯罪に及ぶ決定を理解するための重要な意義がある (Nagin & Paternoster, 2010)。はっきりとしない環境での（刑罰）リスク評価を含む選択は，一般に人間の意思決定を歪めるのと同じヒューリスティックスによる影響を確実に受ける。犯罪者は，自分が全犯罪者の上位10%に入るため，捕まることはないと考えるかもしれない。また雷は同じ場所に2度落ちることはないことから，前に捕まったのは運が悪かっただけで再び捕まることはない，だから法を破っても安全だと考えるかもしれない（下記の「リセット効果」(resetting effect) の議論を参照）。あるいは，路上強盗で（多額の金銭を奪い）「大漁」だった場合，同じ場所で再び強盗をすれば同じだけの成果が得られる，と犯罪者は考えるかもしれない。さらに，こうした種類のバイアスは，犯罪のコストを増やすための重い刑罰があまり効果的でないことの，主たる理由であるかもしれない。「厳罰指向」の法律は，犯罪者が見込まれる刑罰の痛みを慎重に考えるという前提に立っている。しかし，行動経済学が我々に教えるとおり，リスクが高く，はっきりしない状況での決断に関して，犯罪者を含む人間は，その場で想起することができたヒューリスティックスに左右されることが多い。これは誘因が全く関係ないということではない。誘因はあくまで犯罪者の行う選択に影響する一要素，場合によっては副次的要素に過ぎないということである。

行動経済学が我々に示す重要な点は，我々の下す決断は複雑な過程を経るということであり，費用と利益という効用の判断が人間の選択を左右するという，新古典的な見方には還元することができない (Thaler & Sunstein, 2008)。そこで，効用以外のものが含まれているとして，知覚抑止理論の考え方が次第に受け入れられてきている。

III　知覚抑止理論

犯罪に関与する決定に焦点を当てた別の研究の流れが，知覚抑止理論 (perceptual deterrence theory) である。このアプローチは古典派の伝統を継いでおり，コストが利益を上回った際に個人が法を破るのを止めると考える。しかし主な命題は，犯行に及ぶ決定は知覚されたコストと利益によるのであり，実際上あるいは客観的な罰せられるリスクや得られる利益に左右されるものではないということである。

似ている点はあるものの，この理論的観点は合理的選択理論とは三つの点で異なっている。第一に，知覚抑止の見地では合理性を仮定せず，知覚が行動を導くという観点に立脚している。知覚は合理的であるかもしれないが，現実のとてつもない誤解に基づいているかもしれない。第二に，知覚抑止理論は「抑止」という名前が

示すように，もともと法的刑罰の知覚に対してより焦点を当てていた。このアプローチは，合理的選択理論の中核である，犯罪者の意思決定における状況的側面をほとんど無視してきた。関連して第三に，知覚抑止理論からの政策提言はこれまでほとんどないか，あったとしても不明瞭である。実際の刑罰のレベルと知覚された刑罰の関連がはっきりしないため，犯罪に対して単に「より強硬に」なることが，犯意の減少につながるかどうかは疑問である。処罰されるという知覚を増大させる施策を考案するのは，一筋縄ではいかない課題である。施策が意図した対象（累犯者）に届き，告知の効果が間違いなくずっと続くなどということは，ありえない。いずれにせよ合理的選択理論が，犯行状況と，それがいかに犯罪行動を抑制するよう体系化されるかに焦点を置く一方で，知覚抑止理論は状況への着目を欠いており，そのため（法的なものではない）非公式的な犯罪予防方略の有効性について，ほとんど何も語らない。

　知覚抑止理論が生まれたのは，主に伝統的な抑止理論には短所があるためである。研究者はまず，客観的な刑罰レベルの影響をマクロレベル（例えば，より刑罰を科す国で犯罪発生率が低いか）や，あるいは個人レベル（例えば，より重い刑を受けた者が，あまり犯罪に関与しなくなるか）で研究した。先に述べたとおり（第7章，12章参照），こうした研究は一貫しない結果を示している。法的刑罰の犯罪抑止効果はわずかで，場合によっては犯罪を増大させていると思われる（Akers & Sellers, 2004）。刑罰の抑止効果の欠如は，捕まって罰せられるかもしれないという人びとのリスクへの意識が，客観的な処罰リスクに対応しないことによるのかどうか，疑問に思われるかもしれない。ここで逮捕の可能性（刑罰を受ける「確実性」）と，逮捕された後に何が起こるか（刑罰の「厳しさ」）

とを，人がどう考えたかの方がより重要であるとすれば，つじつまが合う。つまりこの理論では，実在する客観的な現実ではなく，知覚された現実，ここでは刑罰について，が行動を左右するのである。

　このアプローチはまた，実証的に検討しやすいという別の大きな利点がある。客観的な刑罰は個人から離れて存在しているが，知覚は日常生活を送る人びとの内面にあって，保持されている。そのため，測定方法は簡単で，もし犯罪を行ったとしたら，何が起こるかを考えるよう尋ねる質問を作る。罰せられる確率をどの程度だと考えているのか，もし捕まったら，どの程度厳しい刑罰を受けるか。こうした方法で，個人の知覚する刑罰の確実性と厳しさを評価することが可能だと思われる。そして同じ調査で，それぞれが犯罪や非行に関与した程度を，自己申告するよう尋ねる（一般に高校生が対象者となる）。最後の課題は，これら二つの測度の関連を検討することである。刑罰を受けるのが確実である，そして・あるいは，これが厳しい，と考えている人が，あまり犯罪行為をしていないかを見る。もしそうであれば，刑罰の知覚には犯罪抑止効果があるといえる。

　初期の研究は犯罪抑止効果，とくに刑罰の確実性には影響があるとする傾向が見られた。すなわち逮捕される確率と罰せられる確率（どの程度厳しい刑罰かどうかにかかわらず）が高いと考えている人は，法を破ったとする傾向が低かった。しかしこの種の研究の限界は，すぐに明らかとなった。とくに，こうした研究のほとんどは，二変量研究（刑罰と違法行為経験という二つの変数だけを計測する）であり，かつ横断的研究（一時点での調査）であった。後続の研究は，こうした短所を修正しようと行われた。研究では，多変量（既知の他の犯罪原因，例えば反社会的な価値観や社会的な絆が含まれる）

かつ縦断的（知覚が将来の行動を予測するかどうかを見極めるため，対象者が二時点以上で調査される）研究デザインが採用された。こうした方法論的により厳密な研究で，刑罰の確実性を含む知覚抑止因子の効果がきわめて小さいことが分かった（Paternoster, 1987）。

さらに最近では，Pratt, Cullen, Blevins, Daigle と Madensen（2006）が，これまで行われた知覚抑止研究のメタ分析を行い，抑止の測度と犯罪や逸脱の測度の関係を推定する，40の研究の200のエフェクトサイズを発表した。分析結果をまとめると，抑止効果は「わずかないし無視してよい」ということがわかった（エフェクトサイズはおおむね0〜.20, 2006, p.383）。知覚された刑罰の確実性は，規制基準遵守の不履行，脱税，詐欺といったホワイト・カラー犯罪の関与に対しては，確実に抑止効果があるという研究結果がいくつかあった。しかしながら，Pratt ら（2006）のメタ分析から得られた最も重要な知見は，とくに既知の犯罪予測因子である，非行仲間の影響，反社会的態度，さらに低自己統制を統制要因とした，より厳密な研究デザインが採用された研究に基づいたもので，知覚された刑罰の評価尺度の影響は，「大幅に縮小し，しばしばゼロ」であった（p.384）ということである。

こうした知見が示すのは，二つの結論である。第一に，法的刑罰に起因する知覚抑止は，犯罪原因としては弱いものになりやすく，その影響は，（他の犯罪理論で検証済みの）さまざまな他の要因と比べると，小さく見える。第二に，犯罪に対する我々の理解に対して，知覚抑止理論が意味ある貢献を果たすためには，費用と利益の特性，個人差，知覚が形成されて行動に影響する複雑な仕組みによって，抑止がどう特定されるのかについて，より示唆に富む見解を生み出していかなければならない。幸いにも，研究者がこうした方向に重要な進展を果たしている。

第一に，Williams と Hawkins（1986）は，「法的なコスト」（legal costs）と呼ばれる，公的機関による何らかの方法（例えば保護観察や懲役刑）による逮捕と処罰のコストを超えて，ある人物の人生のさまざまな面に，政府による刑罰が有害な結末をもたらすことがあると述べた。この「非法的コスト」（non-legal costs）と研究者が呼ぶものを，彼らは，逮捕されたことによる社会的な地位の低下や尊厳の喪失である「逮捕によるスティグマ」（stigma of arrest），逮捕による仕事や教育といった将来の目標の損失である「社会参加コスト」（commitment costs），逮捕されたことによる友人の喪失である「愛着コスト」（attachment costs）という三つの種類に大別した（1986, p.562）。同様に，Grasmick と Bursik（1990, p.838）は，「政府が負わせるコスト」（state-imposed costs）あるいは法的刑罰に加え，面目や尊厳の喪失である「社会が負わせるコスト」（socially-imposed costs），恥や自責の念といった「自らが負わせるコスト」（self-imposed costs）があるとまとめた。このように，完全な抑止モデルは，犯罪への関与を捜査されることによる，法的・非法的なコスト両方に関する人の知覚を含むと考えられる。非法的コストの知覚は，犯罪行為経験に反比例するという研究結果がある（Pratt et al., 2006）。

第二に，知覚抑止理論は，費用便益計算の「コスト」面へ過度に関心を向けている。ほとんどの研究で，犯罪の潜在的な便益が測定されていなかったり，犯行で得られるであろう金銭の額のみが，便益として見なされたりしている。しかし研究で明らかになっているのは，犯罪への関与には，さまざまな正の報酬がありうるということで，さまざまな利得の中には，気晴らし，興奮，力の感覚，復讐，名誉を守る，尊敬を勝

ち取る，仲間内での地位を上げる，といったものを含む（例えば Bordua, 1961；Katz, 1988；Matsueda, Kreager, & Huizinga, 2006 を参照）。研究例は限られるものの，知覚された犯罪の便益と犯罪の関与に，正の相関が想定できるという研究結果がある。

第三に，知覚抑止理論では，潜在的な犯罪者の個人差によって，刑罰の知覚がどう形成されるかについて，より系統的に研究される必要がある。とくに，自己統制が低く，刹那主義で，衝動的な人物は，犯罪の利益をより魅力的だと見て（手っ取り早い満足を求める傾向による），犯罪のコストはあまり重要ではないと見る（将来の刑罰は猶予され，差し迫ったものにはならないだろうということから）という結論は一致している。それは，知覚された効用と犯罪の結果が，すべての潜在的な犯罪者によって同じように判断されているのではなく，むしろ個々の人格を通して，ふるいにかけられているということである（例えば Nagin & Paternoster, 1993；Nagin & Pogarsky, 2001, 2003 を参照）。

第四に，知覚抑止理論は，知覚が形成されて行動に影響する，複雑な仕組みを考慮に入れなければならない。例えば，Pogarsky と Piquero (2003) は，人が犯罪のために罰せられると，処罰される確実性の知覚が低くなり，犯罪行動が増える傾向があるという，直感とは反する知見を研究した。いうまでもなく，古典的な抑止理論が主張するのは，犯罪は引き合わないということを罰が思い知らせ，そのため犯罪行動は処罰されるかもしれない，という個人の知覚が高まるということである。反対に Pogarsky と Piquero は，「リセット性」（resetting）と名付けられた現象によって，確実性の知覚が減少すると述べている。比較のために，彼らは「ギャンブラーの誤謬」（gambler's fallacy）を引き合いに出した。これは，何度か続けて負けているギャンブラーが，次の手こそは自らが勝つ「運命」にあると信じて，サイコロを振ることである（しかし，勝負はそれぞれ他の勝負とは独立であり，特定の目が出る確率は毎回同じであるため，これは誤信である）。同様に，逮捕されて処罰される犯罪者は，不調の波をすでに経験していることから，次は幸運が巡ってきて法を破る機会が増える，と信じていると考えられる。結果として，彼らは処罰の確実性を低いレベルに「リセット」する。なぜなら，「また捕まるというのは，ことさら運が悪いことに違いない」と推量するためである（Pogarsky & Piquero, 2003, p.95）。

Warr と Stafford (1993) もまた，抑止の性質を詳しく述べた。彼らは，処罰されるリスクの知覚は，処罰される経験だけではなく，処罰を逃れる経験，つまり捕まらないことからも形作られると発見した。彼らはさらに，処罰と処罰の回避には，「直接的」なものと「間接的」なものがあり得るとした。ここで直接的とは自らが経験したことであり，間接的とは誰かが犯罪を行って罰せられたり，処罰を回避したりするのを見ることで，自分が体験しているように感じることである。こうした様相をクロス表にすると，結果は四つの潜在的知覚要素，すなわち直接的処罰，間接的処罰，直接的処罰回避，間接的処罰回避に分かれる。この複数の要素を考慮に入れるのに失敗すると，人が処罰される確率を高くまたは低く信じる理由を，完全には理解できない。

最後の研究例は，時間の経過に従って生じる学習過程において，処罰知覚がどのようにその一部を構成しているかを，他の研究者が探究してきたということである（Pogarsky, Kim, & Paternoster, 2005）。このうち Matsueda ら (2006) は，ベイズの確率定理に基づく「ベイズ的学習過程」（Bayesian learning process）

を提案し，現在の処罰リスク知覚が，過去のリスク知覚と新しく得られた情報との両方に基づくとしている。知覚はこのように静的なものではなく動的なものであるため，個人における処罰の変遷の経験として絶えず更新される。こうした経験には，処罰されたことや処罰を回避できたこと，そして（リスク知覚を低めると考えられる）非行仲間の多さが含まれる。意思決定モデルは，三つの追加要因でさらに複雑となる。それは，犯行の「機会コスト」（学業や仕事を脅かすかどうか），犯罪による刺激や「かっこよく」なれるという「心的報酬」，「逃げおおせる」と知覚された確率である。

　こうした多方面にわたる研究から，初期の知覚抑止理論は，単に犯罪を処罰する確実性と厳しさの知覚の関連を探るもので，限られた説明力しかないことが指摘されている。今後研究すべき課題には，こうした知覚のさまざまな源泉，知覚が形成・再形成される過程，異なる個人特性を持つ人間による，特定の犯罪行為の費用と便益を評価する認知過程，構造的・状況的条件がリスク知覚とそれらの知覚に基づいて行動する機会を形成する仕組みがある。

Ⅳ　結　論

　ほとんどの犯罪学理論が犯罪の「背景」に焦点を当てている一方で，犯罪者の選択と機会の理論は，犯罪の「前景」の因果関係の重要性を主張する（Katz, 1988）。そのため，個人特性や社会化そして社会での立場が相まって時間をかけて育まれる，犯罪者の動機や「犯罪性」をあまり考慮しない。その代わり，主要な関心は現下の犯罪誘発因子で，実行されつつあるか，場合によって実行が抑制されている犯罪行為に，近接または同時発生しているものである。この犯罪の「背景」を無視するという理論的決断は，犯罪の因果関係の大部分を省略することを意味する。しかしまた，特別な見識が得られるということをも意味する。そのうちの3点を改めて指摘して，本章を締めくくりたい。

　第一に，選択と機会の理論は，法を破るという決断において，犯罪者が受動的ではなく能動的な参加者である，ということを再認識させる。これは，LaubとSampson（2003）の用語で言う「行為者性」（human agency）である。潜在的犯罪者は，「背景」要因の影響を受けて犯行準備をした上で，ある場面に現れるかもしれないが，犯罪は必ず起こるわけではなく，犯行に及ぶか否かの意思決定を行う。第二に，ひとたびそうした状況に置かれたとして，潜在的犯罪者が犯罪を行うかどうかを決める要因は何であるかが，犯罪学的に重要な問題である。本章の理論が我々に注意を喚起するのは，費用と便益の知覚によって，あるいは対象の魅力や管理者の存在といった状況要因によって，犯行に及ぶという決断がどう影響されるのかを考慮する必要性があるということである。第三に，そしておそらく最も重要なこととして，この理論が重要な政策的意義を持つということである。とくに，法的処罰の脅威によってではなく，その場での犯罪の遂行性を弱める努力，つまり犯行機会を減少させることによって，いかに犯罪予防が見事に達成できるのかを明らかにしたのである。

Charles Darwin
1809-1882
進化論の著者

第14章
「犯罪人」の探求の再検討
——生物社会論

　第2章で述べたように，Lombrosoたちの初期の生物学的理論が名を馳せたのは，社会的，政治的な風土によるところのみならず，生物学が，とくにダーウィン主義のかたちで，19世紀後半における最先端の科学となったからである。20世紀前半の社会ダーウィン説は，犯罪行為の原因を何らかの生物学的な下等性ないし「不適合」にまでたどることが妥当であるとした。だが，Hooton（1939）やSheldon（1949）のような理論家の努力にもかかわらず，1960年代までには，生物学は，犯罪学的理論への影響をかなり失っていた。そのいくつかの理由は，社会ダーウィン説が，〈この説による〉「被害者を攻める」弁解として利用されてきたことが認識されるようになったからである。生物学的犯罪学の初期の輝きは，そのような理論がナチスによって使われ，何百万というユダヤ人やスラブ人，ジプシーや，「下等」という烙印を押されたものたちが，国家によって殺害されたことが発覚して，色あせた（Bruinius, 2006；Cornwell, 2003）。しかし，物理学のような自然科学（熱核兵器や大きく報道された月旅行への取り組み）の卓越や，1960年代にすこぶる成長した，急速に発達しつつある社会および行動科学の影響によって，生物科学の影が，ある程度薄くなったという面もある。

　しかしながら，1970年代半には，より新しい生物学的アプローチへの関心が，再び起ころうとしていた。E. O. Wilson（1975）は，彼のたいへん影響力のある本，『社会生物学』（Socioblology）を出版し，すべての社会科学および行動科学の新しい発見を，基本的には，生物学的な用語で解釈することを提唱した。

　この年代に，生物学は，実験室内での新しい発見，とくに遺伝学の分野の中の，組み換えDNAにおける爆発的な研究成果によって，再び活性化された。Dawkins（1976）は，遺伝子は「利己的」であると主張した彼の本によって，大きく取り上げられた。彼は，すべての人間の行動は，実質的には，繁殖に向けられた，生物学的に，決定づけられた活動として理解することができ，従って，人類が持つ「利己的」な遺伝子は，次世代に受け継がれるということを提唱することによって，種々のダーウィン主義に

立ち返る道を開いた。

　1970年代後半、Lee Ellis (1977) は、The American Sociologist の中で、『社会学の滅亡 1977-2000』("The Decline and Fall of Sociology, 1977-2000") という題の論文を発表した。Ellisは、この学問が直面するいくつかの問題を指摘し、より偉大な結果を、将来もたらす科学的な研究方法に傾倒した。カンザスの農場で育った彼は、後に「納屋教育 (barnyard education)」と自身が呼んだ経験をしたが、それによって、生涯にわたって人間という動物を含めた、動物における性の違いに興味を持つこととなった (Ellis, 2003b)。Ellisは、社会科学にますます幻滅しはじめ、生物学的あるいは生物社会的アプローチの将来性に興味を持つようになった犯罪学者の好い例である。シカゴでの「社会解体」に強い影響を受けた1920年代の社会学者や、自分たちのまわりで起こる社会的闘争の影響を強く受け、葛藤が社会生活の中心であるとみるようになった1960年代の葛藤理論派たちとは異なり、Ellisのような二、三の犯罪学者は——社会科学が批判を受け、生物科学が衝撃的な進歩をとげた時期に研究生活を開始し——犯罪理論に対する自分たちの希望を、初期の生物学的犯罪学の欠点を克服できるかもしれない生物学的あるいは生物社会的アプローチに託したのである。

　Ellisの論文が出された次の年、本書の著者の一人が、The American Sociologist の中で、「一般システム理論 (general system theory)」によるアプローチを社会理論に適用し、還元主義に陥ることなく、生物学的基礎に基づいて理論を構築することを可能にするような論文を発表した (Ball, 1978b)。そのような可能性は、学際的な性質を常に強調してきている犯罪学には、さらに当てはまるものである。残念ながら、大部分の犯罪学者が学問領域によって区分けされているという事実は、この分野が通常学際的であるのは、他の領域の代表者が、専門の学会に貢献したり、学会誌に発表したりすることを許すという場合だけである、ということをいままでは物語っていた。一つの前向きな流れは、我々がこれまでに、生物社会的犯罪理論の視点から取り扱ってきた、ほぼすべての論理的視点を分析している、Anthony Walsh (2009) の近刊、『生物学と犯罪学』(Biology and Criminology) にみられるであろう。一方、Ellis, Beaver, そして Wright (2009) は、生物社会学を含む、いろいろな分野における多くの犯罪要因を結びつけた、『犯罪関連要因ハンドブック』(Handbook of Crime Correlates) を、最近、公表した。

　本書のもう一人の著者は、近年、生物社会犯罪学は、犯罪社会学よりも、「より広く、より強力な」パラダイムであり、21世紀のパラダイムの主流となりそうであると示唆している (Cullen, 2009)。我々は、決して、偏狭なイデオロギー論者ではない。この本全体にわたって一貫して示そうとしていることは、論理的視点はある特定の社会的背景の産物であり、意味深い政策的意義を有しているということである。20世紀に主流であった、社会学的、心理学的理論は、明らかにイデオロギー的なバイアスを背負っており、ときとして極端に走ることがあった。しかし、今売り出し中の生物社会犯罪学 (biosocial criminology) が、自分たちは、あらゆる価値観にとらわれていないと主張するとすれば、それは高慢の極みといわざるを得ない。

　実際、犯罪学が社会的背景に規定されていることは、何が重要な犯罪と犯罪学がみなしているのかや、「科学」について、本質的には実証主義的立場から定義づけしている点において、明らかである。我々にできることは、不遜ではなく謙虚さに特徴づけられた、正真正銘の学際的研究を願うことだけである。我々が検証し

た，いろいろな葛藤理論は——マルクス主義であれ，男女同権主義であれ，批判的理論であれ，左翼的現実主義あるいは他の理論であれ——いずれも確実にイデオロギー的にバイアスを受けているのである。しかしながら，これらの理論は，我々に，どの犯罪学的理論が繁栄するかを決定づける社会的力の役割について注意を喚起してくれてきたし，また，自分たちを批判する犯罪学者よりも支持してくれる犯罪学者を支援することで報いる「支配階級」と通常呼ばれる権力者たちからみた，生物社会理論の持つ魅力をも明確にしてくれた。とはいえ，我々は，先入観に支配され，犯罪学の生まれつつある新しい方向までも見失ってはならないのである。

一方，さらにより大きな，「飛躍的進歩」が，生物学において，もてはやされ，ごく一部の生物学的指向性のある犯罪学者に弾みをつけたのであった。有名な，羊のクローン，「ドリー」の成功にともない，人間のクローンがまもなく作製されるであろうと指摘する，数多くの出版物が出された。実際，物書きの中には，それは，もうすでに作製されているが，一般市民には公表されていないだけであると言い張るものもいた。生物学的研究を取り囲むメディアの過熱ぶりは，すぐに，1960年代の宇宙飛行士の全盛期とよく似たものになっていった。1950年代のSF映画に立ち返るような，1985年の記事であるが，ある有力紙は，処刑された囚人の脳の研究が，フロリダ大学で行われていたと報じた（『当局が調査を開始』Officials to Probe 1985）。それからまもなくして，ニューヨーク大学医学部から，有罪判決を受けた殺人犯は，以前に頭部外傷を受傷したことがあるとの研究が報告された（『15人の死刑囚の研究』A Study of 15, 1986）。1985年，「第4回世界生物学的精神医学会議」（Fourth World Congress of Biological Psychiatry）において，二人の医師が，極端に凶暴な人たち全体の90％において，脳に障害があると報告した（『脳の障害』Brain Defects, 1985, p.A17, A19）。

このようなタイプの研究では，ほとんどの場合，「脳損傷」とか，「神経学的障害」といった，どちらかと言えば，一般的な用語を用いて，理論が唱えられていたが，1987年になると，特異的な部位の障害を同定する報告が出始めた。ニューヨークタイムスの第一面を飾った報告を例にとれば，それは，躁うつ病とある遺伝子の欠損とを関連づけるものであった。（『遺伝子の欠損』Defective Gene 1987, p.A1）。そのとき，ある者が指摘したのは，特異的な遺伝子構造が，特異的型の行動を説明できるという医学的な主張は，そのような同定可能な遺伝子構造を持った人びとに対して，「特殊治療」を要求する政策が創出されるという状態の，ほんの数歩手前にあるということである。1990年代後半には，U. S. News & World Report誌が，犯罪の生物学的原因に関する記事に注目を集めるために，表紙の見だし記事で，「悪く生まれた？（Born Bad?）」という問題を強く投げかけた（1997）。

1988年に，「米国学術研究会議」（National Research Council；NRC），これは，「全米科学アカデミー」（National Academy of Sciences）の実行機関として，連邦政府に勧告を与えるように，米国連邦議会が設立したものであるが，この会議が，「100,000人のヒトの遺伝子を明らかにする」15カ年研究計画を提唱した。（『科学者の要請』Scientists Urge, 1988, pp.A1, A13）。この計画は，30億ドルの推定予算で，究極的な身体の地図——ヒトゲノムの完全なDNA塩基配列——を構築するための土台となるものであった（p.A13）。1980年代後半には，DNA「フィンガープリンティング」が，すでに，米国と英国の双方において，強姦や殺人の有罪判決の証拠として用いられてきており，有罪判

決を受けた犯罪者のDNA構造を特定して，一般市民の中から類似のDNA構造を有する潜在的犯罪者のスクリーニングを行うための基準とすることが，ますます呟かれるようになった。

2005年には，ヒトゲノムプロジェクト［解析計画］（Human Genome Project）が完成し，第一線の生物学者たちは，「空欄を埋める」ように研究が進められる「新しい時代」の到来を歓迎した。犯罪学への影響は計りしれないものであった。

科学捜査のコースは，全米中の単科大学や総合大学の刑事司法プログラムの中で急速に数を増していった。科学捜査の大学院プログラムも，広く展開していった。国防省からの研究開発のための基金が，敵の部隊（あるいは脅威を与えると思われる一般市民）の動きを封じるために使用可能な「非致死的」な武器，それは，しばしば，人体が動けなくする効果をもたらすような生物剤やハイテク装置を使用するものであるが，そういったものに投入されるようになった。

国民は，このような展開に酔いしれた。最も人気のある新世紀のテレビ番組，「犯罪現場捜査」（CSI：Crime Scene Investigation）は，あらゆる生物学的技術やハイテク技術を駆使した犯罪現場捜査に焦点を置いたが，その影響は大きく，二つの派生番組，CSI MiamiとCSI NYが生まれたほどである。テレビのコマーシャルは，肥満からインポテンツまで，いろいろな問題を解決する薬を売り込む宣伝に満ちあふれていた。リタリンのような薬物が，ADHD［注意欠陥・多動性障害］の子どもを支援する方法（Fumento, 2003）として有名になったために，通学区域によっては，そういった薬物の使用に同意しないかぎり，そのような子どもたちの受け入れを拒否していたほどである。公共政策は，生物学者の研究成果を受け入れ，それに基づいた治療行為を行うという，明確な体制をしいて

いたようである。このことは，次々に，より多くの生物学的研究を促進し，その結果，この分野は急速に活性化したのである。そのような中で，FBIの「複合DNAインデックス・システム」（Combined DNA Index System；CODIS）は，犯行者の特徴の照合や，犯行者の同定と検挙を支援する方法として，FBIの「自動指紋照合システム」（Automatic Fingerprint Identification System；AFIS）を，今では，補完するに至っている。

その一方で，生物学的，生物社会的犯罪学者たちは，いろいろな面で，その時代の背景が，彼らにとって困難なものであったことを強調していたものである。犯罪学は何十年にもわたって，犯罪の原因を社会的状況に求める者たちによって支配されてきており，1990年代の初頭と終わりに行われた調査では，米国の犯罪学者の85％が，完全な「環境因論者」（enviromentalists）であることを示していた（Ellis & Hoffman, 1990；Ellis & Walsh, 1999）。犯罪や犯罪者に対する生物学的なアプローチを唱える者たちが，ときどき，彼らが直面する深刻な困難について述べているが，それは，生物学的知識のほとんどない犯罪学者による彼らの仕事に関する学術的な誤解や，あらゆる種類のより伝統的な犯罪学者による仕事上の邪魔によるものである（Ellis, 2003b）。人種問題や性別問題であまりにも簡単に大騒ぎとなる社会の中では，人種あるいは性別の違いが，犯罪において，我々がこれまで認めたがってきたよりも，より大きな役割を果たしているかもしれないと提言するだけでも，ずいぶん物議を醸し出すと考えている人もいる。差別禁止の政治的ムードの中では，例え，その研究が純粋に科学的なものであったとしても，人種差別主義者および／または性差別主義者の嫌疑をかけられるリスクを背負うことになるのは間違いない。あまりに

も多くの人びとが純粋に科学的な動機というものに疑念を抱き過ぎるのである。

とはいうものの，社会学的な指向性を持つ多くの犯罪学者の抵抗があったとしても，現在の生物学的な理論構築の復活はしばらく継続し，近い将来，発展していくことは明らかである。このようにして，「犯罪人」の探究——生物学的に特有な犯行者の探究——は続くのである。しかしながら，問題は，このような探究が，犯罪者が，遺伝的に邪悪であり，改善の余地がない，特有な，危険な種類の人間であるという見方につながるかどうかである。

後に述べるが，現在の理論の大部分は，より精妙なものであり，生物学が運命づけられた結末を導き出すという考え方を排除し，そのかわりに，遺伝形質と環境との相互作用によって，人間の行動が形づくられるということを提唱するものである。そのような生物学的理論学者にとっては，「遺伝的」であることが明確でないもの以外は，子宮も含めて「環境的」とされる。かくして，「生まれつきの犯罪者」もいると主張する少数派でさえも，こういったことが，遺伝的な犯罪傾向の結果であるとは主張しないのである。

これらのアプローチは，通常，「生物社会的理論」と呼ばれている。理論的な関係にかなりの重なりはあるものの，これらの生物社会的アプローチは，進化心理学（evolutionary psychology），神経科学，遺伝学に分類されるであろう（Walsh & Beaver, 2009）。我々は，これらの理論的分類について，それぞれ検討してみる。加えて，生物学的リスクと防御因子や環境毒素に理論的に関係のある研究について分析する。最終的には，人気が高まりつつある生物学的理論による政策の進歩の可能性と危険性について検討して終わることとする。

I　進化心理学：ダーウィンについての再考

これらの研究プロジェクトのすべては，進化論的な決定に基づいて，理論を系統立てる，いくつかの新しい取り組みにつながった（Ellis & Walsh, 2000）。この分野は，進化心理学と呼ばれることがある。法律違反を犯す傾向における男女の差を例にとってみると，それを，より攻撃的な雄とより社会的な雌が生き残り繁殖していく傾向を示している霊長類における対照的な自然淘汰のプロセスに原因を求めるのである（Dunbar, 2007）。より名の知れた理論には，チーター理論（cheater theory），r/K理論（r/K theory），条件適応説（conditional adaptation theory），代替適応説（alternative adaptation theory）や進化的掠奪説（evolutionary expropriative theory）がある（Ellis & Walsh, 2000；Fishbein, 2001；Walsh, 2009）。

1. 理論の多様性

チーター理論の主張は，男の中には，自分たちの遺伝子が無意識のうちに確実に次の世代に伝えられるようにする，「代替繁殖戦略」を考え出すものがいるということである（Mealey, 1995）。正常な「父親（dad）」は，女性の子どもを養育できる相手をみつける欲求をみたすことによって生殖の機会をみつけるが，詐欺的な不良（cheating "cad"）は，力づくや，ごまかしによって，女性を妊娠させる。この理論では，持続的な犯罪者は，「不良（cad）」タイプに相当すると考える。ダーウィン説をこのように適用してみると，男性の中には，環境的な経験の結果として，「不良」を展開するものや，そのような性質を遺伝的に受け継ぐものがいることになるが，このような生物社会的「詐欺者（cheater）」の生殖のスタイルは，彼らの法律軽視にも反映されていることになる。

r/K理論（微分的K理論 differential K theory とも呼ばれる）が強調しているのは，生物によって繁殖への取り組み方が異なることであり，急速に増殖する生物は，多数の子を産んで各々の子の世話にあまり時間を費やさないという「r戦略」に従い，一方他の生物では，ゆっくりと生殖し，各々の子の面倒を入念にみる「K戦略」に従う（Ellis, 1987, 1989；Rushton, 1990, l995）。r/k理論によると，犯罪行動は「r戦略」により関係しているはずである。こういったことの指標には，低出生体重，多数の兄弟，早い時期からの性的活動などが含まれるであろう。

条件適応説が，強く主張しているのは，反社会的行動は，不安定あるいは不利な環境に対する総合的な適応反応の一部であるということである（Belsky, 1980）。この理論の主張では，生殖を確実にする適応反応として，そのような環境に済んでいる子どもたちは，早く思春期に入り，早くから性的活動を行うようになるという。そのような適応パターンが，反社会的行動に関係していると言われている。大変興味深いことに，これは，医学的モデルに従った治療介入にではなく，むしろ環境的変化に焦点をおいた政策的意義につながる，ダーウィン説の視点に基づいた犯罪理論の一例である。この理論は，安定した，優しい環境は，このような反社会的適応を，完全になくすとまでは行かなくても，減らすことができるであろうということを示唆している。

条件適応説は，大部分の人間は，反社会的行動に対して，基本的には同じ遺伝的潜在能力を有するという前提であるのに対して，代替適応説では，人間の中には，反社会的行動をより起こしやすい性質を遺伝的に受け継いでいるものがいるという前提である（Rowe, 1983, 1986）。これらの者は，育児本能よりも，交配本能で行動する個体であると言われている。代替適応説によれば，それらは，強い性的欲求を持った，攻撃的で，うわさとなるようなことを追い求めるようなタイプの，知能の低い者であることになる。

進化的掠奪説は，条件適応説と同様に，すべての人間は，反社会的行動に対して等しい遺伝的潜在能力を有するという前提にたつ（Cohen & Machalek, 1988；Vila, 1994, 1997；Vila & Cohen, 1993）。この理論では，人間は相手を探すだけでなく，生殖を確実にするための資産を獲得するように行動するよう遺伝的に決定づけられているとしている。人びとの中には，そういった活動を，そのような資産の創出や発展による生産的な戦略によって行うものもいれば，他を犠牲にして資産を略奪するものがいる。この説に従えば，そのような略奪的行動は，利用可能な資産が不十分であったり，危うかったりした場合に増加することになる。

2．評　価

このようにざっとみわたしただけでもわかるように，これらの進化理論でさえ，メディアが取り繕うほど，純粋に生物学的であることはない。それらは，「生まれつきの性質（nature）」よりも「養育（nurture）」をはるかに強調して論じているが，全体として，生物学的というよりは，「生物社会的」である。そういうわけで，それらは，進化生態論と呼ばれることが多く，ときには，実際，遺伝的な要因に対する環境的（生態学的）な力の影響の大きさを強調している。

「適者生存」という概念に基づいた数々の進化論を，定義上，トートロジー的真実［同じ言葉を繰り返しているに過ぎない］と批判するものもいる。実は，当たり前のことを言っているに過ぎない，というのは，「適者」とは，生存してきているものであると定義しているからである。しかしながら，多くの人たちが気づい

ていないのは，ダーウィンの「分析単位」は，「種」であり，種に属する個々の個体ではないということである。個人の成功は促進したとしても，全体としては種を危険にさらす形質は多くある。実際，地球温暖化の問題をこのように説明する者も多いであろう。積極的な環境開発は，工場でときに亡くなる労働者よりも個々の企業家をより成功に導くかもしれないし，廃業に追い込まれるものよりもある特定の企業をより成功させるかもしれないし，天然資源のない国家よりも，ある一つの国に成功をもたらすかもしれないが，そのような「成功」は，概して，他の多くの種はいうまでもなく，ホモ・サピエンス全般さえも危険にさらすであろう。

さらに，ダーウィンは，実際，このようなことの全体がおこるプロセスに関心を持っていたわけで，それを自然淘汰と名付けた。進化心理学者の中には，生き残った形質が，単に生き残りに寄与したという理由だけで，あたかも，そのこと自体が望ましいものであるにちがいないというように書く傾向のあるものがいる。しかしながら，自然淘汰の原理は，現在や未来ではなく，過去に焦点をあてているものである。狩猟／採取時代の環境で生存に有利に働いた形質も，今日では，逆の結果を生み出すかもしれない。一方，多くの進化心理学者は，共感や利他的行為といった，個体の生存だけではなく種全体の生存にも貢献する，「有利な」形質について考えられうる進化について研究している。生物社会的犯罪学者は，自分たちが，不利な形質に注目していることについて，違法行為の根源を探究する者にとって，それは「当然」なことであると説明しているが，このような点に目を向けてはいるものの，同時に，有利な形質に，あるいは，少なくともいわゆる不利な形質の有利な側面に，さらに注目することによって，全体のバランスが保たれているかもしれない。と

いえるのは，少なくとも次の三つの大切な理由からである。まず，第一に，強い性的欲求，早い時期からの性的活動や，育児よりも交配に対する強い嗜好性でさえも，有利なものでもあると同時に，また不利なものでもあるかもしれない。そういうわけで，例えば，FelsonとHaynie (2002) は，思春期を早く迎える少年は，非行やその他の反社会的行動により向かいやすいが，同時に，そうでないものに比べて，より自立しており，心理的にもよりうまく適合しており，友人もより多いことを見いだしている。二番目としては，「不良 (cad)」気質や「r戦略」のような何らかの要因で，違法行為に陥りやすいと思われる者たちは，いずれも，共感や利他的行為といった「保護的因子」によってある程度特徴づけられてもいるようである。というわけで，我々は，いつも，個人のレベルの要因と，（第5章において抑制論 (containment theory) との関わりで指摘したような）より反社会的な行為から隔離するように機能すると思われる他の「自己因子」との共同作用を扱っているのである。有利な形質により注目する三番目の理由は，違法行為は，また，行動力，勇気そして忠誠心のような，昔から暴力団員の間で心得られてきたもの，そういった特性と関係しているという根拠（生物社会理論学者にはほとんど認められていないが）に基づくものである (Cloward & Ohlin, 1960 ; Katz, 1988)。

Rowe (2002) が指摘するように，進化論は，正しいと証明すること，間違っていると証明することのいずれも難しい。人類が，互いに財産を奪い合う（つまり盗む）ことが遺伝学的に決まっていることを，仮に，我々が明確に証明できたとしても，それ自体は偉大な業績にはなるであろうが，それが，実際，「適者生存」という観点から，自然淘汰の結果であることを，はたして証明できるであろうか。初期人類は，今

よりもずっと「略奪的」であったが，実際は，そのような傾向が弱められるように進化が機能したという可能性はおおいにある。これは，みかけよりもはるかに重要な検討事項である。なぜならば，進化論では，そこで取り上げる行為の効果が，人類の生存という観点から「有用である」，「貴重である」，「効果的である」そして「望ましい」というところに価値判断を置いているからである。

II　神経科学：神経学的なおよび生化学的理論

　生物社会的理論の第二の主要なアプローチは神経科学に由来するものであるが，この分野は，この20年間，めざましい進歩を遂げてきた。ここで，生物社会理論は学習の重要性を認めているが，彼らは，各個人の神経学的なあるいは生化学的な変異や，これらの神経学的なあるいは生化学的な多様性に対する環境（子宮も含めて）の影響の仕方，これらは多型性（polymorphism）と言われるものであるが，それらのために，各個人によって学習と行動の条件付けの程度が異なることを強調している（Fishbein, 1990; Moffitt, 1983; Zucker-man, 1983）。

　そういうわけで，例えば，精神病質者（psychopath）は，自律神経系（autonommic nervous system; ANS）の覚醒閾値が低いために，その調節が困難な傾向にあり，それゆえ衝動的で非感情的であると言われている。そして，彼らの恐怖や不安のレベルが低いことも，また，目標指向行動を促進する神経伝達物質であるドーパミンに対する感受性が高い行動賦活系（behavioral ac-tivation system: BAS）と，リスクへの対応を支援する神経伝達物質であるセロトニンに対する感受性が高い行動抑制系（behavioral inhibition system; BIS）との化学的不均衡に関係しているようである。いくつかの生物社会理論によると，これによって，彼らの意思は，自分の目的達成に向けてより強く決定づけられてしまい，一方，処罰される危険性が高くても自分の欲しいものを獲得しようと固執するためにリスクへの対応能力がより低いものになってしまいがちであるとのことである。そのような理論中には，このような行動は，大脳辺縁系の中核をなす神経構成要素である，扁桃体の機能障害に関係していると示唆しているものがあるが，これは，また，驚愕反応の低さや，共感能力に乏しいことにも反映されている（Bartol, 1995）。

　初期の生物学的理論と同様に，最近の生物社会的理論は，同一家族内における行動の類似性を調べることによって，遺伝的要因の決定を目指すような家族研究にかなりの重点を置いてきた。とはいえ，今日，彼らは多動性障害や注意欠如多動性障害（attention deficit hyperactivity disorder; ADHD）のような行動特性を重視している。双生児研究は，方法論的な欠陥はあるものの，よく行われてきた。Fishbein（1990）は，対照群と精神病質，反社会性人格，暴力行為，素行障害などとの間での数多くの生化学的な差異について述べており，とくに，いくつかのホルモン，神経伝達物質，ペプチド，毒素のレベルや代謝過程について指摘している。また，精神病質者における，精神生理学相互に関連のある要素，例えば，心電図（ECG）の違い，心血管系の違いや，皮膚電位の変異などについても述べている。

1. Mednickの生物社会理論

　1980年代にはいると，Mednickやその一派による生物社会学説に関する一連の犯罪生物学の研究が発表された。これらは1970年代後

半から登場し始めていたが（Mednick, 1977；Mednick & Christiansen, 1977；Mednick & Shoham, 1979），かなり傑出したものとなっていった（Mednick, Gabrielli, & Hutchings, 1984；Mednick, Moffitt, & Stack, 1987；Mednick, Pollack, Volavka, & Gabrielli, 1982；Mednick, Volavka, Gabrielli, & Itil, 1981）。Eysenckの初期の研究（1964）は，皮質覚醒反応が低いことと，外向的性格や，調整能力の低下，そして，その結果としての道徳心の低さに関連づけたもので，1960年代半ばには，少し注目を集めたが，これと同様のMednick（1977）の理論が登場した1970年代後半には，社会的背景が，生物社会的アプローチをより受け入れる状況にあった。Mednickの提唱するところによると，そのようなハイリスクの人物は，環境刺激に対して感受性が低い自律神経（ANS）を遺伝的に受け継いでおり，そのような覚醒遅延のために，反社会的行動を抑制するために必要な対応ができないとのことである。

彼は，報告されている犯罪の半数以上に関与していると思われる，全人口の約1％に相当する者たちが，繰り返す過ちから学習しようとしない，あるいは，できないのはなぜかということを見いだそうとする中で，自律神経に着目し，順応性（conformity）は学習されるものであり，その鍵は，反社会的行動を考えるときに伴う恐怖反応の学習にあるということを強調した。Mednickの理論が強調しているのは，正常の自律神経を持っている人物は，反社会的行動を抑制するとすぐに恐怖心が減弱することを経験し，この恐怖心減弱が，強い強化となり，その人物がそのような行動を抑制することを学習するということである。彼が主張するには，自律神経による恐怖心の減弱が，そのような強化を形成するのには，あまりにも遅かったり，不十分であったりすると，正常な抑制の形成がうまくいかない。1960年代から1970年代にかけて，染色体の異常（例えばXYY症候群）を示唆する理論は，多くの混乱や研究支援削減をもたらしたが，1980年代になると，より慎重な研究が行われ，「皮質未熟仮説」（cortical immaturity hypothesis）（Mednick et al., 1981）のような中枢神経系（CNS）の障害の存在を主張する説が出てきた。1980年代後半までに，この研究は，14,427人のデンマーク人の養子に関する詳細な研究（Mednick, Gabrielli, & Hutchings, 1987）を含む，影響力の大きな著作（Mednick, Moffitt, & Stack, 1987）にまとめられた。より新しい理論は，「低覚醒仮説」（hypoarousal hypothesis）の変化したものであることを示唆し，中枢神経系に重点をおいた（Volavka, 1987）。

「低覚醒」は，徐脈，低血圧，皮膚電気抵抗の減少によって測定されるが，これらの変数は，ポリグラフで測定される変数と同じものに含まれるものである。そのような覚醒は自律神経によって制御されている。ポリグラフでは，我々は，不随意的な脈拍の増加，わずかな発汗による皮膚の電気伝導性の増加など，制御しようのない嘘の指標を追究する。低覚醒の特徴を持つ被験者は，「正常」な被験者と比較して，環境刺激に対して，非常により低い反応を示す。「恐怖心欠乏説」（fearlessness theory）の主張では，これらの低いレベルの覚醒は，低いレベルの恐怖心の指標であり，そのような比較的恐怖心に乏しいタイプの者は，「法律的な問題」を引き起こす状況を避ける傾向が全く乏しいとのことである。一方，「刺激説」（stimulation theory）が主張するには，そのような低覚醒は，不愉快な心理状態に相当し，その結果，そのようなタイプのものは，退屈や「憂うつ」から逃れるのに十分な感覚刺激を得る手段として，実際，「わざわざ問題を起こそうとする」のであるという。

学者の中には，これら二つの傾向を，共にドーパミンレベルが低いことに関連づけるものがいた。1990年代初頭には，すでにGottfredsonとHirschi（1990）が，Mednickの研究には，いくつかの重要な欠陥が存在していることを明らかにしていた。とはいえ，依然として，社会生物理論の支持者たちは，引き続き，犯罪行為の研究において，生物学的な力の重要性を強調した（Brennan, Mednick, & Volavka, 1995）。暴力に関して，1990年代後半に調べられた，48個の生物学的，心理学および社会学的な予測因子の中で，Farrington（1997）は，安静時心拍数の低さが，最も強く確実な犯罪の予測因子であることを見いだした。

2．脳の発達と犯罪

科学の世界ではよく起こることだが，生物学指向性を持つ研究が出現してきたのは，新しい理論的方向性の発展によるものではなく，むしろ新しい観察技術の開発によるものである。これらの新しい技術には，コンピュータ断層撮影（CT），磁気共鳴映像法（MRI），機能的磁気共鳴映像法（fMRI），陽電子［ポジトロン］放出型断層撮影法（PET）や単光子放射型コンピュータ断層撮影法（SPECT）などが含まれているが，これらは，いずれも，脳の画像検査における飛躍的な進歩を代表するものである（Raine, 1993）。

これらの技術の中には，これまでは到底見つけることができなかった構造的な奇形を探索するような，脳構造の精密な検査を可能にするものや，一方，いろいろな刺激を施したときの実際の脳機能を観察可能にするものなどがある。生物社会犯罪学者は，脳の構造的な異常，とくに前頭葉と側頭葉の異常が，脳の機能障害に関係し，それが回り回って，犯罪行為に結びつくという可能性に，もっぱら注目した。Raine（1993）は，最新の研究結果によれば，暴力犯罪は前頭葉の機能障害に関係しており，性犯罪は側頭葉の機能障害に関係しているかもしれないという仮説が導かれる可能性について，言及している。前頭葉は，脳の実行性認知機能（executive cognitive functions；EFCs）に関係しており，計画，抑制，そして，経験から学習する能力に関与している（Comings, 2003）。その部分は，感情のシグナルを読み取り，反応を調節する能力に大きく関係している。そういうわけで，「前頭葉機能障害仮説」（frontal lobe dysfunction hypothesis）は，近年，ますます大きな支持を得るようになり，Yang, GlennやRaine（2008）のような生物社会犯罪学者は，法律との関わりに注目した。

前頭葉の主要な区域に，背外側［前頭前皮質］と眼窩前頭皮質がある。前者の欠陥は，一般に，注意力の欠損と実行機能の低下に関係しており，おそらくはとくに素行障害（conduct disorder；CD）に関係している。後者は，脳と自律神経の重要な連結を担っている部分であり，素行障害（CD）と反社会性パーソナリティ障害（antisocial personality disorder；ASPD）が共に，眼窩前頭皮質の欠陥によって生じる可能性を示唆する証拠がある。そのような欠陥は，脳の病変だけでなく，これらの領域でのブドウ糖代謝の低下など，いろいろな方法で診断される。後者は，相対的不活性を示し，適切な機能に必要なニューロンの欠陥を示唆する。このような欠陥の原因には，遺伝性欠損，環境障害や頭部外傷がある。ある研究では，行動抑制障害のある者は，自身の行動をよりよく制御できる子どもたちに比べて，左背外側前頭前野，左後帯状回，両側頭頂側頭領域で低い活動性を示すことが示唆された（Rubia et al., 2008）。しかしながら，以下に述べるように，背外側葉と眼窩前頭葉の関係は，かなり複雑であることが明ら

かになってきている。とくに「更生困難な犯罪者」群を対象とした研究で、Fishbein (2003) は、大部分の問題の原因を視床下部・下垂体・副腎系（hypothalamic-pituitary-adrenal axis；HPA）の機能障害とする理論を打ち出した。この系は、脳に発して副腎に終わる系であるが、彼女は、そのような部分の障害は、（とりわけ）衝動的攻撃性のような情動反応を制御する実行性認知機能（EFCs）に悪影響を及ぼすと考えている。この理論の、生物社会学的な要点は明確である。Fishbein は、HPA の障害は、環境ストレスと関係していると断言している。彼女が主張するには、慢性的なあるいは重度のストレスへの反応として、コルチゾールのレベルが上昇して、抑うつ障害や他の感情障害を来すと共に、HPA を構成する構造を萎縮させて記憶や認知が減退するとのことである。消耗した HPA は、コルチゾールを使い果たし、感情を十分に制御できない状態などの結果をもたらす。Fishbein によれば、こういったプロセスは、HPA の発達を妨げる幼少期のストレスか、あるいは、それを損傷するそれ以降のストレスの結果として起こるのではないかとのことである。

さまざまな形態の逸脱行動の原因を頭部外傷の可能性に求めてきたという長い歴史があるが、このような考え方は、脳の機能障害と「犯罪行為」を関連づけている最近の研究によって、再び支持されるようになった。Damasio (1994) の、「ソマティック・マーカー仮説」(somatic marker hypothesis) の主張では、意志決定は、過去のいろいろな行動に対する一連の結果を経験することによって、脳に形成された「ソマティック・マーカー」を用いて、いろいろな行動の選択の報酬価値を判断するという、認知的および感情的なプロセスを伴うものであるとのことである。前頭前皮質腹内側部(ventromedial prefrontal cortex；VMPFC) は、これらのマーカーに関する重要な領域であり、将来の行動を評価するためのテンプレートを提供する傾向にある。VMPFC を損傷した患者は、しばしば行動脱抑制、社会的機能不全、意志決定能力の欠乏や彼らの問題行動に対する認識の欠如などの状態に陥る（Yang et al., 2008）。当然ながら、一部の学者が指摘するように、この理論は、計算された、手段としての攻撃性にはあてはまらない（Blair, Mitchell, & Blair, 2005）。

3. 生化学的理論

近年の生化学的理論は、主として性ホルモンと神経伝達物質に着目したものである。男性においては、性ホルモン理論は、テストステロンと攻撃性との関連の可能性に集約するものであった。ここでの問題の一つとして、テストステロンは、攻撃の原因である可能性もあるが、攻撃の結果である可能性もあるという点があり、この因果関係を解明することは困難である。とはいえ、テストステロンの要因は、近年、再度強調されるようになったが、とくに Ellis (2003a, 2005) は、それを用いて、犯罪性に関する、「進化的神経アンドロゲン理論」(evolutionary neuroandrogenic theory) を展開した。この説の理論的な重点が、テストステロンの生化学的作用に置かれているために、我々は、この理論を、犯罪性の進化論的視点を重視しているいくつかの理論について述べた節ではなく、ここで検証することとする。Ellis が強調しているのは、テストステロンの生化学的作用は環境刺激に対する神経感受性を低下させる傾向にあり、それによって「行動化」が促され、感情のコントロールの問題が生じる、そしてまた、テストステロンは、大脳半球の機能に変化を生じさせ、高次の思考を障害させる傾向にあるということである。この理論の進化論的視点にたつと、テストステロンと関係し

た「競合的犯罪行動」(competitive-victimizing behavior) は，ダーウィンの進化論における重要なプロセスである自然淘汰から生まれたものであることになる。テストステロンが法の侵害に関係しているという考え方を受け入れるとしても，誰も理論のこの二つ目の要素を受け入れる必要はない。

テストステロンに基づく犯罪性理論を支持している生物社会学的理論学者は，この理論を，どの社会においても男性の犯罪率が女性のそれよりも高いということ——我々はこのための納得のいくデータを持っている——を説明するのに用いている。とくに女性に影響を及ぼしている生化学的因子に関しては，さまざまな理論において，月経の数日前に起こるホルモンの変化によって生じる，ひどく歪んだ判断や暴力傾向によって特徴づけられる「月経前症候群」(premenstrual syndrome；PMS)，それにまた，妊娠と出産に続くホルモンの不均衡の結果生じる「産後抑うつ症候群」が挙げられているが，これは，嬰児殺の弁護に使われてきた。

神経伝達物質は，脳のニューロンの間の信号を仲介する化学物質である。

これらのうち，セロトニン，ドーパミンとノルエピネフリンは，最も多く注目を集めた。動物実験によって，セロトニンには攻撃性を抑える機能がある可能性が示されており，また，セロトニンのレベルが低いことと習慣的暴力や自殺とを関連づける証拠もある。動物実験は，また，(低いレベルの) セロトニン，(低いレベルの) ドーパミン，そして，(高いレベルの) ノルエピネフリンが，ある特定の状況下での攻撃行動に何らかの関係があることを示している。しかしながら，ここで，きわめて複雑な問題がある。ちょうど，高いレベルのテストステロンが，攻撃の原因である可能性もあるが，攻撃の結果である可能性もあるという例と同様に，低レベルのセロトニンもまた，自殺のような現象の原因である可能性もあるが，慢性的なうつ状態につながる環境ストレスの結果である可能性がある。生化学的な因子と反社会的行動との関係は，犯罪学理論に直面する，おそらくは最も明確な「鶏と卵」の問題の例である。どちらが原因なのであろうか。双方とも何らかの複雑なフィードバック過程の中で相互に関連しているのであろうか。仮に，最終的にそのような関係が確立された場合，ハイリスクの人物の生化学的状態を (例えば,「適切な」レベルのセロトニンやドーパミンとなるよう設計された錠剤や注射で) 変えるとか，ある人物において，こういった異常な生理的状態を招来した環境を変えるというようなことに，政策は重点を置くべきなのであろうか。そういった判断は，政治的なものではあるが，犯罪学的理論が，「鶏」と「卵」のいずれに着目する傾向があるかという点に，ある程度関係してくる。生物学者が一方に重きを置きたがったり，社会学者が他方に重きを置きたがったりするということがあっても不思議ではない。

このような違いは，言葉の定義にさえ表れてくる。例えば，第8章では，社会学的葛藤論学者である Austin Turk が，「犯罪」と「犯罪性」を区別して，後者を「犯罪化プロセス」(criminalization process) の結果であると定義して，それを力関係の点から分析している。他方，生物社会学者，Walsh (2009) は，「犯罪性」を，法の侵害を犯す「素因」(predisposition) であると定義している。このようにして，Turk は，犯罪性を，どの行動が犯罪とみなされるかということに関する力関係の結末であると説明することができ，また，Walsh は，犯罪性を，反社会的行動を行う生物学的素因と説明することができるが，それは共に正しいかもしれない。理論家が，言葉を別々の方法で定義する道を選ん

だ場合，学派を越えて語ることは，常に困難となるであろう。

　生理学的に影響を与えるさまざまな環境因子の中で，社会生物学理論学者は，食事に重点を置き，とくに，タンパク摂取，精製炭水化物，食物アレルギー，ビタミン欠乏症，鉛・カドミウム暴露，そして，グルタミン酸ソーダ（monosodium glutamate；MSG）やカフェインのような物質，また，チョコレートに含まれている化学物質に注目した（Curran & Renzetti, 1994）。例えば，セロトニンは，高タンパク食に含まれるアミノ酸から生成される。従って，セロトニンのレベルの低下による攻撃性は，高タンパク食によって修正できるかもしれないと提唱されてきた。砂糖や大部分のジャンクフード［高カロリー低栄養食品］に含まれているような精製炭水化物の多い食事は，血流中に大量のブドウ糖を生じさせ，これが過剰なインスリン分泌とドーパミンの増加を引き起こし，行動制御の障害を招来する可能性がある。早くも1970年代の終わりには，この炭水化物学説は，サンフランシスコ市長ジョージ・モスコーネと市議会議員ハーヴェイ・ミルクの殺害を自白した，元市議会議員ダン・ホワイトが関与した，有名な「トゥインキー弁護」（Twinkie defense）［トゥインキー（スポンジケーキの一種）のような，ジャンクフードの食べ過ぎによって心神耗弱に陥ったという弁護が陪審員により認められた事件］では，心神耗弱を立証するのに用いられた（Curran & Renzetti, 1994）。ホワイトは，より重い謀殺（murder）の罪ではなく，故殺（manslaugter）の罪による有罪判決を受けた。

　いずれにせよ，ドーパミンとセロトニンを制御する遺伝子の多型性（polymorphisms）が，「犯罪性」やそれに関連する介在要素と有意な関係があるということが示されている。ドーパミン遺伝子のある種の変異であるDRD2およびDAT1は重大かつ暴力的な犯罪により深く関わっていることに関連づけられ，MAOA，DRD2やDAT1にある特別な多型は，重大かつ暴力的な少年非行との関連が示され，また，DRD2の特別な変異は，非行の被害により遭いやすいことに結びつけられた（Guo, Roettger, & Shih, 2007；Regoli, Hewitt, & DeLisi, 2010）。DRD4の多型はADHDとの関連が示されてきた（Shaw et al., 2007）。多くのそのような関係がみつかってきたが，ときには，それらは，他の条件例えばハイリスクの家庭環境のもとでのみ影響がみられるようであった。ヒトのゲノムには25,000個以上の遺伝子があるので，研究の可能性はとどまるところを知らない。

　犯罪学における最も困難な問題の一つは，これまで常に——少なくとも生物社会学的犯罪学者に専売特許的な重大問題である「路上犯罪」に問題の焦点を絞ってみても——法の侵害が思春期に急増し，10代の終わりから20代の初めに劇的に減少することを説明しなければならないことであった。

　19世紀および20世紀初頭には，この発育期間を，衝動，気分の変化や権威に対する概して否定的な態度で特徴づけられる「反抗期」（sturm and drang）であるという考え方は，一般的には，事実として認められていた。しかしながら，20世紀半ばの少し前から，Margaret Mead（1928）たちのような若者は，文字をもたない社会では，青年期がかなり落ち着いた時期であることを彼女らの異文化間比較研究のデータが明確に示しているということを主張して，かなりの支持を得るようになった（Ball, 印刷中）。このような解釈は，(1) 非行発生頻度が急上昇し，(2) いくつかのデータに異議が唱えられ，(3) 長きにわたって芸術や文学で描かれてきた青年期の「荒々しい」性格に隠れ

371

ている，いくつかの神経学的および生化学的因子を生物社会学的研究が明らかにしはじめるまで，数十年にわたって影響を及ぼし続けた。

前に述べたように，Ellisの進化的神経アンドロゲン説のような生物社会学的理論は，男性の青年期の間のテストステロンの劇的な生化学的増加を，反社会的行動の増加の主たる要因であると指摘している。しかしながら，MRIによる研究はまた，少年では，もっと小さな子どもたちや大人と比較して，中隔側坐核活動が前頭前皮質（PFC）の活動量よりも，より優位の傾向があることを示している。中隔側坐核は，即座に得られる満足や「パブロフ型報酬学習」（Day & Carelli, 2007）に向かう活動に関係している神経構造体であり，一方，前頭前皮質（PFC）は，行動をより体系的に管理する「実行機能」に関連した衝動抑制体として作動する傾向にある。側坐核が，眼窩前頭皮質に比べて早期に発達する傾向にあるという証拠が次々と出てきており，このことが，思春期に危険を冒す可能性が高まることに関係しているかもしれない（Galvan et al., 2006）。

おそらく，テストステロンの最も強い作用，これについてEllisはテストステロンレベルの高い男性は交配上かなり優位であるという，自然淘汰のプロセスによるところのものであるとしているが，それに，高い中隔側坐核の活動と低い前頭前皮質（PFC）の活動が組み合わさり，反社会的行動の発生率をなおさら高めるのである。このことは，テストステロンが明らかに攻撃性よりも支配性に関係しているようであるのはなぜかを，ある程度説明できるかもしれない。というのは，テストステロンレベルが高い思春期の男性であっても，中隔側坐核の活動と低い前頭前皮質（PFC）の活動のバランスがよりよい状態であれば，それを，スポーツやティーネージャーのグループ活動での良好な支配のような，支配的な行動に向かわせている傾向にあるかもしれない（Ball, 印刷中）。

これは，研究可能な問題である。

こういった研究の一部は，第15章の「ライフ・コース」理論に関する，我々の考察で引用されている。その中で，最もよく知られているのは，Moffitt（1993）のライフ・コース持続性・青少年期限定理論であるが，この理論は，二つの青年のグループ——少年期から青年期を通して成人期にまで及ぶ反社会的行動を示すごく少数のものと，そういった行動を幼児期にはほとんど示さずに，青少年期に反社会的行動を高めるものの，やがて「エイジアウト［年をとってしまいできなくなること］」して，成人期に入ると反社会的行動をやめてしまうという大多数のもの——の重要な区別を行うものである。第一のグループは，低いIQ，活動過剰，注意欠損，陰性感情，低い衝動制御によって特徴づけられていると言われており，一方，二番目のグループは，青年期の反社会的行動を，それによって興奮が得られ，自律性が行使され，友達ができることによる機能的，適応的なものであると言われている。第一のグループでは幼児期に非行に走り，成人期に適合する機会を減ずるのは，神経学的および生化学的な問題と環境との相互作用によるものであるとされた。第二グループの反社会的行動は，いわゆる大人が「しかるべき段階を通過しているだけ［ちょっと調子が悪いだけ］」とかいつまんで言うものに相当する。

III 遺伝学

遺伝学的アプローチは，さらに，行動遺伝学，分子遺伝学，そしてエピジェネティックスに分けられる（Walsh & Beaver, 2009）。これらの各々は，「遺伝子型」（遺伝子の資質）と「表現型」（観察可能な形質と行動）の関係を探索し

ようとするものである。遺伝子型を調べるということは，生物社会学的犯罪学が関心を持っている資質や高度に関連した「独立変数」を探すという問題である。表現形について言えば，旧Lombroso学派の夢は，頭の形を，強盗のような特別なかたちの犯罪と結びつけることであった。その夢は遠い昔のものとなった。生物社会学的犯罪学者は，現在，ある種の表現型を暴力犯罪のような，一般的な法侵害の分類と関連づけるような介在要因をみつけようとしているが，ここでいう暴力犯罪は，例えば，不純物の混合とか偽装ラベルをされたベビーフードによって，あるいは，故意に従業員を数十年後に癌を発生する蓋然性が高いアスベストに暴露させるようなことによる間接的な暴力ではなく，他人に対する直接的，物理的な暴力と定義されている。これは，より保守的な「犯罪」の定義である。そのために，こういった理論では「犯罪」を説明することに重点を置くことはほとんどなく，むしろ「衝動」とか「恐怖心欠如」のような介在要因の説明に力点を置いている。さらに，これらの介在要因の影響は，ちょっとした見掛けよりは，ずっと複雑である場合が多い。従って，IQは明らかに非行と関係しているが，その関係の本質は，あまりはっきりしない。犯罪は単に愚行の結果であるという古い考え方は，魅力的ではあるが，おそらくは，データの域を越えたとしても認められない飛躍の代表であろう。IQテストによって測定された知能では，非行を直接予測することはできないが，学業不振と深く関連しており，また，学校での落第は，たいへん聡明だが疎外されている学生においても，おそらくは最も有効な非行の予測因子であるといってさしつかえない。

これらの介在要因の連鎖のうちのいくつかが作用する様子の最も簡単な例を挙げるとすれば，(1) 低いIQは学校での悪い成績に関係し，(2) そのような悪い成績は学校環境を嫌いになる（そして，おそらくは先生に冷たくされる）ことに関係し，(3) 学校環境からの疎外は権威の拒絶（そして中退）に関係し，(4) 権威の拒絶と落ちこぼれは社会統制に貢献する社会的絆の喪失に関係し，そして，(5) これらのことや他の因子が非行の可能性を増すことに関係している，というパターンについて考えてみることができよう。これらの「連鎖」については，非行の蓋然性を下げるためであれば，我々はどのような点にでも介入したいであろうという点で，研究するだけの値打ちがある。我々は，低いIQスコアの者たちと学校での落第との繋がりを断ち切るために，特別な援助をすることができるであろう。我々は，成績不良が，極端な疎外に繋がる可能性を減らすよう介入したり，先生が問題のある生徒に対して冷たくしないように働きかけたりすることができるであろう。落ちこぼれになる可能性も，比較的早い時期に問題としてとらえることで，下げるよう介入できるであろう。我々は落ちこぼれになったものが問題を起こさないようにするプログラムを開発することができるであろう。そして，これらの介入は，相互排他的なものではないということは明らかである，つまり，我々は「連鎖」のすべての繋がりに，同時に介入できるのである。要するに，IQが高い確率で遺伝して非行に関係しているということは，必ずしも非行が低いIQスコアの必然的な結末であるということを意味するものではないということである。

1. 行動遺伝学

行動遺伝学は，IQや「暴力性」のような，いろいろな形質や行動への環境的な貢献の中から，遺伝性の要素を引き出そうとするものである。生物社会学理論学者は，恐怖心の欠如，攻撃性，噂好き，衝動性や低IQのような形質に

対して統計学的に有意な遺伝的係数（0.20〜0.82）を示す研究に、注意を向けている（Walsh & Beaver, 2009）。行動遺伝学は、反社会的行動は、実質的にはあらゆる社会で、女性よりも男性の間でみられるという、昔からの観察から始まった。男性はまた、一般に、自制心がより乏しい傾向にあり、犯罪行動の特質という点では、犯罪を犯した女性に比べて、よりいっそう攻撃的である。研究の対照群をとって、社会的な影響を除外したとしても、少女は少年よりも恐怖心をより早い段階であらわし、大人よりもさらに恐怖心を抱く傾向にある。これらの、そしてそのほかの男女の違いは、男性と女性の遺伝的な違いが犯罪と関係しているかもしれないと長い間示唆してきた。行動遺伝学のアプローチは、また、犯罪行動の可能性を高める介在要因を、肌の色のような明らかな遺伝的差異に求めるような生物学的ないし生物社会学的理論の後ろ盾となっているのである。しかしながら、我々が忘れてはならないのは、個人が遺伝的に継承するのは、特別な行動ではなく、むしろ、一般的素因という観点での、ある種の環境的影響力に反応する傾向であるということである（Fishbein, 1990）。

2. 分子遺伝学

分子遺伝学は、遺伝が形質と行動に対して影響をあたえる詳細なプロセスについて、デオキシリボ核酸（DNA）のような深部にある物質の分子構造に特別な注意を払いながら行う分析に焦点を当てている。この特別なアプローチは、ヒューマンゲノム・プロジェクト（Human Genome Project）の完成によって、計りしれない推進力を得たが、このプロジェクトは、この領域での進歩に不可欠な、そしてこの領域での進歩が期待されるDNA「マップ」を提供してくれた。我々は、DNAの特徴と法令違反につながるかもしれないような介在因子との間に、何らかの関連がないかを探ろうとする分子遺伝学的研究が著しく増進することを期待できるかもしれない。

DNA研究に対する熱狂ぶりを理解することは容易である。嚢胞線維症、鎌状赤血球性貧血、ハンチントン舞踏病を含む1,200近くの病気が、一つの遺伝子が原因で起こるのである（Beaver, 2009）。それでもやはり、いわゆる1遺伝子1疾患（One Gene-One Disorder；OGOD）ということであったとしても、犯罪の原因となる「遺伝子」のようなものはないということは、ほぼ満場一致の見解である。人間の行動は、そういったことがあてはまるには、あまりにも複雑である。そのかわりに、より遺伝学的指向性の高い理論において、犯罪行動に向かう遺伝的素因が助長されたり、抑制されたりするかは、環境に依存するということが指摘されている。例えば、よりしっかりした監督下であれば制御されるであろう、ある種の遺伝的素因も、片親しかいない家庭では制御されそこなわれる可能性がある。

遺伝子と環境の関係は、「遺伝子−環境相関」（gene × environment correlation；rGE）といわれており、三つの主要な遺伝子−環境相関は、受動的（passive）、能動的（active）、誘導的（evocative）と呼ばれている（Moffitt, 2005；Rutter, 2007）。受動的rGEが起こる理由は、子どもたちが、遺伝子と環境を両親から受け継ぎ、その二つの間には前々から相互関係が存在しているために、環境が、両親自身によってある程度築かれたあるいは見いだされたものであるからである。受動的rGEは、子どもに、とにかくパッケージとして伝えられる（Rutter, 2006）。

一方、能動的rGEは、自分たちが素因として方向づけられた環境、つまり自分たちの素因を増幅するような環境を、人びとが求めると

いう傾向を反映している。Sutherlandの分化的接触理論は，人びとが犯罪人になる可能性の大部分は，長期間にわたって彼らがより頻繁かつ濃厚に関係した人びとから，身につける姿勢や技量の問題であるということを強調しているが，多くの学生は，まず，第一に，どうして犯罪人はこのような仲間に惹かれるのかということを聞いてくる。近年の研究は，そのようなrGE関係は，非行集団の形成に関与していることを示唆している（Beaver, Wright, & DeLisi, 2008）。おそらく，暴力団や潜在的知能犯罪者は，自分たちの素因を，単に強化する仲間に惹かれるのである。これは，rGEパターンの中で起こる可能性のあるフィードバック・プロセスの素晴らしい実例であるが，等式の一方側が，逸脱増幅スパイラルとして，他方を強化するのである。

誘導的rGEは，人が違えば，環境が例え同じであったとしても，別の反応が引き起こされるという事実を表している。いろいろな意味で，人びとは，ある程度は，自分たちの環境を自身でつくっているのである（Scarr & McCartney, 1983）。ジェンダー研究は，少年と少女は，家庭や学校で，あたかも別の場所にいるかのような，あまりにも異なる扱いを受けていることを示している。先生たちは，騒がしい子どもと，おとなしい子どもでは，全く別の反応を示すのである。ギャングは，筋肉の発達した中胚葉型の者を組に誘い込みたがり，一方，やせこけた外胚葉型の者は，たとえ組に入れてくれと言ってきても，排除したがるであろう。少年がギャングになることを選んだのだろうか，あるいは，ギャングが少年を選んだのであろうか（Maddan, Walker & Miller, 2008）？。早く思春期を迎える少女は，「トラブルに巻き込まれる」傾向が強いが，これは，一つには，彼女たちに魅了される少年たちによってもたらされる結果である可能性がある。少女の思春期の早期発現は，能動的rGEとして働いたのであろうか，あるいは，我々が目の当たりにしているのは，誘発的rGEであって，環境が彼女に対して，彼女と同じ年齢や社会的成熟度にある別の少女とはかなり違う反応を示しているのであろうか？

3. エピジェネティックス

第三の遺伝学的アプローチ，エピジェネティックス［後成学］は，環境要因が，DNAの分子構造に全く影響を与えずに，ある特定の様相を活性化あるいは不活性化することによって，遺伝子の機能を変える傾向があるという，驚くべき新しい発見に基づくものである。エピジェネティックスの歴史はわずか10年余りでしかない。それは，両親によって獲得された，遺伝子プールにはまったくない形質が子どもに継承されることを示唆するという，長い間信用されてこなかったラマルク説［Lamarkian theory］の考え方に対する関心を，実際，復活させた（Bird, 2007）。「エピジェネティックス」とは，遺伝子に「加わった」という意味であり，それは，実際，遺伝的に受け継いだDNAの塩基配列や基本構造を変えることなく，遺伝子の機能を変化させるあらゆるプロセスをいう。

遺伝子には，環境的刺激に対応する，多種多様な「多型」もしくは可能な変動がある。分子遺伝学のような分野が，遺伝子の「ハードウェア」に着目しているのに対して，エピジェネティックスは，「ソフトウェア」が，ある遺伝子の「スイッチを入れる」，「スイッチを切る」，そして，さらに「変調をする」ようにプログラムされる，といったプロセスを研究するものである。エピジェネティックスは，遺伝子は生物を構造化，機能化するコード化された情報を持っているが，それら自体は，より特異的な「ソ

フトウェア」命令を必要としていることを証明しつつある。こういったものは，エピゲノムと呼ばれる，数々の化学的「スイッチ」でみられるが，それらは，生物が，自身がさらされる特定の環境に適応するように作動するものである。

例えば，誰もが知っているように，妊娠中の女性が飲食するものは，胎児に影響を与える（ManningおよびHoyme, 2007）。これは，これらの物質が，両親のDNAの組み合わせで継承された基本的な遺伝子を変えるからではなく，このようにして遺伝的に継承された素因が，「刷り込み」（imprinting）のプロセスを通して変更されるからである。遺伝的に同一の生物（例えば，一卵性双生児）間の表現型の違いの多くは，環境による遺伝子に対する，このようなエピジェネティックス効果（epigenetics effect）［後成学的影響］の結果であり，その中のいくつかの影響は，子孫に「伝わる」可能性がある。

エピジェネティックス［学］によって，エピジェネティックス効果の中には，数世代にわたって持ち越されるものがあり，妊娠女性の食事は，実に，その女性の孫やひ孫にまで影響を及ぼす可能性があることが示されている。エピジェネティックスの研究は，貧困，成育状況，環境有害物質のような要素もまた，遺伝的に受け継がれた遺伝子の発現や「ふるまい」を変えることによって，数世代にわたって重大な影響を及ぼすことを，今日，明らかにしている。例えば，近年の，小児自閉症の増加の一部は，環境的体験が，「エピジェネティックス機構による遺伝子抑制（gene silencing）」によって，正常な社会的交流に関与するある遺伝子を「オフにする」または修飾した結果である可能性を示す証拠が出てきている（Lopez-Rangel & Lewis, 2006）。さらには，研究結果によると，小児虐待は，グルココルチコイド受容体の発現を低下させる可能性があることがわかっているが，そ

れは，両親から受け継いだDNAに収められている命令に影響を与え，上述した，視床下部－下垂体－副腎系（HPA）機能を変えてしまい，その結果，反社会的行動に結びつくのである。受け継いだ遺伝子は変わっていないが，虐待によるエピジェネティックス効果は，エピゲノムの刷り込みを「調節する」ことによって，遺伝子の発現を変えるようである。そういうわけで，「反社会的行動」は，通常定義されているような遺伝学ではなく，後に続く各世代のエピゲノムに刷り込みを行う，虐待の連鎖によって，数世代にわたって受け継がれる可能性がある。

これが，事実であるとすれば，この連鎖を断ち切る取り組みは，〈虐待をする〉親が生殖しないようにするための「避妊手術」を目的とした優生学のような政策よりも，よい抑制策となる可能性が考えられるが，しかし，そのような両親から生まれてすぐに隔離された子どもでさえも，生みの親の一方または両方が経験した虐待の影響によって，彼らの子どもたちを虐待する傾向がある。Anthony Walsh（2009）が言うには，「ゲノムと多型，そしてエピジェネティックスの関係を例えるならば，ゲノムはオーケストラで，多型はそれが演出する音楽のバラエティーであり，エピジェネティックスは，音楽の演奏の進行を統制している指揮者のようなものである」（pp.50-51）と，そして，さらに「エピジェネティックスは，犯罪学者に，全く新しい展望を開く可能性がある，示唆に富む証拠を含有している」とつけ加えている（p.51）。

IV 社会生物学的危険因子と防御因子

1. 危険因子

より優れた社会生物学的アプローチにおいては，一部の人間は生まれつき犯罪者であるというような，単純な議論をすることはまれであ

る。そのかわりに、彼らは、反社会的行動の原因を、とくに、マイナスの環境的条件と重なった場合、非行や犯罪行為の可能性を高める、多くの生物学的危険因子に求めている（Fishbein, 1990, 1997）。このようなプロセスの一例は、以前にも述べた、低いIQや学習障害と犯罪行為との間にあると思われている関連性に示されている。低いIQや学習障害は、生まれつき犯罪傾向が高いと考えられているが、モデルが示唆するところによると、適切な介入が存在しない場合には、子どもは学校のような主たる活動に欲求不満を抱いて、概して、驚くべき低い自己評価に悩まされ、非行や犯罪の方向に向かうにつれて、同じような欲求不満を抱いているものと交わり始めるのである（Fishbein, 1990）。

　知能とは、一般に、その人物の「適応能力」を表す、非常に複雑な概念である。分子生物学者は、知能を規定する、なんらかの特定の遺伝子や、実際、なんらかの特定の形態の適応能力を規定する遺伝子を、発見するということは期待していない。IQは、しばしば、運用面上、IQテストで測定されたものと定義されるが、それは、「本から学んだ知識」といわれてきたものに関連した、その手の狭い範囲での知能を測定する努力を映し出したものである。Walsh (2003b) によると、IQの遺伝率（つまり、知能のような表現型的形質の変異の程度が、遺伝的に影響を受けるか）は、おおよそ0.60であるが、遺伝率は、相関係数とは異なり、ある特徴についての［集団の中での］分散の総和を数学的に自乗せずに、計るように設定されているので、これは、たいへん強力なものである。そういうわけで、0.60という遺伝率は、IQの60％は遺伝するということを意味している。

　基本的なIQ問題における、さらに興味深い話題の一つは、「知的アンバランス」という概念と関係している（Walsh, 2003b）。例えば、社会病質者は、IQテストの動作性知能（performance IQ）において、その者の言語性知能（verbal IQ）よりもはるかに高い得点を示す傾向にある。PETスキャンは、動作性の部分を扱うために要求される精神活動は右大脳半球に集中しており、言語性の活動は左大脳半球に集中していることを示している。いくつかの証拠が示すには、この種のアンバランスは、児童虐待やネグレクトの結果であり、かなり多くの時間を、持続的な恐怖による低いレベルの状態で過ごす子どもたちは、視覚・空間（非言語）的な、危険を暗示する手がかりに、精神を集中してしまう傾向がみられるが、それは右大脳半球で処理され、その結果、「凍てついた凝視」の状態となり、左半休で処理される言語的能力の喪失に陥るのである（Walsh, 2003b）。

　生物社会学的理論によれば、非行や犯罪に走りやすくする、二つのさらなる危険因子は、注意欠如多動性障害（ADHD）と素行障害（CD）である。ADHDにおける、「注意欠如」は、慢性的な不注意も含むものであり、一方、「多動性」の面は、その言葉通りであるが、これら両方の面が、ADHDの「衝動性」によって増悪する。ADHDの程度については、生物社会学理論学者の間で相違がみられ、Rowe (2002) のような研究者は男児の3〜5％と見積もり、Comings (2003) は、8〜12％としているが、ADHDは、おそらくは、男児の間で最もよくある心理的障害であろう。いくつかの大々的に報道された、最近の研究は、ADHDの原因が、ドーパミンD4遺伝子（DRD4）にある、特定の配列が7回繰り返す遺伝子の型にあることを突き止めることに成功したようである（Shaw et al., 2007）。最近の研究は、また、DRD2遺伝子とDRD4遺伝子の遺伝子間相互作用が、CDや反社会的行動の病因であることを示している。

一部の生物社会学理論家は，ADHD は青年期の薬物使用や成人の犯罪の重要な因子であることを示唆している。実際，今日，ADHD が反社会的行動に関する重要な危険因子であることを示す，メタ分析的研究を含めた重要な証拠がある（Barkley et al., 2002；Barkley, Fischer, Smallish, & Fletcher, 2004；Pratt, Cullen, Blevins, Daigle, & Unnever, 2002）。しかしながら，Comings（2003）は，ADHD はしばしば，素行障害（CD）──「合併疾患」として知られているが──を伴っており，この点を指摘して，この関係に疑問を投げかけた。彼は，病気の原因を明らかにするために，ADHD それ自体よりも，むしろ合併する CD の存在が，思春期の薬物乱用や成人犯罪を生み出すという証拠を引証している。それは，つまり，相対的な不注意，衝動性，多動性のために，ADHD と診断されている子どもたちは多いが，これらの子どもたちは，実際は，薬物乱用や成人犯罪に関してコントロール群と比べて何ら「危険性」はないかもしれないということである。

　Comings によれば，ADHD と診断され，「CD の合併も診断されている者たち」だけが，「正常」な者たちに比べて，このような行動に走りやすいとのことである。人や動物に対する攻撃性，器物損壊，詐欺や窃盗，重大な規則違反で特徴づけられる CD が，おそらくは問題なのであって，相対的な不注意，衝動性や多動性など自体は，思春期の薬物乱用や成人犯罪のいずれにも，それほど，寄与していない。Comings の考え方にすべての学者が賛同しているわけではないが，（例えば，Barkley et al., 2002 参照），仮に，これが，事実であるとすれば，共存する危険因子の犯罪誘導効果を，うまく引き剥がすことに成功した例となるであろう。Coming が正しければ，この結果は，早くから生物学的理論家の興味を惹きつけてきた，素行障害を分類づけるために使われている診断区分と，脳の特定の領域の欠陥の，よりはっきりとした関係を示すものである。彼が主張するには，(1) ADHD と CD は前頭葉の病変に原因をたどることができるが，(2) 前頭葉の背外側［前頭前皮質］の欠陥は，ADHD を発症しやすく，合併 CD の出現は，前頭葉の眼窩前頭皮質領域にも欠陥があるときにのみ起こるようである。彼の分析によれば，さらに研究を進めれば，わずか 10 ～ 20 の遺伝子を調べるだけで，CD の子どもたちの中で，反社会的行動に対して「最も高い危険性」を有する子どもたちのサブグループを予見するような遺伝子検査が開発されるはずであろうとのことである。

　生物社会学的研究が進歩を続けるにつれて，さらにいくつかの遺伝子多型が，ADHD や CD と関連づけられるようになり，真実は，マスコミにそうみえるほど，単純ではないことが，再び実証されるであろう。例えば，前述の素行障害と関係している前頭前皮質の機能低下は，COMT 遺伝子の変異との関連が示されてきている（Thapar et al., 2005）。また，一方，セロトニン・トランスポーター遺伝子 5HTT の変異が，薬物乱用，学校問題，そして思春期の攻撃性（Gerra et al., 2005）や，中国人男性においては極端なかたちでの暴力（Liao, Hong, Shih, & Tsai, 2004）。に関連づけられている。

　生物社会犯罪学は，それ独自の専門用語によって特徴づけられているが，いくつかのよく使われている専門用語が，生物学の伝統の中で働いている者の間では，社会科学の教育を受けた者の間で使われるのとは，異なる意味で用いられている。「環境」というような基本的用語でさえも，生物学的理論家と生物社会学理論学家の間では異なって用いられており，（胎児について言えば）子宮の例を挙げることができる。生物社会学理論学者が「危険因子」について言

及する場合に，彼らは，ときとして，相当強力な原因因子と，単に反社会的行動の確率をやや高めるだけのものとを区別している。後者には，殺人者における，左の角回（脳の側頭葉の中に位置する領域）と脳梁（これは，大脳半球を連絡している）の機能的な障害（Raine, 2002）などがある。

　生物社会学的理論による，最も目立った研究のいくつかは，アルコール依存症のような薬物乱用と関係する特定の遺伝子を同定するための研究に発するものである。このことは，おそらく，驚くにはあたらないであろう。その理由は，(1) アルコール依存症は，「反社会的行動」のような，非常に一般的（というより曖昧）な表現型などに比べて，本質的に，いささか，より「特異的」なものであるからであり，また，もう一つの理由として，(2) 独立変数（ここではアルコール依存症）に関与する因子は，おそらく，少なくとも部分的には，理論的なアプローチで使われる生物学的な予測因子（例えば，ドーパミンの障害）と同程度に，本質的に生物学的なものであるからである。我々がすでに述べたように，「反社会的行動」のような変数は，社会的構築物である傾向があり，それらは，時間や場所によって，大きく変わるものであり，従って，さまざまな対照的な行動が，何が社会的であるかについて異なった概念を持っている人たちの間で「反社会的」であると分類されてきたのである。このことは，アルコール依存症についても，ある程度いえるが，特別な化学物質を「過剰に」体内に取り込むことが問題であるという点については，文化的に異なっていてもはるかに強い合意がみられる。我々は，「生物学的に定義された」独立変数を，「社会的に定義された」従属変数を予測するのに用いるということに関する論理的問題があることについて述べたが，薬物乱用の場合についていえば，双方の変数集合の定義に関する特性の主要な部分は，生物学的と言ってもよいであろう（ただし，検討する必要はある）。

　しかしながら，我々はここで，数個の重要な点に注意を向ける必要がある。まず，第一に，アルコール依存症は，犯罪ではない。200年以上にわたって，我々の刑法は，大体において，「形質ではなく」，明らかに有害な「行動」のみを犯罪とするという原理に基づいてきた。犯罪行為とされる傾向があるのは，酩酊に伴う，破壊的行為である。皮肉なことに，生物社会学的研究者が，アルコール依存症が遺伝的な素因と関係していることを明らかにすることができるようになるにつれて，それは，ますます，「犯罪」というよりは，むしろ「病気」であると定義されるようになってきた。また，快く同意している成人の間での密かな同性愛の行動も，近年，世論と，同性愛がある種の生物学的基盤と関係しているということを示唆するより多くの証拠が結びついて，その行動が実際に合法化されるまでは，依然として犯罪であったということは，覚えておく必要がある。

2．防御因子

　Tibbetts (2003) が指摘しているように，ここで最も興味深い理論として，生物学的アプローチと，犯罪学者の間で最も気に入られることとなった，社会統制理論や自己統制理論のような，本書ですでに述べたいくつかの理論との一体化をめざしているものがあるということである（Ellis および Walsh (1999)）。先に触れたように，統制理論は，危険因子を抑えるように作用する「防御」因子の重要性を強調している。例えば，統制理論の重要な因子の一つとして，「共感」があるが，これは，他人の視点を理解する能力を提供し，他人との一体感を生み出すものである。共感に関する遺伝率は0.68であり，

IQよりもむしろ高い(Tibbetts, 2003)。共感は，犯罪のリスクを高めるのではなく，危険因子自体から，ある程度，本人を防護するように働く防御因子の一例である。生物学的因子は，おそらく，両方向に働く場合がある。Raine (2002)の指摘では，つい最近まで，反社会的行動に対して防御することに役立つ可能性がある生物学的因子に関する研究はなかった（そして，明らかに理論的な関心がほとんどなかった）ということであるが，これは，ゆっくりと変わりつつある。そのような防御因子の研究は，やがて，生物社会犯罪学の中で急速に発達する領域になるかもしれない。

生物学的本質に基づく防御因子を探し求めるための，最も明らかな可能性の一つとして，ただ，危険因子の正反対の立場のものを研究するということがあるであろう。もし，眼窩前頭葉の欠陥が，感情の制御を助ける「自律神経の活動を低下させる」ことによって，反社会的行動を生み出すと考えるならば，「自律神経の活動を高める」ことによって，人がそのような反社会的行動に関与することから防御することが可能であろうか。Raine (2002)は，これが，実際，正しいという証拠を報告しているが，そこでは，14年にわたる追跡的研究で，「非行停止者(desistor)」（思春期に反社会的であったが，大人になって犯罪行動に進まなかった少年たち）は，反社会的行動を継続して成人犯罪に進んだ者たちにくらべて，より高い自律神経機能（心拍数のような因子によって示される高い覚醒水準を伴う）を呈したということについて言及している。

Rowe (2002)によれば，「親族間利他主義」(kin altruism)もまた，一般的には防御因子となるとのことであり，ある種の統計が示すには，継親による継子に対する致死的な幼児虐待の頻度は，実親の実子に対するものの40～100倍であるという（p.57）。このことは，生物学的な親族は，お互いにより強い親近感を持っており，それが，そうでない場合にはもっとひどくなりかねない暴力を小さくするように働いているということを示唆していると解釈できる。確かに，Roweが指摘していることは，民話に出てくる「悪魔のような継親」のイメージにも合致するものである。

Roweが注意をしているのは，親族間利他主義はまた，全く反対の方向，つまり，親族が犯罪活動に関与している場合には，危険因子としても働く場合がある。そういう場合には，共同犯行(co-offending)を引き起こすことになるであろう。もちろん，この理論によると，親族間利他主義は，生物学的血縁関係が近縁になるに従って増強するはずであるということ，そして，そもそも近縁の親戚は，遠縁の親戚よりも，よく似た性質であるということがあるが，こういった理由により，親族間利他主義効果を，他の生物学的効果と，切り離すことは，ほとんど不可能である(Larsson, Viding & Plomin, 2008)。

適切な育児と，支援的家庭のような防御因子は，いろいろな生物学的危険因子に関連した法侵害の確率をかなり低下させることができるということを支持する多数の研究が，出始めている。Beaver, WrightおよびWalsh (2008)は，近年，遺伝子に基づいた，犯罪への関与と性的パートナーの数との関係についての進化論的な説明を展開したが，おそらく，彼らは，これらの互いに関連する行動の確率は，ある種の社会化によって，両者が同時に減りそうであるということに，同意するであろう。共感は，反社会的行動の危険性を減らす防御因子であり，それは，そういったことが促進されるような，ある特別な進化的パターンをとってきたという証拠が次々と出ている(de Waal, 2008)。法侵害

に対する非常に大きなプレッシャーにさらされて，都心の貧困地区にいる若者の一部にみられる「立ち直り」に関係する因子についての現在の生物社会学的研究は，きわめて高い頻度で非行が存在し，そのような不法行為が標準であるような地域においてさえも，若年男性が非行に関与する確率を下げる「隔離因子としての自己概念」に関する現在の社会科学的な研究——これは5章で述べたが（DiRago & Viallant, 2007）——を思い起こさせる。そのような生物社会学的変数は，家族や他の社会化機関から受ける影響よりもさらに大切な「好ましい自己概念」の形成に対する寄与因子とさえなる場合がある。

V 環境毒素（Environmental Toxins）

生物社会学的犯罪学には，保守的な偏見があると非難されることが多いが，これはいつもそうだというわけではなく，とりわけ環境毒素に関する暗黙の批判について考えるとき，それはあてはまらない。この点については，最も急進的な犯罪学理論家も加わり，彼らは，おそらく，環境被害が，今日，世界が直面する最も深刻な問題であると主張している（Lynch, Schwendinger, & Schwendinger, 2006）。

Fishbein（2003）は，生物社会学的犯罪学者が反社会的行動と関連づけた前頭葉の障害は，頭部外傷，出生前の薬物暴露，小児期の愛情欠損や慢性的な薬物使用だけでなく，水銀や鉛のような，どこにでもある環境神経毒素に原因をたどることができる場合がよくあることを指摘している。脳のこの領域は，生物社会学的犯罪学者の注目を，ますます集めているが，一般的には，環境の影響を著しく受けやすいようであり，そして，生物社会学理論家が正しければ，環境毒素は，犯罪を誘発するという深刻な問題を引き起こしていることになる。

また，反社会的行動に対するすべての危険因子を生物社会学的理論に基づいてみていった場合に，環境毒素は多動，学習障害や知能障害などのような結果をもたらす重大な因子でもある（Colburn, Dumanoski, & Myers, 1997, L Da-vis, 2002；Rodericks, 1992）。石炭を燃料とする発電所から放出される，鉛や水銀にくわえて，最も危険なものには，重金属やマンガンのような物質がある（Pueschel, Linakis, & Anderson, 1996）。その前頭葉に対する障害の影響のほかに，とくに鉛への暴露は，これらすべての障害や，衝動性，攻撃性，自己統制の欠如や学校での落第など，他の多くの障害に関係しており，376例におよぶ6歳児の研究では，血中レベルが5 μg/dL 上昇すると，成人となって暴力犯罪で逮捕されるリスクは150％増加する（Wright et al., 2008）。どこにでもある環境毒素は，タバコの煙であるが，出生前のタバコへの暴露は，情緒不安定，身体的攻撃性，社会的未熟性や反抗挑戦性障害（oppositional defiance disorder；ODD）にも，また，犯罪行為にも関係していることが研究によって示されている（Regoli et al., 2010）。近年のエピジェネティックス的研究は，例え環境毒素が取り除かれたとしても，その影響を受けてしまった人びとの子孫は，数世代にわたって障害を受けるかもしれないということを示唆している。

いくつかの，最も非難されている違法薬物，例えば，アヘン，ヘロインやコカインなどが，厳密に言うと，ある種のエンドルフィンの内因性代謝作用や自然に体内で産生される他の物質とよく似ているという理由で，習慣性が強いということと同様に，最近の証拠が示すには，合成化学物質が，正常な生物の代謝作用を変える「ホルモン類似体」として機能するという（Lynch et al., 2006）。このようにして，そういっ

た化学物質への早期からの暴露は，子宮内のエストロゲンレベルの上昇をおこし，そしてこれがオスのマウスでは攻撃性につながるという。同様に，有害廃棄物の発生，処理，貯蔵，廃棄施設の近隣では，脳や全体的な中枢神経の障害の可能性が高くなり，知能障害，学習障害，攻撃性の亢進，欲求不満耐性の低下，多動，自己統制の減弱，衝動性やADHDのような特異的な障害にくわえて，さらには，暴力の増加，反社会的行動や犯罪のような一般的障害を引き起こす（Lynch et al., 2006）。そのような理論的統合は，個人において，そういった因子が，どれくらい犯罪行動を起こさせるかもしれないかという点に重点をおいている生物学的アプローチを，どの程度まで環境保護的な，人種や階級という側面にまで拡大して扱うことができるかを実証している。そのようにして，社会が，それ自体の持つ犯罪を誘発する（一部の人びとにとって利益になるという理由で，環境神経毒素の拡散を許す）ような環境政策に対して，そういった政策のまさに被害者を，実際には，神経への障害作用のような要因が，より犯罪を起こしやすくさせているにもかかわらず，罰するという方法で対応していることを，これらの研究は明らかにしている。

　一部の生物社会学的犯罪学者が，生物学的アプローチと，統制理論のような特定の社会科学的，心理学的理論との統合に向かって進んできたのに対して，葛藤理論学者や，批判理論やラジカル理論を用いる他の学者は，環境毒素に焦点をあてることによって生物学的理論と統合しようと進んできた。例えば，このような研究は，少数民族，とくに，アフリカ系米国人の方が白人に比べて，有害廃棄物処理場に隣接した地域に住んでいる傾向がより強いという事実があるということを強調している（Lynch et al., 2006）。その同じ学者たちは，また，低所得者グループは，高所得者グループに比べて，そのような地域に住む傾向がより強く，少数民族グループや低所得者のコミュニティは，白人グループや高所得者のコミュニティにくらべ，化学的物質の事故現場により近い場所に位置する傾向がより強いということを示した研究を引用している。例えば，学校について言えば，StretskyとLynchは，校内のアフリカ系米国人の比率が高いほど，学校は有害廃棄物処理場に近いと指摘している。

VI　生物学的理論の帰結
──政策的意義──

　我々は，この本を通して強調してきたが，数々の犯罪学的理論の発展は，理論的な縛りや研究支援の状況よりも，その時代の「背景」に依存するようだということである。このことは，20世紀後半において，政治的には正しいとされるが，社会学でしか通じない専門用語によって，いろいろなイデオロギー的な選好性が強められたのと同様に，20世紀前半の社会的ダーウィン説にもあてはまる。我々は，自分たちの理論を宗教のように抱きかかえる「真の信奉者」が，ほとんどいないことを，そして，そのような理論は，体系的研究を通じた検証にさらされるべき暫定的なモデルであると考える，偏見のない科学者がより多く存在することを願わねばならない。しかし，そういったことは，犯罪のように政治的色彩の濃いテーマを扱う場合には，あまり見込めそうもないようである。

　明らかに，生物学的科学は，人気の波に乗っている。1990年代に，多くの企業が，新しい遺伝子工学の研究から，利益を上げる方法を模索し始めるようになると，バイオテクノロジー株のブームがみられたが，そのような研究は，禿頭症から癌に至るまで，いろいろな病気の治

癒をもたらすこと，あるいは，夫婦が子どもたちを特注し，デザインすることを可能にすることを約束していた。少なくとも一人のヒトゲノム研究の中心人物が，自分の研究の特許を求め始め，そして，遺伝子組み換え種子からヒトの体の一部分に至るすべてが，企業によって支配されるのではないかという可能性まで懸念されるようになった。しかしながら，新世紀の初頭には，政府機関系研究者と企業の間で，企業は，政府機関と利権を分かち合い，新しい技術につき，すべての面で排他的支配を求めないという条件で，遺伝子組み換え「産物」から，かなりの利益を得ることができるという，合意をしたようであった。

1．研究と政策に関する課題

1980年代から1990年代にかけて，犯罪学において，生物学的理論化が，よりいっそう顕著になると，それによって起こりうる政策的帰結が，再び，懸念事項となった。新しいミレニアムの初めに，Fishbein（2001）は，犯罪学における「生物行動学的」展望に関する少々長いまとめを出版したが，その中で，彼女は，社会的に認められない行動を生物学的な病的状態のせいにしてきたという歴史の暗部や，生物学的犯罪学の疑似科学的側面について，一部認めている。また，同時に，彼女は，そのような理論立化や研究で使われた手法の中には，より進歩的な目的で使われる可能性があることを示唆している。

Fishbein（2001）が指摘したように，「このような科学に基づいた，犯罪行為に効果のある計画や政策を，策定して実施し始めることができるようになる前に，犯罪学における生物学的視点の妥当性や重要性が，十分評価されなければならない」（p.98）。彼女が提案するには，そのような評価を行うには，まず，四つの必要条件が必要であるとしており，それは，(1)反社会的集団における生物学的障害の頻度の推定，(2)病因論的な，あるいは原因論的な機序の同定，(3)生物学的および社会環境因子間の動的相互作用の評価，そして，(4)行動の改善が，大規模な治療的処置後に起こるかの判定である。各々の項目は，かなりの作業を伴うものである。

犯罪者の集団の方が，一般市民に比べて，生物学的，社会的，両方の面で不利な点が，より高頻度にみられるということを示す証拠があるが，差があるとしても，どの程度であるかは，はっきりしていない。Lombrosoの時代にそうであったように，犯罪者の集団と対象群を比較する，慎重な研究が必要である。そのような差が，実際に存在しているとすれば，そして，我々が系統的に，それを同定できるとすれば，生物社会学的な研究と理論化に基づく政策立案という第二段階に進むことだって可能であるかもしれない。しかしながら，このことは，みかけよりも，はるかに問題を含んでいる。刑務所建設ブームについて知っている者たちは，そのような施設が建設されると，それらは満員になるということを知っている。同様に，一旦，診断区分が作りあげられると，甚だ，過剰診断される傾向にあるが，とくにこれが問題から抜け出す安易な道となる場合や，お金儲けになる場合にはそうである。そういうわけで，ある研究が示すには，ADHDと診断され，よく使われている薬で「治療された」子どもたちの半分以上が，誤診されて不適切な投薬を受け，これらの薬剤が重大な副作用を有する場合には，深刻な危険にさらされる（August, Realmuto, & MacDonald, 1996）。わずか5歳の子どもまで，精神病や，躁病，食欲不振，うつ病，睡眠障害，不機嫌や成長阻害のような副作用を引き起こす，メチルフェニデート（リタリン）あるいは，アデラールやデキサドリンのようなアンフェタ

ミン剤で治療を受けており，このような薬剤の売り上げは，今や，毎年10億ドルを超えている（Regoli et al., 2010）。

Fishbeinの第二段階は，病因論的なあるいは原因論的な機序の同定を必要としている。このように同定された遺伝的ないしは生物学的因子は（環境因子と組み合わさって），一体，どのようにして，個人が犯罪行動に向かう可能性に，実際，影響を与えるのであろうか。反社会的行動と特定の生理学的因子との間に，興味深い相関がいくつかみつかってきているものの，これらの研究は，そのような生理学的な特性が遺伝したと思われる機序を同定することや，その生物学的な系が，遺伝的因子の影響を受けているかを示すことはできていない。

再犯のリスクを予測するいかなる試みにおいても，人は「関連があることによりクロ」という考え方をおし進めてはならない。というのは，例えば，仮釈放の審議を受ける囚人が，犯罪と関連するある種の生理学的特徴によって，釈放が却下されかねないからである。Fishbein（2001）が強調したように，「他の種類の証拠と同様に，生物学的および遺伝学的研究の状況については，科学的に十分な検証がなされ，信頼できるものであり，因果関係を証明するための基準を満たすには，〈学界という〉法廷において全員に同意されるものでなければならない」（p.100）。要するに，生理学的特性は，実際に，反社会的行動の原因となるのであろうか，それとも，単に関係があるというだけなのであろうか。よく耳にするように，相関があるということは，原因であるということではない。もしかすると，因果関係は逆であり，反社会的行動が，生理学的特性をつくりあげたのかもしれない。例えば，神経伝達物質であるセロトニンの低下は，人が自殺や，攻撃的な行動に走りやすくする可能性があるが，しかし，そのような行動はまた，セロトニンレベルの低下をきたすようでもある。ここでもまた，「鶏と卵」という根本的な問題があるのである。

反社会的な集団における生物学的障害の頻度が明確にされ，因果関係があるとして，それが確認されるようになると，生物学的な面と環境との間の相互作用を評価する必要が出てくる。このことは，生物学的な因子の検討に生物社会学的アプローチを採用することを意味しており，このアプローチでは，ある種の環境的な影響の反社会的効果を増幅する可能性がある「脆弱性」としてこれらの生物学的諸因子が検討されうるであろう。例えば，小児虐待を受けてきた子どもたちのすべてが，大人になって暴力的になるというわけではないのは，なぜであろうか。Fishbein（2001）は，小児虐待が暴力行為の原因となるかどうかは，脳損傷の存在や，低セロトニン，そして自律神経の活動性低下のような因子にもかかっているということを示唆している研究の存在を指摘している。こういった相互作用が，仮に存在するとしても，明らかにされるようになるまでには，多少時間がかかるであろう，そして，そうなったとしても，その結果は，因果関係に関するはっきりとした見解ではなく，確率として表現されるに違いない。

仮に，先ほど述べたステップを成し遂げることができたとしても，依然として，研究者が生物学的な変数の背景の中で，実際に，反社会的行動を取り扱い，制御できるということを示す必要があるであろう。性犯罪者をデポプロベラDepo-Provera（人の性的欲求を減ずるために投与される抗アンドロゲン製剤）を用いて治療することは，先ほど述べた三つのステップの中に概説された問題の完全な理解がないまま進められているということは認めざるを得ないが，そのような行動を制御する試みの一例である。Fishbein（2001）が言ったように，生物学的な

因子だけを取り扱うだけでは，反社会的行動に望ましい変化をもたらすことはできそうにない。例え，原因機序を明らかにすることができ，また，相互作用の影響を特定することができたとしても，依然として，個人的には，「支援的カウンセリング，行動修正戦略および，行動的困難の原因となっている環境面の修正」のような介在を受けることが必要となる（Fishbein, 2001, p.102）。

Fishbein（2003）は続いて，上述した実行認知機能（ECF）の障害に関係する行動障害を扱う上で，最も有効なプログラムは，認知機能の向上に焦点をあてたものであると指摘している。彼女は，言語的指示，注意喚起，精神分析の実施や相互作用的療法は，効果がないだけでなく，実際，問題をいっそう悪くしてしまうことがあるという傾向を注意している。Fishbeinによると，最も良好な結果を示しているプログラムは認知リハビリテーション・プログラムである（Gendreau, Smith, & French, 2006；Lipsey, Chapman, & Landenberger, 2001；MacKenzie, 2006 も参照）。これらのプログラムが重要視しているのは，問題解決能力，独立心，社会能力，衝動調節，自己監視，そして，目標設定であり，そのためには，刺激と結果［による条件学習］によって否定的行動を抑え，報酬と罰を用いて結果を強調することによって，当人の注意を行動とその結果に向かわせるのである。

2. 予防と治療

社会生物学理論は，彼らの最も大きな政策適用を，予防と治療計画という点においているかもしれない。Robinson（2009）は，反社会的行動の可能性を抑えるために，遺伝子の構造を変える，および／または，特定の遺伝子を置き換えることが，すぐにできるようになる可能性を示唆している研究について指摘している。そういった理論は，裁判において，犯罪の責任の決定にあまり大きな影響を与えてきていないようだが，脳の断層写真から得られたデータは，量刑手続きにおいて，ますます使われるようになってきているが，そのような場では，陪審員が，量刑判断において考慮してくれるかもしれない「軽減事由」を提供することができる（Raine, 2002）。ここでもまた，明白なのは，生物学的理論や生物社会学的理論には，本来的に内在する，固有のバイアスがあるかもしれないが，このアプローチは，処罰よりも予防に重点を置くことや状況を考慮した処罰に賛成する動きを推進することにも貢献しているということである。生物社会学的な理論と研究は，ホワイト・カラー犯罪を取り扱わない傾向にあるが——このための代償は大きいのだが——，そのような場においてさえも，環境毒素が犯罪の原因となることに焦点をあてた研究は，何らかの影響を与えるであろう。

前述したように，生物学的理論や生物社会学的理論は，薬物乱用の問題に対処する場合に，最も即効性を示す見込みがあるようである。反社会的行動に対処することができる，生物学に基づいた治療戦略の例として，メサドンやニコチン・パッチのような物質に関していわれている効果を挙げながら，Gove と Wilmoth（2003）は，他の多くのそういった戦略が，別種の反社会的行動に対する有効な治療法として用いることができると主張している。問題は，彼らがみている通り，薬物乱用を大きな快楽にしてしまう脳の「内因性報酬系」について，より詳しく知ることである。彼らが主張するには，危険をわざわざ選び，うわさとなるようなことを追い求めるタイプであるがために薬物乱用に惹きつけられる者たちの場合，同じ脳内報酬系を活性化する代替的快楽がもたらされているのかもし

れないとのことである。この考え方は，たいへんすばらしいと思われるが，ただし，20世紀初頭にモルヒネの問題の解決策としてヘロインがあまりにも大きく宣伝された後に何が起こったかを忘れてはならない。重要なのは，治療において働く，正確な，病因論的，原因論的な作用を明らかにすることや，「治療」した結果の方が，少なくとも，解決しようとしている問題の状態よりも，はるかにましになることを，長期的な研究によって，確かめておくことである。こういったことは，結果的には，以前のものに比べて有効性が低いだけでなく，その上，危険性もより高いようなことがよくあるような新薬で，莫大な利益が上げられているような時代には，実に難しい課題を提示することになる。

　いくつかの指摘では，費用対効果分析という点からは，児童虐待や環境毒素，そして，ほかに遺伝的素因発現の誘因となるものを減らすために，環境的なレベルで介入する方がより意味があるかもしれない，というのも，多くの人びとがそのような状況に同時にさらされているからである，とのことである。遺伝的介入も，環境的介入のいずれも，うまくいかない場合には，生物社会学的理論は，神経伝達物質，酵素，ホルモンなどを調節するさまざまな薬物で，行動を修正することを勧めている。

　司法制度の一部は，生物学理論や生物社会学理論から出てきた政策を発展させて，実施しているものの中では，他と比べるとよい状況にある。例えば，少年司法制度の場合，裁判所によって「治療受ける権利」が認められているが，このことは，生物学的根拠を有する介入に基づいた更正への取り組みを，促進する効果がある。近年，専門の「麻薬裁判所」が発展し，生物学や生物社会学アプローチに基づく治療にとくになじんでいるような特別な法廷制度が生まれた。

3. 犯罪の構築

　生物学を重視する犯罪学は，いろいろな場で，科学的雰囲気を維持してはきたが，一方，科学の基本的原則をかなえることはできなかった。生物学的犯罪学の問題一つとして，常に存在してきたのは，生物学者や神経科学者自身の，犯罪学的な面での素朴さである。彼らはたいへんすばらしい生物学者ではあったが，刑法や犯罪行動の現実については，たいていほとんど知らなかったのである。そういうわけで，「犯罪行動」の生物学的本質の探求は，何が犯罪行動であるかということが社会によって異なり，また，同一社会の中でさえも，2〜3年の間で変わるという事実が，たいてい，はっきりと認識されることも全くないままに，進められてきた。こういった研究の多くを詳細に調べるとわかることであるが，「暴力」のような，明らかに，より特定の行動の原因が，生物学的な病態にあるとするような生物学的研究でさえも，実際には，多様な暴力の定義を用いており，例えば，スポーツや戦争における暴力は，ギャングの暴力とは全く異なるものであるとして扱っている。「悪い暴力」の原因が生物学的病態にあるとすることは，おそらく可能であろうが，では，「良い暴力」の場合どうであろうか。とはいえ，事態が変化し始めているという兆しがある

　さらには，社会生物学的理論が，もっぱら犯罪者に注目する傾向が，非常にはっきりしている。例えば，Rowe (2002) は，彼の著書，『生物学と犯罪』(Biology and Crime) において，冒頭で，「生物学と犯罪に関する本は，犯罪者の生物学——犯罪者の形質，生理学，動機など——についてのものでなければならない」と表明している。これは，全く事実に反することである。「犯罪」は，行動と法律の対立であり，また，（ラベリング理論の主張に従うと）生物社会学的因子に関する研究は，まさに理論通り

に,「ラベルを貼る人」や「法律をつくる人」を特徴づけるものに,注目することができるはずであろう。一つの例をとれば,いくつかの犯罪学以外の研究は,(さまざまな理由のために)右大脳半球を十分に利用しない者は,心理学的視点や社会的背景に対する認識の両方を欠いてしまう傾向にあり,その結果,「悪いことをする人」を,より既成概念にあてはめて非難しがちとなり,「アウトサイダー」に対してきわめて懲罰的な社会政策に導かれるという可能性を示唆している(Wilson, 1984)。一方,他の研究(Fox, Bell, & Jones, 1992)は,反対のことを示しており,左大脳半球は,より共感や社会性に深く関係していると主張し,また,右大脳半球を十分に使用していない者は,厳しい犯罪抑制政策をあまり支援しない傾向にありがちであることを示唆している。犯罪者の生物学ではなく,生物社会学理論の犯罪学的視点との関連性を理解するために,あまりにも神経を集中しなければならないという事実こそが,そのような理論の焦点がいかに狭いもののままであるかを示している。何年も前に,葛藤理論学者によって指摘されているように,「犯罪」の問題を犯人の中に位置づけることを強く主張する理論は——もちろん,我々が「犯罪性」を犯罪化プロセスの結果ではなく法律違反しやすい素因であると再定義したいと思わないならば,であるが——,犯罪自体のというよりは,実際には「犯罪性」の理論である。

例えば,生物社会論者と社会構成主義者の視点の違いは,だれでもすぐに気付くことができる。仮に,犯罪行動が,文化の変遷の範囲で変化する法律によって定義される社会的に構築されたものであるとすれば,その場合,いろいろな文化や時代にわたって変わらない化学式によって,予測できるものであると考えることは理論的に正しいであろうか。仮に,犯罪行動が

変化する社会的構築体というよりは,むしろ生物学的な「事実」であったとするならば,その場合,生物学的あるいは遺伝学的な予測因子の探究は,長い科学の歴史におけるもう一つの代表的な苦闘であるはずだが,実際はそうではない。おそらく,生物学的研究について我々が期待できるのは,そのような関係を,例えば,価格操作,環境汚染,医療詐欺や企業による安全衛生法違反のようなホワイト・カラー犯罪よりも,アルコール依存症(アルコール嗜癖に対して身体的に弱い体質)のような病的状態に関して,上手く構築できることを証明してくれることであろう。

もちろん,生物学的論者や生物社会学的論者の中には,この事実を認めているものもいる。そういうわけで,例えば,Walsh(2003a)は,いわゆる,「法定犯」(変遷する法律的な禁止の問題である犯罪[駐車違反のように法律で定められているから犯罪となるもの])は,生物学的には説明がつかないことを認めているが,彼は,いわゆる,「自然犯」(「それ自体悪い」犯罪[殺人のような法律とは関係なく犯罪であるもの])については,よく説明がつくと主張しており,彼は,他の生物学を重視する犯罪学者と同様に,これらを「本当」の犯罪であると考えていると思われる。Rowe(2002)は,原因論的な概念と結果に関する概念を適合させるためには,犯罪を,社会学的／法律学的なカテゴリーから,生物学的なカテゴリーに再定義する必要であることを見いだしており,同時に「犯罪行為とは,自分たち自身の社会集団に帰属する市民から,彼らの適合性(fitness)を損なうようなかたちで,搾取することを意図する行為」であるという意見を保持している(p.3)。これは,確かに,犯罪に関する,少し変わった定義である。実際,この定義は,発展的結果を「含蓄する」ように「考案された」ものであるが,

387

そのことは，理論的な枠組みが，習慣法［コモンロー］や法律によってすでに定義されている，長い間続いてきた問題を説明するためにつくられたのではなく，むしろ定義に組み込まれているということを意味している。

　「自分たち自身の社会集団」という言葉一つをとっても，暴力団同士の抗争から大虐殺に至るすべてを犯罪学から除外してしまう。これは，控えめに言っても，満足のいくものではない。おそらく，我々は，犯罪が「反社会的行動」であるという曖昧な定義を堅持している方がよいであろうが，それは，多くの生物学論者や社会生物学論者によって好まれている解決法である。

　いずれにせよ，社会生物学的犯罪学の政策的意義は，法律制度に重大な影響を及ぼす可能性があるようである（Heide & Solomon, 2006）。実際のところ，進化論的心理学（evolutionary psychology），遺伝学や神経科学は，「人間性」に関して，古典学派によって我々に遺された刑法による主張とは，根本的に異なる主張をしている。前者は，我々の行動は，基本的に決定されたものであると考えているのに対して，後者は，それは，自由意志に基づいた選択の問題であると主張している。裁判所は，科学を合議体に導入することをある程度認めることに前向きな姿勢を示してきているが，二つの全く異なる世界観を反映して，科学との関係は非常に悩ましいものなっている。そのようにして，青少年の死刑を禁止した，「Roper v. Simmons［ローパー対シモンズ］事件」（2005）は，青年期においては前頭前皮質が比較的発育不十分であることを示す脳イメージングの研究を引用している，米国医師会と米国心理学会によって提出されたアミカス・クリエ意見書［被告のために法廷助言者が裁判所に提出する意見陳述書］によって支持されたのではある。しかしながら，米国最高裁判所も，米国が，世界の国々の中で，未成年を処刑している，ほとんど唯一の国であることにされてしまうという厄介な状況から抜け出す道を模索していたのかもしれない。

　DNAプロファイリングがCODISのような活用法を通して，刑事司法制度に導入されたように，一部の企業家は，現在，fMRIの研究に基づく，ポリグラフよりはずっと優れたうそ発見器であると主張しているものを，売り込んできている（Haederle, 2010）。2007年に，MacArthur財団は，SAGE Center for the Study of Mind［California大学Santa Barbara校心理学教授Michael S. Gazzanigaが代表を務める研究所］における，法と神経科学の関わりを研究する法・神経科学プロジェクト（Law and Neuroscience Project）を創設するために，1,000万ドルを投じた。このようなプロジェクトは，1962年につくられ，20世紀半ばの米国で普及していた精神分析学的思考の考え方が反映されている模範刑法典の再考につながる可能性がかなりあるものであるが，これには事実上，新しい生物社会学的な研究の見識は全くない，(Haederle, 2010)。確かに，二つの世界観を統合することは難しいが，生物社会学的データが，「心身耗弱」とか「軽減事由」という，共に確立されている法的概念の要因の一部を確定することにある程度貢献することを期待してもよいのかもしれない。

　ここでの，最も優れた解決法は，おそらく，「犯罪」あるいは「反社会的行動」までをも，全般的に説明しようとするのではなく，ある種の比較的特別な行動のカテゴリーに焦点を絞ることであろう。多くの者が指摘してきたように，「犯罪」の問題は，「リンゴとオレンジ」の（比較をする）問題［次元の違うものを比較しても無意味である例え］のようなものである。異なるタイプの犯罪は，行動の面で，昼と夜のように，全く別のものである。例えば，自己統制の

欠如であると言うものもいるようであるが，きわめて計算されたそして高度に統制された活動であると言うものいる。何らかのかたちで低いIQと関係しているものもあるであろうが，一方では，平均よりもかなり高いIQが必要なようである。もちろん，このようなことは，今の時点まで，我々が検証してきたすべての理論において問題となるものであり，このような問題が，Sutherlandを，犯罪者的な態度と技術を持つ者から学んだことに基づいた一般的説明を探し求めるように導いたことにある程度関与している。あるものにとっては，生物学的理論や生物社会学的理論において，問題はより露骨なようであるかもしれないが，この問題は，心理学的理論や社会的理論の多くにおいても，確かにやっかいな意味を持っている。

もちろん，はるかに特定の対象を研究している生物社会学論者もいる。彼らは，一般化し過ぎてしまうという誘惑を，よりうまく回避できている。例えば，Comings（2003）は，「素行障害：成人反社会的行動の主要な予測因子としての遺伝性眼窩前頭回障害」(Conduct Disorder: A Genetic, Orbitofrontal Lobe Disorder That Is the Major Predictor of Adult Antisocial Behavior) という最近の研究の中で，焦点を絞るように努めている。素行障害（「いくらか」特殊な「行動に関する」診断であり，犯罪ではない）が，成人反社会性パーソナリティ障害（ASPD）のたいへん強力な予測因子であり，ASPDと診断するためには，小児期からすでにみられた素行障害（CD）の存在を必要とするということを言及した上で，彼は，素行障害（CD）は，環境的に起因した問題というよりは，むしろ遺伝的な障害である可能性を示す双生児の研究を取り上げている。このようなタイトルではあるが，我々は，彼が，「成人反社会的行動」に関する，かなり一般的な概念ではなく，

ASPDについて，「少しは」より特異的な「行動面での」診断を取り扱っていることがわかるが，そのようにして，少なくとも，かなり一貫性のある用語を用いることにより，彼は，「オレンジ」の中から，いくつかの「リンゴ」を取り除いているのである。さらにまた，Comingsは分子遺伝学者であると同時に臨床医でもあるので，彼が実験室の条件で研究している実際の人間の実験室の外での行動を，彼のいう「日常的」に観察して，治療することができるという有利な面があり，従って，我々が以前述べた学者の純真さという点をいくらか回避できるのである。

全体的にいえば，生物社会学論者の近年の活力や努力には，感心せずにはいられない。Rowe（2002）が指摘するように，これらの研究者は，彼らの生物学的変数を用いて，社会科学者が，長い間使用してきたさまざまな変数によって予測するのとほぼ同じ程度の予測力（すなわち，相関係数にして0.20〜0.40）を獲得するにいたっている。これら双方の変数のセットを用いて，現段階でうまくいっているのは，従属変数の分散のおそらくは20%程度について説明できることである。はっきりと言って，双方の最前線で，多くの研究がなされる必要がある。

4．今後の課題

最後に言及したいのは，多くの犯罪学者を躊躇させているものを，浮き彫りにするものである。これまで概説してきたすべての理由で，生物社会学に基づいた効果のある社会政策を打ち立てることは，想像するよりはずっと難しいことであるかもしれない。しかし，このような努力が，そのうち実を結んで来たらどうであろう。ある者にとっては，生物社会学的犯罪学におけるあらゆる成功のステップは，危険なステップ

なのである。遺伝学や神経科学の研究や理論化の影響を最も受けやすい限られた分野における成功は、社会政策を権力者の犯罪からはむしろより遠ざけて、住民においてあまり権力のない者たちの「反社会的行動」に、なおさら狭い焦点をあてるように導く傾向があるということを、危惧しているものがいる。また、そのような不法行為に関して、一旦、「確かな証拠」ができ上がってしまうと、それが、最も自分たちが気にくわない特定の行動を抑圧することや、ともすると、生き残りに「適合していない」ように思われる者たちを廃絶させることさえ望んでいるような者たちに、危険な正当化を与えてしまうようなことになるということを危惧している者もいる。

生物社会学論者自体の中にも、実際、多くの「偽陽性」（つまり、これまで一度も非行や犯罪行動を行ったことがないのに、「犯罪を起こす傾向がある」と「誤って」認定されてしまい、それに応じた「治療」を受けてきた者）が、網に掛かってくるかもしれないということを挙げて、遺伝学的な証拠から犯罪傾向を予測することに関係した問題には、注意すべきだと言っているものもいる（Rowe, 2002）。これらの同じ理論家は、刑事司法制度の問題は別として、犯罪性に関する遺伝的マーカーの同定に成功することは、「完全で非の打ちどころのない」子どもを欲しがる夫婦が、そのようなマーカーを持っている胎児を中絶することにつながりかねないとも指摘している。このような問題は、すでに、重病の診断マーカーの場合に起こっており、より「人工飼育された」子どもを生み出す方法として表面化してくるのは単に時間の問題であろう。このことが、望ましいか否かは、もちろん、価値観の問題ではあるが、それが、ハクスリーの「すばらしい新世界」（Brave New World）の世界観を思い起こさせるのは確かである。

仮に、生物学的アプローチや生物社会学的アプローチがうまく行く場合、それらのアプローチは、我々を「刑事司法モデル」から引き離し、「医学モデル」に向ける可能性がある。実際、「責任能力」という概念が依拠している土台全体に対して、「自由意志」という概念と共に、異議が唱えられてきた。社会政策は、判決と刑罰に基づいた体制ではなく、診断と治療に基づいた体制の方向に推し進められることになるであろう。このようなことは、犯罪人が障害のある市民ではなく、道徳面での落伍者であると主張し、刑事裁判における心神喪失の申し立てをより困難なものとし、また、他のほとんどの医学的モデルが矯正において効果がないとして、「更生」という概念を否定するなどして、「医学的モデル」を制限してきたという過去30年の傾向からの相当大きな変化を意味しているであろう。これは、実際、相当大きな変化となるであろう。

それでもやはり、我々は気をつけていなければならないが、なぜならば、犯罪者が、「それ以外の我々」とは生物学的に異なるということを示す研究には、抑圧的な力もあるからである。法律違反者を、彼らの本質のゆえに、危険であるとみることは、「職業犯罪者」や「慢性的犯罪者」の自由を奪うことを目的とした現在の政策を強化するであろう。生物学的決定論の概念は、ともすれば、自由意志と刑事責任能力の概念を減弱させるかもしれないが、この概念は、また、犯罪者は、治せないほど不道徳であり、治療的介入力で救える程度を越えていることを示唆するためにも使われること可能性がある。もし、このような考え方が広まれば、矯正組織が、不均衡にも国家の貧困および少数派市民によって占められているということを考えると、穏やかでないことを意味する可能性があろう。社会的に恵まれない人びとは生物学的に

欠陥があるとみることは，社会的不平等や，それが犯罪を誘発する条件に発展する中で演ずる役割に対するすべての責任から，「それ以外の我々」を解放してしまう危険性がある。

　我々はこの章のはじめに述べたように，最近の研究での期待のもてる，学際的な前進としては，Anthony Walsh（2009）の著書があるが，彼は，この本で検討されている理論的観点の大部分を，生物社会学的犯罪学の視点から論評するためにとくに尽力した。このことは，それが，社会学的，心理学理論化を認めているという点で，期待がもてるように思われる。しかしながら，残念なことに，これについては，いまだに，相当な敵意が存在しているが，それは，おそらくは，長い間，主流と反目しあってきた犯罪学のサブフィールドの研究に対する，それ相当な尊重を，何年にもわたって要求してきた結果であろう。そういうわけで，指導的な立場の生物社会学論者の一人である，Walsh（2009）は次のように書いている：

　　私，個人としては，暴力を鎮静化し，変質者を恥じ入らせ，心ない者の眼に涙をもたらし，衝動的な者を熟慮ある者にし，強姦をしようと目論んでいる者に，ピットブル［犬］が彼の性器をむさぼり食っている非常に生々しい光景を思い起こさせるような持続型のインプラントのようなものをみるのは多いに歓迎である。たしかに，これは，「原因ではなく，症状に対する治療」であるが，医学というものは，いつもながら，解明されていない原因よりは，むしろ症状を治療するものである。患者に痛みをもたらすのは症状であり，そして，犯罪者の被害者が被るのは，犯罪者の顕性症状であり，どんな場合であれ，これらの症状について推定される「根本的原因」ではない（p.292）。

　おそらく，これは，理解できる心情であろうが，我々が忘れてはならないのは，「暴力的な者」のようなものですら，我々と，そうかけ離れてはいないものであり，また，「衝動的な者」は，しばしば，「仕事ばかりで遊びがないとジャックは愚か者になる」といった昔から言われている真理のいい例のように，「自制心が危険な程度に欠如」した者であって，Walsh の言う「推定される『根本原因』」とは，実際は「症状」に関する「より根深い」諸原因であるということである。これらは，社会学者によって研究された社会的状況や，社会心理学者によって研究された行動ラベリング法や，葛藤理論学者によって研究された犯罪化プロセスなどであろう。予防医学とは，マラリアの治療のために，沼の水をぬこうと［溜まっていたものを除去する，問題を解決するという例えとかけて用いている］するような症状発現上のものである。そうでないと，遺伝子操作やその類の「持続型のインプラント」がなくなることはない。

Ⅶ　結　論

　犯罪学者が，彼らの生物学的理論化に対するイデオロギー嫌いを断念すべき時期がやってきたことは明白である。結局のところ，犯罪における生物学の役割は，究極的には，慎重な調査を必要とする実証的問題である。前述のように，法律違反者は身体的に異なるという概念に対する，学者の慎重さは，「犯罪人」に関する初期の理論は，「欠陥のある者」の収容や避妊手術という結果をもたらした優生学的な政策，移民制限政策や民族純化を求める声を正当化するのに使われたということを考えると，理解できるものである（Bruinius, 2006；Cornwell, 2003）。しかしながら，今までみてきたように，Lombroso, Hooton やこの分野の他者たちの研

究にみられた，より露骨な先入観を避けるための，より繊細で複雑な生物社会学的な視点が，現在，提唱されつつある。現在の生物学的理論は，本質的には，保守的でも，抑圧的でもなく，場合によっては，進歩的な介入を呼びかけるのに使われることがある（例えば，幼児プログラムや，都心部の居住者の鉛の暴露からの保護など）。

それでもなお，生物学的理論化が，犯罪学だけでなく，さまざまな社会問題の解釈において，より優勢になってくるのに伴って，二つの課題が残る。第一に，Duster (2006) が述べているように，無法行為と生物学的に関連があることをみつけ出すことは，このような行動の「還元主義的な」視点を促進してしまうという危険性がある。生物学的パラダイムは，まずは個人に対して，そして，その人物の内部にあるものに焦点をあてることを助長する。また，それは，もっと大きな単位での分析（例えば，なぜ犯罪が，特定の地域に集中しているのか）や，住民が巻き込まれている歴史的潮流や社会的背景から，関心をそらしてしまう。暴力に関する生物学的研究への政府の支援が増加している一方で，社会科学的研究に対する財政援助は減少しているということは，教訓的であると，Duster (2006) はみている。これは，生物学が，「より確かな」研究成果を確約してくれるという理由によるものであろうが，また，社会科学的研究は，現存する権力構造や不平等の原因に対してより批判的であるという事実にも関係している可能性がある。

生物社会学的アプローチは，還元主義者になる必要はないが，そのようになる傾向は，現にあるようである。そういうわけで，Anthony Walsh (2009) は，表向きは，さまざまな社会学的理論を生物社会学的アプローチで統合しているとしても，依然として，「すべての社会科学は，最終的には心理学に，心理学は生物学に，生物学は化学に，化学は物理学に，物理学は数学に還元される」と主張している (p.295)。これは，必ずしも本当ではない。この本の著者のうちの一人が，30年以上前に書いているように，Walsh によって述べられている研究の各々のレベルは，それよりも次元の低いレベルの上に構築されてはいるが，各々のレベルは，社会学，心理学，生物学，化学，物理学や数学における各々の科学の使命として，独自の異なる組織原理を基盤として構成されている傾向があるので，そのようなレベルに還元することはできないと主張することによって，「一般システム理論」のようなアプローチは，我々を「還元主義を超えたところ」に，連れて行ってくれると書いている (Ball, 1978b)。各々のレベルは，その下位のレベルから出現してくるわけではあるが，それが，おおもとのレベルの原理に基づいて構成されているに違いないと信じ込む理由は何もない。これは，よく，「エマージェンスの原理」(principle of emergence) と呼ばれている。それが，通用するものかどうかは，予断ではなく，研究結果に依存している。人間には，マルクス主義者であれ，ダーウィン主義であれ，他のどんな「主義」であれ，そういったことには関係なく，Francis Bacon が「イドラ (idols of the mind)〈正しい認識を妨げる偏見や先入観〉と呼ぶ，最新の「神々」に惑わされる傾向がある。

第二の問題は，生物学的理論は――例え，暗黙のうちであって，故意になされたというわけではないにしろ――法律違反者を異なる種類の人間からなる構成員として，社会的に造りあげてしまう危険性がある：脳，遺伝子あるいは体質に欠陥のある超捕食者として。犯罪者が，「別の人たち」と表現され，法律違反者と社会における「善良な市民」との社会的距離が拡がっ

た場合，この「危険な階級」によってもたらされるリスクを管理する政策は，より合理的にみえるようになる。そうなると，自分の安全と福祉を保護するための——刑期の長期化のような——方策に賛成する「統制の文化」(Garland, 2001) が推進されるようになる可能性がある。このような展開では，理論は社会的装置が犯罪に複雑にかかわりあう様式にもはや関心を示さなくなる。それどころか，既存の秩序は，犯罪行為を誘発している責任を問われなくなるが，それは，結局は，すべての問題を起こしているのは生物学的に悪い人びとだということになってしまうからである。もっとも，一方では，生物社会学的研究はまた，社会的に逸脱した者が，法律的により寛大に扱われるという状況に貢献している，あるいは，少なくとも，「Roper vs. Simmons［ローパー対シモンズ］事件」で，少年として犯罪を犯した者を処刑することを禁止する画期的な判決に示唆されるような，変遷する世論を踏まえて，進んでそのようにしようとする裁判所の「傘」としての役割を果たしているということを認識しておかなければならない。どんなときにもあてはまることだが，理論が受け入れられ，実際，いかに適用されるかは，おそらく，その時代の背景によって決まるであろう。

第15章
犯罪者の発達
——ライフ・コース理論

John H. Laub
1953-
メリーランド大学
ライフ・コース理論の著者

　幾年もの間犯罪学者たちは10代の若者と非行とに最大の注意を払ってきた。現地調査研究報告のタイトルを一瞥するだけでも不法な若者たちに重点が置かれていることが判る。ShawとMcKay（1972）の『少年非行と都市地域』，Reckless, DinitzとMurray（1956）の『非行絶縁体としての自己概念』の分析，Cohen（1955）の『非行少年』，ClowardとOhlin（1960）の『非行と機会』，Hirschi（1969）の『非行の原因』，Matza（1964）の『非行と漂流』，Schur（1973）の『ラディカルな非介入：非行問題再考』などがある。また過去数十年の間，犯罪理論の経験的検証の圧倒的多数が少年の標本を採用してきた。

　しかしこのように早くからまた絶えることなく，関心が青少年に向かっているのはなぜなのか？　その主要な理由は，ライフ・コースにおけるこの段階の世代の違法行動が高率であるという明白な事実があるからである。犯罪と年齢をグラフ化してみると，「年齢－犯罪曲線」が描かれる。注目すべきはこの曲線の「頂点」ないし最高点は約17歳である——これより財産犯は少し若く，暴力犯は若干年嵩である——

（Agnew, 2001b；Casp.& Moffitt, 1995）。曲線は7から17歳にかけて急激に上昇し，それ以降は減少していく。曲線の頂点は二つの因子，流行率（prevalence）なり発生率（incidence）で表されるが，双方共に若者において広範囲に蔓延しており，他の年齢以上に犯行がなされる率が高いということを意味している。CaspiとMoffitt（1995）が言及しているように，「犯人の大多数が10代の若者である。20代前半までに，活動的な犯罪者の数は50％以上減少するし，28歳までに非行者の85％は犯罪行為から身を引く」(p.493)。さらには若者がギャングを形成し，犯罪行為に走り，近隣の治安を乱すのは青少年期である。

　これらの経験的事実から，犯罪問題とは主として10代若者の問題であり，犯罪の根は人生のこの段階の若者に主として起こることにあるという結論を人は下してしまうかもしれない。そして実際にこのことは大半の犯罪学者たちがまさしく推量していることでもある。理論的著作においては幼児期に起こったことが10代の時に起こることと関連があるかもしれないとい

う曖昧な意味が述べられていたが，この見解が追求され，体系的に理論へ組み込まれることはなかった。この代わりに支配的であった考えでは，犯罪の因果関係の謎を解決するには青少年期のどのような特色ある特徴が若者を突然の違法行為へと走らせるのかということを明確にすることにかかっているというものであった。いうまでもなく各理論がそれぞれのもっともらしいと思われる候補を見つけ出すこともあった。例えば，シカゴ学派にとってそれはギャングであり，分化的接触であった。緊張理論にとっては若者が直面している地位への不満と機会の阻害であった。統制理論ではそれは両親との結合の弱さと学校へ溶け込むことに失敗していることであった。ラベリング理論では逮捕された末の，少年司法制度による劣弱化作用（debilitaitng effects）に委ねられることにある。

このような考え方を補強し，精密化しているのが「自己報告調査」報告で，少年非行の最良の説明はどの理論かを検証するための一つの方法を提示してくれている。Hirschi（1969）の画期的業績である『非行の原因』は競合する非行理論を評価するための自己報告研究の力量を示している点で，おそらくは最も有力なものであった。いうまでもなく，この戦略では，若者に彼らの非行行為への関与に関する回答を求める質問と，種々の理論を評定する質問とが同一の調査票に記載されていなければならない。Hirschiの研究で評価され，相互に検証されている理論とは社会的絆（social bond），文化的逸脱（もしくは分化的接触），そして緊張理論であった。

この手法を採用した文字通り何百という研究がこれ以降続いた。部分的には自己報告調査が広範に採用されたのはその利便性によるものでもあった。実質的にはある地域共同体の若者人口全体はそこの中等および高等学校生徒で構成されると見なされる。そこでは手に鉛筆を持って机に座った若者が，犯罪学者が考案した質問票を埋めるべく，待ち構えている。しかしまた，自己報告調査の採用では，すでに指摘したように，部分的にせよ犯罪の根源は青少年期に見いだされるという前提に立っていた。この前提によって非行研究はより一層都合のよいものとなった。犯罪学者たちは調査参加者を，時間を追って研究する必要はなかった。その代わりに参加者が10代の時に質問票を配るだけでよかった。根本的に，犯罪学者は横断的研究で「済ませる」ことができた。

いかに理論を発展させ，検証するのかという重大な問題に関わる犯罪研究の方法は，それまでにも存在していたがあまり注意を払われてこなかった次のような単純な洞察から，問題とされるに至った。つまり，人生の一つの段階で起こることは人生の他の段階で起こることにたびたび影響を与える，という洞察であった。青少年期早期に犯罪へ関与することは青少年期後期や成人期早期における犯罪的行為へ関連づけられるという実態が縦断的研究デザインを採用するコホート研究において明白となった（例えばWolfgang, Figlioと Sellin, 1972を参照のこと）。働いている者の職歴と同じように犯罪者も「経歴」を持つという「犯罪経歴」（criminal careers）の概念の発生もまた犯罪の時間経過ないしライフ・コース的特徴について注目する一つの役割を果たした（Blumstein, Cohen, Roth, & Visher, 1986；Piquero, Farrington, & Blumstein, 2003, 2007をも参照のこと）。Petersilia（1980）が観察したように，「犯罪経歴調査研究の明白な特徴は時間経過における行動上の体系的変化に対する関心にある」（p.322）。このためこの調査研究パラダイムで注意が払われたのは，いつ犯罪が開始するのか（「開始」（"onset"）），どのくら

い犯罪が続くのか（「期間」（"duration"））ない
し「持続」（"persistence"））、犯行の頻度はど
のくらいか（「発生率」（"incidence"）ないし
ラムダ（lambda））、そしていつ犯罪が停止す
るのか（「停止」（desisitance））という点であっ
た。学者たちはさらにほかの洞察をも付け加え
た。つまり、ある一人の犯罪経歴のこれらの各
次元で影響を与える諸因子は同じでないかもし
れないということであった。例を挙げれば、あ
る者では犯罪開始の原因となりうるものが（例
えば効力のない育児）、持続や停止（例えば、
雇用されるかどうか）の原因とは同じでないか
もしれないということであった。

この文脈において最も刮目すべき点は人間の
発達に関心ある心理士たちには長いこと周知の
ことではあったが、幼児期に起こることは青少
年期の非行に関係している、という洞察であっ
た。つまり、反社会的行動には連続性ないし不
変性があって、これが人生の早期から青少年期
以降にも存続するように思われる。学者たち
がこの経験的現実に注意してなかったとして
も、WilsonとHerrnstein（1985）の著名な研
究書『犯罪と人間の本性』によってそうせざる
をえなくなった。この二人が述べていることだ
が、「かつては「三つ子の魂百まで」（the child
is father to the man）、つまり幼少期から態度
と行動には連続性があるということが広く信
じられていた」（p.241）。「幼児期はギャングや
社会構造より下位に置かれたために」（p.241）、
この定言は犯罪学では無視されてきた。なに
よりも重要なことには、現在の研究で示され
ているように、「年少児の脱線行動は年長児
の脱線行動の強力な前兆である」（p.241）。簡
単に後述するが、連続性に関するこの定言は
GottfredsonとHirschi（1990）によっても受け
いれられることになった。彼らの理論に示され
ているように、犯罪学は彼らによって危機に

陥った。その要点は単純であるが強烈であった。
つまり、もし犯罪の根源が幼児期にあって、少
年期ではないのなら、非行と犯罪に関する理論
の大半は、全体ではないにせよ、部分的には誤
りであるに違いない。

1980年代後半から1990年代早期にかけて、
犯罪者の幼児期から人生を通じて反社会的行
動が不変であることへの関心が急速に高まっ
た。学者の一部は発達犯罪学（developmental
criminology）と名付けたが（Le Blanc & Loeber,
1998 ; Loeber & Le Blanc, 1990 ; Loeber &
Stouthamer-Loeber, 1996）、この新興パラダ
イムを記載するのに最も使用される用語はライ
フ・コース犯罪学（life-course criminology）
（Sampson & Laub, 1992, 1993, 1995）である。
この分野の研究は経験的なもので、犯罪行動の
種々の側面（例えば開始、持続、停止）と人を
犯罪へと向かわせ、またそこから離脱させる出
来事の経路ないし継起とを見つけ出そうとする
ものであった。きわめて貴重ではあったにせよ、
犯罪学を経験的方向に推進したことによって、
ライフ・コース犯罪学は理論構成の点では停滞
を示した。

そうではあっても、理論的アプローチが次第
に勢いを増してきた（Farrington, 2005, 2006）。
ここでは最も影響力のあるこれらの理論につ
いて概観したい。我々は手始めにGottfredson
とHirschi（1990）の業績——第6章で触れた
ことを思い起こしながら——を再び取り上げ
たい。そこでは、低自己統制によって個人は
幼児期以降社会的失敗と理不尽な行動へと向
かってしまう。このため我々が重視するのが
Pattersonの「社会的相互作用的発達モデル」
（social-interactional developmental model）で
あって、これはトラブルを抱えた家族への介入
のための基礎理論として役立ってきた。Moffitt
の提案によれば犯罪発達モデルは二つの異なっ

た経路を辿っている。一つは行為問題への関与が持続するモデルで，もう一つは若者は犯罪へと導かれるが，またそこから脱却するモデルである。彼女の理論はきわめて影響力があり，後述するように，〈その後に追随する〉調査研究と共に論争をも生み出した。とはいえ，おそらく最も重要なライフ・コース犯罪学理論はSampsonとLaubによって提案されたものである。過去10年以上にわたって発展してきた彼らの業績は時間軸における犯罪の連続性と変化とを探究している（Laub & Sampson, 2003；Sampson & Laub, 1993を参照のこと）。とりわけ彼らの理論化はHirschiの統制理論の借用と批判の双方から成り立っている。最後に，なぜキャリア犯罪者が一見したところでは犯罪経歴を停止させ，違った方向へと転回するのかを説明するための最近の停止理論を概観している。この点に関してMarunaの，そしてGiordanoと彼女の同僚たちの諸観点を我々は概観してみたい。

　この分析に移る前に，犯罪の統合理論についてまず論じたい。最初にはライフ・コース理論としては定式化されてはいなかったものの，回顧的に見れば，これら統合理論は，ライフ・コース理論パラダイム内での早期の理論的試みと見なされる。とくに縦断的アプローチを採用しながら，これらの理論では発達の諸段階を通じて影響する一連の出来事が犯罪関与の起因となっているとされている。

I　犯罪の統合理論

　種々の理論的統合が可能であるが（Barak, 1998；Messner, Krohn, & Liska, 1989），一つの統合理論とは典型的には，二つ以上の理論から一つの枠組みに諸洞察を併合させる一つの犯罪説明である。犯罪学には数多くの統合理論がある（Akers & Sellers, 2004；Barak, 1998, p.193）。多くの〈統合〉理論において，異なるモデルから概念を統合していることは明瞭となっている。ギャングの下位文化非行の古典的理論において，ClowardとOhlin（1960）が言及しているように，彼らの目的はMertonの緊張理論からの洞察と，文化的伝播を通していかにして犯罪行動が学習されるかを明確にしたシカゴ学派の著者たちからの洞察とを併合することであった。しかし他の理論では統合については隠されたままで，異なる観点の変数がどのようにして選択的に借用されているのか理解することが十分にできるほどの犯罪諸理論に通暁している者によってのみ統合化が察知される。例えばAgnewの一般的緊張理論がそうである。緊張は犯罪をもたらすかどうかの「条件」と彼がしている因子の多くが，統制，社会的学習，合理的選択の諸理論からの借用である。本書で概観されている他の数多くの理論についても少なくとも部分的には，統合理論として考えることは可能であろう。

　最も注目される統合理論は第3，4，5，そして第6章で取り上げた理論，分化的接触・社会的学習理論，緊張理論，そして統制・社会的絆理論である。このことは理解できる。というのもこれらの観点は長い間犯罪学の中心を占めてきたからである。実際，Agnew（2001b）が認めているように，これらの理論は「非行の支配的理論」である（p.117）。次に述べるように，これらの伝統的理論から諸要因を結合しようとする体系的試みを示している二つの観点を概観したい。つまりElliott, Ageton, そしてCanter（1979）の緊張・統制統合化パラダイムとThornberry（1987）の非行の相互作用理論の二つの理論である。すでに言及したように，これらの観点が重要なのは，これら理論が浴びている注目のせいだけでなく，いかに若者が時

間経過と共に犯罪に関係するようになったのかを研究しようとした早期の例でもあるからである。統合的理論化の長所について簡単に言及することから以下この章の本論に入りたい。

1. 統合的理論化

　統合的理論化の背景にある論理は表面上は議論の余地がないように見える。各理論の流儀だけでは現実の一面しか把握されない。この一面性のため各理論は犯罪の可能性の一つ，ある重要な原因に我々の注意を向けさせる。しかし各理論は犯罪因果関連に含まれてもよいような競合する諸理論由来の変数を含んでいないという内在的弱点を抱えている。これとは対照的に，統合理論ではたった一つの観点と結合しているのではない。そこでは，不必要なこの忠誠心から解放され，その理論的出自を無視して，犯罪行動の原因となっている可能性のあるすべての因子を一つのモデルに自由に組み入れることができる。

　この論理は説得力があるが，統合的理論化にはまた少なくとも二つの弱点がある（Hirschi, 1989を参照のこと）。第一に，説明力の優位をめぐって競合する諸観点どうしを戦い抜かせることよりも，諸理論を一緒にする方が犯罪学的認識はより早く成長することをこれは前提としている。〈しかしながら〉このような戦いこそが学者に彼らの議論の鋭さを磨かせ，彼らのモデルが犯罪への関与に関する説明能力がより高いことを証明するための革新的方法を追い求めさせるのである。第二に，統合化は，学者が一つの理論から好きな一つの変数を取り出し，別の理論からも好きな変数を一つ取り出すなど，まるでカフェテリアかビュッフェの客の行列のようなことになり，しまりのない理論化を導いてしまいかねない。その結果，「味はよい」が「バランスの取れた食事」には実際にはなっていない，アイディアでいっぱいのトレーと化してしまいかねない。例えば，社会的絆と社会的学習の理論の概念を合体させる試みを例に挙げてみよう。これらの理論は両立可能かもしれない。しかし両者は人間の本性に関して，異なる前提に立っている。両者の問いかけ方が異なっている（彼らはなぜそれをするのか〈性善説に立つ社会的学習理論〉対彼らはなぜそれをしないのか〈性悪説に立つ社会的絆理論〉）。またある範囲の変数の作用に関する予測が異なっている（例えば，仲間集団について）〈社会的学習理論では非行仲間の存在が非行の原因となるが，社会的絆理論では非行仲間への関与，その影響に対して両親の絆が保護的に働く〉。これらの異なった前提，基本的問い掛け，予測は学者がその統合理論を提唱する際には，無視されてしまうのが通例である。その代わりに社会的絆と社会的学習の諸変数は一つの原因モデルに挿入されるだけで，これら二組の因子が両立しない可能性については議論されない。もちろん，結局のところこのような努力の叡智のみせどころは，犯罪原因の説明がより適切かどうかにかかっている。そしてこの判断基準となるのは統合化が，説明力があるという短期的成果のみならず，理論的認識の発展において長期的成果があるのかどうかということにある。

2. Elliott とその同僚たちの緊張・統制統合パラダイム

　理論的統合化の最も重要な試みの一つが Delbert Elliott, Suzanne Ageton，そして Rachelle Canter によって推進された（Elliott et al., 1979：Elliott, Huizinga, & Ageton, 1985 も参照のこと）。

　いかに主要な理論が結合されるのか示唆する以外にも，Elliott たちの理論は他の二つの点で重要である。第一に，この理論が示すことには，

いくつかの理論由来の因子は人生の特定の段階で一層重要となりうるかもしれない（例えば幼児期対青少年期）。第二に非行への経路は一つ以上ありうるとこの理論は仮定している。とくにこのような問題は犯罪のライフ・コースないし発達理論において最近再び出現している。このことは本書において再度後述したい。

　Elliott ら（1979）のモデルは「早期の社会化結果」に焦点を当てることから始まった。彼らが注目したのは幼児期の鍵となる特徴は幼児が結ぶ絆は強いか，弱いかということである。こうして彼らのモデルの創設は社会的統制理論の範囲内に収まっている。ともかく彼らは社会的絆を次の二つに分けている。つまり統合（integration）（「外的」ないし「社会的」絆）とコミットメント（commitment）（「内的」ないし「個人的」絆）である。

　統合によって Elliott ら（1979）が意味していることは，「家庭や学校，仲間のネットワークなどの通常の集団や制度」（p.12）にどの程度関与し，密着しているか，ということであった。これらの社会的役割への参加によって役割期待（role expectations）とこれに付随する承認（sanction）によって人は規制されようになる。Elliott らの用語法では，「統合は Hirschi の活動参加と上昇志向の概念と同じである」（p.12）。彼らのコミットメントの意味するものは，個人の「慣習的役割，集団や制度への内面的愛着」（p.12）である。つまり社会的規範によって「道徳的に結合していると感じられる」ことの高低である。彼らの見解では，「コミットメントは Hirschi の愛着と信念の概念に相当する」（p.12）。

　幼児期に強い絆を築き上げ，青少年期においてもこれを維持している者は非行に走る可能性は低い。逆に，幼児期にこの絆が弱かった若者は犯罪への定常的な関与への経路を辿ることは明確である。これら幼児が10代に入ると，非行仲間に晒される機会が次第に増大する。社会的学習理論の予測では，これら非行仲間は「長い年月をかけて，非行行動パターンの実行と維持にとって重要な一つの積極的な社会環境を」提供している」（Elliott et al., 1979, p.14）。要するに犯罪への経路は，(1) 幼少時期の弱体な絆は，(2) 非行仲間への参加，を導き，これが今度は (3) 定常的犯罪行動をもたらす。

　しかし Elliott ら（1979）は非行への第二の経路の存在に言及している。強い絆を持った多くの幼児は通常の仲間集団や通常の行動を持った生活へと導く経路を辿る。そうであっても，最初に強い絆を形成した幼児でも一部はそれでも犯罪と薬物使用に陥ってしまう。注目すべきこの結果は，このような社会的絆は若者を非行から守るはずと予測していた伝統的な社会的絆理論とは矛盾している。しかし Elliott らのモデルでは，慣習的社会への個人の「コミットメント」と「統合」とを減弱させるほどに充分な緊張を若者個人，つまりは社会的絆に対してもたらすような出来事が青少年期に起こりうる（p.10）。例えばこのような可能性の一つが，成功のゴールを強く約束されていた若者がこのゴールの達成に失敗してしまうような場合である。青少年期環境の社会的解体がその個人の属する社会的集団の凝集性を不安定にさせ，欠如させることもまた起こりうる。つまり統制理論と矛盾することなく，緊張が絆を弱体化させると，若者はこうして犯罪へ関与することが自由になる。

　この時点で，Elliott ら（1979）は社会的学習理論を再導入している。若者のごく一部は目標が阻害され，強く緊張を体験し，少なくとも短期的には非行への直接突き進むことがありうるかもしれないことを彼らは認めていた。他の若者は成功へのゴールを約束されていたが，失敗

し，成功の通常の考えを抱けなくなり，例えば薬物使用のような冒険やスリルを求めるようなことがありうるかもしれない。とはいえ，絆が緊張に晒されて弱体化した若者の大半は非行仲間と関わりを持つようになる。この接触により，強い絆がこれまで形成されなかった者と同じように，これら若者では定常的犯罪性が深く心に刻み込まれる。Elliottらによると，犯罪へのこの経路は，「伝統的な緊張と社会的学習理論の観点に基づいている」(p.17)。繰り返しになるが，犯罪へのこの第二の経路は，(1) 強い絆が幼児を行為問題から最初は引き離してくれていたが，しかし青少年期に，(2) 緊張が絆を弱め，このことが (3) 非行仲間へ若者を参入させるようになり，今度このことが，(4) 定常的犯罪行動へと関与させる。

Elliottら (1985) は自分たちの統合的モデルを広く支持するデータを示した。そうであっても，彼らの統合理論には重要な問題が残っている。最も大事なことは，社会的学習の変数が青少年期だけに，また非行仲間を通じてだけ，影響するのかという点である。例えば非行仲間が社会化への影響を及ぼし始めるのは幼児期であるという証拠がある (Harris, 1998)。さらにはElliottらが広く認めているように，〈彼らにあっては〉家庭とは絆を植え付ける一つの社会化要因であって，社会的学習が起こる文脈となるのではない。この点について，現代の第一級の社会的学習論者である Akers (2000) が明確に批判している〈家庭もまた社会的学習の場となる〉。この批判は一つにされる統合理論の弱点の可能性について我々の注意を喚起してくれている。つまり，統合的理論は変数を選択し，ある特定の秩序にこれらを置くことによって，オリジナルな諸理論が犯罪因果関係に集約しようとしていた因果過程を見逃している危険を冒しているかもしれないのである。

3. Thornberry の相互作用理論

1) 理　論

Terence Thornberry (1987) によれば，「人間の行動は社会的相互作用において発生し，このため相互作用過程に焦点を合わせたモデルによって説明可能である」(p.864)。彼の見解によれば，「青少年は他の人びとや制度と相互に作用しあい」，「行動の結果はこの相互作用過程によって形成される」(p.864)。両親への愛着のような鍵となる原因的条件は長期間変化せずに安定しているのではなく，両親と子ども間の相互作用の性質が変化するかどうかによって，異なっているかもしれない。以下，まもなく検討されるが，この見解は重要である。というのも Thornberry のモデルの中の変数どうしの関係は一方的ではなく，相互作用的ないし相互的 (reciprocal) であるからである。既存の研究を展望しながら，Thornberry (1996) が下した結論では，「非行行動は相互に強化しあう一組の因果的ネットワークに組み込まれているという相互作用理論の中心的主張に対する重要な経験的支持」(pp.228-229) が存在する。すなわち，「圧倒的な証拠が指し示すように，非行で想定されている一方通行的な多くの原因は実際には非行行動の産物であるか，非行行動と相互に強化し合う因果関係を有している」(p.229; Thornberry, Lizotte, Krohn, Smith, & Porter, 2003 をも参照のこと)。

Thornberry (1987) は彼のモデルの基礎を，「非行の基本的原因は個人の行為に及ぼす社会的拘束の弱化にある」(p.865) という統制理論の中核的前提に，置いた。幼児期に子どもは両親への愛着を発展させるというのが彼の基本的モデルである。このことが起こると，若者は慣習に即した信念を抱き，学校へのコミットメントを示し，非行仲間との接触を避け，非行的価値観を拒否し，不法行為に抵抗する。しかし若

者が両親への強い愛着形成に失敗すると，逆の因果作用が起こる。強い慣習に即した信念も学校への強いコミットメントも起こらない。これらの統制が弱まると，別の行動選択が自由となる。この時点で，彼らが非行仲間と出会うこととなる。反社会的友人との接触は非行的価値観と行動を育む。こうして本質的にはThornberryのモデルは社会統制と社会的学習理論とを統合している。

　この基本的原因モデルを巧緻化する際に，Thornberry（1987）は二つの鍵となる理論的洞察を示した。第一のものは最も重要なもので，彼のモデルにおける変数は相互作用を有している。例えば仲間との接触という変数を例にしてみよう。両親への愛着が弱いと，非行者との接触が起こりやすい。しかしこれらの接触もまた両親への愛着を弱めうるのである。同じように，仲間との接触は非行行動の原因となるかもしれないが，このような行動もまた友人関係の選択に作用しうる。つまり仲間による非行の増幅と，「類は友を呼ぶ」という両方のことが可能である。それまでの理論は社会統制と学習化の変数が相互に作用することを無視していた。しかしThornberryの見解では，このような相互作用を個別的に特定化することは，モデルが社会生活の実際の複雑さにより近づくだけに，重要である。

　この点に関して，Thornberry（1987）が注目したことは，この相互作用過程は「非行や犯罪への関与が増大することの予測となる」一つの「行動軌跡」を形成する（p.883）。この軌跡において，「元来弱い絆によって非行への高い関与が生み出され，この非行への高い関与がさらには慣習的絆を弱め，これら双方が相伴って，年長になっての社会的慣習への絆を再構築することを極端に困難にしてしまう」（p.883）。この過程は，後のライフ・コースの理論家たちが「欠陥の累積」（cumulative disadvantage）と呼ぼうとしたもので，これらが相伴って一人の人間の犯罪性を次第に深刻化させる一連の連動する条件である。Thornberryが言及したように，「すべての因子が時間をかけて相互に強化しあい，途切れることのない逸脱への極端に高い可能性を形成する傾向を示している」（p.883）

　第二に変数の作用はライフ・コースの段階によって異なっていることをThornberry（1987）はまた理解していた。若者が青少年期の早期から中期（15〜16歳）に移行すると，両親の影響は衰え，仲間と学校の影響がより目立ってくる。同様に，青少年期後期では雇用や大学，軍役や結婚など新しい変数が生まれる。今度はこれらが一人の人間の「社会慣習的への絆の主要な源」（p.881）となり，非行が継続するのか，停止するのかを決定するのに重要な役割を果たす。

　要約すると，Thornberryの業績によって，犯罪行動は人と環界との相互に作用する発達過程という文脈において発生するという事実に我々の注意が喚起された。諸個人は社会的環界の産物であると同時に建設者でもある。生活状況によって造形され，またこれを造形するのである。その発達は静態的であるよりも力動的で，人生の条件が変化するように，変更されうるものである。同時に人は一定の行動軌跡にはめ込まれる傾向を有している。最も心配なことは，絆の弱さ，非行仲間との接触，そして非行の相互の作用過程で，これらは協同して犯罪的役割へと人を落とし入れる。とりわけ，相互作用理論のこの中心的定言を支持する研究が存在している。

2）ライフ・コース理論に対する意義

　明白に以上の内容はライフ・コース犯罪学——現行の観点の一つで，本章において後述する——の洞察を先取りしている。それゆえ，

Thornberry が相互作用理論をライフ・コース・アプローチに変更し，この観点と合致した縦断的調査研究の成果を証拠として提示したことは驚くことではない（Thornberry & Krohn, 2005；Thornberry et al., 2003, を参照せよ。また Kubrin et al., 2009 をも参照のこと）。彼のこの更新された理論の一つの特徴は，不法行為がなぜ開始したのかという説明を，この理論ではライフ・コースの三つの異なる段階に求めていることである。

　第一に，幼児期に行為問題を示す者たちがいる。この早期開始は家族の解体，効力のない育児，学校への不適応，そして非行仲間との接触に曝露された結果である。家族へストレスを負荷し，逸脱仲間集団への接近を容易にさせる「構造的逆境」を特徴とする地域共同体で生活することによって，これらの問題は一層悪化する。これらの若者では最初の諸欠陥が「極度」で，「織り混ぜられている」ので，不法行為は持続する傾向を示す。さらに反社会的行動への関与は両親や社会適合的仲間と教師からの拒否を招き，彼らの犯罪性を根深いものに変え，非行仲間へと隔離してしまう。

　第二に，多くの若者は「おおよそ 12 〜 16 歳までの青少年期中期」（Thornberry & Krohn, 2005, p.192）に犯罪行動を開始する。これらの少年は重大な〈最初の〉欠陥はないが，「発達的に特殊な」（p.193）青少年期の特徴にむしろ反応する傾向がある。とくに，これらの若者は「年齢に相応しい，成人権威者」，とくに両親からの「自律を確立する過程」（p.193）にある。この結果，親の統制が弱くなり，両親との葛藤や両親との疎遠化が起こりうる。監視の目の届かない，逸脱行動を増強してしまうような仲間との接触が発生する。このことは通常は重大犯罪（例えば強盗や住居侵入窃盗）ではなく，喫煙や飲酒，薬物試用，蛮行とむしろ関係している。これらの青少年たちは年齢が進むと，犯罪から離れる傾向を示す。この主要な理由は，彼らの欠陥は極度ではなく，社会適合的成人という手持ちカードを「切り捨てる」ことをしなかったからである。

　第三に，犯罪行動を開始するのが成人であるという「遅咲き」がいる。Thornberry と Krohn（2005）が言及しているように，先行研究から推定されることには，幾分驚きではあるが，「非・非行者の 17.2% もが成人になってから犯罪行動を開始する」（p.195；Eggleston & Laub, 2002 をも参照せよ）。Thornberry らが立てた仮説によれば，成長過程で，これら成人は低い知能や学業不振のような個人的欠陥を持っていたが，これは両親の援助によって「緩衝」された〈ので露呈されなかった〉。「家族や学校といった保護的環境から彼らが離れ始める」と，これらの欠陥は両親によってもはや軽減されず，職を得たり，結婚のような持続的な親密な関係を確立することが困難になってしまう（p.196）。大人になって今度は，「逸脱行動を示す友人の影響に対する脆弱性がより深刻になり」（p.196），犯罪への道へと踏み出してしまう。

　以下言及することになるが，非行と犯罪の開始と停止という異なる点について説明することへの Thronberry の関心はライフ・コース理論を通じて見いだされるテーマである。事実，犯罪行動における連続性と変化の性質と原因に関する論争はおそらくはライフ・コース・パラダイムにおける諸観点への，核心を衝く理論的挑戦である。

4. 政策的意義

　統合理論の政策的意義は社会的学習，統制そして緊張の各理論と広範囲に両立可能であることに留意すべきである。これらの理論で領域に

分けられているものは，家族，学校，仲間であるために，家族や親子の愛着を強化し，学校へのコミットメントを増強し，社会適合的な仲間集団との相互作用を育成するような介入にはこれらの理論は賛同している。しかし統合理論は，幼児期と犯罪への発達へ焦点を合わせようとするその傾向によって，静態的で，さらには主に青少年期に限定されていた伝統的な主流派諸理論からは区別される。この結果，ライフ・コース理論のような統合理論によって示されていることは，幼児期の出来事がいかにして犯罪への関与のリスクを高め，若者をいかにして犯罪生活から切り離すことに早期介入プログラムが利用可能であるのか，ということである。この問題については本章末尾近くで再び立ち戻ることにしたい。

II ライフ・コース犯罪学
—— 連続と変化 ——

すでに言及したように，幼児期から青少年期，成人にかけて反社会的行為は連続性，不変性を示すことが確認されていることによってライフ・コース的観点の存立可能性は強化されている。しかし犯罪者の行動は変化や，不連続性を示したりすることがありうることも，学者たちは認めている。連続や変化が犯罪理解の核心であることはRobion（1978）の次の有名な言葉に表れている。「大人の反社会的行動にはほぼ必然的に幼児期に反社会的行動があったことが求められる」とはいえ，「大多数の反社会的幼児が反社会的成人とはならない」（p.611）。幼児期の脱線行動は後の問題行動の予測となることは明白ではあるが，しかし，この関係は厳格なものではない。方法論的困難への挑戦や，どのように鍵概念が定義され，測定されるのかによって不変性の程度を評価することは複雑となるが（Asendorp.& Valsiner, 1992），反社会的幼児の一部——多分将来の犯罪関与のリスクを持った者たちの約半数——は青少年期には重大な，あるいは慢性的犯罪者には発展しないように思われる。従ってライフ・コース犯罪学の理論上の鍵となる事項は犯罪行動の連続性と変化の双方を説明することである。

これまでのところ，ライフ・コース諸理論は次の４型のうちのいずれか一つに該当しているように思える。第一に，犯罪行動の，主にもしくは唯一連続性が存在していると主張している諸理論がある（Gottfredson & Hirschi, 1990）。第二に，犯罪行動は連続か変化のいずれか一方によって特徴づけられると主張する諸理論がある（Moffitt, 1993；Patterson, DeBarshy, & Ramsey, 1989）。第三に犯罪行動は連続と変化によって特徴づけられると主張する諸理論がある（Sampson & Laub, 1993）。最後に主に変化に焦点を当てている諸理論がある（Giordano, Cernkovich, & Rudolph, 2002；Maruna, 2001）。以下の各節で諸理論に言及しているように，連続と変化というこの基本的枠組みを我々は採用している。

付言すると，理論化の現状を教えてくれる別の論争にも言及してみたい。つまり犯罪行動の連続と（または）変化は発達過程（developmental process）の一部なのかどうか，という論争である。一部の理論家，とくにMoffitt（1993）は犯罪への関与と離脱の個人の動向は予測可能な段階（stages）ないしパターンで発生している。この見解によれば，一人の犯罪者になるということは，確立されている方法によって明白とされる一つの発達過程である。こうしてこのような観点は真に，犯罪の発達理論であると言える。これとは対照的に，他の理論家たち，とくにSampsonとLaub（1993；Laub & Sampson, 2003）は諸個人が犯罪行動を持続さ

せるか，停止させるかの予測は容易ではないと考えている。確かにこの両人は犯罪行動を多少なりとも導きやすい因子を明らかにしてはいるが，犯罪者が——好機や幸運に恵まれるなどして——無法行為をいつ，どこで停止させようとするのか予測が不可能な要因が存在することをも認めている。従って犯罪はライフ・コースの鍵となる出来事と交錯し，これらの影響を受けて発生する。犯罪経歴はきれいに区分けされて現れるものではない。この問題については次に論じる諸理論において再度取り上げることにしたい。

III　犯罪学の危機——GottfredsonとHirschi再検討——

第6章でMichael GottfredsonとTravis Hirschiの低自己統制と犯罪に関する理論（『犯罪の一般理論』〈邦訳『犯罪の基礎理論』〉（general theory of crime）としても知られている）の本質的な事柄を論及したことを思い起こして頂きたい。ここで再度この観点を検討し，ライフ・コース理論との関連を示し，彼らがその著書で提起した犯罪の社会学理論に対する挑戦について触れてみたい。

GottfredsonとHirschi（1990）は彼らの理論を展開するなかで，大半の理論家が陥った誤りについて言及した。二人は犯罪の性質について真剣に検討し，この過程で，次のように述べている。「適切な調査研究によって通常示されていることは，犯罪の最良の予測因子は以前の犯罪的行動である」（p.107）。同じく重要なことだが，「児童の発達と犯罪学的文献との体系的統合がほとんど為されてこなかった」（p.102）ために伝統的理論には欠陥があると両人は批判している。この結果，「犯罪および非行に関するきわめて影響力のある社会科学諸理論は」，「口答え，叫声，手で乱暴に押しのける，自分勝手，学校でのトラブル，学業不振」の児童期の問題と「犯罪との関係を無視したり，否定したりしている」（p.102）。しかしこの関係は重要である。というのも低自己統制という同じ基礎的原因を共有するこれら行為が不変で，連続していることを，この関係は示しているからであるとGottfredsonとHirschiは主張している。つまり幼児期に問題行動を起こす子どもは10代になって非行を起こす者と同一人物なのである。問題行動がこのように連続性を有しているがゆえに犯罪傾向の個人差の主たる起源は幼児期であると，GottfredsonとHirschiは主張するにいたった。「低自己統制の主な『原因』はかくして効力のない育児であるように思われる」（p.97）。

低自己統制の個人差は幼児期から成人期まで続く脱線行為が不変であることの主な決定因子であるというGottfredsonとHirschi（1990）の主張は，青少年期の若者の体験こそが原因として重要であるとするほとんどすべての犯罪理論を再び論争の的としている。例えばGottfredsonとHirschiによれば，逸脱仲間集団との関係は犯罪への原因的影響をもたらすものではなく，むしろ「類は友を呼ぶ」ことによって犯罪が生み出される。つまり低自己統制の若者どうしが接触し合うことを自己選択しているのである。学校への不適応・非行関係もまた原因ではない。むしろそれは低自己統制の若者が学校で挫折し，非行へ参入することに因るものである。第6章を想起してほしいのだが，その関係は誤った主張である。犯罪学者たちが犯罪の実際に原因となっていると仮説的に提示している社会的条件との関係は，この条件も犯罪も低自己統制による産物である以上，誤りである（HirschiとGottfredson, 1995）。

GottfredsonとHirschi（1990）の犯罪の一般

理論は，既存の諸理論は端的に誤謬である，という強力な主張をしているので，きわめて現実的な形で，犯罪学に危機をもたらした。既存理論は問題行動の連続性を無視し，幼児期の原因的過程をも無視し，持続的な個人差が幼児期に生じ，そのような問題行動の不変性を説明してくれているという考えを否定していた。GottfredsonとHirschiは次のように警告している。

　こうして現在人気を得ている犯罪学は生涯（ライフコース）全体にまたがる犯罪行動の個人差の不変性に注目することがない。我々は逆説的状況に置かれている。つまり犯罪学調査研究の一つの主要な所見が犯罪理論によって日常的に無視されたり，否定されているのである。一世紀にわたる調査研究の後，人が犯罪を行う公算には違いがあり，この差は早期に出現し，生涯の大部分において不変なままであるということにはこれらの理論には目を向けないままである (p.108)。

つまりGottfredsonとHirschiは犯罪行動の不変性ないし連続性に関する一つの理論を提示したのである。彼らが主張したことには，この犯罪行動の不変性はいかなる時点においても状況を超えて，また終生人が持ち続ける「持続的異質性」(persistent heterogeneity) ないし不変の基盤的個人差と呼ばれてきたものがもたらす結果なのである。有用な一つの説明では，この連続性は「状態依存性」(state dependence) と呼ばれてきたものである。この説明では犯罪への関与はある種の反応（例えば，スティグマ化〈烙印〉）を誘発し，犯罪者を変化させ（例えば犯罪を利益的と見なす可能性の高まり），もしくは生活状況を変化させ（例えば社会的絆の弱体化），こうして犯罪の連続性の可能性が高まる。調査研究はこの問題を全面的に明らかにしてはいないが（NaginとParternoster, 1991；SampsonとLaub, 1993），持続的な個人差が犯罪行動における連続性を説明する役割を果たしている（Farrington, 1994b, pp.531-535, Nagin & Farrington, 1992）。しかし，問題は低自己統制――GottfredsonとHirschiの理論の要――が脱線行為の連続性を説明してくれる個人差の鍵かどうかという点である。

GottfredsonとHirschiが，犯罪行動に変化が生じることを否定していないことに注目すべきである。例えば彼らが論じているように，年齢・犯罪曲線は「一様」であり，犯罪への関与は実質上すべての社会において年齢とともに減少している。しかし彼らが考慮しているこの変化は個人内（intra-individual），つまり時間をかけながら一人の個人の中で生じる変化なのである。これとは対照的なものとして，自己統制と犯罪行動や逸脱行動への関与における個人間（inter-individual）の差の不変性を両人は主張している。こうして幼児期に自己統制の水準が一旦確定されると，低自己統制の人は，そうでない人よりも常に低自己統制状態にあり続け，終生脱線行為に関与しやすい。つまり低自己統制の個人間の差は持続し，社会的，もしくはその他の因子によって影響を受けないのである。

ライフ・コース理論家たちはGottfredsonとHirschiが提起したこの問題と取り組み続けている。両人の「一般理論」は節約的であるという特徴がある（自己統制だけで全生涯の犯罪行動の連続性が説明されている）。しかし，価値がないわけではないにせよ，両人の理論のこの単純さによって，他の諸因子が犯罪行動における連続性の原因となるという現実，変化もまた不変性同様に犯罪経歴における一部となっているという現実が無視されている。

Ⅳ　Pattersonの社会的相互作用的発達モデル

1. 早発性非行

　Gerald Pattersonとその同僚たちが観察したことには、「反社会的行動は人生早期に開始し、青少年期や成人期にまで続くことがしばしばある」(Patterson et al., 1989, p.329)。Pattersonら (1989) によれば、「もしも反社会的行動の早期型が後の反社会的行為の前兆で実際にあるならば、発達心理学の任務は反社会的行動の不変性を説明する機序とは何か、変化を統制しているものは何か、を決定することとなる」(p.329)。この発達を理解する一つの鍵は「発達とは社会的相互作用である」ということである。このことの意味は、児童とその環界とは常に相互に交換しあっており、児童の活動が〈環界の〉陰性反応を引き出すと、こんどはこの反応が児童の反社会的活動を促進し、この活動がより強い逆効果反応を引き出し、連鎖がつづく、ということである。Pattersonらが警告していることには、「この作用・反作用の連鎖の各段階は反社会的児童の長期の社会適応不全と犯罪的行動とのリスクをより高めてしまう」(p.329)。

　GottfredsonとHirschi (1990) と同様に、Pattersonら (1989) は反社会的行為の開始を機能不全家族と結びつけている。このような家族は「過酷で一貫しない躾、子どもとほとんど積極的に関与しない親、乏しい監視と監督が特徴となっている」(p.329)。GottfredsonとHirschiとは異なり、Pattersonらはこのような不適切な育児が低自己統制を生み出すという主張はしなかった。事実、社会的絆論を含む、統制理論を彼らは否定し、社会的学習理論に与した。「社会的相互作用の観点は家族の構成員が子どもに反社会的行動の実行を直接訓練しているという見解をとっている」(p.330)。

　機能不全家族にあっては強制 (coercion) が生活手段となっている。強制の使用には時には積極的に報酬が与えられる。よりしばしば起こることは、強制によって、殴打や反抗のような「忌むべき行動」を他の家族構成員がとることをその子が中止させることができ、このために強制は強化されることである。まもなくその子は「強制的手段によって他の家族構成員をコントロールすることを学習する」(Pattersonら, 1989, p.330)。これとは対照的に行動と問題解決の社会適合的方法は教えられず、不適切に反応されてしまう。

　反社会的子どもが家の外に出ると、「児童の行為問題」を起こす。彼らは学校に馴染めず、学業の面で挫折する公算が強い。この間彼らは他の児童に対し攻撃的行為に出たり、「正常な仲間集団」からの拒絶に悩んだりする (Pattersonら, 1989, p.330)。児童期後期や青少年期早期になると、部分的には学校での挫折や通常の若者の拒絶のために、また一部は彼らの反社会的素因のために、これら若者は「逸脱仲間集団の構成員」へと惹かれていく。この参入が今度は逸脱行為を正の方向に強化し、こうしてこれらの若者の脱線行為への関与が強化される。

　Pattersonら (1989) によれば、強制的両親と家族とは孤立した単位ではない。むしろ彼らが評定しようとしたことは、一部の家族システムが機能不全に陥る理由であった。「家族のマネジメント実践」を混乱させるものは何か、ということを彼らは問題にした。第一に反社会的親——この親自身が反社会的親に養育されている——が自分の子どもたちに効力のない躾をしばしば行っている。第二に、社会的欠点としてあるように思えるのが、より言語的、認知的方向性を持った躾とは逆の、より身体的、権威的

な育児スタイルである。第三に家族がストレスを体験するとき——例えば無職，家庭内暴力，あるいは家庭内葛藤に起因するストレス——，効果的な子どもへの親によるマネジメントは崩壊しているのかもしれない。

2. 遅発性非行

　Pattersonら（1989）の反社会的行為の「早発者」（early starters）についての分析は，犯罪行動の連続性に関する一つの理論であって，社会的相互作用の過程によって逸脱したライフ・コースへの残留が次第に強まっていくものであった。しかしPattersonはこの後，Karen Yoergerと共に「遅発性非行の発達モデル」を提示するようになった（PattersonとYoerger, 1997, 2002）。この非行者群は非行への特有の経路を有しているとの仮説が提示されたが，この考えは次に言及するMoffitt（1993）の定式化したモデルと類似している。PattersonとYoergerはこれらの遅発性犯罪者を特徴づけるのに，「周辺仮説」（marginality hypothesis）の用語を使用している（1997, pp.143-145）。こうして片隅に追いやられている逆境という背景で成長するこれらの若者は，周辺部において通用している育児法を用い，周辺部において発達してきた社会的スキル（例えば仕事や人間関係のための）を持つ親に養育される。この結果，早発性の若者とは異なり，彼らの幼児期はこの時期に重大な反社会性と非行への関与をもたらすような早期の極度の欠陥によって特徴づけられることはない。

　遅発性群にとって重要な因果的機序は機能不全の強制的家族ではなく，逸脱仲間集団である。より劣悪な条件にある家族状態のために非・非行者よりもより反社会的ではあるが，彼らは青少年期中期（おおよそ14歳）までには非行に至ることはない。しかしこの時点になって，親の監督-初めから強いものではないが—が牽引力を失う。親の直接の監視の目を逃れ，若者は逸脱仲間との接触が可能となる。今度はこの相互作用が彼らを犯罪行為へと導くが，これは重大なもので，学校当局による公式の懲罰や警察による逮捕を招くことになる。

　重要なことは，PattersonとYoerger（1997）が主張しているように，一方の早発性群に比較して，遅発性非行者は持続する公算は低く，重大な犯罪行動を停止する公算が高い。最も決定的違いは，遅発性群は年長者であり，なおまだ社会的スキルを所有している。このスキルによって彼らは，その「見返り」が逸脱活動のそれよりも大きい社会適合的な成人の役割を果たすことが可能である（p.141）。PattersonとYoergerが認めていることには，「早発性の少年は極度に逸脱し，スキルが極度に低い。一方遅発性の少年は中等度に逸脱しており，中等度のスキルを持っている。出発地点のこの差がその後の成長パターンの差をほとんど決定づけている」（p.141）。つまり，早発性若者群はライフ・コースを通じて犯罪行動の実質的不変性を示す公算が強いが，遅発性若者群の非行は青少年期に限定されている（Moffitt, 1993を見よ）。かくして一方の群の発達パターンは連続性を特徴とし，他方の群では変化が特徴となっている。

3. 家族介入

　早発性非行者は見込みのない人生に直面しているとPattersonらは信じているとしても，とくに介入の試みが早ければ，これら若者が矯正上，手に負えないとは彼らは考えてはいない。これら二人の理論家たちにとって非行問題の最も成功の見込みのある解決法は家族への早期介入である。事実「オレゴン社会学習センター」でPattersonらはリスクのある家族に「親のマネジメント訓練」を提供してきた。とくに反社

会的子どもを躾ける効果的方法を親に与えるための親の訓練プログラムは問題行動を減少させている（Reid, Patterson, & Snyder, 2002；Van Voorhis & Salisbury, 2004 をも参照のこと）。

最後に二つの観察例が注目される。一つはこれら親のマネジメント〈訓練〉への介入が効果的である限り，これらの介入は Patterson らの理論を，より一般的には社会的学習論的アプローチを支持するものである。つまり理論的知識に裏付けられた処遇法が変化を阻害するいくつかのリスク因子——ここでは強制と反社会的行為を補強する育児法——を対象とする時，非行的行動は実質的に減少する。これはこの理論は犯罪関与の原因を正しく同定していることの証拠である（Cullen, Wright, Gendreau, & Andrews, 2003；Reid et al., 2002）。第二に，犯罪原因を幼児期の体験まで遡って追求するライフ・コース諸理論はほとんど一様に早期介入プログラムを正当化している。事実後述するように，これはライフ・コース・パラダイムの主要な政策的勧告である。

V　Moffitt のライフ・コース持続性／青少年期限定性理論

より注目すべき一つの発達理論において，Terrie Moffitt は，犯罪行動は連続ないし変化のいずれかが特徴であることを主張した（Moffitt, 1993；Casp.& Moffitt, 1995 をも参照のこと）。犯罪行動における 10 代での急増は「**それぞれ異なった説明を要する個体群の二つの質的に異なるカテゴリーを合体させた結果であるので**」，個人の年齢別分布グラフはだまされやすい（Caspi & Moffitt, 1995, p.494, 強調は原著者による）。第一の群は男子人口の 5〜10％ を占める小さな集団である。女子の反社会的構成群はもっと低い。この群は幼年期に反社会的行動を示し，脱線行為は連続し，青少年期以降も続く。Moffitt はこの群の構成員をライフ・コース持続性犯罪者（life-course persistent offenders；LCPs）と呼んだ。第二の群は大集団で，少年期にある多くの若者を含んでいる。この群の構成員は幼児期には反社会的傾向をほとんどか，あるいはまったく示さないが，青少年期になると非行的行為圏内に突然入り込む。しかし，若年成人に達すると犯罪行動を停止する。これらの若者の反社会的行動は発達のこの一つの段階に限定されているので，Moffitt はこの群を青少年期限定性犯罪者（adolescence-limited offenders；ALs）と名付けた。かくしてALs の犯罪行動ないし反社会的行為は連続ではなく，変化ないし不連続を特徴としている。

Moffitt はこうして一つの発達理論を提示しているが，この理論では，成長する間，実際にはすべてと言っていい若者が青少年期から成人期にかけて二つのうちどちらかの経路を辿ることになる。この結果，彼女の理論で示唆されていることは，少なくとも反社会的行動へ走った時には，二群が存在している。LCPs は頻発の慢性的犯罪者群で，ALs は犯罪へ入り，そこから出て行く。考えてみると，この主張は大胆なもので（他の群は存在しないのか？），また切り詰めたものである（犯罪者の発達には二つの道のいずれかしかない）。おそらくは，これらが彼女の理論がかなりの注目を浴びた理由であろう。

重要なことには，LCP 群と AL 群という Moffitt のアイディアの一部は，調査研究の錯綜している所見に，由来している（Piquero, 2011）。臨床心理士として訓練を受けながら，彼女は臨床現場ないしおそらくは臨床神経心理学を学べる病院で経験を積んでいこうとしていた。しかし 1984 年に，パラシュート・ジャンピングの事故で足の骨を折り，学位論文作成時には研究室で車椅子に乗って過ごさなければな

らなかった。偶然にも，学部へのある訪問者と一緒になる機会があった。彼は彼女にニュージーランドに来て，彼が指導している出生コホート追跡の縦断的研究に参加しないかと誘った。こうして彼女はニュージーランドで2年間を過ごし，13歳の子ども，1,000人の神経心理学的評価を行った。Moffitt が予想したことであるが，この最初の成果では，神経心理学的欠陥は犯罪への関与と関連することを示すことが期待された。しかしこれら若者が数年間追跡されたが，この結果はまったく予想外のことであったが，年と共に期待どおりのものとはますますならなくなった。Moffitt は次のように説明している。

　困ったことには，このコホートの青少年が15と18歳の犯罪行動ランクに漸次入っていくと，リスク因子と非行との相関はますます弱くなり，結局は公表するような所見はまったく得られなくなった。データが抱いていた仮説と一致しない時に我々は時として最も多くのことを学ぶことがある。これはそのような例であった。データがなぜ予想どおりでないのかということを理解するための闘いからライフ・コース持続性対青少年期限定性反社会的行動という区分が生まれた。その非行開始が青少年期以前の子どもにとってのリスク因子は特徴的なのに，非行開始が青少年期の過程中に起こる子どもではそうではないのか？　という問題であった。

　こうして Moffitt は，データセットには異なった発達経路を辿る二つの型の反社会的若者が含まれているという理解に至った。すなわち，人生早期に脱線行動を開始する，神経心理学的欠陥に罹患している若者群（the LCPs；ライフ・コース持続性群）とこのような欠陥を持たず，青少年期になって遅れて非行に参入する若者群（the ALs；青少年期限定性群）である。彼女は一つの古典となる論文を書き上げ，この分野の中心的雑誌である「犯罪学」（Criminology）に投稿した。しかし採用されず，後に「米国心理学雑誌」（American Psychologist）で公表された。

1. ライフ・コース持続性反社会的行動

　Moffitt（1993）によれば，「連続性こそがライフ・コース持続性反社会的人間という小集団の目印である」（p.697）。これらの人びとは4歳時点で他人を噛みつき，殴打し，10歳で学校をずる休みし，店から品物を盗み，16歳で薬物を売り歩き，乗り物を盗み，20歳で強姦，強盗に走り，30歳で詐欺と児童虐待へと向かう（p.695）。どのような発達段階にあっても，彼らは環境から逸脱する。こうして，彼らは「家では嘘をつき，店からは盗み，学校をずる休みし，酒場では喧嘩に走り，職場では横領を働く」（p.697）。

　Moffitt（1993）の観察によれば，「もしある者たちの反社会的行動が就学以前から成人に至るまで不変であるとすると，調査者はその根源を人生早期，出生以前ないし出生後間もなく存在している諸因子に求めざるをえない」（p.680）。Moffitt の一つの重要な貢献は神経心理学的欠陥の潜在的な人生を変化させる作用を明確にしてくれている点である。神経の発達は出生前（例えば，母親の薬物使用や栄養不良など）や出生後（例えば，鉛のような毒物の被爆，児童虐待による脳損傷など）の一定範囲の因子によって阻害される。これらの欠陥は今度は子どもの心理学的特性に影響を与える。とくに言語発達と執行機能に対してそうである（例えば衝動の自己コントロール）。Moffitt の言及によれば，「**神経**と**心理**とを結びつけることによって，神経系の解剖学的構造と生理学的過程とが

気質，行動の発達，認知能力，あるいはこれら三つの心理学的特性に及ぼす影響の範囲について私は広く言及している」(p.681，強調は原著者による)。

神経心理学的欠陥はこうして「高い活動水準，興奮のしやすさ，乏しい自己コントロールと低い認知能力」，つまりは若者たちに反社会的行為へのリスクをもたらす特性を子どもたちに負荷する (Moffitt, 1993, p.683)。しかし，「手に負えない」子どももまた困難な社会環境に置かれていることを自覚する。彼らの両親は自分の子どもたちの一般的特性を共有していることが多いし，近隣住民たちとはしっくりいっていないことが多い。どのような親もこのような子どもには意気消沈させられるような困難を感じるのが常であり，ましてや神経心理学的，社会的欠陥を抱える母親や父親は前向きに応える資質に乏しい。そうする代わりに彼らは，困難を抱える子どもの元来の問題行動をより悪化させ，親子の絆の弱さを助長するだけの厳しい躾に走ってしまう (Casp.& Moffitt, 1995;Pattersonら1989をも参照のこと)。Moffitt (1993) の観察によれば，「子どもたちの素因が環界からの悪化的反応を引き出すと同時に，犯罪因的環界に対するより高度の脆弱性をもたらしている可能性がある」(p.682)。これが「個人的特性と環界との相互作用」の一つの過程である」(p.684)。

Gottfredson と Hirschi (1990) と同じく，Moffitt (1993) が述べているように，発達のいかなる段階における反社会的行動は，少なくともその一部にせよ，**現存する連続性**の，つまりは犯罪傾向という持続的異質性を反映したものである。「子どもの時同様に，トラブルを起こしていた特性と同じ布置的基盤を成人になっても引きずっている」(p.683) ためにトラブルを起こす場合に，このようなことが生じている。

とはいえ Gottfredson と Hirschi とは異なり，Moffitt の言及では，反社会的行動の不変性もまた**累積による連続性**の影響を基本的には受けている。若者の行動とこの行動への反応とが時間と共に「変化のための選択肢をせばめることによって」(p.684)，変わることのない反社会的役割へと彼らを追いやる。

この点に関して Moffitt (1993) が示唆しているのは，反社会的行動の累積による連続性は次の二つの考えによって支持されている。第一に LCP 群は「行動のレパートリィが限られている」。というのも彼らには脱線行動に代わる社会適合的行動を学ぶ機会がほとんど与えられていないからである。例えば，彼らの行為問題のために，彼らは正常な仲間によって拒否されることがしばしばある。しかも一旦こうなってしまうと，「慣習に即した社会的技能を実践する機会がより少なくなり」，このために今度は反社会的行動手段がより一層とられやすくなる (p.684)。第二に，彼らは「反社会的行動の結果に捕縛されてしまう」(p.684)。例えば，10代での妊娠や薬物嗜癖，学校からの落伍のリスクに晒されている。このような出来事は「累積による連続性の連鎖を断ち切る機会を失わせ，後の成功の可能性を減じてしまう**罠**である」(p.684，強調は原著者による)。

最後に成人期にまで犯罪行動が持続する者たちは「かんばしくない結果のさまよえる森」にいるようなものである (Capsi & Moffitt, 1995, p.497)。このような問題には，「薬物・アルコール嗜癖，不満足な就労，負債の未払い，住居不定，飲酒運転，暴行，不安定で多彩な女性関係，配偶者虐待，わが子の育児放棄，ネグレクト，虐待や精神医学的疾患」などが含まれている (p.497)。

2. 青少年期限定性反社会的行動

人生において継続的に起こる LCP 反社会的行動とは対照的に，大半の若者は主として青少年期に「いざこざを起こすようになる」。実際，非行は青少年期の発達にとって一つの正常な部分と思えるほどに通例的なことである (Moffitt, 1993, p.689)。しかも，この非行はその後停止してしまうことがきわめて多い。Caspi と Moffitt (1995) が強調したように，理論的に説明すべきことは発達の質的に異なったこの型，つまりは非行の開始は「青少年期早期であって，広範囲に認められるものの，若年成人期には回復し，連続性は欠如している」(p.499) ものである。もし LCP 群の行動が早期幼児期に原因を求めることによって説明されるべきであるとするならば，AL 群の行動は「青少年期の発達」の独自の特徴の中に見いだされるべきである (p.499)。

Moffitt にとって，青少年は発達の基本的問題に直面している。青少年期までに，生物学的に成熟し，性的行動が可能となり，大人の社会的役割を引き受けたいと願うようになる。しかし若者は性的関係を抑制し，大人の行動（例えば喫煙，商品の消費）への参加は 10 代後半になるまで待つことが期待されているような形で現代社会の仕組みができている。つまり彼らは「成熟ギャップ」に悩み，これが不満の元となり，脱線行動への一つの潜在的動機を形成している。

しかし青少年はこの不幸な状況をどのようにして解決可能にし，自分たちの成熟ぶりを示すことができるのだろうか？　他のいくつかの非行理論（例えば，Messerschmidt, 1993；Tittle, 1995）と同様に，Moffitt は非行を機能的，「適応行動」と見なしているのは教訓的である。非行は若者が直面する問題を軽減するために採用される一つの資源となりうる，というのである。

成熟ギャップに直面している彼らにとって反社会的行為の主な機能――そしてこれが強化するもの――とは彼らが自立性を示すということである。こうして，「あらゆる門限破り，車の窃盗，集団喫煙，妊娠は独立宣言なのであり」，成熟を示す一つの方法である (Casp.& Moffitt, 1995, p.500)。Casp.& Moffitt (1995) によれば，これとは対照的に「代数学は独立宣言とはならない。それは若者を真剣に取り扱うだけの権利があるという主張をするものではない。しかし犯罪はそうである」(p.500)。さらにはこの無法ぶりが引き起こすまさにこの否定的結果が肯定的作用を有している。もし親が怒り，教師が疎遠になれば，それこそが狙い通りの事態なのである。大胆な反抗の意味することとは両親たちを苛立たせる点にある。

とどのつまりは，青少年の反社会的行為は成熟ギャップに動機づけられており，この行為の持つ明確な特徴と，この行為が引き起こす反応とによって，この行為は肯定的なのである。人生のこの段階に入った若者がどのようにして初めて非行に関与するようになるのであろうか？

Moffitt (1993) によれば，反社会的行為は単純に発見されるものではなく，むしろ社会的模倣の過程を通じて学習されるものである。ある程度非行は年長の若者をモデルとして習得したものでありうる。しかし Moffitt が提案しているように，非行のモデル化にとって重要な源泉は LCP 群である。幼児期に AL 群は LCP 群を拒否する。いまや青少年期になると，LCP 群はより大人に見えるので，役割モデルの担い手となる。彼らは規則を嘲り，飲酒し，喫煙し，格好のよい入れ墨をし，性的活動が比較的盛んである。LCP 群は AL 群にとって「磁石」となり，非行への「新人教育係り」となる (p.688)。

LCP 群はもちろん犯罪を含む反社会的傾向を成人になるまで継続して示す。一部の AL 群

もまた薬物乱用，妊娠，投獄などのような事件によって無法な振る舞いに「捕縛され」，これらが累積による連続性を助長し，彼らを反社会的ライフ・コースに嵌め込んでしまう（Casp.& Moffitt, 1995, p.500）。とはいえ，大部分のAL群の犯罪行動は持続することはない。しかし彼らの脱線行動はなぜ「青少年期に限定」されるのか？　大体において犯罪行動の停止が可能であるのは，これら若者たちは累積による連続性を回避し，現存する連続性を有していないからである。言葉を換えれば，彼らは犯罪への落とし穴となる「罠」を回避し，ライフ・コースのあらゆる段階で反社会的行為を引き起こすこの種の持続的個人差（例えば低い自己統制）を有していないからである。AL群は心理的に健康であるために，成人期に達すると，「〈非行への〉動機づけの低下」を体験し，「状況の変化」に反応できる（Moffitt, 1993, p.690）。彼らの反社会的動機づけは減弱する。というのも彼らは成熟ギャップを埋める成人の役割——結婚，就職，余暇活動など——を果たすことが可能となるからである。彼らの状況も変化する。というのも非行はより厳しい罰（例えば成人の逮捕歴）をもたらすものと意識され，到達可能な慣習に即した選択手段から今や入手可能となった報酬を危険に晒すからである。以上の結果，AL群の大半が反社会的行為を停止することになる。

3．Moffitt理論の評価

　Moffitt（1993）の観点は理論的にはエレガントで，犯罪学調査研究と考え方において重要な方法を提示してくれている。しかしそれは間違いなく少なくとも2種類の挑戦を受けている。一つは最も理解しやすいもので，犯罪者が2群に——そして2群だけに——きれいに分けられるのかどうかという問題提起である（Moffitt, Caspi, Dickson, Silva, & Stanton, 1996）。例えば一部の調査研究の示唆していることには，LCP群は2種類に分類されるかもしれないのである。つまり高頻度で犯罪を行う者たちと犯罪行動は慢性的だが，この頻度が低い者たちの2群である（D'Unger, Land, McCall, & Nagin, Farrington, Moffitt, 1995）。さらには12から72歳までのオランダの犯罪者研究で，Blokland, NaginそしてNieuwbeerta（2005）は4群を見いだしている。犯罪が散発性の群，中止以前の犯罪が低頻度の群，中頻度の群，犯罪が持続的で高頻度の群の4群である。全体としてこれらの結果が示唆していることには，2群説は犯罪への参入とこれからの離脱という発達の仕方の複雑さを完全に把握するにはあまりにも簡略されすぎたものなのである。

　第二にGottfredsonとHirschi（1990）のような学者が認めようとしていることだが，犯罪者の類型学的探究は愚かな仕事である。彼らの考えでは，犯罪行動の水準におけるいかなる差異も人びとの間の質的差異を反映したものではなく，基礎的水準である犯罪傾向の量的差異を反映しているに過ぎない。つまり，LCP群もAL群も実際には存在しておらず，むしろ学者たちが犯罪者の分布を考え，データに人為的な分離点を設けるために，作成されたものである。現実には，犯罪傾向の個人差は人びとの間により広範囲に広がっており，この個人差が一部の若者には少しの逸脱を，ある若者たちにはより強い逸脱を，その他の若者たちでは相当に著しい逸脱をもたらしたりしている。これらの傾向は（ALという考え方がそうであるように）青少年期に突然発生するようなものではなく，幼年期から青少年期，成人期へと誰においてもむしろ持続しているものなのである。将来の探究によって，この論争に決着をつける必要がある。

　予期されたように，Moffittは以上の批判に沈黙したままではなかった。いくつかの機会

に，彼女は，自分の理論に沿った因果過程と広範に一致する証拠を提示している（例えば，Moffitt, 2006a, 2006b；Moffitt, Caspi, Rutter & Silva, 2001；Piquero & Moffitt, 2005 を参照のこと）。Moffitt が認めていることには，実際にどのような理論も検証されながら，修正される必要があり，これまで 10 年以上にもわたって評価を受けてきた彼女のパラダイムも例外ではない。例えば，Moffitt（2006b）が言及しているように，LCP 群や AL 群に加えて，犯罪頻度の低い慢性犯罪者やいかなる反社会的行為も自制している群が存在している可能性がある。青少年期限定性犯罪行動がどの程度まで，適合を困難にしながら，成人期にまで持続する効果を持つのかの研究がさらに必要であると彼女は述べている。そして LCP 群の〈調査〉年齢は成人期にまで延長されると，この時期に犯罪停止が起こることがあるとも彼女は主張している。それでも，Moffitt の主張では，彼女の二群類型学によって犯罪行動の発達の大半の変化が説明可能である。とくに「調査研究の 10 年後の時点で，ある程度確実に言えることは，仮定されているライフ・コース持続性反社会的個人は少なくとも生後 30 年までは存在している」(2006b, pp.301-302)。

VI Sampson と Laub
——社会的絆論の再検討——

『発達過程の犯罪』(Crime in the Making) において Robert Sampson と John Laub (1993) は年齢段階的日常的社会統制理論 (a theory of age-graded informal social control) によってライフ・コースにおける犯罪を説明することを提案した（Sampson and Laub, 1993；Sampson & Allen, 2001 をも参照のこと）。この中で，彼らは Hirschi (1969) の元の社会的絆理論を再検討し，再活性化する試みを意識的に行った。〈青少年期の〉非行への関心のゆえに，Hirschi は若者たちへの社会的絆の影響を検討した。これとは対照的に，Sampson と Laub は，幼年期から，青少年期，成人期に至るまでの生涯を通じての犯罪行動の連続性と変化に関する我々の理解を秩序立てる手助けと社会的絆理論がなることを示した。

さらに Sampson と Laub (1993) は Hirschi の社会的絆の概念を，人びとの関係の質（例えば仕事のための社会的支援，接触）によって形成される「資本」ないし資源である「社会資本」(social capital) という新しい考えを導入することによって，より精緻なものとした。社会的絆が強化されると，社会資本が上昇する。このような資本は問題解決のために使用可能な資源を提供してくれるが，この資本への依存は，これが失われると大いに危険に陥る可能性があることをも意味している。このように社会的統制は，社会的関係の深化に根ざしており，今や犯罪はそのつけが大きすぎて実行できないという感覚の成長によって促進される。

犯罪傾向の早期からの個人差の重要性を否定はしないものの，Sampson と Laub (1993) は発達犯罪学への社会学の意義が失われていないことを示すために社会的絆理論を採用した。Gottfredson と Hirschi (1990) とは対照的に，犯罪行動は連続性だけではなく，時間と共に起こる連続性と変化の双方を特徴としていることを彼らは主張した。社会的絆は見せかけのものではなく，むしろ行動へ因果的影響を及ぼしている（Sampson and Laub, 1995, HIrschiand Gottfredson, 1995 を参照のこと）。Moffitt (19993) とは対照的に，連続性が明確に区分された犯罪者の一群を構成するとか，変化が犯罪者の第二の群を構成するとかということを彼らは否定した。Sampson と Laub の主張では，ラ

イフ・コースは潜在的には力動的なもので，この意味することはLCP群でさえも成人期に絆を再構成することが可能で，これが彼らを犯罪から方向転換させるということなのである。

それから10年後にLaubとSampson (2003) は『開始の共有と人生の転換』(Shared Beginnings, Divergent Lives) とにおいて彼らの理論の変更を行った。彼らの社会的絆的観点の核心的部分を温存しながら，犯罪中止はいくつかの要因と「行為者性」(human agency) との集合の結果であることに言及し，犯罪停止の過程に関する彼らの分析を拡張した。以下まず最初に，SampsonとLaubの元の理論を考察し，次に最近精緻化されている彼らの観点について論及したい。こうすることによって，彼らのアプローチはGottfredsonとHirschiの犯罪行動連続性を主張する自己統制理論とMoffittの反社会的行為に関する二群性発達理論の双方への批判となっていることを理解することになろう。

1. 年齢段階的日常的社会統制理論

社会学的観点に立脚しながら，SampsonとLaubは家族によってなされるような個人と社会的統制との過程は真空状態で行われるのではなく，より大きな歴史的，巨視的水準の力が形成している一つの構造的文脈の中に存在しているものである。例えば家族の中で発生することは，貧困，住居の可動性，家族規模，雇用の有無や移民的地位のような「構造的背景因子」によって影響されることに彼らは同意している (Sampson & Laub, 1994)。しかし大半の社会学者たちとは異なり，問題のある気質，早期の素行障害などの幼児の個人差もまた社会的統制を達成する試みに影響を与えることを，彼らは認めている。つまり社会的環境に対する「幼児効果」(child effects) が存在するのだ。これらの個人差は社会的統制を引き出したり——時に

は貧弱にしか達成されないが——，〈逆に〉社会的統制によって影響を受けたり，制限される可能性もある。

人生の最初の段階では，最も顕著な「社会的統制過程」は家族において見いだされる。家族は直接的統制（監視）と間接的統制（愛着）の双方の働きをする一つの道具である。躾が過酷で，一定していない家族，親子が相互に拒否している家族では，絆は脆い。この結果起こりうることは非行である。家庭が若者の脱線行動に対する〈一般社会の〉構造的因子の影響を仲介することはよく知られている。つまりこれらの構造的因子が非行に影響を及ぼすのは家庭を介してなのである (Laub et al., 2001; Sampson & Laub, 1994)。これらの過程はまた部分的には幼年期に発生する犯罪傾向の個人差を成立させる。しかしGottfredsonとHirschiと一致するのだが，これらの個人差はライフ・コースを通じて反社会的行為にある程度独立した影響を及ぼしているように思える。最後に家庭を超えて，少年非行は学校への愛着の弱さと非行仲間への愛着とによって助長される。

SampsonとLaub (1993) が観察したように，「人生の種々の領域を超えて，幼年期から成人期を通して反社会的行動には強い連続性」が認められる (p.243)。彼らはこの連続性をMoffitt (1993) が「累積による連続性」と呼んだことに帰属させている。この累積による連続性では，犯罪およびこれへの反応とは犯罪者を犯罪行動の軌跡へと嵌め込む一つのサイクルを形成している (Patterson et al., 1989; Thornberry, 1987をも参照のこと)。例えばSampsonとLaubが示していることには，安定的就業と報いのある結婚生活の可能性を低くし，これがまた犯罪性の持続を助長することによって，非行は成人期の社会的絆を脆弱なものにしてしまう。投獄は持続的な犯罪への関与という結果をもたらす

るが，社会的絆を弱体化することによって犯罪を恒常的なものにしてしまう。社会的絆を結ぶ機会が「切り落とされる」に従って，犯罪から逃避できる公算はより望み薄となる。

しかし重要なことは，SampsonとLaub (1990, 1993) が議論しているように，もし意味ある社会的絆が成人期に確立されると，これが「転回点」となり，犯罪者は適合的生活を送るようになる。つまり，もし弱い社会的絆が連続性の根底にあるとすれば，強い社会的絆は変化の基盤となる。注目すべきことに，SampsonとLaubが拒否している考えであるが，成人期に絆を確立する慢性犯罪者は社会的絆の確立に失敗する慢性犯罪者との識別となる個人差を幾分なりとも以前から隠し持っているという考えである。繰り返すが，これは人生のどの段階にあるのかということとは関係なく，すべての社会的絆は，実りある関係へと自己選択するなんらかの個人差のたんなる表現にすぎないという考えである (Hirschi & Gottfredson, 1995)。しかしSampsonとLaubにとってこのような考えは還元主義的なものである。犯罪との繋がりがすべてこのような基盤がないということではないが，人の選択は社会関係に影響を与えることは確実である。しかも時として人生は偶然に支配される。例えばある個人が良い仕事を見つけたり，健全で親密な関係にたまたま入ることがある。このようなことが起こると，社会的絆の発達が可能となり，社会資本が形成され，それまで欠落していた犯罪生活の抑制が支配的となりえる。

最後にこの議論から明白にすべきことは，SampsonとLaub (1993) が強調したことには**ライフ・コースを通じてすべての年齢において**日常的な社会的結合と社会との絆が重要である (p.17, 強調は原著者による)。しかし日常的な社会的統制は「絆のさまざまな型の持つ重要性はライフ・コースにおいて変化する」という意味で「年齢段階的」なものである。

2. SampsonとLaubのライフ・コース理論の評価

『少年非行の解明』(Unraveling Juvenile Delinquency) の中でSheldonとEleanor Glueck夫妻は32歳まで時に応じて追跡した500人の非行少年と500人の非行のない少年とを適合させた標本を比較する彼らの縦断的研究の成果を公表している (Glueck and Glueck)。現代犯罪学の比較的注目すべき物語の一つだが，1987年にSampsonとLaubはGlueck夫妻「自身の事例ファイルがハーバード法科大学院図書館の薄暗い地下室に埃だらけのまま保存されている」のを発見した (Laub et al., 2001, p.98)。これらのファイルは，コンピュータを用いて再分析することが可能となるためには，修復され，再コード化される必要があった。SampsonとLaubはこの骨の折れる仕事に取りかかったが，ライフ・コースを通じての犯罪を研究するには最も実り多いデータ・セットの一つを作成することによって彼らの労苦が報われることとなった。

重要なことには，SampsonとLaubの理論はGlueck夫妻のデータの調査へと導いた。SampsonとLaubはGlueck夫妻の調査研究チームによって収集されたいくつかの型の情報を「理解する」ために社会的絆理論を採用したことである。自分たちの理論によって彼らはいくつかの概念を発展させ，いくつかの経験的測定を展開した。同時にSampsonとLaubは「自分たちの理論を追い詰める」ためにこれらのデータを採用したのであった。一つの理論を説明すると同時に，厳密な仕方でこの理論を検証することによって，その誤りに挑戦することが目的であった。Glueck夫妻のデータを分析することによって彼らの理論的枠組みは相当の利

点を有しているという説得性のある経験的確証を得たことがSampsonとLaubの観点にとって力となった（Sampson & Laub, 1990, 1993, 1994）。おそらく最も価値あることは，家庭の社会的統制は，構造的な特徴と（ある程度までは）個人的な特徴双方の非行に対する影響を仲介し，成人期における社会的絆の質——安定した職業，報いのある結婚生活など——は持続的犯罪者を犯罪の道から転向させうるという彼らの所見である（SampsonとLaub, 1990, 1993）。さらには現存の調査研究は，ライフ・コースを通して形成される社会的絆が犯罪的行動に関連しているという彼らの意見と一致している（Horney, Osgood, & Marushall, 1995 ; Laub et al., 2001 ; Laub, Sampson, & Seeeten, 2006）。

しかしSampsonとLaubの理論が立ち向かうべき二つの挑戦が待ち構えている。一つは社会的絆理論に立つことによって，SampsonとLaubは幼年期の家族生活の質および成人期の慣習に即した関係がもたらす犯罪減少効果を社会的統制に起因するものとしている。人を犯罪的行動から転回させる役割を果たす条件によっては，統制以外の社会的過程が関与するなり，誘発されるということがありうる。例えば結婚と就労を挙げてみよう。これらの「社会的絆」は統制を強めるかもしれないが，個人を反社会的仲間から引き離し，社会適合的影響を受けるようにするという文脈もありうる（Warr, 1998 ; Wright & Cullen, 2004）。つまり社会統制に加えて，分化的接触理論も犯罪行動の停止の説明となりうる。社会的絆が統制，社会的学習，社会的支援のような社会的過程によって社会適合性がどの程度助長されるのかを将来探究する必要がある（Cullen, 1994）。とりわけ更新された彼らの理論において，SampsonとLaubは彼らの観点のこの限界に立ち向かい，この〈犯罪行動の〉変化の過程に関する彼らの考察を拡大している。

第二にSampsonとLaubの観点はGottfredsonとHirschiの自己統制理論と，より一般的には犯罪行動の連続性を基底にある個人差に求めるライフ・コース諸理論との継続的競争状態にあるといってもよい（自己統制と社会的絆に関する本書第6章の議論を思い起こしてほしい）。繰り返すが，ライフ・コースを通じての社会的絆の優位性を示すことによって，SampsonとLaubは，人が示す犯罪性の水準には幼児期以外の社会的過程は無関係であるというGottfredsonとHirschiによる攻撃から，社会学を「救出」する手助けをした。最後になるが，しかしこの挑戦は連続性の原因は自己統制なのか，それとも社会的絆なのかという単純な議論を超えてなされるべきものであろう。実際SampsonとLaubの理論のより精緻化された言及——他のライフ・コース諸理論と合致したものとなったが——では，犯罪上の軌跡はあれとかこれとかの型の変数によってではなく，個人的そして社会的条件の交錯ないし連動によって動かされている，とされている。ある程度人は自分の人生の設計者であるが，己の現在の選択とありうる未来とを劇的に制約するライフ・コースに埋め込まれてもいる。この複雑な過程をいかに解明するのかはこれから犯罪学者たちの注目を集める可能性がある。実際，この過程の解明こそがSampsonとLaubのごく最近の業績で中心的課題となっている。

3. 犯罪の年齢段階理論の修正

『開始の共有と人生の転換』（2003）においてLaubとSampsonによって推進されたことは，Glueck夫妻の非行者と定義された（つまり少年院へ送られた）500名の男子の研究である元のデータ・セットを70歳になるまでに（Glueck夫妻では32歳まで追跡調査された）延長しよ

うとするものであった。この調査研究ではこれら 500 名の犯罪者の犯罪歴を検討し，またこの中の男性 52 名と面接を行った。これらの質的データは重要であった。というのも Laub と Sampson がなぜこれらの犯罪者が犯罪を持続し，そして，とりわけ停止したのかということをより深く探求することがこのデータによって可能となったからである。連続と変化のこの過程の理解を豊かにしてくれた。さらには老齢（もしくは死亡）に至るまでこの標本を追跡したことによって，彼らは文字通り真のライフ・コース研究を行うことが可能となった。それまでの縦断的研究計画の大半が被験者を成人期早期までしか追跡していなかった。この結果，これらの研究計画では成人中期ないし後期に達した時の犯罪行動パターンの性質を解明する性能には限界があり，また幼年期と青少年期の体験による成人期の犯罪行為の予見の方法を解明することは不可能であった。以下述べるように，これらの方法論上の限界は理論上重大な意味を有している（Sampson & Laub, 2005）。

全ライフ・コースのデータを入手することによって，Laub と Sampson は二つの重要な所見を示している。第一の所見であるが，高頻度の犯罪者でさえも，犯罪の停止は実際に普遍的なことであるように思える。第一に，死亡しないならば〈長期追跡が可能で，その場合には〉，誰でもが法を犯すことを最終的には中止する。第二に，いつ停止が起こるのかを予測することは困難である。幼児期のリスク因子のような人生の比較的早期の出来事は犯罪が放棄される時点を識別するようには思えない（Laub & Sampson, 2003；Sampson & Laub, 2005）。

以上の所見はライフ・コース持続性犯罪者に関する Moffitt（1993）の見解への直接的挑戦となっている。LCP 群は犯罪行動を永続させるわけではないように思える（Moffitt［2006b, pp.301-302］が，これに応えていることには，Glueck の標本における男子は成人中期まで高頻度の犯罪行動を持続させており，「彼らのコホート母集団の若者の大半が犯罪を停止した時は，この年齢〈成人中期〉をはるかに過ぎてしまっている」〈ので終生持続と事実上は言えるものである〉)。もっと重要なことだが，停止は発達順序の展開の一部と言い切ることができない点である。成人期に達すると，犯罪の中止は人生のこの段階での出来事に左右され，人生の比較的かなり早い時期に起こったことによっては影響されない。このシナリオによれば，変化は前もって定められているものではなく——つまり幼児期は Moffitt の理論が示すような発達上の定めというのではなく——むしろそれ自身の理論的説明を必要とする一つの独立した新しい出来事なのである。

Laub と Sampson（2003）は成人期における停止の過程に五つの側面があることを明らかにしている。第一の側面であるが，彼らの早期の研究（Sampson & Laub, 1993）同様に，結婚と就労のような構造的転換点が変化の段階を準備する。Gottfredson と Hirschi とは異なり，彼らはこのような社会的状態へ参入するのは単なる自己選択の結果（例えば自己統制が比較的強い者が結婚し，就労を続ける）であるとは見なさない。むしろこれらの出来事は幸運の恵みであって，〈運良く〉善良な配偶者に遭遇したり，友人から正業について教えられるといった事柄なのである。

第二の側面であるが，これも彼らの初期の理論化に一致しているもので，構造的出来事は社会的絆を強め，これが犯罪者に対する日常的統制を増強するということを彼らは認めている。しかし彼らの考えでは，これらの絆は社会的支援を得るための一つのルートでもありえることで，この支援が今度は愛着と間接的統制とを助

長することが可能である（Hirschi, 1969 を参照のこと）。

　第三の側面であるが，厳密な統制理論から出発して，彼らが観察したことは，犯罪者が結婚生活に入り，仕事に就くと，無構造的で逸脱した場所（例えば酒場）中心の日々の日常活動が構造化されるようになり，社会適合的な責任に満たされた日常活動へと変化する。この結果，犯罪者は逸脱した仲間やその他の「悪い影響」から離される。

　第四の側面であるが，このような変化が生じると，社会適合的ライフスタイルによって「不履行による停止」（desistance by default）が形成される。犯罪者はある日目覚め，自分の生活が変化し，犯罪活動は次第に遠い昔話となってしまっていることに気づく。Hirschi（1969）のコミットメント（上昇志向）という絆と大変よく合致しているのだが，犯罪者はこの新しい人生の送り方にのめり込むために，馬鹿げた犯罪という冒険のためになにもかも犠牲にする気にはとてもなれなくなる。この意味で，停止は典型的には生まれ変わりや瞬時の体験ではなく，深化していく社会適合的一つの過程であって，これが次第にしかし力強く，犯罪者を犯罪因的ライフスタイルから切り離していく。

　第五の側面であるが，これはおそらくは理論上最も重要であって，Laub と Sampson（2003）の言及によれば，彼らが記述している停止過程は犯罪者の選択を制限するが，完全に決定するものではない。〈Glueck 夫妻の標本の〉犯罪者群を再び犯罪学の対象にしようとする試みの中で（本章第 13 章の理論家たちと似てなくもないが），これらの個人は主観的現実性を有し，行為者性を行使していることを Laub らは観察している。行為者性とは幾分曖昧な概念構成ではあるが，この意味することは，犯罪者たちは「意志」を有しており，彼らが企てる旅への積極的参加者であり，犯罪停止の機会に抵抗するのか，意図的にこの機会を捉えるのかということである。

　Laub と Sampson の概念化において，行為者性は身につけている一つの特性というものではなく，状況において発生する一つの新たな資産である。犯罪への誘惑に遇って，犯罪者は法を犯すことに後押しされるのか，後退させられるのか頭を使わずにことを行う者ではなく，与えられた犯罪の機会を拒否するのか，利用するのかの動機づけを自ら行う。行為者性を構成しているのはこのように統制理論に動機づけを付加したものである。しかしこの動機づけは人間の本性に根ざしたものではないし（Hirschi の統制理論が認めようとしたように），人生の比較的早期に植え込まれたものでもない（緊張および社会的学習理論が認めようとしたように）。むしろ犯罪者が行使する動機づけ——意志——は状況的なもので，犯罪者が彼らの生活にこの「行為者性」を及ぼす時に，犯罪者によって創造されるものである。

　行為者性の概念は犯罪者の選択の仕方の性質を正確に記載可能かもしれないが，しかし，科学的に有用なものなのか？　行為者性の考えは犯罪者たちが面接中に話題にしている犯罪の現実を捉えているので，真実に思える。Laub と Sampson（2003）がしたように，犯罪者たちと会話を交わすことによって，Glueck の標本の男性たちは彼らの個人的，社会的環境によって形成されるというだけでなく，彼らの人生の設計者でもあったという結論に否応なく導かれる。しかし困難は，行為者性——社会的状況に置かれた自由意志の一型——のまさにその性質は実際には測定できないということである。行為者性が操作化されないと，これが犯罪行動における変異を説明する一つの重要な原因的因子なのか，もしくはたんなる元犯罪者の過去の犯

表 15-1 ライフ・コース諸理論の連続性と変化

著者と理論	連続性	変化
Gottfredson と Hirschi：低自己統制理論——連続性のみ	肯定——人が犯罪を継続するのは低自己統制が不変なため	否定——個人差は終生不変
Patterson：社会的相互作用発達理論——連続性ないし変化	早発群のみ犯罪行動の連続性示す	遅発群のみが犯罪行動の変化示す
Moffitt：LCP 群と AL 群の発達論的分類法——連続性ないし変化	LCP 群のみが終生連続性示す	AL 群のみが変化示す 犯罪行動は青少年期限定
Sampson and Laub：年齢段階的社会的絆理論——連続性と変化	肯定——連続性は個人的傾向と弱い社会的絆とに起因しており，これらが相伴って累積による連続性を形成する	肯定——良質な社会的絆が犯罪者を変化させ，犯罪を停止させる；行為者性もまた変化を起こし，停止が可能となる

罪生活に関する自己の利益のために，あるいは単純に，間違った誤った記憶なのか，学者たちは経験的に検証不可能である。

表 15-1 では，ライフ・コース諸理論が要点を絞って要約されている。すでに言及したように，これらの観点は犯罪行動における連続性と変化の問題についての明確な洞察を与えてくれるものとして理解できる。こうして表 15-1 は反社会的と犯罪的行為のこれら二つの〈連続性と変化という〉中心的問題次元に主要なライフ・コース諸理論がいかに立ち向かっているかを一目でわかるように整理したものである。

4. Maruna の罪の贖いの台本理論

英国リバプールの 65 名の犯罪者と元犯罪者の面接による研究において，Shaad Maruna (2001) が注目したことは，これらの者たち全員が希望のない未来に直面し，「貧困，児童虐待，労働力からの切り離し，社会的制裁という烙印，低い学歴，地域における合法的上昇機会の乏しさ，重篤な嗜癖と依存症，リスクの高い人格プロフィール，そして当然のことながら長期間の犯罪的行動」(p.55) などの多様なリスク因子を持つことを特徴としていた。「犯罪因的特性」，「犯罪因的背景」，「犯罪因的環境」のこの結合によってこれらの人びとは全員持続的な犯罪経歴を持つようになっていた（Moffitt の LCP 群を思い起こしてほしい）。さらにはこれらの犯罪者の一部は犯罪からすでに手を引き，残りはそうではなかった。Maruna が理解したことには，これらの二群は彼らの社会史，心理史，そして犯罪歴からは明瞭に区分されなかった。なにか他のものが停止群と持続群とを分けているように思えた。

この謎を解決するために，犯罪の「背景」から「現象学的前景」へと移動すべきであると Maruna は言及した (Katz, 1988 を参照のこと)。面接データについての彼の詳細な分析において (Maruna & Copes, 2005, pp.277-281)，彼が見いだしたことは，停止群と持続群とでは彼らの犯罪生活の認知的理解がきわめて異なっているということであった。法破り者ではなくとも，我々のすべてが，我々が何者であるのか，何をするのか，どこに向かうのか，ということの「意味を理解」させてくれる「ライフ・ストーリィ」ないし「物語」(narrative) を持つことで，意味づけを求めている。Maruna (2001) によれば，犯罪者のこの二つの群では彼らの長期の犯罪性を説明するために彼らの採用した物語ないし「台本」(scripts) が異なっていた。とりわ

け停止者群は「ひどく荒涼とした生活史の中でも事を成し遂げる」「理由と目的とを見いだす」ことが可能であるという人生の物語を抱くことができた群であった（pp.9-10）。以下簡単に紹介するが，これらの物語は「罪の贖いの台本」（redemption script）と呼ばれている。

犯罪に捕らわれているように思える者たちは自分たちの人生をかなり違った見方をしていた。Maruna（2001）によれば，持続性犯罪者たちは自分たちを「逸脱へと運命づけられている」（p.74）と記述していた。彼らは自分たちの運命を言い表すのに，「宣告の台本」（condemnation script）（p.73）と述べ，彼らの統制を圧倒する境遇によって犯罪生活の「宣告を受けている」のであった。「犯罪への関与にはいかなる熱狂」もないけれども，「薬物依存，貧困，教育や技能の欠如，あるいは社会からの偏見のために行動を変化させるには無力であると感じており，選択のしようがないように感じていると彼らは語った」（pp.74-75）。多くの点で，彼らの生存状況に関する判断は現実主義的であって，このことが犯罪を停止しようともがいている同輩たちよりも彼らの「悲しみをより深くし，より分別くさく」させている（p.84）。

これに対して，停止した者たち——事を為した者たち——は「罪の贖いのレトリック」を採用していた（p.85）。長期の犯罪者として彼らは二つの挑戦を受けていた。荒涼たる彼らの境遇の克服であり，「薬の密売，車の窃盗，入獄」という「約10年ばかりの歳月」（p.85）についての説明という彼らへの挑戦的課題である。この課題を彼らは「罪の贖いの台本」によって達成している。この台本では，「彼らの過去の生活の過酷な現実」は克服可能なものとして脚色され，自分は何者なのか，何を体験してきたのかということについて捉え返しがなされる（Maruna & Copes, 2005, p.280）。

この物語の本質を成していることは，彼らのこれまでの犯罪性は「現実の自分」のものではなく，また「心の底からの」実際の自分ではないということを主張する点にある（Maruna, 2001, pp.88-89）。犯罪はこうして状況的なものであり，彼らの真の姿を映したものではない。真の姿が今や顔を現し，違法な行為を停止させている。罪の贖いの台本にやはり含まれていることには，過去の苦悩は彼らをより強い，より善良な人間にする希望のきざしなのである。実際彼らは問題を抱えている少年を手助けするなどのより高い目的を持って行動している。自分の運命を自分で切り開くことができるし，異なった方向へと向きを換え，その行路に踏みとどまれると感じるようにもなっている。最後に，この罪の償いの台本によって元犯罪者は「一貫した社会適合性を持った同一性」を得て，これが彼らの犯罪抵抗を生み出し，社会において「事を為す」ことに繋がっている（p.7）。

明白なことではあるが，Marunaの理論はSampsonとLaubの理論とは異なり，停止を構造的転換点や，状況的行為者性（Maruna & Roy, 2007を参照のこと）に因るものではないとしている。Marunaにとって停止する犯罪者は一つの基本的な質的認知の変化を体験しており，これがしばしば悲惨な境遇に直面している彼らの支えとなっている（Laub & Sampson, 2003, pp.278-279）。彼が理解しているように，罪の贖いの台本が犯罪からの離反に関与し，その後も大いに前進し，生まれたばかりの社会適合への試みを強化することにおそらくは役立っているかどうか検討することがいまなお残されている（Maruna & Copes, 2005, p.81）。ともあれ将来のライフ・コース研究者はいかにして犯罪者や元犯罪者が自分たちの同一性を確立し，自らの人生を思い描くのかということに一層体系的に注意を向けることになろう。

5. Giordano と認知的変化の AL 群理論

　成人に達してからの犯罪停止を説明する中で，Peggy Giordano, Stephan Cernkovich そして Jennifer Rudolph（2002）は Laub と Sampson（2003）の修正ライフ・コース理論に加わった。Laub と Sampson 同様に，彼女らは伝統的社会的絆理論をあまりにも決定論的すぎると批判した。社会的絆理論が暗黙のうちに前提としていることは，絆への関与（例えば両親への愛着，学校へのコミットメント）の意味することは個人は自動的に学校による日常的統制に従い，犯罪行動を減少させることになる，ということである。Sampson と Laub（1993）の彼らの観点についての彼ら元来の言及においては，社会的絆（例えば結婚，就労）はそのように機能しているように見えた。絆は構造的「転換点」であった。もしある犯罪者が幸運にも良い結婚相手に恵まれたなら，統制はまさに到来し，停止が起こる。しかし，前述したように，Laub と Sampson（2003）がその後論じたことは，このシナリオは変化の過程における「行為者性」役割を無視してしまっている。これと類似の手法で，Giordano ら（2002）が言明していることには，犯罪者，とりわけ成人犯罪者は「意図的」かつ「反省的」である。こうして，彼女らは「演ずる者と環界とのより相互的な関係を理論化し，この変化の過程における作用（agency）に重きを置いている」（p.999）。

　彼女らの理論はしかし Laub と Sampson の修正された観点に対する二つの批判から出発している。第一に，結婚と就労とを「転換点」として概念化するよりも，Giordano ら（2002）は「変化のための留め金」（hooks for change）の概念構成を採用している。この出来事が形成するのは変化と停止の可能性であって，必然性ではない。彼女らの見解では，犯罪者は「引っ掛かっている」ということであって，つまりは彼らのライフ・コースの方向修正というこの機会を利用しなければならないのである。この過程は，機会の力だけでなく，犯罪者の力も関係している。彼女らが述べているように，「より広い環境によって提示されている絶好の機会に飛びつくという，演じる者自身の役割を私たちは強調したい」（p.1000）。第二に，Laub と Sampson の「行為者性」という不明確な概念とは対照的に，Giordani らは力を四つの「認知的シフト」を含む一つの「認知的変化」において示されるもの，そのものであると見なしている。Giordano らは経験的評価が可能な停止理論を創り出している。

　変化と停止とが生じるためには，犯罪者はまずは「変化を認知する開けた心」（general cognitive openness to change）を発展させる必要がある（Giordano et al., 2002, p.1000）。一旦このより包括的な認知的シフトが起こると，犯罪者は直面する特別な変化のための留め金——芽が出たばかりの親密な関係，職の提供——を「一つの積極的展開」（p.1001）と解釈するに違いない。そしてこの機会を「捉える」に違いない。この第二のシフトは「持続的な逸脱とは基本的に両立しない新たな事態」と規定されるものを含んでいる（p.1001）。

　こうして，Giordano らは第三の認知的シフトを記載しているが，これは Maruna（2001）の前述した「罪の贖いの台本」の概念と重なるものである。Giordano らによれば，認知的変化は「背後にあるべき辺縁的自己（marginal self）を取り替える一つの魅力的で枠に収まった『自己の交替（replacement self）』を抱き，形成しはじめようとする」（p.1001）犯罪者の試みを含んでいる。この変化の肝要な点は一つの新しい同一性の発達であって，これが方向を与え，「決心のフィルター」として機能する（例えば，この行為は「私という者」と一致するの

であろうか？〈というフィルターが行為にかかる〉）。とりわけ，変化のための留め金——繰り返すが良質の結婚生活に入ること——はこの新鮮な同一性を強化し，そして，SampsonとLaub（1993）が観察したように，日常的社会統制を与えてくれうるものである。さらに犯罪者の再構造化された同一性は停止過程において一つの独立した重要な役割を果たしている。このようなことがとりわけ明確となるのは，彼ら自身に降りかかる「新たな状況」に犯罪者が直面したり，おそらくは，持っていた変化のための留め金を失うような体験をするような時であろう（例えば，関係が破綻したり，失職したような場合）。

最後に，認知的変化の第四の型が生じるのは，犯罪者が過去の逸脱行動と法破りの生活スタイルを解釈しなおす場合である。Giordanoら（2002）が観察している「停止過程が比較的完全なものとなるのは，この演ずる者がこれらの逸脱行動を肯定的，実行可能なものとか，当人に相応しいものと，もはや見なさない時である」（p.1002）。このように修正された世界観が持続的遵法精神の支えとなる。さらに認知変化は，犯罪者の態度と行動の動機づけが反社会的なものから社会適合的なものへと移行したことを示すものだけに，重要である。この観点は社会的学習理論とはより一致し，「動機づけは相対的に変化はしないと見なしている統制論的立場とは合致しない」（p.1002）。

さいごに，違いはさておいて，認知的変化に関するGiordanoらの，罪の贖いの台本に関するMarunaの，そして行為者性に関するLaubとSampsonらの各業績において一致していることは，犯罪者は彼らがライフ・コースにおいて辿る経路は能動的な参与であるという点である。この見方は，犯罪者が犯罪経路に最初に置かれその後何年間も縛り付けられてきた構造的，個人的なリスク因子の重要性を，減じるという意味ではない。犯罪的ライフ・コースからの脱出は単純に一つの自然な過程であるとか，幸運にも良き伴侶や仕事の機会に恵まれるといったことがらではないように思える。そうではなくて，活用されたり，場合によっては失われるのかするのだが，変化のための留め金を可能にする選択を犯罪者は行っているのである。将来の理論と探究への挑戦は行為者性の意味と，犯罪者が自分の人生と犯罪停止とを考え直す厳密な仕方を今以上に明確にすることである。

Ⅶ 理論の帰結——政策的意義——

重大な持続的犯罪行動の温床として，幼年期にライフ・コースないし発達理論が焦点を当てていることは，直接的な政策的意義を有している。もし犯罪のルーツが人生の最初の一年にあるとすると，防止の最良の方法とは早期介入プログラムによるものとなる。このようなプログラムは次の三つの領域に集約される。つまり親の訓練，子どもの認知発達の促進，問題行為早期発現の改善である（Farrington, 1994a；Tremblay & Craig, 1995）。これらのプログラムは胎児期，小児期，学童期を通じて実施されうる（Farrington & Welsh, 2007；Greenwood, 2006；Loeber & Farrington, 1998）。これらプログラムにはまた刑事司法的領域への介入も含まれうる（Cullen & Gendreau, 2000；Lipsy；2009；Lipsy & Cullen, 2007）。早期介入の目標は犯罪行動発生のリスク因子の低減と，これら犯罪因的リスクに直面した際の回復力を促進する保護因子の増大である（Tremblay & Craig, 1995）。反社会的ライフ・コースが始まると，この軌跡から若者を離脱させるための介入が課題となる。

一つの例を挙げると，David Oldsと彼の同

僚たちは「胎児と幼児早期のナース・ホーム訪問プログラム」をニューヨーク州のエルミラで展開し，その後，テネシー州メンフィスでも行った（Olds, 2007；Olds, Hill, & Rumsey, 1998）。このプログラムは初めて子育てをする，低所得の母親で，反社会的子どもを持つリスクのある事例に焦点を合わせたものであった。妊娠期と出産後最初の2年間に，社会的技能を身につけた保健婦が毎週ないし隔週に母親の許を訪問するものであった。保健婦は，次のように，三つの潜在的リスク因子を軽減することに集中した。第一に，反社会的行為と関連している神経心理学的欠陥を軽減するために（Moffitt, 1993を参照のこと），妊婦と協力して，適切な胎児期ケアを確保し，胎児の発達を阻害するような行動を避けるようにした（例えば喫煙，薬物使用）。第二に，児童虐待とネグレクトとを軽減するために，保健婦たちは効果的な育児技法を母親が身につけることを手伝った。第三に母親の逸脱行動問題を軽減するために，母親の〈未修了の〉学校教育の修了，就労，そして無計画な妊娠を回避することを支援した。無作為実験的研究において得られたデータでは，保健婦訪問は目標とされたリスク因子を軽減し，仮説として提示されたように，その後の脱線行動を減少させていることが判明した。Oldsら（1998）は以下のように結論している。

　　エルミラ保健婦訪問プログラムの15年間の追跡調査で述べられているように，子どもの犯罪的，反社会的行動に対するこのプログラムの長期効果は大きく，少年裁判と非行防止に革新的な意義を持っている。10年以上保健婦訪問サーヴィスを受けた母親を持つ青少年では，これをその母親が受けなかった青少年に比べ，家出は60％，逮捕された者は55％少なく，さらには保護観察違反を含む有罪者は80％少な

かった（p.159）。

　犯罪防止の早期介入戦略は政治的には「リベラル」である。保守主義的アプローチとは異なり，それは持続的な反社会的行為の基盤的原因を放置したままである「強面」の政策を支持しない。もし犯罪が一つの発達過程の一部であるとすると，認知的成熟が限定されている幼児期にいかにして犯罪的ライフ・コースが開始するのかということを，単純な合理的選択や抑止モデルが説明可能であると考えることとは矛盾する。ライフ・コース諸理論は，LCP群の存在ということになれば，〈回復〉不能性をある程度是認し，長期間続く犯罪行動の連続性が予測可能であることを幾分なりとも認めているということになるのかもしれない。しかし総じて，このパラダイムの理論家たちは刑務所を忌避し，ともあれ入獄は犯罪軌道に犯罪者をその後も押し込める可能性があると非難している（Laub, Sampson, Corbett, & Smith, 1995）。しかしこのアプローチはまた「批判的」でも「左翼」でもない。既存の秩序――不公平な政治経済――への批判は暗黙の裡にあるとしても，主導的政策というほどには至っていない。ここでも存在するのはプログラムの要求であって，富と権力の再分配要求ではない。

　ライフ・コース理論家たちの考えは時間と共に一致点が多いことが明らかになるのかもしれない。左右の政治的争いは続くであろうが，国民はイデオロギー的には「中立」であるように思える。1960年代（社会的平等を求めて）や1980年代（保守主義的価値を求めて）にあったような大革命にはほとんど関心がないように思える。児童擁護を叫んでいるWiliam BennettやHillary Rodham Clintonの二人に歩調を合わせて言えば，問題を抱えた子どもを救助することは政治的には実行可能であ

る（Benett et al., 1996；Clinton, 1996）。事実少年の社会復帰を含む早期介入プログラムへの国民的支持は拡大している（Cullen, Fisher, & Applegate, 2000；Cullen, Vose, Jonson, & Unnever, 2007）。この政策課題を実行可能とするような別の二つの考えがある。一つは早期介入プログラムは将来の犯罪行動を防止ないし減少させるという証拠が増大しつつある（Farrington, 1994a；Farrington & Welsh, 2007；Heffeler, 1997；Karoly et al., 1998；Laub et al., 1995, Loeber & Farrington, 1998；Tremblay & Craig, 1995）。第二に数量的に捉えることが比較的困難であるとはいえ，早期介入プログラムは費用対効果的である傾向を示すという証拠もあるように思える（Aos, Phipps, Barnoski, & Lieb, 2001；Drake, Aos, & Miller, 2009；Farrington & Welsh, 2007；Karoly et al., 1998；Welsh, 2003；Welsh, Farrington, & Sherman, 2001 をも参照のこと）。

最後に早期介入を超えて，ライフ・コース調査研究によって，若者時代に「救出」されず，犯罪行動が成人期まで持続している者に対する戦略を考える必要が示されている。強固になった高頻度の犯罪者への長期拘禁の政策を推奨する誘惑に時代は再び駆られている。しかし Laub と Sampson（2003）が述べているように，このような対応は予期せぬ結果を招くものである。というのも投獄は中核的制度への社会的絆を弱めることによって累犯者を増やす可能性があるからである。彼らの観察では「欠点の累積の前提となっていることは，逮捕，とくに拘禁は学校不適応，失業，地域との絆の弱さを悪化させ，成人犯罪の増加を招く可能性がある」（2003, p.291）。ライフ・コースが刑務所に向かうような者では社会的絆の減弱を阻止する処遇なり社会復帰プログラム（reentry programs）を展開することが特別な一つの課題となっている（2003, p.292；Cullen & Grendreau, 2000；MacKenzie, 2006；Petersilia, 2003；Travis, 2005）。

Ⅷ 結 論

犯罪学は，発展の現段階においては，過剰による弊害に苦しんでいると言われるかもしれない。この分野は競合する理論パラダイムの群で充満している。この豊饒な理論化は古いモデルを新しい方法で再生し，伝統的アプローチを新しい観点に統合し，既存の観点内に収まったままこれまで未発展であった考えを錬成しようということに由来している。この豊饒さの一部は異なったイデオロギーと，学者修業に必要な異なった学問（例えば経済学，心理学）に足を踏み入れた学者の努力とを反映している。その一部は理論的研究と経験的探究の方向を代えるような，世界の解明のための真に新鮮なアイディアと方法とを示してくれている（例えばライフ・コース犯罪学）。

どの理論ないし諸理論が 21 世紀最初の数十年間犯罪学を支配するのかという問題を考察することが，今や本書の最後に残されている。過去の時代には，いくつかのパラダイムのヘゲモニーがより明確となったが，その理由は社会的文脈と，犯罪学的構想に対するこの文脈からの影響とがより劇的になったからであった。そうであるなら，以下の二つのことを肝に銘じておいた方がよい。第一に，現行諸理論への忠誠というのはランダムに起こる事象ということにはならないだろう。むしろそれは人の社会経験とこれに応じた世界観によって形成され続けるであろう。犯罪学者たちやエリート公務員とかにかかわらず，犯罪原因に関する論争は知的レベルで戦わされるであろうが，隠された――あるいはそれほど隠されもせずに――政治的イデオ

ロギーによって基本的には形成されるであろう。第二に，時と共に，速い社会変化が他の理論以上に，一部の理論を再び活性化するという形で起こりうる。今日我々が是認している優勢な社会的文脈が変化し，犯罪について我々がどのように考え，何をするのかということをも変えることも起こりうる。

　以上のような考えは本書の核心を思い起こさせてくれる。犯罪に関するアイディア——ないし我々が理論と呼んでいるもの——は特定の文脈で発展する社会の一産物であり，また，社会政策に対するその影響を有している。このテーマが，犯罪理論の発展段階，刑事司法制度とこれに関連した防止戦略へのこの影響を読者が理解するための一つの有効な枠組みとして，本書が機能したことを我々著者らは願っている。しかしまた同じく希望することは，文脈，理論，そして政策の緊密なリンクについての我々の考えに，読者が個人的関心を抱いてくれることである。過去への眼差しによって，既存の社会的現実を〈変更不可能なものとして〉当然視することの危険が明らかになる。犯罪学者であろうと，関心を持つ市民であろうと，犯罪とこの抑止に関する我々の信念を形成する一つの社会的文脈に我々は埋め込まれている。我々はこの文脈から逃げ出せないとしても，反省する被造者として，我々は自分たちのバイアスを明らかにし，犯罪についてより明確に考え，自分たちの偏見による曇りのより少ない政策を構築することが可能となる。

文　献

Abbott, J. H. (1981). *In the belly of the beast: Letters from prison*. New York: Random House.

Adler, F. (1975). *Sisters in crime: The rise of the new female criminal*. New York: McGraw-Hill.

Adler, F., & Laufer, W. S. (Eds.). (1995). *The legacy of anomie theory* (Advances in Criminological Theory Vol.6). New Brunswick, NJ: Transaction.

Adler, J. (2006, March 27). Freud in our midst. *Newsweek*, pp.43-49.

Agnew, R. (1992). Foundation for a general strain theory of crime and delinquency *Criminology*, 30, 47-87.

Agnew, R. (2001a). Building on the foundation of general strain theory: Specifying the types of strain most likely to lead to crime and delinquency. *Journal of Research in Crime and Delinquency*, 36, 123-155.

Agnew, R. (2001b). *Juvenile delinquency: Causes and control* (2nd ed.). New York: Oxford University Press.

Agnew, R. (2006a). General strain theory: Current status and directions for further research. In F. T. Cullen, J. P. Wright, & K. R. Blevins (Eds.), *Taking stock: The status of criminological theory* (Advances in Criminological Theory, Vol.15, pp.101-123). New Brunswick, NJ: Transaction.

Agnew, R. (2006b). *Pressured into crime: An overview of general strain theory*. Los Angeles: Roxbury.

Agnew, R. (2011). Revitalizing Merton: General strain theory. In F. T. Cullen, C. L. Jonson, A. J. Myer, & F. Adler (Eds.), *The origins of American criminology* (Advances in Criminological Theory, Vol.16, pp.137-158). New Brunswick, NJ: Transaction.

Agnew, R., Cullen, F. T., Burton, V S., Jr., Evans, T. D., & Dunaway, R. G. (1996). A new test of classic strain theory. *Justice Quarterly*, 13, 681-704.

Agnew, R., Piquero, N. L., & Cullen, F. T. (2009). General strain theory and white-collar crime. In S. S. Simpson & D. Weisburd (Eds.), *The criminology of white-collar crime* (pp.35-60). NewYork: Springer.

Agnew, R., & White, H. R. (1992). An empirical test of general strain theory. *Criminology*, 30, 475-499.

Ahmed, E., & Braithwaite, V. (2004). "What, me ashamed?" Shame management and school bullying. *Journal of Research in Crime and Delinquency*, 41, 269-294.

Aichhorn, A. (1936). *Wayward youth*. New York: Viking.

Akers, R. L. (1977). *Deviant behavior: A social learning approach* (2nd ed.). Belmont, CA: Wadsworth.

Akers, R. L. (1994). *Criminological theories: Introduction and evaluation*. Los Angeles: Roxbury.

Akers, R. L. (1998). *Social learning and social structure: A general theory of crime and deviance*. Boston: Northeastern University Press.

Akers, R. L. (1999). Social learning and social structure: Reply to Sampson, Morash, and Krohn. *Theoretical Criminology*, 3, 477-493.

Akers, R. L. (2000). *Criminological theories: Introduction, evaluation, and application* (3rd ed.). Los Angeles: Roxbury.

Akers, R. L. (2011). The origins of me and social learning theory: Personal and professional recollections and reflections. In F. T. Cullen, C. L. Jonson, A. J. Myer, & F. Adler (Eds.), *The origins of American criminology* (Advances in Criminological Theory, Vol.16, pp.347-366). New Brunswick, NJ: Transaction.

Akers, R. L., & Jensen, G. F (Eds.). (2003). *Social learning theory and the explanation of crime: A guide for a new century* (Advances in Criminological Theory, Vol.11). New Brunswick, NJ: Transaction.

Akers, R. L., & Jensen, G. F. (2006). The empirical status of social learning theory of crime and deviance. In F. T. Cullen, J. P. Wright, & K. R. Blevins (Eds.), *Taking stock: The status of criminological theory* (Advances in Criminological Theory, Vol.15, pp.37-76). New Brunswick, NJ: Transaction.

Akers, R. L., Krohn, M. D., Lanza-Kaduce, L., & Radosevich, M. (1979). Social learning and deviant behavior: A specific test of general theory. *American Sociological Review*, 44, 636-655.

Akers, R. L., & Sellers, C. S. (2004). *Criminological theories: Introduction, evaluation, and application* (4th ed.). Los Angeles: Roxbury.

Alarid, L. F., Burton, V. S., Jr., & Cullen, F. T. (2000). Gender and crime among felony offenders: Assessing the generality of social control and differential association theories. *Journal of Research in Crime and Delinquency*, 37, 171-199.

Alexander, F., & Healy, W. (1935). *Roots of crime*. New York: Knopf.

Allen, F. A. (1973). Raffaele Garofalo. In H. Mannheim (Ed.), *Pioneers in criminology* (2nd ed., pp.318-340). Montclair, NJ: Patterson Smith.

Allen, H. E, Latessa, E. J., Ponder, B., & Simonson, C. E. (2007). *Corrections in America: An introduction* (11th ed.). Upper Saddle River, NJ: Prentice Hall.

Allen, M. (1977). James E. Carter and the trilateral commission: A southern strategy. *Black Scholar* 8, 27.

Alvi, S. (2005). Left realism. In R. A. Wright & J. M. Miller (Eds.), *Encyclopedia of criminology* (Vol.2, pp.931-

933). New York: Routledge.

American Society of Criminology. (2009). *Criminology and criminal justice policy: Program for the 61st annual meeting of the American Society of Criminology*. Columbus, OH: Author.

Anderson, E. (1999). *Code of the street: Decency, violence, and the moral life of the inner city*. New York: W. W. Norton.

Anderson, K. (1991). Radical criminology and the overcoming of alienation: Perspectives from Marxian and Gandhian humanism. In H. E. Pepinsky & R. Quinney (Eds.), *Criminology as peacemaking* (pp.14-30). Bloomington: Indiana University Press.

Andrews, D. A. (1980). Some experimental investigations of the principles of differential association through deliberate manipulations of the structure of service systems. American *Sociological Review, 45,* 448-462.

Andrews, D.A., & Bonta, J. (1998). *The psychology of criminal conduct* (2nd ed.). Cincinnati, OH: Anderson.

Andrews, D. A., & Bonta, J. (2003). *The psychology of criminal conduct* (3rd ed.). Cincinnati, OH: Anderson.

Andrews, D.A., & Bonta, J. (2006). *The psychology of criminal conduct* (4th ed.). Cincinnati, OH: Anderson.

Andrews, D. A., & Bonta, J. (2010). Rehabilitative criminal justice policy and practice. *Psychology, Public Policy, and Law, 16,* 39-55.

Anti-Semitic acts were up 12 percent in 1987. (1987, January 27). *New York Times,* p.A13.

Aos, S., Phipps, P., Barnoski, R., & Lieb, R. (2001). The comparative costs and benefits of programs to reduce crime: A review of research findings with implications for Washington state. In B. C. Welsh, D. P. Farrington, & L. W. Sherman (Eds.), *Cost and benefits of preventing crime* (pp.149-175). Boulder, CO: Westview.

Archibold, R. C. (2010, March 23). California, in financial crisis, opens prison doors. *New York Times.* Retrieved March 24, 2010, from http://www.nytimes.com/2010/03/24/us/24calprisons.html?ref=us

Argentining of America. (1988, February 22). *Newsweek,* pp.22-45.

Arneklev, B. J., Grasmick, H. G., Tittle, C. R., & Bursick, R. J., Jr. (1993). Low self-control and imprudent behavior. *Journal of Quantitative Criminology, 9,* 225-247.

Aronowitz, S. (1973). *False promises: The shaping of American working class consciousness.* New York: McGraw-Hill.

Arrigo, B. A. (2003). Postmodern justice and critical criminology: Positional, relational, and provisional science. In M. D. Schwartz & S. E. Hatty (Eds.), *Controversies in critical criminology* (pp.43-55). Cincinnati, OH: Anderson.

Arrigo, B. A., & Bersot, H. Y. (2010). Postmodern theory. In F. T. Cullen & P. Wilcox (Eds.), *Encyclopedia of criminological theory* (pp.728-732). Thousand Oaks, CA: Sage.

Arrigo, B. A., & Milovanovic, D. (2009). *Revolution in penology: Rethinking the society of captives.* Lanham, MD: Rowman & Littlefield.

Arrigo, B. A., & Williams, C. R. (Eds.). (2006). *Philosophy, crime and criminology.* Urbana and Chicago: University of Illinois Press.

Aseltine, R. H., Jr., Gore, S., & Gordon, J. (2000). Life stress, anger and anxiety, and delinquency: An empirical test of general strain theory. *Journal of Health and Social Behavior, 41,* 256-275.

Asendorpf, J. B., & Valsiner, J. (1992). *Stability and change in development: A study of methodological reasoning.* Newbury Park, CA: Sage.

Ashley-Montagu, M. F. (1984). "Crime and the anthropologist": Forty-three years later. In R.W. Rieber (Ed.), *Advances in forensic psychology* (Vol.1, pp.174-175). Norwood, NJ: Ablex.

Assault on the welfare state. (1993, November 21). *Observer,* p.1 (London).

August, G. J., Realmuto, G. M., & MacDonald, A. W. (1996). Prevalence of ADHD and comorbid disorders among elementary school children screened for disruptive behavior. *Journal of Abnormal Child Psychiatry, 24,* 571-595.

Aulette, J. R., & Michalowski, R. (1993). Fire in Hamlet: A case study of a state-corporate crime. In K. D. Tunnell (Ed.), *Political crime in contemporary America* (pp.171-206). New York: Garland.

Ball, R. A. (1966). An empirical exploration of the neutralization hypothesis. *Criminologica, 4,* 22-32.

Ball, R. A. (1978a). The dialectical method: Its application to social theory. *Social Forces, 57,* 785-798.

Ball, R. A. (1978b). Sociology and general systems theory. *The American Sociologist, 13,* 65-72.

Ball, R. A. (1979). Toward a dialectical criminology. In M. D. Krohn & R. L. Akers (Eds.), *Crime, law, and sanctions* (pp.11-26). Beverly Hills, CA: Sage.

Ball, R. A. (in press). Biological and biosocial theory. In C. D. Bryant (Ed.), *The handbook of deviant behavior.* New York: Routledge.

Ball, R. A., Huff, C. R., & Lilly, J. R. (1988). *House arrest and correctional policy: Doing time at home.* Newbury Park, CA: Sage.

Ball, R. A., & Lilly, J. R. (1982). The menace of margarine: The rise and fall of a social problem. *Social

Problems, 29, 488-498.
Ball, R. A., & Lilly, J. R. (1985). Home incarceration: An international alternative to institutional incarceration. *International Journal of Comparative and Applied Criminal Justice, 9*, 85-97.
Barak, G. (Ed.). (1994). *Media, process, and the social construction of crime: Studies in newsmaking criminology*. New York: Garland.
Barak, G. (1998). *Integrating criminologies*. Boston: Allyn & Bacon.
Baran, P. A., & Sweezy, P. M. (1966). *Monopoly capitalism: An essay on the American economic and social order*. New York: Monthly Review Press.
Barkley, R. A., et al. (2002). International consensus statement on ADHD. *Clinical Child and Family Psychology Review, 5*, 89-111.
Barkley, R. A., Fischer, M., Smallish, L., & Fletcher, K. (2004). Young adult follow-up of hyperactive children: Antisocial activities and drug use. *Journal of Child Psychology and Psychiatry, 45*, 195-211.
Barnes, H. E. (1930). Criminology. In E. R. A. Seligmann (Ed.), *Encyclopedia of the social sciences* (Vol.4). New York: Macmillan.
Baron, S. W. (2003). Self-control, social consequences, and criminal behavior: Street youth and the general theory of crime. *Journal of Research on Crime and Delinquency, 40*, 405-425.
Baron, S. W. (2009). Differential coercion, street youth, and violent crime. *Criminology, 47*, 239-268.
Baron, S. W., & Forde, D. R. (2007). Street youth crime: A test of control balance theory. *Justice Quarterly, 24*, 335-355.
Barr, R., & Pease, K. (1990). Crime placement, displacement, and deflection. In M. Tonry & N. Morris (Eds.), *Crime and justice: A review of research* (Vol.12, pp.277-318). Chicago: University of Chicago Press.
Bartol, C. R. (1995). *Criminal behavior: A psychosocial approach* (5th ed.). Englewood Cliffs, NJ: Prentice Hall.
Bartollas, C. (1985). *Juvenile delinquency*. New York: John Wiley.
Basran, G. S., Gill, C., & MacLean, B. D. (1995). *Farmworkers and their children*. Vancouver, BC: Collective Press.
Bauman, A., Gehring, K., & Van Voorhis, P. (2009). Cognitive behavior programming for women and girls. In B. Glick (Ed.), *Cognitive behavioral interventions for at-risk youth* (chpt.16, pp.1-30). Kingston, NJ: Civic Research Institute.
Baumer, E. P., & Gustafson, R. (2007). Social organization and instrumental crime: Assessing the empirical validity of classic and contemporary anomie theories. *Criminology 45*, 617-664.
Bayer, R. (1981). Crime, punishment, and the decline of liberal optimism. *Crime & Delinquency 27*, 169-190.
Bazemore, G. (1985). Delinquency reform and the labeling perspective. *Criminal Justice and Behavior, 12*, 131-169.
Bazemore, G., & Walgrave, L. (Eds.). (1999). *Restorative juvenile justice: Repairing the harm of youth crime*. Monsey, NY: Willow Tree Press.
Beaver, K. M. (2009). Molecular genetics and crime. In A. Walsh & K. M. Beaver (Eds.), *Biosocial criminology: New directions in theory and research* (pp.50-72). New York: Routledge.
Beaver, K. M., Wright, J. P., & DeLisi, M. (2008). Delinquent peer group formation: Evidence of a gene × environment correlation. *Journal of Genetic Psychology, 169*, 227-244.
Beaver, K. M., Wright, J. P., DeLisi, M., Daigle, L. E., Swatt, M. L., & Gibson, C. L. (2007). Evidence of a gene × environment interaction in the creation of victimization: Results from a longitudinal study of adolescents. *International Journal of Offender Therapy and Comparative Criminology, 51*, 620-645.
Beaver, K., Wright, J., & Walsh, A. (2008). A gene-based evolutionary explanation for the association between criminal involvement and number of sex partners. *Biodemography and Social Biology, 54*, 47-55.
Beccaria, C. (1963). *On crimes and punishments* (H. Paolucci, Trans.). Indianapolis, IN: Bobbs-Merrill. (Original work published 1764)
Becker, H. S. (1963). *Outsiders: Studies in the sociology of deviance*. New York: Free Press.
Beckwith, J. (1985). Social and political uses of genetics in the United States: Past and present. In F. H. Marsh & J. Katz (Eds.), *Biology, crime, and ethics: A study of biological explanations for criminal behavior* (pp.316-326). Cincinnati, OH: Anderson.
"Behind bars" amid bad times. (2009). National Public Radio. Retrieved August 14, 2010, from http://www.npr.org/templates/story/story.php?storyId=106550398
Bell, L. (1998). The victimization and revictimization of female offenders. *Corrections Today, 60*, 106-122.
Bellah, R. N., Madsen, R., Sullivan, W. M., Swidler, A., & Tipton, S. M. (1985). *Habits of the heart: Individualism and commitment in American life*. Berkeley: University of California Press.
Bellah, R. N., Madsen, R., Sullivan, W. M., Swidler, A., & Tipton, S. M. (1991). *The good society*. New York: Knopf.
Belsky, J. (1980). Child maltreatment: An ecological integration. *American Psychologist, 35*, 320-335.
Bennett, G. (1987). *Crimewarps: The future of crime in*

America. Garden City, NY: Anchor/Doubleday.

Bennett, T. (1998). Crime prevention. In M. Tonry (Ed.), *The handbook of crime and punishment* (pp.369-402). New York: Oxford University Press.

Bennett, W. J. (1994). *The index of leading cultural indicators: Facts and figures on the state of American society*. New York: Touchstone.

Bennett, W. J., DiIulio, J. J., Jr., & Walters, J. P. (1996). *Body count: Moral poverty and how to win America's war against crime and drugs*. New York: Simon & Schuster.

Benson, M. L. (1985). Denying the guilty mind: Accounting for involvement in a white-collar crime. *Criminology, 23*, 583-608.

Benson, M. L., & Cullen, F. T. (1998). *Combating corporate crime: Local prosecutors at work*. Boston: Northeastern University Press.

Benson, M. L., & Moore, E. (1992). Are white-collar offenders and common criminals the same? An empirical and theoretical critique of a recently proposed general theory of crime. *Journal of Research in Crime and Delinquency, 29*, 251-272.

Benson, M. L., & Simpson, S. S. (2009). *White-collar crime: An opportunity perspective*. New York: Routledge.

Bentham, J. (1948). *An introduction to the principles of morals and legislation* (L. J. Lafleur, Ed.). New York: Hafner.

Berger, P. L., & Luckmann, T. (1966). *The social construction of reality*. Garden City, NY: Anchor.

Bernard, M. A. (1969). Self-image and delinquency: A contribution to the study of female criminality and women's image. *Acta Criminologica: Etudes sur la Conduiter Antisociale, 2*, 71-144.

Bernard, T. J. (1984). Control criticisms of strain theories: An assessment of theoretical and empirical adequacy. *Journal of Research in Crime and Delinquency, 21*, 353-372.

Bernburg, J. G., & Krohn, M. D. (2003). Labeling, life chances, and adult crime: The direct and indirect effects of official intervention in adolescence on crime in early adulthood. *Criminology 41*, 1287-1318.

Bernburg, J. G., Krohn, M. D., & Rivera, C. J. (2006). Official labeling, criminal embeddedness, and subsequent delinquency: A longitudinal test of labeling theory. *Journal of Research in Crime and Delinquency, 43*, 67-88.

Bersani, B. E., Laub, J. H., & Nieuwbeerta, P. (2009). Marriage and desistance from crime in the Netherlands: Do gender and socio-historical context matter? *Journal of Quantitative Criminology, 25*, 3-24.

The Big Apple. (2010, January 18). Muckraker. Retrieved April 10, 2010, from http://www.barrypopik.com/index.php/new_york_city/entry/muckraker?/

Binder, A., & Geis, G. (1984). Ad populum argumentation in criminology: Juvenile diversion as rhetoric. *Crime & Delinquency, 30*, 309-333.

Bird, A. (2007). Perceptions of epigenetics. *Nature, 447*, 396-398.

Blackwell, B. S. (2000). Perceived sanction threats, gender, and crime: A test and elaboration of power-control. *Criminology, 38*, 439-488.

Blackwell, B. S., & Piquero, A. R. (2005). On the relationship between gender, power control, self-control, and crime. *Journal of Criminal Justice, 33*, 1-17.

Blair, J., Mitchell, D., & Blair, K. (2005). *The psychopath: Emotion and the brain*. Hoboken, NJ: Wiley Blackwell.

Blokland, A. A. J., Nagin, D. S., & Nieuwbeerta, P. (2005). Life span offending trajectories of a Dutch conviction cohort. *Criminology, 43*, 919-954.

Bloom, B., Owen, B., & Covington, S. (2003). *Gender-responsive strategies: Research, practice, and guiding principles for women offenders*. Washington, DC: U.S. Department of Justice, National Institute of Corrections, June.

Blumstein, A. (2000). Disaggregating the violence trends. In A. Blumstein & J. Wallman (Eds.), *The crime drop in America* (pp.13-44). New York: Cambridge University Press.

Blumstein, A., & Cohen, J. (1973). A theory of the stability of punishment. *Journal of Criminal Law and Criminology, 64*, 198-206.

Blumstein, A., Cohen, J., Roth, J. A., & Visher, C. A. (1986). *Criminal careers and "career criminals"* (Vol.1). Washington, DC: National Academies Press.

Blumstein, A., & Wallman, J. (Eds.). (2000). *The crime drop in America*. New York: Cambridge University Press.

Bohm, R. M. (1982). Radical criminology: An explication. *Criminology, 19*, 565-589.

Bonger, W. (1969). *Criminality and economic conditions*. Bloomington: Indiana University Press. (Original work published 1916)

Bonta, J., Jesseman, R., Rugge, T., & Cormier, R. (2006). Restorative justice and recidivism: Promises made, promises kept? In D. Sullivan & L. Tiff (Eds.), *Handbook of restorative justice* (pp.108-120). New York: Routledge.

Bonta, J., Wallace-Capretta, S., & Rooney, J. (1998). *Restorative justice: An evaluation of the Restorative Resolutions Project*. Ottawa, ON: Solicitor General

Canada.
Bonta, J., Wallace-Capretta, S., Rooney, J., & McAnoy, K. (2002). An outcome evaluation of a restorative justice alternative to incarceration. *Contemporary Justice Review, 5,* 319-338.
Bordua, D. J. (1961). Delinquent subcultures: Sociological interpretations of gang delinquency. *Annals of the Academy of Political and Social Science, 338,* 119-136.
Born bad? (1997, April 21). *US. News & World Report,* cover.
Bottcher, J. (2001). Social practices of gender: How gender relates to delinquency in everyday lives of high-risk youths. *Criminology, 39,* 893-932.
Bottoms, A. E. (1994). Environmental criminology. In M. Maguire, R. Morgan, & R. Reiner (Eds.), *The Oxford handbook of criminology* (pp.585-656). New York: Oxford University Press.
Bouffard, L. A., & Piquero, N. L. (2010). Defiance theory and life course explanations of persistent offending. *Crime & Delinquency, 56,* 227-252.
Boulding, E. (1992). *The underside of history: A view of women through time* (Vol.1). Newbury Park, CA: Sage.
Bowers v. Hardwick, 478 U.S. 186 (1986).
Brady, K. (1989). *Ida Tarbell: Portrait of a muckraker.* Pittsburgh, PA: University of Pittsburgh Press.
Brain defects seen in those who report violent acts. (1985, September 17). *New York Times,* pp.A17, A19.
Braithwaite, J. (1984). *Corporate crime in the pharmaceutical industry.* London: Routledge & Kegan Paul.
Braithwaite, J. (1985). *To punish or persuade: Enforcement of coal mine safety.* Albany: State University of New York Press.
Braithwaite, J. (1989). *Crime, shame and reintegration.* Cambridge, UK: Cambridge University Press.
Braithwaite, J. (1998). Restorative justice. In M. Tonry (Ed.), *The handbook of crime and punishment* (pp.323-344). New York: Oxford University Press.
Braithwaite, J. (1999). Restorative justice: Assessing optimistic and pessimistic accounts. In M. Tonry (Ed.), *Crime and justice: A review of research* (Vol.25, pp.1-27). Chicago: University of Chicago Press.
Braithwaite, J. (2002). *Restorative justice and responsive regulation.* New York: Oxford University Press.
Braithwaite, J., Ahmed, A., & Braithwaite, V. (2006). Shame, restorative justice, and crime. In F. T. Cullen, J. P. Wright, & K. R. Blevins (Eds.), *Taking stock: The status of criminological theory* (Advances in Criminological Theory, Vol.15, pp.397-417). New Brunswick, NJ: Transaction.
Brantingham, P. L., & Brantingham, P. J. (1993). Environment, routine, and situation: Toward a pattern theory of crime. In R. V. Clarke & M. Felson (Eds.), *Routine activity and rational choice* (Advances in Criminological Theory, Vol.5, pp.259-294). New Brunswick, NJ: Transaction.
Brennan, P. A., Mednick, S. A., & Volavka, J. (1995). Biomedical factors in crime. In J. Q. Wilson & J. Petersilia (Eds.), *Crime.* San Francisco: ICS Press.
Brent, J., & Kraska, P. (2010, November). *Tapping into "tapping out": The barbaric spectacle of underground fighting.* Paper presented at the annual meeting of the American Society of Criminology, Philadelphia.
Brezina, T. (1996). Adapting to strain: An examination of delinquent coping responses. *Criminology 34,* 213-239.
Brezina, T., Agnew, R., Cullen, F. T., & Wright, J. P.(2004). The code of the street: A quantitative assessment of Elijah Anderson's subculture of violence thesis and its contribution to youth violence research. *Youth Violence and Juvenile Justice, 2,* 303-328.
Briar, S., & Piliavin, I. (1965). Delinquency, situational inducements, and commitment to conformity. *Social Problems, 13,* 35-45.
British scandals jeopardizing party's "back to basics" effort. (1994, January 14). *New York Times,* p.A3.
Britt, C. L., & Gottfredson, M. R. (Eds.). (2003). *Control theories of crime and delinquency* (Advances in Criminological Theory, Vol.12). New Brunswick, NJ: Transaction.
Brodeur, P. (1985). *Outrageous misconduct: The asbestos industry on trial.* New York: Pantheon.
Brody, G. H., Chen,Y-F., Murry, V. M., Ge, X., Simons, R. L., Gibbons F. X., Gerrard, M., & Cutrona, C. E. (2006). Perceived discrimination and the adjustment of African American youths: A five-year longitudinal analysis with contextual moderation effects. *Child Development, 77,* 1170-1189.
Brokaw, T. (2007). *Boom? Voices of the sixties.* New York: Random House.
Brotherton, D. C. (2004) . What happened to the pathological gang? Notes from a case study of Latin Kings and Queens in New York. In J. Ferrell, K. Hayward, W. Morrison, & M. Presdee (Eds.), *Cultural criminology unleashed* (pp.263-274). London: Glasshouse.
Brown, M. H. (1979). *Laying waste: The poisoning of America by toxic chemicals.* New York: Pantheon.
Brownfield, D., & Sorenson, A. M. (1993). Self-control and juvenile delinquency: Theoretical issues and an empirical assessment of selected elements of a general theory of crime. *Deviant Behavior, 14,* 243-264.
Brownmiller, S. (1975). *Against our will: Men, women,*

and rape. New York: Simon & Schuster.

Bruinius, H. (2006). *Better for all the world: The secret history of forced sterilization and America's quest for racial purity*. New York: Knopf.

Brushett, R. (2010). Abolitionism. In F. T. Cullen & P. Wilcox (Eds.), *Encyclopedia of criminological theory* (pp.1-3). Thousand Oaks, CA: Sage.

Bulmer, M. (1984). *The Chicago school of sociology: Institutionalization, diversity, and the rise of sociological research*. Chicago: University of Chicago Press.

Bunker, E. (2000). *Education of a felon*. New York: St. Martin's.

Bureau of Justice Statistics. (2007). *Homicide trends in the US.: Intimate homicide*. Washington, DC: U.S. Department of Justice.

Burgess, E. W. (1967). The growth of the city: An introduction to a research project. In R. E. Park, E. W. Burgess, & R. D. McKenzie (Eds.), *The city* (pp.47-62). Chicago: University of Chicago Press. (Original work published 1925)

Burgess, R. L., & Akers, R. L. (1966). A differential association-reinforcement theory of criminal behavior. *Social Problems, 14*, 128-146.

Burns, J. F. (2010, May 12). Conservatives in Britain retake political power: Coalition government. *New York Times*, pp.A1, A12.

Burton, V. S., Jr., & Cullen, F. T. (1992). The empirical status of strain theory. *Journal of Crime and Justice, 15*(2), 1-30.

Burton, V S., Jr., Cullen, F. T., Evans, D. T., & Dunaway, R. G. (1994). Reconsidering strain theory: Operationalization, rival theories, and adult criminality. *Journal of Quantitative Criminology, 10*, 213-239.

Bushway, S., Stoll, M. A., & Weiman, D. F. (Eds.). (2007). *Barriers to reentry? The labor market for released prisoners in post-industrial America*. New York: Russell Sage.

Calavita, K., Pontell, H. N., & Tillman, R. H. (1997). *Big money crime: Fraud and politics in the savings and loan crisis*. Berkeley: University of California Press.

California Department of Corrections and Rehabilitation. (2010, January 21). CDCR implements public safety reforms to parole supervision, expanded incentive credits for inmates [Press release.] Retrieved March 24, 2010, from http://www.cdcr.ca.gov/News/2010_Press_Releases/Jan_21.html

Camp, C. G., & Camp, G. M. (1999). *The corrections yearbook 1999: Adult corrections*. Middletown, CT: Criminal Justice Institute.

Camp, G. M., & Camp, C. G. (1987). *The corrections yearbook*. South Salem, NY: Criminal Justice Institute.

Campbell, A. (1981). *Girl delinquents*. Oxford, UK: Basil Blackwell.

Cao, L., Adams, A., & Jensen, V. J. (1997). A test of the Black subculture of violence thesis: A research note. *Criminology, 35*, 367-379.

Cao, L., & Maume, D. J., Jr. (1993). Urbanization, inequality, lifestyle, and robbery: A comprehensive model. *Sociological Focus, 26*, 11-26.

Carter, P. (2004). *Managing offenders, reducing crime: A new approach*. London: Home Office Strategy Unit.

Caspi, A., & Moffitt, T. E. (1995). The continuity of maladaptive behavior: From description to understanding in the study of antisocial behavior. In D. Cicchetti & D. Cohen (Eds.), *Manual of developmental psychology* (pp.472-511). New York: John Wiley.

Catalano, R. F., Arthur, M. W., Hawkins, J. D., Berglund, L., & Olson, J. J. (1998). Comprehensive community- and school-based interventions to prevent antisocial behavior. In R. Loeber & D. P. Farrington (Eds.), *Serious and violent juvenile offenders: Risk factors and successful interventions* (pp.248-283). Thousand Oaks, CA: Sage.

Catalano, R. F., & Hawkins, J. D. (1996). The social development model: A theory of antisocial behavior. In J. D. Hawkins (Ed.), *Delinquency and crime: Current theories* (pp.149-197). New York: Cambridge University Press.

Celis, W. (1991, January 2). Growing talk of date rape separates sex from assault. *New York Times*, p.A1.

Chambliss, W. J. (1964). A sociological analysis of the law of vagrancy. *Social Problems, 12*, 67-77.

Chambliss, W. J. (1969). *Crime and the legal process*. New York: McGraw-Hill.

Chambliss, W. J. (1975). Toward a political economy of crime. *Theory and Society, 2*, 149-170.

Chambliss, W. J. (1984). The Saints and the Roughnecks. In W. J. Chambliss (Ed.), *Criminal law in action* (2nd ed., pp.126-135). New York: John Wiley.

Chambliss, W. J. (1987). I wish I didn't know now what I didn't know then. *The Criminologist, 12*, 1-9.

Chambliss, W. J., & Seidman, R. T. (1971). *Law, order, and power*. Reading, MA: Addison-Wesley.

Chamlin, M. B., & Cochran, J. K. (1995). Assessing Messner and Rosenfeld's institutional anomie theory: A partial test. *Criminology, 33*, 411-429.

Chapple, C. (2005). Self-control, peer relations, and delinquency. *Justice Quarterly, 22*, 89-106.

Chapple, C., & Hope, T. (2003). An analysis of self-control and criminal versatility of dating violence and gang offenders. *Violence and Victims, 18*, 671-690.

Chen, M. K., & Shapiro, J. M. (2007). Do harsher prison conditions reduce recidivism? A discontinuity-based approach. *American Law and Economic Review, 9*, 1-29.

Cherniak, M. (1986). *The Hawk Nest incident: America's worst industrial disaster.* New Haven, CT: Yale University Press.

Chesney-Lind, M. (1973). Judicial enforcement of the female sex roles: The family court and the female delinquent. *Issues in Criminology, 8*(2), 51-69.

Chesney-Lind, M. (1998). Women in prison: From partial justice to vengeful equity. *Corrections Today, 60*, 130-134.

Chesney-Lind, J., & Faith, K. (2001). What about feminism? Engendering theory-making criminology. In R. Paternoster & R. Bachman (Eds.), *Explaining crime and criminals* (pp.287-302). Los Angeles: Roxbury.

Chesney-Lind, J., & Pasko, L. (2004). *The female offender* (2nd ed.). Thousand Oaks, CA: Sage.

Chicago Area Project. (2010). Frequently asked questions. Retrieved March 1, 2010, from http://www.chicagoareaproject.org/faq1.htm

Chiricos, T., Barrick, K., Bales, W., & Bontrager, S. (2007). The labeling of convicted felons and its consequences for recidivism. *Criminology 45*, 547-581.

Christie, N. (1981). *Limits to pain.* Oxford, UK: Martin-Robertson.

Christie, N. (1993). *Crime control as industry: Towards gulags Western style?* London: Routledge.

Christie, N. (1997). *Crime control as industry: Towards gulags, Western style?* (2nd ed.). London: Routledge.

Christie, N. (2001). *Crime control as industry: Towards gulags Western style?* (3rd ed.). London: Routledge.

Clarke, R. V. (1980). "Situational" crime prevention: Theory and practice. *British Journal of Criminology, 20*, 136-147.

Clarke, R. V (1992). Introduction. In R. V. Clarke (Ed.), *Situational crime prevention: Successful case studies* (pp.3-36). New York: Harrow & Heston.

Clarke, R. V. (1995). Situational crime prevention. In M. Tonry & D. P. Farrington (Eds.), *Building a safer society: Strategic approaches to crime prevention* (pp.91-150). New York: Cambridge University Press.

Clarke, R. V., & Cornish, D. B. (2001). Rational choice. In R. Paternoster & R. Bachman (Eds.), *Explaining criminals and crime: Essays in contemporary criminological theory* (pp.23-42). Los Angeles: Roxbury.

Clarke, R. V., & Felson, M. (1993). Introduction: Criminology, routine activity, and rational choice. In R. V. Clarke & M. M. Felson (Eds.), *Routine activity and rational choice* (Advances in Criminological Theory, Vol.5, pp.1-14). New Brunswick, NJ: Transaction.

Clarke, R. V., & Felson, M. (2011). The origins of the routine activity approach and situational crime prevention. In F. T. Cullen, C. L. Jonson, A. J. Myer, & F. Adler (Eds.), *The origins of American criminology* (Advances in Criminological Theory, Vol.l6, pp.245-260). New Brunswick, NJ: Transaction.

Clear, T. R. (1994). *Harm in American penology: Offenders, victims, and their communities.* Albany: State University of New York Press.

Clear, T. R. (2002). The problem with "addition by subtraction": The prison-crime relationship in low-income communities. In M. Mauer & M. Chesney-Lind (Eds.), *Invisible punishment: The collateral consequences of mass imprisonment* (pp.181-193). NewYork: New Press.

Clear, T. R. (2007). *Imprisoning communities: How mass incarceration makes disadvantaged neighborhoods worse.* New York: Oxford University Press.

Clear, T. R., Rose, D. R., Waring, E., & Scully K. (2003). Coercive mobility and crime: A preliminary examination of concentrated incarceration and social disorganization. *Justice Quarterly, 20*, 33-64.

Clinard, M. B. (1952). *The black market: A study of white collar crime.* Montclair, NJ: Patterson Smith. (Reprinted in 1969)

Clinard, M. B. (1957). *Sociology of deviant behavior* (3rd ed.). New York: Holt, Rinehart & Winston.

Clinard, M. B. (1983). *Corporate ethics and crime: The role of middle management.* Beverly Hills, CA: Sage.

Clinard, M. B., & Yeager, P. C. (1980). *Corporate crime.* New York: Free Press.

Clinton, H. R. (1996). *It takes a village: And other lessons children teach us.* New York: Touchstone.

Cloward, R. A. (1959). Illegitimate means, anomie, and deviant behavior. *American Sociological Review, 24*, 164-176.

Cloward, R. A., & Ohlin, L. E. (1960). *Delinquency and opportunity: A theory of delinquent gangs.* New York: Free Press.

Cloward, R. A., & Piven, F. F. (1979). Hidden protest: The channeling of female innovation and resistance. *Signs, 4*, 651-669.

Cochran, J. K., Aleska, V., & Chamlin, M. B. (2006). Self-restraint: A study on the capacity and desire for self-control. *Western Criminological Review, 7*, 27-40.

Cohen, A. K. (1955). *Delinquent boys: The culture of the gang.* New York: Free Press.

Cohen, A. K., & Short, J. F., Jr. (1958). Research in delinquent sub-cultures. *Journal of Social Issues, 14*, 20-37.

Cohen, D. V (1995). Ethics and crime in business firms: Organizational culture and the impact of anomie. In F. Adler & W. S. Laufer (Eds.), *The legacy of anomie theory* (Advances in Criminological Theory, Vol.6, pp.183-206). New Brunswick, NJ: Transaction.

Cohen, L. E., & Felson, M. (1979). Social change and crime rate trends: A routine activities approach. *American Sociological Review, 44,* 588-608.

Cohen, L. E., & Machalek, R. (1988). A general theory of expropriative crime: An evolutionary ecological approach. *American Journal of Sociology, 94,* 465-501.

Cohen, S. (1971). *Images of deviance.* Harmondsworth, UK: Penguin.

Cohen, S. (1980). *Folk devils and moral panics.* London: Macgibbon & Kee. (Original work published 1972)

Cohen, S. (1981). Footprints in the sand. In M. Fitzgerald, G. McLenna, & K. Pease (Eds.), *Crime and society: Readings in history and theory* (pp.220-267). London: Routledge & Kegan Paul.

Cohen, S. (1986). Community control: To demystify or to reaffirm? In H. Bianchi & van Swaaningen, R. (Eds.), *Abolitionism: Towards a non repressive approach to crime* (pp.127-132). Amsterdam: Free University Press.

Cohen, S. (1988). A*gainst criminology.* New Brunswick, NJ: Transaction.

Colburn, T., Dumanoski, D., & Myers, J. P. (1997). *Our stolen future.* New York: Plume.

Cole, S. (1975). The growth of scientific knowledge: Theories of deviance as a case study. In L. A. Coser (Ed.), *The idea of social structure: Papers in honor of R. K. Merton* (pp.175-200). New York: Harcourt Brace Jovanovich.

Coleman, J. W. (1985). *The criminal elite: The sociology of white collar crime.* New York: St. Martin's.

Coleman, J. W. (1992). The theory of white-collar crime: From Sutherland to the 1990s. In K. Schlegel & D. Weisburd (Eds.), *White-collar crime reconsidered* (pp.53-77). Boston: Northeastern University Press.

Coles, R. (1993). *The call of service: A witness to idealism.* Boston: Houghton Mifflin.

Collins, G. (2009). *When everything changes: The amazing journey of American women from 1960 to the present.* NewYork: Little, Brown.

Colvin, M. (2000). *Crime and coercion: An integrated theory of chronic criminality.* New York: St. Martin's.

Colvin, M., Cullen, F. T., & Vander Ven, T. (2002). Coercion, social support, and crime: An emerging theoretical consensus. *Criminology, 40,* 19-42.

Colvin, M., & Pauly, J. (1983). A critique of criminology: Toward an integrated structural-Marxist theory of delinquency production. *American Journal of Sociology, 89,* 513-551.

Comings, D. E. (2003). Conduct disorder: A genetic, orbitofrontal lobe disorder and the major predictor of adult antisocial behavior. In A. Walsh & L. Ellis (Eds.), *Biosocial criminology. Challenging environmentalism's supremacy* (pp.145-164). Hauppauge, NY: Nova Science.

Conklin, J. E. (1977). *"Illegal but not criminal". Business crime in America.* Englewood Cliffs, NJ: Prentice Hall.

Consedine, J. (1995). *Restorative justice: Healing the effects of crime.* Lyttleton, New Zealand: Ploughshares.

Cooley, C. H. (1902). *Human nature and social order.* New York: Scribner.

Cooley, C. H. (1909). *Social organization.* New York: Scribner.

Cooley, C. H. (1922). *Human nature and social order* (Rev. ed.). New York: Scribner.

Cornish, D., & Clarke, R. V. (1986). *The reasoning criminal: Rational choice perspectives on offending.* New York: Springer.

Cornwell, J. (2003). *Hitler's scientists: Science, war, and the devil's pact.* New York: Penguin.

Crack down: Reagan declares war on drugs and proposes tests for key officials. (1986, August 18). *Time,* pp.12-13.

Cressey, D. R. (1950). The criminal violation of financial trust. *American Sociological Review, 15,* 738-743.

Cressey, D. R. (1953). *Other people's money: A study in the social psychology of embezzlement.* Glencoe, IL: Free Press.

Croall, H. (1992). *White collar crime.* Buckingham, UK: Open University Press.

Cullen, F. T. (1984). *Rethinking crime and deviance theory: The emergence of a structuring tradition.* Totowa, NJ: Rowman & Allanheld.

Cullen, F. T. (1988). Were Cloward and Ohlin strain theorists? Delinquency and opportunity revisited. *Journal of Research in Crime and Delinquency, 25,* 214-241.

Cullen, F. T. (1994). Social support as an organizing concept for criminology: Presidential address to the Academy of Criminal Justice Sciences. *Justice Quarterly, 11,* 527-559.

Cullen, F. T. (2009). Preface. In A. Walsh & K. M. Beaver (Eds.), *Biosocial criminology: New directions in theory and research* (pp.xv-xvii). New York: Routledge.

Cullen, F. T. (2010). Elliott Currie: In tribute to a life devoted to confronting crime. *Criminology and Public Policy, 9,* 19-27.

Cullen, F. T., Cavender, G., Maakestad, W. J., & Benson, M. L. (2006). *Corporate crime under attack: The fight to criminalize business violence* (2nd ed.). Cincinnati,

OH: LexisNexis/Anderson.

Cullen, F. T., Clark, G. A., & Wozniak, J. F. (1985). Explaining the get tough movement: Can the public be blamed? *Federal Probation, 49,* 16-24.

Cullen, F. T., & Cullen, J. B. (1978). *Toward a paradigm of labeling theory.* Lincoln: University of Nebraska Press.

Cullen, F. T., Eck, J. E., & Lowenkamp, C. T. (2002). Environmental corrections: A new paradigm for effective probation and parole supervision. *Federal Probation, 66*(2), 28-37.

Cullen, F. T., Fisher, B. S., & Applegate, B. K. (2000). Public opinion about crime and punishment. In M. Tonry (Ed.), *Crime and justice: A review of research* (Vol.27, pp.1-79). Chicago: University of Chicago Press.

Cullen, F. T., & Gendreau, P. (2000). Assessing correctional rehabilitation: Policy, practice, and prospects. In J. Horney (Ed.), *Criminal justice 2000: Vol.3. Policies, processes, and decisions in the criminal justice system* (pp.109-175). Washington, DC: National Institute of Justice.

Cullen, F. T., & Gendreau, P. (2001). From nothing works to what works: Changing professional ideology in the 21st century. *Prison Journal, 81,* 313-338.

Cullen, F. T., Gendreau, P., Jarjoura, G. R., & Wright, J. P. (1997). Crime and the bell curve: Lessons from intelligent criminology. *Crime & Delinquency, 43,* 387-411.

Cullen, F. T., & Gilbert, K. E. (1982). *Reaffirming rehabilitation.* Cincinnati, OH: Anderson.

Cullen, F. T., Hartman, J. L., & Jonson, C. L. (2009). Bad guys: Why the public supports punishing white-collar offenders. *Crime, Law and Social Change, 51,* 31-44.

Cullen, F. T., & Jonson, C. L. (2011). *Correctional theory: Context and consequences.* Thousand Oaks, CA: Sage.

Cullen, F. T., Link, B. G., & Polanzi, C. W. (1982). The seriousness of crime revisited: Have attitudes toward white-collar crime changes? *Criminology, 20,* 82-102.

Cullen, F. T., Maakestad, W. J., & Cavender, G. (1987). *Corporate crime under attack: The Ford Pinto case and beyond.* Cincinnati, OH: Anderson.

Cullen, F. T., & Messner, S. M. (2007). The making of criminology revisited: An oral history of Merton's anomie paradigm. *Theoretical Criminology, 11,* 5-37.

Cullen, F. T., Pealer, J. A., Santana, S. A., Fisher, B. S., Applegate, B. K., & Blevins, K. R. (2007). Public support for faith-based correctional programs: Should sacred places serve civic purposes? *Journal of Offender Rehabilitation, 43,* 29-46.

Cullen, F. T., Pratt, T. C., Micelli, S., & Moon, M. M. (2002). Dangerous liaison? Rational choice theory as the basis for correctional intervention. In A. R. Piquero & S. G. Tibbetts (Eds.), *Rational choice and criminal behavior: Recent research and future challenges* (pp.279-296). Philadelphia: Taylor & Francis.

Cullen, F. T., Sundt, J. L., & Wozniak, J. F. (2000). The virtuous prison: Toward a restorative rehabilitation. In H. N. Pontell & D. Shichor (Eds.), *Contemporary issues in crime and criminal justice: Essays in honor of Gilbert Geis* (pp.265-286). Thousand Oaks, CA: Sage.

Cullen, F. T., Vose, B. A., Jonson, C. L., & Unnever, J. D. (2007). Public support for early intervention: Is child saving a "habit of the heart"? *Victims and Offenders, 2,* 109-124.

Cullen, F. T., Unnever, J. D.,Wright, J. P., & Beaver, K. M. (2008). Parenting and self-control. In E. Goode (Ed.), *Crime and Criminality: Evaluating the general theory of crime* (pp.61-74). Stanford, CA: Stanford University Press.

Cullen, F. T., Wright, J. P., & Applegate, B. K. (1996). Control in the community: The limits of reform? In A. T. Harland (Ed.), *Choosing correctional interventions that work: Defining the demand and evaluating the supply* (pp.69-116). Thousand Oaks, CA: Sage.

Cullen, F. T., Wright, J. P., & Chamlin, M. B. (1999). Social support and social reform: A progressive crime control agenda. *Crime & Delinquency, 45,* 188-207.

Cullen, F. T., Wright, J. P., Gendreau, P., & Andrews, D. A. (2003). What correctional treatment can tell us about criminological theory: Implications for social learning theory. In R. L. Akers & G. F. Jensen (Eds.), *Social learning theory and the explanation of crime: A guide for the new century* (Advances in Criminological Theory, Vol.11, pp.339-362). New Brunswick, NJ: Transaction.

Cullen, J. B., Parboteeah, K. P., & Hoegl, M. (2004). Cross-national differences in managers' willingness to justify ethically suspect behaviors: A test of institutional anomie theory. *Academy of Management Journal, 47,* 411-421.

Curran, D. J., & Renzetti, C. M. (1994). *Theories of crime.* Boston: Allyn & Bacon.

Currie, E. (1974). [Book review of *The New Criminology*]. *Issues in Criminology, 9,* 123-142.

Currie, E. (1985). *Confronting crime: An American challenge.* New York: Pantheon.

Currie, E. (1989). Confronting crime: Looking toward the twenty-first century. *Justice Quarterly, 6,* 5-25.

Currie, E. (1993). *Reckoning: Drugs, cities, and the American future.* New York: Hill & Wang.

Currie, E. (1997). Market, crime, and community: Toward

Currie, E. (1997). Market, crime and community: Toward a mid-range theory of post-industrial violence. *Theoretical Criminology, 1,* 147-172.

Currie, E. (1998a). Crime and market society: Lessons from the United States. In P. Walton & J. Young (Eds.), *The new criminology revisited* (pp.130-142). London: St. Martin's.

Currie, E. (1998b). *Crime and punishment in America.* New York: Metropolitan Books.

Currie, E. (2004). *The road to whatever: Middle-class culture and the crisis of adolescence.* New York: Henry Holt.

Currie, E. (2007). Against marginality: Arguments for a public criminology. *Theoretical Criminology, 11,* 175-190.

Currie, E. (2009). *The roots of danger: Violent crime in global perspective.* Upper Saddle River, NJ: Prentice Hall.

Dahrendorf, R. (1958). *Class and class conflict in industrial society.* Stanford, CA: Stanford University Press.

Dahrendorf, R. (1968). Toward a theory of social conflict. *Journal of Conflict Resolution, 2,* 170-183.

Daigle, L. E., Cullen, F. T., & Wright, J. P. (2007). Gender differences in the predictors of juvenile delinquency: Assessing the generality-specificity debate. *Youth Violence and Juvenile Justice, 5,* 254-286.

Dallier, D. J. (2011). Michalowski, Raymond J. and Ronald C. Kramer: State-corporate crime. In F. T. Cullen & P. Wilcox (Eds.), *Encyclopedia of criminological theory* (pp.628-631). Thousand Oaks, CA: Sage.

Daly, K. (1998). Gender, crime and criminology. In M. Tonry (Ed.), *The handbook of crime and justice* (pp.85-108). Oxford, UK: Oxford University Press.

Daly, K. (2010). Feminist perspectives in criminology: A review with Gen Y in mind. In E. McLaughlin & T. Newburn (Eds.), *The Sage handbook of criminological theory* (pp.225-246). London: Sage.

Daly, K., & Chesney-Lind, M. (1988). Feminism and criminology. Justice *Quarterly, 5,* 497-535.

Damasio, A. R. (1994). Descartes' error and the future of human life. *Scientific American, 271,* 144.

Darwin, C. (1871). *The descent of man.* London: John Murray.

Darwin, C. (1872). *The expression of emotions in man and animals.* London: John Murray.

Darwin, C. (1981). *Origin of species* (Rev. ed.). Danbury, CT: Grolier. (Original work published 1859)

Davis, A. (2003). *Are prisons obsolete?* New York: Seven Stories Press.

Davis, A. (2005). *Abolition democracy: Beyond prisons, torture and empire.* New York: Seven Stories Press.

Davis, D. (2002). *When smoke ran like water: Tales of environmental deception and the battle against pollution.* New York: Basic Books.

Davis, K. (1948). *Human society.* New York: Macmillan.

Dawkins, R. (1976). *The selfish gene.* New York: Oxford University Press.

Day, J. J., & Carelli, R. M. (2007). The nucleus accumbens and Pavlovian reward learning. *The Neuroscientist, 13,* 148-159.

de Waal, F. B. M. (2008). Putting the altruism back into altruism: The evolution of empathy. *Annual Review of Psychology, 59,* 279-300.

Dean, M. (2005, December 14). Shame of Blair's market madness. *The Guardian,* Opinion Section.

Death row appeals assailed. (1988, January 28). *New York Times,* p.A7.

Defective gene tied to form of manic-depressive illness. (1987, February 26). *New York Times,* p.A1.

DeKeseredy, W. S. (2010). Left realism. In F. T. Cullen & P. Wilcox (Eds.), *Encyclopedia of criminological theory* (pp.546-550). Thousand Oaks, CA: Sage.

DeKeseredy, W. S. (in press). *Contemporary critical criminology.* New York: Routledge.

DeKeseredy, W. S., Alvi, S., & Schwartz, M. D. (2006). Left realism revisited. In W. S. DeKeseredy & B. Perry (Eds.), *Advanced critical criminology: Theory and application* (pp.19-42). Lanham, MD: Lexington Books.

DeKeseredy, W. S., Alvi, S., Schwartz, M. D., & Tomaszewski, E. A. (2003). *Under siege: Poverty and crime in a public housing community.* Lanham, MD: Lexington Books.

DeKeseredy, W. S., & Schwartz, M. D. (2010). Friedman economic policies, social exclusion, and crime: Toward a gendered left realist subcultural theory. *Crime, Law and Social Change, 54,* 159-170.

DeKeseredy, W. S., Schwartz, M. D., Fagen, D., & Hall, M. (2006). Separation/divorce sexual assault: The contribution of male peer support. *Feminist Criminology, 1,* 228-250.

Deinstitutionalization: Special report. (1975, November-December). *Corrections Magazine.*

Dewan, S. (2009, August 9). The real murder mystery? It's the low crime rate. *New York Times,* p.WK4.

DiCristina, B. (1995). *Method in criminology: A philosophical primer.* New York: Harrow & Heston.

DiIulio, J. J., Jr. (1994, Fall). The question of Black crime. *Public Interest, 117,* 3-32.

DiIulio, J. J., Jr. (1995, November 27). The coming of super-predators. *Weekly Standard,* pp.23-28.

Dinitz, S., Reckless, W. C., & Kay, B. (1958). A self gradient among potential delinquents. *Journal of Criminal Law, Criminology, and Police Science, 49,* 230-233.

Dinitz, S., Scarpitti, F. R., & Reckless, W. C. (1962). Delinquency vulnerability: A cross group and longitudinal analysis. *American Sociological Review, 27,* 515-517.

Dionne, E. J., Jr. (1996). *They only look dead: Why progressives will dominate the next political era.* New York: Simon & Schuster.

Dionne, E. J., Jr., & Chen, M. H. (Eds.). (2001). *Sacred places, civic purposes: Should government help faith-based charity?* Washington, DC: Brookings Institution.

DiRago, A. C., & Viallant, G. E. (2007). Resilience in inner city youth: Childhood predictors of occupational status across the lifespan. *Journal of Youth and Adolescence, 36,* 61-70.

Donovan, K. M., & Klahm, C. F. (2009). Prosecuting science: The rational defence of mandatory DNA databases. *The Howard Journal of Criminal Justice, 48,* 411-413.

Dowie, M. (1977, September-October). Pinto madness. *Mother Jones, 2,* pp.18-32.

Downes, D., & Rock, P. (1988). *Understanding deviance* (2nd ed.). Oxford, UK: Clarendon.

Drake, E. K., Aos, S., & Miller, M. G. (2009). Evidence-based public policy options to reduce crime and criminal justice costs: Implications in Washington state. *Victims and Offenders, 4,* 170-196.

Drug test called costly, often useless. (1986, June 21). *Washington Post,* p.A15.

Dugdale, R. L. (1877). *The jukes.* New York: Putnam.

Dunbar, R. I. M. (2007). Male and female brain evolution is subject to contrasting selection pressures in primates. *BioMedCentral Biology, 5,* 1-3.

D'Unger, A. V. (2005). Feminist theories of criminal behavior. In R. A. Wright & J. M. Miller (Eds.), *Encyclopedia of criminology* (Vol.1, pp.559-565). New York: Routledge.

D'Unger, A. V., Land, K. C., McCall, P. L., & Nagin, D. S. (1998). How many latent classes of delinquent/criminal careers? Results from mixed Poisson regression analyses. *American Journal of Sociology, 103,* 1593-1630.

Durkheim, E. (1933). *The division of labor in society.* Glencoe, IL: Free Press.

Durkheim, E. (1951). *Suicide: A study in sociology* (J. A. Spaulding & G. Simpson, Trans.). New York: Free Press. (Original work published 1897)

Durkheim, E. (1964). *The division of labor.* London: Free Press.

Duster, T. (2006). Comparative perspectives and competing explanations: Taking on the new configured reductionist challenge to sociology. *American Sociological Review, 71,* 1-15.

Eck, J. E. (1995). Examining routine activity theory: A review of two books. *Justice Quarterly, 12,* 783-797.

Eck, J. E. (1997). Preventing crime at places. In L. W. Sherman, D. Gottfredson, D. MacKenzie, J. Eck, P. Reuter, & S. Bushway (Eds.), *Preventing crime: What works, what doesn't, what's promising—A report to the United States Congress.* Washington, DC: Office of Justice Programs.

Eck, J. E. (1998). Preventing crime by controlling drug dealing on private rental property. *Security Journal, 11,* 37-43.

Eck, J. E. (2003). Police problems: The complexity of problem theory, research and evaluation. In J. Knutsson (Ed.), *Problem-oriented policing: From innovation to mainstream* (Crime Prevention Studies, Vol.15, pp.79-113). Monsey, NJ: Criminal Justice Press.

Eck, J. E., & Maguire, E. R. (2000). Have changes in policing reduced crime? An assessment of the evidence. In A. Blumstein & J. Walman (Eds.), *The crime drop in America* (pp.207-265). New York: Cambridge University Press.

Eck, J. E., & Spelman, W. (1987). Who ya gonna call: The police as problem-busters. *Crime & Delinquency, 33,* 31-52.

Eck, J. E., & Weisburd, D. (1995). Crime places in crime theory. In J. E. Eck & D. Weisburd (Eds.), *Crime places: Crime prevention studies* (Vol.4, pp.1-33). Monsey, NY: Willow Tree Press.

[Editorial]. (1985, October 28). *Cincinnati Enquirer,* p.C12.

Edwards, R. C., Reich, M., & Weisskopf, T. E. (1972). *The capitalist system: A radical analysis of American society.* Englewood Cliffs, NJ: Prentice Hall.

Edwin Meese lifts his lance. (1986, November 3). *Newsweek,* p.9.

Eggleston, E. P., & Laub, J. H., (2002). The onset of adult offending: A neglected dimension of the criminal career. *Journal of Criminal Justice, 30,* 603-622.

The eighties are over. (1988, January 4). *Newsweek,* pp.40-44.

Elliott, D. S., Ageton, S. S., & Canter, R. J. (1979). An integrated theoretical perspective on delinquent behavior. *Journal of Research on Crime and Delinquency, 16,* 3-27.

Elliott, D. S., Huizinga, D., & Ageton, S. S. (1985). *Explaining delinquency and drug use.* Beverly Hills, CA: Sage.

Ellis, E. (1977). The decline and fall of sociology: 1977-2000. *American Sociologist, 12,* 30-41.

Ellis, H. (1913). *The criminal* (4th ed.). New York: Scribner.

Ellis, L. (1987). Criminal behavior and r/K selection: An extension of gene-based evolutionary theory.

Deviant Behavior, 8(1), 149-176.

Ellis, L. (1989). Evolutionary and neurochemical causes of sex differences in victimizing behavior: Toward a unified theory of criminal behavior. *Social Science Information, 28,* 605-636.

Ellis, L. (2003a). Genes, crime, and the evolutionary neuroandrogenic theory. In A. Walsh & L. Ellis (Eds.), *Biosocial criminology: Challenging environmentalism's supremacy* (pp.13-14). Hauppauge, NY: Nova Science Publishers.

Ellis, L. (2003b). So you want to be a biosocial criminologist? Advice from the underground. In A. Walsh L. Ellis (Eds.), *Biosocial criminology: Challenging environmentalism's supremacy* (pp.249-256). Hauppauge, NY: Nova Science Publishers.

Ellis, L. (2005). Biological perspectives on crime. In S. Guarino-Ghezzi & A. J. Trevino (Eds.), *Understanding crime* (pp.143-174). Cincinnati, OH: Anderson.

Ellis, L., Beaver, K. M., & Wright, J. P. (2009). *Handbook of crime correlates.* San Diego, CA: Elsevier.

Ellis, L., & Hoffman, H. (Eds.). (1990). *Crime in biological, social and moral contexts.* New York: Praeger.

Ellis, L., & Walsh, A. (1999). Criminologists' opinions about causes and theories of crime. *The Criminologist, 24,* 3-6.

Ellis, L., & Walsh,A. (2000). *Criminology: A global perspective.* Boston: Allyn & Bacon.

Empey, L. T. (1979). Foreword: From optimism to despair—New doctrines in juvenile justice. In C. A. Murray & L. A. Co, Jr. (Eds.), *Beyond probation: Juvenile corrections and the chronic delinquent* (pp.9-26). Beverly Hills, CA: Sage.

Empey, L. T. (1982). *American delinquency: Its meaning and construction* (Rev. ed.). Homewood, IL: Dorsey.

Empey, L. T, & Erickson, M. L. (1972). *The Provo experiment: Evaluating community control of delinquency.* Lexington, MA: Lexington Books.

Empey, L. T., & Lubeck, S. (1971). *The Silverlake experiment: Testing delinquency theory and community intervention.* Chicago: Aldine.

Engel, R. S., & Calnon, J. M. (2004). Examining the influence of drivers' characteristics during traffic stops with police: Results form a national survey. *Justice Quarterly, 21,* 49-90.

Engel, R. S., Calnon, J. M., & Bernard, T. J. (2002). Theory and racial profiling: Shortcomings and future directions in research. *Justice Quarterly, 19,* 249-273.

Erikson, K. T. (1966). *Wayward Puritans: A study in sociology of deviance.* New York: John Wiley.

Ermann, M. D., & Lundman, R. J. (Eds.). (1978). *Corporate and governmental deviance: Problems of organizational behavior in contemporary society.* New York: Oxford University Press.

Estrabrook, A. H. (1916). *The Jukes in 1915.* Washington, DC: Carnegie Institute.

Etzioni, A. (1993). *The spirit of community: Rights, responsibilities, and the communitarian agenda.* New York: Crown.

Evans, T. D., Cullen, F. T., Burton, V. S., Jr., Dunaway, R. G., & Benson, M. L. (1997). The social consequences of self-control: Testing the general theory of crime. *Criminology, 35,* 475-500.

Evans, T. D., Cullen, F. T., Dunaway, R. G., & Burton, V. S., Jr. (1995). Religion and crime reexamined: The impact of religion, secular controls, and social ecology on adult criminality. *Criminology, 33,* 195-224.

Eysenck, H. J. (1964). *Crime and personality.* Boston: Houghton Mifflin.

Farrington, D. P. (1994a). Early developmental prevention of juvenile delinquency. *Criminal Behaviour and Mental Health, 4,* 209-227.

Farrington, D. P. (1994b). Human development and criminal careers. In M. Maguire, R. Morgan, & R. Reiner (Eds.), *The Oxford handbook of criminology* (pp.511-584). New York: Oxford University Press.

Farrington, D. P. (1997). The relationship between low resting heart rate and violence. In A. Raine, P. Brennan, D. P. Farrington, & S. Mednick (Eds.), *Biosocial bases of violence* (pp.89-106). New York: Plenum.

Farrington, D. P. (Ed.). (2005). *Integrated developmental and life-course theories of offending* (Advances in Criminological Theory, Vol.14). New Brunswick, NJ: Transaction.

Farrington, D. P. (2006). Building developments and life-course theories of offending. In F. T. Cullen, J. P. Wright, & K. R. Blevins (Eds.), *Taking stock: The status of criminological theory* (Advances in Criminological Theory, Vol.15, pp.335-364). New Brunswick, NJ: Transaction.

Farrington, D. P., & Welsh, B. C. (2007). *Saving children from a life in crime: Early risk factors and effective interventions.* New York: Oxford University Press.

Featherstone, M. (1988). In pursuit of the postmodern: An introduction. *Theory, Culture & Society, 5*(2-3), 195-215.

Federal Bureau of Investigation. (2010). *Crime in the United States, 2008.* Retrieved March 2, 2010, from http://www.fbi.gov/ucr/cius2008/index.html

Feeley, M. M. (2010). Elliott Currie's contribution to public criminology: An appreciation and a lament. *Criminology and Public Policy, 9,* 11-17.

Felson, M. (1995). Those who discourage crime. In J. E. Eck & D. Weisburd (Eds.), *Crime and place: Crime prevention studies* (Vol.4, pp.53-66). Monsey, NY: Criminal Justice Press.

Felson, M. (1998). *Crime and everyday life* (2nd ed.). Thousand Oaks, CA: Pine Forge.

Felson, M. (2002). *Crime and everyday life* (3rd ed.). Thousand Oaks, CA: Sage.

Felson, M., & Boba, R. (2010). *Crime and everyday life* (4th ed.). Thousand Oaks, CA: Sage.

Felson, R. B., & Haynie, D. L. (2002). Pubertal development, social factors, and delinquency among adolescent boys. *Criminology, 40,* 967-988.

Ferrell, J. (1996). *Crimes of style: Urban graffiti and the politics of criminality.* Boston: Northeastern University Press.

Ferrell, J. (1998). Stumbling toward a critical criminology (and into the anarchy and imagery of postmodernism). In J. I. Ross (Ed.), *Cutting the edge* (pp.63-76). Westport, CT: Praeger.

Ferrell, J. (2005). Cultural criminology. In R. A. Wright & J. M. Miller (Eds.), *Encyclopedia of criminology* (Vol.1, pp.347-351). New York: Routledge.

Ferrell, J. (2010). Cultural criminology. In F. T. Cullen & P. Wilcox (Eds.), *Encyclopedia of criminological theory* (pp.249-253). Thousand Oaks, CA: Sage.

Ferrell, J., Hayward, K., Morrison, W., & Presdee, M. (Eds.). (2004a). *Cultural criminology unleashed.* London: Glasshouse.

Ferrell, J., Hayward, K., Morrison, W., & Presdee, M. (2004b). Fragments of a manifesto: Introducing *Cultural criminology unleashed.* In J. Ferrell, K. Hayward, W. Morrison, & M. Presdee (Eds.), *Cultural criminology unleashed* (pp.1-9). London: Glasshouse.

Ferrell, J., Hayward, K., & Young, J. (2008). *Cultural criminology: An invitation.* London: Sage.

Ferri, E. (1929-1930). *Sociologia criminale* (5th ed., 2 vols.). Turin, Italy: UTET.

Fighting narcotics is everyone's issue now. (1986, August 10). *New York Times,* p.A25.

Finckenauer, J. O. (1982). *Scared straight! And the panacea phenomenon.* Englewood Cliffs, NJ: Prentice Hall.

Fishbein, D. H. (1990). Biological perspectives in criminology. *Criminology, 28,* 27-72.

Fishbein, D. H. (1997). Biological perspectives in criminology. In S. Henry & W. Einstadter (Eds.), *The criminology theory reader.* New York: New York University Press.

Fishbein, D. H. (2001). *Biobehavioral perspectives in criminology.* Belmont, CA: Wadsworth.

Fishbein, D. H. (2003). Neurophysiological and emotional regulatory processes in antisocial behavior. In A. Walsh & L. Ellis (Eds.), *Biosocial criminology: Challenging environmentalism's supremacy* (pp.185-208). Hauppauge, NY: Nova Science Publishers.

Fisher, B. S., Cullen, F. T., & Turner, M. G. (2001). *The sexual victimization of college women: Findings from two national-level studies.* Washington, DC: National Institute of Justice and Bureau of Justice Statistics.

Fisher, B. S., Daigle, L. E., & Cullen, F. T. (2010). *Unsafe in the ivory tower: The sexual victimization of college women.* Thousand Oaks, CA: Sage.

Fisher, B. S., Sloan, J. J., Cullen, F. T., & Lu, C. (1998). Crime in the ivory tower: The level and sources of student victimization. *Criminology, 36,* 671-710.

Flanagan, T. J. (1987). Change and influence in popular criminology: Public attributions of crime causation. *Journal of Criminal Justice, 15,* 231-243.

Fox, N., Bell, M. A., & Jones, N. A. (1992). Individual differences in response to stress and cerebral asymmetry. *Developmental Neuropsychology, 8,* 161-184.

Frank, N. (1985). *Crimes against health and safety.* New York: Harrow and Heston.

Frank, T. (1997). *The conquest of cool: Business culture, counterculture and the rise of hip consumerism.* Chicago: University of Chicago Press.

Franklin, H. B. (1998). *Prison writing in 20th-century America.* New York: Penguin.

Frazier, C. E., & Cochran, J. K. (1986). Official intervention, diversion from the juvenile justice system, and dynamics of human services work: Effects of a reform goal based on labeling theory. *Crime & Delinquency 32,* 157-176.

Freud, S. (1920). *A general introduction to psychoanalysis.* New York: Boni & Liveright.

Freud, S. (1927). *The ego and the id.* London: Hogarth.

Freud, S. (1930). *Civilization and its discontents.* New York: Cape & Smith.

Friedan, B. (1963). *The feminine mystique.* New York: W. W. Norton.

Friedlander, K. (1949). Latent delinquency and *ego* development. In K. R. Eissler (Ed.), *Searchlights on delinquency* (pp.205-215). New York: International University Press.

Friedrichs, D. O. (1979). The law and legitimacy crisis: A critical issue for criminal justice. In R. G. Iacovetta & D. H. Chang (Eds.), *Critical issues in criminal justice* (pp.290-311). Durham, NC: Carolina Academic Press.

Friedrichs, D. O. (1996). *Trusted criminals: White collar crime in contemporary society.* Belmont, CA: Wadsworth.

Friedrichs, D. O. (2009). Critical criminology. In J. M. Miller (Ed.), *21st century criminology: A reference handbook* (Vol.1, pp.210-218). Thousand Oaks, CA: Sage.

Friedrichs, D. O. (2010) . Integrated theories of white-collar crime. In F. T. Cullen & P. Wilcox (Eds.), *Encyclopedia of criminological theory* (pp.479-486). Thousand Oaks, CA: Sage.

Friedrichs, D. O., & Schwartz, M. D. (2008). Low self-control and high organizational control: The paradoxes of white-collar crime. In E. Goode (Ed.), *Out of control? Assessing the general theory of crime* (pp.145-159). Stanford, CA: Stanford University Press.

Fuller, J. R. (1998). *Criminal justice: A peacemaking perspective*. Boston: Allyn & Bacon.

Fuller, J. R., & Wozniak, J. F. (2006). Peacemaking criminology: Past, present, and future. In F. T. Cullen, J. P. Wright, & K. B. Blevins (Eds.), *Taking stock: The status of criminological theory* (Advances in Criminological Theory, Vol.15, pp.251-273). New Brunswick, NJ: Transaction.

Fumento, M. (2003, February 3). Trick question: A liberal "hoax" turns out to be true. *The New Republic*, pp.18-21.

Gabbidon, S. (2007). *Criminological perspectives on race and crime*. New York: Routledge.

Galliher, J. F, & Walker, A. (1977). The puzzle of the social origins of the Marijuana Tax Act of 1937. *Social Problems, 24,* 367-376.

Galvan, A., Hare, T. A., Parra, C. E., Penn, J., Voss, H., Glover, G., & Casey, B. J. (2006). Earlier development of the accumbens relative to orbitofrontal cortex might underlie risk-taking behavior in adolescents. *Journal of Neuroscience, 26,* 6885-6892.

Gamble, A. (1989). Privatization, Thatcherism, and the British state. *Journal of Law and Society, 16,* 1-20.

Garfinkel, H. (1956). Conditions of successful degradation ceremonies. *American Journal of Sociology, 61,* 420-424.

Garland, D. (2001). *The culture of control: Crime and social order in contemporary society*. Oxford, UK: Oxford University Press.

Garofalo, J. (1987). Reassessing the lifestyle model of criminal victimization. In M. R. Gottfredson & T. Hirschi (Eds.), *Positive criminology* (pp.23-42). Newbury Park, CA: Sage.

Garofalo, R. (1885). *Criminology*. Naples, Italy: N.P.

Gatti, U., Tremblay, R. E., & Vitaro, F (2009). Iatrogenic effect of juvenile justice. *Child Psychology and Psychiatry, 50,* 991-998.

Gaukroger, S. (2006). *The emergence of a scientific culture: Science and the shape of modernity 1210-1685*. New York: Oxford University Press.

Gaylord, M. S., & Galliher, J. F. (1988). *The criminology of Edwin Sutherland*. New Brunswick, NJ: Transaction.

Gehring, K. S., Van Voorhis, P., & Bell, V. (2010). "What works" for female probationers? An evaluation of the Moving On Program. *Women, Girls, and Criminal Justice, 11,* 6-10.

Geis, G. (2000). On the absence of self-control as the basis for a general theory of crime: A critique. *Theoretical Criminology, 4,* 35-53.

Geis, G. (2007). *White-collar and corporate crime*. Upper Saddle River, NJ: Pearson Prentice Hall.

Geis, G. (2010). Sutherland, Edwin, H.: White-collar crime. In F. T. Cullen & P. Wilcox (Eds.), *Encyclopedia of criminological theory* (pp.910-915). Thousand Oaks, CA: Sage.

Geis, G., & Goff, C. (1983). Introduction. In E. H. Sutherland (Ed.), *White collar crime: The uncut version* (pp.ix-xiii). New Haven, CT: Yale University Press.

Geis, G., & Goff, C. (1986). Edwin H. Sutherland's white-collar crime in America: An essay in historical criminology. *Criminal Justice History, 7,* 1-31.

Gelsthorpe, L. (1988). Feminism and criminology in Britain. *British Journal of Criminology, 28,* 93-110.

Gendreau, P., & Goggin, C. (2000). *Comments on restorative justice programmes in New Zealand*. Unpublished manuscript, Centre for Criminal Justice Studies, University of New Brunswick at Saint John.

Gendreau, P., Goggin, C., Cullen, F. T., & Andrews, D. A. (2000, May). The effects of community sanctions and incarceration on recidivism. *Forum on Corrections Research,* pp.10-13.

Gendreau, P., Goggin, C., & Fulton, B. (2000). Intensive supervision in probation and parole. In C. R. Hollin (Ed.), *Handbook of offender assessment and treatment* (pp.195-204). Chichester, UK: Wiley.

Gendreau, P., Smith, P., & French, S. (2006). The theory of effective correctional intervention: Empirical status and future directions. In F. T. Cullen, J. P. Wright, & K. R. Blevins (Eds.), *Taking stock: The status of criminological theory* (Advances in Criminological Theory, Vol.15, pp.419-446). New Brunswick, NJ: Transaction.

Gerra, G., Garofino, L., Castaldini, L., Rovetto, F., Zamovic, A., Moi, G., Bussandri, M., Branchi, B., Brambilla, F, Friso, G., & Donnini, C. (2005). Serotonin transporter promoter polymorphism genotype is associated with temperament, personality, and illegal drug use among adolescents. *Journal of Neural Transmission, 112,* 1435-1463.

Gettleman, J. (2010, January 4). Americans' role seen in Uganda anti-gay push. *New York Times,* p.A1.

Gibbons, D. C. (1979). *The criminological enterprise: Theories and perspectives*. Englewood Cliffs, NJ: Prentice Hall.

Gibbons, D. C. (1994). *Talking about crime and criminals: Problems and issues in theory development in criminology.* Englewood Cliffs, NJ: Prentice Hall.

Gibbons, D. C., & Garabedian, P. (1974). Conservative, liberal, and radical criminology: Some trends and observations. In C. E. Reasons (Ed.), *The criminologist: Crime and the criminal* (pp.51-65). Pacific Palisades, CA: Goodyear.

Gibbons, F. X., Gerrard, M., Cleveland, M. J., Wills, T. A., & Brody, G. (2004). Perceived discrimination and substance use in African American parents and their children: A panel study. *Journal of Personality and Social Psychology, 86,* 517-529.

Gibbs, J. C. (2009, November). *Looking at terrorism through Left Realists lenses.* Paper presented at the annual meeting of the American Society of Criminology.

Gibbs, J. P. (1975). *Crime, punishment, and deterrence.* New York: Elsevier.

Gibbs, J. P. (1985). Review essay. *Criminology, 23,* 381-388.

The Gideon case 25 years later. (1988, March 16). *New York Times,* p.A27.

Gilfus, M. E. (1992). From victims to survivors to offenders: Women's routes of entry and immersion into street crime. *Women and Criminal Justice, 4,* 63-89.

Giordano, P. C., Cernkovich, S. A., & Rudolph, J. L. (2002). Gender, crime, and desistance: Toward a theory of cognitive transformation. *American Journal of Sociology, 107,* 990-1064.

Giordano, P. C., Kerbel, S., & Dudley, S. (1981). The economics of female criminality: An analysis of police blotters, 1890-1975. In L. H. Bower (Ed.), *Women and crime in America* (pp.65-82). New York: Macmillan.

Gitlin, T. (1989). *The sixties: Years of hope, days of rage.* New York: Bantam.

Glueck, S., & Glueck, E. (1950). *Unraveling juvenile delinquency.* New York: Commonwealth Fund.

God and money: Sex scandal, greed, and lust for power split the TV preaching world. (1987, April 6). *Newsweek,* pp.16-22.

Goddard, H. H. (1912). *The Kallikak family.* New York: Macmillan.

Goddard, H. H. (1914). *Feeblemindedness: Its causes and consequences.* New York: Macmillan.

Goddard, H. H. (1921). Feeblemindedness and delinquency. *Journal of Psycho-Asthenics, 25,* 168-176.

Goddard, H. H. (1927). Who is a moron? *Scientific Monthly, 24,* 41-46.

Goetz case: Commentary on nature of urban life. (1987, June 19). *New York Times,* p.A11.

Goldstein, H. (1979). Improving policing: A problem-oriented approach. *Crime & Delinquency, 25,* 234-258.

Goode, E. (Ed.). (2008). *Out of control: Assessing the general theory of crime.* Stanford, CA: Stanford University Press.

Goodstein, L. (1992). Feminist perspectives and the criminal justice curriculum. *Journal of Criminal Justice Education, 3,* 154-181.

Gordon, D. M. (1971). Class and the economics of crime. *Review of Radical Political Economy, 3,* 51-75.

Gordon, R. A. (1987). SES versus IQ in the race-IQ delinquency model. *International Journal of Sociology and Social Policy, 7,* 29-96.

Goring, C. (1913). *The English convict: A statistical study.* London: Her Majesty's Stationery Office.

Gottfredson, D. G., Wilson, D. B., & Najaka, S. S. (2002). School-based crime prevention. In L. W. Sherman, D. P. Farrington, B. C. Welsh, & D. L. MacKenzie (Eds.), *Evidence-based crime prevention* (pp.56-164). London: Routledge.

Gottfredson, M. R. (2006). The empirical status of control theory in criminology. In F. T. Cullen, J. P. Wright, & K. R. Blevins (Eds.), *Taking stock: The status of criminological theory* (Advances in Criminological Theory, Vol.15, pp.77-100). New Brunswick, NJ: Transaction.

Gottfredson, M. R. (2011). In pursuit of a general theory of crime. In F. T. Cullen, C. L. Jonson, A. J. Myer, & F. Adler (Eds.), *The orlgins of American criminology* (Advances in Criminological Theory, Vol.16, pp.333-346) New Brunswick, NJ: Transaction.

Gottfredson, M. R., & Hirschi, T. (1990). *A general theory of crime.* Stanford, CA: Stanford University Press.

Gould, S. J. (1981). *The mismeasure of man.* New York: W W. Norton.

Gouldner, A. W. (1973). Foreword. In I. Taylor, P. Walton, & J. Young, *The new criminology: For a social theory of deviance* (pp.ix-xiv). London: Routledge & Kegan Paul.

Gove, W., & Wilmoth, C. K. (2003). The neurophysiology of motivation and habitual criminal behavior. In A. Walsh & L. Ellis (Eds.), *Biosocial criminology: Challenging environmentalism's supremacy* (pp.227-245). Hauppauge, NY: Nova Science Publishers.

Gove, W. R. (Ed.). (1975). *The labeling of deviance: Evaluating a perspective.* Beverly Hilis, CA: Sage.

Gove, W. R. (Ed.). (1980). *The labeling of deviance: Evaluating a perspective* (2nd ed.). Beverly Hills, CA: Sage.

Gow, D. (2006, January 19). Sans courage [Editorial]. *The Guardian.*

Graham, K., & Wells, S. (2003). "Somebody's gonna get their head kicked in tonight!" Aggression among young males in bars—A question of values? *British Journal of Criminology, 43,* 546-566.

Grasmick, H. G., & Bursik, R. J., Jr. (1990). Conscience, significant others, and rational choice: Extending the deterrence model. *Law and Society Review, 24,* 837-861.

Grasmick, H. G., Hagan, J., Blackwell, B. S., & Arneklev, B. J. (1996). Risk preferences and patriarch: Extending power-control theory. *Social Forces, 75,* 177-199.

Grasmick, H. G., Tittle, C. R., Bursik, R. J., Jr., & Arneklev, B. J. (1993). Testing the core empirical implications of Gottfredson and Hirschi's general theory of crime. *Journal of Research in Crime and Delinquency, 30,* 5-29.

Greenberg, D. F. (1977). Delinquency and the age structure of society. *Contemporary Crises, 1,* 189-233.

Greenberg, D. F. (1981). Introduction. In D. F. Greenberg (Ed.), *Crime and capitalism* (pp.1-35). Palo Alto, CA: Mayfield.

Greenwood, P. W. (2006). *Changing lives: Delinquency prevention as crime-control policy.* Chicago: University of Chicago Press.

Griffin, S. (1971, September). Rape: The all-American crime. *Ramparts,* pp.26-35.

Grossman, C. L. (2001, February 26). DiIluio keeps the faith. *USA Today,* p.D1.

Grossman, C. L. (2009, March 9). Most religious groups in USA have lost ground, survey finds. *USA Today,* p.D3.

Grosz, E. (1994). *Volatile bodies: Toward a corporeal feminism.* St. Leonards, NSW, Australia: Allen & Unwin.

Guerette, R. T. (2009). The pull, push, and expansion of situational crime prevention evaluation: An appraisal of thirty-seven years of research. In J. Knutsson & N. Tilley (Eds.), *Evaluating crime reduction initiatives* (Crime Prevention Studies, Vol.24, pp.29-58). Monsey, NY: Criminal Justice Press.

Gullo, K. (2001, February 19). Number in prison surged under Clinton. *Cincinnati Enquirer,* p.A1.

Guo, G., Roettger, M. E., & Shih, J. C. (2007). Contributions of the DAT1 and DRD2 genes to serious and violent delinquency among adolescents and young adults. *Human Genetics, 121,* 125-136.

Habermas, J. (1970). *Knowledge and human interests.* Boston: Beacon.

Habermas, J. (1971). *Toward a rational society.* Boston: Beacon.

Haederle, M. (2010, March-April). Trouble in mind: Will the new neuroscience undermine our legal system? *Miller McCune,* pp.70-79.

Hagan, J. (1973). Labeling and deviance: A case study in the "sociology of the interesting." *Social Problems, 20,* 447-458.

Hagan, J. (1989). *Structural criminology.* New Brunswick, NJ: Rutgers University Press.

Hagan, J., Gillis, A. R., & Simpson, J. (1990). Clarifying and extending power-control theory. *American Journal of Sociology, 95,* 1024-1037.

Hagan, J., & Kay, F. (1990). Gender and delinquency in white-collar families: A power-control perspective. *Crime & Delinquency, 36,* 391-407.

Hagan, J., & McCarthy, B. (1997). *Mean streets: Youth crime and homelessness.* Cambridge, UK: Cambridge University Press.

Hahn, P. (1998). *Emerging criminal justice: Three pillars for a proactive justice system.* Thousand Oaks, CA: Sage.

Hail liberty: A birthday party album [of pictures]. (1986, July 14). *Time.*

Hall, R. M., & Sandler, B. R. (1985). A chilly climate in the classroom. In A. G. Sargent (Ed.), *Beyond sex roles* (pp.503-511). St. Paul, MN: West.

Hall, S., & Winlow, S. (2004). Barbarians at the gate: Crime and violence in the breakdown of the pseudo-pacification process. In J. Ferrell, K. Hayward, W. Morrison, & M. Presdee (Eds.), *Cultural criminology unleashed* (pp.275-286). London: Glasshouse.

Hall, S., Winlow, S., & Ancrum, C. (2008). *Criminal identities and consumer culture: Crime, exclusion and the new culture of narcissism.* Devon, UK: Willan.

Hallsworth, S. (2006). *Cultural criminology unleashed* [Book review]. *Criminology & Criminal Justice, 6*(1), 147-149.

Hanley, S., & Nellis, M. (2001). Crime, punishment, and community in England and Wales. In C. Jones-Finer (Ed.), *Comparing the social policy experience of Britain and Taiwan.* Aldershot, UK: Ashgate.

Harcourt, B. E. (2001). *Illusions of order: The false promise of broken windows policing.* Cambridge, MA: Harvard University Press.

Harris, J. R. (1995). Where is the child's environment? A group socialization theory of development. *Psychological Review, 102,* 458-489.

Harris, J. R. (1998). *The nurture assumption: Why children turn out the way they do.* New York: Free Press.

Harrison, P. M., & Beck, A. J. (2005). *Prisoners in 2004.* Washington, DC: U.S. Department of Justice, Bureau of Justice Statistics.

Hawkins, F. H. (1931). Charles Robert Darwin. In *Encyclopedia of the social sciences* (Vol.5, pp.4-5). New York: Macmillan.

Hawkins, G. (1976). *The prison: Policy and practice.*

Chicago: University of Chicago Press.
Hawkins, J. D., & Herrenkohl, T. I. (2003). Prevention in the school years. In D. P. Farrington & J. W. Coid (Eds.), *Early prevention of adult antisocial behavior* (pp.265-291). Cambridge, UK: Cambridge University Press.
Hawley, A. H. (1950). *Human ecology: A theory of community structure.* New York: Ronald Press.
Hawley, F. F., & Messner, S. F. (1989). The southern violence construct: A review of arguments, evidence, and normative context. *Justice Quarterly, 6,* 481-511.
Hay, C. (2001). An exploratory test of Braithwaite's reintegrative shaming theory. *Journal of Research in Crime and Delinquency, 38,* 132-153.
Hayward, K. J., & Young, J. (2004). Cultural criminology: Some notes on the script. *Theoretical Criminology, 8,* 250-273.
Hayward, K. J., & Young, J. (2005, November). *Cultural criminology: Sharpening the focus.* Paper presented at the annual meetings of the American Society of Criminology, Toronto.
Hebdige, D. (1979). *Subculture: The meaning of style.* London: Methuen.
Heide, K. M., & Solomon, E. P. (2006). Biology, childhood trauma, and murder: Rethinking justice. *International Journal of Law and Psychiatry, 29,* 220-233.
Heidensohn, F. M. (1968). The deviance of women: A critique and an enquiry. *British Journal of Sociology, 19,* 160-176.
Heidensohn, F. M. (1985). *Women and crime: The life of the female offender.* New York: New York University Press.
Henggeler, S. W. (1997). *Treating serious antisocial behavior in youth: The MST approach.* Washington, DC: U.S. Department of Justice.
Henry, F., & Tator, C. (2002). *Discourse of domination: Racial bias in the Canadian English-Language press.* Toronto: University of Toronto.
Henry, S., & Milovanovic, D. (2005). Postmodernism and constitutive theories of criminal behavior. In R. A. Wright & J. M. Miller (Eds.), *Encyclopedia of criminology* (Vol.2, pp.1245-1249). New York: Routledge.
Herrnstein, R. J., & Murray, C. (1994). *The bell curve: Intelligence and class structure in American life.* New York: Free Press.
Heusenstamm, F. K. (1975). Bumper stickers and the cops. In D. J. Steffensmeier & R. M. Terry (Eds.), *Examining deviance experimentally: Selected readings* (pp.251-255). Port Washington, NY: Alfred.
Hill, G., & Atkinson, M. P. (1988). Gender, familial control, and delinquency. *Criminology, 26,* 127-151.
Hills, S. L. (Ed.). (1987). *Corporate violence: Injury and death for profit.* Totowa, NJ: Rowman & Littlefield.
Hines, D. A. (2009). Domestic violence. In M. Tonry (Ed.), *The Oxford handbook of crime and public policy* (pp.115-139). New York: Oxford University Press.
Hinkle, R. C., & Hinkle, G. J. (1954). *The development of modern sociology.* New York: Random House.
Hirschi, T. (1969). *Causes of delinquency.* Berkeley: University of California Press.
Hirschi, T. (1975). Labeling theory and juvenile delinquency: An assessment of the evidence. In W. R. Gove (Ed.), *The labeling of deviance: Evaluating a perspective* (pp.181-201). Beverly Hills, CA: Sage.
Hirschi, T. (1983). Crime and the family. In J. Q. Wilson (Ed.), *Crime and public policy* (pp.53-68). San Francisco: Institute for Contemporary Studies.
Hirschi, T. (1989). Exploring alternatives to integrated theory. In S. F. Messner, M. D. Krohn, & A. E. Liska (Eds.), *Theoretical integration in the study of deviance and crime: Problems and prospects* (pp.37-49). Albany: State University of New York Press.
Hirschi, T. (2004). Self-control and crime. In R. F. Baumeister & K. D. Vohs (Eds.), *Handbook of self-regulation: Research, theory, and applications* (pp.537-552). New York: Guilford Press.
Hirschi, T., & Gottfredson, M. R. (1995). Control theory and the life-course perspective. *Studies on Crime and Crime Prevention, 4,* 131-142.
Hirschi, T., & Hindelang, M. J. (1977). Intelligence and delinquency: A revisionist review. *American Sociological Review, 42,* 571-586.
Hochstedler, E. (Ed.). (1984). *Corporations as criminals.* Beverly Hills, CA: Sage.
Hoffman, J. P., & Miller, A. S. (1998). A latent variable analysis of general strain theory. *Journal of Quantitative Criminology, 14,* 83-110.
Hoffman, J. P., & Su, S. S. (1997). The conditional effects of stress on delinquency and drug use: A strain theory assessment of sex differences. *Journal of Research in Crime and Delinquency, 34,* 46-78.
Hofstadter, R. (1955a). *Age of reform.* New York: Knopf.
Hofstadter, R. (1955b). *Social Darwinism in American thought.* Boston: Beacon.
Hofstadter, R. (1963). *The Progressive movement: 1900 to 1915.* New York: Touchstone.
Holzer, H. J., Raphael, S., & Stoll, M.A. (2004). Will employers hire former offenders? Employer preferences, background checks, and their determinants. In M. Pattillo, D. Weiman, & B. Western (Eds.), *Imprisoning America: The social effects of mass incarceration* (pp.205-243). New York: Russell Sage.

Home Office. (2004). *Offender management caseload statistics, 2004.* London: The Stationery Office.

Hooton, E. A. (1939). *Crime and the man.* Cambridge, MA: Harvard University Press.

Horney, J., Osgood, D. W., & Marshall, I. H. (1995). Criminal careers in the short term: Intra-individual variability in crime and its relation to local life circumstances. *American Sociological Review, 60,* 655-673.

Howard, J. (1973). *The state of the prisons* (4th ed.). Montclair, NJ: Patterson Smith. (Original work published 1792)

Howard League for Penal Reform. (2005, January 18). *England and Wales lead the pack on European imprisonment rates* [Press release].

Hudson, B. (1998). Restorative justice: The challenge of sexual and racial violence. *Journal of Law and Society, 25,* 237-256.

Huff, C. R., & Scarpitti, F. R. (2011). The origins and development of containment theory: Walter C. Reckless and Simon Dinitz. In F. T. Cullen, C. L. Jonson, A. J. Myer, & F. Adler (Eds.), *The origins of American criminology* (Advances in Criminological Theory, Vol.16, pp.277-294). New Brunswick, NJ: Transaction.

Hughes, E. C. (1945). Dilemmas and contradictions of statuses. *American Journal of Sociology, 50,* 353-359.

Hulse, C. (2010, February 27). Bill to extend jobless benefits hits a partisan roadblock. *New York Times,* p.A12.

Human Rights Watch. (1998). Women raped in prison face retaliation; Michigan failing to protect inmates, says rights group. Retrieved June 20, 2006, from http://www.commondreams.org/pressreleases/Sept98/092198c.htm

Hunt, M. M. (1961, January 28). How does it come to be so? Profile of Robert K. Merton. *The New Yorker,* pp.39-64.

Immarigeon, R., & Daly, K. (1997, December). Restorative justice: Origins, practices, contexts, and challenges. *ICCA Journal of Community Corrections, 8,* 13-18.

Inciardi, J. A. (Ed.). (1980). *Radical criminology: The coming crises.* Beverly Hills, CA: Sage.

Inciardi, J. A. (1986). *The war on drugs: Heroin, cocaine, crime, and public policy.* Palo Alto, CA: Mayfield.

Irwin, J. (1970). *The felon.* Englewood Cliffs, NJ: Prentice Hall.

Irwin, J. (1980). *Prisons in turmoil.* Boston: Little, Brown.

Irwin, J. (1985). *The jail.* Berkeley: University of California Press.

Irwin, J. (2005). *The warehouse prison: Disposal of the new dangerous class.* Los Angeles: Roxbury.

Irwin, J., & Austin, J. (1994). *It's about time: America's imprisonment binge.* Belmont, CA: Wadsworth.

Irwin, J., & Cressey, D. (1962). Thieves, convicts, and inmate culture. *Social Problems, 2,* 142-155.

Ivar Kreuger. (2010). Retrieved April 11, 2010, from http://en.wikipedia.org/wiki/Ivar_Kreuger

Jacobs, J. (1961). *The death and life of great American cities.* New York: Random House.

Jaggar, A. M. (1983). *Feminist politics and human nature.* Totowa, NJ: Rowman & Allanheld.

Jaggar, A. M., & Rothenberg, P. (Eds.). (1984). *Feminist frameworks.* New York: McGraw-Hill.

Jeffery, C. R. (1977). *Crime prevention through environmental design* (2nd ed.). Beverly Hills, CA: Sage.

Jenkins, P. (1987). *Mrs. Thatcher's revolution: The ending of the socialist era.* London: Pan Books.

Jensen, G. F., & Thompson, K. (1990). What's class got to do with it? A further examination of power-control theory. *American Journal of Sociology, 95,* 1009-1023.

Jesilow, P., Pontell, H. N., & Geis, G. (1993). *Prescription for profit: How doctors defraud Medicaid.* Berkeley: University of California Press.

Johnson, B. R. (2004). Religious programs and recidivism among former inmates in Prison Fellowship programs: A long-term follow-up study. *Justice Quarterly 21,* 329-354.

Jonson, C. L. (2010). *The impact of imprisonment on reoffending: A meta-analysis.* Unpublished doctoral dissertation, University of Cincinnati, Cincinnati, OH.

Jonson, C. L., & Geis, G. (2010). Cressey, Donald R.: Embezzlement and white-collar crime. In F. T. Cullen & P. Wilcox (Eds.), *Encyclopedia of criminological theory* (pp.223-230). Thousand Oaks, CA: Sage.

Josephson, E., & Josephson, M. (1962). *Man alone: Alienation in modern society.* New York: Dell.

Justice Policy Institute. (2010, February). *The Obama administration's budget: More policing, prisons, and punitive policies.* Washington, DC: Author.

Kalb, C. (2006, March 27). The therapist as scientist. *Newsweek,* pp.50-51.

Kamin, L. L. (1985, April). Is crime in the genes? The answer may depend on who chooses the evidence. *Scientfic American,* pp.22-25.

Karjane, H. M., Fisher, B. S., & Cullen, F. T. (2005). *Sexual assault on campus: What colleges and universities are doing about it.* Washington, DC: National Institute of Justice and Bureau of Justice Statistics.

Karoly, L. A., Greenwood, P. W., Everingham, S. S., Hoube, J., Kilburn, M. R., Rydell, C. P., Sanders, M., & Chiesa, J. (1998). *Investing in our children: What* we know and don't know about the costs and benefits of early childhood interventions. Santa Monica, CA: RAND.

Katayama, L. (2005). Reforming California's prisons: An interview with Jackie Speier. Retrieved June 20, 2006, from http://www.motherjones.com/news/qa/2005/07/jackie_speier.html

Katz, J. (1980). The social movement against white-collar crime. In E. Bitner & S. Messinger (Eds.), *Criminology review yearbook* (Vol.2, pp.161-184). Beverly Hills, CA: Sage.

Katz, J. (1988). *Seductions of crime: Moral and sensual attractions of doing evil*. New York: Basic Books.

Katz, J., & Abel, C. F. (1984). The medicalization of repression: Eugenics and crime. *Contemporary Crises, 8,* 227-241.

Katz, R. (2000). Explaining girls' and women's crime and desistance in the context of their victimization experiences. *Violence Against Women, 6,* 633-660.

Keane, C., Maxim, P. S., & Teevan, J. J. (1993). Drinking and driving, self-control, and gender. *Journal of Research in Crime and Delinquency, 30,* 30-46.

Kelling, G. L., & Coles, C. M. (1996). *Fixing broken windows: Restoring order and reducing crime in our communities*. New York: Simon & Schuster.

Kempf, K. L. (1993). The empirical status of Hirschi's control theory. In F. Adler & W. S. Laufer (Eds.), *New directions in criminological theory* (Advances in Criminological Theory, Vol.4, pp.143-185). New Brunswick, NJ: Transaction.

Kennedy, P. (1987, August). The (relative) decline of America. *The Atlantic,* pp.29-38.

Kitsuse, J. I. (1964). Societal reaction to deviant behavior: Problems of theory and method. In H. Becker (Ed.), *The other side* (pp.87-102). New York: Free Press.

Klein, D. (1973). The etiology of female crime: A review of the literature. *Issues in Criminology, 8,* 3-30.

Klein, M. W. (1979). Deinstitutionalization and diversion of juvenile offenders: A litany of impediments. In N. Morris & M. Tonry(Eds.), *Crime and justice: An annual review of research* (Vol.1, pp.145-201). Chicago: University of Chicago Press.

Klein, M. W. (1986). Labeling theory and delinquency policy: An experimental test. *Criminal Justice and Behavior, 13,* 47-79.

Klein, M. W. (2007). *The shock doctrine: The rise of disaster capitalism*. Toronto: Knopf.

Knopp, F. H. (1991). Community solutions to sexual violence: Feminist/abolitionist perspectives. In H. Pepinsky & R. Quinney (Eds.), *Criminology as peacemaking* (pp.181-193). Bloomington: Indiana University Press.

Kobrin, S. (1959). The Chicago Area Project: A 25-year assessment. *Annals of the American Academy of Political and Social Sciences, 332,* 19-29.

Kornhauser, R. R. (1978). *Social sources of delinquency: An appraisal of analytical models*. Chicago: University of Chicago Press.

Kramer, R. C. (1992). The Space Shuttle *Challenger* explosion: A case study in state-corporate crime. In K. Schlegel & D. Weisburd (Eds.), *White-collar crime reconsidered* (pp.214-243). Boston: Northeastern University Press.

Kramer, R. C., Michalowski, R. J., & Kauzlarich, D. (2003). The origin and development of the concept and theory of state-corporate crime. *Crime & Delinquency, 48,* 263-282.

Kretschmer, E. (1925). *Physique and character* (W. J. Sprott, Trans.). New York: Harcourt Brace.

Krisberg, B., & Austin, J. (1978). *The children of Ishmael: Critical perspectives on juvenile justice*. Palo Alto, CA: Mayfield.

Kruttschnitt, C., & Green, D. (1984). The sex-sanctioning issue: Is it history? *American Sociological Review, 49,* 541-551.

Kubrin, C. E., Stucky, T. D., & Krohn, M. D. (2009). *Researching theories of crime and deviance*. New York: Oxford University Press.

Kurki, L. (2000). Restorative and community justice in the United States. In M. Tonry (Ed.), *Crime and justice: A review of research* (Vol.27, pp.235-303). Chicago: University of Chicago Press.

Lacan, J. (2006). *Ecrits*. London: W. W. Norton.

Lacey, N. (1997). On the subject of sexing the subject. In N. Naffine & R. J. Owens (Eds.), *Sexing the subject of law* (pp.65-76). Sydney, Australia: LBC Information Services.

Lack of figures on racial strife fueling dispute. (1987, April 5). *New York Times,* p.A13.

Larsson, H., Viding, E., & Plomin, R. (2008). Callous-unemotional traits and antisocial behavior: Genetic, environmental, and early parenting characteristics. *Criminal Justice and Behavior, 35,* 197-211.

Lasch, C. (1978). *The culture of narcissism*. New York: W. W. Norton.

Latessa, E. J. (1987). The effectiveness of intensive supervision with high risk probationers. In B. R. McCarthy (Ed.), *Intermediate punishments: Intensive supervision, home confinement, and electronic surveillance* (pp.99-112). Monsey, NY: Criminal Justice Press.

Latimer, J., Dowden, C., & Muise, D. (2005). The effectiveness of restorative justice practices: A meta-analysis. *Prison Journal, 85,* 127-144.

Laub, J. H. (1983). *Criminology in the making: An oral history*. Boston: Northeastern University Press.

Laub, J. H. (2002). Introduction: The life and work of Travis Hirschi. In T. Hirschi, *The craft of criminology: Selected papers* (pp.xi-xlix) . New Brunswick, NJ: Transaction.

Laub, J. H., & Sampson, R. J. (1991). The Sutherland-Glueck debate: On the sociology of criminological knowledge. *American Journal of Sociology, 6,* 1402-1440.

Laub, J. H., & Sampson, R. J. (2003). *Shared beginnings, divergent lives: Delinquent boys to age 70.* Cambridge, MA: Harvard University Press.

Laub, J. H., Sampson, R. J., & Allen, L. C. (2001). Explaining crime over the life course: Toward a theory of age-graded informal social control. In R. Paternoster & R. Bachman (Eds.), *Explaining criminals and crime: Essays in contemporary criminological theory* (pp.97-112). Los Angeles: Roxbury.

Laub, J. H., Sampson, R. J., Corbett, R. P., Jr., & Smith, J. S. (1995). The public policy implications of a life-course perspective on crime. In H. Barlow (Ed.), *Crime and public policy: Putting theory to work* (pp.91-106). Boulder, CO: Westview.

Laub, J. H., Sampson, R. J., & Sweeten, G. (2006). Assessing Sampson and Laub's life-course theory of crime. In F. T. Cullen, J. P. Wright, & K. R. Blevins (Eds.), *Taking stock: The status of criminological theory* (Advances in Criminological Theory, Vol.15, pp.313-333). New Brunswick, NJ: Transaction.

Lea, J. (1998). Criminology and postmodernity. In P. Walton & J. Young (Eds.), *The new criminology revisited* (pp.163-198). New York: St. Martin's.

Lea, J. (2005). *Terrorism, crime and the collapse of civil liberties.* Lecture presented to the *Criminology Society*, Middlesex University, in April. Retrieved June 20, 2006, from http://www.bunker8.pwp.blueyonder.co.uk/misc/terror.htm

Le Blanc, M., & Loeber, R. (1998). Developmental criminology updated. In M. Tonry (Ed.), *Crime and justice: A review of research* (Vol.23, pp.115-198). Chicago: University of Chicago Press.

Lederer, G. (1961). *A nation of sheep.* New York: Fawcett.

Lemert, E. M. (1951). *Social pathology.* New York: McGraw-Hill.

Lemert, E. M. (1972). *Human deviance, social problems, and social control* (2nd ed.). Englewood Cliffs, NJ: Prentice Hall.

Levitt, S. D. (2002). Deterrence. In J. Q. Wilson & J. Petersilia (Eds.), *Crime: Public policies for crime control* (pp.435-450). Oakland, CA: ICS Press.

Levrant, S., Cullen, F. T., Fulton, B., & Wozniak, J. F. (1999). Reconsidering restorative justice: The corruption of benevolence revisited? *Crime & Delinquency 45,* 3-27.

Lewis, M. (2010). *The big short: Inside the doomsday machine.* New York: W. W. Norton.

Liao, D., Hong, C., Shih, H., & Tsai, S. (2004). Possible association between serotonin transporter promoter region polymorphism and extremely violent behavior in Chinese males. *Neuropsychobiology, 50,* 284-287.

Liederbach, J., Cullen, F. T., Sundt, J. L., & Geis, G. (2001). The criminalization of physician violence: Social control in transformation? *Justice Quarterly 18,* 141-170.

Lilly, J. R. (1992). Selling justice: Electronic monitoring and the security industry. *Justice Quarterly, 9,* 493-504.

Lilly, J. R. (2003). *La Face Cachee Des GI's: Les viols commis par des soldats americains en France, en Angleterre et en Allemagne pendant la Seconde Guerre mondiale.* Paris: Payot.

Lilly, J. R. (2004). *Stupri Di Guerra: Le Violenze Commesse Dai Soldati Americani in Gran Bretagna, Francia e Germania 1942-1945.* Milano: Mursia.

Lilly, J. R. (2006a). Issues beyond empirical EM reports. *Criminology & Public Policy 5,* 501-510.

Lilly, J. R. (2006b). Surveillance electronique et politiques penales aux Etats-Unis: l'etat des lieux en 2005. In R. Levy & X. Lameyre (Eds.), *Poursuivre et puir sans emprisonner* (pp.25-50). Paris: Livre Broche.

Lilly, J. R. (2007). *Taken by force: Rape and American soldiers in the European theatre of operations during World War II.* London: Palgrave.

Lilly, J. R. (2010). Taylor, Ian Paul Walton, and Jock Young. The new criminology. In F. T. Cullen & P. Wilcox (Eds.), *Encyclopedia of criminological theory* (pp.936-940). Thousand Oaks, CA: Sage.

Lilly, J. R., & Ball, R. A. (1993). Selling justice: Will electronic monitoring last? *Northern Kentucky Law Review, 20,* 505-530.

Lilly, J. R., & Deflem, M. (1993, June). Penologie en profit. *Delinkt en Delinkent,* pp.551-557.

Lilly, J. R., & Jeffrey, W., Jr. (1979). On the state of criminology: A review of a classic. *Crime & Delinquency, 25,* 95-103.

Lilly, J. R., & Knepper, P. (1992). An international perspective on the privatization of corrections. *Howard Journal of Criminal Justice, 31,* 174-191.

Lilly, J. R., & Knepper, P. (1993). The corrections-commercial complex. *Crime & Delinquency, 39,* 150-166.

Lilly, J. R., & Marshall, P. (2000). Rape—Wartime. In C. B. Bryant (Ed.), *Encyclopedia of criminology and deviant behavior* (Vol.3, pp.318-322). Philadelphia: Taylor & Francis.

Lilly, J. R., & Nellis, M. (2001). Home detention curfew and the future of tagging. *Prison Service Journal, 135,* 59-64.

Link, B. G., Cullen, F. T., Frank, J., & Wozniak, J. F. (1987). The social rejection of former mental patients: Understanding why labels matter. *American Journal of Sociology, 92,* 1461-1500.

Lipset, S. M., & Schneider, W. (1983). *The confidence gap: Business, labor, and government in the public mind.* New York: Free Press.

Lipsey, M. W. (2009). The primary factors that characterize effective interventions with juvenile offenders: A meta-analytic overview. *Victims and Offenders, 4,* 124-147.

Lipsey, M. W., Chapman, G. L., & Landenberger, N. A. (2001). Cognitive-behavior programs for offenders. *Annals of the American Academy of Political and Social Science, 578,* 144-157.

Lipsey, M. W., & Cullen, F. T. (2007). The effectiveness of correctional rehabilitation: A review of systematic reviews. *Annual Review of Law and Social Sciences, 3,* 297-320.

Liptak, A. (2006, March 2). Prisons often shackle pregnant inmates in labor. *New York Times,* pp.A1, A16.

Liska, A. E. (1981). *Perspectives on deviance.* Englewood Cliffs, NJ: Prentice Hall.

Listwan, S. J., Cullen, F. T., & Latessa, E. J. (2006). *How to prevent prisoner reentry from failing: Insights from evidence-based corrections. Federal Probation, 70*(3), 19-25.

Living in terror. (1994, July 4). Newsweek, pp.26-33.

Loeber, R., & Farrington, D. P. (Eds.). (1998). *Serious and violent juvenile offenders: Risk factors and successful interventions.* Thousand Oaks, CA: Sage.

Loeber, R., & Le Blanc, M. (1990). Toward a developmental criminology. In M. Tonry & N. Morris (Eds.), *Crime and justice: A review of research* (Vol.12, pp.375-473). Chicago: University of Chicago Press.

Loeber, R., & Stouthamer-Loeber, M. (1996). The development of offending. *Criminal Justice and Behavior, 23,* 12-24.

Lofland, L. H. (1973). *A world of strangers: Order and action in urban public space.* New York: Basic Books.

Lombroso, C. (1876). *On criminal man.* Milan, Italy: Hoepli.

Lombroso, C. (1920). *The female offender.* New York: Appleton. (Original work published 1903)

Lombroso-Ferrero, G. (1972). *Criminal man according to the classification of Cesare Lombroso.* Montclair; NJ: Patterson Smith.

Longshore, D., Chang, E., & Messina, N. (2005). Self-control and social bonds: A combined control perspective. *Journal of Quantitative Criminology, 21,* 419-437.

Lopez-Rangel, B., & Lewis, M. E. S. (2006). Loud and clear evidence for gene silencing by epigenetic mechanisms in autism spectrum and related neurodevelopmental disorders. *Clinical Genetics, 69,* 21-22.

Losel, F., & Bender, D. (2003). Protective factors and resilience. In D. P. Farrington & J. W. Coid (Eds.), *Early prevention of adult antisocial behavior* (pp.130-204). Cambridge, UK: Cambridge University Press.

Lowenkamp, C. T., Cullen, F. T., & Pratt, T. C. (2003). Replicating Sampson and Grove's test of social disorganization theory: Revisiting a criminological classic. *Journal of Research in Crime and Delinquency, 40,* 351-373.

Lyall, S. (2008, December 5). European court rules against Britain's policy of keeping DNA database of suspects. *New York Times,* p.A19.

Lynam, D. R., Milich, R., Zimmerman, R., Novak, S. P., Logan, T. K., Martin, C., Leukefield, C., & Clayton, R. (1999). Project DARE: No effects at 10-year follow-up. *Journal of Consulting and Clinical Psychology, 67,* 590-593.

Lynch, J. P. (2002). Crime in international perspective. In J. Q. Wilson & J. Petersilia (Eds.), *Crime: Public policies for crime control* (pp.5-41). Oakland, CA: ICS Press.

Lynch, J. P., & Sabol, W. J. (2004). Effects of incarceration on informal social control in communities. In M. Pattillo, D. Weiman, & B. Western (Eds.), *Imprisoning America: The social effects of mass incarceration* (pp.135-164). New York: Russell Sage.

Lynch, M. J. (1999). Beating a dead horse: Is there any basic empirical evidence for the deterrent effect of imprisonment? *Crime, Law, and Social Change, 31,* 347-362.

Lynch, M. J. (2000). The power of oppression: Understanding the history of criminology as a science of oppression. *Critical Criminology, 9,* 144-152.

Lynch, M. J., Cole, S. A., McNally, R., & Jordan, K. (2008). *Truth machine: The contentious history of DNA fingerprinting.* Chicago: University of Chicago Press.

Lynch, M. J., Schwendinger, H., & Schwendinger, J. (2006). The state of empirical research in radical criminology. In F. T. Cullen, J. P. Wright, & K. R. Blevins (Eds.), *Taking stock: The status of criminological theory* (Advances in Criminological Theory, Vol.15, pp.191-215). New Brunswick, NJ: Transaction.

Lynch, M. J., & Stretesky, P. B. (2006). The new radical criminology and the same old criticisms. In S. Henry & M. M. Lanier (Eds.), *The essential criminology reader.* Boulder, CO: Westview.

MacKenzie, D. L. (2000). Evidence-based corrections: Identifying what works. *Crime & Delinquency, 46,* 457-471.

MacKenzie, D. L. (2006). *What works in corrections: Reducing the criminal activities of offenders and delinquents.* New York: Cambridge University Press.

MacKenzie, D. L., Ellis, L., Simpson, S., et al. (1994). *Female offenders in boot camp.* College Park: University of Maryland Press.

Maddan, S., Walker, J. T., & Miller, J. M. (2008). Does size really matter? A reexamination of Sheldon's somatypes and criminal behavior. *Social Science Journal, 45,* 330-344.

Madge, J. (1962). *The origins of scientific sociology.* New York: Free Press.

Maher, L. (1997). *Sexed work: Gender, race and resistance in a Brooklyn drug market.* Oxford, UK: Clarendon.

Maher, L., & Curtis, R. (1992). Women on the edge: Crack cocaine and the changing contexts of street-level sex work in New York City. *Crime, Law and Social Change, 18,* 221-258.

Makkai, T., & Braithwaite, J. (1991). Criminological theories and regulatory compliance. *Criminology 29,* 191-220.

Mankoff, M. (1971). Societal reaction and career deviance: A critical analysis. *Sociological Quarterly, 12,* 204-218.

Manning, M. A., & Hoyme, H. E. (2007). Fetal alcohol syndrome disorders: A practical clinical approach to diagnosis. *Neuroscience and Biobehavioral Review, 31,* 230-238.

Manning, P. (1998). Media loops. In F. Bailey & D. Hale (Eds.), *Popular culture, crime, and justice* (pp.25-39). Belmont, CA: Wadsworth.

Many rape victims finding justice through civil courts. (1991, September 20). *New York Times,* p.A1.

Manza, J., & Uggen, C. (2006). *Locked out: Felon disenfranchisement and American democracy.* New York: Oxford University Press.

Marcus, B. (2004). Self-control in the general theory of crime: Theoretical implications of a measurement problem. *Theoretical Criminology, 8,* 33-55.

Marcuse, H. (1960). *Reason and revolution.* Boston: Beacon.

Marcuse, H. (1964). *One dimensional man.* Boston: Beacon.

Marcuse, H. (1972). *Counter-revolution and revolt.* Boston: Beacon.

Martindale, D. (1960). *The nature and types of sociological theory.* Cambridge, MA: Houghton Mifflin.

Maruna, S. (2001). *Making good: How ex-convicts reform and rebuild their lives.* Washington, DC: American Psychological Association,

Maruna, S., & Copes, H. (2005). What have we learned from five decades of neutralization research? In M. Tonry (Ed.), *Crime and justice: A review of research* (Vol.32, pp.221-320). Chicago: University of Chicago Press.

Maruna, S., & Roy, K. (2007). Amputation or reconstruction? Notes on the concept of "knifing off" and desistance from crime. *Journal of Contemporary Criminal Justice, 23,* 104-124.

Marx, K., & Engels, F. (1992). *Communist manifesto.* New York: Bantam Books. (Original work published 1848)

Massey, D. R. (2007). *Categorically unequal: The American stratification system.* New York: Russell Sage.

Mathiesen, T. (1974). *The politics of abolition.* New York: Halstead.

Matsueda, R. L., Kreager, D. A., & Huizinga, D. (2006). Deterring delinquents: A rational model of theft and violence. *American Sociological Review, 71,* 95-122.

Matthews, R. (2005). Cultural criminology unleashed [Book review]. *British Journal of Criminology, 45,* 419-420.

Matthews, R. (2009). Beyond "so what?" criminology. *Theoretical Criminology, 13,* 341-362.

Matthews, R., & Young, J. (1986). Editors' introduction. In R. Matthews & J. Young (Eds.), *Confronting crime* (p.1). London: Sage.

Matthews, R., & Young, J. (Eds.). (1992). *Issues in realist criminology.* London: Sage.

Matza, D. (1964). *Delinquency and drift.* New York: John Wiley.

Matza, D. (1969). *Becoming deviant.* Englewood Cliffs, NJ: Prentice Hall.

Mauer, M. (1999). *Race to incarcerate.* New York: New Press.

Mauer, M., & Chesney-Lind, M. (Eds.). (2002). *Invisible punishment: The collateral consequences of mass imprisonment.* New York: New Press.

Maume, D. J., Jr. (1989). Inequality and metropolitan rape rates: A routine activity approach. *Justice Quarterly, 6,* 513-527.

Maume, M. O., & Lee, M. R. (2003). Social institutions and violence: A sub-national test of institutional-anomie theory. *Criminology 41,* 1137-1172.

Mazerolle, P. (1998). Gender, general strain, and delinquency: An empirical examination. *Justice Quarterly, 15,* 65-91.

Mazerolle, P., Burton, V. S., Jr., Cullen, F. T., Evans, T. D.,

& Payne, G. L. (2000). Strain, anger, and delinquent adaptations : Specifying general strain theory. *Journal of Criminal Justice, 28,* 89-101.

Mazerolle, P., & Maahs, J. (2000). General strain and delinquency: An alternative examination of conditioning influences. *Justice Quarterly, 17,* 753-778.

Mazerolle, P., & Piquero, A. (1997). Violent responses to strain: An examination of conditioning influences. *Violence and Victims, 12,* 323-343.

McCarthy, B., & Hagan, J. (1992). Mean streets: The theoretical significance of situational delinquency among homeless youths. *American Journal of Sociology, 98,* 597-627.

McCarthy, B., Hagan, J., & Woodward, T. S. (1999). In the company of women: Structure and agency in a revised power-control theory of gender and delinquency. *Criminology, 37,* 761-788.

McDermott, M. J. (1992). The personal is empirical: Feminism, research methods, and criminal justice education. *Journal of Criminal Justice Education, 3,* 237-249.

McGarrell, E. F., & Hipple, N. K. (2007). Family group conferencing and re-offending among first-time juvenile offenders: The Indianapolis experiment. *Justice Quarterly, 24,* 221-246.

Mead, G. H. (1934). *Mind, self and society* (C. W. Morris, Ed.) . Chicago: University of Chicago Press.

Mead, M. (1928). *Growing up in Samoa: A psychological study of primitive youth for Western civilization.* Oxford, UK: Morrow.

Mealey, L. (1995). The sociobiology of sociopathy: An integrated evolutionary model. *Behavioral and Brain Sciences, 18,* 523-599.

Mednick, S. A. (1977). A biological theory of the learning of law-abiding behavior. In S. A. Mednick & K. O. Christiansen (Eds.), *Biosocial bases of criminal behavior* (pp.1-8). New York: Gardner.

Mednick, S. A., & Christiansen, K. O. (Eds.). (1977). *Biosocial bases of criminal behavior.* New York: Gardner.

Mednick, S. A., Gabrielli, W., & Hutchings, B. (1984). Genetic influences in criminal convictions: Evidence from an adoption cohort. *Science, 224,* 891-894.

Mednick, S. A., Gabrielli, W., & Hutchings, B. (1987). Genetic factors in the etiology of criminal behavior. In S. A. Mednick, T. E. Moffitt, & S. A. Stack (Eds.), *The causes of crime: New biological approaches* (pp.74-91). New York: Cambridge University Press.

Mednick, S. A., Moffitt, T. E., & Stack, S. A. (Eds.). (1987). *The causes of crime: New biological approaches.* New York: Cambridge University Press.

Mednick, S. A., Pollack, V., Volavka, J., & Gabrielli, W. F. (1982). Biology and violence. In M. E. Wolfgang & N. A. Weiner (Eds.), *Criminal violence* (pp.21-79). Beverly Hills, CA: Sage.

Mednick, S. A., & Shoham, G. (1979). *New paths in criminology.* Lexington, MA: Lexington Books.

Mednick, S. A., Volavka, J., Gabrielli, W. F., & Itil, T. M. (1981). EEG as a predictor of antisocial behavior. *Criminology, 19,* 219-229.

Meese: Execute teen-age killers. (1985, September 5). *Cincinnati Enquirer,* pp.A1, A6.

Meese says court doesn't make law. (1986, October 23). *New York Times,* pp.A1, A20.

Meese seen as ready to challenge rule on telling suspects of rights. (1987, January 22). *New York Times,* p.A13.

Meier, R. F., & Miethe, T. D. (1993). Understanding theories of criminal victimization. In M. Tonry (Ed.), *Crime and justice: A review of research* (Vol.17, pp.459-499). Chicago: University of Chicago Press.

Merton, R. K. (1938). Social structure and anomie. *American Sociological Review, 3,* 672-682.

Merton, R. K. (1957). Priorities in scientific discovery: A chapter in the sociology of science. *American Sociological Review, 22,* 635-659.

Merton, R. K. (1959). Social conformity, deviation, and opportunity structures: A comment on the contributions of Dubin and Cloward. *American Sociological Review, 24,* 177-189.

Merton, R. K. (1964). Anomie, anomia, and social interaction: Contexts of deviant behavior. In M. B. Clinard (Ed.), *Anomie and deviant behavior* (pp.213-242). New York: Free Press.

Merton, R. K. (1968). *Social theory and social structure.* New York: Free Press.

Merton, R. K. (1984). "Crime and the anthropologist": An historical postscript. In R. W. Rieber (Ed.), *Advances in forensic psychology* (Vol.1, pp.171-173). Norwood, NJ: Ablex.

Merton, R. K. (1995). Opportunity structure: The emergence, diffusion, and differentiation of a sociological concept, l930s-1950s. In F. Adler & W. S. Laufer (Eds.), *The legacy of anomie theory* (Advances in Criminological Theory, Vol.6, pp.3-78). New Brunswick, NJ: Transaction.

Merton, R. K., & Ashley-Montagu, M. F. (1940). Crime and the anthropologist. *American Anthropologist, 42,* 384-408.

Messerschmidt, J. W. (1986). *Capitalism, patriarchy, and crime: Toward a socialist feminist criminology.* Totowa, NJ: Rowman & Littlefleld.

Messerschmidt, J. W. (1993). *Masculinities and crime: Critique and reconceptualization of theory.* Totowa, NJ: Rowman & Littlefield.

Messner, S. F. (1988). Merton's "social structure and

anomie": The road not taken. *Deviant Behavior, 9*(1), 33-53.

Messner, S. F., Krohn, M. D., & Liska, A. E. (Eds.). (1989). *Theoretical integration in the study of deviance and crime: Problems and prospects.* Albany: State University of New York Press.

Messner, S. F., & Rosenfeld, R. (1994). *Crime and the American dream.* Belmont, CA: Wadsworth.

Messner, S. F, & Rosenfeld, R. (1997). Political restraint of the market and levels of criminal homicide: A cross-national application of institutional anomie theory. *Social Forces, 75,* 1393-1416.

Messner, S. F., & Rosenfeld, R. (2001). *Crime and the American dream* (3rd ed.). Belmont, CA: Wadsworth.

Messner, S. F., & Rosenfeld, R. (2006) . The present and future of institutional-anomie theory. In F. T. Cullen, J. P. Wright, & K. R. Blevins (Eds.), *Taking stock: The status of criminological theory* (Advances in Criminological Theory, Vol.15, pp.127-148). New Brunswick, NJ: Transaction.

Michalowski, R. J., & Bolander, E. W. (1976). Repression and criminal justice in capitalist America. *Sociological Inquiry, 46,* 95-106.

Miles, R. (1989). *The women's history of the world.* London: Paladin.

Milibrand, R. (1969). *The state in capitalist society.* New York: Basic Books.

Miller, A. D., & Ohlin, L. E. (1985). *Delinquency and community: Creating opportunities and controls.* Beverly Hills, CA: Sage.

Miller, J. (2008). *Getting played. African American girl, urban inequality, and gendered violence.* New York: New York University Press.

Miller, J., & Mullins, C. W. (2006). The status of feminist theories in criminology. In F. T. Cullen, J. P. Wright, & K. R. Blevins (Eds.), *Talking stock: The status of criminological theory* (Advances in Criminological Theory, Vol.15, pp.217-249). New Brunswick, NJ: Transaction.

Miller, J. G. (1991). *Last one over the wall: The Massachusetts experiment in closing reform schools.* Columbus: Ohio State University Press.

Miller, L. (2010, January 25). Why God hates Haiti: The frustrating theology of suffering. *Newsweek,* p.14.

Miller, S. L., & Burack, C. (1993). A critique of Gottfredson and Hirschi's general theory of crime: Selective (in) attention to gender and power positions. *Women and Criminal Justice, 4,* 115-134.

Miller, W. B. (1958). Lower class culture as a generating milieu of gang delinquency. *Journal of Social Issues, 14,* 5-19.

Milovanovic, D. (1995). Dueling paradigms: Modernist versus postmodernist. *Humanity and Society, 19,* 1-22.

Milovanovic, D. (2002). *Critical criminology at the edge: Postmodern perspectives, applications, and integrations.* Westport, CT: Praeger.

Mintz, M. (1985). *At any cost: Corporate greed, women, and the Dalkon Shield.* New York: Pantheon.

Miranda v. Arizona, 384 U.S. 436 (1966).

Mobley, A. (2003). Convict criminology: The two-legged data dilemma. In J. I. Ross & S. C. Richards (Eds.), *Convict criminology* (pp.209-223). Belmont, CA: Thomson.

Moffitt, T. E. (1983). The learning theory model of punishment: Implications for delinquency deterrence. *Criminal Justice and Behavior, 10,* 131-158.

Moffitt, T. E. (1993). Adolescence-limited and life-course-persistent antisocial behavior: A developmental taxonomy. *Psychological Review, 100,* 674-701.

Moffitt, T. E. (2005). The new look at behavioral genetics in developmental psychopathology: Gene-environment interplay in antisocial behaviors. *Psychological Bulletin, 131,* 533-554.

Moffitt, T. E. (2006a). Life-course-persistent versus adolescence-limited antisocial behavior. In D. Cicchetii & D. J. Cohen (Eds.), *Developmental psychopathology: Vol.3. Risk, disorder, and adaptation* (2nd ed., pp.570-598). Hoboken, NJ: John Wiley.

Moffitt, T. E. (2006b). A review of research on the taxonomy of life-course persistent versus adolescence-limited antisocial behavior. In F. T. Cullen, J. P. Wright, & K. R. Blevins (Eds.), *Taking stock: The status of criminological theory* (Advances in Criminological Theory, Vol.15, pp.277-311). New Brunswick, NJ: Transaction.

Moffitt, T. E., Caspi, A., Dickson, N., Silva, P., & Stanton, W. (1996). Childhood-onset antisocial conduct problems in males: Natural history from ages 3 to 18. *Development and Psychopathology, 8,* 399-424.

Moffitt, T. E., Capsi, A., Rutter, M., & Silva, P. A. (2001). *Sex diferences in antisocial behavior: Conduct disorder, delinquency, and violence in the Dunedin Longitudinal Study.* Cambridge, UK: Cambridge University Press.

Mohr, G. J., & Gundlach, R. H. (1929-1930). A further study of the relation between physique and performance in criminals. *Journal of Abnormal and Social Psychology, 24,* 36-50.

Mohr, J. M. (2008-2009). Oppression by scientific method: The use of science to "other" sexual minorities. *Journal of Hate Studies, 7,* 21-45.

Mokhiber, R. (1988). *Corporate crime and violence: Big*

business, power and the abuse of the public trust. San Francisco: Sierra Club Books.

Monachesi, E. (1973). Cesare Beccaria. In H. Mannheim (Ed.), *Pioneers in criminology* (2nd ed., pp.36-50). Montclair, NJ: Patterson Smith.

Morash, M. (1982). Juvenile reaction to labels: An experiment and an exploratory study. *Sociology and Social Research, 67,* 76-88.

More jails are charging inmates for their stay. (1987, November 19). *USA Today,* p.A8.

Morse, J. (2010, January 2). More women rob banks. *Cincinnati Enquirer,* p.1.

Morris, A. (1987). *Women, crime, and criminal justice.* New York: Blackwell.

Morris, N., & Hawkins, G. (1970). *The honest politician's guide to crime control.* Chicago: University of Chicago Press.

Morrison, W. (2004). Lombroso and the birth of criminological positivism: Scientific mastery or cultural artifice? In J. Ferrel, K. Hayward, W. Morrison, & M. Presdee (Eds.), *Cultural criminology unleashed* (pp.67-80). London: Glasshouse.

Morrison, W. (2006). *Criminology, civilisation and the new world order.* Oxford, UK: Routledge.

Moynihan, D. P. (1969). *Maximum feasible misunderstanding: Community action in the war on poverty.* New York: Free Press.

Mullins, C. W., & Miller, J. (2008). Temporal, situational and interactional features of women's violence conflicts. *The Australian and New Zealand Journal of Criminology, 41,* 36-62.

Mullins, C. W., & Wright, R. (2003). Gender, social networks, and residential burglary. *Criminology, 42,* 813-840.

Mullins, C. W., Wright, R., & Jacobs, B. A. (2004). Gender, streetlife and criminal retaliation. *Criminology, 42,* 911-940.

Muncie, J. (1998). Reassessing competing paradigms in criminological theory. In P. Walton & J. Young (Eds.), *The new criminology revisited* (pp.221-233). London: St. Martin's.

Murray, C. (1984). *Losing ground: American social policy, 1950-1980.* New York: Basic Books.

Mutchnick, R. J., Martin, R., & Austin, W. T. (2009). *Criminological thought: Pioneers past and present.* Upper Saddle River, NJ: Prentice Hall.

Nader, R. (1965). *Unsafe at any speed: The designed-in dangers of the American automobile.* New York: Grossman.

Nagin, D. S. (1998). Criminal deterrence research at the outset of the twenty-first century. In M. Tonry (Ed.), *Crime aud justice: A review of research* (Vol.23, pp.1-42). Chicago: University of Chicago Press.

Nagin, D. S., Cullen, F. T., & Jonson, C. L. (2009). Imprisonment and reoffending. In M. Tonry (Ed.), *Crime arid justice: A review of research* (Vol.38, pp.115-200). Chicago; University of Chicago Press.

Nagin, D. S., & Farrington, D. P. (1992). The stability of criminal potential from childhood to adulthood. *Criminology, 30,* 235-260.

Nagin, D. S., Farrington, D. P., & Moffitt, T. E. (1995). Life-course trajectories of different types of offenders. *Criminology, 33,* 139.

Nagin, D. S., & Paternoster, R. (1991). On the relationship of past to future participation in delinquency. *Criminology, 29,* 163-189.

Nagin, D. S., & Paternoster, R. (1993). Enduring individual differences and rational choice theories of crime. *Law and Society Review, 27,* 467-496.

Nagin, D. S., & Paternoster, R. (2010). Pogarsky, Greg: Behavioral economics and crime. In F. T. Cullen & P. Wilcox (Eds.), *Encyclopedia of criminological theory* (pp.716-720). Thousand Oaks, CA: Sage.

Nagin, D. S., & Pogarsky, G. (2001). Integrating celerity, impulsivity, and extralegal sanction threats into a model of general deterrence: Theory and evidence. *Criminology, 39,* 865-889.

Nagin, D. S., & Pogarsky, G. (2003). An experimental investigation of deterrence: Cheating, self-serving bias, and impulsivity. *Criminology, 41,* 167-191.

Naked truth returns from Boren's past. (1995, January 26). *Daily Oklahoman,* p.A10.

Naked truth revealed about Ivy League schools. (1995, January 16). *The Times* (London).

National Advisory Commission on Criminal Justice Standards and Goals. (1975). *A national strategy to reduce crime.* New York: Avon.

Nebraskastudies.org. (2010). The roots of progressivism: The populists. Retrieved April 11, 2010, from http://www.nebraskastudies.org/0600/navigation/b0601_00.html

Nellis, M. (2003a). Crime, punishment and community cohesion. In E. McLauren (Ed.), *Developing community cohesion: Under- standing the issues, delivering solutions* (pp.40-42). London: Runnymede Trust.

Nellis, M. (2003b). Electronic monitoring and the future of the Probation Service. In W. H. Chui & M. Nellis (Eds.), *Moving probation forward: Evidence, arguments and practice* (pp.245-260). Harlow, UK: Longman.

Nellis, M. (2003c). News media, popular cultural and the electronic monitoring of offenders. *Howard Journal of Criminal Justice, 42*(1), 1-31.

Nellis, M. (2004). They don't even know we're there: The electronic monitoring of offenders in England

and Wales. In K. Ball & F. Webster (Eds.), *The intensfication of surveillance: Crime, terrorism and warfare in the information age* (pp.62-89). London: Pluto.

Nellis, M. (2006). NOMS, contestability and the process of technocorrectional innovation. In M. Hough, R. Allen, & U. Padel (Eds.), *Reshaping probation and prisons: The new offender management framework* (pp.49-67). Bristol, UK: Policy Press.

Nellis, M., & Lilly, J. R. (2000). Accepting the tag: Probation officers and home detention curfew. *Vista, 6,* 68-80.

Nellis, M., & Lilly, J. R. (2004). GPS tracking: What America and England might learn from each other. *Journal of Offender Monitoring, 17*(2), 5-7, 23-27.

Nellis, M., & Lilly, J. R. (2010). Electronic monitoring. In B. S. Fisher & S. P. Lab (Eds.), *Encyclopedia of victimology and crime prevention* (Vol.1, pp.360-363). Thousand Oaks, CA: Sage.

Newburn, T. (2007). "Tough on crime": Penal policy in England and Wales. In M. Tonry (Ed.), *Crime, punishment, and politics in comparative perspective* (Crime and Justice: A Review of Research, Vol.36, pp.425-470). Chicago: University of Chicago Press.

Newman, O. (1972). *Defensible space: Crime prevention through urban design.* New York: Collier.

Nieuwbeerta, P., Nagin, D. S., & Blokland, A. A. (2009). The relationship between first imprisonment and criminal career development: A matched samples comparison. *Journal of Quantitative Criminology, 25,* 227-257.

Novak, K. J. (2004). Disparity and racial profiling in traffic enforcement. *Police Quarterly, 7,* 65-96.

Nye, F. I. (1958). *Family relationships and delinquency behavior.* New York: John Wiley.

O'Brien, M. (2005). What is *cultural* about cultural criminology? *British Journal of Criminology, 45,* 599-612.

Officials to probe brain use. (1985, October 6). *Cincinnati Enquirer,* p.C12.

Ogle, R. S., Maier-Katkin, J., & Bernard, T. J. (1995). Homicidal behavior among women. *Criminology, 33,* 173-193.

Olasky, M. (1992). *The tragedy of American compassion.* Washington, DC: Regnery.

Olds, D. L. (2007). Preventing crime with prenatal and infancy support of parents: The Nurse-Family Partnership. *Victims and Offenders, 2,* 205-225.

Olds, D. L., Hill, P., & Rumsey, E. (1998). *Prenatal and early childhood nurse home visitation.* Washington, DC: U.S. Department of Justice, Office of Juvenile Justice and Delinquency Prevention.

O'Neill, M. (2004). Crime, culture and visual methodologies: Ethno-mimesis as performative praxis. In J. Ferrell, K. Hayward, W. Morrison, & M. Presdee (Eds.), *Cultural criminology unleashed* (pp.219-229). London: Glasshouse.

Orland, L. (1980). Reflections on corporate crime: Law in search of theory and scholarship. *American Criminal Law Review, 17,* 501-520.

Osgood, D. W. (2011). Osgood, D. Wayne, Janet K. Wilson, Jerald G. Bachman, Patrick M. O'Malley, and Lloyd D. Johnston: Routine activities and individual deviant behavior. In F. T. Cullen & P. Wilcox (Eds.), *Encyclopedia of criminological theory* (pp.675-679). Thousand Oaks, CA: Sage.

Osgood, D. W., Wilson, J. K., Bachman, J. G., O'Malley, P. M., & Johnston, L. D. (1996). Routine activities and individual deviant behavior. *American Sociological Review, 61,* 635-655.

Oshinsky, D. M. (1996). *"Worse than slavery": Parchman Farm and the ordeal of Jim Crow justice.* New York: Free Press.

Pager, D. (2003). The mark of a criminal record. *American Journal of Sociology, 108,* 937-975.

Pager, D. (2007). *Marked: Race, crime, and finding work in an era of mass incarceration.* Chicago: University of Chicago Press.

Pager, D., & Quillian, L. (2005). Walking the talk? What employers say versus what they do. *American Sociological Review, 70,* 355-380.

Palamara, F., Cullen, F. T., & Gersten, J. C. (1986). The effect of police and mental health intervention on juvenile deviance: Specifying contingencies in the impact of formal reaction. *Journal of Health and Social Behavior, 27,* 90-105.

Palen, J. J. (1981). *The urban world* (3rd ed.). New York: McGraw-Hill.

Panel on High-Risk Youth. (1993). *Losing generations. Adolescents in high-risk settings.* Washington, DC: National Academies Press.

Paolucci, H. (1963). Preface. In C. Beccaria, *On crimes and punishments* (H. Paolucci, Trans.). Indianapolis, IN: Bobbs-Merrill. (Original work published 1764)

Parsons, T. (1951). *The social system.* New York: Free Press.

Passas, N. (1990). Anomie and corporate deviance. *Contemporary Crises, 14,* 157-178.

Passas, N. (2010). Anomie and white-collar crime. In F. T. Cullen & P. Wilcox (Eds.), *Encyclopedia of criminological theory* (pp.56-58). Thousand Oaks, CA: Sage.

Passas, N., & Agnew, R. (Eds.). (1997). *The future of anomie theory.* Boston: Northeastern University Press.

Paternoster, R. (1987). The deterrent effect of the

perceived certainty and severity of punishment: A review of the evidence and issues. *Justice Quarterly, 4,* 197-217.

Paternoster, R., Brame, R., Bachman, R., & Sherman, L. W. (1997). Do fair procedures matter? The effect of procedural justice on spouse assault. *Law and Society Review, 31,* 163-204.

Paternoster, R., & Iovanni, L. (1989). The labeling perspective and delinquency: An elaboration of the theory and assessment of the evidence. *Justice Quarterly, 6,* 359-394.

Paternoster, R., & Mazerolle, P. (1994). General strain theory and delinquency: A replication and extension. *Journal of Research in Crime and Delinquency, 31,* 235-263.

Paternoster, R., & Simpson, S. (1993). A rational choice theory of corporate crime. In R. V. Clarke & M. Felson (Eds.), *Routine activity and rational choice* (Advances in Criminological Theory, Vol.5, pp.37-58). New Brunswick, NJ: Transaction.

Paternoster, R., & Simpson, S. (1996). Sanction threats and appeals to morality: Testing a rational choice model of corporate crime. *Law and Society Review, 30,* 549-583.

Patterson, G. R., DeBarshy, B. D., & Ramsey, E. (1989). A developmental perspective on antisocial behavior. *American Psychologist, 44,* 329-335.

Patterson, G. R., & Yoerger, K. (1997). A developmental model for late-onset delinquency. In D. W. Osgood (Ed.), *Motivation and delinquency: Nebraska Symposium on Motivation* (Vol.44, pp.119-177). Lincoln: University of Nebraska Press.

Patterson, G. R., & Yoerger, K. (2002). A developmental model for early-and late-onset delinquency. In J. B. Reid, G. R. Patterson, & J. Synder (Eds.), *Antisocial behavior in children and adolescents: A developmental analysis and model for intervention* (pp.147-172). Washington, DC: American Psychological Association.

Patterson, J. T. (1996). *Grand expectations: The United States, 1945-1974.* New York: Oxford University Press.

Pattillo, M., Weiman, D., & Western, B. (Eds.). (2004). *Imprisoning America: The social effects of mass incarceration.* New York: Russell Sage.

Peacock, A. (2003). *Libby, Montana: Asbestos and the deadly silence of an American corporation.* Boulder, CO: Johnson.

Pearce, F. (1976). *Crimes of the powerful: Marxism, crime and deviance.* London: Pluto.

Pepinsky, H. (1976). *Crime and conflict: A study in law and society.* New York: Academic Press.

Pepinsky, H. (1999). Peacemaking primer. In B. A. Arrigo (Ed.), *Social justice: Criminal justice* (pp.52-70). Belmont, CA: Wadsworth.

Pepinsky, H., & Quinney, R. (Eds.). (1991). *Criminology as peacemaking.* Bloomington: Indiana University Press.

Persell, C. H. (1984). An interview with Robert K. Merton. *Teaching Sociology, 11,* 355-386.

Peters, M. (2006, January 19). Second careers and the third age: You're only as old as your new job. *The Guardian* (Business). Retrieved June 20, 2006, from http://business.guardian.co.uk/story/0,1689574,00.html

Petersilia, J. (1980). Criminal career research: A review of recent evidence. In N. Morris & M. Tonry (Eds.), *Crime and justice.An annual review of research* (Vol.2, pp.321-379). Chicago: University of Chicago Press.

Petersilia, J. (2003). *When prisoners come home: Parole and prison reentry.* New York: Oxford University Press.

Petersilia, J. (2008). California's correctional paradox of excess and deprivation. In M. Tonry (Ed.), *Crime and justice: A review of research* (Vol.37, pp.207-278). Chicago: University of Chicago Press.

Petersilia, J., & Turner, S. (with Peterson, J.). (1986). *Prison versus probation in California: Implications for crime and offender recidivism.* Santa Monica, CA: RAND.

Peterson, R. (2008). Foreword. In J. Miller, *Getting played* (pp.ix-xii). New York: New York University Press.

Petrosino, A., Turpin-Petrosino, C., & Guckenburg, S. (2010). *Formal system processing of juveniles: Effects on delinquency.* Oslo, Norway: The Campbell Collaboration.

Pew Center on the States. (2010). *Prison count 2010: State prison population declines for the first time in 38 years.* Washington, DC: Author.

Pew Charitable Trusts. (2008). *One in 100: Behind bars in America 2008.* Washington, DC: Author.

Pfohl, S. J. (1977). The "discovery of child abuse." *Social Problems, 24,* 310-323.

Pfohl, S. J. (1985). *Images of deviance and social control. A sociological history.* New York: McGraw-Hill.

Piliavin, I., & Briar, S. (1964). Police encounters with juveniles. *American Journal of Sociology, 70,* 206-214.

Piquero, A. R. (2011). Understanding the development of antisocial behavior: Terrie Moffitt. In F. T. Cullen, C. L. Jonson, A. J. Myer, & F. Adler (Eds.), *The origins of American criminology* (Advances in Criminological Theory, Vol.16, pp.397-408). New Brunswick, NJ: Transaction.

Piquero, A. R., & Bouffard, J. A. (2007). Something old,

something new: A preliminary investigation of Hirschi's redefined self-control. *Justice Quarterly, 24,* 1-27.

Piquero, A. R., Farrington, D. P., & Blumstein, A. (2003). The criminal career paradigm. In M. Tonry (Ed.), *Crime and justice: A review of research* (Vol.30, pp.359-506). Chicago: University of Chicago Press.

Piquero, A. R., Farrington, D. P., & Blumstein, A. (2007). *Key issues in criminal career research: New analyses of the Cambridge Study in Delinquent Development.* New York: Cambridge University Press.

Piquero A. R., & Hickman, M. (1999). An empirical test of Tittle's control balance theory. *Criminology, 37,* 319-341.

Piquero, A. R., & Moffitt, T. E. (2005). Explaining the facts of crime: How the developmental taxonomy replies to Farrington's invitation. In D. P. Farrington (Ed.), *Integrated developmental and life-course theories of offending* (Advances in Criminological Theory, Vol.14, pp.51-72). New Brunswick, NJ: Transaction.

Piquero, A. R., & Piquero, N. L. (1998). On testing institutional-anomie theory with varying specifications. *Studies on Crime and Crime Prevention, 7,* 61-84.

Piquero, N. L., Exum, M. L., & Simpson, S. S. (2005). Integrating the desire-for-control and rational choice in a corporate crime context. *Justice Quarterly, 22,* 252-280.

Piquero, N. L., & Piquero, A. R. (2006). Control balance and exploitative corporate crime. *Criminology, 44,* 397-430.

Pivar, D. J. (1973). *Purity crusade: Sexual morality and social control, 1868-1900.* Westport, CT: Greenwood.

Platt, A. M. (1969). *The child savers: The invention of delinquency.* Chicago: University of Chicago Press.

Pogarsky, G., Kim, K., & Paternoster, R. (2005). Perceptual change in the National Youth Survey: Lessons for deterrence theory and offender decision-making. *Justice Quarterly, 22,* 1-29.

Pogarsky, G., & Piquero, A. R. (2003). Can punishment encourage offending? Investigating the "resetting effecf." *Journal of Research in Crime and Delinquency, 40,* 95-120.

Pollak, O. (1950). *The criminality of women.* Philadelphia: University of Pennsylvania Press.

Pound, R. (1942). *Social control through law.* New Haven, CT: Yale University Press.

Pratt, T. C. (2001). *Assessing the relative effects of macro-level predictors of crime: A meta-analysis.* Unpublished doctoral dissertation, University of Cincinnati, Cincinnati, OH.

Pratt, T. C. (2009). *Addicted to incarceration: Corrections policy and the politics of misinformation in the United States.* Thousand Oaks, CA: Sage.

Pratt, T. C., & Cullen, F. T. (2000). The empirical status of Gottfredson and Hirschi's general theory of crime. *Criminology, 38,* 931-964.

Pratt, T. C., & Cullen, F. T. (2005). Assessing macro-level predictors and theories of crime: A meta-analysis. In M. Tonry (Ed.), *Crime and justice: A review of research* (Vol.32, pp.373-450). Chicago: University of Chicago Press.

Pratt, T. C., Cullen, F. T., Blevins, K. R., Daigle, L. E., & Madensen, T. D. (2006). The empirical status of deterrence theory: A meta-analysis. In F. T. Cullen, J. P. Wright, & K. R. Blevins (Eds.), *Taking stock: The status of criminological theory* (Advances in Criminological Theory, Vol.15, pp.367-395). New Brunswick, NJ: Transaction.

Pratt, T. C., Cullen, F. T., Blevins, K. R., Daigle, L. E., & Unnever, J. D. (2002). The relationship of attention deficit hyperactivity disorder to crime and delinquency: A meta-analysis. *International Journal of Police Science and Management, 4,* 344-360.

Pratt, T. C., Cullen, F. T., Sellers, C. S., Winfree, L. T., Jr., Madensen, T. D., Daigle, L. E., Fearn, N. E., & Gau, J. M. (2010). The empirical status of social learning theory: A meta-analysis. *Justice Quarterly, 27,* 765-802.

Pratt, T. C., Turner, M. G., & Piquero, A. R. (2004). Parental socialization and community context: A longitudinal analysis of the structural sources of low self-control. *Journal of Research in Crime and Delinquency, 41,* 219-243.

The president's angry apostle. (1986, October 6). *Newsweek,* p. 27.

President's Commission on Law Enforcement and Administration of Justice. (1968). *Challenge of crime in a free society.* New York: Avon.

Provine, W. B. (1973). Geneticists and the biology of race crossing. *Science, 182,* 790.

Public humiliation. (1986, May 20). ABC News *Nightline.*

Pueschel, S. M., Linakis, J. G., & Anderson, A. C. (Eds.). (1996). *Lead poisoning in childhood.* Baltimore: Paul H. Brookes.

Putnam, R. D. (2000). *Bowling alone: The collapse and revival of American community.* New York: Simon & Schuster.

Quinney, R. (1969). *Crime and justice in society.* Boston: Little, Brown.

Quinney, R. (l970a). *The problem of crime.* New York: Dodd, Mead.

Quinney, R. (1970b). *The social reality of crime.* Boston: Little, Brown.

Quinney, R. (1974a). *Criminal justice in America: A critical understanding.* Boston: Little, Brown.

Quinney, R. (1974b). *Critique of the legal order: Crime control in capitalist society.* Boston: Little, Brown.

Quinney, R. (1977). *Class, state, and crime: On the theory and practice of criminal justice.* New York: David McKay.

Quinney, R. (1980). *Class, state, and crime: On the theory and practice of criminal justice* (2nd ed.). New York: David McKay.

Radzinowicz, L. (1966). *Ideology and crime: A study of crime in its social and historical context.* New York: Columbia University Press.

Rafter, N. (2008). *The criminal brain: Understanding biological theories of crime.* New York: New York University Press.

Raine, A. (1993). *The psychopathology of crime.* San Diego, CA: Academic Press.

Raine, A. (2002). The biological basis of crime. In J. Q. Wilson & J. Petersilia (Eds.), *Crime: Public policies for crime control* (pp.43-74). Oakland, CA: ICS Press.

Rand, M. R. (2009). *Criminal victimization, 2008.* Washington, DC: U.S. Department of Justice, Bureau of Justice Statistics.

Reckless, W. C. (1943). *The etiology of criminal and delinquent behavior.* New York: Social Science Research Council.

Reckless, W. C. (1961). *The crime problem* (3rd ed.). New York: Appleton-Century-Crofts.

Reckless, W. C. (1967). *The crime problem* (4th ed.). New York: Meredith.

Reckless, W. C., & Dinitz, S. (1967). Pioneering with self-concept as a vulnerability factor in delinquency. *Journal of Criminal Law, Criminology, and Police Science, 58,* 515-523.

Reckless, W. C., Dinitz, S., & Kay, B. (1957). The self component in potential delinquency and nondelinquency. *American Sociological Review, 22,* 566-570.

Reckless, W. C., Dinitz, S., & Murray, E. (1956). Self concept as insulator against delinquency. *American Sociological Review, 21,* 744-764.

Redl, F., & Wineman, D. (1951). *Children who hate.* New York: Free Press.

Regoli, R. M., & Hewitt, J. D. (1997). *Delinquency and society* (3rd ed.). New York: McGraw-Hill.

Regoli, R. M., Hewitt, J. D., & DeLisi, M. (2010). *Delinquency and society* (8th ed.). Sudbury, MA: Jones and Bartlett.

Reich, R. B. (Ed.). (1988). *The power of public ideas.* Cambridge, MA: Harvard University Press.

Reich, R. B. (2001, February 12). The new economy as a decent society. *American Prospect,* pp.20-23.

Reid, J. B., Patterson, G. R., & Snyder, J. (Eds.). (2002). *Antisocial behavior in children and adolescents: A developmental analysis and model for intervention.* Washington, DC: American Psychological Association.

Reiman, J. H. (1979). *The rich get richer and the poor get prison.* New York: John Wiley.

Reiss, A. J. (1949). *The accuracy, efficiency and validity of a prediction instrument.* Unpublished doctoral dissertation, University of Chicago.

Reiss, A. J. (1951). Delinquency as the failure of personal and social controls. *American Sociological Review, 16,* 196-207.

Rennie, Y. (1978). *The search for criminal man: A conceptual history of the dangerous offender.* Lexington, MA: Lexington Books.

Rennison, C. M. (2003). *Intimate partner violence 1993-2001.* Washington, DC: U.S. Department of Justice, Bureau of Justice Statistics.

Renzetti, C. M. (1993). On the margins of the malestream (or they still don't get it, do they?) : Feminist analyses in criminal justice education. *Journal of Criminal Justice Education, 4,* 219-234.

Report traces 45 cases of attacks on minorities. (1987, February 15). *New York Times,* p.A22.

Reports of bias attacks on the rise in New York. (1987, September 23). *New York Times,* p.A19.

Reynolds, M. (1996). *Crime and punishment in Texas: An update.* Dallas, TX: National Center for Policy Analysis.

Reynolds, M. (2000, November 13). Crime and punishment. *Newsweek* p.46.

Rich, F. (2009, March 9). The culture warriors get laid off. *New York Times,* p.WK12.

Richards, S. C. (1998). Critical and radical perspectives on community punishment: Lessons from darkness. In J. I. Ross (Ed.), *Cutting edge* (pp.122-144). Westport CT: Praeger.

Richards, S. C., & Ross, J. I. (2001). Introducing the new school of convict criminology. *Social Justice, 28*(1), 177-190.

Richards, S. C., & Ross, J. I. (2005). Convict criminology In R. A. Wright & J. M. Miller (Eds.), *Encyclopedia of criminology* (Vol.1, pp.232-236). New York: Routledge.

Richie, B. E. (1996). *Compelled to crime: The gender of entrapment of battered Black women.* New York: Routledge.

Ridenour, A. (1999, July 20). Context of silliest lawsuits ever. *Cincinnati Enquirer,* p.A6.

Roberts, J. V., & Stalans, L. J. (2000). *Public opinion, crime, and criminal justice.* Boulder, CO: Westview.

Robertson, P. (2010). Pat Robertson: Haiti "cursed" by "pact to the devil." Retrieved January 26, 2010, from http://www.huffingtonpost.com/2010/0l/13/

455

patrobertson-haiti-curse_n_422099.html

Robins, L. N. (1978). Sturdy childhood predictors of adult antisocial behavior: Replications from longitudinal studies. *Psychological Medicine, 8,* 611-622.

Robinson, M. (2009). No longer taboo: Crime prevention implications of biosocial criminology. In A. Walsh & K. M. Beaver (Eds.), *Biosocial criminology: New directions in theory and research* (pp.243-263). New York: Routledge.

Rock, P. (1977). Review symposium on women, crime, and criminology. *British Journal of Criminology, 17,* 393-395.

Rodericks, J. V. (1992). *Calculated risks: The toxicity and public health risks of chemicals in our environment.* Cambridge, UK: Cambridge University Press.

Roe v. Wade, 410 U.S. 113 (1973).

Roper v. Simmons 543 U.S. 551 (2005).

Rose, D. R., & Clear, T. R. (1998). Incarceration, social capital, and crime: Implications for social disorganization theory. *Criminology, 36,* 441-479.

Rose, N. (1969). *Inventing our selves: Psychology, power, and personhood.* Cambridge, UK: Cambridge University Press.

Rosenbaum, D. P. (2007). Just say no to D.A.R.E. *Criminology and Public Policy, 6,* 815-824.

Rosenfeld, R. (1989). Robert Merton's contribution to the sociology of deviance. *Sociological Inquiry 59,* 453-466.

Rosenfeld, R. (2009). Homicide and serious assaults. In M. Tonry (Ed.), *The Oxford handbook of crime and public policy* (pp.25-50). New York: Oxford University Press.

Rosenfeld, R., & Messner, S. F. (2011). The intellectual origins of institutional-anomie theory. In F. T. Cullen, C. L. Jonson, A. J. Myer, & F. Adler (Eds.), *The origins of American criminology* (Advances in Criminological Theory, Vol.16, pp.121-135). New Brunswick, NJ: Transaction.

Rosoff, S., Pontell, H., & Tillman, R. (2007). *Profit without honor: White-collar crime and the looting of America* (4th ed.). Upper Saddle River, NJ: Pearson Prentice Hall.

Ross, E. A. (1907). *Sin and society: An analysis of latter-day iniquity.* New York: Harper and Row. (Reprinted in 1973)

Ross, J. I., & Richards, S. C. (Eds.). (2003a). *Convict criminology* (pp.2-14). Belmont, CA: Thomson.

Ross, J. I., & Richards, S. C. (2003b). What is the new school of convict criminology? In J. I. Ross & S. C. Richards (Eds.), *Convict criminology* (pp.2-14). Belmont, CA: Thomson.

Ross, J. I., & Richards, S. C. (2009). *Beyond bars: Rejoining society after prison.* Exton, PA: Alpha Publishing House.

Rossmo, D. K. (1995). Place, space, and police investigations : Hunting serial violent criminals. In J. E. Eck & D. Weisburd (Eds.), *Crime places: Crime prevention studies* (Vol.4, pp.217-235). Monsey, NY: Willow Tree Press.

Rothman, D. J. (1971). *The discovery of the asylum: Social order and disorder in the new republic.* Boston: Little, Brown.

Rothman, D. J. (1978). The state as parent: Social policy in the Progressive era. In W. Gaylin, I. Glasser, S. Marcus, & D. Rothman (Eds.), *Doing good. The limits of benevolence* (pp.69-96). New York: Pantheon.

Rothman, D. J. (1980). *Conscience and convenience: The asylum and its alternatives in progressive America.* Boston: Little, Brown.

Rowe, D. C. (1983). Biometrical genetic models of self-reported delinquent behavior: A twin study. *Behavioral Genetics, 13,* 473-489.

Rowe, D. C. (1986). Genetic and environmental components of antisocial behavior: A study of 265 twins. *Criminology, 24,* 513-534.

Rowe, D. C. (2002). *Biology and crime.* Los Angeles, CA: Roxbury.

Rubia, K., Halari, R., Smith, A. B., Mohammed, M., Scott, S., Giampietro, V., Taylor, E., & Brammer, M. J. (2008). Dissociated functional brain abnormalities of inhibition in boys with pure conduct disorder and in boys with pure ADHD. *American Journal of Psychiatry, 165,* 889-897.

Rubington, E., & Weinberg, M. S. (1971). *The study of social problems.* New York: Oxford University Press.

Ruggiero, V., South, N., & Taylor, I. (1998). Introduction: Towards a European criminological community In V. Ruggiero, N. South, & I. Taylor (Eds.), *The new European criminology: Crime and social order in Europe* (pp.1-15). London: Routledge.

Rushton, J. P. (1990). Race and crime: A reply to Roberts and Gabor. *Canadian Journal of Criminology, 32,* 315-334.

Rushton, J. P. (1995). Race and crime: International data for 1989- 1990. *Psychological Reports, 76,* 307-312.

Rutter, M. (2006). *Genes and behavior: Nature-nurture interplay.* Malden, MA: Blackwell.

Rutter, M. (2007). Gene-environment inter-dependence. *Developmental Science 10,* 12-18.

Samenow, S. E. (1984). *Inside the criminal mind.* New York: Times Books.

Samenow, S. E. (1989). *Before it's too late: Why some kids get into trouble—And what parents can do about it.* New York: Times Books.

Sampson, R. J. (1986a). Crime in the cities: The effects of formal and informal social control. In A. J. Reiss

& M. Tonry (Eds.), *Community and crime* (Crime and Justice: A Review of Research, Vol.8, 271-311). Chicago: University of Chicago Press.
Sampson, R. J. (1986b). Effects of socioeconomic context on official reaction to juvenile delinquency *American Sociological Review, 51,* 876-885.
Sampson, R. J. (1999). Techniques of research neutralization. *Theoretical Criminology, 3,* 438-451.
Sampson, R. J. (2006). Collective efficacy: Lessons learned and directions for future inquiry. In F. T. Cullen, J. P. Wright, & K. R. Blevins (Eds.), *Taking stock: The status of criminological theory* (Advances in Criminological Theory, Vol.15, pp.149-167). New Brunswick, NJ: Transaction.
Sampson, R. J. (2011). Communities and crime revisited: Intellectual trajectory of a Chicago school education. In F. T. Cullen, C. L. Jonson, A. J. Myer, & F. Adler (Eds.), *The origins of American criminology* (Advances in Criminological Theory, Vol.16, pp.63-85). New Brunswick, NJ: Transaction.
Sampson, R. J., & Groves, W. B. (1989). Community structure and crime: Testing social-disorganization theory. *American Journal of Sociology, 94,* 774-802.
Sampson, R. J., & Laub, J. H. (1990). Crime and deviance over the life course: The salience of adult social bonds. *American Sociological Review, 44,* 609-627.
Sampson, R. J., & Laub, J. H. (1992). Crime and deviance in the life course. *Annual Review of Sociology, 18,* 63-84.
Sampson, R. J., & Laub, J. H. (1993). *Crime in the making: Pathways and turning points through life.* Cambridge, MA: Harvard University Press.
Sampson, R. J., & Laub, J. H. (1994). Urban poverty and the family context of delinquency: A new look at structure and process in a classic study *Child Development, 65,* 523-540.
Sampson, R. J., & Laub, J. H. (1995). Understanding variability in lives through time: Contributions of life-course criminology. *Studies on Crime and Crime Prevention, 4,* 143-158.
Sampson, R. J., & Laub, J. H. (2005). A life-course view of the development of crime. *Annals of the American Academy of Political and Social Science, 602,* 12-45.
Sampson, R. J., Morenoff, J. D., & Earls, F. (1999). Beyond spatial capital: Spatial dynamics of collective efficacy for children. *American Sociological Review, 64,* 633-660.
Sampson, R. J., & Raudenbush, R. W. (1999). Systematic social observation of public spaces: A new look at disorder in urban neighborhoods. *American Journal of Sociology, 3,* 603-651.
Sampson, R. J., Raudenbush, S. W., & Earls, F. (1997, August 15). Neighborhoods and violent crime: A multilevel study of collective efficacy. *Science, 277,* 918-924.
Sampson, R. J., & Wilson, W. J. (1995). Toward a theory of race, crime, and urban inequality In J. Hagan & R. D. Peterson (Eds.), *Crime and inequality* (pp.37-54). Stanford, CA: Stanford University Press.
Scarpitti, F. R., Murray, E., Dinitz, S., & Reckless, W. C. (1960). The good boys in a high delinquency area: Four years later. *American Sociological Review, 25,* 922-926.
Scarr, S., & McCartney, K. (1983). How people make their own environments: A theory of genotype-environment effects. *Child Development, 54,* 424-435.
Scheff, T. J. (1966). *Being mentally ill.* Chicago: Aldine.
Scheingold, S. A. (1984). *The politics of law and order: Street crime and public policy.* New York: Longman.
Schiff, M. F. (1999). The impact of restoration intervention on juvenile offenders. In G. Bazemore & L. Walgrave (Eds.), *Restorative juvenile justice: Repairing the harm of youth crime* (pp.327-356). Monsey, NY: Willow Tree Press.
Schlossman, S., Zellman, G., & Shavelson, R. (with Sedlak, M., & Cobb, J.). (1984). *Delinquency prevention in South Chicago: A fifty-year assessment of the Chicago Area Project.* Santa Monica, CA: RAND.
Schuessler, K. (Ed.). (1973). Introduction. In E. H. Sutherland (Ed.), *On analyzing crime* (pp.ix-xvi). Chicago: University of Chicago Press.
Schur, E. M. (1965). *Crimes without victims: Deviant behavior and public policy.* Englewood Cliffs, NJ: Prentice Hall.
Schur, E. M. (1973). *Radical nonintervention: Rethinking the delinquency problem.* Englewood Cliffs, NJ: Prentice Hall.
Schur, E. M., & Bedeau, H. A. (1974). *Victimless crimes: Two sides of a controversy.* Englewood Cliffs, NJ: Prentice Hall.
Schutz, A. (1962). *The problem of social reality.* The Hague, The Netherlands: Martinus Nijhoff.
Schwartz, M. D. (1991). The future of critical criminology. In B. D. MacLean (Ed.), *New Directions in critical criminology* (pp.119-124). Vancouver, BC: Collective Press.
Schwartz, M. D., & Friedrichs, D. O. (1994). Postmodern thought and criminological discontent. *Criminology, 32,* 221-246.
Schwarzenegger, A. (2010, January 6). Governor Schwarzenegger delivers 2010 State of the State Address. Sacramento, CA: Office of the Governor. Retrieved January 7, 2010, from http://gov.ca.gov/speech/14118/

Scientists urge high project to chart all human genes. (1988, February 12). *New York Times*, pp.A1, A13.

Sellers, C. S. (1999). Self-control and intimate violence: An examination of the scope and specification of the general theory of crime. *Criminology, 37,* 375-404.

Sellin, T. (1938). *Culture, conflict, and crime.* New York: Social Science Research Council.

Sellin, T. (1973). Enrico Ferri. In H. Mannheim (Ed.), *Pioneers in criminology* (2nd ed., pp.361-384). Montclair, NJ: Patterson Smith.

Seringhaus, M. (2010, March 14). To stop crime, share your genes. *New York Times,* p.A21.

Sex in the 80s: The revolution is over. (1984, April 9). *Time,* pp.74-78.

Shannon, L. W. (1982). *Assessing the relationship of adult criminal careers to juvenile careers: A summary.* Washington, DC: U.S. Department of Justice.

Shapiro, S. P. (1984). *Wayward capitalists: Target of the Security and Exchange Commission.* New Haven, CT: Yale University Press.

Shapland, J., Atkinson, A., Atkinson, H., Dignan, J., Edwards, L., Hibbert, J., Howes, J. J., Robinson, G., & Sorsby, A. (2008). *Does restorative justice affect reconviction? The fourth report from the evaluation of three schemes.* London: Ministry of Justice.

Shaw, C. R. (1930). *The jack-roller: A delinquent boy's own story.* Chicago: University of Chicago Press.

Shaw, C. R. (with Moore, M. E.). (1931). *The natural history of a delinquent career.* Chicago: University of Chicago Press.

Shaw, C. R. (with McKay, H. D., & MacDonald, J. F.). (1938). *Brothers in crime.* Chicago: University of Chicago Press.

Shaw, C. R., & McKay, H. D. (1972). *Juvenile delinquency and urban areas.* Chicago: University of Chicago Press.

Shaw, P., Gormack, M., Lerch, J., Addington, A., Seal, J., Greenstein, D., Sharp, W., Evans, A., Giedd, J. N., Castellanos, F. X., & Rapoport, J. L. (2007). Polymorphisms of DRD4, clinical outcome, and cortical structure in ADHD. *Archives of General Psychiatry, 64,* 921-931.

Sheldon, W. H. (1949). *Varieties of delinquent youth: An introduction to constitutional psychiatry.* New York: Harper.

Sheptycki, J. (2010). Edward Sutherland (1883-1950). In K. Hayward, S. Maruna, & J. Mooney (Eds.), *Fifty key thinkers in criminology* (pp.63-71). London: Routledge.

Sherman, L. W. (with Schmidt, J. D., & Rogan, D. P.). (1992). *Policing domestic violence: Experiments and dilemmas.* New York: Free Press.

Sherman, L. W. (1993). Defiance, deterrence, and irrelevance: A theory of the criminal sanction. *Journal of Research in Crime and Delinquency, 30,* 445-473.

Sherman, L. W. (1997). Policing for crime prevention. In L. W. Sherman, D. Gottfredson, D. MacKenzie, J. Eck, P. Reuter, & S. Bushway (Eds.), *Preventing crime: What works, what doesn't, what's promising—A report to the United States Congress.* Washington, DC: Office of Justice Programs.

Sherman, L. W. (2000, February 24). *The defiant imagination: Consilience and the science of sanctions.* Lecture delivered at University of Pennsylvania, Philadelphia.

Sherman, L. W., Farrington, D. P., Welsh, B. C., & MacKenzie, D. L. (Eds.). (2002). *Evidence-based crime prevention.* London: Routledge.

Sherman, L. W., Gartin, P. R., & Buerger, M. E. (1989). Hot spots of predatory crime: Routine activity and the criminology of place. *Criminology, 27,* 27-55.

Sherman, L. W., Schmidt, J. D., Rogan, D. P., Smith, D. A., Gartin, P. R., Cohn, E. G., Collins, J., & Bacich, A. R. (1992). The variable effects of arrests on criminal careers: The Milwaukee domestic violence experiment. *Journal of Criminal Law and Criminology, 83,* 137-169.

Sherman, L. W., & Strang, H. (2007). *Restorative justice: The evidence.* London: The Smith Institute.

Sherman, M., & Hawkins, G. (1981). *Imprisonment in America: Choosing the future.* Chicago: University of Chicago Press.

Short, J. F., Jr., & Strodtbeck, F. L. (1965). *Group process and gang delinquency.* Chicago: University of Chicago Press.

Shover, N. (1996). *Great pretenders: Pursuits and careers of persistent thieves.* Boulder, CO: Westview.

Shover, N., & Hochstetler, A. (2006). *Choosing white-collar crime.* New York: Cambridge University Press.

Shover, N., & Hunter, B. W. (in press). Blue-collar, white-collar: Crimes and mistakes. In W. Bernasco (Ed.), *Offender on offending: Learning about crime from criminals.* Collompton, UK: Willan.

Shover, N., & Scroggins, J. (2009). Organizational crime. In M. Tonry (Ed.), *The Oxford handbook of crime and public policy* (pp.273-303). New York: Oxford University Press.

Simon, D. R., & Eitzen, S. D. (1986). *Elite deviance* (2nd ed.). Boston: Allyn & Bacon.

Simon, J. (1993). *Poor discipline: Parole and the social control of the underclass.* Chicago: University of Chicago Press.

Simon, R. J. (1975). *Women and crime.* Lexington, MA: Lexington Books.

Simons, R. L., Chen, Y.-F., Stewart, E. A., & Brody, G. H. (2003). Incidents of discrimination and risk for delinquency: A longitudinal test of strain theory with an African American sample. *Justice Quarterly, 20*, 27-854.

Simons, R. L., Simons, L. G., Burt, C. H., Drummund, H., Stewart, E., Brody, G. H., Gibbons, F. X., & Cutrona, C. (2006). Supportive parenting moderates the effect of discrimination upon anger, hostile view of relationships, and violence among African American boys. *Journal of Health and Social Behavior, 47*, 373-389.

Simpson, S. S. (1991). Caste, class, and violent crime: Explaining difference in female offending. *Criminology, 29*, 115-135.

Simpson, S. S. (2002). *Corporate crime, law, and social control*. New York: Cambridge University Press.

Simpson, S. S., & Piquero, N. L. (2002). Low self-control, organizational theory, and corporate crime. *Law and Society Review, 36*, 509-548.

Simpson, S. S., Piquero, N. L., & Paternoster, R. (2002). Rationality and corporate offending decisions. In A. R. Piquero & S. G. Tibbetts (Eds.), *Rational choice and criminal behavior: Recent research and future challenges* (pp.25-30). New York: Routledge.

Sinclair, U. (1906). *The jungle*. New York: Signet.

Singer, S. I., & Levine, M. (1988). Power-control theory, gender, and delinquency. *Criminology, 26*, 627-648.

Skolnick, J. H. (1997, January-February). Tough guys. *American Prospect*, pp.86-91.

Smart, C. (1976). *Women, crime, and criminology: A feminist critique*. London: Routledge & Kegan Paul.

Smith, J., & Fried, W. (1974). *The uses of the American prison: Political theory and penal practice*. Lexington, MA: Lexington Books.

Smith, N. C., Simpson, S. S., & Huang, C. -Y. (2007). Why managers fail to do the right thing: An empirical study of unethical and illegal conduct. *Business Ethics Quarterly, 17*, 633-667.

Smith, P. (2006). *The effects of incarceration on recidivism: A longitudinal examination of program participation and institutional adjustment in federally sentenced adult male offenders*. Unpublished doctoral dissertation, University of New Brunswick, Canada.

Smithsonian destroys nude photo collection. (1995, January 28). *Plain Dealer*, p.A8. (Cleveland, OH).

Snodgrass, J. (1976). Clifford R. Shaw and Henry D. McKay: Chicago criminologists. *British Journal of Criminology, 16*, 1-19.

Snodgrass, J. D. (1972). *The American criminological tradition: Portraits of the men and ideology in a discipline*. Unpublished doctoral dissertation, University of Pennsylvania.

Snyder, R. C. (2008). What is third-wave feminism: A new direction. *Signs: Journal of Women in Culture and Society, 34*, 175-196.

Spelman, W. (2000). What recent studies do (and don't) tell us about imprisonment and crime. In M. Tonry (Ed.), *Crime and justice: A review of research* (Vol.27, pp.419-494). Chicago: University of Chicago Press.

Spiegler, M. D., & Guevremont, D. C. (1998). *Contemporary behavior therapy* (3rd ed.). Pacific Grove, CA: Brooks/Cole.

Spitzer, S. (1976). Toward a Marxian theory of deviance. *Social Problems, 22*, 638-651.

Spohn, C., & Holleran, D. (2002). The effect of imprisonment on recidivism rates of felony offenders: A focus on drug offenders. *Criminology, 40*, 329-357.

Stadler, W. A. (2010). *White-collar offenders and the prison experience: An empirical examination of the "special sensitivity" to imprisonment hypothesis*. Unpublished doctoral dissertation, University of Cincinnati.

Stanko, E. A. (1992). Intimidating education: Sexual harassment in criminology. *Journal of Criminal Justice Education, 3*, 331-340.

Starr, J. M. (1985). Cultural politics in the 1960s. In J. M. Starr (Ed.), *Cultural politics: Radical movements in modern history* (pp.235-294). New York: Praeger.

Steffensmeier, D. J. (1978). Crime and the contemporary woman: An analysis of the changing levels of female property crime, 1960-75. *Social Forces, 57*, 556-584.

Steffensmeier, D. J. (1980). Sex differences in patterns of adult crime, 1965-1978. *Social Forces, 58*, 1080-1108.

Steffensmeier, D. J. (1981). Patterns of female property crime, 1960-1978: A postscript. In L. H. Bowker (Ed.), *Women and crime in America* (pp.59-65). New York: Macmillan.

Steffensmeier, D. J., & Cobb, M. J. (1981). Sex differences in urban arrest patterns, 1934-79. *Social Forces, 61*, 1010-1032.

Stewart, E. A., Schreck, C. J., & Simons, R. L. (2006). "I ain't gonna let no one disrespect me": Does the code of the street reduce or increase violent victimization among African American adolescents? *Journal of Research in Crime and Delinquency, 43*, 427-458.

Stewart, E. A., & Simons, R. L. (2006). Structure and culture in African American adolescent violence: A partial test of the "code of the street" thesis. *Justice Quarterly, 23*, 1-33.

Stoller, N. (2000). *Improving access to health care for California's women prisoners: Executive summary*. Unpublished paper, October. Available at http://

www.ucop.edu/cpac/documents/stollerpaper.pdf

Strang, H., & Sherman, L. W. (2006). Restorative justice to reduce victimization. In B. C. Welsh & D. P. Farrington (Eds.), *Preventing crime: What works for children, offenders, victims, and places* (pp.147-160). Dordrecht, The Netherlands: Springer.

Straus, M., Gelles, R. J., & Steinmetz, S. K. (1980). *Behind closed doors: Violence in the American family.* Garden City, NY: Doubleday

Stretsky, P. B., & Lynch, M. J. (1999). Environmental justice and the prediction of distance to accidental chemical releases in Hillsborough County, Florida. *Social Science Quarterly 80,* 830-846.

A study of 15 convicted murderers shows that all had once suffered head injuries. (1986, June 3). *New York Times,* p.C8.

Sullivan, D., & Tifft, L. (Eds.). (2006). *Handbook of restorative justice.* New York: Routledge.

Sutherland, E. H. (1937). *The professional thief: By a professional thief.* Chicago: University of Chicago Press.

Sutherland, E. H. (1939). *Principles of criminology* (3rd ed.). Philadelphia: J. B. Lippincott.

Sutherland, E. H. (1940). White-collar criminality *American Sociological Review, 5,* 1-12.

Sutherland, E. H. (1949). *White collar crime.* New York: Holt, Rinehart & Winston.

Sutherland, E. H. (1973). *On analyzing crime* (K. Schuessler, Ed.). Chicago: University of Chicago Press. (Original work published 1942)

Sutherland, E. H. (1983). *White collar crime: The uncut version.* New Haven, CT: Yale University Press. (Original work published 1949)

Sutherland, E. H., & Cressey, D. R. (1970). *Criminology* (8th ed.). Philadelphia: J. B. Lippincott.

Sutherland, E. H., Cressey, D. R., & Luckenbill, D. F. (1992). *Principles of criminology* (11th ed.). Dix Hills, NY: General Hall.

Swados, H. (Ed.). (1962). *Years of conscience: The muckrakers.* Cleveland, OH: Meridian Books.

Swartz, K. (2010). Anderson, Elijah: Code of the street. In F. T. Cullen & P. Wilcox (Eds.), *Encyclopedia of criminological theory* (pp.46-51). Thousand Oaks, CA: Sage.

Sweet land of liberty [Special issue]. (1986, Summer). *Newsweek.*

Sykes, G. M. (1974). The rise of critical criminology. *Journal of Criminal Law and Criminology, 65,* 206-213.

Sykes, G. M. (1978). *Criminology.* New York: Harcourt Brace Jovanovich.

Sykes, G. M., & Cullen, F. T. (1992). *Criminology* (2nd ed.). New York: Harcourt Brace Jovanovich.

Sykes, G., & Matza, D. (1957). Techniques of neutralization: A theory of delinquency. *American Sociological Review, 22,* 664-673.

Symons, J. N. (1951). [Discussion]. *American Sociological Review, 16,* 207-208.

Szasz, T. (1987). *Insanity: The idea and its consequences.* New York: John Wiley.

Tannenbaum, F. (1938). *Crime and the community.* New York: Columbia University Press.

Tappan, P. (1947). Who is the criminal? *American Sociological Review, 12,* 96-102.

Taxman, F., Young, D., Byrne, J. M., Holsinger, A., & Anspach, D. (2002). *From prison safety to public safety: Innovations in offender reentry.* Washington, DC: U.S. Department of Justice, National Institute of Justice.

Taylor, C. (2001). The relationship between social and self-control: Tracing Hirschi's criminological career. *Theoretical Criminology, 5,* 369-388.

Taylor, I. (1998). Free markets and the cost of crime: An audit of England and Wales. In P. Walton & J. Young (Eds.), *The new criminology revisited* (pp.234-258). London: St. Martin's.

Taylor, I., Walton, P., & Young, J. (1973). *The new criminology: For a social theory of deviance.* London: Routledge & Kegan Paul.

Taylor, R. B. (2001). *Breaking away from broken windows: Baltimore neighborhoods and the nationwide fight against crime.* Boulder, CO: Westview.

Thaler, R. H., & Sunstein, C. R. (2008). *Nudge: Improving decisions about health, wealth, and happiness.* New Haven, CT: Yale University Press.

Thapar, A., Langley, K., Fowler, T., Rice, F., Turic, D., Whittinger, N., Aggleton, J., Van den Bree, M., Owen, M., & O'Donovan, M. (2005). Catechol O-methyltransferase gene-variant and birth weight predict early-onset antisocial behavior in children with attention-deficit/hyperactivity disorder. *Archives of General Psychiatry, 62,* 1275-1278.

Thomas, C. W., & Bishop, D. M. (1984). The effect of formal and informal sanctions on delinquency: A longitudinal comparison of labeling and deterrence theories. *Journal of Criminal Law and Criminology, 75,* 1222-1245.

Thomas, C. W., & Hepburn, J. R. (1983). *Crime, criminal law, and criminology.* Dubuque, IA: William C. Brown.

Thomas, J., & Boehlefeld, S. (1991). Rethinking abolitionism: "What do we do with Henry" [Review of *The Politics of Redress*]. *Social Justice, 18,* 239-251.

Thomas, W. I. (1907). *Sex and society.* Boston: Little, Brown.

Thomas, W. I. (1923). *The unadjusted girl.* New York:

Harper & Row.

Thornberry, T. P. (1987). Toward an interactional theory of delinquency. *Criminology, 25*, 863-891.

Thornberry, T. P. (1996). Empirical support for interactional theory: A review of the literature. In J. D. Hawkins (Ed.), D*elinquency and crime: Current theories* (pp.198-235). New York: Cambridge University Press.

Thornberry, T. P., & Krohn, M. D. (2005). Applying interactional theory to the explanation of continuity and change in antisocial behavior. In D. P. Farrington (Ed.), *Integrated developmental and life-course theories of offending* (Advances in Criminological Theory, Vol.14, pp.183-209). New Brunswick, NJ: Transaction.

Thornberry, T. P., Lizotte, A. J., Krohn, M. D., Smith, C. A., & Porter, P. K. (2003). Causes and consequences of delinquency: Findings from the Rochester Youth Development Study. In T. P. Thornberry & M. D. Krohn (Eds.), *Taking stock of delinquency: An overview of findings from contemporary longitudinal studies* (pp.11-46). New York: Kluwer Academic/Plenum.

Thrasher, F. M. (1963). *The gang: A study of 1,313 gangs in Chicago*. Chicago: University of Chicago Press. (Original work published 1927)

Tibbetts, S. G. (2003). Selfishness, social control, and emotions: An integrated perspective on criminality. In A. Walsh & L. Ellis (Eds.), *Biosocial criminology: Challenging environmentalism's supremacy* (pp.83-101). Hauppauge, NY: Nova Science Publishers.

Tierney, J. (1996). *Criminology: Theory and context*. Englewood Cliffs, NJ: Prentice Hall.

Tierney, K. J. (1982). The battered women movement and the creation of the wife beating problem. *Social Problems, 29*, 207-220.

Tittle, C. R. (1975a). Deterrents of labeling? *Social Forces, 53*, 399-410.

Tittle, C. R. (1975b). Labeling and crime: An empirical evaluation. In W. R. Gove (Ed.), *The labeling of deviance: Evaluating a perspective* (pp.157-179). Beverly Hills, CA: Sage.

Tittle, C. R. (1995). *Control balance: Toward a general theory of deviance*. Boulder, CO: Westview.

Tittle, C. R. (2000). Control balance. In R. Paternoster & R. Bachman (Eds.), *Explaining criminals and crime: Essays in contemporary theory* (pp.315-334). Los Angeles: Roxbury.

Tittle, C. R. (2004). Refining control balance theory. *Theoretical Criminology, 8*, 395-428.

Tittle, C. R., Bratton, J., & Gertz, M. G. (2003). A test of a micro-level application of shaming theory. *Social Problems, 50*, 592-617.

Tittle, C. R., Ward, D. A., & Grasmick, H. G. (2004). Capacity for self-control and individuals' interest in exercising self-control. *Journal of Quantitative Criminology, 20*, 143-172.

Tonry, M. (1995). M*align neglect: Race, crime, and punishment in America*. New York: Oxford University Press.

Travis, A. (2006, January 19). Home Office holds up probation privatisation. *The Guardian*, p.13.

Travis, J. (2002). Invisible punishment: An instrument of social seclusion. In M. Mauer & M. Chesney-Lind (Eds.), *Invisible punishment: The collateral consequences of mass imprisonment* (pp.15-36). New York: New Press.

Travis, J. (2005). *But they all come back: Facing the challenges of prisoner reentry*. Washington, DC:. Urban Institute Press.

Tremblay, R. E., & Craig, W. M. (1995). Developmental crime prevention. In M. Tonry (Ed.), *Crime and justice: A review of research* (Vol.19, pp.151-236). Chicago: University of Chicago Press.

A trial that wouldn't end. (1987, June 19). *Newsweek*, pp.20-21.

Trying to say no. (1986, August 11). *Newsweek*, pp.14-19.

Tucker, W. H. (1994). *The science and politics of racial research*. Chicago: University of Illinois Press.

Tunnell, K. (1992). *Choosing crime: The criminal calculus of property offenders*. Chicago: Nelson-Hall.

Turk, A. T. (1969a). *Criminality and legal order*. Chicago: Rand McNally.

Turk, A. T. (1969b). Introduction. In W Bonger (Ed.), *Criminality and economic conditions* (pp.3-20). Bloomington: Indiana University Press.

Turk, A. T. (1987). Turk and conflict theory: An autobiographical reflection. *The Criminologist, 12*, 3-7.

Turner, J. H. (1978). *The structure of sociological theory*. Homewood, IL: Dorsey.

Turner, M. G., Hartman, J. L., Exum, M. L., & Cullen, F. T. (2007). Examining the cumulative effects of protective factors: Resiliency among a national sample of high-risk youths. *Journal of Offender Rehabilitation, 46*, 81-111.

Turner, M. G., Piquero, A. R., & Pratt, T. C. (2005). The school as a source of self-control. *Journal of Criminal Justice, 33*, 327-339.

Tversky A., & Kahneman, D. (1974). Judgment under uncertainty: Heuristics and biases. *Science, 185*, 1124-1131.

Tversky, A., & Kahneman, D. (1981). The framing of decisions and the psychology of choice. *Science, 211*, 453-458.

T.V. evangelist resigns, citing sexual blackmail. (1987,

March 21) *New York Times,* pp.A1, A33.

20 years after the Kerner Report: Three societies, all separate. (1988, February 29). *New York Times,* p.A13.

Unnever, J. D., Cochran, J. K., Cullen, F. T., & Applegate, B. K. (2010). The pragmatic American: Attributions of crime and the hydraulic relation hypothesis. *Justice Quarterly, 27,* 431-457.

Unnever, J. D., Colvin, M., & Cullen, F. T. (2004). Crime and coercion: A test of core theoretical propositions. *Journal of Research in Crime and Delinquency, 41,* 244-268.

Unnever, J. D., Cullen, F. T., & Agnew, R. (2006). Why is "bad" parenting criminogenic: Implications from rival theories. *Youth Violence and Juvenile Justice, 4,* 1-31.

Unnever, J. D., Cullen, F. T., Mathers, S. A., McClure, T. E., & Allison, M. C. (2009). Racial discrimination and Hirschi's criminological classic: A chapter in the sociology of knowledge. *Justice Quarterly, 26,* 377-406.

Unnever, J. D., Cullen, F. T., & Pratt, T. C. (2003). Parental management, ADHD, and delinquent involvement: Reassessing Gottfredson and Hirschi's general theory. *Justice Quarterly, 20,* 471-500.

Unusual sentence stirs legal dispute. (1987, August 27). *New York Times,* p.A10.

U.S. churches gain members slowly: Rate of increase keeps pace with population growth. (1987, June 15). *New York Times,* p.A13.

U.S. had more than 7,000 hate crimes in 1993, FBI head says. (1994, June 29). *New York Times,* p.A9.

Van Ness, D. W., & Strong, K. H. (1997). *Restoring justice.* Cincinnati, OH: Anderson.

van Swaaningen, R. (1997). *Critical criminology: Visions from Europe.* London: Sage.

van Swaaningen, R. (1999). Reclaiming critical criminology: Social justice and the European tradition. *Theoretical Criminology, 3,* 5-28.

Van Voorhis, P., & Salisbury, E. (2004). Social learning models. In P. Van Voorhis, M. Braswell, & D. Lester (Eds.), *Correctional counseling and rehabilitation* (5th ed., pp.163-182). Cincinnati, OH: Anderson/LexisNexis.

Vaughan, D. (1983). *Controlling unlawful organizational behavior: Social structure and corporate misconduct.* Chicago: University of Chicago Press.

Vaughan, D. (1996). *The Challenger launch decision: Risky technology, culture, and deviance at NASA.* Chicago: University of Chicago Press.

Vaughan, D. (1997). Anomie theory and organizations: Culture and the normalization of deviance at NASA. In N. Passas & R. Agnew (Eds.), *The future of anomie theory* (pp.95-123). Boston: Northeastern University Press.

Vazsonyi, A., Pickering, L. F., Junger, M., & Hessing, D. (2001). An empirical test of a general theory of crime: A four-nation comparative study of self-control and the prediction of deviance. *Journal of Research in Crime and Delinquency, 38,* 91-131.

Vesely, R. (2004). California rebuked on female inmates. December 22. Retrieved April 14, 2006, from http://www.womensenews.org/story/incarceration/041222/californiarebuked-female-inmates

Veysey, B. M., & Messner, S. F. (1999). Further testing of social disorganization theory: An elaboration of Sampson and Groves's "community structure and crime." *Journal of Research in Crime and Delinquency, 36,* 156-174.

Victor, B., & Cullen, J. B. (1988). The organizational bases of ethical work climates. *Administrative Science Quarterly, 33,* 101-125.

Vieraitis, L. M., Kovandzic, T. V., & Britto, S. (2008). Women's status and risk of homicide victimization. *Homicide Studies, 12,* 163-176.

Vila, B. J. (1994). A general paradigm for understanding criminal behavior: Extending evolutionary ecological theory. *Criminology, 32,* 311-359.

Vila, B. J. (1997). Human nature and crime control: Improving the feasibility of nurturant strategies. *Politics and the Life Sciences, 16*(1), 16-21.

Vila, B. J., & Cohen, L. E. (1993). Crime as strategy: Testing an evolutionary ecological theory of expropriative behavior. *American Journal of Sociology, 98,* 873-912.

Villettaz, P., Killias, M., & Zoder, I. (2006). *The effects of custodial vs. noncustodial sentences on re-offending: A systematic review of the state of knowledge.* Philadelphia, PA: Campbell Collaboration Crime and Justice Group.

Visher, C. A. (1987). Incapacitation and crime control: Does a "lock 'em up" strategy reduce crime? *Justice Quarterly, 4,* 513-543.

Volavka, J. (1987). Electroencephalogram among criminals. In S. A. Mednick, T. A. Moffitt, & S. A. Stack (Eds.), *The causes of crime: New biological approaches* (pp.137-145). New York: Cambridge University Press.

Vold, G. B. (1958). *Theoretical criminology.* New York: Oxford University Press.

Vold, G. B., & Bernard, T. J. (1986). *Theoretical criminology* (3rd ed.). New York: Oxford University Press.

Wacquant, L. (2001). Deadly symbiosis: When ghetto and prison meet and mesh. *Punishment and Society, 3,* 95-134.

Wacquant, L. (2009). *Punishing the poor: The neoliberal government of social insecurity.* Durham, NC: Duke University Press.

Walsh, A. (2003a). Intelligence and antisocial behavior. In A. Walsh & L. Ellis (Eds.), *Biosocial criminology: Challenging environmentalism's supremacy* (pp.105-124). Hauppauge, NY: Nova Science Publishers.

Walsh, A. (2003b). Introduction to the biosocial perspective. In A. Walsh & L. Ellis (Eds.), *Biosocial criminology: Challenging environmentalism's supremacy* (pp.3-12). Hauppauge, NY: Nova Science Publishers.

Walsh, A. (2009). *Biology and criminology: The biosocial synthesis.* New York: Routledge.

Walsh, A., & Beaver, K. M. (Eds.). (2009). *Biosocial criminology: New directions in theory and research.* New York: Routledge.

Walton, P., & Young, J. (1998). *The new criminology revisited.* New York: St.Martin's.

Wambaugh, J. (1989). *The blooding.* New York: William Morrow.

Ward, D. A., & Tittle, C. R. (1993). Deterrence or labeling: The effects of informal sanctions. *Deviant Behavior, 14,* 43-64.

Ward, J. T., Gibson, C. L., Boman, J., & Leite, W. L. (2010). Assessing the validity of the Retrospective Behavioral Self-Control Scale: Is the general theory of crime stronger than the evidence suggests? *Criminal Justice and Behavior, 37,* 336-357.

Waring, E., Weisburd, D., & Chayet, E. (1995). White-collar crime and anomie. In F. Adler & W. S. Laufer (Eds.), *The legacy of anomie theory: Advances in criminological theory* (Vol.6, pp.207-225). New Brunswick, NJ: Transaction.

Warr, M. (1998). Life-course transitions and desistance from crime. *Criminology, 36,* 183-216.

Warr, M. (2002). *Companions in crime: The social aspects of criminal conduct.* Cambridge, UK: Cambridge University Press.

Warr, M., & Stafford, M. (1993). A reconceptualization of general and specific deterrence. *Journal of Research in Crime and Delinquency, 30,* 123-135.

Watergate. Info (2010). *Brief timeline of events.* Retrieved April 3, 2010, from http://www.watergate.info/chronology/brief.shtml

Watt, N. (2010, February 4). Tories criticised over misleading crime figures: Jacqui Smith says Conservatives have been caught bang to rights. Retrieved March 1, 2010, from http://www.guardian.co.uk/politics/2010/feb/04/tories-criticised-over-misleadingcrime-figures

Weaver, R. M. (1948). *Ideas have consequences.* Chicago: University of Chicago Press.

Webster, C. M., & Doob, A. N. (2007). Punitive trends and stable imprisonment rates in Canada. In M. Tonry (Ed.), *Crime, punishment, and politics in comparative perspective* (Crime and Justice: A Review of Research (Vol.36, pp.297-370). Chicago: University of Chicago Press.

Webster, F. (2004). Cultural studies and sociology at, and after, the closure of the Birmingham School. *Cultural Studies, 18*(6), 847-862.

Weisburd, D., & Waring, E. (with Chayet, E. E.). (2001). *White-collar crime and criminal careers.* Cambridge, UK: Cambridge University Press.

Welsh, B. C. (2003). Economic costs and benefits of primary prevention of delinquency and later offending: A review of the research. In D. P. Farrington & J. W. Coid (Eds.), *Early prevention of adult antisocial behavior* (pp.318-355). Cambridge, UK: Cambridge University Press.

Welsh, B. C., & Farrington, D. P. (2006). *Preventing crime: What works for children, offenders, victims, and places.* Dordrecht, The Netherlands: Springer.

Welsh, B. C., & Farririgton, D. P. (2009). *Making public places safer: Surveillance and crime prevention.* New York: Oxford University Press.

Welsh, B. C., Farrington, D. P., & Sherman, L. W (Eds.). (2001). *Costs and benefits of preventing crime.* Boulder, CO: Westview.

West, H. C., & Sabol, W. J. (2008). *Prisoners in 2007.* Washington, DC: U.S. Department of Justice, Bureau of Justice Statistics. Available at bjs.ojp.usdoj.gov/content/pub/pdf/p07.pdf

West, H. C., & Sabol, W. J. (2009). *Prison inmates at midyear 2008.* Washington, DC: U.S. Department of Justice, Bureau of Justice Statistics. Available at bjs.ojp.usdoj.gov/content/pub/pdf/pim08st.pdf

Western, B. (2006). *Punishment and inequality in America.* New York: Russell Sage.

Whitman, J. Q. (2003). *Harsh justice: Criminal punishment and the widening divide between America and Europe.* New York: Oxford University Press.

Whyte, L. (1957). *The organization man.* New York: McGraw-Hill.

Wife tells jury of love story, then "torture." (1994, January 13). *New York Times,* p.A8.

Wikstrom, P.-O. H. (1995). Preventing city-center street crimes. In M. Tonry & D. P. Farrington (Eds.), Building a safer society: Strategic approaches to crime prevention (Crime and Justice: A Review of Research, Vol.19, pp.429-468). Chicago: University of Chicago Press.

Wilcox, P., Land, K. C., & Hunt, S. A. (2003). *Criminal circumstances: A dynamic multicontextual criminal opportunity theory*. New York: Aldine de Gruyter.

Williams, C. J. (2010, February 4). Justice Kennedy laments the state of prisons in California, U.S. *Los Angeles Times*. Retrieved on March 18, 2010, from http://articles.latimes.com/2010/feb/04/local/la-me-kennedy4-2010feb04

Williams, K. R., & Hawkins, R. (1986). Perceptual research on general deterrence: A critical review. *Law and Society Review, 20,* 545-572.

Wilson, C. (1984). *A criminal history of mankind*. New York: Carroll and Graf.

Wilson, D. B., Bouffard, L. A., & MacKenzie, D. L. (2005). A quantitative review of structured, group-oriented, cognitive-behavioral programs for offenders. *Criminal Justice and Behavior, 32,* 172-204.

Wilson, E. O. (1975). *Sociobiology*. New York: Knopf.

Wilson, J. Q. (1975). *Thinking about crime*. New York: Vintage.

Wilson, J. Q., & Herrnstein, R. J. (1985). *Crime and human nature*. New York: Simon & Schuster.

Wilson, J. Q., & Kelling, G. L. (1982, March). Broken windows: The police and neighborhood safety. *Atlantic Monthly,* pp.29-38.

Wilson, W. J. (1987). *The truly disadvantage: The inner city, the underclass, and public policy*. Chicago: University of Chicago Press.

Wilson, W. J. (1996). *When work disappears: The world of the new urban poor*. New York: Knopf.

Wirth, L. (1938). Urbanism as a way of life. *American Journal of Sociology, 44,* 1-24.

Wolff, E. N. (2001, February 12). The rich get richer: And why the poor don't. *American Prospect,* pp.15-17.

Wolff, K. H. (Ed.). (1964). Introduction. In *The sociology of Georg Simmel*. New York: Free Press.

Wolfgang, M. E. (1973). Cesare Lombroso. In H. Mannheim (Ed.), *Pioneers in criminology* (2nd ed., pp.232-291). Montclair, NJ: Patterson Smith.

Wolfgang, M. E., & Ferracuti, F. (1982). *The subculture of violence: Toward an integrated theory in criminology*. Beverly Hills, CA: Sage.

Wolfgang, M. E., Figlio, R. M., & Sellin, T. (1972). *Delinquency in a birth cohort*. Chicago: University of Chicago Press.

Wood, P. B., Pfefferbaum, B., & Arneklev, B. J. (1993). Risk-taking and self-control: Social psychological correlates of delinquency. *Journal of Crime and Justice, 16,* 111-130.

World prison brief. (2009). London: King's College London, International Centre for Prison Studies.

Wozniak, J. F. (2003, November). *The relevance of Richard Quinney's writing on peacemaking criminology: Toward personal and social transformation*. Paper presented at the annual meeting of the American Society of Criminology, Denver, CO.

Wozniak, J. F. (2011). Becoming a peacemaking criminologist: The travels of Richard Quinney. In F. T. Cullen, C. L. Jonson, A. J. Myer, & F. Adler (Eds.), *The origins of American criminology* (Advances in Criminological Theory, Vol.16, pp.223-244). New Brunswick, NJ: Transaction.

Wozniak, J. F., Braswell, M. C., Vogel, R. E., & Blevins, K. R. (Eds.). (2008). *Transformative justice: Critical and peacemaking theme influenced by Richard Quinney*. Lanham, MD: Lexington Books.

Wright, E. O. (1973). *The politics of punishment: A critical analysis of prisons in America*. New York: Harper & Row.

Wright, J. P., & Beaver, K. M. (2005). Do parents matter in creating self-control in their children? A genetically informed test of Gottfredson and Hirschi's theory of low self-control. *Criminology, 43,* 1169-1202.

Wright, J. P., & Cullen, F. T. (2000). Juvenile involvement in occupational delinquency. *Criminology, 38,* 863-892.

Wright, J. P., & Cullen, F. T. (2004). Employment, peers, and life-course transitions. *Justice Quarterly, 21,* 183-205.

Wright, J. P., Cullen, F. T., & Blankenship, M. B. (1995). The social construction of corporate violence: Media coverage of the Imperial Food Products fire. *Crime & Delinquency, 41,* 20-36.

Wright, J. P., Dietrich, K. N., Ris, M. D., Hornung, R. W., Wessel, S. D., Lanphear B. P., Ho, M., & Rae, M. N. (2008). Association of prenatal and childhood blood lead concentrations with criminal arrests in early adulthood. *PLoS Medicine, 5,* 732-740.

Wright, R. A. (1994). *In defense of prisons*. Westport, CT: Greenwood.

Wright, R. A., & Decker, S. (1994). *Burglars on the job: Streetlife and residential break-ins*. Boston: Northeastern University Press.

Wright, R. A., & Decker, S. (1997). *Armed robbers in action: Stickups and street culture*. Boston: Northeastern University Press.

Wrong, D. (1961). The oversocialized conception of man in modern sociology. *American Sociological Review, 26,* 187-193.

Wuthnow, R. (1991). *Acts of compassion: Caring for others and helping ourselves*. Princeton, NJ: Princeton University Press.

Yang, Y., Glenn, A. L., & Raine, A. (2008). Brain abnormalities in antisocial individuals. *Behavioral Sciences and the Law, 26,* 65-83.

Yar, J., & Penna, S. (2004). Between positivism and post-modernity? *British Journal of Criminology, 44,* 533-549.

Yeager, P. C., & Simpson, S. S. (2009). Environmental crime. In M. Tonry (Ed.), *The Oxford handbook of crime and public policy* (pp.325-355). New York: Oxford University Press.

Yochelson, S., & Samenow, S. (1976). *The criminal personality*. New York: Jason Aronson.

Yoder, S. A. (1979). Criminal sanctions for corporate illegality. *Journal of Criminal Law and Criminology, 69*, 40-58.

Young, J. (1971). *The drugtakers*. London: Paladin.

Young, J. (1975). Working-class criminology. In I. Taylor, P. Walton, & J. Young (Eds.), *Critical criminology* (pp.63-95). London: Routledge & Kegan Paul.

Young, J. (1976). Foreword. In F. Pearce (Ed.), *Crime and the powerful* (pp.11-21). London: Pluto.

Young, J. (1986). The failure of criminology: The need for a radical realism. In J. Young & R. Matthews (Eds.), *Confronting crime* (pp.4-30). London: Sage.

Young, J. (1988). Radical criminology in Britain. *British Journal of Criminology, 28*, 159-183.

Young, J. (1991). Asking questions of left realism. In B. D. MacLean & D. Milovanovic (Eds.), *New directions in critical criminology* (pp.15-18). Vancouver, BC: Collective Press.

Young, J. (1992a). [Review of *Feminist perspectives in criminology*]. *Journal of Law and Society, 19*, 289-292.

Young, J. (1992b). Ten points of realism. In J. Young & R. Matthews (Eds.), *Rethinking criminology: The realist debate*. London: Sage.

Young, J. (1999). *The exclusive society*. London: Sage.

Young, J. (2003). Merton with energy, Katz with structure: The sociology of vindictiveness and the criminology of transgression. *Theoretical Criminology, 7*(3), 389-414.

Young, J. (2004). Voodoo criminology and the numbers game. In J. Ferrell, K. Hayward, W. Morrison, & M. Presdee (Eds.), *Cultural criminology unleashed* (pp.13-28). London: Glasshouse.

Young, J. (2007). *The vertigo of late modernity*. London: Sage.

Young, J., & Brotherton, D. C. (2005, November 15-19). *Social seclusion, deportation, and the transnational order*. Paper presented at the annual meetings of the American Society of Criminology, Toronto.

Young, J., & Matthews, R. (1992). *Rethinking criminology: The realist debate*. London: Sage.

Zhang, S. X., Chin, K. L., & Miller, J. (2007). Women's participation in Chinese transnational human smuggling; A gendered market perspective. *Criminology, 45*, 699-733.

Zimring, F. E. (2006). *The great American crime decline*. New York: Oxford University Press.

Zimring, F. E., & Hawkins, G. (1997). *Crime is not the problem: Lethal violence in America*. New York: Oxford University Press.

Zinn, H. (1964). *SNCC: The new abolitionists*. Boston: Beacon.

Zizek, S. (2002). *Welcome to the desert of the real*. London: Verso.

Zizek, S. (2006a). *How to read Lacan*. London: Granta.

Zizek, S. (2006b). *On belief*. London: Routledge.

Zizek, S. (2006c). *The parallax view*. Boston: MIT Press.

Zizek, S. (2007). *The universal exception*. London: Continuum.

Zizek, S. (2008). *Violence*. London: Profile Books.

Zuckerman, M. (1983). A biological model of sensation seeking. In M. Zuckerman (Ed.), *Biological basis of sensation seeking, impulsivity, and anxiety* (pp.37-76). Hillsdale, NJ: Lawrence Erlbaum.

訳語対称表

A

a theory of age-graded informal social control	年齢段階的日常的社会統制理論
abolitionism	アボリショニズム
absence of guardians	監視者の不在
acceptance	受容
accountability	説明責任
active	能動的
addicted to incarceration	投獄依存症
administrative criminology	行政的・管理的犯罪学
adolescence	青少年期
adolescence-limited offenders; ALs	青少年期限定性犯罪者
adolescence-limited theory	青少年期限定理論
adolescents	青少年
affectional identification	感情的一体感
affiliates	賛助団体
age of reform	改革の時代
age-graded social bond thoey	年齢段階的社会的絆理論
agency	作用
aggravating circumstances	加重事情
alcoholic	アルコール中毒者
alternative adaptation theory	代替適応説
American Religious IdentificationSurvey; ARI	アメリカ宗教調査
amoral calculation	背徳的計算
an external entity	対面上で存在するもの
anarchic criminology	アナーキー犯罪学
anomie	アノミー
anomie-strain theory	アノミー・緊張理論
Anti-Defamation League of B'nai B'rith	ユダヤ人団体の名誉毀損防止連盟
anti-incarceration outlook	反収監論
antisocial personality disorder; ASPD	反社会性パーソナリティ障害
asthenic	無力型
athletic	闘士型
attachment	愛着（結合）
attachment costs	愛着コスト
attention deficit hyperactivity disorder; ADHD	注意欠如多動性障害
authority	当局，支配者
autonommic nervous system; ANS	自律神経系
autonomy	自律
availability heuristic	利用可能性ヒューリスティック

B

back to basics	基本回帰
background factors	背景要因
bad	粗野な
barbarians	非文明的生活者
barnyard education	納屋教育
bayesian learning process	ベイズ的学習過程
behavioral ac-tivation system; BAS	行動賦活系
behavioral economics	行動経済学
behavioral inhibition system; BIS	行動抑制系
being thrown back	うまくいっていない
belief	信念
bias incident	差別関連事件
biography	人生，伝記
biological criminal	生物学的に決定された犯罪者
biological determinism	生物学的決定論
biosocial criminology	生物社会的犯罪学
biosocial perspective	生物社会的観点
birds of a feather flocking together	類は友を呼ぶ
blowing people's mind	意識の覚醒
body	身体
boot camps	軍隊キャンプ
born criminals	生来性犯罪者
born or instinctive criminal	生来ないし本能的な犯罪者
born-again Christian	キリスト教再生派
bottom up	下から上に
British Crime Survey	英国犯罪被害調査
broken windows	割れ窓

C

cad	不良
campaign for respect	尊敬を集めるために行動する
capacity	自己統制能力
Center for Investigative Reporting	調査報道センター
Center for Policy Research	政策研究センター
cheater	詐欺者
cheater theory	チーター理論
cheatingcad	詐欺的な不良
chemistry of crime	犯罪の化学作用
Chicago school	シカゴ学派
Chicago school of criminology	犯罪学のシカゴ学派
child	幼児，児童，子ども
childhood	幼児期，児童期
child-rearing	育児
choice structuring properties	選択構造化特性
class of outcasts	追放者の群
classical school	古典学派
code of the street	路上の掟，街頭の掟
coecive ideation	観念
coerced mobility theory	強制移動理論
coercion	強制
coercion theory	強制理論
coercive model	強制モデル
cognitive transformation	認知的変化
cognizance	認識
collective	集合的
collective efficacy	集合的効力感
collective efficacy theory	集合的効力感理論
coming home	帰還する
commitment	上昇志向

467

commitment costs	社会参加コスト	crime triangle	犯罪の三角形
communitarian society	共同主義社会	crimes of passion	熱情による犯罪
community inclusiveness	包摂型地域社会	crimewarps	犯罪ワープ
community-based sanctions	非自由刑	criminal	犯罪的
competitive-victimizing behavior	競合的犯罪行動	criminal act	犯罪行為
		criminal behavior	犯罪的行動
composition effects	構成効果	criminal careers	犯罪経歴
comprehending	了解する	criminal conduct	犯罪的行為
compurgation	免責宣誓	criminal culture	犯罪文化
concentrated disadvantage	不遇の集中	criminal justice official	刑事司法職員
conciliation	和解	criminal justice system	刑事司法制度
condemnation script	宣告の台本	criminal man	犯罪人
conditional adaptation theory	条件適応説	criminal minds	犯罪心理，クリミナルマインド
conduct disorder；CD	素行障害	criminal propensity	犯罪傾向
conduct norm	行為規範	criminal traditions	犯罪的な伝統
confidence gap	信頼のギャップ	criminalistic	犯罪的
conflict	葛藤的	criminality	犯罪性，犯罪傾性
conflict criminology	葛藤犯罪学	criminalization	犯罪化
conflict or radical	葛藤ないしラディカル	criminalization process	犯罪化プロセス
conflict theory	葛藤理論	criminaloids	準犯罪者，犯罪者予備軍
conflicting cultural transmission	葛藤的文化伝播	criminals of passion	熱情性犯罪者
conformity	同調，順応性	criminogenic	犯罪因的な
consequence	結末，結果	critical criminology	批判犯罪学
conservatism	保守主義	critical theory	批判理論
conservative	保守的，保守主義者	cultural criminology	文化犯罪学
conservative criminology	保守派犯罪学	cultural definitions	文化的規定
constitutional factor	体質的な要因	cultural deviance	文化的逸脱
constitutive theory	構成理論	cultural deviance theory	文化的逸脱理論
constraint	拘束	cultural transmission	文化的伝播
constructions	構築体	culturally transmitted	文化的に伝承される
consumer criminology	消費者犯罪学	culture of control	統制文化
containment theory	抑制理論	culture of production	生産の文化
context	文脈，背景，社会文脈，社会背景	cumulative continuity	累積による連続性
continuum	連続体	cumulative disadvantage	欠陥の累積
contractual society	契約社会	curbside counseling	道端での補導援護
contrains	拘束	**D**	
control balance theory	統制均衡理論	debilitaitng effects	劣弱化作用
control disorder	統制障害	decadence	退廃
control or social bond theory	社会的絆理論	deconstruction	脱構築
control ratio	統制比	decontrctualaize	脱文脈化
control theory	統制理論	decriminalization	非犯罪化
controller	管理者	defensible space	まもりやすい住空間
convict	前科者，有罪者	defiance	反抗
convict criminology	有罪者による犯罪学	defiance theory	反抗理論
co-offending	共同犯行	deinstitutionalization	非施設化
coping	対応	deliberate killing	謀殺
correctional system	矯正制度	delinquency	非行
cortical immaturity hypothesis	皮質未熟仮説	denial of opportunity	機会の否定
counterculture	反体制文化	Department of Justice's Community Relations Service	司法省地域社会局
cracking down	集中取り締まり		
creeds	確信	deregulation	脱規制，規制解体
crime	犯罪	design out crime	犯罪のないデザイン
crime control	犯罪抑止	desire	自己統制への志向
crime event	犯罪事象	desireability	望ましさ
crime fighting policies	犯罪闘争的政策	desisitance	停止
crime prevention through environmental design；CPTED	環境設計による犯罪予防	desistance by default	不履行による停止

desistor	非行停止者	ex-con	前科者
desperation	自暴自棄，絶望	executive cognitive functions；EFCs	実行性認知機能
deterrence	抑止	ex-felons	元重罪人
developmental criminology	発達犯罪学	existing status quo	既存の体制
developmental model	社会的相互作用的発達モデル	expected utility	期待効用
developmental process	発達過程	exploitation	搾取
deviance	逸脱	extralegal contingencies	法律外の出来事
differential association	分化的接触	extralegal factors	法外要因
differential association theory	分化的接触理論	**F**	
differential coercion theory	分化的強制理論	faith-based	宗教的奉仕活動の
differential K theory	微分的K理論	fallacy of autonomy	虚偽の自律性
differential responces	分化的反応	fearlessness theory	恐怖心欠乏説
differential social organization	分化的社会組織	femininity	女らしさ
differential social reinforcement	分化的社会強化	feminist criminology	フェミニスト犯罪学
differntial oppression theory	分化的圧迫理論	feminist criminplogists	フェミニスト犯罪学者
direct control	直接的統制	feminist theory	フェミニスト理論
discipline	躾	fitness	適合性
discourse	言述	focal concerns	重要な関心事
discourse analysis	言述分析	formal control	公的社会統制，公的統制力
disinformation	意図的虚偽情報	framework	基本的枠組み
displacement effect	転移効果	free will	自由意思
displacement illusion	転移幻想	frontal lobe dysfunction hypothesis	前頭葉機能障害仮説
dispute settlement	紛争解決	**G**	
diversion	ダイバージョン	gambler's fallacy	ギャンブラーの誤謬
diverted	転換させられ	gang delinquency	ギャング非行
doing gender	ジェンダーを行うこと	gender crime	ジェンダー化された犯罪
Drift Theory	漂流理論	gender take off	ジェンダーの出立
drug-related offenses	薬物関連犯罪	gendered pathways	ジェンダー化された道
due process	デュープロセス	gendering criminology	犯罪学のジェンダー化
duration	期間	gene silencing	遺伝子抑制
dysfunctional families	機能不全家族	gene × environment correlation；rGE	遺伝子－環境相関
E		general abolitionism	全体的アボリショニズム
early starters	早発者	general cognitive openness to change	変化を認知する開けた心
easy hire and fire	雇いやすくて解雇しやすい		
ecological bias	生態学的バイアス	general strain theory	一般緊張理論，一般システム理論
efficacy	効力感	general theory	一般理論
egoism	自己中心主義	geriatric delinquents	老年非行者
emancipation thesis	解放論	get tough	強硬，強硬路線，強硬な
emotions	情動	goal orientation	目標指向
enlightment	啓蒙主義運動	goes along	道に沿う
enviromentalists	環境因論者	grand narratives	大きな物語
environmental criminology	環境犯罪学	guardian	監視者
environmental toxins	環境毒素	guardianship	監視
epigenetics effect	エピジェネティックス効果	**H**	
epileptic	癲癇者	habitual criminals	慣習犯罪者，常習的犯罪者
equal opportunity	平等な機会	handler	行為規制者
European Court of Human Rights	欧州人権裁判所	hard work	労働強化
		hate crime	憎悪犯罪，憎悪による犯罪
event	出来事	hedonism	快楽主義
everyday crime	日常的犯罪	hedonistic calculus	快楽主義的な計算
evidence	確証の事実	hell of it	面白半分に
evocative	誘導的	heritability coefficient	遺伝率
evolutionary expropriative theory	進化的掠奪説	heuristics	ヒューリスティックス，自学自習
evolutionary neuroandrogenic theory	進化の神経アンドロゲン理論	hip consumerism	ヒッピー的消費者主義
evolutionary psychology	進化心理学，進化論的心理学		

469

home arrest	自宅拘禁
home incarceration	自宅監禁
homicide	殺人
homo duplex	二重的存在としての人間
hooks for change	変化のための留め金
hot spots	犯罪多発地区
human agency	行為者性
human genome project	ヒューマンゲノム・プロジェクト
hunks	いい男
hypoarousal hypothesis	低覚醒仮説
hypothalamic-pituitary-adrenal axis；HPA	視床下部・下垂体・副腎系

I

ideas	概念
idiot	白痴者〈最重度知的障害者〉
illegal conduct	違法行動
imbecile	痴愚者
immigration restriction act of 1924	1924年の移民制限法
imprinting	刷り込み
imprisonment	自由刑
in the present situation	現下に
incarcerated population	収監者
incarceration	投獄
incidence	発生率
incivilities	無礼
inclination	意向，傾向
indirect control	間接的統制
individualistic theory	個人主義理論
industrial parole	産業的パロール
inequality in power	力の不平等
informal control	非公的社会統制
informal social control	日常的社会統制
inner containment	内的抑制
innovation	革新
insane criminal	精神病系犯罪者
insider's perspective	内部者観点
institutional-anomie theory	制度的・アノミー理論
instrumental Marxism	道具主義的マルクス主義
Insurance Information Institute	保険情報研究所
integrated strain-control paradigm	緊張・統制統合パラダイム
integrated theory	統合理論
integration	統合
integrative theory	統合の理論
intelligent design	生命の知的設計者説
intensive probation supervision	集中的保護観察
interactional theory of delinquency	非行の相互作用理論
interest group	利益集団
inter-individual	個人間
internal orientation	性向
internalized control	内的統制
intra-individual	個人内
involuntary criminal	非自発的犯罪者
involvement	関与,活動参加

J

jail	拘置所
just deserts	応報
juvenile justice system	少年司法制度
juveniles	少年

K

kicks	反対
kin altruism	親族間利他主義
knife off	断ち切る

L

labeling theory	ラベリング理論
Lamarkian theory	ラマルク説
lambda	ラムダ
law of nature	自然法
lawlessness	無法行為
left realism	左翼リアリズム，左翼現実主義
legal costs	法的なコスト
legal order	法秩序
legal process	法手続き
legal realism	リアリズム法学
legitimacy crisis	正統性の危機
legitimate rackets	合法的詐欺
life-course criminology	ライフ・コース犯罪学
life-course or developmental criminology	ライフ・コースないし発達犯罪学
life-course persistent offenders；LCPs	ライフ・コース持続性犯罪者
life-course persistent・adolescence-limited theory	ライフ・コース持続性・青少年期限定理論
lifestyle model	生活様式モデル
linguistic constructions	言語の構築体
liquid modernity	流通的近代
look the other way	見て見ぬふりをする
looking-glass self	鏡自己
loop	ループ
low self-control	低自己統制

M

mainstream criminology	主流派犯罪学
male peer support theory	男性仲間支援理論
maleness	男性性
male-stream	男性潮流
management	管理運営
manager	監督者
mandatory arrest	必須逮捕
manslaughter	故殺
marginal self	辺縁的自己
marginality	周縁化
marginality hypothesis	周辺仮説
marriage pool	結婚対象者
masculinity	男らしさ
master status	主要な身分
meaning	意味づけ
mechanical strategies	機械的方策
mediation	仲裁
middle-range	比較的中範囲的
minor crimes	軽犯罪

misbehavior	脱線行動
misconduct	脱線行為
mitigating circumstances	軽減事情
mixed unclassified	混合分類不能型
mobilization for Youth	若者のための動員
modern	近代
monosodium glutamate ; MSG	グルタミン酸ソーダ
moral character	徳性
moral entrepreneur	道徳請負人
moral poverty	道徳の貧困
moving on	変化
murder	謀殺
N	
narrative	物語
National Council of Churches	キリスト教会全国協議会
National Crime Victimization Survey	全国犯罪被害調査
natural body	自然の生体
natural crimes	自然犯
natural explanations	自然論的説明
natural strategies	自然的方策
naturally deviant	元来から逸脱的
nature	生まれつきの性質
neoclassical economics	新古典経済学
nerve	大胆さ
neutralization	中和
neutralization theory	中和理論
new criminal	新型犯罪者
new criminology	ニュー・クリミノロジー
new European criminology	ニュー・ヨーロピアン・クリミノロジー
new frontier of equal opportunity	平等な機会の新たなフロンティア
new labor	ニューレイバー
new mainstream	新主流派
new right	新右翼
no effects	何ら影響なし
no-fault, revolving-door system	無過失責任の回転ドアシステム
nonconformity	非同調行動
nonjudgemental approach	非判断的なアプローチ
non-legal costs	非法的コスト
norm erosion	規範の浸食，規範浸害
norm retention	規範保持
normlessness	規範喪失
not to be messed with	関わってはいけない
not-me fallacy	私は違う誤謬
nterpersonal coercion	対人的強制
nurture	養育
O	
occasional criminal	機会犯罪者
offender	犯行者，加害者，犯罪者
offender search theory	犯罪者の探索行動理論
offending	犯罪行動
offense	犯罪
one gene-one disorder ; OGOD	1遺伝子1疾患
onset	開始
opportunity	機会
opportunity theory	機会理論
oppositional defiance disorder ; ODD	反抗挑戦性障害
optimism bias	楽観バイアス
organizational culture theories	組織文化理論
organizational Strain	組織的緊張
organized strategies	組織的方策
orientation	傾向，志向性
origins	起因
overreach of the criminal law	刑法の適用範囲を広げすぎたこと
P	
pain-and-pleasure principle	苦痛と快楽の原則
paranoiac	偏執症者
parol board	仮釈放審査委員会
parole	仮釈放
passion criminal	熱情犯罪者
passive	受動的
patriciacy	男性中心制
peace making	融和的，調停的
peace making criminology	調停的犯罪学
peacemaking	調停的
pediatric radiologists	小児放射線医ら
penitentiary	改悛所
perception deterrence theory	知覚抑止理論
performance IQ	動作性知能
persistence	持続
persistent heterogeneity	持続的異質性
perspective	視座，視点，観点，パースペクティヴ
pestilence fallacy	疫病の誤謬
petty theft	軽窃盗
phenomenological foreground	現象学的前景
pity	哀れみ
plunder	強奪
police department	警察局
polymorphism	多型性
positivist school	実証主義学派
post-industrial parole	脱産業化のパロール
postmodernist feminism	ポストモダン主義フェミニズム
power-control theory	力・統制理論
predation	掠奪
predator	猛獣
predatory crime	掠奪的犯罪
predatory criminals	掠奪的犯罪者
predisposition	素因
premenstrual syndrome ; PMS	月経前症候群
preparation	準備性
presumption of innocence	無罪の推定
prevalence	流行率
primary deviance	第一次逸脱
primary deviants	第一次逸脱者たち
primary group	原集団
primary self	原初的自己
principle of emergence	エマージェンスの原理
prison population	受刑者数
prisoner	受刑者，収監者

probation	保護観察付き執行猶予	routine activity theory	日常活動理論
probity	誠実さ	running trains	集団レイプ
problem-oriented policing	問題指向型警察活動	**S**	
progressive era	進歩主義の時代	sacred void	聖なる空虚感
progressive movement	進歩的運動	saints	聖人たち
progressives	進歩派	sanction	承認
promise	将来性	science of choice	選択の科学
prosocial	社会適合的	scripts	台本
psychogenic school	心因学派	search	探求
psychopath	精神病質者	secondary deviance	第二次逸脱
public disorganization	公共の秩序の崩壊	segmentation	分断化
public humiliation	公衆的恥辱	self-control theory	自己統制理論
punitive control	刑罰的統制	self-factors	自己要因
punitive-state	懲罰的国家	self-fulfilling prophecy	自己成就的予言
pyknic	肥満型	self-imposed costs	自らが負わせるコスト
Q		self-restraint	自己抑制
quality	特性	shaming	羞恥付け
R		shaming theory	羞恥付け理論
r/K theory	r/K 理論	simple assault	単純暴行
rabbit hole	兎の穴	situational crime prevention	状況的犯罪予防，状況犯罪防止
racial profiling	人種的プロファイリング		
radical criminology	ラジカル犯罪学	slum area	スラム地区
Rape shield laws	レイプ防御法	social bond	社会的絆
rational choice	合理的選択	social capital	社会資本
rational choice theory	合理的選択理論	social causation	社会原因説
raw deal	酷い扱い	social context	社会背景
realist criminology	リアリスト犯罪学	social control	社会統制
rebellious citizens	反抗的市民	social Darwinists	社会ダーウィン主義者
reciprocal	相互的	social disorganization	社会解体
reconviction rate	再有罪率	social feminist	社会派フェミニスト
redemption script	罪の贖いの台本	social learning theory	社会的学習理論
redress	回復	social mimicry	社会的模倣
reentry movement	再入運動	Social Treatment of Crime	犯罪の社会的治療
reentry programs	社会復帰プログラム R	social turmoil	社会的動揺
reformatory	少年院	social-interactional developmental model	社会的相互作用的発達モデル
regulation	統合と制御		
rehabilitation	社会復帰，更正	socially-imposed costs	社会が負わせるコスト
rehabilitative ideal	社会復帰理念	societal reaction	社会的反作用
reintegrative	再統合的	sociology of knowledge	知識社会学
relative economic deprivation	相対的経済剥奪感	sociology of mistake	過誤の社会学
rep	顔役	solidarity	結束
replacement self	自己の交替	somatic marker hypothesis	ソマティック・マーカー仮説
repression	抑制	southern strategy	南部戦略
research	探究，調査研究	specific deterrence theorist	特別抑止論者
resetting	リセット性	specific theory	特殊理論
resetting effect	リセット効果	spiritualism	心霊論
resiliency	抵抗力	spiritual understanding	精神的理解
restoractive justice	修復的司法	spousal assault	配偶者暴行
restrain	抑制	stages	段階
retreatist	退行者，退行的	stake in conformity	遵法的なかかわり
ritualists	儀礼主義者	state dependence	状態依存性
robber barons	悪徳資本家	state labeling	国家によるラベリング
role expectations	役割期待	state of crime in the future	将来の犯罪状況
root causes	根本的な原因	state-corporate crime theory	国家－企業犯罪理論
roughnecks	井戸掘り人夫ら	state-imposed costs	政府が負わせるコスト
routine activity	日常活動	status offenses	不良行為

status quo bias	現状維持バイアス
steel ceiling	鉄の天井
stigma of arrest	逮捕によるスティグマ
stigmatization	スティグマ化烙印
stigmatizing	烙印付けする
stigmatizing shaming	烙印を押す羞恥付け
stimulation theory	刺激説
strain	緊張
strain theory	緊張理論
street crimes	街路犯罪
structural adversity	構造的逆境
structure theories	構造理論
study	研究
sturm and drang	反抗期
subculture	下位文化
subject	被支配者
submission	服従
suitable target	適当な対象
super-predators	スーパー・プレデター，超捕食者
survey data	調査データ

T

techniques of neutralization	中和の技術
the not-me fallacy	私は違う誤謬
theories of organizational strain and opportunity	組織緊張・機会理論
theory of community disorganization	コミュニティ解体理論
theory of low self-control	低自己統制理論
theory of reintegrative shaming	再統合的羞恥付け理論
theory of shame and reintegration	恥と再統合に関する理論
theory of techniques of neutralization	中和の技術論
therapeutic community	治療共同体
three strikes	三振即アウト
three strikes laws	三振即アウト法
ties	結びつき
tough choice	厳しい選択
trait	特性
trait theories	特性理論
trial by battle	決闘裁判
trial by ordeal	神判
trilateral commission	三極委員会
true criminals	真の犯罪者
truth in sentencing	量刑の真実
truth sentencing laws	量刑の真実法
Twinkie defense	トゥインキー弁護

U

ugly rumor	悪評
underclass	アンダークラス
understanding	理解
uniform crime reports	統一犯罪報告書
unions	団体組織
United States	米国
upper class	上位階層
urban area	都市地域

V

vagrancy laws	浮浪者法
value expression	価値表現
ventromedial prefrontal cortex；VMPFC	前頭前皮質腹内側部
verbal IQ	言語性知能
viccing	強奪
victimization	犯罪被害
victimless crimes	被害者なき犯罪
virtual supervision	仮想上の監督

W

warmaking	紛争的
wayward puritans	無法な清教徒
waywardness	無法行為，脱線行為
we-feeling	我々感覚
what works	何が有効か
white-collar crime	ホワイト・カラー犯罪
Working-Class Criminology	労働者階級犯罪学

Y

youngster	若者
youths	若者，青少年

Z

zero tolerance	ゼロ容認，例外なしの法適用
zone in transition	推移地帯

索　引

人　名

【A】
Abbott　237
Abel　48
Adler　239, 246-248
Ageton　399
Agnew　24, 77, 87-92, 96, 112-113, 135, 142, 292, 398
Ahmed　168
Aichhorn　45-46
Akers　24, 69-71, 130-131, 144, 248, 322, 401
Alexander　45-46
Ancrum　233
Anderson　67-68
Arrigo　213
Ashley-Montagu　75-76
Auden　274

【B】
Bacon　392
Bakker　30
Bales　160
Ball　10, 115
Barbara　236
Baron　146
Barrick　160
Bauman　233
Beaver　360, 380
Beccaria　32-35
Becker　151, 155-156, 214, 230
Bennett, W.　325-328, 424
Bennett, G.　27-29, 325-328
Benson　293, 295-296
Bentham　34-35, 153, 323
Berger　197, 230
Bernard　87, 245, 251
Binet　45
Binny　37
Blevins　356
Blokland　413
Blumstein　15
Bonger　153, 177, 179-180, 183, 195, 227
Bonta　173
Bontrager　160
Bordua　339
Bottcher　258-259
Bottoms　342
Boulding　240
Braithwaite　149, 160, 167-169, 171-173, 288-290, 302
Britto　250

Brotherton　235
Bunker　238
Burger　203
Burgess　56-57, 69, 105, 109
Bursik　356
Burton　87

【C】
Canter　398-399
Caspi　395, 412
Cernkovich　422
Chambliss　152, 177-178, 184, 189-196, 199, 202-204
Chesney-Lind　254-255, 263
Chinn　253
Chiricos　160-161
Christie　207, 229
Clarke　344, 346-347, 349-350
Clear　167, 169-171, 324
Clinard　123, 286-288, 290, 295
Clinton　424
Cloward　77, 83-87, 90, 97-100, 132, 395, 398
Cohen　61, 77, 83-85, 87-88, 117, 215, 217-219, 230, 293, 338-339, 341-342, 395
Colquhoun　339
Colson　31
Colvin　102, 122, 140, 144-146, 148, 202-203
Comings　377-378, 389
Cooley　105, 111
Cormier　173
Cornelia　240
Cornish　347, 350
Cosentino　282
Cressey　245, 295-296
Cullen　10, 59, 87, 95, 135, 146, 292, 325, 343, 356
Currie　15, 95-96, 136, 214, 216, 222, 224-225, 314, 328

【D】
Dahrendorf　185, 191
Daigle　356
Daly　240, 254-255, 257-258, 260, 263
Damasio　369
Davis　229
Dawkins　359
Decker　351-352
Dekeseredy　226
DiIulio　325
Dinitz　111, 395
Downes　262
Dudley　247
Dunaway　87

475

Durkheim 79-80, 102-104, 106, 108-109, 111, 113, 117, 124-125, 146, 148, 178-180, 188, 191, 194, 227
Duster 392

[E]

Earls 65
Eck 347-349
Elliott 398-401
Ellis 37, 360, 369, 372
Empey 87, 99, 147, 163-165
Engels 177-179, 199-200
Erikson 30, 155
Estrabrook 45
Evans 87
Eysenck 367

[F]

Farrington 368
Featherstone 211
Felson 231, 337-345, 347, 349, 365
Ferracuti 66
Ferrell 212, 230, 232-234
Ferri 38-40, 42, 46, 227
Fishbein 366, 369, 383-385
Flanagan 19
Frank 233
Freud 44-47, 104, 179, 243-244, 322
Friedman 224, 226
Friedrichs 210

[G]

Gall 37
Garabedian 183
Garland 231
Garofalo 39-42, 46-47, 227
Gatti 160
Geis 274, 278, 286, 297
Gelsthorpe 245, 262
Gibbons 183, 208
Gibbs 227, 317, 323
Giordano 247, 398, 422-423
Glenn 368
Glueck 43-44, 316, 417-419
Goddard 45-46
Goetz 309
Goff 274, 278, 286
Gordon 202
Goring 42-43, 75
Gottfredson 102, 122, 133-138, 140, 148, 281, 322, 344, 368, 397, 405-407, 411, 413-415, 417-418, 420
Gouldner 214
Gove 385
Graham 257
Grasmick 136, 356
Greenberg 202

Griffin 264
Grossman 31
Groves 59-60
Guckenburg 160
Gueck 416
Gundlach 42

[H]

Habermas 199
Hackett 98
Hagan 91, 102, 122, 140-141, 147-148
Hall 190, 233-234, 263
Hallworth 235
Hardin 278
Hardwick 311
Hawkins 356
Hawley 339
Haynie 365
Hayward 230
Healy 45, 46
Hebdige 230
Heidensohn 245
Helvia 240
Henderson 60
Henry 212
Herrnstein 316-321, 397
Hewits 145
Hirschi 10, 64, 102, 112-113, 119, 121-140, 142, 148, 188, 203, 281, 322, 343-344, 368, 395-397, 400, 405-407, 411, 413-415, 417-420
Hobbes 124-125, 233
Hochstetler 294
Hofstadte 46
Hooton 42-44, 75-76, 316, 359, 391
Horney 261
Howard 34
Hudson 229
Huff 109
Hunter 296

[I]

Inciardi 10
Irwin 235-236

[J]

Jacobs 346
Jeffery 346
Jesilow 297
Jesseman 173

[K]

Kamin 318
Katz 48, 230
Kelling 328-330
Kempf 131

Kerbel 247
Kitsuse 155, 230
Klein 244
Kornhauser 58, 64, 124, 279
Kovandzic 250
Kramer 299-301
Kretschmer 42, 46
Krohn 403
Kuhn 235

【L】
Lacan 233
Lasch 233, 308
Laub 127, 135, 137-138, 140, 328, 358, 395, 398, 404, 414-423, 425
Lavater 37
Lea 222
Lemert 154-155, 162, 230
Lilly 10
Lipset 272
Lombroso 21, 27, 35-42, 46-47, 49, 51, 75, 153, 227, 241-243, 284, 316, 359, 373, 383, 391
Luckman 197, 230
Lynch 51, 382

【M】
Madensen 356
Maher 258-259
Maier-Katkin 251
Manning 230
Marcuse 199
Maruna 398, 420-423
Marx 177-180, 183-185, 198, 201, 207
Matsueda 357
Matthews 217, 225-226, 234
Matza 53, 102, 113-118, 125, 130, 148, 230, 295, 297, 395
Maudsley 37
Maume 343
Mayhew 37
McCarthy 91, 204
McKay 56-62, 64-65, 71, 76, 98, 100, 105, 107-108, 111, 132, 275, 285, 395
Mead 105, 371
Mednick 366-368
Merlin 81
Merton 21, 53, 75-90, 92-94, 98, 100, 103, 117, 122, 125, 155, 231, 293, 398
Messerschmidt 249, 255-257
Messner 24, 77, 88, 92-100, 293
Michalowski 300-301
Miles 240
Miller 66, 166, 252-254, 258
Milovanovic 212
Mobley 236, 238
Moffitt 372, 395, 404, 408-415, 418, 420

Mohr 42
Morrison 51, 230
Moynihan 99
Mullins 253-254, 257-258
Muncie 222
Murray 82, 320-321, 395

【N】
Nagin 413
Nettler 236
Newman 346
Nieuwbeerta 413
Nye 102, 106-108, 116, 148

【O】
O'Brien 233
Ogle 251, 252
Ohlin 77, 83-87, 90, 98, 100, 132, 395, 398
Olds 423-424
O'Neil 235
Osgood 343

【P】
Palen 54
Park 55-56, 105, 109
Parsons 92-93
Paternoster 298-299
Patterson 407-409, 420
Pauly 202-203
Pepinsky 206-207
Petersilia 173, 396
Peterson 253
Petrosino 160
Pfohl 17, 82, 150-151
Pierre 190
Piquero 292, 357
Platt 151, 206
Pogarsky 357
Pollak 245
Potell 297
Pound 195
Pratt 59, 95, 325, 331, 343, 356
Presdee 231-232

【Q】
Quinney 69, 178, 184, 190, 195-202, 204, 206, 230

【R】
Rafter 37
Raine 368, 380
Raudenbush 65
Reckless 101-102, 108-113, 115-117, 124, 129, 148, 245, 395
Redl 45
Regoli 145

Reiman 269, 272
Reiss 102, 106-108, 110, 116, 125, 148
Rennie 19
Renzetti 262-263
Reynolds 324
Richards 237-238
Richie 252
Robertson 31
Robinson 385
Robion 404
Rock 261-262
Rodin 13
Rose 167, 169-171, 233
Rosenfeld 24, 77, 88, 92-97, 99-100, 293
Ross 238, 276, 294-295, 301
Rothman 55
Rowe 365, 377, 380, 386-387, 389
Rudolph 422
Rugge 173
Russell 275

【S】

Samenow 322-323
Sampson 59-60, 64-65, 127, 135, 138, 140, 158, 328, 358, 398, 404, 414-423, 425
Sandler 263
Scarpitti 109
Schkolnick 81
Schlossman 72
Schneider 272
Schreck 68
Schultz 197
Schur 163, 165, 395
Schwartz 226
Seidman 190-193, 203
Seller 131
Sellin 38-39, 177, 180-181, 184
Seneca 240
Shaw 53, 56-62, 64-65, 71-72, 76, 98, 100, 105, 107-108, 111, 132, 154, 235, 275, 285, 395
Sheldon 43-44, 316, 359, 416
Sherman 160, 166-169, 171-173
Shover 294, 296
Simmel 177, 179, 181-182, 185-186, 188, 190, 205
Simon 45, 173, 239, 246-248
Simons 68
Simpson 250-251, 260, 292-293, 296, 298-299, 303
Sinclair 275
Skinner 69
Smart 239, 261
Snodgrass 58, 275, 278-279, 283-284
Snyder 260
Spelman 333
Spitzer 202

Stafford 357
Stanco 263
Steffens 275
Steffensmeier 247
Stewart 68
Strang 173
Stretsky 382
Sunstein 353-354
Sutherland 9, 24, 60-63, 69-71, 76, 83-84, 122, 130, 145, 177, 180-181, 183, 185, 245-257, 273-287, 295, 301-303, 322, 375, 389
Swados 275
Sykes 102, 113-115, 117, 130, 148, 182, 184, 262, 295, 297
Szasz 17

【T】

Tannenbaum 154-155, 157, 162
Tarbell 275
Tarde 227
Taylor 157, 209, 216, 222
Thaler 353-354
Thomas 242-243
Thomson 37
Thornberry 398, 401-403
Tibbetts 379
Tierney 151, 222
Tillich 201
Tittle 102, 122, 136, 140-141, 142, 143, 144, 148
Travis 174
Tremblay 160
Turk 178-179, 184-190, 194-196, 198, 202-205, 370
Turpin-Petrosino 160

【U】

Unnever 132, 135, 146

【V】

Vaughan 290-291
Verri 33
Vieraitis 250
Viner 274
Visher 332
Vitaro 160
Vold 177, 181-186, 198, 205

【W】

Wade 312
Walsh 370, 376-377, 380, 387, 391-392
Walters 325
Walton 157
Ward 136
Waring 280-281
Warr 357
Warren 203
Weiman 149

Weisburd 280-281, 349
Wells 257
Westby 10
Wilkinson 174
Williams 356
Wilmoth 385
Wilson 132, 316-320, 328-330, 332, 359, 397
Wineman 45
Winlow 233-234
Wirth 105
Wolff 179, 314
Wolfgang 66
Wright 351-352, 360, 380
Wrong 124

【Y】
Yang 368
Yeager 287-288, 292, 303
Yochelson 322
Yoder 272
Yoerger 408
Young 157, 214-215, 217-231, 233, 262

【Z】
Zhang 253-254
Zizek 233

【あ】
アイゼンハワー 307, 333
アグニュー 271
エルベシウス 33
エンゲルス 103
オバマ 335

【か】
カーター 271, 307, 309-310, 313
ガンジー 197, 206-207
キング 97
クリントン 44, 221, 313-314
クルーガー 277
ケネディ 98, 118, 271, 307
ゴア 314
コペルニクス 47

【さ】
サッチャー 216-217, 220
シュワルツネッガー 335
ジョーンズ 279
スキリング 273, 302
ソーヤー 44

【た】
ダーウィン 35, 46-47, 359, 365, 370
ディドロ 33

【な】
ニュートン 47
ネーダー 271

【は】
ハクスリー 390
パターソン 272
パタキ 44
ビリー 310
フーバー 276
フォード 271
ブッシュ 44, 96, 220-221, 314, 327, 334-335
ブラウン 221
プラトン 197
ブレア 216, 219-221
ブレジンスキー 310
ベーコン 33
ベル 271, 313
ボウスキー 311
ボーレン 44
ボルテール 33
ホワイト 371

【ま】
マーチン・ルーサー・キング Jr. 117, 197, 271
マコーリフ 290
マドフ 272-273, 302
マルクス 103, 191
ミース 312
ミッチェル 271
ミルク 371
メージャー 216, 220
モスコーネ 371
モンテスキュー 33

【ら】
ルース 307
ルーズヴェルト 275
ルソー 33
レイノルズ 313
レーガン 97, 305, 307, 310, 312, 314, 318
レンキスト 313
ロウ 299-301

語　句

【あ】
愛着
　―コスト　356
　―の社会的絆　127
アウトサイダー　387
悪徳資本家　277
悪の劇化　154
悪魔
　―が私にそうさせた　31
　―のような継親　380
アナーキスト犯罪学　209
アノミー　79
　―・緊張理論　21
　―と自己中心主義　125
　―理論　75-100
アボリショニズム　213
アメリカン・ドリーム　76, 92
アルコール依存症　79, 379
安定している平衡状態　181
イギリスの懲治監獄法　34
意識の覚醒　197
異性愛主義　256
逸脱
　―行為　143
　―行動への動機　142
　―した慣習　301
　―仲間集団の構成員　407
　―の常態化　291
一般緊張理論
　―の実証的位置づけ　90
　―の精緻化　91
凍てついた凝視　377
遺伝
　―学　372
　―子
　――環境相関　374
　―の多型性　371
　―は「利己的」である　359
　―フットプリント　50
　―的潜在能力　364
　―的問題　18
イドラ　392
移民制限法　48
因果応報論　34
インサイダー取引　272
飲酒運転　411
ウォーターゲート事件　31, 272
ウォレス　271
兎の穴　245
生まれつきの性質　364
英国
　―犯罪被害調査　59
　―ラジカル犯罪学　218
エイズ　312
エピジェネティックス　375
　―機構による遺伝子抑制　376
エマージェンスの原理　392
男らしさ　255
オペラント功利主義　317
親のマネジメント　409

【か】
改革の時代　55
快感原則　45
階級闘争　195
改悛所　30
街頭の掟　67
街路犯罪者　269
カウンターカルチャー　306
加害の否定　114
科学的犯罪学　205
学習障害　377
過酷な生活状況　145
過去の犯罪歴　299
仮想上の監督　128
家族に対するカウンセリング　49
活動参加の社会的絆　129
葛藤
　―的文化伝播　107
　―の可能性　188
　―の根本的原因　179
　―犯罪学　157
　―理論　177
　―理論と犯罪原因　202
　―理論の帰結　203
家庭
　―内葛藤　408
　―内暴力　14, 408
家父長
　―制　226, 246
　―制と犯罪　248
　―的家庭　140
仮釈放制度　331
感化院　55
環境
　―因論者　362
　―毒素　381
　―犯罪学　23, 339
監視者の不在　341
慣習犯罪者　39
間接的統制　108
官僚機構としての警察　193
機会
　―と犯罪　338
　―犯罪者　36, 39
　―理論　337

索　引

企業
　—の違法行為　271
　—の不正行為　283
　—犯罪　146, 283
　—文化の管理職者理論　288
器質的異常　305
規制解体　125
機能
　—的結末　107
　—的磁気共鳴映像法（fMRI）　368
　—不全家族　407
規範
　—の浸食　112
　—の保持　112
器物損壊　378
キャリア犯罪者　153
ギャンブラーの誤謬　357
競合的犯罪行動　370
共産党宣言　241
鏡自己　105
矯正
　—制度　326
　—的社会復帰プログラム　70
強制
　—的な労働条件　145
　—的両親　407
競争的消費者主義　96
恐怖心欠乏説　367
虚偽
　—の広告　286
　—の自律性　136
キリスト教会全国協議会　31
儀礼主義者　79
緊張
　—・統制統合パラダイム　399
　—理論　53, 75-100
　—の将来　96
　—の背景　81
　—の評価　86
筋肉質な犯罪者　316
クリミナル・マインド　322
グローバリゼーション　231
軍隊キャンプ　266
刑期の長期化　393
軽減事由　385
経済的支配者の犯罪　200
警察
　—の検挙方針　153
　—の残虐行為　200
刑事
　—司法改革　49
　—司法システム　149
　—司法政策　17
　—処罰　34

　—制裁　302, 325
　—責任　283
　—責任能力　390
　—訴訟　282
刑罰の重さ　34
刑法に違反する行動　150
欠陥の累積　402
決心のフィルター　422
決闘裁判　30
現実
　—原則　45
　—とは心の一つの状態である　196
原集団　105
現状維持バイアス　354
原初的自己　105
現存する連続性　411
権力者の犯罪　269
行為
　—規制者　347
　—者性　358, 419
攻撃的態度　135
構成効果　65
更生　50
　—制度　50
　—と予防　243
　—プログラム　321
構造的マルクス主義　200
後続的プロセス　107
強奪　258
構築論的犯罪学　236
公的
　—社会統制　329
　—秩序解体の黙認　328
行動
　—遺伝学　373-374
　—ラベリング法　391
合理的選択　20
　—と犯罪　350
　—理論　24, 323, 337
　—理論家　127
黒人アンダークラス　308
個人
　—主義の拒絶　80
　—を変える　71
国家
　—（州）主導型の企業犯罪　300
　—（州）促進型の企業犯罪　300
　—の暴力　207
古典学派　20, 32-35
異なる集団間の利害の葛藤　178
コホート研究　396
コミットメント（上昇志向）の社会的絆　128
コンピュータ断層撮影（CT）　368
コンプライアンス　302

【さ】
罪悪感を軽減する試み 45
財産犯罪 200
罪責感 322
再統合的羞恥付け理論 288
再入運動 147
詐欺のトライアングル 295
左翼リアリスト 223
産後抑うつ症候群 370
「三振即アウト」法 331
シアトル社会発展プロジェクト 147
ジェンダー 140
シカゴ学派 21, 53-73
磁気共鳴映像法（MRI） 368
死刑制度 335
自己
　―概念 111
　―申告非行 168
　―統制と社会的絆 137
　―統制と犯罪 133
　―統制の要因 139
　―統制理論 122
　―統制理論の評価 134
　―の社会心理学 109
自殺未遂 266
持続的異質性 406
親しい中での暴力 135
実証主義学派 21, 35-46
児童
　―虐待 14, 386
　―虐待の発見 151
　―養護施設 55
支配者の犯罪 200
自暴自棄 116
社会
　―階級の不正な搾取 178
　―解体 123
　―学的形式主義 179
　―原因説 323
　―構造とアノミー 82
　―心理学的欠損 145
　―生物学的危険因子 376
　―ダーウィン主義 40
　―ダーウィン主義者 55
　―的逸脱者 37
　―的引力 104
　―的学習理論 24, 130
　―的学習理論の実証的位置づけ 70
　―的絆と非行 122
　―的絆理論 58, 122
　―的絆理論の評価 131
　―的絆論の再検討 414
　―的強化因子 70
　―的自己 105
　―的統制 102
　―的な秩序が解体 285
　―的反作用 155
　―的落伍 303
　―的連帯 194
　―復帰プログラム 425
蛇頭 254
自由意志 390
重過失致死罪 282
獣姦 48
習慣的犯罪者 283
宗教的奉仕活動 334
ジューク一族 45
集合的効力感 64, 328
　―理論 65
自由主義改革運動 54
集団レイプ 252
集中取り締まり 349
修復的司法 171
受刑者再入プログラム 173
主流派犯罪学 21
順応性の合理的要因 128
性悪説 399
状況的
　―危険 142
　―犯罪予防 346
商業倫理についての管理者教育 302
条件適応説 364
常習的犯罪者 63
状態依存性 406
小児期の愛情欠損 381
少年
　―院 49
　―ギャング 285
　―の性行動 246
　―の無法行為 58
　―非行 44, 396
消費者
　―詐欺 271
　―犯罪学 209
職業
　―窃盗者 279
　―的窃盗犯 62
　―犯罪 146
　―犯罪者 193
触法精神障害者 322
女性
　―解放 246
　―の軽視 256
　―の刑務所 266
　―の犯罪性 242
ジョンソン 118, 199
自律を確立する過程 403
進化

―心理学　363
　　　―生態論　364
　　　―的掠奪説　364
新型犯罪者　28
シングル・マザー　67, 141
神経心理学　411
人種
　　　―差別　308
　　　―差別主義者　48
　　　―的差別から生じる不正な剥奪　132
　　　―的プロファイリング　158
親族間利他主義　380
信念の社会的絆　129
神判　30
信用侵害者　296
心理的欠陥　305
心霊論　29-32
推移地帯　56
スーパー・プレデター　315
ストリート
　　　―カルチャー　352
　　　―ファミリー　67-68, 169
生活様式モデル　344
政策的意義　163
青少年期限定性反社会的行動　412
精神病
　　　―質者　366
　　　―性犯罪者　36, 39
性善説　399
性的暴行　14
正統性の危機　162
制度的アノミー理論　92
性の抑圧　244
生物学的
　　　―大掃除　75
　　　―決定論　48
　　　―理論の帰結　382
生物社会
　　　―的観点　25
　　　―犯罪学　360
　　　―論　359
政府
　　　―による介入　149
　　　―の犯罪　200
生来性犯罪者　36, 284
責任の否定　114
セクシャルハラスメント　252
セツルメント　55
セロトニンの低下　384
ゼロ容認　330
宣告の台本　421
全国
　　　―犯罪者管理システム　221
　　　―犯罪被害調査　14

選択構造化特性　349
前頭葉機能障害仮説　368
憎悪犯罪　309
双生児研究　366
相対的経済剥奪感　251
早発性非行　407
素行障害　366
組織
　　　―的緊張　292
　　　―内の倫理的風土　293
　　　―犯罪　146
ソマティック・マーカー仮説　369

【た】
ダーウィン主義　21
　　　―の影響　40
体型　318
退行者　79
体質的な要因　317
対人
　　　―的強制　144
　　　―犯罪　200
代替手段による欲求充足の統制　108
ダイバージョン　164
　　　―・プログラム　72
逮捕によるスティグマ　356
大量収監政策　271
堕胎　164
脱産業化のパロール　173
単光子放射型コンピュータ断層撮影法（SPECT）　368
男性
　　　―潮流　262
　　　―同性愛　48
　　　―仲間支援理論　226
団体組織間の葛藤　182
地域
　　　―社会における刑罰　221
　　　―非行防止プログラム　18
　　　―を変える　71
知覚抑止理論　24, 354
力・統制理論の評価　141
遅発性非行　408
注意欠如多動性障害　366
中間的刑罰　49
中絶禁止法　312
中和
　　　―と漂流理論　113
　　　―の技術　114
超自我　45
調停的犯罪学　195, 203, 206
懲罰的な犯罪政策　306
直接的統制　108
妻虐待　151
罪

─の意識の否認　295
　　─の贖いの台本　422
　　─の贖いのレトリック　421
低覚醒仮説　367
抵抗者の犯罪化　188
抵抗的サブカルチャー　289
低自己統制　405
デートレイプ　248
適者生存　47
適当な対象　341
デュープロセス　165
テレビ伝道師　31
テレビ福音伝道師辞任　31
伝統型犯罪者　28
動機づけられた犯罪者　342
統合と制御　103
当事者と一般大衆　232
統制
　　─均衡理論の評価　143
　　─の行為者　142
　　─理論　21, 101-119
道徳
　　─教育　319
　　─的退廃　306
　　─的抑制　301
　　─の貧困　315
　　─貧困理論　327
トークン・エコノミー　71
ドーパミンレベル　368
特別抑止論者　161
都市部の貧困　328
トポロジー理論　209
ドメスティック・バイオレンス　159

【な】
内的
　　─統制　108
　　─抑制要因　111
納屋教育　360
ニクソン　199, 203, 271, 306, 309-310
二重的存在としての人間　105
日常
　　─活動理論　23, 338
　　─的な社会的結合　416
　　─的犯罪　218
二変量研究　355
ニュー・クリミノロジー　24, 213
　　─批判　216
ニュー・ヨーロピアン・クリミノロジー　24
人間性の概念　104
妊娠中絶　312
認知
　　─機能の向上　385
　　─行動プログラム　71

　　─リハビリテーション・プログラム　385
ネグレクト　257
熱狂的反主知主義運動者　197
熱情
　　─による犯罪　63
　　─犯罪者　39
年齢
　　─段階的日常的社会統制理論　415
　　──犯罪曲線　395
脳
　　─の機能障害　369
　　─の発達と犯罪　368
　　─病理学　36

【は】
配偶者暴行　14
背後にあるべき辺縁的自己　422
陪審員裁判　193
背徳的計算　291
ハイリスクの犯行者　173
罰せられていない犯罪　326
発達犯罪学　25, 414
罰を取り戻すこと　305
母親に対する恨み　45
パブロフ型報酬学習　372
破滅的な個人主義　180
犯行者
　　─の自己概念　156
　　─の人種　158
反抗
　　─挑戦性障害　381
　　─的市民　79
犯罪
　　─因的遺伝子　18
　　─因的機会　293
　　─因的危険因子　135
　　─学古典学派　127
　　─学的葛藤理論　182
　　─学の危機　405
　　─学のジェンダー化　22, 239, 257
　　─機会を減少させる　345
　　─傾性　316
　　─現象　38
　　─構成　177
　　─行動の不変性　406
　　─行動の分化的強化理論　69
　　─社会学　39, 360
　　─者矯正施策　54
　　─者になるという選択　323
　　─者の意思決定　350
　　─者の公的ラベル　157
　　─者の思考　322
　　─者の視点　344
　　─者の選択　351

―者の発達　395
　―者の身分　156
　―者の欲求　344
　―者類型　121
　―者を無害化する安価な方法　334
　―常習性　241
　―心理　315
　―多発地区　348
　―的価値観　126
　―的価値観の伝播　59
　―的な伝統　59
　―的なビジネス行為　293
　―と道徳の貧困　325
　―と人間の本性　316
　―人　35
　―人の探求　359
　―人論　36
　―の化学作用　339
　―の規定　198
　―の原因　53
　―の構築　386
　―の根本原因　345
　―の三角形　347-348
　―の社会的構築　150
　―の社会的治療　60
　―の心因　44
　―の政治性　196
　―の代価　127
　―の転移効果　349
　―の動機　130, 292
　―の統合理論　398
　―のないデザイン　346
　―の年齢段階理論　417
　―の見返り　323
　―の予防　49
　―発生要因としてのラベリング　153
　―発生率　342
　―被害調査　343
　―防止の早期介入戦略　424
　―容疑者の指紋　50
　―抑止効果　340
　―予防　332
　―のリスクのある若者　146
　―ワープ　28
反社会
　―性パーソナリティ障害　368
　―的価値観　156
　―的行動　45
　―的集団　383
　―的態度　356
反収監論　327
反体制文化的イッピー　197
反ユダヤ人活動　309
ピアカウンセリング　71

被害者
　―なき犯罪　218
　―の否定　114
非行
　―少年　83-84
　―的価値観　130
　―的な友人の数　70
　―仲間の影響　356
　―の支配的理論　398
　―の発生機序　58
非公的社会統制　329
皮質未熟仮説　367
一つの積極的展開　422
非難者に対する非難　114
批判
　―犯罪学　22, 209, 270
　―犯罪学者　51
　―理論の新たな方向　209
ヒューマンゲノム・プロジェクト　374
ヒューム　33
費用対効果分析　386
表面的には合法的に見える　294
漂流理論　115
貧困からの脱出　145
貧民に対する差別　193
フィラデルフィア講演　274
フィンガープリンティング　361
フェミニスト
　―犯罪学　209
　―理論　22, 239
不遇の集中　65
不良行為　151
ブルジョワ階級　195
フロイト主義　244
浮浪者法　190
プロファイリング　388
プロベーション　265
プロレタリア階級　195
文化
　―葛藤　180
　―的逸脱　130
　―的逸脱理論　64, 66
　―犯罪学　24
　―批判主義　233
分化
　―的社会組織　61
　―的接触　61
　―的接触理論　21, 24, 130
　―的反応　109
分子遺伝学　374
米国
　―最古の社会学プログラム　55
　―人的な生き方　309
ベイズ的学習過程　357

ヘイマーケット事件　48
ベトナム戦争　305
ベル・カーブ　320
変化
　―のための留め金　422
　―を認知する開けた心　422
法外要因　158
防御因子　376
法
　―と秩序　271
　―の政治性　196
法律違反に関する企業防衛　288
暴力犯罪　373
ホームレス　145
保護観察　49, 265
　　　―違反　424
保守
　―的な価値観　306
　―的な世界観の衰退　335
　―的理論の帰結　331
　―派犯罪学　305
ポストモダン
　―主義フェミニズム　259
　―犯罪学　204, 212
ホワイト・カラー犯罪　14, 23, 62
　―の父　273
　―の定義　280
　―の理論　269
　―理論の帰結　301

【ま】
麻薬
　―裁判所　386
　―戦争　312
マルクス主義
　―的フェミニスト　249
　―犯罪学　199
慢性の犯罪者　144
道端での補導援護　72
三つ子の魂百まで　397
ミランダ対アリゾナ州訴訟　313
民族間の暴力　309
無意識　45
無過失責任と回転ドアシステム　326
無罪の推定　34
無法
　―行為の因果過程　142
　―な清教徒　30
メディアのループと螺旋　232
メディケイド・プログラム　297
免責宣誓　30
目標志向性　112
問題
　―解決能力　385

　―指向型警察活動　348

【や】
薬物
　―検査　325
　―使用　163
　―中毒　79
　―乱用　266
　―乱用予防教育　334
闇市場　287
有罪
　―者による犯罪学　235
　―判決　296
陽電子［ポジトロン］放出型断層撮影法（PET）　368
抑止　20, 324
抑制理論　109
欲望　45
予想される代償　324
欲求不満耐性　112
四つの社会的絆　127

【ら】
ライフ・コース
　―持続性反社会的行動　410
　―犯罪学　404
　―理論　395
ライフヒストリー　59
烙印付け　159
ラジカル
　―犯罪学　183
　―・フェミニズム　249
楽観バイアス　354
ラベリング理論　22, 149
　―の社会的背景　162
　―の評価　157
リスク理論　110
リセット効果　354
掠奪的犯罪　317
利用可能性ヒューリスティック　353
「量刑の真実」法　331
隣人間の相互信頼や連帯感　65
累積による連続性　411
類は友を呼ぶ　70
例外なしの法適用　220
レイプ　248
　―法　264
　―防御法　264
レジリエンス　109
劣等感　243
　―に対する過剰補償　45
老年非行者　28
ローパー対シモンズ事件　388
路上の掟　352
ロチェスター縦断的青少年発達研究　160
ロボトミー前頭葉切断術　48

【わ】
若者のための動員 97
割れ窓 328

【アルファベット】
Agnew の一般緊張理論 88-92
Akers の社会的学習理論 69
Braithwaite の羞恥付け 167
Braithwaite (1989) の羞恥付け理論 160
Burgess の同心円理論 56
Colvin の強制理論 122
Colvin の分化的強制理論 144
Durkheim のアノミー理論 103-104
Giordano と認知的変化の AL 群理論 422
Hagan の力・統制理論 122, 140
Hirschi の修正社会的統制理論 138
Hirschi の第二理論 133
Hirschi の二つの理論 121-148
IQ テスト 46
IQ 理論 320
Maruna の罪の贖いの台本理論 420
Merton の緊張理論 77-83
Moffitt 理論の評価 413
Moffitt のライフ・コース持続性／青少年期限定性理論 409
Nye の社会的統制の家族焦点理論 107
Patterson の社会的相互作用的発達モデル 407
PTL クラブ 30
Reckless の抑制理論 108-112
Reiss の個人統制および社会的統制の理論 106
Rose と Clear の強制移動理論 169
Shaw と McKay の少年非行理論 56-60
Sherman (1993) の反抗理論 160
Sherman の反抗理論 168
Sutherland の分化的接触理論 60
Thornberry の相互作用理論 401
Tittle の統制均衡理論 122, 141

監訳者あとがき

　本書は，J Robert Lilly, Francis T Cullen, Richard A Ball: Criminological Theory: Context and Consequences（5th edition），（Sage, Thousand Oakes, 2011年1月出版）の全訳である。
　著者らの略歴については別途紹介しているので，ここでは触れない。
　監訳者が本書に最初に触れたのは，第3版（2002）であった。2005年パリ大学での司法精神医学関連の国際学会に招待され，講演発表を終えて，会場ホールの出版社の陳列コーナーでSage出版社の場所の犯罪学関係本の中に本書が揃えられていた。手にして，内容，構成に新鮮な印象を受け，興味がわいたので，その場で購入した。帰国してからしばらくは大学での仕事等が多忙を極め，そのまま手にすることもないまま時間が経過した。
　2011年夏国際犯罪学会が神戸で開催され，そこで依頼された基調講演の準備のため，本書を読み始めた。この第3版は本文9章，索引も含めた頁総数308で，本書（15章，489頁）に比較して，コンパクトな構成であった。米国中心ではあったが，犯罪学理論について，主に犯罪社会学の観点から，古典から当時の最新理論まで，非常にわかりやすく，しかも知識社会学的文脈から各理論の誕生を分析し，これら諸理論のその後の運命，現在的状況までも言及するという包括的内容で，しかもこれら理論の分析と紹介，記述，比較，利点と短所，批判は一党一派に偏らず，独善性を極力排し比較的客観公正な立場から，なされているように感じられ，著者らの学問的，執筆態度は共感できるものがあった。本書を我が国の犯罪学を志す人たちに広く読んで頂く価値のある本であると痛感し，最新版の第5版を入手し，翻訳の決意をした。しかし第5版は大著で，単独では時間もかかると判断し，同僚や若手に呼びかけ，分担を決め，出版を快諾して頂いた金剛出版にお願いして，翻訳権をも獲得して頂いた。
　ところで犯罪は多種多様な側面をもつ複雑な事象で，多面的，総合的なアプローチが必要である。監訳者が「犯罪学雑誌」などで強調してきたように，ストーカー，ハラスメントなど現代型新型犯罪も生まれてきている。犯罪学，被害者学，犯罪社会学等の協力，共同作業が不可欠である。つまりは犯罪学は「総合犯罪学」（comprehensive criminology）とならざるを得ないのである。監訳者自身は総合犯罪学から，さらに統一的観点からの統一理論，統合犯罪学（integrative criminology）に向かうべきであると考えている。総合犯罪学を統一する要，観点とは何か？　それは「新しい人間学」にほかならないと私は考えている。「新しい人間学」とは何か？　これは私のライフワーク，今後の課題であるが，恐らくは社会学的，哲学的人間学を含む，総合人間学となるものであろうと述べてきた。本書は小生のこのテーゼを裏付ける，理論展開の現状と，将来的展望で終えているというのが，監訳者としての感想である。とりわけ，21世紀前半の主流的犯罪理論と本書において述べられているのが「生物社会論」と「ライフ・コース」理論という，いずれも統合的理論であるのは象徴的である。前者は生物学と社会学，後者は社会学と心理学，精神医学の統合化が結節されている。さらには生物社会論とライフ・コース理論は理論上，原則的には相互に排除的ではない。つまり，bio-psycho-social（生物・心理・社会的）という多面的，多次元的な，より総合的，さらには統合的な理論構築の可能性が開けてくる。

犯罪学の科学社会学的分析の必要性

　前述したように，本書は犯罪学理論の背景，文脈についての知識社会学的観点からの分析をその特徴の一つとしている。しかし米国だけでも本書にあるように大量の理論が生まれ，現在も生まれつつあり，将来もそうであろうことは，米国の犯罪学の活力を示しているのであろうが，著者らの理論の背景の知識社会学的分析だけでは十分でないように思う。新しい，あるいは新しいと思わせる必要のある理論がかくも次々に生まれる背景には，犯罪学者の地位の獲得と確保，身分，評価，犯罪学講座等の制度とその維持，学生の獲得など米国における犯罪学と犯罪学者の組織，制度等と研究，科学との関係の分析という社会学，つまりは学問生産制度の科学社会学的分析をも必要とする事態があると考える。これがなされて本書の成立，犯罪学理論の背景がより深く理解されるものと確信する。

日本犯罪学会百年と日本からの総合犯罪学的理論の世界への発信

　最後に小生に関わることに触れることをお許し願いたい。小生が現在理事長を務めさせて頂いている「日本犯罪学会」（The Japanese Association of Criminology）は日本唯一の総合犯罪学をめざす専門学会で，精神医学，法医学，心理学，社会学，法学等の研究者，専門家，実務家で構成されている。機関誌「犯罪学雑誌」を年6回発刊し，毎年東京を中心に学術総会を秋に開催している。本年，2013年は日本犯罪学会創立100年を迎え，秋にはその記念大会が東京で開催される。本書で21世紀の本流となりうると主張されているライフ・コース理論は日本犯罪学の始祖と言われている吉益脩夫先生の国際的に評価の高い「犯罪生活曲線」に基づく犯罪者学，犯罪生物学の後塵を拝しているように思える。このような諸先輩の業績継承し，批判的に発展させる，つまりは犯罪者学に，被害者学と犯罪者社会学的観点を加えて，多元的アプローチを基盤とする「総合犯罪学」を構築し，さらには総合人間学的観点からの犯罪学の統一理論，「統合犯罪学」を目指すというのが犯罪学者としての監訳者の願いであり，ライフワークの一つとなっている。ここに紹介した諸理論を批判的に継承し，総合的，統合的犯罪学理論，実践を世界に発信していくことこそ，日本犯罪学会のみならず，日本及び世界の犯罪学研究者，関係者の辿るべき道であると確信している。

　この道とは，現時点では，本格的国際化時代にあって，真の総合犯罪学を構築することである。そして，この構築とは，第一に，諸科学の成果の上に，各科学の協同，多面的アプローチによる，新しい成果を着実に上げていくことである。第二に理論と実践の緊密な結合である。犯罪者処遇，犯罪防止，再犯防止の点で，「益なき理論」は自然に淘汰される。第三に，国際化時代にあって，日本からの犯罪理論と実践の新しい成果を世界に問うていくことが重要である。そのためには，第四に，西洋の近代化と非西洋の近代化のコンテキストの違いと犯罪学との関係である。この点は，特に犯罪学では余り指摘されてこなかったことのように思える。つまり，欧米の近代科学，犯罪理論は「西洋の近代化」という歴史的，社会的コンテキストの産物である。21世紀は新興国の勃興，近代化という新しい時代のうねりが，さらに世界的規模で進展していくはずである。「非西洋の近代化」における犯罪理論形成と実践が重要な課題となる。これは西洋の近代化とは異なるコンテキストを形成し，欧米の犯罪学とは違った一面をも持つことは必至である。例えば，我々が早くから分析し，指摘してきたように，戦後の殺人率，特に男子青少年の殺人率の長期低下――我々は，戦

争，徴兵制のない平和日本にその主要な原因を求めた——の原因を究明し，新たな犯罪理論と実践を構築し，アジア等への拡張適用，普遍化を探るということも可能性がある。児童虐待は家族制度との関連で，日本的特殊性とアジア的，欧州にも通じる一般性が明らかにされる可能性がある。つまり，日本という非西欧の近代化における犯罪学（理論と実践）的成果を一般化し，日本以外のアジア，中東，アフリカ，南米等の非西欧へ——あるいは西洋へも——拡張適用可能なものへと，その可能的条件と彼我の異同とを明白にしながら，普遍性をもたせられるかどうか，ここに新しい犯罪学，犯罪学理論の創造の成否がかかっているように思われる。そして，総合犯罪学を基本的に構成するものは，犯罪者学（脳科学，精神医学，行動科学，心理学）と被害者学，犯罪社会学と法学であり，これらに対して，犯罪精神医学，犯罪精神病理学は科学的，学問的に重要な基盤となり続けるに違いない。このことを本書の「ライフ・コース」理論が如実に示してくれている。

　末尾ながら，翻訳出版にあたって分担して頂いた同僚諸氏に深謝する。各人の専門外の用語も多く，苦労が多かったことと思われる。訳語等に思わぬ誤謬があるかもしれないが，その責は監訳者が負うべきもので，読者諸賢のご叱正を賜れば幸いである。末尾ながら本書刊行の意義を理解し，出版を快諾した，金剛出版立石正信社長と編集の労を惜しまなかった中村奈々さんに深く感謝申しあげる。

平成 25 年夏　眼下に広がる雲海を眺めながら（那須山荘にて）
訳者を代表して　　監訳者　影山任佐

[原著者略歴]

J. Robert Lilly は Northern Kentucky 大学の社会学・犯罪学の栄誉教授（Regents Professor），同大学法学併任教授（Adjunct Professor）である。彼の研究的関心の領域は第二次世界大戦中の米国兵士が犯した重大犯罪，「産刑複合問題」(commercial-corrections complex)，少年非行，自宅勾留（house arrest）・電子機器監視，中国の司法，法社会学，そして犯罪学理論である。Criminology, Crime & Delinquency, Social Problems, Legal Studies Forum, Northern Kentucky Law Review, The New Scholar, Adlescence, Qualitative Sociology, Federal Probation, International Journal of Comparative and Applied Criminal Justice, Justice Quarterly, そして The Haward Journal の各誌に論著を発表している。Richard A. Ball とは幾つかの論文，著書の共著，分担執筆者となっており，"House Arrest and Correctional Policy: Doing Time at Home (1988)" の共著者でもある。2003年には "La Face Cachée Des GI's: Les Viols commis par des soldats americains en France, en Angleterre et en Allemagne pendant la Second Guerre mondial"（『GI の隠れた顔―第二次世界大戦中の仏英独国における米国軍兵士による強姦事件』）を出版し，これはイタリア語に翻訳され出版された（2004）。2007年には英訳された。これは欧州を舞台とした第二次世界大戦米国兵士の犯罪と受刑の様態に関する彼の研究の一部となっている。「プログラム33（パリ）」用に制作されたテレビのドキュメント番組は2006年3月にスイスとフランスで放送され，2007年「モンテ・カルロ国際テレビ番組コンクール」では最終審査まで残る栄誉に浴した。彼は「米国犯罪学会」元財務担当理事である。1988年には英国，Leicester 工科大学客員教授，Oxford 大学 All Soul 校の客員研究員となった。1992年に英国 Durham 大学の客員教授となり，現在 "The Haward Journal of Criminal Justice" の共同編集者である。

Francis T. Cullen は Cincinati 大学刑事司法大学院栄誉研究教授で，社会学の協力講座も受け持っている。Columbia 大学で社会学と教育学の博士号（1979）を取得した。Cullen 教授は犯罪学理論，矯正，ホワイト・カラー犯罪，世論，そして性犯罪被害定量の領域で275を超える著作を公表している。彼は "Rethinking Crime and Deviance Theory: The Emergence of Structuring Tradition" の著者で，"Reaffirming Rehabilitation, Corporate Crime Under Attack", "The Ford Pinto Case and Beyond, Criminology, Combating Corporate Crime", "Local Prosecutor at Work, Unsafe in Ivory Tower", "The Sexual Victimization of College Women, and Correctional Theory", "Context and Consequences" の共著者である。彼はまた，"Contemporary Criminological Theory, Offender Rehabilitation", "Effective Correctional Intevention, Criminological theory", "Past to Present-Essential Readings, Taking Stock", "The Status of Criminological Theory, The Origins of American Criminology" そして "Encyclopedia of Criminological Theory" の共同編集者である。Cullen 教授は「米国犯罪学会」と「刑事司法科学アカデミー」の元会長である。

Richard A. Ball はペンシルヴァニア州立大学 Fayett 校司法行政学教授で，ペンシルヴァニア州立大学12キャンパス連合の司法行政プログラムの前主任である。彼は West Virginia 大学社会学と人間学の前主任教授で，1965年に Ohio 州立大学で博士号を取得した。彼は地域社会の力の構造や矯正問題に関する幾つかのモノグラフを著し，ホワイト・カラー犯罪に関する一篇のモノグラフと一冊の著書を共著で公表している。彼はまた雑誌や書物の約100の単著及び共著論文と書物の分担執筆を行っている。彼の論文が掲載されている雑誌は，"American Journal of Corrections, American Sociological Review", "The American Sociologist", "British Journal of Social Psychiatry", "Correctional Psychology", "Crime and Delinqunecy", "Criminology", "Federal Probation", "International Journal of Comparative and Applied Criminal Justice", "International Social Science Review", " Journal of Communication", "Journal of Contemporary Criminal Justice", "Journal of Small bisiness Management", "Journal of Psychohistory", "Justice Quarterly", "Northern Kentucky Law Review", "Qualitative Sociology", "Rural Sociology", "Social Forces", "Social Problems", " Social Focus", "Sociological Symposium", "Sociology and Social Welfare", "Sociology of Work and Occupations", " Urban Life", "Victimology", "World Futures" である。彼はまた "House Arrest and Correctional Policy: Doing Time at Home (1988) の共著者でもある。

［監訳者略歴］

影山　任佐（かげやま　じんすけ）［第1章・第4章・第6章・第8章・第9章・第15章］

　　1948年　福島県郡山市にて出生
　　1972年　東京医科歯科大学医学部卒業
　　1974年　同大学・難治疾患研究所犯罪精神医学部門助手
　　1978～1979年　文部省在外研究員（パリ大学犯罪学研究所，サン・タンヌ病院）
　　　　　　東京工業大学保健管理センター助教授を経て，1994年同大学教授
　　1998年　同大学大学院人間環境システム専攻教授（都市環境学，犯罪精神病理学）
　　2002年　日本犯罪学会賞受賞
　　2012年4月　同大学名誉教授・郡山精神医療研究所顧問
　　　　　　日本犯罪学会理事長・編集委員長

［主要著書］
1）暗殺学．世界書院，東京，1984．
2）アルコール犯罪研究．金剛出版，東京，1992．
3）エゴパシー・自己の病理の時代．日本評論社，東京，1997．
4）「空虚な自己」の時代；ＮＨＫ出版（NHKブックス），1999．
5）犯罪精神医学研究―「犯罪精神病理学」の構築をめざして．金剛出版，東京，2000．
6）自己を失った少年たち―自己確認型犯罪を読む．講談社（選書メチエ），東京，2001．
7）犯罪精神病理学―実践と展開．金剛出版，東京，2010．
　　その他著書多数

［主な訳書］
1）影山任佐監訳：暴力と殺人の国際比較．日本評論社，東京，1996（D. Archer, R Gartner: Violence & Crime in Cross — National Perspective, Yale University Press, New Haven, 1984）．
2）影山任佐，齋藤憲司訳：いじめの発見と対策―イギリスの実践に学ぶ．日本評論社，東京．1998（D. Tattum, D Lane: Bullying in Schools, Trentham, London, 1989）．
　　その他翻訳書多数

[訳者略歴一覧]（掲載は執筆順）

藤田　眞幸（ふじた　まさき）［第2章・第14章］
　1986年　大阪大学医学部医学科卒業
　1996年　大阪大学講師医学部（病理病態学）
　1997年　大阪市立大学医学部法医学教室講師
　2003年　東海大学医学部 基盤診療学系法医学 助教授
　2005年から現職　慶應義塾大学医学部 法医学教室教授
　（2006～2011年　慶應義塾大学グローバルセキュリティ研究所上席研究員を兼務）

小林　寿一（こばやし　じゅいち）［第3章・第7章］
　1984年　東京大学文学部心理学専修課程卒業，科学警察研究所に奉職
　2000年　科学警察研究所防犯少年部補導研究室長
　2000年　アリゾナ大学大学院心理学研究科博士課程修了（Ph.D. 取得）
　2003年　科学警察研究所犯罪行動科学部少年研究室長
　2012年から現職　科学警察研究所犯罪行動科学部付主任研究官

石井　利文（いしい　としふみ）［第4章］
　1977年　名古屋保健衛生大学（現・藤田保健衛生大学）衛生学部卒業
　1977年　名古屋市立大学医学部法医学教室技術員
　1978年　東京医科歯科大学難治疾患研究所助手
　1993年　東京医科歯科大学難治疾患研究所講師
　2005年　志學館大学大学院心理臨床学研究科助教授
　2007年から現職　志學館大学大学院心理臨床学研究科教授

小畠　秀吾（おばた　しゅうご）［第5章］
　1995年　筑波大学医学専門学群卒業
　1999年　筑波大学大学院博士課程医学研究科修了
　2000年　筑波大学社会医学系助手
　2003年　東京医科歯科大学難治疾患研究所助教授
　2007年から現職　国際医療福祉大学大学院准教授

岩井　宜子（いわい　よしこ）［第10章］
　1964年　東京大学法学部卒業
　1964年　東京大学法学部助手
　1972年　弁護士（東京弁護士会）
　1984年　金沢大学法学部教授
　1994年　専修大学法学部教授
　2012年から現職　専修大学名誉教授

安宅　勝弘（やすみ　かつひろ）［第11章・第12章］
　1992年　東京医科歯科大学医学部医学科卒業
　1997年　東京医科歯科大学医学部附属病院精神神経科
　2001年　東京工業大学保健管理センター
　2012年から現職　東京工業大学保健管理センター教授

鈴木　護（すずき　まもる）［第13章］
　1992年　岩手大学人文社会科学部卒業
　2004年　シカゴ大学大学院修士課程修了
　2009年　ペンシルベニア大学大学院博士課程中退
　1993年～2012年　科学警察研究所
　2012年から現職　岩手大学人文社会科学部准教授

犯罪学(第5版)
──理論的背景と帰結──

2013年11月20日 印刷
2013年11月30日 発行

著　者　影 山 任 佐
発行者　立 石 正 信

装丁　臼井新太郎
カバー写真　スズキアサコ
印刷・製本　音羽印刷

発行所　株式会社 金剛出版
〒112-0005　東京都文京区水道1-5-16
電話 03-3815-6661　振替 00120-6-34848

ISBN 978-4-7724-1342-8 C3011　　　　Printed in Japan©2013

● http://kongoshuppan.co.jp/ ●

犯罪精神病理学
実践と展開
影山任佐著

　犯罪精神病理学の現代的課題とは何か？　本書は，大量殺人，精神鑑定，アルコール・薬物依存と犯罪，ハラスメント，ストーカー，虐待と非行，子殺し，など，現代の社会病理と密接に結びついた現行司法精神医学の基本問題を論じた著者長年にわたる臨床研究の集大成である。著者は犯罪行為を通してトータルな人間理解を目指し，昨今，マスコミを賑わす異常犯罪に対する処遇，原因解明についての科学的根拠を示し，社会復帰と再犯防止のための提言を行う。さらに，経験科学的根拠としての責任能力論，司法精神医学の重要性を詳細なデータを基に論じている。

定価（本体 4,500 円＋税）

犯罪精神医学研究
「犯罪精神病理学」の構築をめざして
影山任佐著

　犯罪の歴史はそのまま人類の歴史である。本書の大きな特徴は，暗殺や大量殺人，ストーカー犯罪，ハイジャック犯罪など従来わが国の犯罪学研究においてはあまり顧みられることのなかった分野や，最近顕著になりつつある話題性に富んだ主題が扱われている点である。現在頻発する犯罪と狂気を鋭く考察する，著者の犯罪精神医学研究の集大成であり，精神医学，法曹領域で犯罪関連の仕事に携わる多くの人々に多くの示唆を与えるであろう。

定価（本体 4,500 円＋税）

事例から学ぶ精神鑑定実践ガイド
林　幸司著

　昨今，頻発する未成年犯罪，性犯罪，精神障害者の犯罪，など衝撃的な事件において刑事精神鑑定に対する社会的関心が大きくなっている。現状では，犯罪への認識において，市民感覚と法律の専門家で認識のずれが明らかである。本書は，まず第1部で精神鑑定に関する理解の初歩から，疾患群別責任能力，鑑定書作成の実際，証人尋問のシミュレーションにまで論及，後半の，第2部においては，ケーススタディに沿って実際の鑑定のすすめ方，その問題点と限界までを解説している。数多くの刑事精神鑑定に携わってきた著者が，好評の前著から10年，裁判員制度の時代に，医療観察法，関係諸法の改訂を反映させ，「精神鑑定」の全貌をわかりやすく解説した画期的なガイドブックである。

定価（本体 4,200 円＋税）

Ψ金剛出版　〒112-0005　東京都文京区水道1-5-16　URL http://kongoshuppan.co.jp/
Tel. 03-3815-6661　Fax. 03-3818-6848　e-mail　kongo@kongoshuppan.co.jp